Théories et modèles orientés sur la carrière :
des idées pour la pratique

Nancy Arthur, Roberta Borgen (Neault), Mary McMahon, éditrices

Théories et modèles orientés sur la carrière : des idées pour la pratique
Tous droits réservés © Nancy Arthur, Roberta Borgen (Neault), Mary McMahon, éditrices (2021)

Publié par :
CERIC
Foundation House
2, avenue St. Clair Est, bureau 300
Toronto (Ontario)
M4T 2T5

Site Web : www.ceric.ca
Courriel : admin@ceric.ca

ISBN
Livre à couverture souple – 978-1-988066-70-7
Version électronique en format PDF – 978-1-988066-71-4
Livre électronique – 978-1-988066-72-1

Conception et mise en page : Lindsay Maclachlan, White Walnut Design

Illustration de la page couverture reproduite avec l'aimable autorisation d'iStock

Le présent matériel peut être utilisé, reproduit, stocké ou transmis à des fins non commerciales. Toutefois, les droits des auteures doivent être reconnus. Il ne doit pas être utilisé, reproduit, stocké ou transmis à des fins commerciales sans l'autorisation écrite du CERIC. Tous les efforts raisonnables ont été déployés pour identifier les propriétaires de documents protégés par le droit d'auteur reproduits dans la présente publication et pour se conformer à la loi canadienne sur le droit d'auteur. L'éditeur invite le lecteur et la lectrice à lui signaler toute forme d'erreur ou d'omission.

Table des matières

Avant-propos	xiii
Préface francophone	xvii

Chapitre 1 — 1
Engagement actif : répondre à l'appel de l'imagination
Norman Amundson

Chapitre 2 — 13
Comprendre le développement de carrière des enfants atteints de dyslexie : le modèle de développement de carrière axé sur le processus de préparation culturelle
Sajma Aravind et Gideon Arulmani

Chapitre 3 — 25
Orientation professionnelle axée sur la culture : lier la culture et la justice sociale aux pratiques relatives à la carrière
Nancy Arthur

Chapitre 4 — 39
Théorie des parcours de vie (Life Course Theory) : des idées pour les personnes conseillères
Anuradha J. Bakshi et Noellene Fialho

Chapitre 5 — 53
Mise en œuvre de la théorie synergétique du développement de carrière organisationnel (Synergistic Theory of Organizational Career Development)
Kerry Bernes

Chapitre 6 — 65
Théorie sociologique de la carrière (Sociological Career Theory) : recadrer les choix
Jenny Bimrose

Chapitre 7 — 77
La théorie de la psychologie du travail (PWT) : une approche transformative du travail et de la carrière
David L. Blustein, Ryan Duffy, Whitney Erby et Haram Kim

Chapitre 8 — 91
Le counseling de carrière narratif : l'approche du récit
Pamelia E. Brott

Chapitre 9 — 103
La théorie de l'autodétermination de carrière (CSDT) dans la pratique
Charles P. Chen et Julie Wai Ling Hong

Chapitre 10 — 117
Modèle de l'action décisionnelle : aperçu et application au développement de carrière
Louis Cournoyer et Lise Lachance

Chapitre 11 — 127
Théorie culturelle-historique de l'activité (Cultural-Historical Activity Theory) : counseling de carrière groupal collectif pour la justice sociale de femmes issues de minorités visibles
Patricia Dionne et Audrey Dupuis

Chapitre 12 — 139
Le counseling de carrière fondé sur la théorie de l'action en contexte (CAT) : concepts clés pour la pratique
José F. Domene et Richard A. Young

Chapitre 13 — 151
Modèle des 4S de Schlossberg pour faire face aux transitions de vie : évaluation et planification d'une intervention
Jane Goodman

Chapitre 14 — 163
Mon GPS de carrière : un modèle de développement de carrière autodirigé pour les personnes et les organisations
Liette Goyer et Marie-Paule Dumas

Chapitre 15 — 175
Mon chapitre de carrière (MCC) : le soi dialogique en tant que personnes auteure et éditrice d'une autobiographie de carrière
Michael Healy et Peter McIlveen

Chapitre 16 — 187
Raisonnement des enfants au sujet du développement de carrière : le modèle de conceptions de choix et d'accomplissement de carrière
Kimberly A. S. Howard et Stephanie M. Dinius

Chapitre 17 — 199
KIPINÄ : le counseling de carrière SPARKS
Minna Kattelus

Chapitre 18   215
Créativité poétique : la méthode d'écriture sur sa carrière pour favoriser la réflexivité professionnelle au XXIe siècle
Reinekke Lengelle, Frans Meijers et Charlene Bonnar

Chapitre 19   229
La thérapie d'acceptation et d'engagement (ACT) favorise l'innovation en matière de counseling de carrière
Tom Luken et Albert de Folter

Chapitre 20   241
Pratiques cohérentes relatives à la carrière : un cadre de référence pour l'organisation des concepts et des pratiques en développement de carrière
Kris Magnusson et Dave E. Redekopp

Chapitre 21   253
La théorie de la construction de carrière (CCT) et son application
Jacobus G. Maree

Chapitre 22   265
Conceptualiser les transitions de carrière d'athlètes à l'aide du modèle holistique de la carrière athlétique
Lauren McCoy

Chapitre 23   277
Le cadre théorique des systèmes du développement de carrière (STF) : application de la pensée systémique à la théorie et à la pratique du développement de carrière
Mary McMahon et Wendy Patton

Chapitre 24   291
Théorie centrée sur les solutions (Solution-Focused Theory) et pratiques relatives à la carrière
Judi H. Miller

Chapitre 25   305
La théorie du choix professionnel (Theory of Career Choice) de Holland : adéquation entre la personnalité et l'environnement
Margaret M. Nauta

Chapitre 26   317
Engagement relatif à la carrière : un modèle conceptuel pour harmoniser les défis et les capacités
Roberta A. Borgen (Neault) et Deirdre A. Pickerell

Chapitre 27   331
Théorie axée sur l'espoir et l'action (HAT) : susciter et maintenir l'espoir dans le domaine du développement de carrière
Spencer G. Niles, Norman Amundson et Hyung Joon Yoon

Chapitre 28   345
Théorie du traitement cognitif de l'information (CIP Theory) : application de la théorie et de la recherche à la pratique
Debra S. Osborn, V. Casey Dozier, Emily Bullock Yowell, Seth C. W. Hayden et James P. Sampson, Jr.

Chapitre 29   363
Des pratiques de développement de carrière sous l'angle de la justice sociale de l'approche par les capabilités
France Picard, Michel Turcotte, Simon Viviers et Patricia Dionne

Chapitre 30   375
L'engagement rempli d'espoir : nouvelles possibilités en matière de counseling de vie et de carrière
Gray Poehnell

Chapitre 31   387
La théorie relationnelle-culturelle (RCT) : examiner l'influence des relations sur le développement de carrière
Natalee Popadiuk

Chapitre 32   401
Le modèle de counseling de carrière auprès des populations sous-desservies dans la pratique
Mark Pope

Chapitre 33   413
La théorie du chaos (CT) pour les personnes conseillères
Robert G. L. Pryor et Jim E. H. Bright

Chapitre 34   427
Counseling/psychothérapie : intégrer une perspective vocationnelle dans la pratique de la psychothérapie
Mary Sue Richardson

Chapitre 35   439
Le modèle de participation continue : la perception du travail en évolution constante
Danielle Riverin-Simard et Yanik Simard

Chapitre 36   451
Théorie sociocognitive de la carrière (SCCT) : aperçu et applications pratiques
Hung-Bin Sheu et Xiao Ting Wang

Chapitre 37   465
Counseling de carrière sociodynamique
Timo Spangar

Chapitre 38   477
Le modèle écologique du counseling de carrière : améliorer la concordance entre la personne et l'environnement pour une vie qui a du sens
Mei Tang

Chapitre 39   489
Le modèle d'espace intrapreneurial : faciliter le développement d'un nouveau rôle de carrière
Gert van Brussel

Chapitre 40   503
Prendre soin de soi en prenant soin de son travail : une perspective clinique et critique sur le travail et la santé mentale
Simon Viviers

Chapitre 41   515
La théorie des systèmes vivants du comportement et du développement professionnels (LSVD)
Fred W. Vondracek et Donald H. Ford

Chapitre 42   527
Le modèle de l'évaluation et du counseling en développement de carrière (C-DAC) de Donald Super
Mark Watson

Chapitre 43   539
La théorie de l'adaptation au travail (TWA) : chercher et maintenir la satisfaction et la compétence
Jon Woodend

Champions des connaissances   551

Des critiques élogieuses pour le recueil   553

Tableaux et Figures

Les principes paradigmatiques de la théorie des parcours de vie (Life Course Theory) 43

Les enjeux fondamentaux entourant le développement de carrière organisationnel 54

Cheminement des participants 132

Schéma du processus fonctionnel qui sous-tend *Mon GPS de carrière* 165

Matrice de compatibilité montrant les influences internes dans la première colonne et les influences externes sur la première ligne 178

Extrait de l'étape 4 de Mon chapitre de carrière (MCC) montrant des segments de phrase pour une des influences sur la carrière 179

Interventions selon les niveaux de raisonnement du modèle CCCA 191

Schéma du modèle SPARKS 202

La transformation par l'écriture : une méthode dialogique en quatre étapes 219

L'ACT selon le modèle de l'hexaflex 232

Concepts liés aux pratiques cohérentes relatives à la carrière 246

Le cadre théorique des systèmes du développement de carrière (STF) 279

Le modèle d'engagement relatif à la carrière 319

Modèle axé sur l'espoir et l'action 332

Scores normatifs de l'Inventaire axé sur l'espoir et l'action (HAI) fondés sur 676 étudiants et étudiantes de premier cycle au Canada 337

Version client de la pyramide des domaines de traitement de l'information 347

Le cycle CASVE : un guide pour prendre de bonnes décisions **348**

Un modèle bidimensionnel de préparation à la prise de
décisions pour le choix initial des interventions relatives à la carrière **351**

Les capabilités à s'orienter **365**

Modèle des facteurs personnels, contextuels et expérientiels
affectant les comportements de choix de carrière **452**

Le modèle d'espace intrapreneurial **492**

Avant-propos

Qui a besoin de théories? Qui les utilise? Quels sont les nouveaux modèles et théories élaborés? Comment s'appliquent-ils dans la pratique? Les professionnels et professionnelles de la carrière peuvent avoir vu beaucoup ou peu de théories lors de leur formation. Nous vous invitons à réfléchir aux théories et aux modèles qui orientent vos pratiques professionnelles. Bien que nous appréciions assurément la contribution des premiers théoriciens et théoriciennes du domaine (p. ex. Holland, Super), bon nombre de théories classiques ont été mises à jour, et des théories et modèles nouveaux et émergents ont été élaborés dans de nombreux pays du monde. **Les pratiques contemporaines en développement de carrière requièrent des praticiens et praticiennes d'être au fait des derniers développements dans leur domaine d'activité. Cela implique l'acquisition de connaissances actualisées sur les théories, les modèles et les stratégies pouvant s'appliquer auprès des personnes qui cherchent un soutien pour leur carrière.** Il y a même lieu de souligner qu'une éthique professionnelle en développement de carrière exige une mise à jour continue de ses connaissances relatives aux théories et de leurs applications pratiques.

Ce projet a vu le jour sous l'impulsion de plusieurs croisements dans nos expériences collectives. Nous avons toutes trois participé à l'élaboration de programmes, à la prestation de formations qualifiantes préparatoires et d'études supérieures universitaires, et ce, dans le cadre d'un apprentissage en personne ou encore diffusé. Nous intervenons directement dans ce domaine professionnel depuis plusieurs années. Avec du recul, nous avons constaté que les ouvrages théoriques utilisés dans nos cours de développement de carrière, lorsque nous étions étudiantes, étaient très denses et difficiles à lire. Nous nous interrogions alors sur la façon d'appliquer la théorie dans la pratique. Certaines choses ont beaucoup changé depuis ce temps, alors que d'autres sont restées sensiblement les mêmes. Les étudiants et étudiantes dans nos classes ont également formulé des commentaires sur les difficultés qu'ils ont eus à comprendre les théories du développement de carrière et à se sentir interpelés par ces dernières. Ils étaient désireux d'apprendre comment appliquer les concepts et les idées enseignés auprès de leurs personnes clientes. Nous avons également constaté que le programme de la plupart des conférences professionnelles en matière de développement de carrière mettait l'accent sur les stratégies et les techniques. Seule une attention limitée était accordée aux perspectives théoriques et aux pratiques découlant de ces dernières. Nous voulions combler ces lacunes en offrant un recueil édité unique sur les applications pratiques de la théorie et des modèles de développement de carrière.

En 2011, Roberta Neault a dirigé une initiative visant à actualiser les connaissances des professionnels et professionnelles au sujet des théories et des modèles applicables, en invitant différents collègues à contribuer au numéro spécial « Thoughts on Theories » du *Journal of Employment Counselling*. Cela a mené à la création d'un résumé facile à lire des principaux points des théories et des modèles actuels puisqu'il est rédigé dans les propres mots des concepteurs. Depuis ce temps, les personnes ayant contribué à ce numéro spécial ont présenté leurs travaux, sous différentes modalités, dans le cadre de panels d'experts et expertes, ainsi que d'ateliers lors de plusieurs congrès régionaux, nationaux et internationaux. Les réactions en réponse aux articles de revues et aux présentations données devant un « vaste auditoire » lors de ces congrès ont été extrêmement positives. Les professionnels et professionnelles nous ont dit qu'ils étaient ravis d'entendre les leaders du domaine s'exprimer et d'en apprendre davantage sur les théories et les modèles classiques et émergents. Ils ont apprécié les conseils applicables à la pratique qui ont été offerts dans le cadre des présentations. Nous avons entendu des commentaires comme quoi *la théorie est intéressante et utile*.

Nous étions également conscientes de la tendance dans la littérature à privilégier certains théoriciens et théoriciennes et du manque de reconnaissance témoigné à d'autres dans de nombreux pays. Par conséquent, nous avons intentionnellement cherché à inclure les travaux de collègues de plusieurs pays différents. Nous avons bénéficié à cet égard d'un immense soutien. En effet, cet ouvrage présente les travaux d'auteures et auteurs issus de quatre continents et de neuf pays : l'Australie, le Canada, l'Angleterre, la Finlande, l'Inde, les Pays-Bas, la Nouvelle-Zélande, l'Afrique du Sud et les États-Unis. Ces perspectives multipays représentent une contribution importante à l'internationalisation du champ du développement de carrière. Nous sommes reconnaissantes à nos collègues d'avoir appuyé notre projet et d'y avoir contribué par leur expertise, plus particulièrement par leur temps et leur engagement à s'exprimer par écrit sur les applications pratiques de leur travail.

Le temps passe vite. L'année 2019 fut le lancement de cet ouvrage dans le cadre du congrès national en développement de carrière, nommé Cannexus, tenu à Ottawa, au Canada. Nous avons compilé les textes et créé une ressource composée de 43 chapitres. Chacun aborde une théorie ou un modèle différent, pouvant s'appliquer dans différents contextes par un large éventail de professionnels et professionnelles du développement de carrière. Les chapitres sont divisés en trois parties. La partie I de chaque chapitre fournit un aperçu de la théorie ou du modèle, ainsi que des principaux concepts ou principes qu'il est important de connaître pour les personnes professionnelles. La partie II présente une illustration pratique originale que les auteurs et auteures ont élaborée afin de démontrer l'application de leur théorie ou de leur modèle. La partie III contient un résumé d'une page de points de pratique, à savoir les « points à retenir » pour les utiliser pratiquement.

Le format des chapitres confère aux lecteurs et lectrices une certaine souplesse dans la façon dont ils choisissent d'en utiliser le contenu (p. ex. comparer les principes théoriques afin de traiter un cas; utiliser les études de cas comme source d'inspiration au moment d'examiner les problèmes énoncés et les approches à adopter; mettre à l'essai l'exemple de pratique et comparer les résultats ou discuter de la façon de l'adapter à un contexte local; comparer les points de pratique d'un ou de plusieurs points de vue). Les éléments contenus dans ce recueil peuvent être adaptés. Ils peuvent être sélectionnés et personnalisés pour les rendre applicables à des individus, à du personnel de travail ou pour des programmes de cours particuliers.

Nous sommes impatientes de savoir comment vous avez appliqué les théories et les modèles présentés dans le cadre de votre travail. Nous espérons que vous prendrez plaisir à revoir les théories et les modèles classiques pour découvrir ce qu'il y a de nouveau et ce qui a résisté à l'épreuve du temps. Nous souhaitons également vous familiariser avec des théories et des modèles que vous ne connaissez peut-être pas encore. Vous pourrez en tirer des idées pratiques, de même que transposer les concepts de ces théories et de ces modèles dans votre environnement de travail.

– Nancy, Roberta et Mary

Remerciements

Le financement a été obtenu grâce à une subvention du CERIC dans le cadre d'un projet d'apprentissage et de développement professionnel.

Dédicace

Aux clients et clientes, qui nous ont partagé leurs espoirs, leurs rêves et leurs possibilités dans leur vie. Aux professionnels et professionnelles, qui nous ont communiqué leurs dilemmes, leurs pratiques créatives et leur engagement dans le domaine du développement de carrière.

Préface francophone

Les défis d'adaptation de traduction d'un ouvrage sur les théories de la carrière destiné à un public francophone

**Louis Cournoyer, Patricia Dionne, Philippe Jacquin,
Shékina Rochat et Simon Viviers**

Vous la demandiez, la voilà ! Voici la version francophone de l'ouvrage *Career Theories and Models at Work*, coédité par les professeures et chercheuses de renommée internationale, Nancy Arthur, Roberta Borgen (Neault) et Mary McMahon. Plus qu'une simple traduction, l'ouvrage traduit sous le nom de *Théories et modèles orientés sur la carrière : des idées pour la pratique* propose une adaptation de contenus théoriques et pratiques ajustée aux conceptions sociales et langagières d'un public de personnes étudiantes, praticiennes, formatrices, chercheuses et décideuses dans le champ de l'orientation professionnelle et plus largement et plus largement du développement de carrière dans la francophonie mondiale.

Chacune des théories ou chacun des modèles présentés au sein des 43 chapitres de l'ouvrage présente sa pertinence, selon la nature des problématiques, les caractéristiques des populations, sinon des temps et des lieux de son action. Nous nous sommes donc heurtés, dans notre entreprise, à plusieurs écueils : (1) la multiplicité des dénominations et des formations des spécialistes de l'orientation et du développement de carrière dans la francophonie (2) les différents contextes d'exercices et de conceptions, notamment à l'égard de la tradition anglophone du « counseling », (3) et la gymnastique requise par l'écriture épicène. À ce sujet, nous précisons d'emblée que l'ouvrage ne prétend pas à l'exhaustivité ni à la neutralité culturelle. Plusieurs autres théories et modèles, abordant d'autres conceptions et perspectives, traitant d'autres populations, cultures et régions du monde, sinon de problématiques contemporaines et émergentes importantes, auraient pu trouver leur place dans un tel ouvrage. Nous allons à présent vous présenter la manière dont nous nous sommes saisis de ces questions et avons tenté d'y répondre.

De l'anglais au français : un défi langagier polysémique, polynomique et culturel

Bien que les personnes qui interviennent dans le champ du développement de carrière puissent souvent être issues d'une formation initiale universitaire de deuxième cycle en psychologie du counseling, il n'est pas rare de voir différents titres de conseillers et de conseillères s'associer à d'autres champs et niveaux d'études. À travers le monde, nonobstant les langues en usage, les personnes conseillères de l'orientation et du développement de carrière peuvent se retrouver dans une panoplie de secteurs d'activités : éducation, développement de l'employabilité et aide à l'emploi, entreprises et cabinets-conseils, organisations publiques et parapubliques. Elles peuvent intervenir auprès d'individus, de groupes et d'organisations, sur des enjeux de choix d'études, de projets personnels et professionnels, d'insertion et d'adaptation en emploi, de transition de carrière, de conciliation des rôles de vie, de prévention en santé psychologique au travail, d'actions de justice sociale, etc. Il est commun dans la langue anglaise de référer au titre de « *counselor*[1] » pour désigner la personne professionnelle exerçant des activités d'intervention en « counseling » sous une forme ou une autre (personnel, éducatif, spirituel, de réhabilitation, de carrière, etc.). C'est pourquoi, de manière à prendre en compte la diversité de pratiques au sein même du champ de l'orientation professionnelle et du développement de carrière, de même que pour rester le plus fidèle que possible à la version originale, cette traduction et adaptation traitera, plus largement, de « personnes conseillères » ou de « conseillers et conseillères » pour identifier les individus exerçant des activités d'intervention sur le plan de la carrière.

Différents territoires, différents référents de formation, de titres et d'exercice

La langue française est présente sur tous les continents, dans de nombreux pays et territoires. Chaque géopolitique, histoire et culture participe à la définition et à l'évolution des titres professionnels, des champs d'exercices et des formations préparatoires à l'accès aux professions d'intervention sur le plan de la carrière. Dans certains lieux, les titres de formations et de pratiques sont liés quasi uniquement à la psychologie, alors que dans d'autres, ceux-ci vont inclure des savoirs liés aux sciences sociales (sociologie, économie), à l'éducation ou à la gestion. Au sein même d'un pays, d'un territoire, partageant ou non une même langue, il peut

---

[1] Au sein de plusieurs pays et territoires rattachés au « Commonwhealth » britannique, les termes « Counselling » et « Counsellor » s'écrivent avec deux « L ». Cela explique pourquoi les personnes lectrices pourraient remarquer, dans cet ouvrage et plusieurs autres en développement de carrière et orientation professionnelle l'emploi des deux formes d'écriture.

exister différentes conceptions de titres, de formations et de champs d'exercices relatifs à l'orientation professionnelle et au développement de carrière. Cette sous-section expose, bien humblement, de manière non exhaustive, quelques-unes des conceptions portées au sein de pays de la francophonie mondiale.

Au **Québec**, les personnes professionnelles de l'orientation et du développement de carrière peuvent porter différents titres, dont les plus fréquents sont ceux de conseiller ou conseillère, d'orientation, d'emploi, d'information scolaire et professionnelle, en recherche d'emploi. Une part importante de ces personnes conseillères possède une formation de premier cycle universitaire, souvent spécialisée, en orientation professionnelle et développement de carrière. Les conseillers et les conseillères d'orientation sont encadré-e-s, sur le plan de l'admission et de la pratique, par un Ordre professionnel, l'Ordre des conseillers et des conseillères d'orientation du Québec (OCCOQ). Une formation spécialisée de deuxième cycle (maîtrise) est exigée pour porter légalement le titre de conseiller ou de conseillère d'orientation (c.o.). L'activité de counseling d'orientation n'est pas réservée sur le plan légal. Toutefois, celle d'« évaluation » (en orientation) auprès de certains publics jugés vulnérables l'est : personnes présentant un retard mental, un trouble mental ou neuropsychologique, sinon un élève handicapé ou en difficulté d'adaptation (Office des professions du Québec, 2021).

Ailleurs au Canada, la traduction pouvant être accordée aux titres professionnels et aux formations préparatoires liés à l'exercice d'activités d'intervention en orientation professionnelle et en développement de carrière se moule le plus souvent à la tradition de la majorité anglophone des provinces. Ces personnes interviendront à titre de « conseillers » ou « conseillères » au niveau du counseling de carrière, ou alors en regard d'un titre spécifique au type de milieu de pratique : conseillers, conseillères scolaires, de carrière, d'orientation, d'emploi. En milieu scolaire, plusieurs sont des personnes enseignantes qui, à un certain moment de leur carrière, choisissent ou se voient proposer de devenir conseiller ou conseillère d'orientation (Keats & Laitsch, 2010). À leur expérience d'enseignement pourra s'ajouter une condition supplémentaire de posséder une maîtrise, un diplôme ou un certain nombre de cours de cycle d'études supérieures universitaires en psychologie du counseling ou dans une discipline connexe, sinon de compléter des modules d'activités de formation continue qualifiantes offertes par un ministère ou un regroupement professionnel reconnu.

En **France**, les personnes professionnelles chargées de l'orientation sont nommées psychologues de l'éducation nationale, avec spécialité « éducation, développement et conseil en orientation scolaire et professionnelle ». Pour exercer à ce titre, auprès des élèves et de leur famille, elles doivent posséder un « master[2] » en psychologie et réussir un concours de l'éducation nationale. Hors de l'éducation,

---

2   Généralement, pour la plupart des pays, anglophones, francophones ou autres, les programmes de maîtrise ou de master sont de deuxième cycle universitaire et d'une durée de 2 ans.

des psychologues du travail et des chargé-e-s de bilan de compétence peuvent intervenir auprès d'adultes dans des dispositifs d'évolution professionnelle et de bilan de compétences. Il est également possible d'exercer en pratique libérale (privée). Enfin, nombre de personnes professionnelles provenant d'autres sciences sociales et des ressources humaines exercent des activités de conseil auprès de personnes en réflexion sur leur vie professionnelle.

En **Suisse**, le titre de « Conseiller-ère en orientation professionnelle, universitaire et de carrière » est délivré par la Confédération qui en fixe le profil de qualification, ainsi que les conditions de réussite (Secrétariat d'État à la formation, à la recherche et à l'innovation, 2010). Dans la partie francophone de la Suisse, l'appellation la plus courante est celle de « Psychologue conseiller-ère en orientation ». Ce titre s'acquiert principalement par un master universitaire spécialisé en psychologie du conseil et de l'orientation, complété par 12 semaines d'expérience professionnelle. D'autres cursus peuvent donner accès à ce titre, dont un master of Advanced Studies en management, en ressources humaines et carrière, ou – dans le cas de la Suisse germanophone - en haute école spécialisée. Les spécialistes suisses de l'orientation travaillent principalement dans le secteur public auprès de jeunes et d'adultes, mais également en pratique privée et de ressources humaines.

En **Belgique**, les personnes conseillères en orientation ou en développement de carrière sont plus souvent issues d'une formation de bachelier professionnalisant ou de master en psychologie. Il n'existe pas de réglementation formelle sur le plan de la formation, des compétences et de l'expérience requises pour exercer ce type d'activité de conseil. Les personnes conseillères peuvent se retrouver dans les secteurs de l'éducation et de la formation, de l'administration publique, de l'action sociale, de la santé, ainsi qu'en pratique libérale ou au sein d'entreprises. Elles peuvent exercer sous différents titres, à savoir conseiller, conseillère, en orientation, en emploi, en insertion socioprofessionnelle, en bilan professionnel, en formation, en stratégies de carrière ou en « *outplacement* », sinon comme psychologue ou coach de l'orientation.

En **Tunisie**, le titre de « conseiller-ère en information et en orientation » est délivré après un master en « Conseil en information et en orientation », accessible à partir d'un concours national, aux professeur-e-s de l'enseignement secondaire démontrant plus de 5 ans d'ancienneté. La formation se complète par deux stages, dont l'un, en France, à l'Institut national d'étude du travail et de l'orientation professionnelle (INETOP). L'accompagnement de la transition vers le lycée au ministère de l'Éducation nationale se fait par des personnes possédant cette qualification. Des personnes possédant plutôt une licence en psychologie, en sciences sociales, en éducation ou en formation peuvent être recrutées par la voie d'un concours national du ministère de la Formation professionnelle et de l'Emploi pour intervenir sur les besoins d'orientation ou d'entrepreneuriat de diplômé-e-s. (Ben Youssef Mnif et *al.*, 2020).

Au **Burkina** Faso, les conseiller-ère-s d'orientation scolaire et professionnelle sont recruté-e-s par concours direct (ministère de la Fonction publique) auprès de personnes titulaires d'une licence en psychologie, en sociologie et en sciences de l'éducation ou tout autre diplôme équivalent. Un certificat d'aptitude à l'emploi de conseiller d'orientation scolaire et professionnelle leur est délivré à la suite d'une formation de 24 mois à l'École normale supérieure de Koudougou, incluant un stage pratique de 12 mois, ainsi que la soutenance devant jury d'un mémoire. Ces personnes conseillères sont alors affectées dans les directions régionales et provinciales du ministère de l'Éducation nationale. Des personnes éducatrices à la petite enfance, enseignantes d'écoles, ainsi qu'attachées et administratrices, justifiant 5 années d'expérience professionnelle, ainsi que la détention d'une licence en psychologie, sociologie ou sciences de l'éducation, peuvent être formées afin de se reconvertir à titre de conseiller-ères d'orientation scolaire et professionnelle.

Au **Togo**, il n'y a actuellement pas de titre officiellement délivré pour les professionnel—le—s de l'orientation. Cependant, dans la pratique, le Centre national d'information et d'orientation scolaire et professionnelle (CNIOSP), une institution publique responsable de l'orientation dans le pays, confère à ses professionnel-le-s la dénomination de « Conseiller-ère-s d'orientation psychologue ». Ces personnes, diplômé-e-s d'une maîtrise (master) en psychologie de l'éducation ou de la psychologie du travail et des organisations, suivent une formation complémentaire au CNIOSP pour ensuite accompagner des jeunes et des adultes.

Au **Cameroun**, il existe un corps et un titre de conseiller-ère-s d'orientation scolaire, universitaire et professionnelle (CO). Diplômé-e-s d'une licence, ces personnes sont d'abord recrutées par un concours national. Elles vont ensuite suivre une formation de 2 ans dans l'une des 8 écoles normales supérieures du pays, pour enfin être affectées au ministère de l'Éducation, sinon celui des enseignements secondaires ou encore de la Formation professionnelle et de l'Emploi. Le travail des « co » est de promouvoir des contacts avec les milieux professionnels, informer les élèves et les parents sur les filières de formation et d'emploi, favoriser le développement de l'autodétermination et préparer les jeunes à la vie active, conseiller les membres de la communauté éducative, mener des recherches et en diffuser les résultats, ainsi que proposer des solutions aux instances ministérielles. Les établissements privés et les congrégations religieuses forment leurs personnes conseillères d'orientation dans les mêmes écoles à titre d'auditeurs-trice-s libres (Bomda, 2021).

Ce survol des titres professionnels, des formations préparatoires, ainsi que des champs d'exercice de conseillers et de conseillères d'orientation, puis plus largement du développement de carrière, sur le plan de la francophonie internationale est certes incomplet. Il existe des dizaines d'autres pays francophones qui mériteraient d'être également traités, dans cette préface ou dans une publication dédiée à cette fin. Ce qu'il importe de reconnaître, c'est que dans tous les pays, territoires et continents du monde, il existe des traditions et des structures de formation, d'emploi et d'intervention très différentes en orientation professionnelle et en développement de carrière. C'est pourquoi les lecteurs et les lectrices doivent s'ouvrir à concevoir ces titres et ces pratiques professionnelles sous différentes perspectives.

Une écriture épicène

Au-delà des enjeux propres à la polysémie et à la polynomie du conseil en orientation professionnelle et développement de carrière, la traduction de l'ouvrage en français a également rencontré un autre défi : celui de l'écriture épicène. En effet, la langue française fait traditionnellement appel aux genres masculin et féminin pour désigner des noms, des adjectifs, des pronoms, se rapportant à l'action mentionnée en termes d'hommes et de femmes. Historiquement, dans les règles d'usage du français, lorsqu'une phrase inclut la présence de noms des deux genres, c'est le masculin qui « l'emportera ». Au sein d'une société se voulant plus inclusive, l'écriture épicène a émergé comme outil favorisant la justice sociale et la lutte contre le sexisme. Dans un tel cadre, c'est le terme de « personnes conseillères », ou sinon celui de « conseillers et conseillères », qui sera favorisé pour décrire nos protagonistes, afin de mettre en évidence de façon équitable la présence des hommes et des femmes. Bien qu'il puisse exister certaines nuances d'application selon les pays de la francophonie, l'Office de la langue française du Québec (2018) rapporte certains principes, dont les suivants, qui orientent ce type d'écriture : 1) abandonner la rédaction au masculin générique pour désigner des hommes et des femmes;2) penser et rédiger en tenant compte l'inclusion des femmes ; 3) utiliser toute la gamme de procédés disponibles (p. ex. ; conseillers et conseillères[3], conseiller-ère-s, personnes conseillères) ; 4) considérer, lorsque cela est possible, des formulations neutres qui ne renvoient à aucun genre. Tel que mentionné précédemment, puis considérant que l'ouvrage original en langue anglaise adopte des postulats et des pratiques sociales et culturelles plus inclusives, cette traduction adaptée en langue française s'appuie sur les principes d'écritures épicènes pour désigner, en ordre de priorité, « les personnes conseillères », les « conseillers et les conseillères » et les « conseiller-ère-s » les individus exerçant des activités d'intervention sur le plan de la carrière.

---

3   Il est à noter que plusieurs organisations et institutions encouragent plutôt l'usage du féminin avant le masculin (p. ex. : les conseillères et les conseillers).

Des théories et des modèles en pleine évolution : du plaisir à découvrir!

Les théories et les pratiques du développement de carrière et de l'orientation professionnelle ont passablement évolué au cours des cent dernières années. Fortement influencés par les courants de la psychologie, ces modèles se façonnent au gré des transformations sociales, culturelles, politiques, économiques et technologiques des sociétés. Les enjeux de mondialisation, de migrations internationales, d'apprentissage tout au long de la vie, de même que les normes et les valeurs, les difficultés et les luttes de société ne sont pas sans effet sur la façon de concevoir le développement de carrière et l'orientation professionnelle des individus et des groupes, en interaction avec les institutions et les organisations de formation et de travail. Cet ouvrage permet de parcourir des théories et des modèles de la carrière influencés par les approches traits-facteurs et différentielles, développementales, sociocognitives et de prise de décision, constructivistes et socioconstructivistes, de même que systémiques, socioculturelles et contextuelles, notamment de justice sociale. Toutefois, sachez que l'organisation des chapitres ne suit pas de logique particulière. Voici à cet effet dix conseils rapides pour organiser votre lecture et en retirer un maximum de plaisir et de sens :

1. Puisque les théories ne sont pas présentées dans un ordre particulier, sinon alphabétique de personnes auteures, vous pouvez choisir de vous laisser surprendre en lisant cet ouvrage du début à la fin, ou piocher « ça et là » selon vos intérêts.

2. Les approches relatives aux différents modèles recensés sont très variées : vous aurez ainsi le plaisir de découvrir de nouvelles façons de voir et de réfléchir l'orientation et le développement de carrière, tout en pouvant vous appuyer sur celles que vous connaissez déjà.

3. Chacun des chapitres commence par une courte présentation des concepts théoriques-clés de l'approche : demandez-vous, en quoi ces concepts ont du sens dans le cadre de votre pratique ou de vos recherches.

4. Vous trouverez également toujours une vignette pour illustrer les applications pratiques de l'approche : inspirez-vous-en pour tisser des liens avec les situations des personnes ou des groupes que vous rencontrez.

5. Chaque chapitre se termine par la sélection de 10 points clés destinés à vous aider à garder l'essentiel en mémoire : n'hésitez pas à en faire bon usage ou à créer votre propre fiche de synthèse !

6. Pour aller plus loin dans votre réflexion et l'application de ces théories à votre pratique ou vos recherches, consultez les références clés qui sont proposées en fin de chapitre.

7. La structure du livre présente de manière distincte des théories qui présentent pourtant des similitudes ou se complètent : amusez-vous à transcender les frontières des chapitres et à établir des liens entre elles.

8. Afin de faciliter la transposition dans votre pratique, réfléchissez à une situation que vous rencontrez et essayez de l'examiner successivement à l'aune de plusieurs de ces approches.

9. Constituez au fur et à mesure de votre lecture votre propre boîte à outils en sélectionnant les applications ou stratégies qui vous semblent les plus pertinentes pour votre travail.

10. Discutez de ce livre avec vos collègues pour échanger ou servez-vous-en dans vos séances de supervision et d'intervision pour alimenter les réflexions.

Et voilà ce que nous vous livrons !

Cette « traduction adaptée » constitue un travail colossal. À cet effet, il a nécessité l'engagement motivé de nombreuses ressources qualifiées pour en arriver à offrir un ouvrage de qualité pour la communauté francophone intéressée aux théories de la carrière et à leurs idées d'applications pratiques. Nous tenons à rendre visible leur apport. La traduction adaptée de l'ouvrage a été menée sous la direction du professeur Louis Cournoyer (Université du Québec à Montréal), avec l'appui des collègues Patricia Dionne (Université de Sherbrooke), Philippe Jacquin (Université de Moncton), Shékina Rochat (Université de Lausanne) et Simon Viviers (Université Laval). D'autres universitaires francophones spécialisés dans le champ de l'orientation professionnelle et du développement de carrière ont également contribué à la double validation et adaptation de chacun des 43 chapitres de l'ouvrage. Ces personnes sont Lise Lachance (Université du Québec à Montréal), Sabruna Dorceus (Université de Sherbrooke), Liette Goyer, Émilie Giguère et Michel Turcotte (Université Laval), ainsi que Jonas Masdonati et Jérôme Rossier (Université de Lausanne). À cela s'ajoute la collaboration de Dominic Daoust et de Viviane Poirier (Université du Québec à Montréal) pour des avis de révision complémentaire, de même que de Kokou Atitsogbe (Université de Lausanne), Joseph Bomda (Université N'Gaoundéré), de Saiban Bakouan (Université Norbert Zongo de Koudougou), Samia Ben Youssef Mnif (Université de Tunis), puis de Nicolas Dardenne (conseiller d'orientation belge) pour des précisions sur les titres, les formations et les pratiques dans différents pays de la francophonie mondiale.

Bonne lecture!

Références

Ben Youssef Mnif, S., Abdelmajid, N. & Guesmi, M. (2020). L'orientation scolaire et professionnelle en Tunisie : vers une professionnalisation du métier de conseiller en orientation. *Revue Ecotidi*. Récupéré de https://www.researchgate.net/publication/342804503

Bomda, J. (2021). Le droit à l'information et à l'orientation scolaire et professionnelle (IOSP) au Cameroun face au défi du jacobinisme hérité de la tutelle française. *International Multilingual Journal of Science and Technology (IMJST)*, *6*(1), 2343-2358.

Keats, P., & Laitsch, D. (2010). Contemplating regulation of counsellors in Canadian schools: Current issues and concerns. *Canadian Journal of Educational Administration and Policy, 108,* 1-33.

Office des professions du Québec (2021). *Loi modifiant le Code des professions et d'autres dispositions législatives dans le domaine de la santé mentale et des relations humaines Guide explicatif*. Québec : Office des professions du Québec.

Office québécois de la langue française (2018). *Formation sur la rédaction épicène*. Montréal : OQLF. Récupéré de https://www.oqlf.gouv.qc.ca/redaction-epicene/20180112_formation-redaction-epicene.pdf

Service d'État à la formation, à la recherche et à l'innovation (2010). *Conseiller d'orientation professionnelle, universitaire et de carrière. Profil de qualification du/de la conseiller-ère en orientation professionnelle, universitaire et de carrière*. Berne : SEFRI. Récupéré de https://www.sbfi.admin.ch/sbfi/fr/home/formation/pilotage-et-politique-de-la-formation-professionnelle/conseiller-d-orientation.html

Chapitre 1

Engagement actif : répondre à l'appel de l'imagination

Norman Amundson

Les principes de base de *l'engagement actif* ont été élaborés au fil de nombreuses années, en réponse à l'évolution de variables entourant les contextes économiques, politiques et sociaux ainsi que de la nécessité d'être plus créatif et plus efficace dans le cadre d'interventions en orientation professionnelle (Amundson, 2018). Parmi les enjeux environnementaux plus généraux touchant ces divers contextes, nous pouvons prendre à titre d'exemple l'essor de la mondialisation, les avancées technologiques et informationnelles, les changements démographiques, le terrorisme mondial ainsi que les bouleversements financiers (Amundson, 2005, 2006). Ces enjeux ont engendré, sur le plan individuel, plus d'imprévisibilité, des difficultés accrues de conciliation entre travail et vie personnelle ainsi qu'un rythme de vie toujours plus rapide. Tentant de faire face à ces défis, les individus sont soumis à l'incertitude et à l'impression d'options limitées. Ils et elles se retrouvent alors face à une « crise d'imagination », avec l'espoir que leur conseiller ou leur conseillère puisse étendre leurs perspectives et les guider vers la négociation de nouvelles trajectoires.

Les méthodes traditionnelles d'orientation professionnelle apparaissaient « figées » et inadéquates en regard de ces nombreux défis. En guise de réponse personnelle, peut-être parce que j'étais moi-même en crise de mi-carrière, j'ai pris le temps de faire un retour sur mes propres apprentissages sur les méthodes d'orientation professionnelle. Certes, certaines avaient changé au fil des années, mais à un rythme d'escargot. Les conseillers et conseillères travaillaient toujours dans des bureaux à l'apparence morne, faisaient des rencontres planifiées selon des créneaux horaires standards, puis intervenaient essentiellement par des méthodes de discussion verbale. Il m'est apparu qu'il était temps de proposer un changement, voire d'adopter une approche plus active et engagée du processus d'orientation professionnelle. Au sein de ce chapitre, je propose un aperçu de concepts soutenant l'engagement actif et une illustration pratique démontrant toute son efficacité dans la pratique.

Aperçu des principes et des méthodes de l'engagement actif

Crise d'imagination

En tant que conseiller ou conseillère, il ne suffit pas de strictement fournir des informations et des conseils aux gens. Les clients et les clientes doivent être encouragés à développer leur propre imagination de sorte qu'ils puissent accroître leurs possibilités. Conceptualisant les problèmes comme des crises d'imagination, il n'est pas surprenant que mon accompagnement propose des solutions se retrouvant dans ce même domaine. En donnant la possibilité aux individus d'être plus imaginatifs, nous devons savoir faire appel à notre propre imagination. Nous avons besoin de devenir plus flexibles, plus curieux, plus relationnels, plus inspirés, et plus enclins à prendre des risques.

Être, de même qu'agir

Cet appel à l'action s'accompagne du besoin d'être conscient de la nécessité d'« être » de même que d'« agir » (Hansen & Amundson, 2009). Nous devons ancrer notre « être » avec une tranquillité d'esprit et avoir la patience d'écouter notre petite voix intérieure et avoir la patience d'écouter notre petite voix intérieure. Il m'est souvent arrivé, lors de séances de counseling d'orientation, de me sentir confus et de ne pas trop savoir quelle était la prochaine étape. Durant ces moments, il est généralement important de ralentir l'allure et de se concentrer sur le processus plutôt que de chercher à pousser trop de l'avant. Nous pouvons devenir plus familiers avec cette tranquillité d'esprit par la philosophie, l'art, la nature et la méditation. Nous pouvons prendre une posture plus réflexive et l'appliquer à notre rôle de conseil en orientation.

Accorder de l'importance

Le point de départ de tout type d'intervention est l'établissement d'un climat de confiance : un environnement relationnel où chaque cliente et client sent qu'on lui accorde de l'importance et que ses préoccupations seront écoutées et prises en considération. Ils et elles ont besoin de sentir qu'ils sont plus qu'un autre client ou cliente au sein d'un système impersonnel. Le conseiller ou la conseillère peut faire naître ce sentiment d'importance par ses paroles, mais aussi à l'aide de gestes simples tels qu'accueillir les gens à l'entrée, leur offrir un verre d'eau ou un café et veiller à éliminer toute source d'inconfort. Créer un sentiment d'importance aide à accroître la confiance en soi de la personne cliente et à forger une alliance de travail. Ce sentiment d'importance est maintenu en permanence et contribue à alimenter le processus d'orientation professionnelle.

Interventions métaphoriques dynamiques

Le modèle d'engagement actif permet un large éventail d'interventions qui se démarquent par leur nature dynamique. Dans son ouvrage, intitulé *Le Point de Bascule (The Tipping Point)*, Malcolm Gladwell (2000) relève l'importance de créer des expériences pertinentes, mémorables et transformatrices (le facteur d'adhérence) comme moteur du changement. Une façon de créer des expériences mémorables est de se concentrer sur les récits et les métaphores intégrées au sein des histoires de vie. Les métaphores sont malléables et apportent une dimension visuelle qui aide à affiner la pensée tout en fournissant des images directrices. Elles peuvent être utilisées pour permettre une distanciation face aux problèmes (également appelée « externalisation du problème »), après quoi les conseillers et les clients peuvent explorer, élargir et modifier les images pour créer la possibilité d'obtenir des résultats plus positifs. Pensez, par exemple, à un golfeur. Imaginez que le counseling d'orientation est ce qui procure l'élan arrière. Pour aller de l'avant, il faut d'abord aller vers l'arrière. Lorsqu'elles cherchent à résoudre des problèmes, de nombreuses personnes souhaitent parvenir directement à la solution, mais pourtant, il y a des avantages à faire un retour en arrière avant d'aller de l'avant. Ce mouvement en arrière est un moment tout indiqué pour passer en revue les réalisations passées, établir de nouvelles priorités, susciter de l'espoir et insuffler une énergie positive. Ce mouvement en arrière, bref et ciblé, est source d'énergie. Il prépare le terrain pour aller de l'avant. Il permet de donner le coup d'envoi et d'en assurer le suivi. De bien des façons les conseillers et les conseillères instiguent ce mouvement en arrière, et ce, en aidant les clients et les clientes à passer en revue leurs points forts, leurs priorités et leurs possibilités, puis les aidant à aller de l'avant avec une énergie et un enthousiasme renouvelé.

Les métaphores font naturellement partie de notre système conceptuel. Nous pouvons demander aux personnes de réfléchir à leurs situations problématiques par l'usage de l'imagerie visuelle. En observant et en créant une image visuelle, nous ouvrons la voie pour de futures explorations et discussions. Il est important de reconnaître que ces images métaphoriques ne sont qu'un reflet de notre réalité et, qu'à cet effet, elles peuvent être modifiées, voire dans certains cas, substituées. Je me rappelle d'avoir travaillé avec une jeune femme qui se décrivait comme un plancher sur lequel les gens s'essuyaient les pieds. Je lui ai mentionné que, lorsque je la regardais, je voyais une décoration murale. Ainsi, j'ai alors retiré l'image d'un tapis de plancher, afin de reconnaître la beauté intrinsèque de cette femme, faisant d'elle une œuvre d'art. Ce changement de perspective a grandement contribué à instaurer un climat de confiance et à soutenir la personne cliente vers l'adoption d'une image plus positive d'elle-même.

Utilisation de dessins et d'activités physiques

Recourir aux métaphores conduit naturellement à l'usage d'activités physiques et de dessins. Plutôt que de s'en tenir à parler de sa situation, la personne cliente est invitée à créer une représentation physique ou visuelle de ce qui se passe. Il peut s'agir de dessiner sur un tableau de papier ou de réaliser un exercice physique permettant de dégager les éléments importants de la métaphore. En contexte de counseling d'orientation axé sur les solutions, l'une des techniques souvent utilisée est celle de la « question miracle » (de Shazer, 1985). Cette technique invite le client ou la cliente à se représenter dans l'expérience de son problème, puis à rechercher des solutions possibles. Une solution miracle permet à la personne de se déplacer d'une position de solution, là où l'on peut regarder en arrière en regard de ce qui a besoin d'arriver pour entreprendre un changement de l'avant. Métaphoriquement parlant, le client ou la cliente amorce la résolution de son problème du haut de la colline et en regardant vers le bas, plutôt que l'inverse. Ce changement de perspective aide à générer une attitude plus positive et une plus grande souplesse. Cet exercice peut être réalisé à un niveau strictement cognitif. Toutefois, il est possible de tirer beaucoup plus de l'expérience, notamment par l'ajout du dessin ou de la visualisation, sinon de demander à la personne cliente de se lever et de se représenter physiquement la résolution de son problème en se déplaçant d'un côté à l'autre de la pièce. Quelque chose de spécial se produit lorsqu'on fait plus que simplement discuter d'un problème.

Affirmation de ses forces

L'importance accordée au fait de communiquer activement avec les clients et les clientes et de les soutenir en mettant de l'avant leurs points forts constitue un autre élément essentiel de l'engagement actif. Un exercice d'engagement actif, appelé cercles d'histoire (anciennement le cercle de forces)[1], s'amorce en demandant à la personne cliente de se remémorer des histoires de réussites, des expériences optimales de carrière[2] et des situations où elle fut capable de surmonter des défis de vie personnelle et professionnelle avec succès. La conseillère ou le conseiller demande ensuite plus de détails et encourage un récit complet de l'histoire. Une fois l'histoire détaillée, une importance particulière est accordée à l'analyse de ses différentes composantes et l'identification de forces qui s'en dégagent. La personne cliente est encouragée à amorcer un processus au sein duquel sa conseillère ou son conseiller contribue activement à fournir ses propres observations. En contexte de counseling de groupe, les autres membres se joignent à cette dernière pour formuler leurs propres rétroactions.

Ce type d'affirmation structurée des forces de la personne est très puissant dans la mesure où il se fonde sur l'histoire telle que racontée par la cliente ou le client.

---

1   Le terme anglophone d'origine est « Story Wheels », anciennement « Circle of Strengh ».
2   Expérience optimale est le terme le plus utilisé pour traduire le concept de « Flow ».

Ce type d'affirmation active va au-delà d'une simple « attitude positive »; c'est un processus d'affirmation basé sur les comportements de la cliente ou du client, donc qu'elle peut difficilement nier. L'engagement actif encourage les conseillers et les conseillères à exprimer les forces observées chez la personne cliente à chaque opportunité.

Évaluation fondée sur des données probantes

Il existe d'innombrables exercices et stratégies rattachés à l'approche d'engagement actif. Au cours des dernières années, j'ai travaillé à illustrer l'impact de ces exercices dynamiques au travers de différents programmes de développement et de projets d'évaluation (pratique fondée sur des données probantes), souvent en collaboration avec des personnes menant des recherches sur la *théorie axée sur l'espoir et l'action (hope-action theory)*. Vous trouverez plus de renseignements sur cette théorie et la pratique qui s'y rattache au chapitre 27.

En recherchant des pratiques fondées sur des données probantes, j'ai étendu mon approche pour inclure l'évaluation fondée sur les arts (Art-Based Evaluation), de même que d'autres plus traditionnelles (Simons et McCormack, 2007). Les résultats issus d'évaluations à la fois formatives et sommatives se sont avérés encourageants pour de nombreux types de clientèle (p. ex; personnes immigrantes ayant une formation professionnelle en santé, réfugiées et réfugiés syriens, clientes et clients sans emploi, diplômées et diplômés universitaires, et autres). Parmi les activités évaluées, notons les suivantes : Marcher avec le problème[3], Cercle d'histoire, L'expérience optimale de carrière, Surmonter les défis, Attracteurs de milieux de travail[4], Ma vie comme un livre, Résolution de problème par deux et trois chaises.

Illustration pratique et analyse

Le cas que je souhaite mettre en lumière provient d'un projet d'évaluation basé sur les arts où j'ai tenté de démontrer, sur vidéo, différents exercices axés sur l'engagement actif (Amundson, 2009). Parmi les volontaires se trouvait une étudiante universitaire âgée de 44 ans. Inscrite à la maîtrise en counseling, elle demeurait incertaine quant à savoir si elle souhaitait ou non poursuivre ses études au doctorat. L'étudiante en question, Lulin (pseudonyme), était une mère célibataire venue en Amérique du Nord depuis la Chine. Elle avait 10 années d'expérience en tant que professeure d'anglais et en tant qu'entrepreneure. Vivant en Amérique du Nord depuis 10 ans, elle appréciait grandement étudier en counseling. Arrivant à la fin de ses études, elle désirait savoir quelles étaient ses possibilités. Elle

---

3 Walking the problem.
4 Workplace Attractors.

adorait enseigner et voulait obtenir son doctorat afin de pouvoir travailler auprès d'étudiants et d'étudiantes de niveau collégial. Cependant, Lulin craignait d'être trop âgée pour poursuivre ses études.

Lorsque j'ai commencé à travailler avec Lulin, je lui ai demandé d'utiliser une métaphore pour décrire comment elle voyait sa situation. Elle a indiqué qu'elle se percevait « *comme un papillon qui veut voler, mais pas très haut* ». De là, nous sommes passés à un exercice où je lui ai demandé de dessiner ce papillon sur un tableau à feuilles de papier. Après une certaine hésitation (estimant qu'elle n'était pas très artistique), elle a dessiné le papillon. À partir de cette illustration, nous avons discuté de la façon dont elle percevait sa situation et de comment elle se sentait. Lulin était convaincue qu'elle voulait poursuivre un doctorat et devenir enseignante au niveau collégial. Cependant, elle éprouvait également certaines craintes en raison de son âge et de ses problèmes de santé. Je lui ai alors demandé de faire avec moi l'exercice « Marcher avec le problème ». Pour commencer, je l'ai invitée à se lever et à se déplacer vers un côté de la pièce. À cet endroit, elle se trouvait dans la situation jugée problématique et regardait en avant pour tenter de voir les possibilités qui pouvaient s'offrir à elle. Un avenir idéal pour elle consisterait à voler haut dans le ciel avec son doctorat complété et un poste d'enseignante au niveau post-secondaire. Je l'ai alors informée qu'un miracle s'était produit et qu'elle pouvait maintenant se diriger vers son avenir idéal situé de l'autre côté de la pièce. Je l'ai encouragée à changer sa position, sans se soucier de la manière dont elle y parviendrait – elle devait simplement accepter le miracle et passer de l'autre côté de la pièce. Dans cette nouvelle perspective, elle souriait et était manifestement très satisfaite de la façon dont les choses s'étaient déroulées. Je lui ai demandé de regarder d'où elle arrivait et de se demander quels conseils elle pourrait s'offrir à elle-même. Après une courte réflexion, elle a répondu : « *Juste d'y aller, faire un pas par en avant* ». J'ai alors joué le rôle de son moi craintif, précisant que j'avais peur d'aller de l'avant. Elle m'a assuré que « *Tout ira bien; tu t'es rendue si loin et as fait tant de choses; tu as maintenant plus de soutien* ». Lulin a élaboré les étapes à suivre en commençant par finaliser sa thèse, puis d'acquérir quelques expériences de travail et enfin de faire sa demande d'admission au doctorat, avec une forte dose de confiance et de support de la part de son conjoint. Ce résumé semblait être le moment idéal pour mettre fin à cette partie de l'exercice.

Lorsque Lulin et moi sommes retournés nous asseoir, nous avons conclu l'exercice par quelques réflexions et certaines modifications au papillon dessiné au départ. Elle a exprimé sa passion pour l'enseignement et son désir de s'engager dans cette voie. Il était également évident qu'il y avait un deuxième papillon dont il fallait tenir compte, à savoir son conjoint. Lulin a indiqué que son conjoint volait plus haut qu'elle et regardait droit devant. Il était déterminé, résolu, prêt et disposé à lui offrir tout son soutien. Lulin a ajouté ce deuxième papillon à son dessin et a indiqué que son conjoint l'avait encouragée dans cette voie depuis leur rencontre il y a six ans.

Pour conclure la séance, nous avons fait un compte-rendu en mettant l'accent sur ce qui se passerait si Lulin ne prenait pas ces mesures. Lulin a déclaré qu'elle vivrait avec « *des regrets pour le reste de sa vie* ». C'était là très cher payer pour son inaction. Lulin était si enjouée par ses buts qu'elle devait aller de l'avant.

À bien des égards, cette première séance était idéale dans la mesure où elle démontrait la portée d'un processus de counseling dynamique. Un plan d'action précis a été établi et tout semblait en place. Cependant, ce n'était là que le début de cette histoire. Lulin a bel et bien terminé sa maîtrise et a obtenu un poste de conseillère dans un collège. Toutefois, elle a également connu quelques tourments lorsque sa relation avec son conjoint prit fin (un événement que les théoriciens du chaos appelleraient l'impact d'un *attracteur étrange*; voir le chapitre 33). Il fallait soudain tout réévaluer.

Cette réévaluation s'est amorcée en revoyant son objectif. Lulin souhaitait toujours trouver un emploi où elle pourrait enseigner, animer de petits groupes, offrir des services-conseils et conseiller personnellement des étudiants et étudiantes de niveau postsecondaire. La grande question était de savoir si un doctorat était indispensable pour cela. Existait-il d'autres voies pouvant mener à ce même objectif ? Ces réflexions et ces explorations plus étendues ont permis de réaliser qu'une maîtrise était le seul titre de compétence dont elle avait besoin pour travailler dans un centre de conseil et d'orientation au niveau collégial. Dans ce rôle, elle serait en mesure d'enseigner, de conduire des séances de counseling individuel et de groupe ainsi que d'offrir des services conseils. Sur le plan personnel, elle a trouvé un nouveau conjoint qui la comble de bonheur et a adopté une vie plus équilibrée. Elle a adopté un style de vie plus équilibré. Avec tous ces changements, le « petit papillon » est devenu plus fort et plus sûr pour affronter les prochaines étapes. Lulin a réussi à se créer un emploi qu'elle jugeait satisfaisant et en mesure de répondre à tous ses besoins au sein du collège où elle travaillait. Elle a continué à travailler avec la métaphore consistant à marcher avec le problème et a pris des mesures en accord avec ce nouveau plan de carrière. Il serait faux de dire que Lulin n'a pas regretté le fait de renoncer à son doctorat. Elle reconnait que ce diplôme lui aurait également conféré un grand prestige. Cependant, après avoir examiné tous les aspects de la question, elle a conclu que c'était une bonne idée de se concentrer sur son travail au collège.

Conclusion

L'engagement actif offre une approche efficace et efficiente en matière de développement de carrière. Cela débute par l'établissement d'un climat de confiance entre la personne conseillère et la personne cliente. Cela contribue à faciliter l'exploration créative de soi et l'exploration des possibilités du marché du travail par l'emploi d'un ensemble d'interventions dynamiques et flexibles. Il y a une volonté, au travers de ce processus, de créer des expériences mémorables (durables) pouvant agir comme force de changement.

Au sein du modèle d'engagement actif se retrouve une forte attention portée sur l'élaboration, l'exploration et l'extension de métaphores inscrites dans les récits racontés. Le recours à l'imagerie visuelle prévoit l'utilisation de dessins et de mouvements physiques. Une attention est également portée sur la communication de rétroactions plus approfondies, fondées sur des récits d'expériences optimales de carrière, de même que sur des réalisations et des défis rencontrés par la personne cliente. En travaillant en collaboration avec son conseiller ou sa conseillère, la personne cliente est amenée à saisir chaque occasion d'affirmer ses forces.

Au fur et à mesure de l'avancée du processus, les personnes conseillères et clientes établissent une orientation claire. À cet égard, je considère utile d'employer le modèle de développement de carrière axé sur l'espoir et l'action (voir le chapitre 27). Cette approche fournit un cadre permettant d'évaluer les domaines qu'il convient de développer davantage. Un programme de recherche en cours permet en ce moment d'examiner différents exercices d'engagement actif utilisés dans le cadre du modèle de développement de carrière axé sur l'espoir et l'action. Ces études d'évaluation mettent l'accent sur de nombreux groupes différents et les résultats qualitatifs et quantitatifs illustrent la force de la théorie et du modèle axés sur l'espoir et l'action utilisés conjointement avec certaines stratégies d'intervention de l'engagement actif.

Références

Amundson, N. E. (2005). The potential impact of global changes in work for career theory and practice. *International Journal for Educational and Vocational Guidance, 5*, 91-99. DOI :10.1007/s10775-005-8787-0

Amundson, N. E. (2006). Challenges for career interventions in changing contexts. *International Journal for Educational and Vocational Guidance, 6*, 3-14. DOI :10.1007/s10775-006-0002-4

Amundson, N. E. (2009). *Active engagement in action* [DVD]. Richmond, BC : Ergon Communications.

Amundson, N. E. (2018). *Active engagement: The being and doing of career counselling, anniversary edition*. Richmond, BC : Ergon Communications.

De Shazer, S. (1985). *Keys to solution in brief therapy*. New York, NY : Norton.

Del Corso, J. J. et Briddick, H. S. (2015). Using audience to foster self narrative construction and career adaptability. Dans P. J. Hartung, M. L. Savickas et W. B. Walsh (dir.). *APA handbook of career intervention, Volume 2 : Applications* (p. 255-268). Washington, DC : American Psychological Association.

Gladwell, M. (2000). *The tipping point: How little things can make a big difference*. Londres, Angleterre : Abacus.

Hansen, F. T. et Amundson, N. E. (2009). Residing in silence and wonder: Career counselling from the perspective of "being." *International Journal for Educational and Vocational Guidance, 9*, 31-43. DOI:10.1007/s10775-008-9149-5

Simons, H. et McCormack, B. (2007). Integrating arts-based inquiry in evaluation methodology. *Qualitative Inquiry, 13*, 292-311. DOI :10.1177/1077800406295622

Biographie

Norm Amundson est professeur en psychologie du counseling à la faculté d'éducation de l'Université de la Colombie-Britannique, à Vancouver, au Canada. Il est également titulaire d'un doctorat honorifique de l'Université Umeå, en Suède. M. Amundson est un auteur et un conférencier bien connu. Il vient tout juste de publier la 20e édition de son ouvrage primé, Active Engagement. Ses publications comprennent plus de 100 articles scientifiques, des DVD de formation, ainsi que des livres et des manuels, dont bon nombre ont été traduits dans différentes langues.

Points de pratique pour l'engagement actif
Norman Amundson

1. **Prendre un temps d'arrêt.** Prenez le temps de prendre du recul et d'examiner ce qui se passe dans le travail que vous faites. Faites-vous des ajustements pour répondre aux besoins des clientes et des clients ou vous contentez-vous simplement de suivre un cadre habituel? Est-ce que votre pratique du counseling est un espace créatif favorable à la collaboration?

2. **Réflexion sur les relations.** Examinez la nature des relations que vous entretenez avec votre clientèle. De quelle façon les aidez-vous à sentir qu'ils sont vraiment importants? Quelles mesures concrètes prenez-vous pour leur transmettre ce message?

3. **Répondre au sentiment de frénésie.** Dans la poursuite de votre travail, vous retrouvez-vous envahi par toutes les actions qu'il importe d'entreprendre? Prenez-vous le temps de prendre du recul sur l'agitation du quotidien et d'écouter votre petite voix intérieure qui essaie de se faire entendre?

4. **Utilisez les métaphores de manière créative.** Êtes-vous attentif aux métaphores que vous entendez dans le discours de vos clients et vos clientes et plus conscient de celles que vous utilisez? Êtes-vous capable d'employer des métaphores pour résumer les récits racontés? Savez-vous comment faire usage de dessins et d'activités physiques pour l'élaboration, l'expression et le changement en regard des métaphores de vous entendez?

5. **Appliquez des stratégies d'intervention mémorables.** Utilisez-vous des stratégies d'intervention mémorables (adhérentes)? Avez vous le courage d'introduire des activités qui sortent du cadre traditionnel de pratique du counseling d'orientation?

6. **Soutenez les forces.** Utilisez-vous des stratégies d'affirmation de forces fondées sur les histoires d'expériences optimales, d'accomplissement et de défis vécus par vos clients et vos clientes?

7. **Se montrer collaboratif.** Essayez-vous d'en faire trop par vous-même? Faites appel à vos collègues pour obtenir leur collaboration et leur soutien.

Chapitre 2

Comprendre le développement de carrière des enfants atteints de dyslexie : le modèle de développement de carrière axé sur le processus de préparation culturelle

Sajma Aravind et Gideon Arulmani

À mesure que le counseling de carrière et l'orientation professionnelle se sont imposés comme disciplines indépendantes, les recherches se sont progressivement étendues à des groupes et des populations jusqu'alors peu investis. Les individus ayant des besoins spéciaux sont l'une de ces populations. Une revue de la littérature a révélé que bien que ces personnes doivent faire face à plusieurs défis et obstacles en matière de développement de carrière, la plupart des théories sur le développement de carrière ne tiennent pas compte de ces populations dans leurs formulations (McMahon, 2014). Une recension d'écrits réalisée par Enright, Conyers et Szymanski (1996) sur l'incidence d'un handicap[1] en regard du développement de carrière a permis d'identifier quelques facteurs prépondérants : la capacité de prendre des décisions, le concept de soi, l'âge auquel le handicap est apparu, le type de déficience ainsi que le genre.

Pour tracer un portrait propre à un pays, l'Inde comptait, en 2011, 27 millions de personnes avec handicap (registraire général et commissaire au recensement; http://censusindia.gov.in/2011-Common/CensusData2011.html). Par conséquent, l'orientation professionnelle auprès de personnes avec handicap est un besoin croissant qui appelle à une attention particulière. Le *modèle du processus de préparation culturelle* (Arulmani, 2011, 2014; également connu sous le nom de « *modèle de préparation culturelle* ») est une plateforme utile pour aider à mieux comprendre les notions conjointes d'handicap et de développement de carrière, puisqu'elle permet « d'adapter les interventions relatives à la carrière aux contextes locaux » (McMahon, 2014, p. 23). Au sein des prochaines sections, les fondements théoriques du modèle de préparation culturelle sont décrits et appliqués au sein d'une illustration pratique où une démarche de counseling de carrière est mise en œuvre auprès d'un étudiant diagnostiqué d'un trouble de dyslexie.

---

[1] La traduction du texte d'origine propose l'emploi de « handicap » pour désigner le terme « Disability » employé par les auteurs. Dans la langue française, d'autant plus selon une perspective biopsychosociale dont se réclament les auteurs, le handicap concerne l'incapacité ou la limitation relative à des obstacles de son environnement.

Conceptualisation de la notion de handicap

Les conceptions les plus récentes du handicap renvoient à une perspective biopsychosociale où il est le résultat d'interactions entre la santé, de même que des aspects psychologiques et sociaux de l'environnement de la personne (Organisation mondiale de la santé [WHO], 2002). Les connotations culturelles constituent donc un facteur clé pour comprendre l'expérience du handicap. Deux personnes présentant le même type de déficience sur le plan de la santé peuvent expérimenter des niveaux différents d'handicap selon l'interprétation qui en est faite au sein de la culture. Le présent chapitre focalise sur un trouble spécifique d'apprentissage – dyslexie – en l'abordant sous l'angle de l'interface entre culture et dyslexie. Nag et Snowling (2012) proposent une brève description de la dyslexie en tant que « trouble du développement affectant les habiletés impliquées dans la lecture et l'épellation de mots, et ce, en l'absence de toute déficience intellectuelle. Les symptômes peuvent être classés de bénins à sévères. » (p. 6). Elle peut se manifester en différents sous-types. La classification statistique internationale des maladies et des problèmes de santé connexe (version 11 Betâ; https://icd.who.int/dev11/l-m/en) classe la dyslexie au sein des troubles de développement de l'apprentissage. Ces derniers sont décrits en tant que « caractérisés par des difficultés signifiantes et persistantes d'apprentissage d'habiletés académiques, ce qui peut inclure la lecture, l'écriture et l'arithmétique » (par 1).

Le modèle du processus de préparation culturelle : un cadre théorique

Le modèle de préparation culturelle examine le développement de carrière en tant que processus imprégné culturellement (Arulmani, 2014). Ce modèle illustre l'impact de forces culturelles façonnant les buts, les besoins ainsi que les défis individuels en matière de développement de carrière. Comme mentionné par la personne auteure du modèle, la préparation culturelle résulte de l'accumulation d'apprentissages et d'expériences d'un certain groupe d'individus au fil du temps. Ces individus ont tellement assimilé et systématisé des façons propres d'interagir avec le monde qu'il est possible d'identifier ce groupe et de le distinguer des autres. Ces façons d'interagir reposent sur un environnement sociocognitif caractérisé par une organisation sociale et un système de croyances, de valeurs, de rituels et de mœurs interreliés qui sont désormais profondément ancrés dans les conventions et les routines auxquelles le groupe visé s'est habitué (Arulmani, sous presse).

Le présent chapitre focalise sur quatre concepts qui sous-tendent le modèle du processus de préparation culturelle, à savoir l'apprentissage culturel, l'enculturation, l'équilibre du statut de préparation culturelle et l'acculturation. Ces concepts sont résumés ci-dessous.

Un construit important sur lequel repose le modèle est *l'apprentissage culturel*. L'apprentissage culturel réfère à l'habileté unique de l'être humain d'acquérir des connaissances au-travers l'apprentissage par imitation, soit la manière par laquelle une personne absorbe les coutumes, les traditions et les valeurs par l'observation des autres membres du groupe. Cette capacité d'apprentissage par imitation permet à l'être humain de devenir un transmetteur de connaissances par l'intermédiaire de la culture. Selon ce modèle, cette capacité d'apprentissage culturel transforme l'engagement des êtres humains à l'égard du travail en une expression de leur culture.

Le deuxième concept, l'*enculturation*, est défini comme « le processus par lequel les gens se voient inculquer les obligations propres à la culture à laquelle ils appartiennent, assimilent les valeurs de cette culture et acquièrent les comportements qui y sont jugés appropriés et obligatoires - pour des pratiques particulières » (Arulmani, 2014, p. 86). L'enculturation amène les individus à se conformer aux attentes du groupe, en regard de trois facteurs :

- *L'organisation sociale individualiste-collectiviste*. Les liens entre les individus dans les sociétés individualistes sont moins serrés que les relations dans les communautés collectivistes. La liberté de choix et l'indépendance sont prisées dans le premier type d'organisation sociale, tandis que l'interdépendance et le maintien de la cohésion du groupe sont valorisés dans le second. Par exemple, dans un environnement social collectiviste, les intérêts exprimés peuvent être fortement motivés par l'obligation enculturée de se conformer aux valeurs et aux croyances de la collectivité. En revanche, une société individualiste est plus susceptible d'accorder une plus grande latitude et d'encourager ses membres à exprimer leurs préférences personnelles;

- *Les attributions de valeurs et de croyances liées à carrière*. La préparation culturelle est influencée par la manière dont certains phénomènes se voient conférer une valeur et une signification dans une culture donnée. Les différents groupes professionnels peuvent se voir attribuer une valeur positive ou négative en fonction des processus de préparation culturelle qui prévalent. Le travail des cols bleus et des cols blancs peut être considéré avec une indifférence relative au sein d'une culture, tandis que pour une autre, l'un de ces deux groupes peut être perçu comme appartenant à une classe sociale ou à une caste inférieure. De telles mentalités génèrent des croyances en matière de carrière qui « influencent l'idée que les gens se font de la carrière ainsi que leur engagement dans le développement de carrière » (Arulmani, 2014, p. 90). L'idée que « les garçons sont meilleurs que les filles en mathématiques et en sciences » ou que « les enfants dyslexiques ne peuvent pas réussir sur le plan professionnel » sont quelques exemples de croyances courantes en matière de carrière;

- *Le processus d'attribution des rôles.* Les rôles définissent la relation qu'entretient chaque individu avec un groupe social donné. Par exemple, un élève ou une élève dyslexique se voit généralement conférer le statut d'élève faible qui ne pourra qu'accéder à des métiers demandant moins d'études. Par ailleurs, les rôles atteints sont ceux qu'une personne obtient délibérément de par ses réalisations. Un élève ou une élève dyslexique peut acquérir les compétences nécessaires pour gérer les difficultés que lui pose sa dyslexie et se voir conférer un changement de statut. Les forces dynamiques de la préparation culturelle peuvent fortement influencer la question de savoir si les acquis (compétences en lecture) changent le statut assigné (faible au niveau scolaire).

Le troisième concept, *l'équilibre du statut de préparation culturelle*, réfère à un état unique d'équilibre interne en regard de son développement de carrière. Il résulte des interactions entre l'apprentissage culturel et l'enculturation. Cet équilibre reflète une stabilité interne ainsi qu'une balance mentale et émotionnelle équilibrée résultant de l'habitude de faire des choses d'une certaine manière (Arulmani, 2014).

La quatrième construction mentale, *l'acculturation*, fait référence à la manière dont l'équilibre du statut de préparation culturelle existant est influencé par d'autres forces externes. Les forces d'acculturation peuvent s'accorder ou non avec cet équilibre de statut chez l'individu. La concordance indique que l'acculturation favorise ou soutient l'équilibre existant, tandis que la discordance perturbe cet équilibre.

Les descriptions précédentes de ces quatre concepts démontrent clairement que, pour rendre les interventions en orientation professionnelle plus efficientes, elles doivent se baser sur la réalité expérimentée par les personnes à qui elles s'adressent (Arulmani, 2011). Le prochain chapitre permet d'examiner l'application possible du modèle de préparation culturelle en regard des défis de développement de carrière rencontrés par les étudiants et les étudiants avec dyslexie, et ce, à partir d'une étude de cas réalisée en Inde.

Illustration pratique : le cas de JS

JS (pseudonyme) est un garçon de 16 ans de Bangalore, en Inde, issu d'une famille de revenu moyen. Le père de JS est propriétaire d'un magasin de textile en ville et sa mère est une femme au foyer. JS a reçu un diagnostic de dyslexie. Son dernier rapport d'évaluation (produit lorsqu'il avait 14 ans) indique qu'il souffre d'un « un trouble d'apprentissage caractérisé par des difficultés de lecture, d'écriture et d'épellation des mots ». JS a passé la majeure partie de sa scolarité au sein du système d'éducation « régulier », lequel intègre presque exclusivement des personnes ne présentant pas de difficultés scolaires. L'historique scolaire de JS se compose de nombreux changements d'école liés à de faibles résultats scolaires. Il fut dans l'obligation de reprendre sa 8e année en raison d'un rendement académique insuffisant. JS a commencé à fréquenter son école actuelle en 9e année et il termine actuellement la première année du programme de 10e année qui s'étend sur 2 ans. Il s'agit d'une école qui intervient sur les besoins des enfants avec des besoins spéciaux, tels que les difficultés d'apprentissage. De telles écoles « alternatives » permettent à la communauté étudiante ayant des besoins spéciaux de combiner une formation à la fois académique et professionnelle. Les méthodes d'enseignement sont adaptées aux conditions d'apprentissage de chaque personne étudiante. Après avoir passé la majeure partie de sa vie scolaire dans des écoles régulières, JS s'est ajusté à son nouvel environnement d'enseignement où il bénéficie d'un soutien un à un important. Cependant, il importe de garder en tête que l'expérience de difficultés d'apprentissage s'associe à celle de forte stigmatisation. Les élèves qui fréquentent des écoles alternatives sont souvent étiquetés comme atteints de déficience intellectuelle. Compte tenu des faibles rendements scolaires de JS, la valeur accordée à la réussite scolaire semble s'être érodée au sein de son environnement familial. Les attentes semblent s'être amoindries et le père de JS espère simplement que son fils complète une certaine éducation de base pour ensuite rejoindre l'entreprise familiale.

JS fut rencontré par l'auteure principale de ce chapitre lorsqu'il complétait la première partie de sa 10e année. Les échanges démontraient une estime de soi et une motivation toutes deux extrêmement faibles, de même que l'absence d'engagement dans les différentes activités d'exploration de carrière. Cependant, les personnes qui lui enseignaient mentionnaient que ses performances s'amélioraient et qu'il s'intégrait bien à ce nouveau système.

Analyse de l'illustration pratique
Apprentissage culturel et enculturation

Les premières expériences de scolarisation de JS, dans les écoles ordinaires régulières, représentent des expériences d'enculturation que vivent couramment la plupart des élèves indiens atteints d'un handicap. On s'attend à ce que les élèves se conforment aux exigences du système d'éducation régulier qui met fortement l'accent sur la capacité de l'élève à lire et à comprendre des textes, à apprendre la matière par cœur et à démontrer à l'écrit les connaissances acquises. Les écoles que JS a fréquentées pendant la majeure partie de sa vie scolaire comportaient toutes un système d'évaluation rigoureux et rigide. Répondre à ces exigences scolaires et obtenir de bonnes notes est considéré comme crucial pour mener à bien des études supérieures et, par conséquent, essentiel à son développement futur de carrière. L'apprentissage culturel fait en sorte que l'identité personnelle et l'estime de soi sont étroitement liées à la capacité d'être un « bon » élève, ce qui renvoie à l'obtention de bonnes notes. Être éduqué dans de tels établissements, où l'excellence académique est au cœur de l'approbation sociale, constitue une force d'enculturation importante dans la vie de la plupart des élèves en Inde. Bien que JS soit accepté par sa famille, son acceptation par le groupe social plus vaste dont il fait partie sera toujours liée de manière inextricable à l'exigence culturelle d'être un bon élève. L'impact d'une organisation sociale collectiviste sur les décisions de carrière est évident. JS est censé rejoindre l'entreprise de textile familiale et s'est vu attribuer le rôle de celui qui assura la relève et la continuité des affaires. La prise de décisions de carrière se veut davantage une affaire de famille qu'une décision individuelle. On constate l'existence de ce processus collectiviste dans la manière dont la famille a « pris en charge » le cheminement de carrière de JS du mieux qu'elle pouvait, compte tenu de ses difficultés scolaires. À bien des égards, la manière dont cette décision de carrière est prise vise à le protéger de sombres perspectives de carrière.

Équilibre du statut de préparation culturelle

Les forces de l'enculturation au sein de la culture indienne sont telles que la plupart des élèves sont prêts à accepter que les études doivent avoir priorité sur toutes les autres activités et que leur devoir le plus important est d'obtenir invariablement des notes élevées à l'école. En fait, la plupart des langues indiennes utilisent le même mot pour décrire à la fois l'*étude* et la *lecture*. Les élèves se retrouvent donc dans un état d'équilibre culturellement approuvé en ce qui concerne leurs tâches d'élève et sont capables de répondre aux exigences du système d'éducation. Cependant, dans le cas de JS, le système d'éducation – au sein duquel la plupart de ses pairs ont vécu une enculturation et y ont trouvé un équilibre – ne coïncide pas avec son profil d'habiletés personnelles. En tant qu'élève avec dyslexie, JS éprouve des difficultés en lecture, en écriture et en orthographe – précisément les outils sur lesquels l'école régulière assure l'éducation des élèves. Dans une perspective sociétale plus large, il baigne dans un environnement de croyances sur la carrière où une certaine forme d'excellence – académique – est celle qui est la plus valorisée. Les difficultés d'apprentissage de JS ne lui ont pas permis de se conformer aux exigences de cette enculturation. De telles croyances peuvent avoir entraîné chez lui une perte d'estime de soi, compte tenu des difficultés qu'il éprouvait avec ses études, entravant ainsi ses activités d'exploration et de développement de carrière. JS a continuellement lutté pour tenter d'atteindre ses objectifs d'apprentissage, malgré ses nombreux changements d'école. Bien que les écoles fussent différentes, la qualité de l'environnement était toujours la même. Les difficultés scolaires de JS ont continué, et ce, au point où il a dû reprendre sa 8e année. Reprendre une année au sein d'une même institution peut s'avérer une expérience atroce pour un élève qui voit ses pairs passer à un niveau supérieur. Par conséquent, de telles expériences ont laissé JS dans un état d'équilibre dissonant caractérisé par un affaiblissement de son estime de soi et de sa motivation, l'entraînant ainsi dans une spirale descendante de faibles résultats scolaires. D'après les échanges que la première auteure a eus avec lui, cette discordance l'a également amené à douter de sa propre réussite professionnelle. Les interactions de l'auteure principale avec JS témoignent des incidences qu'a eues cette dissonance sur les croyances entretenues par JS à l'endroit de son propre succès professionnel.

Acculturation

La réussite de la 10e année (la dernière année d'études secondaires) est une étape importante dans la vie d'un élève en Inde. Obtenir de mauvaises notes (ou échouer) en 10e année peut avoir des effets néfastes sur le cheminement scolaire de l'élève. Cette perspective a conduit la famille de JS à le transférer dans une école alternative après la 8e année. Le transfert de JS dans une telle école représente une expérience d'acculturation. Les méthodes d'apprentissage dans cette nouvelle école étaient différentes de celles pratiquées dans les écoles qu'il avait jusque-là fréquentées. À sa nouvelle école, JS bénéficiait d'un soutien individuel important pour l'aider à faire face aux difficultés résultant de la dyslexie. Cette nouvelle école demandait à JS de non seulement s'adapter à de nouveaux styles d'apprentissage, mais à de nouveaux contenus d'enseignement. Pendant que les écoles régulières enseignaient des matières telles que l'anglais, les mathématiques, les sciences sociales et les sciences pures, l'école en question traitait d'anglais, de sciences domestiques[2], d'économie, de commerce et d'opérations d'entrée de données. JS a également connu d'autres changements dans le cadre de son expérience de scolarisation, comme le fait de passer d'une grande école très fréquentée à une petite école accueillant un nombre plus restreint d'élèves. Une caractéristique importante de l'acculturation dans ce nouvel environnement réside dans le fait que cette école a mis l'accent sur ses points forts plutôt que sur ses points faibles. L'amélioration de ses résultats scolaires dans cette école semble indiquer qu'il est en voie d'atteindre une plus grande consonance sur le plan de l'équilibre.

Conclusion

Le modèle du processus de préparation culturelle est utile pour explorer le développement de carrière en regard du contexte de réalité culturelle propre à la personne. Ce modèle est particulièrement utile dans le cas des personnes avec handicap. Le contexte social et culturel dans lequel évolue la personne influence la manière dont est vécu le handicap. Deux personnes avec un même handicap vivent chacune leur expérience de manière différente. Par conséquent, l'orientation professionnelle auprès de personnes avec handicap s'avérerait plus efficace par

---

2 Les sciences domestiques ou *Home Science* abordent des contenus rattachés à la vie résidentielle, familiale et sociale : nutrition, gestion des ressources, développement personnel, etc.

une prise en compte du facteur de préparation culturelle au sein du processus d'orientation. En résumé, l'analyse du cas de JS d'un point de vue de préparation culturelle permet de comprendre ses faibles performances scolaires de manière plus nuancée et plus spécifique à sa personne. Elle permet de cibler les forces d'enculturation qui, dans le cadre du processus d'apprentissage culturel, ont placé JS dans un état de déséquilibre.

Elle montre également comment les forces d'acculturation peuvent faire évoluer la personne vers un équilibre plus consonant. Plus important encore, une telle analyse nous permet de concevoir des interventions dont l'influence sur le plan de l'acculturation, peuvent aider la personne à sortir d'une spirale descendante et à s'engager dans une dynamique de changement positive.

Références

Arulmani, G. (2011). Saisir le bon thème : l'approche de la préparation culturelle au développement de programmes d'orientation spécifiques. *International Journal for Educational and Vocational Guidance, 11*, 79-93. DOI:10.1007/s10775-011-9199-y

Arulmani, G. (2014). The cultural preparation process model and career development. Dans G. Arulmani, A. J. Bakshi, F. T. L. Leong et A. G. Watts (dir.), *Handbook of career development: International perspectives* (p. 81-104). New York, NY : Springer International.

Arulmani, G. (2019). The cultural preparedness framework: Equilibrium and its alteration. Dans N. Arthur et M. McMahon (dir.), *Contemporary theories of career development: International perspectives* (p. 195-208). Abingdon, Angleterre : Routledge.

Enright, M. S., Conyers, L. M. et Szymanski, E. M. (1996). Career and career-related educational concerns of college students with disabilities. *Journal of Counseling and Development, 75*, 103-114. DOI:10.1002/j.1556-6676.1996.tb02320.x

McMahon, M. (2014). New trends in theory development in career psychology. Dans G. Arulmani, A. J. Bakshi, F. T. L. Leong et A. G. Watts (dir.), *Handbook of career development: International perspectives* (p. 13-27). New York, NY : Springer International.

Nag, S. et Snowling, M. J. (2012). Retard scolaire et troubles spécifiques des apprentissages. Dans J. M. Rey (dir.), *Manuel de la IACAPAP pour la santé mentale de l'enfant et de l'adolescent* (p. 1-44). Genève, Suisse : Association Internationale de Psychiatrie de l'Enfant, de l'Adolescent, et des Professions Associées. Récupéré de https://iacapap.org/french/

Organisation mondiale de la Santé. (2002). *Towards a common language for functioning, disability and health: ICF*. Genève, Suisse : l'auteur. Récupéré de http://www.who.int/classifications/icf/icfbeginnersguide.pdf

Biographies

Sajma Aravind est titulaire d'une maîtrise en psychologie clinique et du counseling de l'Université de Mangalore, en Inde. Elle complète actuellement un doctorat sur le counseling de carrière auprès des enfants atteints de dyslexie. Mme Aravind possède une expertise en matière d'évaluation d'enfants atteints de dyslexie. Elle est également une conseillère d'orientation et une formatrice expérimentée. Elle dirige les services d'orientation professionnelle de l'organisme *The Fondation Promise*, en Inde, et travaille comme éditrice-adjointe pour la revue *Indian Journal of Career and Livelihood Planning*. Mme Aravind agit également comme consultante internationale dans le domaine de l'orientation professionnelle.

Gideon Arulmani est directeur de l'organisme *The Fondation Promise*, en Inde et psychologue s'intéressant à la culture et au counseling. Le modèle du processus de préparation culturelle qu'il a élaboré a inspiré la conception d'interventions relatives à la carrière dans de nombreux pays en développement. Il est administrateur pour l'*Indian Association for Career and Livelihood Planning*, vice-président de l'Association internationale d'orientation scolaire et professionnelle (AIOSP), associé étranger du *National Institute for Careers Education and Counselling*, ainsi que professeur invité et consultant international auprès d'organismes multilatéraux.

Points de pratique pour le modèle du processus de préparation culturelle : travailler auprès des élèves atteints de dyslexie
Sajma Aravind et Gideon Arulmani

1. **Soyez sensible à l'apprentissage culturel et à l'enculturation.** Par son enculturation, un élève peut avoir adopté une vision personnelle mettant l'accent sur ses difficultés plutôt que sur ses talents. Avant de réaliser toute activité d'orientation, la sensibilité de la personne conseillère l'amènera à d'abord se renseigner sur ses antécédents familiaux, scolaires et liés à son handicap. Il explorera également les croyances personnelles observables de l'élève concernant son handicap.

2. **Comprenez l'équilibre du statut de préparation culturelle.** Évaluer l'état de déséquilibre de la cliente ou du client, qui se caractérise par une piètre estime de soi et une faible motivation. L'orientation professionnelle et le counseling de carrière focalisent sur les points forts plutôt que les faiblesses.

3. **Soyez sensible à l'acculturation.** Les personnes conseillères doivent être conscientes qu'elles sont, elles-mêmes, une puissante force d'acculturation. Elles peuvent involontairement classer les élèves à des niveaux de compétence en deçà de leur véritable potentiel, en raison de leur perception personnelle du handicap observé.

4. **Considérez les méthodes d'orientation du point de vue de la préparation culturelle.** Il est important pour vous d'évaluer la pertinence culturelle des méthodes et des outils utilisés en orientation professionnelle lorsque vous travaillez avec des élèves afin de répondre à leurs besoins en fonction de leurs capacités.

5. **Visez l'atteinte d'un nouvel équilibre.** Évaluez si le fait d'emprunter des parcours scolaires et professionnels socialement acceptés par suite de l'enculturation est susceptible d'accroître l'expérience de discordance de la personne étudiante en l'engageant sur une voie menant à l'échec plutôt qu'à la réussite.

6. **Les parents sont importants.** Aidez les parents à devenir une force d'acculturation. Ils doivent comprendre de quelle façon les forces et les limites personnelles de leurs enfants peuvent le mieux s'ajuster au monde du travail afin de créer un équilibre consonant dans la vie de ces derniers.

Chapitre 3

Orientation professionnelle axée sur la culture : lier la culture et la justice sociale aux pratiques relatives à la carrière

Nancy Arthur

Tôt dans ma carrière, j'ai réalisé que je devais améliorer mes compétences pour conseiller les clientes et les clients de divers pays et cultures. On ne peut présumer que les théories et les modèles développés auprès d'une population donnée peuvent pertinemment s'appliquer à des personnes issues de différents contextes, tant à l'intérieur d'un même pays que d'un pays à l'autre. Heureusement, à l'ère contemporaine, les théoriciennes et les théoriciens commencent à se pencher sur les applications culturelles de l'orientation professionnelle (Arthur et McMahon, 2019). Le modèle de *l'orientation professionnelle axé sur la culture* (*culture-infused career counseling*, CICC) (Arthur, 2017, sous presse-a; Arthur et Collins, 2011) repose sur le principe que les contextes et identités culturels des gens sont pertinents dans tous les rapports entre une personne conseillère et cliente. Par ailleurs, les contextes et identités culturels des gens sont liés à leurs préoccupations professionnelles et doivent être pris en compte dans la mise au point d'interventions en développement de carrière socialement justes. Ce chapitre résume les fondements théoriques et les quatre domaines du modèle, de même que son application possible à partir d'une illustration pratique.

Aperçu théorique du modèle de l'orientation professionnelle axée sur la culture

Le CICC repose sur un paradigme constructiviste valorisant de multiples formes de la réalité et où aucune affirmation singulière ne pourrait être qualifiée de « vérité » absolue (p. ex. Patton et McMahon, 2017). Travailler à partir d'une perspective constructiviste requiert que les conseillers et les conseillères puissent s'ouvrir à des visions du monde qui soient différentes des leurs. Le développement humain et la formation de visions personnelles du monde s'opèrent au travers du processus de socialisation. Les gens acquièrent des connaissances sur le monde par leurs interactions avec d'autres personnes, comme les membres de leur famille et de leur collectivité, à partir d'informations provenant des médias ou par contact avec des individus œuvrant auprès d'institutions sociales, telles les écoles et autres organisations communautaires. Une vision personnelle du monde se compose d'expériences internalisées qui forment les croyances, les valeurs et les attentes en regard de normes comportementales.

La compréhension des gens à l'endroit de l'emploi et de la carrière ou encore de la valeur de l'éducation et de la réussite professionnelle sont façonnées avec le temps au gré d'interactions sociales. Il est important de souligner que les gens n'attribuent pas tous la même signification à des termes tels que *travail* ou *carrière*. Également, les individus ne s'entendent pas tous non plus quant au caractère central du rôle de travailleur et de travailleuse, au prestige associé aux diverses professions, aux emplois jugés plus ou moins appropriés pour les hommes et les femmes, de même qu'aux types de programmes de formation pouvant mener à la réussite professionnelle. Par conséquent, il est important que les conseillers et les conseillères explorent la vision du monde de leurs clients et de leurs clientes afin d'en saisir le sens et de clarifier leurs priorités sans faire de supposition à propos de ce qui est important pour elles et eux (Arthur, 2017, sous presse-a).

Les quatre domaines de l'orientation professionnelle axée sur la culture
Élaboré à partir d'un modèle général de counseling (voir Arthur, sous presse-b), le CICC se base sur le principe sous-jacent selon lequel la culture est pertinente pour *toutes* les clientèles à qui des services d'orientation professionnelle sont offerts. Les personnes conseillères sont encouragées à mener une réflexion sur la culture dans leurs rôles en explorant activement les contextes et les identités culturels des gens en tant que facteurs qui influencent grandement le développement de carrière. Les quatre principaux domaines ciblés dans le modèle de l'orientation professionnelle axée sur la culture sont présentés ci-après.

Prendre conscience de ses identités culturelles personnelles. Les personnes conseillères sont encouragées à réfléchir à leurs identités culturelles personnelles. Il existe un chevauchement entre les visions personnelles du monde et les hypothèses qu'un individu formule au sujet du comportement professionnel. Consciemment ou inconsciemment, les conseillères et les conseillers ont été exposés à divers messages à propos de la valeur de l'éducation, de la nature du travail, de la conception du chômage et des professions considérées comme plus ou moins souhaitables. La réflexion sur la socialisation professionnelle exige de poser un regard critique sur les théories et les modèles de carrière en regard de la façon dont ses principes sous-jacents (p. ex. la prise de décision rationnelle et indépendante; la structure des possibilités offertes à tous; l'ignorance des préjugés sexistes, raciaux ou liés à la classe sociale) sont liés sur le plan culturel.

Prendre conscience des identités culturelles des autres. Les personnes conseillères sont encouragées à réfléchir à celles et ceux qu'elles considèrent comme culturellement diversifiés. La catégorisation des individus en termes de groupes n'est pas une source très fiable d'informations sur les individus. Les connaissances générales sur un groupe peuvent être utiles pour formuler des hypothèses de travail provisoires, mais les personnes conseillères sont encouragées à être centrées sur la cliente ou le client, puis à évaluer soigneusement les visions du monde de ces dernières. En outre, ce n'est peut-être pas une seule dimension de leur identité (p. ex.; l'ethnicité) qui est la plus pertinente pour comprendre les problèmes de carrière actuels de la personne cliente, mais comment une variété de celles-ci (p. ex.; le sexe, la classe sociale et l'ethnicité) se combinent. Les interrelations d'enjeux identitaires sont importantes pour apprécier la position des individus dans la société et les opportunités ou obstacles rencontrés en raison de leur évolution de carrière.

Comprendre les influences culturelles sur l'alliance de travail. Les personnes conseillères sont encouragées à réfléchir à la façon dont elles doivent travailler de concert avec leurs clientes et leurs clients pour en arriver à comprendre la signification de leurs préoccupations professionnelles. Parmi les considérations importantes à prendre en compte se retrouve la façon d'établir une relation; l'emplacement, les heures de services et la décoration des bureaux pour offrir une impression positive d'accessibilité et d'inclusion; la manière d'orienter la clientèle au sein du processus d'aide; la manière de discuter et de négocier des objectifs et des processus consentis qui soient pertinents pour elles et pour eux. En tissant des liens, en établissant les processus et les objectifs de la démarche d'orientation professionnelle et en prêtant une oreille attentive. Les personnes conseillères peuvent en apprendre beaucoup. À partir de questions directes et indirectes, elles pourront découvrir les influences pouvant s'exercer par les identités et contextes culturels de la cliente ou du client.

Mettre en œuvre des interventions de carrière culturellement sensibles et socialement justes. Les spécialistes de la carrière examinent la façon dont les gens sont personnellement affectés par les structures organisationnelles et les systèmes sociaux. Certaines personnes font face à des barrières et à des obstacles dans leur développement de carrière alors que d'autres ont plus de ressources et d'accès sur le plan de l'éducation et de l'emploi. Circonscrire les préoccupations des clients et des clientes à travers une lentille de justice sociale aide à examiner leurs expériences sociales liées à leur développement de carrière, puis à les aider à découvrir de nouvelles significations et de nouveaux points de vue. Les processus sociaux, tels que l'oppression et la discrimination provoquent des iniquités qui font en sorte que certains se voient conférer plus d'opportunités et de privilèges que d'autres. Parfois, les clientes et les clients expriment leurs préoccupations en termes de manques et de reproches, alors qu'en réalité, elles et ils essaient de gérer des formes situationnelles ou persistantes d'oppression sociale. Les spécialistes de la carrière peuvent aider les clientes et les clients à examiner leurs préoccupations dans le contexte de leur propre vie plutôt que de caractériser les problèmes comme une forme de déficit individuel ou collectif.

En s'appuyant sur le modèle de l'orientation professionnelle axée sur la culture, les conseillers et les conseillères sont également amenés à intégrer à leurs pratiques une optique de justice sociale. Il est une chose que de reconnaître les obstacles à l'éducation et à l'emploi auxquels les gens font face. Les conseillères et les conseillers sont également invités à utiliser leurs connaissances, leur réseau et leur statut professionnel pour remédier aux injustices sociales. Dans le cadre de leurs fonctions professionnelles, officielles ou non, ils et elles peuvent chercher des ressources pour leurs personnes clientes, élargir leurs réseaux à des fins de consultation et d'aiguillage de même que favoriser un accès équitable à des services d'orientation professionnelle. Les professionnels et professionnelles de l'orientation peuvent travailler sur plusieurs plans. Elles et ils peuvent intervenir directement auprès de leur clientèle ou agir en leur nom en œuvrant sur des politiques sociales plus générales et une meilleure affectation des ressources de même qu'en adoptant une approche préventive et éducative à l'égard du développement de carrière. Cela dans le but d'éliminer les obstacles qui nuisent à leurs clientes et à leurs clients, de même qu'à d'autres personnes.

Établir un lien entre la culture et la justice sociale

L'oppression que subissent les gens est souvent liée à la place occupée dans la société, et ce, en raison d'un ou de plusieurs aspects de leurs identités culturelles. En liant la culture et la justice sociale, les spécialistes de l'orientation se servent de leurs compétences professionnelles afin d'éliminer les obstacles sociaux et systémiques pouvant nuire aux gens en raison de leur origine ethnique, de leur âge, de leur sexe, de leur religion, de leur orientation sexuelle, de leurs aptitudes et de leur classe sociale. Cependant, d'autres facteurs sociaux d'influence peuvent s'avérer importants afin comprendre le lien existant entre l'identité, la disponibilité des ressources ainsi que l'accessibilité aux services, notamment d'éducation et d'emploi (p. ex. le milieu rural/urbain où vivent les gens, leur statut d'immigration, leurs démêlés avec le système de justice pénale). L'illustration pratique et son analyse sont fondées sur un exemple de services d'orientation professionnelle axés sur la culture et offerts dans un établissement d'enseignement de niveau secondaire.

Illustration pratique et analyse

Boihai Chang (pseudonyme) est un élève étranger de 11e année âgée de 16 ans. Originaire de Chine, il étudie au Canada depuis 6 mois. En raison de difficultés scolaires et d'anxiété lors des examens en classe, son enseignant d'anglais l'a dirigé vers la conseillère de l'école. Au Canada, Boihai habite avec son oncle, seul membre de sa famille installé dans ce pays. Il ne voulait pas quitter ses amis en Chine, mais ses parents ont insisté pour qu'il fasse ses études secondaires au Canada. Les notes de Boihai ont toujours été dans la moyenne. Ses parents lui rappellent souvent qu'il doit travailler plus fort s'il souhaite se voir accepter dans l'une des universités les mieux cotées en Chine. Un changement de système d'éducation pourrait, de l'avis de ces derniers, l'aider à obtenir de meilleures notes. Boihai aime vraiment les cours de mathématiques, mais il éprouve certaines difficultés à l'égard des exigences de l'anglais. Chaque semaine, ses parents téléphonent à son oncle pour savoir comment Boihai s'en sort et connaître ses résultats aux examens. Boihai ne souhaite pas vraiment rencontrer la conseillère, mais il ne veut pas s'attirer la colère de son enseignant d'anglais.

Motifs justifiant des études à l'étranger
Boihai fait partie du nombre croissant d'étudiants et d'étudiantes poursuivant des études dans un pays étranger dans le but d'acquérir une expérience interculturelle et se préparer en prévision de la poursuite d'études postsecondaires, sinon pour immigrer en permanence (Arthur, 2016). Les motifs qui ont poussé les parents de Boihai à l'envoyer au Canada sont liés au contexte culturel familial. L'honneur et le statut social de la famille étaient menacés dans la mesure où leur fils unique n'obtenait pas de bons résultats scolaires et ne serait probablement accepté dans aucune université prestigieuse. Le marché de l'éducation internationale est en pleine croissance au Canada et ailleurs dans le monde et bien que bon nombre d'élèves à l'étranger se classent parmi les meilleurs et les plus brillants dans leur pays d'origine, d'autres présentent des aptitudes scolaires plus modestes. Dans ce cas-ci, la famille de Boihai avait les moyens d'envoyer ce dernier à l'étranger pour étudier et considérait le Canada comme un pays sûr et attrayant, doté d'un solide système d'éducation.

Orienter les clients vers des services d'orientation professionnelle
Quand Boihai s'est présenté au bureau de la conseillère de l'école, il se sentait nerveux et manquait d'assurance. La conseillère scolaire, Susan (pseudonyme), s'est présentée et lui a ensuite demandé quel nom il préférait qu'elle utilise à son endroit. Sur sa carte de prise de rendez-vous apparaissaient les prénoms Boihai et Mike. Boihai a répondu : « *Appelez-moi Mike vu que c'est facile à prononcer.* » Susan a essayé d'engager Mike dans une discussion informelle, mais ce dernier ne lui répondait que par oui ou par non. Elle lui a demandé s'il avait déjà discuté avec une conseillère auparavant ce à quoi il a répondu par la négative. Susan lui a expliqué son rôle. Elle lui a expliqué qu'elle travaille auprès des élèves pour les aider à réussir à l'école, parler de leurs cours et des études visées après le secondaire ainsi que pour aborder toute autre question personnelle dont il souhaitait discuter. Elle lui a expliqué le principe de confidentialité et lui a dit qu'elle ne discuterait pas des détails de leurs conversations avec l'enseignant de Mike ni avec toute autre personne sans

son autorisation. Mike a semblé se détendre un peu. Susan lui a demandé de quoi il aimerait parler. Ce dernier a répondu : « *Je dois obtenir de meilleurs résultats à mes examens d'anglais.* ».

Il peut sembler, à première vue, qu'un entraînement à certaines techniques d'étude puisse être la solution au problème énoncé concernant les résultats obtenus aux examens. Bien que les techniques d'étude puissent s'avérer très utiles pour aider cet élève à obtenir de meilleurs résultats, le problème énoncé est également lié à des attentes culturelles et professionnelles, plus particulièrement celles relatives au contexte familial de Mike ainsi qu'à celui d'étudier dans un nouveau pays.

Établir une alliance de travail axée sur la collaboration

Après avoir attiré l'attention de Mike sur une carte au mur, Susan lui a demandé de lui montrer l'endroit d'où il vient en Chine. Elle a ainsi commencé à construire un lien avec lui en apprenant un peu plus sur sa ville natale. Susan a écouté la description de Mike à la recherche d'indices qui pourraient l'aider à mieux comprendre sa vision du monde et sa situation de vie actuelle. Elle n'a jamais voyagé en Chine, mais elle a beaucoup d'expérience de travail auprès d'élèves étrangers. Elle se remémore rapidement ses expériences antérieures et se rappelle qu'elle ne doit pas faire de suppositions. Elle se donne mentalement comme objectif de rester ouverte à l'idée d'explorer avec Mike tous les facteurs culturels d'influence liés au problème énoncé.

Comme Mike n'a qu'une connaissance limitée de l'anglais, Susan a décidé d'utiliser une méthode d'évaluation informelle. Après avoir pointé du doigt le tableau à feuilles installé dans son bureau, Susan a demandé à Mike s'il était d'accord pour dresser ensemble une liste de ses compétences en anglais. Mike a acquiescé d'un signe de tête, mais comme la conseillère n'était pas certaine qu'il avait compris, elle lui a expliqué qu'elle voulait qu'il l'aide à dresser une liste. Mike a dit « d'accord ». Susan a considéré qu'il consentait à continuer. Elle lui a alors remis des marqueurs et lui a demandé de choisir la couleur qu'il aimerait utiliser pour écrire les mots « *Compétences en anglais* » au haut de la page. Susan a tracé une ligne au centre de la page, puis a inscrit de part et d'autre de cette ligne le signe plus (+) et le signe moins (-). Elle a ensuite demandé à Mike de l'aider à mieux comprendre son problème avec l'anglais. À tour de rôle, ils ont choisi des marqueurs pour écrire un mot ou une expression représentant les défis auxquels Mike fait face (-) et comment sa vie pourrait être différente s'il réussissait à obtenir de meilleures notes en anglais (+). Grâce à leur collaboration dans le cadre de cet exercice et vu que Susan a permis à Mike de faire des choix, ce dernier a commencé à s'engager davantage dans la discussion. Susan a ensuite demandé à Mike d'encercler les deux éléments de chaque côté de la page qu'il considérait comme les plus importants pour lui. Mike a encerclé, d'un côté, le fait d'avoir le sentiment d'échouer (-) et de décevoir ses parents (-) et de l'autre, celui d'accroître son réseau d'amitié (+) et de choisir un programme d'études pouvant lui plaire (+). Susan a invité Mike à sélectionner l'élément parmi ceux-ci dont il aimerait discuter. Il a choisi de parler de son choix de programme. Cet exercice de schématisation a permis d'établir des liens et de spécifier davantage les préoccupations de Mike. En adoptant une approche misant sur les forces, la conseillère a amené Mike à montrer qu'il avait des objectifs précis, qu'il savait s'exprimer et qu'il pouvait prendre les choses en main par des décisions concernant sa situation. Ensemble, Susan et Mike ont réussi à donner un sens à la question de ses compétences en anglais et Mike a été en mesure d'exprimer ce qui comptait pour lui.

La conseillère a demandé à Mike de lui expliquer comment les élèves choisissent leur programme d'études dans son pays d'origine et quelles sont les attentes que peut porter sa famille à son endroit. Mike a répondu : « *Je veux devenir ingénieur pour rendre mon père heureux.* » Susan s'est montrée ouverte et curieuse au sujet de cette déclaration en prenant soin d'écarter tout préjugé. Ayant reçu une formation sur les modèles de prise de décision mettant l'accent sur l'autonomie et les choix personnels, il aurait été facile pour elle de supposer que les parents de Mike étaient trop contrôlants ou encore que Mike était trop dépendant et immature pour prendre des décisions d'ordre professionnel. Au lieu de cela, Susan a interprété la déclaration de Mike comme un signe que ses parents sont très attachés à lui et que Mike se soucie de leur opinion, mais souhaite, en outre, faire un choix permettant d'exploiter ses forces et ses aptitudes. Après avoir inscrit ces trois points sur le tableau de papier, elle les a examinés à tour de rôle avec Mike pour vérifier sa compréhension.

Élargir les options possibles

Susan a encouragé Mike à prendre un autre rendez-vous et lui a demandé de compléter un inventaire d'intérêts. Elle a choisi l'Orientation par soi-même (SDS, « Self-Directed Search ») [Holland, 1994], étant donné que le niveau de langue de l'instrument convient aux personnes dont la langue maternelle n'est pas l'anglais et qu'il est couramment utilisé auprès des élèves du secondaire. Les résultats suggèrent que les intérêts de Mike pour les mathématiques pourraient s'associer à des activités professionnelles structurées et l'usage de ses mains pour construire et fabriquer. Susan échangea avec Mike sur différents types de programmes d'études incluant à la fois les écoles polytechniques et celles de formation professionnelle. Mike porta son regard au sol et affirma : « Mes parents veulent seulement que j'aille à l'université ». Il identifia des valeurs rattachées au prestige, à un revenu élevé et à des perspectives professionnelles futures favorables comme prioritaires pour sa famille. Susan suggéra de sélectionner cinq programmes d'études différents, puis d'en examiner les salaires et les opportunités de carrière afin qu'il puisse être plus avisé.

En consultant un site Internet sur les carrières, Mike a pu visionner plusieurs vidéos. Il était vraiment enthousiaste à propos de l'un d'eux où l'on présentant le portrait d'une personne ayant fait l'apprentissage d'un métier, puis s'étant lancé par la suite dans le démarrage de sa propre entreprise. Il accepta de parler avec ses parents de ces nouvelles options. Susan offrit à Mike le nom d'écoles postsecondaires avec l'adresse de leur site Internet. À la fin de la séance, Mike remercia la conseillère. Il mentionna : « Merci pour cette rencontre. Cela m'a vraiment aidé par rapport à mes résultats en anglais. » Susan manifesta un sourire et répondit : « Tu es toujours le bienvenu pour me reparler en tout temps. » Susan savait que, par ce commentaire, Mike cherchait à sauver la face et à rendre acceptable le fait de demander de l'aide en matière d'orientation.

Notes de réflexion

Alors qu'elle finissait d'inscrire ses notes au dossier, Susan a pris quelques minutes pour réfléchir à ce qu'elle avait appris en travaillant avec Mike. Ce faisant, elle s'est rendu compte qu'elle n'était pas suffisamment à l'aise avec son niveau de connaissance des valeurs traditionnelles chinoises. Elle jugeait ne pas trop savoir comment aider les élèves à résoudre les conflits de valeurs au sein de leur famille. Elle cibla ce domaine de compétence culturelle comme prioritaire pour son développement professionnel, entre autres, parce que son conseil scolaire prévoyait augmenter le nombre d'élèves étrangers accueillis. Susan communiqua également avec un collègue travaillant au sein d'une agence locale d'immigration afin de pouvoir consulter sur place une personne-ressource.

De l'intervention à la revendication

Lors de la réunion suivante du personnel, Susan amorça une discussion sur la façon dont l'école pourrait mieux soutenir les élèves étrangers. Elle travailla avec l'enseignant d'anglais pour concevoir de courtes activités d'écriture et des présentations en classe sur des sujets liés au choix de carrière. Les élèves apprirent comment trouver des informations à partir de la bibliothèque de l'école et eurent l'occasion de s'interroger mutuellement à la suite de leurs recherches sur différentes professions. Susan rencontra plusieurs personnes enseignantes afin d'examiner, avec elles, comment former des dyades et des petits groupes dans leurs classes pour que les élèves étrangers ne soient pas exclus. Par la suite, le directeur de l'école approuva l'idée de Susan à propos d'un programme de jumelage permettant à des élèves de citoyenneté canadienne de recevoir des crédits universitaires intégrés à un certificat international pour des activités de bénévolat.

En s'attaquant à la dynamique dans les salles de classe et aux pratiques pédagogiques utilisées de même qu'en élaborant un programme pour mettre les élèves issus du milieu en contact avec les élèves étrangers en dehors du contexte de la classe, Susan est intervenue de manière à soutenir non seulement Mike, mais aussi d'autres élèves. Son travail de représentation a permis de mobiliser les élèves de citoyenneté canadienne et étrangers et ainsi d'améliorer l'apprentissage interculturel de tous les élèves, par la création d'un milieu scolaire plus inclusif. En questionnant les pratiques pédagogiques et les dynamiques de classe, puis en développant un programme visant à intégrer les élèves de l'étranger en dehors du contexte d'école, Susan se voyait intervenir de manière à mieux soutenir toutes les étudiantes et les étudiants comme Mike. Ses revendications permirent à des élèves de citoyenneté canadienne et internationale de développer des apprentissages transculturels à travers la création d'environnements scolaires plus inclusifs.

Conclusion

Le niveau de réflexion requis dans chacun de ces domaines du CICC est ce qui le distingue des autres modèles d'orientation professionnelle. Les conseillers et les conseillères d'orientation sont encouragés à réfléchir a) à leur identité culturelle personnelle et à la façon dont leurs pratiques professionnelles ont été influencées par leur propre socialisation sur les plans personnel et professionnel; b) à l'identité culturelle des autres et à la façon dont leurs visions du monde peuvent être semblables ou différentes des leurs et à utiliser ces connaissances pour adopter une approche axée sur la cliente ou le client dans le cadre de leurs pratiques professionnelles; c) à la façon de faire participer leur clientèle à l'établissement d'objectifs pertinents de même qu'à mener des interventions ayant sens dans le contexte culturel entourant la vie de chacun; d) à la façon dont les problèmes présentés par les individus qui les consultent peuvent être compris en examinant les facteurs d'influence au sein de la société qui créent à la fois des obstacles et des possibilités; e) au niveau d'intervention qui permettrait de régler directement ces problèmes présentés; f) aux interventions qui aideraient les personnes clientes à s'adapter aux changements sociaux et structurels de manière à surmonter les obstacles et à avoir une expérience plus positive en matière d'éducation et d'emploi; g) aux moyens de renforcer leur compétence culturelle dans le cadre de leurs pratiques professionnelles. La pratique réflexive est la toile de fond qui aide à prendre conscience des facteurs culturels d'influence et à intégrer activement des interventions socialement justes. En résumé, les contextes et identités culturels sont des facteurs d'influence omniprésents. En ce sens, il est important d'examiner comment les gens sont plus ou moins avantagés ou désavantagés par certains de ces contextes ou identités qui les caractérisent. Les conseillers et les conseillères ont un rôle important à jouer, et ce, en travaillant directement auprès de leur clientèle puis en préconisant l'obtention de ressources et de services permettant de corriger les inégalités sociales et d'assurer la justice sociale.

Références

Arthur, N. (2016). Counselling international students in the context of cross-cultural transitions. Dans J. Draguns, W. Lonner, P. Pedersen, J. Trimble et M. Scharrón-del Río (dir), *Counseling across cultures* (7e éd.), (p. 301-322). Thousand Oaks, CA: SAGE Publications.

Arthur, N. (2017). Constructivist approaches to career counselling: A culture-infused approach. Dans M. McMahon (dir.), *Career counselling: Constructivist approaches* (2e éd.), (p. 54-64). New York, NY : Routledge.

Arthur, N. (2019). A culture-infused perspective on career development theory and practice. Dans N. Arthur et M. McMahon (dir.), *Contemporary theories of career development: International perspectives* (p. 180-194). Abingdon, Angleterre : Routledge.

Arthur, N. (2019). Culture-infused counselling: Context, identities, and social justice. Dans N. Arthur (dir.), *Counseling in cultural context: Identities and social justice*, (p. 29-62). New York, NY : Springer Science and Business Media

Arthur, N. et Collins, S. (2011). Infusing culture in career counselling. *Journal of Employment Counseling, 48*, 147-149. DOI:10.1002/j.2161-1920.2011.tb01098.x

Arthur, N. et McMahon, M. (2019). *Contemporary theories of career development: International perspectives*. Abingdon, Angleterre : Routledge.

Holland, J. L. (1994). *Self-Directed Search*. Odessa, FL : Psychological Assessment Resources

Patton, W. et McMahon, M. (2017). Constructivism: What does it mean for career counselling. Dans M. McMahon (dir.), *Career counselling: Constructivist approaches* (2e éd.), (p. 3-16). New York, NY : Routledge.

Biographie

Nancy Arthur est professeure à la *Werklund School of Education* de l'Université de Calgary, au Canada. Elle a été pendant 10 ans titulaire d'une chaire de recherche du Canada en enseignement professionnel sur la diversité et la justice sociale. Nancy est psychologue agréée et membre de la Société canadienne de psychologie. Elle est également membre honoraire à vie de la *Career Development Association* of Alberta ainsi que vice-présidente de l'Association internationale d'orientation scolaire et professionnelle.

Points de pratique pour l'orientation professionnelle axée sur la culture
Nancy Arthur

1. **Réfléchissez à votre vision du monde.** La manière dont les personnes intervenantes en développement de carrière ont été socialisées et éduquées influence leur façon de percevoir les carrières, les emplois et la réussite professionnelle.

2. **Réfléchissez à la vision du monde des personnes clientes.** La socialisation de votre clientèle influence leur façon de percevoir les carrières et les emplois de même que leurs attentes à l'égard des professionnels.

3. **S'entendre sur un langage commun.** Portez attention au langage utilisé par les personnes clientes. Différents sens peuvent être donnés aux notions de carrière, d'emploi, de rôle professionnel et de réussite professionnelle.

4. **Vérifiez vos valeurs.** Reconnaissez que vos valeurs peuvent être différentes de celles de vos clientes et de vos clients, puis efforcez-vous de mettre l'accent sur ces dernières et ces derniers dans votre approche de l'orientation professionnelle.

5. **Focalisez sur les forces.** Identifiez les forces qui comptent pour vos clients et vos clientes en regard de leur contexte culturel. Misez sur ces forces pour accroître leur niveau de confiance et de compétence.

6. **Méfiez-vous des stéréotypes.** Il peut s'avérer dangereux de posséder certaines connaissances culturelles. Vérifiez vos hypothèses, car les personnes peuvent s'identifier ou non à un groupe.

7. **Reconnaissez l'expertise de la personne cliente.** Vos clients et vos clientes sont les experts de leur vie et de la façon dont leurs identités et contextes culturels peuvent s'avérer pertinents au regard des préoccupations énoncées.

8. **Les influences systémiques peuvent être puissantes.** Aidez les clients et les clientes à considérer leurs préoccupations au regard de l'influence exercée par des systèmes plus vastes afin d'éliminer les obstacles et d'éviter qu'elles et qu'ils ne prennent tout le blâme sur eux.

9. **Choisissez les niveaux d'intervention.** L'orientation professionnelle n'est qu'un type d'intervention. L'advocacie peut faire une grande différence auprès des personnes clientes, aussi bien pour elles-mêmes que pour d'autres.

10. **Réfléchissez à ce que vous avez appris de vos clients et vos clientes.** Servez-vous de ce que vous avez appris pour cibler les domaines où vous pourriez vous améliorer, puis recherchez intentionnellement des ressources et des possibilités de perfectionnement professionnel.

11. **Prenez-en l'habitude.** Réfléchissez à la culture dans le cadre de votre pratique quotidienne, et ce, pour toutestous les clients et toutes les clientes.

Chapitre 4

Théorie des parcours de vie (Life Course Theory) : des idées pour les personnes conseillères

Anuradha J. Bakshi et Noellene Fialho

Au cours de notre vie, ce ne sont pas que des routes ou des chemins de fer, sinon des voies navigables ou aériennes, que nous empruntons pour voyager. Les décisions que nous prenons au sujet de voies à suivre ne se limitent pas à des déplacements d'un endroit à un autre par des réseaux de transport. Nous prenons également des décisions quant aux chemins[1] familiaux, scolaires et professionnels sur lesquels nous désirons nous engager et suivre. Nous vivons dans un monde composé non seulement de tracés pour faciliter nos déplacements, mais aussi de différentes séquences de positionnement pour assurer notre mobilité, de même que pour modifier notre statut familial, scolaire ou professionnel. Le présent chapitre décrit certains des concepts clés de *la théorie des parcours de vie* (*life course theory*). En s'appuyant en grande partie sur les travaux de Glen Elder Jr (1998). Une démonstration de l'utilité de ces idées pour l'orientation professionnelle est proposée à l'aide d'une illustration de cas et son analyse.

Concepts clés de la théorie des parcours de vie (Life Course Theory)

Elder (1997) était l'un des chercheurs chargés de donner du sens à des données longitudinales recueillies auprès de personnes participantes adultes (avançant en âge) ayant initialement pris part à une recherche lorsqu'elles étaient enfants (p. ex., *Oakland Growth Study*). Il fut non seulement frappé par les changements de cap en cours de vie des personnes participantes, mais aussi par la nature dynamique des contextes.

---

[1] La conception de parcours de vie décrite par les auteures du chapitre s'appuie sur les travaux de Glen Elder. De manière à respecter le plus fidèlement possible la pensée d'Elder au sein de cette traduction, le concept de « *Pathway* » est traduit librement par le terme « voie de cheminement » ou encore celui de « chemin », afin d'éviter la confusion avec un autre concept important, celui de trajectoire, lequel consiste davantage, dans ce contexte, à la résultante d'un cheminement parcouru sur de telles voies ou de tels chemins.

Un exemple de voies de cheminements

Mumbai dispose d'un réseau routier et ferroviaire auquel ont accès quotidiennement des millions de résidents et résidentes ainsi que de touristes pour se déplacer dans la ville ou transiter vers d'autres destinations. De même, Mumbai offre une riche gamme de voies de chemins sociaux permettant la mobilité d'une position à une autre. Un nombre de cinq conseils scolaires offre leur curriculum éducatif, et ce, au sein d'environ 4000 écoles (Bhandary, 2014). Pour la majorité, il s'agit du programme du conseil scolaire de l'État du Maharashtra. Celui-ci permet aux élèves de cheminer sur le plan scolaire de la 1ère à la 10e année. La plupart de ceux et de celles qui terminent leur 10e année cherchent ensuite à poursuivre leurs 11e et 12e années dans l'un des nombreux collèges préuniversitaires qui proposent différents champs d'études. Quelques autres accéderont sans difficulté aux voies supérieures d'enseignement secondaire de l'établissement au sein duquel ils et elles ont terminé leur 10e année. Des programmes d'enseignement supérieur sont offerts dans de nombreuses universités, dont l'Université de Mumbai, qui compte 762 collèges affiliés. Les personnes qui répondent aux critères d'admissibilité et de mérite, sinon à ceux de politiques d'action d'affirmation[2] peuvent emprunter les voies de cheminement scolaires de longue durée (p. ex., des programmes de baccalauréat[3], de maîtrise et de doctorat dans de nombreux domaines) et de courte durée (p. ex., des cours à valeur ajoutée sanctionnés par un certificat). Mumbai, la capitale de l'État du Maharashtra, est la capitale financière et de divertissement du pays. La ville est également un pôle éducatif et industriel important en raison de la présence d'un littoral et de deux grands ports. Incontestablement, elle offre une vaste gamme de voies de cheminement de carrière. Finalement – ou plutôt pour débuter – chacun et chacune d'entre nous, que nous soyons de Mumbai ou d'ailleurs, voyageons tout au long de notre vie au sein de différents groupes sociaux dont le premier est le plus souvent la famille. Il ne fait aucun doute que notre parcours de vie est également façonné par les voies de cheminement familial existantes ou encore celles que nous négocions au sein de notre culture. En outre, ces voies familiales, scolaires ou professionnelles, à Mumbai ou dans toute autre ville (ou village), peuvent être empruntées par ceux et celles qui ont grandi dans cette région ou qui ont choisi d'y migrer. De même, il est possible que parmi les personnes originaires de Mumbai, certaines habitent aujourd'hui dans une autre partie de l'Inde ou du monde, en raison d'autres chemins empruntés.

Voies de cheminement social et trajectoires de vie

Elder (1998) a proposé deux séries d'idées clés parallèles. L'une concerne le contexte et l'autre est liée aux vies individuelles. Un parcours de vie se dessine au travers d'une trajectoire de vie, laquelle est façonnée par différentes voies de cheminement

---

[2] Une politique d'action affirmative relève de mesures et de programmes étatiques visant à accroitre les opportunités de populations sous-représentées ou vulnérables de la société.

[3] Par « baccalauréat », il est question ici d'un programme d'études de premier cycle universitaire.

social (tout comme elle façonne à son tour ces dernières). L'expression « la vie est un voyage[4] » est peut-être un peu clichée, mais elle mérite tout de même réflexion.

Les voies de cheminement social peuvent se comparer aux réseaux de transport. Elles fournissent un vaste éventail de possibilités séquentielles permettant le mouvement et la progression d'un point (p. ex., une position ou un statut donné) vers un autre (p. ex., une autre position ou un statut plus élevé). Une trajectoire de vie est le voyage, voire le mouvement, réalisé sur une voie de cheminement social.

Comme nous l'avons déjà précisé, il existe trois types de voie de cheminement social : familial, scolaire et professionnel. [Traduction] « Les voies de cheminements font généralement référence à la séquence de positions sociales au sein et entre des organisations et des établissements » (Elder et Shanahan, 2006, p. 680). Par exemple, le collège où enseigne la première auteure offre quatre voies de cheminements scolaires de baccalauréat en sciences (B. Sc.), lesquels sont liés à cinq autres de maîtrise en sciences (M. Sc.), puis à trois de doctorat. Parallèlement, les voies de cheminement liées au B. Sc. donnent accès à de nombreux autres de cycle supérieur à Mumbai ou dans d'autres villes du pays, ou encore dans d'autres pays. Par exemple, une personne étudiante ayant complété le volet développement humain du programme de B. Sc. et qui choisit de poursuivre ensuite celui de psychologie judiciaire à la maîtrise pourrait devoir, pour se faire, déménager dans une ville d'un autre État, soit Gandhinagar dans l'État du Gujarat. De la même façon, les voies de cheminement de la M. Sc. sont liées à celles conduisant à un doctorat, et ce, non seulement en Inde, mais aussi dans d'autres pays comme les États-Unis. Plusieurs personnes, après avoir obtenu leur M. Sc. en développement humain, ont choisi de s'engager sur la voie d'études doctorales aux États-Unis. Cela peut être en développement humain, en psychologie clinique, sinon en psychologie du développement, du counseling ou de l'éducation. Chaque voie de cheminement scolaire du collège conduit au marché du travail, tant à Mumbai, que dans d'autres régions de l'Inde ou ailleurs dans le monde.

Tout comme les infrastructures physiques servant aux déplacements, les voies de cheminement social font référence aux [traduction] « structures en place » (Elder et Shanahan, 2006, p. 680), et ce, à différents niveaux, tant macro (p. ex. la culture, l'État-nation ou le gouvernement) que micro (les secteurs institutionnels tels que l'éducation et l'économie; les communautés locales telles que les systèmes scolaires et le marché du travail dans une ville donnée). Celles-ci permettent de progresser d'une position à une autre. [Traduction] « À différents degrés, les gens élaborent leur parcours de vie en fonction des voies établies ou institutionnalisées » par conséquent [traduction] « ces voies structurent la direction que peut prendre la vie des gens » (Elder et Shanahan, 2006, p. 680).

Même les voies de cheminement familial sont régies par le gouvernement ou le corps législatif, et ce, par l'entremise des lois relatives au mariage et à sa

---

4 Traduction libre de l'expression « Life is a journey », plus couramment utilisée en anglais.

dissolution, de même que celles relatives à la garde des enfants et à l'adoption. Les politiques explicites ou implicites ainsi que les pratiques qui s'y rattachent (découlant d'actions mondiales, nationales, régionales ou locales) expliquent la nature particulière des possibilités séquentielles observées au sein des sphères familiale, scolaire et professionnelle d'un endroit donné (qui se distingue par son histoire sociale, ses cultures et sa géographie).

Propriétés des voies de cheminement social

Les voies de cheminement diffèrent d'un endroit à l'autre de plusieurs façons, et ce, selon le nombre, la variété, la qualité, l'accessibilité, l'étendue, la vitesse et la direction de la mobilité, la connectivité, l'ouverture, le prestige (par opposition à la stigmatisation), les récompenses intrinsèques et extrinsèques, ainsi que les réactions aux initiatives individuelles (Elder & Shanahan, 2006). Ils ne sont pas identiques pour tous et toutes, et ce, même lorsque des personnes se trouvent à un même endroit. L'accessibilité et les connectivités d'une voie de cheminement, la mobilité, le prestige, les récompenses et les réponses aux efforts peuvent varier selon le genre, la situation socioéconomique, la culture (majoritaire ou minoritaire), le statut de personne immigrante ou de citoyenne établie.

Caractéristiques cumulatives et moments décisifs

Elder et Shanahan (2006) ont attiré l'attention sur trois types de caractéristiques cumulatives qui différencient les voies de cheminement social : la durée, la continuité cumulative et la continuité réciproque. La durée, qui est définie comme [traduction] « l'intervalle de temps entre les changements de situation » (Elder et Shanahan, 2006, p. 682), correspond donc au temps passé dans une position donnée au sein d'une voie de cheminement social. Selon la nature d'une position ou d'un statut inchangé, la durée peut s'associer à des risques accrus (p. ex. plus la période de chômage est longue, plus le risque de rester dans cette situation de façon permanente est élevé) ou à des bienfaits probables (p. ex. plus un mariage dure longtemps, moins il est probable qu'il se termine par un divorce) [Elder et Shanahan, 2006]. La continuité cumulative, relative à une série d'environnements et de positions semblables, peut conduire à des avantages cumulatifs (en raison d'une succession d'événements et de positions positifs) ou d'inconvénients cumulatifs (succession d'événement et de positions négatifs) [Elder et Shanahan, 2006]. Un autre mécanisme par lequel une voie de cheminement conserve et fixe sa direction est une série croissante d'échanges action-réaction appelés « continuité réciproque ».

Les trajectoires de vie peuvent modifier ces propriétés cumulatives ou en annuler l'effet. Un peu comme les carrefours routiers, les transitions au sein de parcours de vie offrent des occasions de changer de direction. Un changement de direction peut représenter un moment décisif : une rupture avec un passé tumultueux pour s'écarter d'une trajectoire de vie négative et s'engager sur une voie de cheminement plus positive (Elder et Shanahan, 2006).

Principes paradigmatiques de la théorie des parcours de vie (Life Course Theory)

Elder et Shanahan (2006) ont formulé les cinq principes paradigmatiques de la théorie des parcours de vie (life course theory) [voir le tableau 1]. Le premier principe, qui constitue également une notion clé de la théorie du développement tout au long de la vie (lifespan theory) [Baltes, 1987], veut que les processus de développement contribuent à caractériser l'ensemble du parcours de vie d'un individu. À cet égard, les processus de changement ne se concentrent pas principalement au cours de la première partie de la vie, comme cela a faussement rapporté dans les théories classiques du développement humain qui situent le stade de développement le plus important à l'adolescence.

Tableau 1
Principes paradigmatiques de la théorie des parcours de vie (Life Course Theory)

1	Développement tout au long de la vie	Le développement et le vieillissement humains sont des processus opérés tout au long de la vie.
2	Agentivité humaine	Les individus construisent leur propre parcours de vie au travers de choix et d'actions prises en fonction de possibilités et de contraintes liées à des circonstances historiques et sociales.
3	Temporalité	Les antécédents développementaux et les conséquences des transitions de vie, des événements et des patrons de comportements varient selon le moment où ceux-ci surviennent dans un parcours de vie.
4	Vies interreliées	Les vies sont vécues de manière interdépendante et les influences sociohistoriques s'expriment au travers d'un réseau de relations partagées avec d'autres individus.
5	Temps et lieux historiques	Les parcours de vie sont imbriqués et façonnés par les temps et lieux historiques traversés tout au long de la vie.

Contenu adapté de « The Life Course and Human Development », par G. H. Elder Jr. et M. J. Shanahan, dans R. M Lerner (dir.), *Handbook of Child Psychology: Theoretical Models of Human Development* (vol 1, p. 692, 694, 695, 697), 2006, Hoboken, NJ : Wiley.

Le deuxième principe met l'accent sur le rôle de l'agentivité et sur des notions constructivistes du développement, qui contredisent l'idée que l'individu subit passivement les influences génétiques et environnementales. Comme mentionné précédemment, les voies de cheminement social fournissent les routes par lesquelles les trajectoires de vie suivent leur cours. En revanche, les trajectoires de vie créent également de nouvelles voies de cheminement ou modifient celles existantes. Un exemple à l'appui est l'histoire entourant l'éducation des femmes à l'Université Harvard. Cette université a été fondée en 1636 dans le but de former le clergé masculin. À partir du XVIIIe siècle, elle a permis l'accès à des hommes issus de riches familles de marchands. En 1872, des femmes ont demandé conjointement, par l'entremise de la Women's Education Association of Boston, d'être admises. Leur demande a été refusée. En 1879, des femmes ont créé leur propre centre d'apprentissage à l'extérieur de l'Université (qui est devenu plus tard le Radcliffe College), en aménageant et en organisant des cours dispensés par des membres du corps professoral de Harvard. En 1920, la Harvard Graduate School of Education est devenue la première faculté à admettre des étudiantes, tandis que les facultés de médecine et de droit n'accordèrent ce droit que beaucoup plus tard (en 1945 et en 1950, respectivement). Ce n'est qu'en 1977 que le ratio hommes-femmes de 4:1 dans le nombre d'admissions a été abandonné. En ce qui concerne les trajectoires de vie individuelles, un exemple notable est celui de Cornelia Sorabji (1866-1954). Elle a été la première femme à obtenir un diplôme de l'Université de Mumbai (1888), à étudier le droit en Angleterre, à passer et à réussir l'examen de droit au Royaume-Uni (1892, Université d'Oxford), et ce, sans toutefois obtenir de diplôme, plusieurs décennies avant que d'autres femmes n'aient cette possibilité. Elle a été la première femme à pratiquer le droit en Inde et sur le territoire colonial britannique (principalement en tant que conseillère juridique – on pense néanmoins que 600 personnes clientes ont bénéficié de ses services). Comme le montrent ces deux exemples, le statu quo en ce qui concerne les voies de cheminement peuvent être remises en question et refaçonnées par une action individuelle et collective déterminée.

Les deuxième et cinquième principes reconnaissent que les « choix » individuels reflètent de la part de liberté offerte selon les contextes au sein desquels ils s'opèrent. Corollairement, les antécédents personnels et les circonstances sociales, tout comme les contextes historiques, géographiques et socioculturels qui prévalent pour les individus concernés et les groupes dont ils font partie, sont à la fois une source de possibilités et de contraintes. Bien entendu, tel qu'il a été illustré ci-dessus, un effort individuel et collectif est nécessaire pour tester et redéfinir les limites existantes, puis optimiser les chances que des changements positifs surviennent et marquent, dans certains cas, l'histoire de façon inédite.

[Traduction] « Les voies de cheminement social sont généralement classées selon l'âge » (Elder et Shanahan, 2006, p. 680). Bien que ces voies de cheminement puissent différer en fonction de leur degré de structuration basée sur l'âge ou, à l'inverse, dans leur capacité à tolérer les écarts par rapport à l'âge, le principe 3 concernant la temporalité souligne que le moment où les points particuliers des cheminements sociaux sont atteints peut être important pour l'individu et non pas seulement pour la société.

Le principe 4 relatif aux vies interreliées rend compte de la co-construction des trajectoires de vie (Brandtstädter, 2006). Il est compatible avec le modèle du convoi social [5](Moen et Hernandez, 2009). Utilisant la métaphore d'un convoi de véhicules sur une route, ou d'une caravane, Kahn et Antonucci (1980) ont observé le fait que chacun et chacune d'entre nous sont en constante interaction avec d'autres personnes dans la vie. Ce convoi dynamique comporte une gamme de relations étroites qui affectent le parcours de vie de chaque individu. Les trajectoires de vie des parents et des enfants, des personnes conjointes, ainsi que des amis et amies proches, par exemple, sont interdépendantes : la décision cheminer sur une voie particulière peut s'entrelacer avec le cheminement d'une personne proche de soi ou la prise en compte de besoins d'autrui.

Illustration de cas et analyse

Sharon (pseudonyme) a rencontré la deuxième auteure pour une séance de counseling de carrière. Sharon est une jeune fille de 17 ans qui vient de terminer avec mention d'honneur sa 12e année en sciences humaines. Elle habite avec ses parents et sa sœur aînée à Mumbai. Au début de la séance, la conseillère lui a demandé si elle avait décidé ce qu'elle voulait faire ensuite. Sharon lui a répondu : « en quelque sorte ».

Le cheminement opéré au sein de différentes voies[6] a été utilisé comme notion de base lors de cette séance. Cela s'est appuyé sur une technique consistant à représenter sous forme de schéma les voies de cheminements possibles et les destinations souhaitées. Au cours de la séance de deux heures, Sharon a dessiné plusieurs schémas. Elle a ajouté des éléments ou en a supprimé, au fur et à mesure que ses idées devenaient plus claires. La conseillère a aidé Sharon :

- à élargir les voies de cheminements scolaires et professionnels envisagées;

- à prévoir et à planifier de changer de voies au besoin;

- à réfléchir à des voies alternatives de cheminement d'études et de carrière.

---

5   *Social Convoy Model.*
6   Journeying on pathways.

Au cours de la séance, Sharon a élaboré huit voies de cheminement scolaire et professionnel possibles qui pourraient orienter sa trajectoire de vie. Quatre d'entre elles concernaient l'enseignement en 11e et en 12e année, ce qui correspond à Mumbai à une formation que l'on acquiert dans un collège préuniversitaire. La voie de cheminement scolaire qui l'intéressait le plus impliquait de compléter un baccalauréat comportant une majeure en psychologie suivi d'une maîtrise dans cette discipline, puis d'un baccalauréat en éducation afin de cheminer par la suite vers une carrière d'enseignement de la psychologie dans un collège préuniversitaire. Elle était contente d'intégrer également l'enseignement universitaire à cette voie de cheminement de carrière. En se questionnant à ce propos, elle apprit qu'elle avait besoin de passer le test d'éligibilité national ou celui de l'État (NET/SET), de même que de s'engager sur la voie académique d'études doctorales. Lorsqu'on lui a demandé quelles seraient ses options si jamais elle ne se qualifiait pas pour une majeure en psychologie, elle a répondu qu'elle entrevoyait trois autres possibilités de cheminements scolaires et professionnels, plutôt que d'envisager de changer de collège ou de ville de résidence, soit une majeure en anglais (deuxième choix), en histoire ou en français (troisième choix), dans le but de devenir enseignante dans l'un ou l'autre de ces domaines au sein d'un collège préuniversitaire. Elle a ajouté : « Si je me spécialise dans l'un ou l'autre de ces domaines, je ne chercherai pas à enseigner à des niveaux supérieurs et je n'envisagerai assurément pas de passer l'examen d'admission national ou celui de l'État, ni de m'inscrire au doctorat. »

Sharon a été encouragée à réfléchir à d'autres possibilités de carrière (« Avez-vous pensé à d'autres options, à ce que vous aimez faire pendant vos temps libres ou à un passe-temps peut-être ? ») et a envisagé la possibilité de faire carrière dans le domaine de la photographie ou de la gestion hôtelière. Elle avait rejeté d'emblée la photographie en raison des dépenses s'y rattachant : « J'aime la photographie, mais c'est trop dispendieux. Il faut d'abord acheter l'appareil photo, puis suivre des cours. Mes parents ne me donneraient pas l'argent nécessaire pour faire cela. » L'agentivité potentielle fut également favorisée en demandant à Sharon de considérer d'autres ressources que celles offertes par ses parents. En général, dans les milieux aisés en Inde, les enfants dépendent de leurs parents et s'attendent à ce qu'ils et elles répondent à leurs besoins en matière d'éducation, de même qu'à ceux nécessaires au démarrage de leur carrière. Lorsque Sharon a été invitée à dire s'il existait d'autres moyens d'obtenir un appareil photo, notamment en économisant, elle a répondu : « En fait, c'est possible. Je donne des cours (accompagne des élèves à la maison) et je pourrais économiser pour en acheter un. Il y a toujours des ventes et des rabais lors de la *Divali* (grand festival indien) et à d'autres moments durant l'année. » Elle a également envisagé d'autres façons d'apprendre la photographie : « Oui ! En fait, on peut apprendre n'importe quoi sur *YouTube* de nos jours. Je n'y avais pas pensé, mais je pourrais faire cela. Je pourrais ensuite télécharger mes photos et les vendre en ligne ou encore de travailler pour un magazine à temps partiel. » Ainsi, elle a pu ajouter une carrière de pigiste en photographie à chacune de ses trajectoires professionnelles potentielles.

La conseillère d'orientation (deuxième auteure du chapitre) a introduit la notion de vies interreliées qui est particulièrement bien adaptée aux familles indiennes. Sharon a réfléchi à la façon dont les voies de cheminement souhaitées et les trajectoires de vie planifiées en viendraient à concorder avec le soutien de ses parents et, plus tard, avec celui de son partenaire. Elle a également été invitée à explorer l'aspect de temporalité (*timing*) en relation avec la mobilité liée à chacune de ses voies possibles de cheminement. Sharon a inclus une voie de cheminement familial, en plus d'indiquer à quel moment elle souhaitait avoir atteint les positions escomptées dans tous les chemins envisagés. Par exemple, elle a affirmé : « Je veux me marier à 27 ans ou au plus tard à 28 ans. Si je ne rencontre personne d'ici là, j'opterai pour un mariage arrangé. »

Vers la fin de la séance, Sharon a résumé ses réflexions : « Cette séance a vraiment été très révélatrice. J'avais l'impression de me laisser emporter par la vie. Il y a tellement de choses sur Internet et il est si difficile de s'y retrouver, mais maintenant, je suis assez certaine de ce que je veux faire. Même si les choses ne fonctionnent pas comme prévu, je pourrai faire autre chose qui m'intéresse aussi. Mes amis Katy et Lionel passent simplement leur temps à dire : "Je n'aime pas les arts, alors je vais étudier en commerce… Qu'est-ce que je ferai une fois mon diplôme obtenu? Je déciderai à ce moment-là de la suite des choses." Ils sont tellement désorientés. »

Conclusion

Dans le présent chapitre, certaines notions clés de la théorie des parcours de vie (life course theory) ont été expliquées et leur utilité dans le cadre du counseling de carrière a été exposée. Les notions de voies de cheminement et de trajectoire de vie, de caractéristiques cumulatives par rapport aux moments décisifs, ainsi que les cinq principes paradigmatiques (développement tout au long de la vie, agentivité humaine, temporalité, vies interreliées, temps et lieux historiques) fournissent une grande marge de manœuvre pour amener les personnes clientes à mieux réfléchir sur leurs décisions de carrière, et plus largement de vie. La théorie des parcours de vie (life course theory) met en évidence la façon dont les gens sont influencés par la structure en place au sein de la société et, parallèlement, la manière dont leur parcours de vie individuel permet de soutenir ou de modifier cette structure. Cette théorie invite également les personnes praticiennes à aborder les préoccupations soulevées en matière de justice sociale qui concernent la discrimination et les inégalités observées dans les parcours de différents groupes et individus. Par une action individuelle et collective, il est possible de tracer de nouveaux chemins et de corriger les inégalités au sein des voies de cheminement existantes.

Références

Baltes, P. B. (1987). Theoretical propositions of life-span developmental psychology: On the dynamics between growth and decline. *Developmental Psychology*, *23*(5), 611-626. DOI :10.1037/0012-1649.23.5.611

Bhandary, S. (2014, 21 mai). 82% schools in Mumbai do not have adequate infrastructure. Dans *Mid-Day*. Récupéré de https://www.mid-day.com/

Brandtstädter, J. (2006). Action perspectives on human development. Dans R. M. Lerner (dir.), *Handbook of child psychology, Volume 1: Theoretical models of human development* (6e éd.), (p. 516-568). Hoboken, NJ: Wiley.

Elder, G. H. Jr. (1997, avril). *The life course as developmental theory*. Discours présidentiel présenté lors de la réunion biennale de la Société pour la recherche en développement de l'enfant. Washington, DC : avril 1997.

Elder, G. H. Jr. (1998). The life course and human development. Dans R. M. Lerner (dir.), *Handbook of child psychology, Volume 1 : Theoretical models of human development* (5e éd.), (p. 939-992). Hoboken, NJ : Wiley.

Elder, G. H. Jr. et Shanahan, M. J. (2006). The life course and human development. Dans R. M. Lerner (dir.), *Handbook of child psychology, Volume 1 : Theoretical models of human development* (6e éd.), (p. 665-715). Hoboken, NJ: Wiley.

Kahn, R. L. et Antonucci, T. C. (1980). Convoys over the life course: Attachment, roles, and social support. Dans P. B. Baltes et O. G. Brim (dir.), *Life-span development and behaviour, Volume 3*, (p. 254-283). New York, NY: Academic Press.

Moen, P. et Hernandez, E. (2009). Social convoys: Studying linked lives in time, context, and motion. Dans G. H. Elder Jr. et J. Z. Giele (dir.), *The craft of life course research* (p. 258-279). New York, NY : Guilford Press.

Biographies

Anuradha J. Bakshi est professeure agrégée et directrice du Département de développement humain du *College of Home Science Nirmala Niketan*, à l'Université de Mumbai, en Inde. Elle enseigne dans le cadre des programmes de baccalauréat, de maîtrise et de doctorat en développement humain. Son expérience dans le domaine de la recherche et de l'enseignement s'étend sur un grand nombre de pays et d'universités. Elle est coéditrice de la revue *British Journal of Guidance & Counseling* pour le contenu interdisciplinaire et de l'orientation professionnelle ainsi que vice-présidente de l'*Indian Association of Careers and Livelihood Planning*.

Noellene Fialho est chargée de cours *au Xavier Institute of Counselling Psychology du St. Xavier's College* à Mumbai, en Inde. Elle a terminé son doctorat en développement humain en 2013. Elle a travaillé à titre de conseillère scolaire et de chercheuse universitaire.

Points de pratique pour la théorie des parcours de vie (Life Course Theory)
Anuradha J. Bakshi et Noellene Fialho

1. **Connaissance des voies de cheminement social.** Acquérir des connaissances sensibles aux voies de cheminement familial. Continuer à se mettre à jour sur les voies de cheminement scolaire et professionnelle, et ce, non seulement sur le plan local, mais aussi régional, national et mondial.

2. **Connaissance des trajectoires de vie.** Observer, étudier et lire sur les trajectoires de vie de personnes ayant été précurseurs de changement que sur ceux et celles ayant suivi des voies établies. Fournir des exemples pertinents lors de ses séances de counseling, puis amener les clients et les clientes à sélectionner des histoires de vie qui les fascinent pour en discuter.

3. **Cheminer sur différentes voies comme notion fondamentale.** Faciliter la représentation schématique voies de cheminement probables, de même que leur élargissement, leur développement, leur apport, ainsi que leur relation. Aider les personnes clientes à considérer et à évaluer, dans leurs avantages et leurs inconvénients, de multiples voies de cheminement pour franchir les mêmes étapes ou atteindre les mêmes buts.

4. **Explorer les contraintes et les possibilités.** Explorer de quelle façon les propriétés des voies de cheminement (p. ex. accessibilité, mobilité, prestige, récompenses extrinsèques) peuvent être affectées par les caractéristiques de la personne cliente (p. ex. sexe, conditions sociales, identité culturelle), de même que le contexte (p. ex. temps et lieux historiques). Discutez des défis à relever et engagez-vous dans un débat pertinent à cet effet.

5. **Rôle de l'agentivité.** Quelle sera l'ampleur des efforts que devra faire la personne cliente pour emprunter et suivre les voies de cheminement sélectionnées? La personne cliente est-elle attirée par des chemins relativement nouveaux ou par ceux largement explorés, puis pourquoi?

6. **Prise en considération de l'interrelation des vies.** De quelle façon les voies de cheminement choisies par la personne cliente sont-elles liées à celles empruntées par les personnes présentes dans sa vie, puis quelle incidence cela a-t-il de part et d'autre?

7. **Prépondérance de la temporalité (*Timing*).** Dans quelle mesure la culture de la personne cliente excuse-t-elle les écarts par rapport à l'âge établi pour ce qui est d'accéder aux positions souhaitées? Que pense la personne cliente d'un tel événement précoce ou tardif?

8. **Tirer profit des moments décisifs.** Encourager la personne cliente à optimiser ses transitions et ses changements de direction pour contrer la succession d'événements et de positions plus négatifs.

Chapitre 5

Mise en œuvre de la théorie synergétique du développement de carrière organisationnel (Synergistic Theory of Organizational Career Development)

Kerry Bernes

La *théorie synergétique du développement de carrière organisationnel* (*synergistic theory of organizational career development*) constitue l'une des premières tentatives à tirer parti de meilleures pratiques du développement organisationnel et de la planification de carrière individuelle. Le présent chapitre aborde les enjeux centraux, les stratégies et les tâches associées à une mise en œuvre efficace de cette théorie. De plus, des stratégies possibles pour assurer l'équilibre entre les besoins des personnes employées et ceux de l'organisation sont proposées, et ce, à tous les niveaux de la théorie. Une vignette illustre leur mise en place dans la pratique. Pour des explications plus approfondies de cette théorie, voir Bernes (2000).

Un cadre pour la théorie synergétique (Synergistic Theory)

La théorie synergétique du développement de carrière organisationnel (*synergistic theory of organizational career development*) permet de conceptualiser les interventions en trois dimensions : le niveau d'intervention, la cible de l'intervention et les composantes de l'intervention. Il existe trois niveaux d'intervention au sein d'une organisation : le niveau philosophique, le niveau stratégique et le niveau pratique. Les interventions réalisées à l'un ou l'autre de ces niveaux peuvent viser les personnes employées, l'organisation ou encore les processus d'interaction et d'équilibre qui permettent de combiner ces deux systèmes. Enfin, les interventions englobent les enjeux fondamentaux à traiter, les stratégies générales les plus susceptibles de résoudre positivement ces enjeux ainsi que les tâches particulières pouvant être exécutées afin de mettre en œuvre ces stratégies.

Les enjeux fondamentaux entourant le développement de carrière organisationnel peuvent être résumés à l'aide de neuf questions fondamentales (voir le tableau 1). Le fait de formuler ces enjeux sous forme de questions favorise l'examen global des stratégies possibles pour répondre à chacun d'eux. Ces stratégies exigent de définir certaines tâches à exécuter. Chacune de ces tâches devient, à son tour, l'axe central d'une intervention pratique. Des exemples d'enjeux, de stratégies et de tâches en lien avec les processus d'interaction et d'équilibre seront maintenant présentés de façon plus détaillée.

Tableau 1
Les enjeux fondamentaux entourant le développement de carrière organisationnel

	Enjeux des personnes employées	Enjeux du processus d'interaction/équilibre	Enjeux organisationnels
Niveau philosophique	Comment puis-je établir/maintenir un lien significatif avec le monde du travail?	Comment pouvons-nous équilibrer les besoins ou les objectifs à long terme des personnes employées et de l'organisation?	Quel est notre objectif principal en tant qu'organisation?
Niveau stratégique	Comment puis-je faire avancer ma carrière?	Comment pouvons-nous équilibrer les besoins ou les objectifs à court terme des personnes employées et de l'organisation?	Quelle est la meilleure façon pour nous d'atteindre nos résultats organisationnels?
Niveau pratique	Comment puis-je maintenir mon employabilité?	Comment pouvons-nous équilibrer les exigences de l'organisation et le rendement des personnes employées?	Comment pouvons-nous nous assurer que les personnes employées exécutent des tâches essentielles de l'organisation?

Le niveau philosophique

Lors de la planification d'une intervention au niveau philosophique, le principal enjeu auquel font face les personnes salariées de l'organisation consiste à se demander : « Comment puis-je établir/maintenir un lien significatif avec le monde du travail? » Les organisations doivent, pour leur part, répondre à la question clé de savoir « Quel est notre objectif principal en tant qu'organisation? » Par conséquent, la question à se poser pour parvenir à l'équilibre devient : « Comment pouvons-nous équilibrer les besoins à long terme des personnes employées et de l'organisation? ».

La stratégie de base pour aider les personnes travaillant dans l'organisation à établir et à maintenir un lien significatif avec le monde du travail consiste à chercher continuellement des liens pertinents entre la vision de ces dernières et les résultats que l'organisation tente d'obtenir. Par ailleurs, les gestionnaires au sein des organisations doivent élaborer un cadre conceptuel général définissant et décrivant leur mission principale. Bien que ces stratégies soient rarement menées de manière conjointe, chacune d'elles devient beaucoup plus efficace lorsqu'il y a *confirmation réciproque*, c'est-à-dire lorsque les idées des personnes employées sont entendues, puis que la vision et les résultats de l'organisation sont communiqués. Une communication bidirectionnelle approfondie constitue le mécanisme par lequel les visions appropriées peuvent être partagées et concrétisées. À ce niveau, les visions des personnes salariées peuvent avoir une incidence sur celles de l'organisation et vice versa.

Deux tâches générales sont associées au processus d'interaction et d'équilibre qui sous-tend la confirmation réciproque :

1. **Offrir aux personnes employées l'occasion de communiquer leurs visions ainsi que de contribuer à la vision et aux résultats de l'organisation.** Cela démontre que les opinions et les idées de ces dernières sont importantes. Ces idées peuvent donner lieu à des résultats utiles tant pour les personnes salariées que pour l'organisation;

2. **Partager la vision et les résultats de l'organisation.** Communiquer aux travailleurs et aux travailleuses la vision et les résultats de l'organisation constitue un élément essentiel du processus d'interaction et d'équilibre qui sous-tend la confirmation réciproque. Cela augmente grandement les chances d'un alignement efficace entre les visions des personnes employées et celles de l'organisation.

Le niveau stratégique

Au niveau stratégique, le principal enjeu auquel sont confrontées les personnes employées est de savoir « comment puis-je faire avancer ma carrière? » Les organisations doivent, quant à elles, déterminer « quelle est la meilleure façon pour nous d'atteindre nos résultats organisationnels? » Ces enjeux soulèvent bien entendu la question d'équilibre suivante : « Comment pouvons-nous équilibrer les besoins ou les objectifs à court terme des personnes salariées et de l'organisation? ».

La stratégie de base que les personnes employées peuvent utiliser pour faire avancer leur carrière consiste à élaborer un plan personnel de gestion de carrière. Pour se créer un plan de gestion de carrière, ceux-ci ont besoin de se doter d'un but ou d'un cheminement d'ordre professionnel à court terme. Cela peut impliquer une contribution accrue ou nouvelle aux résultats de l'organisation. À ce niveau, l'hypothèse est que, pour prouver son employabilité au sein d'une organisation, les personnes salariées doivent démontrer qu'elles peuvent avoir une incidence sur les résultats organisationnels. De leur côté, les organisations gèrent la question de savoir comment atteindre leurs résultats en développant des stratégies ou des processus à cet effet.

Le défi associé aux processus d'interaction et d'équilibre au niveau stratégique consiste à optimiser le potentiel de contribution des personnes employées aux stratégies et aux processus fixés par l'organisation. Cela est rendu possible grâce à la stratégie de base que constitue le *discours critique*. Autrement dit, l'organisation et la personne salariée doivent d'abord évaluer de manière critique leurs stratégies respectives. Ensuite, elles doivent explorer comment les plans personnels de gestion de carrière peuvent s'harmoniser aux stratégies organisationnelles. Pour assurer cette harmonisation, il est possible que des modifications doivent être apportées au plan de gestion de carrière de la personne salariée, aux stratégies de l'organisation, sinon aux deux. L'hypothèse ici est que des synergies sont créées lorsque les besoins et les objectifs à court terme de la personne employée concordent avec ceux de l'organisation. Lorsque de telles synergies se développent, la personne salariée et l'organisation en tirent toutes deux profits.

Cinq tâches spécifiques facilitent le processus d'interaction et d'équilibre qui sous-tend le discours critique au sein des organisations :

1. **Établir des réseaux de communication.** Les gestionnaires sont fréquemment encouragés à engager des discussions relatives à la carrière avec les membres du personnel. Cela leur permet de fournir un soutien et une orientation appropriés, de même que de rechercher des moyens pour mieux équilibrer les besoins et les buts individuels et organisationnels;

2. **Créer une base de données des compétences des personnes employées.** Enseigner à ces personnes à identifier leurs compétences au moyen d'outils d'autoévaluation (p. ex. cahiers de travail, ateliers, programmes informatiques) peut leur permettre de mieux s'aligner aux stratégies que l'organisation met en œuvre afin d'atteindre ses résultats;

3. **Assurer l'alignement des personnes employées avec les processus requis.** Le fait de présenter les résultats organisationnels sous forme d'exigences à l'égard des ressources humaines facilite la définition des besoins des personnes employées en vue de leur sélection, de leur déploiement et de leur formation;

4. **Évaluer et affiner continuellement les alignements pour assurer la satisfaction des personnes employées et celle de l'organisation.** Un bon alignement favorise la réussite des personnes salariées et de l'organisation;

5. **Élaborer et mettre en œuvre un programme organisationnel continu de développement de carrière.** Un programme où les personnes salariées (a) sont continuellement mises au fait des changements organisationnels et (b) ont l'occasion, au travers d'échanges avec leurs superviseures et leurs superviseurs, d'accroître leurs compétences afin de satisfaire et surpasser les besoins organisationnels, favorise l'établissement d'une culture de rendement au sein de l'organisation.

Le niveau pratique

Au niveau pratique, les personnes salariées sont confrontées à la question de l'employabilité : « Comment puis-je maintenir mon employabilité? ». La stratégie de base pour répondre à cette question consiste à acquérir et à démontrer des compétences particulières. Entre-temps, les organisations doivent s'assurer que les personnes employées exécutent avec compétence les tâches qui leur sont essentielles. Par conséquent, le principal enjeu pour parvenir à un équilibre au niveau pratique consiste à élaborer des systèmes de suivi et de gestion permettant de s'assurer que les compétences organisationnelles sont bien définies et que les personnes salariées sont en mesure de les démontrer et de s'engager à le faire.

Quatre tâches spécifiques facilitent les processus d'interaction et d'équilibre en matière de gestion et de suivi :

1. **Impliquer les personnes employées à l'établissement des attentes de rendement.** L'établissement des attentes de performance est un processus réciproque. L'organisation peut à cet effet impliquer les membres du personnel en procédant à une analyse du travail ou des tâches à accomplir de manière à déterminer les compétences particulières requises pour remplir ce rôle;

2. **Communiquer et s'entendre sur les systèmes de rémunération et de récompense.** Les personnes salariées devraient avoir la possibilité de formuler des idées quant à la façon dont elles obtiendront des récompenses et des rémunérations. Leurs idées peuvent amener l'organisation à réaliser des gains d'efficacité dans la mesure où les personnes employées connaissent généralement mieux que quiconque le travail qu'elles ont à faire. Le fait d'entretenir une communication ouverte et continue permet d'améliorer la transparence et la confiance tant de la part de l'organisation que des membres de l'équipe de travail;

3. **Offrir aux personnes employées des occasions primordiales de formation et de développement.** Les organisations doivent offrir la formation et le perfectionnement nécessaires au développement stratégique des membres de leur personnel en fonction des résultats qu'elles tentent d'obtenir. De plus, elles doivent clairement définir les compétences dont elles ont

besoin, déterminer comment les membres de l'équipe de travail peuvent rencontrer l'atteinte de ces dernières, puis remédier aux lacunes au travers de programmes sélectionnés de formation et de perfectionnement. En offrant l'accès à de tels programmes, les organisations démontrent qu'elles valorisent le développement de carrière des personnes salariées et qu'elles les aident à atteindre plus facilement leurs objectifs;

4. **Offrir un espace de discussion pour examiner le rendement des personnes employées.** Les évaluations du rendement aident les membres du personnel et les organisations à déterminer si les attentes en matière de rendement ont été respectées. Les écarts peuvent être analysés afin d'établir et de réaliser des objectifs en matière de formation et de perfectionnement.

Illustration pratique et analyse

Cette vignette présente d'abord l'aspect de la théorie qui touche aux personnes salariées, suivi de celui qui concerne l'organisation. Enfin, elle illustre comment les processus d'interaction et d'équilibre décrits ci-dessus peuvent réduire l'écart entre les employé-e-s et leur organisation.

La personne salariée/l'individu

Mme Smith (pseudonyme), une ingénieure qui travaille pour une entreprise de gaz naturel, rêve d'utiliser ses talents créatifs pour apporter une contribution unique à l'entreprise. Pour concrétiser cette vision personnelle, Mme Smith doit d'abord élaborer un plan afin de comprendre ses propres forces et d'examiner comment elle peut les exploiter pour obtenir l'effet désiré. Plus précisément, Mme Smith devrait examiner les différents problèmes rencontrés par l'organisation et analyser comment ses forces peuvent contribuer à surmonter l'un d'eux. Supposons maintenant que Mme Smith découvre que sa propre unité a de la difficulté à réparer les conduites de gaz en hiver en raison du sol gelé. Pour surmonter ce problème, elle évalue son niveau de compréhension (compétence), puis participe à des activités d'apprentissage et de perfectionnement (p. ex. cours, lecture, discussions, séances d'exploration) afin de chercher des solutions envisageables. Mme Smith découvre ainsi qu'en utilisant de la paille et d'autres dispositifs de chauffage, il est possible de dégeler rapidement le sol et de permettre une réparation efficace des conduites de gaz.

Cet exemple illustre comment un rêve (une vision personnelle) peut mener à l'établissement d'un plan et comment l'acquisition et la démonstration de compétences particulières permettent d'en assurer la réalisation. Les contributions de cette nature favorisent également l'employabilité en période d'incertitude. De plus, le processus est identique selon que la personne salariée exerce son travail à temps plein, à temps partiel, de manière temporaire ou contractuelle. Par conséquent, l'aspect de la théorie qui touche les personnes employées tient compte de tous les types de situations d'emploi. Par exemple, Mme Smith aurait pu être sans emploi et cette découverte aurait pu la conduire à obtenir un emploi au sein d'une ou de plusieurs organisations.

Il est toutefois possible que certaines personnes, contrairement à Mme Smith, n'aient pas d'objectifs de carrière précis. Engager les personnes au sein de visualisations fantaisistes ou créatives peut les amener à formuler une vision personnelle. Pour les aider à déterminer comment elles réaliseront, à tout le moins, une première partie de cette vision (p. ex. commencer à élaborer un plan personnel de gestion de carrière), les conseillers et les conseillères en développement de carrière peuvent évaluer leurs forces en leur demandant de compléter certains outils génériques d'autoévaluation. De telles discussions peuvent mener à des plans de développement continu, incluant l'acquisition de compétences spécifiques, et peuvent aider ces individus à concrétiser, au fil du temps, une part plus importante de leur vision.

L'organisation

Pendant ce temps, la vision organisationnelle de l'entreprise de gaz naturel pourrait être d'offrir un service d'alimentation gazier efficace, sécuritaire et rentable aux ménages et aux entreprises. Pour ce faire, elle doit établir des plans ou des stratégies en matière de prestation de services. Le personnel de l'entreprise doit connaître les besoins particuliers des consommatrices et des consommateurs ainsi que les risques possibles liés à la manipulation de cette substance dangereuse. Cela permet la mise en œuvre des stratégies visant à assurer la distribution et la consommation de manière sécuritaire et efficace. Le fait de comprendre les besoins de la population qui bénéficie de ses services permet à l'entreprise gazière d'établir des plans et des stratégies répondant à ces besoins. Par exemple, l'entreprise peut évaluer les besoins en ce qui concerne le service, décrire les options de paiement, définir les procédés d'installation et établir des procédures pour gérer efficacement les pannes.

Une fois que l'entreprise gazière a établi ce qui doit expressément être réalisé afin de concrétiser sa vision consistant à alimenter sa clientèle en gaz naturel, elle doit ensuite déterminer les compétences que doivent posséder les membres de son personnel (personnes employées à temps plein, à temps partiel, temporaires et contractuels) pour assurer la mise en œuvre réussie de ses plans stratégiques. Dans le cas présent, l'entreprise peut déterminer qu'elle a besoin de personnes qui possèdent une expertise en matière d'installation, d'entretien sûr et efficace, de comptabilité et de facturation informatisée. En précisant les compétences nécessaires, l'entreprise peut ensuite les utiliser comme critères pour sélectionner les personnes candidates pour l'emploi, assurer le suivi de l'efficacité et récompenser les membres de l'équipe de travail.

Les organisations qui comptent largement sur des personnes salariées à contrat doivent s'assurer qu'elles aient l'accès aux talents nécessaires lorsqu'elles en ont besoin. En outre, le recours des travailleuses et de travailleurs à contrat nécessite un alignement rapide de ces personnes dans les projets. Toutefois, il est possible que les personnes employées ne soient pas disponibles lorsque c'est nécessaire et que l'organisation n'en sache pas suffisamment sur elles pour assurer l'alignement rapide et efficace qui s'impose. Enfin, les membres du personnel à contrat peuvent ne pas être suffisamment engagés envers une organisation donnée. Pour arriver à les garder, les organisations peuvent être contraintes de revoir leurs systèmes de récompense en conséquence. Il est clair que les organisations doivent prendre ces facteurs en considération afin de déterminer le type de personnes employées les plus appropriées à embaucher.

Combler l'écart

Jusqu'à maintenant, cette vignette a présenté la théorie synergétique en matière de pratiques exemplaires dans les domaines du développement de carrière (en lien avec une perspective de la théorie relative aux personnes employées) et du développement organisationnel (en lien avec une perspective de la théorie touchant à l'organisation). Malheureusement, le développement de carrière et le développement organisationnel sont généralement considérés comme des concepts distincts. Le plein pouvoir et la valeur potentielle de la théorie synergétique décrite dans ce chapitre résident dans son cadre exhaustif. Ce dernier permet de combler l'écart entre le développement de carrière des personnes salariées et le développement organisationnel au moyen des processus d'interaction et d'équilibre.

L'exemple de Mme Smith, l'ingénieure qui a inventé une nouvelle méthode pour réparer les conduites de gaz en hiver, illustre ces processus d'interaction et d'équilibre. Mme Smith a commencé par avoir une vision personnelle : la nécessité d'avoir une incidence sur l'organisation par son apport créatif. Cette vision personnelle était compatible avec la vision de l'organisation : offrir à la clientèle un service d'alimentation en gaz naturel efficace et efficient. La compatibilité observée entre la vision personnelle de l'ingénieure et celle de l'organisation illustre le processus de confirmation réciproque. Autrement dit, il y avait un accord ou une compatibilité au niveau philosophique. Par conséquent, la personne salariée et l'organisation pouvaient passer à l'étape du discours critique afin de mieux définir leur entente initiale. De cette façon, les possibilités de répondre aux besoins de chaque partie pouvaient être examinées et des plans pouvaient être établis. Dans le cas présent, le problème lié à la réparation des conduites de gaz en hiver a été résolu en assurant le suivi et la gestion de compétences particulières requises à cet effet. Essentiellement, l'entreprise a soutenu Mme Smith dans son nouvel apprentissage et a, par la suite, bénéficié de l'expertise et des interventions de la salariée.

Conclusion

Le présent chapitre a permis avant tout d'illustrer la façon dont la théorie synergétique du développement de carrière organisationnel (synergistic theory of organizational career development) peut être mise en œuvre au sein des organisations. De façon plus précise, il convient d'accorder une attention particulière aux processus d'interaction et d'équilibre qui permettent d'aligner la planification de carrière individuelle avec des stratégies de développement organisationnel efficaces. Les synergies susceptibles de se développer permettront non seulement de combler l'écart entre la planification individuelle et organisationnelle, mais également d'élargir les alliances entre les travailleuses et les travailleurs et leur employeur dans un environnement de plus en plus concurrentiel.

L'objectif ultime de la théorie synergétique est d'aider les personnes employées à maintenir leur employabilité et les organisations à rester concurrentielles. Essentiellement, combler l'écart entre les membres du personnel et les organisations signifie que le développement de carrière individuel ne peut être considéré en dehors du contexte plus général du développement organisationnel. De même, le développement organisationnel ne peut être envisagé sans tenir compte, en même temps, de celui de carrière des personnes salariées. Se focaliser sur l'un au détriment de l'autre est incomplet étant donné que le développement des membres de l'équipe de travail s'effectue dans le contexte des organisations. À ce moment, les organisations déshumanisent le processus de développement organisationnel si elles n'y incluent pas les personnes employées. De plus, les besoins des deux parties sont plus susceptibles d'être satisfaits lorsque le développement des personnes salariées et celui des organisations sont pris en compte en même temps. En fait, porter attention aux deux engendre une réaction synergétique grâce à laquelle le tout devient plus grand que la somme de ses parties.

Référence

Bernes, K. B. (2000). *A synergistic model of organizational career development: Bridging the gap between employees and organizations.* Edmonton, Canada : Life-Role Development Group.

Biographie

Kerry Bernes est professeur en psychologie du counseling à l'Université de Lethbridge, située en Alberta, au Canada. Il a réalisé des publications et des communications nombreuses sur le développement de carrière à l'échelle nationale et internationale. Il s'intéresse principalement au développement de carrière organisationnel et au développement de carrière d'enfants fréquentant le système scolaire public aux niveaux primaire et secondaire (de la 1re à la 12e année). Dr. Bernes est également psychologue agréé en cabinet privé à Lethbridge, Alberta, au Canada.

Points de pratique pour la théorie synergétique du développement de carrière organisationnel (Synergistic Theory of Organizational Career Development)
Kerry Bernes

Tâches au niveau philosophique

1. Fournir aux personnes employées l'occasion de communiquer leurs visions ainsi que de contribuer à la vision et aux résultats de l'organisation.

2. Partager la vision et les résultats de l'organisation.

Tâches au niveau stratégique

3. Établir des réseaux de communication.

4. Créer une base de données des compétences des personnes employées.

5. Assurer l'alignement des personnes employées avec les processus requis.

6. Évaluer continuellement le degré d'harmonisation et apporter les ajustements nécessaires afin d'assurer la satisfaction des personnes employées et de l'organisation.

7. Élaborer et mettre en œuvre un programme organisationnel continu de développement de carrière.

Tâches au niveau pratique

8. Faire participer les personnes employées à l'établissement des attentes en matière de rendement. Il s'agit là d'un processus réciproque.

9. Communiquer et s'entendre sur les systèmes de rémunération et de récompense.

10. Offrir aux personnes employées les choix qui s'imposent en matière de formation et de développement.

11. Mettre en place un espace de dialogue permettant d'examiner le rendement des personnes employées.

Chapitre 6

Théorie sociologique de la carrière (Sociological Career Theory) : recadrer les choix

Jenny Bimrose

Bien que de nombreuses théories contemporaines du développement de carrière intègrent des éléments d'un point de vue sociologique par l'inclusion d'une dimension contextuelle, la *théorie sociologique de la carrière (sociological career theory)* en elle-même demeure quelque peu en marge de la théorisation et de la pratique. Toutefois, un changement semble se profiler à l'horizon. Le dernier chapitre d'une publication portant exclusivement sur l'intégration de la théorie, de la recherche et de la pratique en psychologie vocationnelle explique comment 14 des 19 chapitres recommandaient la nécessité « d'améliorer l'intégration de diverses perspectives à nos pratiques, à nos méthodes de recherche et à nos processus d'élaboration de théories[1] » (Sampson, Bullock-Yowell, Dozier, Osborn et Lenz, p. 192). Ce chapitre résume les résultats d'une analyse du contenu de la publication dans son ensemble, notamment le fait que ce domaine aurait avantage à étendre ses horizons au-delà des limites de la discipline universitaire de la psychologie à la « création de théories interdisciplinaires englobant les facteurs économiques et sociologiques[2] » (Sampson et *al.*, 2017, p. 191). Dans le présent chapitre, je soutiendrai qu'étant donné la volatilité des marchés du travail internationaux, conjuguée à l'importance continue des enjeux d'équité sociale et au besoin de sensibilisation aux réalités culturelles dans le cadre du counseling de carrière, il est important que les personnes conseillères tiennent davantage compte de l'incidence du contexte social sur les personnes au fur et à mesure qu'elles progressent dans leur carrière. L'intégration d'une perspective sociologique à la pratique permet non seulement de comprendre en profondeur comment et dans quelle mesure le contexte a une incidence sur les aspirations individuelles, mais donne également un aperçu dont la pratique pourrait y répondre. Le présent chapitre offre un survol de la théorie sociologique de la carrière (sociological career theory) et de l'application de cette dernière à une illustration pratique.

---

1 Traduction libre.
2 Traduction libre.

Aperçu de la théorie sociologique de la carrière (Sociological Career Theory)

Le concept clé qui sous-tend la théorie sociologique de la carrière (sociological career theory) est lié à l'importance accordée aux contraintes contextuelles, systémiques ou structurelles avec lesquelles les gens doivent composer dans leur cheminement de carrière et sur lesquelles ils peuvent exercer peu de contrôle, voire aucun. Il y a un contraste frappant avec l'hypothèse, qui sous-tend de nombreuses théories sociologiques de la carrière (psychological career theories), selon laquelle les gens exercent un contrôle sur leur propre destin et qu'ils peuvent faire des choix et faire preuve d'autonomie. Autrement dit, la théorie sociologique de la carrière (sociological career theory) attache une importance particulière aux statuts attribués aux gens à la naissance, comme le sexe, le groupe racial ou ethnique, ainsi que les antécédents familiaux. Ces statuts sont (généralement) fixes et peuvent avoir une influence profonde sur les chances d'épanouissement, y compris l'avancement professionnel. Pour beaucoup, il s'agit d'une façon démoralisante d'aborder le counseling de carrière. En effet, si les chances d'épanouissement sont déterminées à la naissance et par la naissance, y a-t-il un intérêt à tenter d'offrir un soutien en matière de counseling de carrière? Cependant, une force particulière de la théorie sociologique de la carrière (sociological career theory) est la façon dont elle attire l'attention sur le type et l'ampleur des inégalités sociales que de nombreuses personnes doivent vaincre pour progresser dans leur carrière. Une fois que les personnes professionnelles de la carrière comprennent les origines et l'importance des obstacles à l'avancement, ils peuvent offrir un soutien à la carrière adapté à la situation particulière de chaque client ou cliente. La théorie sociologique de la carrière (sociological career theory) remet également en question l'idée selon laquelle de nombreuses approches psychologiques, comme l'appariement par exemple, peuvent être considérées comme s'appliquant dans la même mesure à toutes les personnes clientes.

Une priorité pour l'efficacité de la pratique doit être de travailler de concert avec les clients et les clientes afin de tenir compte des contraintes contextuelles. Au besoin, cela peut même aller au-delà des interventions individuelles pour travailler avec les systèmes dans lesquels s'inscrivent les personnes clientes. À titre d'exemple, une personne professionnelle qui utilise la théorie sociologique de la carrière (sociological career theory) peut décider qu'il est dans l'intérêt supérieur de sa clientèle d'intervenir directement auprès, disons, d'un établissement d'enseignement ou d'un milieu d'emploi, au nom, par exemple, d'une cliente ou d'un client qui ne satisfait pas aux conditions d'admission officielles, mais qui peut fournir d'autres éléments de preuve de sa capacité à suivre un cours ou à exercer efficacement un rôle professionnel. D'autres exemples de travail systémique peuvent impliquer de travailler directement avec les services de soutien social lorsqu'il s'agit d'intervenir auprès d'une personne cliente ayant des besoins complexes et nombreux, comme une personne réfugiée. Dans ce cas, il peut également être nécessaire d'assurer la liaison directement avec les autorités qui fournissent des logements ou des prestations temporaires. Dans de telles circonstances, il peut aussi être pertinent de travailler en collaboration avec les membres de la famille de la personne cliente ou encore avec les membres de sa communauté. Tous ces exemples nécessitent une compréhension approfondie et empathique de la part des personnes conseillères de l'incidence potentielle des antécédents d'une personne, une compréhension qui va au-delà des évaluations des compétences et des capacités personnelles.

Tout comme il existe de nombreuses théories psychologiques, il existe un certain nombre d'approches sociologiques à l'égard de l'avancement professionnel (Bimrose, 2019). Deux d'entre elles seront examinées ici : la *théorie de l'affectation professionnelle* (occupational allocation theory) de Roberts (Roberts, 1968) et la *théorie de l'interaction communautaire* (community interaction theory) de Law (Law, 1993). Elles ont été choisies en raison de leur lien étroit, l'une ayant été élaborée en réponse à l'autre. Ces deux théories ont évolué au fil de plusieurs décennies, mais les deux ont continué de mettre l'accent sur les répercussions des contraintes structurelles. Roberts (2012) a toujours mis l'accent sur l'influence cumulative de la classe sociale, à mesure que les gens progressent dans leur carrière : « Les effets de la classe sociale demeurent très marqués à l'instar de ceux observés à l'ère précédant la mondialisation et les technologies de l'information et des communications » (p. 40). Law (1993) a mis l'accent sur l'influence profonde de la communauté : « Je suis d'accord avec Ken Roberts pour dire que le développement de carrière est en grande partie un phénomène sociologique. Les rôles de carrière se forment en une personne, mais surtout entre elles[3] » (p. 233). Chacune de ces deux théories sera maintenant examinée brièvement.

Théorie de l'affectation professionnelle (Occupational Allocation Theory)
La théorie sociologique de la carrière (sociological theory of career) de Roberts a toujours eu une base empirique solide. Ses recherches initiales, entreprises en 1968 au Royaume-Uni, l'ont amené à conclure que les pratiques relatives à la carrière devraient être fondées sur le principe de la structure des opportunités et non sur celui du choix professionnel. Selon ces recherches, les principaux déterminants de l'avancement professionnel chez les jeunes étaient le foyer, l'environnement et l'école, les groupes de pairs et les opportunités d'emploi (Roberts, 1968). Son travail de recherche initial a été mené au Royaume-Uni, mais il a par la suite mis l'accent sur des questions interculturelles s'étendant au-delà du Royaume-Uni (des études comparatives ayant été entreprises en Europe) et comprenant des pays en développement. Il a conclu que son principe théorique clé était valable dans

---
[3] Traduction libre.

tous les pays et dans tous les contextes économiques : les parcours professionnels individuels sont influencés ou limités par les structures et les systèmes sociaux dans une mesure plus ou moins grande.

La théorie de Roberts a été modifiée notamment en abandonnant l'idée quelque peu déterministe selon laquelle la majorité des personnes défavorisées ne peuvent pas exercer un choix. Étant donné que les transitions des études vers le marché du travail deviennent de plus en plus longues et complexes en raison de la volatilité du marché du travail, tout le monde est en mesure d'exercer au moins un certain degré de choix à une étape donnée de son cheminement de carrière. Il a utilisé l'image de la carrière en tant que voyage pour communiquer la complexité grandissante des processus de transition :

> C'est comme si les gens de nos jours menaient leur vie sans carte fiable, tous à bord de véhicules automobiles personnels plutôt que des trains et autobus autrefois empruntés par des classes entières […] Ces véhicules […] n'ont pas tous des moteurs aussi puissants. Certaines et certains jeunes ont déjà cumulé des avantages sur les plans des actifs économiques et du capital socioculturel. Elles et ils doivent se déplacer à vélo ou à pied. Mais tout le monde doit prendre des risques (Roberts, 1995, p. 118).

Les hiérarchies sociales, caractérisées par le capital social et culturel, sont évidentes dans toutes les sociétés avec différents niveaux de risque pour les individus dans différentes circonstances. Selon Robert, il faut s'orienter dans « un réseau de déterminants3 » (2009, p. 355), comme la situation du marché du travail et les possibilités de formation. C'est là que le counseling de carrière intervient pour aider les gens à s'orienter.

Théorie de l'interaction communautaire (Community Interaction Theory)
Contrairement à Roberts, qui a fondé sa théorie sur son propre travail de recherche empirique, la théorie de Law a été fondée sur une analyse secondaire de recherches sociologiques, menées par d'autres, sur les transitions des études vers le marché du travail, les difficultés scolaires et l'incidence de la communauté (Law, 1993). Il a proposé ce qu'il appelait une théorie de portée intermédiaire (mid-range theory) qui mettait l'accent sur les échanges entre une personne et son environnement, lesquels se situent quelque part entre la société et le soi psychologique d'une personne.

> La façon dont on décide de « qui fait quoi » dans la société est le produit d'une pluralité de transactions interpersonnelles menées au sein de configurations locales ainsi que sur des interactions au sein et entre les groupes desquels l'individu est membre - c'est-à-dire la communauté (Law, 1993, p. 215)[4].

Law (1996) a élaboré l'idée selon laquelle les carrières sont forgées au sein des communautés en faisant valoir que « les rencontres avec des personnes et des groupes et l'attachement à ces personnes et groupes représentent à la fois la

---
4 Traduction libre.

cause et l'effet du développement de carrière[5] » (p. 48). Reconnaissant l'influence de la théorie de l'apprentissage social (social learning theory) sur sa pensée, Law a identifié les processus par lesquels l'interaction communautaire fonctionne, par exemple par le biais de la modélisation et la rétroaction interpersonnelle. En outre, il a proposé ce qui suit :

> Le répertoire évolutif des capacités de développement de carrière : percevoir (recueillir des informations et les assembler en séquences); filtrer (comparer et utiliser des concepts); focaliser (prendre en compte différents points de vue et adopter sa propre perspective); et finalement comprendre (dégager ses propres explications et anticiper les conséquences). [Law, 1996, p. 52][6].

Ces capacités fournissent « les termes par lesquels la pensée peut se structurer »[7] » (Law, 1996, p. 68), guidant la prestation de services d'éducation à la carrière et d'orientation professionnelle à l'aide d'une série de questions qui peuvent stimuler la réflexion : « Ai-je assez de renseignements dont je me souviens suffisamment bien? [...] classés de façon suffisamment fiable? [...] compris comme étant influencés par les autres? [...] considérés selon un point de vue alternatif? [...] vérifiés par un processus de réflexion convaincant?[8] » (p. 66).

Law (1996) considérait ses propositions théoriques comme une « formulation progressive4 » (p. 68), qui fournit aux spécialistes de la carrière un « plan de travail[9] » pour évaluer les forces et les faiblesses des individus afin que des commentaires puissent être formulés, indiquant là où, dans les capacités, il faut consacrer les ressources. Il a reconnu la faiblesse de l'absence de fondement empirique pour sa théorie, mais a soutenu que l'expérience de l'intégration de modèles à la pratique peut également valider la théorie (p. 68). Au fil du temps, Law a accordé son attention à la valeur des approches narratives à l'égard du soutien à la carrière et à la façon dont la scénarisation par images représente une technique narrative (Law, 2008).

L'illustration pratique qui suit présente la façon dont la théorie sociologique de la carrière (sociological career theory) permet aux personnes conseillères de comprendre la transition professionnelle.

Illustration de cas

Tony (pseudonyme), un jeune homme de 23 ans, faisait face à « *une stagnation au travail et ne pouvait pas voir où tout cela le menait* ». Il a consulté un conseiller pour discuter de sa situation. Bien qu'il eût réussi un nombre impressionnant

---

5   Traduction libre.
6   Traduction libre.
7   Traduction libre.
8   Traduction libre.
9   Traduction libre.

d'examens, à 18 ans, il « *en avait eu assez d'étudier* » et avait voulu « *gagner de l'argent et s'amuser* ». Ignorant les recommandations de sa famille et du personnel scolaire l'invitant à poursuivre des études supérieures, il avait fait son entrée sur le marché du travail et, au moment de son entrevue d'orientation de carrière, il avait occupé deux postes administratifs à temps plein différents au sein de diverses entreprises. Il songeait maintenant à retourner aux études supérieures parce qu'un grand nombre de ses amis qui étaient allés à l'université avaient aimé l'expérience et avaient par la suite obtenu des « *emplois intéressants* ». Après son entrevue d'orientation de carrière, Tony a consulté son gestionnaire hiérarchique au travail qui, comme enrichissement d'emploi, lui a offert une nouvelle formation afin de l'affecter à un nouveau rôle professionnel où il serait chargé de la conception de sites Web. Tony a accepté. Cependant, un an plus tard, l'organisation qui l'employait a subi une restructuration à la suite de la récession économique internationale. Tony a appliqué pour un poste sénior de concepteur Web au sein de l'organisation, mais sa candidature n'a pas été retenue. Il a donc décidé de prendre une indemnité de départ volontaire et d'utiliser l'argent pour financer un certificat d'enseignement de la langue anglaise pour les adultes. Une fois diplômé, il s'est rendu à Hong Kong où il a vécu et enseigné l'anglais dans un centre linguistique au cours des trois années qui ont suivi. Toutefois, il est devenu de plus en plus conscient des limites que le fait de ne pas détenir de diplôme représentait dans le cadre de son avancement professionnel. Il a donc décidé de rentrer au Royaume-Uni pour étudier.

Analyse de l'illustration de cas

La théorie sociologique de la carrière (sociological career theory) souligne l'importance des antécédents socioéconomiques pour l'avancement professionnel d'une personne, car ces antécédents déterminent la nature et l'étendue des opportunités personnelles et professionnelles auxquelles une personne a accès. Les antécédents socioéconomiques déterminent non seulement le type de logement, mais également son emplacement. L'emplacement, ou le quartier, détermine à son tour le type de scolarité auquel une personne a accès et la scolarité et la communauté déterminent conjointement l'accès d'une personne aux groupes de pairs. Les antécédents socioéconomiques sont liés à la profession ou à l'emploi qu'exercent les parents (ou éducateurs). Un cercle vertueux est établi aux termes duquel les antécédents socioéconomiques d'une personne déterminent en grande partie les ressources financières disponibles, qui, elles, déterminent la qualité du logement, le quartier, l'école et, par conséquent, le groupe de pairs. De cette combinaison découle souvent la réussite ou l'échec scolaire. Roberts désigne ce lien entre les facteurs sociaux comme étant le réseau de déterminants avec lesquels une personne doit composer pour progresser sur le plan professionnel.

Tony n'avait tenu aucun compte des recommandations qu'on lui avait faites de poursuivre ses études supérieures, exerçant ainsi son choix. Ces recommandations ont sans aucun doute été formulées parce que l'information sur le marché du travail fournit des statistiques qui démontrent un lien constant entre l'obtention d'un diplôme et un meilleur accès à des emplois mieux rémunérés et de meilleure qualité au cours de la vie d'une personne diplômée. Après avoir choisi de ne tenir aucun compte de ces recommandations à 18 ans, il regrettait cette décision de carrière 5 ans plus tard. À ce moment-là, il a pu se rendre compte des avantages dont bénéficiaient les membres de son groupe d'amis qui avaient fréquenté l'université. Non seulement avaient-ils aimé leurs études universitaires, mais ils avaient également réussi à trouver un emploi intéressant et bien rémunéré, tandis que Tony se sentait de plus en plus contrarié, d'abord dans son poste en administration, puis dans son poste de conception de sites Web auquel il avait été réaffecté. Son incapacité à obtenir une promotion l'a contraint à faire face aux désavantages de ne pas détenir un diplôme qualifiant, désavantages qui continueraient de s'accumuler à mesure qu'il tenterait d'avancer sur le plan professionnel. La théorie sociologique de la carrière (sociological career theory) souligne les avantages de l'éducation sur le plan du capital humain et reconnaît les obstacles auxquels se heurtent les personnes issues de milieux socioéconomiques défavorisés qui ne sont pas en mesure de renoncer à des revenus pour obtenir ces diplômes. À titre d'exemple, il se peut que ces personnes doivent occuper un emploi peu rémunéré pour subvenir aux besoins de leur famille ou qu'elles n'aient tout simplement pas les moyens d'assumer les coûts de leurs études supérieures.

Lorsqu'il a quitté l'école pour exercer son premier emploi, Tony a pu vivre à la maison avec ses parents, sans payer de loyer, jusqu'à ce qu'il ait les moyens de vivre de façon autonome. Cet arrangement lui a permis d'augmenter son revenu disponible, ce qui l'a aidé à atteindre son objectif à court terme de gagner de l'argent et de profiter pleinement de la vie. La situation socioéconomique des parents de Tony lui a clairement permis ce privilège. En fait, Tony a parlé avec conviction du soutien qu'il avait reçu de ses parents de façon continue. Non seulement il a été en mesure de vivre sans payer de loyer lorsqu'il a quitté l'école, mais il a également pu le faire de nouveau cinq ans plus tard lorsqu'il a accepté une indemnité de départ volontaire de son employeur. Il est retourné vivre dans la maison familiale pendant qu'il suivait son cours pour obtenir un certificat d'enseignement de la langue anglaise pour les adultes et occupait un poste temporaire de saisie de données de base afin de gagner de l'argent avant d'aller à Hong Kong. De plus, lorsqu'il a déménagé à Hong Kong, il a eu de la difficulté à obtenir un emploi parce que la première exigence de nombreuses organisations qui employent était celle de posséder un diplôme. Un ami du père de Tony a pu lui offrir un logement exempt de loyer jusqu'à ce qu'il trouve un emploi. Ainsi, les réseaux du père de Tony lui ont fourni les premiers contacts communautaires lorsqu'il a déménagé à Hong Kong et un logement gratuit jusqu'à ce qu'il soit en mesure de s'établir.

Le soutien des parents de Tony s'est poursuivi jusqu'à ce qu'il atteigne l'âge adulte. Ils lui ont rendu visite pendant qu'il vivait et travaillait à Hong Kong et il a été en mesure de leur parler des possibilités de carrière futures. Le principal obstacle à la carrière, ou contrainte, que Tony a déterminé pour lui-même était celui de ne pas détenir un diplôme. Lorsqu'il a quitté Hong Kong pour retourner en Angleterre afin d'obtenir un diplôme universitaire, il a une fois de plus habité avec ses parents jusqu'à ce qu'il trouve un logement. L'avantage financier cumulatif dont a bénéficié Tony grâce à la situation socioéconomique de ses parents est évident. Il n'aurait pas été en mesure de faire les choix de carrière s'il n'avait pas eu ce soutien continu de ses parents.

Le groupe de pairs a lui aussi été très important pour l'avancement professionnel de Tony. Les interactions continues avec les pairs de sa communauté après avoir quitté l'école lui ont permis de visualiser ce que cela aurait été que d'aller à l'université, malgré le fait qu'il ait au départ choisi de ne pas profiter de cette opportunité de carrière. Sa décision d'aller à Hong Kong en particulier a été fortement influencée par l'un de ses amis qui se trouvait déjà à Hong Kong. En fait, il a obtenu un emploi au sein de la même entreprise que cet ami qui a également été en mesure d'offrir à Tony l'accès à une communauté établie, ce qui lui a fourni des avantages considérables en ce qui a trait au réseautage. La théorie de Law souligne l'importance de ce processus d'influence par l'intermédiaire de la communauté : « L'interaction communautaire montre comment les histoires des autres nous donnent tous un indice sur la nôtre [...] Elle fait la lumière sur les indices qui nous aident tous [...] à voir à quel point notre histoire pourrait être différente [...] si c'est ce que nous voulons[10] » (Law, 1993, p. 234). En effet, Tony a parlé à beaucoup de gens de sa carrière : collègues et gestionnaires au travail, famille, amis et tuteur dans un collège local. L'influence exercée par ce réseau communautaire sur la pensée et le comportement de Tony est évidente.

Conclusion

La discipline universitaire de la psychologie demeure dominante dans les théories, les recherches et les pratiques relatives à la carrière. La théorie sociologique de la carrière (sociological career theory) a toujours insisté sur l'importance des structures sociétales et communautaires pour l'avancement professionnel individuel. Elle souligne les responsabilités des professionnels de la carrière en ce qui concerne les enjeux d'équité sociale et met en évidence l'importance de la sensibilisation aux réalités culturelles.

L'intégration de la théorie et de la recherche à la pratique dans le domaine de la carrière est souvent complexe. La théorie sociologique (sociological theory) est peut-être moins accessible aux personnes conseillères puisqu'elle ne fournit pas

---

10 Traduction libre.

de compétences ni de cadres clairs sur les manières d'agir professionnellement. Elle suppose l'interprétation, puis l'application, de concepts de haut niveau dans une situation réelle avec la clientèle. Les deux théories examinées précédemment mettent l'accent sur l'importance grandissante du soutien en matière de counseling de carrière, la complexité des marchés du travail augmentant la demande de services de counseling. Les deux théories reconnaissent également le besoin de personnes conseillères qui possèdent des compétences générales en matière de counseling et qui connaissent bien les stratégies dans ce domaine. L'examen des structures sociétales et de la communauté a la priorité sur (sans toutefois nier) l'interrogation des capacités et des préférences individuelles. De l'information sur le marché du travail de grande qualité et à jour est essentielle à l'efficacité des pratiques relatives à la carrière selon ce cadre théorique puisqu'elle facilite la prise de décisions. La défense des intérêts au nom de la clientèle (advocacie) doit être adoptée, plutôt qu'évitée. La théorie sociologique (sociological theory) peut accroître et améliorer notre réflexion, notre compréhension et notre pratique.

Références

Bimrose, J. (2019). Choice or constraint? Sociological career theory. Dans N. Arthur et M. McMahon (dir.), *Contemporary theories of career development: International perspectives* (p. 166-179). Abingdon, Oxford : Routledge.

Law, B. (1993). Community interaction: A mid-range focus for theories of career development in young adults. Postscript. Dans W. Dryden et A. G. Watts (dir.), *Guidance & counselling in Britain: A 20-year perspective*. Cambridge, R.-U. : Hobsons Publishing.

Law, B. (1996). Careers work in schools. Dans A. G. Watts, B. Law, J. Killeen, J. M. Kidd et R. Hawthorn (dir.), *Rethinking careers education and guidance: Theory, policy and practice*. London : Routledge.

Law, B. (2008). Making narrative work: Storyboarding for career management. Dans H. Reid (dir.). *Constructing a way forward: Innovation in theory and practice for career guidance*. Occasional Paper. Canterbury: Canterbury Christ Church University.

Roberts, K. (1968). The entry into employment: An approach towards a general theory. *Sociological Review, 16*, 165-184. DOI: 10.1111/j.1467-954X.1968.tb02570.x

Roberts, K. (1995). *Youth employment in modern Britain*. Oxford: Oxford University Press.

Roberts, K. (2009). Opportunity structures then and now. *Journal of Education and Work, 22*, 355-368. DOI : 10.1080/13639080903453987

Roberts, K. (2012). Career development among the lower socioeconomic strata in developing countries. Dans M. Watson et M. McMahon (dir.), *Career development: Global issues and challenges* (p. 29-43). New York: Nova Science Publishers.

Sampson, J. P., Jr., Bullock-Yowell, E., Dozier, V. C., Osborn, D. S. et Lenz, J. G. (dir.). (2017). *Integrating theory, research, and practice in vocational psychology: Current status and future directions*. Tallahassee, FL : Florida State University. Récupéré de http://journals.fcla.edu/svp2016/

Biographie

Jenny Bimrose est professeure à l'Institute for Employment Research de l'Université de Warwick, en Angleterre. Parallèlement à l'enseignement, à la recherche et à la gestion dans le domaine de l'enseignement supérieur, elle a agi à titre de consultante relativement à des enjeux liés à la carrière pour diverses organisations. Une grande partie de la recherche qu'elle a gérée vise à combler l'écart entre la recherche, la théorie et la pratique dans l'ensemble du milieu de la carrière. Cela comprend l'élaboration d'information sur le marché du travail et l'intégration de systèmes de technologie de l'information et des communications pour les utilisateurs finaux.

Points de pratique pour la théorie sociologique de la carrière (Sociological Career Theory)
Jenny Bimrose

1. **Autoréflexion.** Dans quelle mesure votre avancement professionnel jusqu'à présent a-t-il été influencé par vos antécédents sociaux et économiques? Quels obstacles avez-vous surmontés à des points tournant de votre carrière et qui ou qu'est-ce qui a exercé une influence clé sur vos décisions de carrière? Dans quelle mesure la communauté s'est-elle avérée importante pour vous?

2. **Perceptions des clients et des clientes.** Comment les personnes clientes qui vous consultent vous perçoivent-elles en tant que spécialiste de la carrière? La relation entre votre clientèle et vous est-elle égale? Comment vous faites-vous une impression de vos clientes et clients? Il existe des déséquilibres de pouvoir au sein de la société en ce qui a trait, par exemple, au sexe, à l'âge, à la race ou à l'ethnicité et aux antécédents socioéconomiques. Essayez de corriger les déséquilibres de pouvoir qui existent dans vos relations de counseling de carrière avec votre clientèle.

3. **Défense des intérêts (advocacie).** L'intervention au nom de votre clientèle peut être considérée comme une question litigieuse. À titre d'exemple, communiquer avec un employeur au nom d'une personne cliente (avec son entière autorisation et en toute connaissance de cause) peut être une méthode efficace pour obtenir une entrevue de sélection pour une cliente ou un client. Il peut également être nécessaire d'accompagner la personne cliente. Songez à d'autres façons dont cette approche à l'égard de la pratique pourrait améliorer les résultats pour cette dernière.

4. **Information sur le marché du travail.** Songez au rôle de l'information sur le marché du travail dans votre pratique. Est-elle essentielle ou accessoire? Donner aux personnes clientes de l'information de grande qualité peut s'avérer un puissant incitatif leur permettant de surmonter les barrières structurelles.

5. **Inégalité sociale.** Dans quelle mesure connaissez-vous les facteurs sociaux dans votre société qui sont les plus fortement associés aux inégalités sociales? La compréhension des principales sources d'inégalité, de leurs interdépendances et de la façon dont elles aggravent les désavantages (par exemple, le sexe et l'ethnicité) est une étape nécessaire à l'élaboration d'une approche relative à la pratique qui tient compte des inégalités. À titre d'exemple, examinez les taux de chômage et les caractéristiques sociales des populations les plus vulnérables de votre société.

Chapitre 7

La théorie de la psychologie du travail (PWT) : une approche transformative du travail et de la carrière

David L. Blustein, Ryan Duffy, Whitney Erby et Haram Kim

Émergeant au début du XXIe siècle, le cadre *théorie de la psychologie du travail*[1] (*psychology of working framework* – PWF) propose un programme transformateur pour le champ du développement de carrière et du counseling en milieu de travail. Dans ce qui a commencé comme une critique des discours traditionnels axés principalement sur le choix et le développement de carrière, Blustein (2006) a plaidé pour une approche élargie englobant toutes personnes qui travaillaient ou qui voulaient travailler. Construisant le cadre théorique à partir de la pensée féministe, l'étude de race, de culture et de classe ainsi que de la critique du socioconstructiviste (voir Blustein, 2006, et Richardson, 1993, pour des revues), Blustein a relevé un certain nombre de caractéristiques déterminantes. L'objectif d'ensemble était de mettre l'accent sur le travail, soit autant l'activité réalisée au sein du marché de l'emploi que celle dehors de celui-ci, dont le travail de soins (*care*), ce qui contrastait nettement avec la portée des théories du choix de carrière et du développement, dont l'accent demeurait généralement mis sur des carrières relativement volontaristes fondées sur les intérêts et les aspirations d'un individu. De plus, le PWF visait à soutenir l'importance des forces macro sociales et économiques servant à définir (et à limiter pour bon nombre de personnes) l'accès à des perspectives d'avenir. Enfin, le PWF plaide pour une approche plus intégrée envers la compréhension du travail. Elle défend que les approches contemporaines de la recherche et de l'orientation doivent tenir compte de l'intersection entre le travail, les identités sociales, l'état des capacités et incapacités ainsi que la santé mentale. Depuis sa création, ce cadre a mené à l'élaboration de deux théories, à savoir la *théorie relationnelle du travail* (*relational theory of working*) [Blustein, 2011] et la *théorie de la psychologie du travail* (*psychology of working theory* – PWT) [Duffy, Blustein, Diemer et Autin, 2016]. Dans le présent chapitre, nous examinons le PWF et la PWT en mettant l'accent sur la façon dont ces cadres peuvent guider les pratiques du counseling à l'aide d'une illustration pratique.

---

[1] Plusieurs chercheuses et chercheurs universitaires francophones en Amérique du Nord et en Europe ayant conduits des travaux s'inspirant du cadre théorique de la psychologie du travail élaboré par David Blustein utilisent le terme « psychologie de l'activité du travail » pour désigner le cadre théorique.

Aperçu du cadre et de la théorie

Malgré l'importance du travail dans la vie des gens, les études sur le travail ont souvent été limitées et déconnectées des autres aspects de la vie. L'attention mise à ce jour sur le choix de carrière et le développement des personnes privilégiées a engendré un discours marginalisant à l'endroit de celles et de ceux qui ne sont pas en mesure de s'engager dans des carrières significatives à leurs yeux. Cette situation les laisse souvent sans accès au soutien approprié d'une conseillère ou d'un conseiller, sinon sans défense de leurs intérêts par les spécialistes du développement de carrière.

Le cadre théorique de la psychologie de l'activité de travail (PWF)

En réponse aux problèmes susmentionnés, le PWF a été élaboré en s'appuyant sur l'idée que le travail est une composante essentielle de la vie et, par le fait même, que les personnes privilégiées ne devraient pas être seules à bénéficier de notre mission. Toutefois, ce cadre n'a pas pour but de remplacer les théories traditionnelles. Au contraire, il fournit un complément aux discours existants qu'il étoffe en explorant les liens entre le travail et les autres sphères de vie. Il met explicitement l'accent sur les contextes sociaux et économiques qui façonnent considérablement le travail. En ce sens, le PWF est, pour l'essentiel, conforme aux assises du développement de carrière. La création de ce champ professionnel découle d'une préoccupation primordiale concernant le rôle du travail dans la vie des gens ainsi qu'une attention particulière à une gamme étendue de personnes sur le marché du travail incluant les personnes immigrantes pauvres de la classe ouvrière (voir Blustein, 2006, pour une perspective historique). Cependant, le discours s'en est écarté par la suite pour mettre plutôt l'accent sur les carrières des individus ayant une plus forte volition.

Le PWF conceptualise le travail comme une voie fondamentale pour répondre à trois besoins humains fondamentaux. Le premier est le besoin de survie et de pouvoir. Pour de nombreuses personnes, le travail permet de répondre aux besoins de base comme la nourriture, la sécurité et un logement. Le travail peut, en outre, conférer du pouvoir dans divers contextes économiques, psychologiques ou sociaux (Blustein, 2006). Les ressources procurées par le travail imprègnent les gens d'un sentiment de volition, ce qui peut ultimement leur permettre de se mobiliser vers l'expérience créatrice d'une vie plus sensée, orientée et stable. Un autre besoin essentiel que le travail peut combler est celui des liens sociaux. Les gens ont un besoin inné de nouer des relations sociales. La création de tels liens sociaux est également liée étroitement au bien-être subjectif (Blustein, 2011). Ce besoin social inhérent peut être comblé au sein du milieu de travail par un lien direct les collègues, de même que par un sentiment d'affiliation que leur procure indirectement le fait de contribuer au bien-être économique et social de leur communauté.

Le troisième besoin proposé dans le PWF est l'autodétermination. Cela se définit par la capacité d'une personne à s'engager dans des actions ou des états, sans contrôle ou influence externes. Selon la *théorie de l'autodétermination* (*self determination theory* – SDT) [Ryan et Deci, 2000], même si les gens se livrent à des activités motivées par des facteurs externes, ces expériences peuvent, dans des conditions optimales, être intériorisées et devenir significatives. La théorie de l'autodétermination (SDT) définit trois facteurs – autonomie, affiliation et compétence – qui aident les gens à transformer un travail répondant initialement à une motivation extrinsèque en un travail satisfaisant ayant a du sens. Étant un cadre général, le PWF a mis de l'avant l'idée que le travail est un droit humain pour toutes et tous, de même qu'essentiel pour répondre à ses besoins fondamentaux. Les expériences se rattachant au travail doivent être étudiées auprès de la population en général et non seulement auprès des individus ayant accès à des opportunités.

La théorie de la psychologie du travail (PWT)

Quinze ans après que le PWF fut introduit, les chercheuses et les chercheurs ont élargi ses principes de base pour élaborer un modèle théorique empiriquement vérifiable, soit la *théorie de la psychologie du travail* (PWT) [Duffy *et al.*, 2016]. Cette théorie tente d'expliquer comment les obstacles contextuels – les processus de marginalisation et les contraintes économiques – influencent la capacité des gens à obtenir un travail décent et comment l'obtention de celui-ci peut mener à différents résultats (p. ex. satisfaction des besoins, bien-être). La théorie s'appuie sur les propositions du PWF en ce sens qu'elle place les facteurs contextuels au premier plan, tout en soulignant l'importance d'un *travail décent* qui répond à trois besoins humains (survie, liens sociaux et autodétermination).

Selon la définition qui en est donnée, un travail est jugé décent lorsqu'il offre a) des conditions de travail sécuritaires sur le plan physique et interpersonnel; b) un horaire qui permet des temps libres et un repos adéquat; c) des valeurs organisationnelles complémentaires aux valeurs familiales et sociales; d) une rémunération convenable; et e) l'accès à des soins de santé appropriés (Duffy *et al.*, 2016, p. 130). Ce concept essentiel, prenant appui sur l'économie du travail et de littératures connexes, a été adopté en raison de sa pertinence au regard des conditions de travail instables que connaissent de nombreuses personnes dans le monde. L'obtention d'un travail décent permet aux gens de satisfaire leurs besoins humains fondamentaux et de maintenir une bonne santé psychologique.

Le modèle prévoit deux principaux facteurs prédictifs d'un travail décent, à savoir la marginalisation et les contraintes économiques. La marginalisation est définie comme le fait de reléguer des individus à une position d'impuissance ou dépourvue d'importance au sein d'une société ou d'un groupe en raison d'expériences négatives comme le racisme, le sexisme et l'hétérosexisme (Duffy *et al.*, 2016). La marginalisation nuit à l'obtention d'un travail décent dans la mesure où elle limite les possibilités auxquelles les gens ont accès. Les contraintes économiques font référence à des ressources limitées chez la personne, par exemple son revenu. Elles ont des incidences sur le développement des individus de l'enfance à l'âge adulte.

Ces incidences opèrent par l'entremise de différents facteurs tels que l'éducation parentale et scolaire, de même que les opportunités de l'environnement. Ces facteurs peuvent agir sur la capacité d'une personne à obtenir un travail décent (Duffy et al., 2016).

Selon la théorie de la psychologie du travail (PWT), d'autres variables psychologiques et économiques peuvent également faire office de médiateurs ou modérateurs des trajectoires déterminées par ces facteurs contextuels en ce qui concerne l'obtention d'un travail décent. La volition relative au travail (c.-à-d. la liberté perçue de choisir sa carrière malgré les obstacles) et l'adaptabilité de carrière (c.-à-d. la capacité d'une personne de s'acquitter de ses tâches professionnelles actuelles et futures) peuvent agir comme médiateur de liens entre les variables contextuelles et l'obtention d'un travail décent. De façon plus précise, lorsque le niveau de marginalisation est faible et que les contraintes économiques sont mineures, les gens ont plus facilement accès à un travail décent, en partie grâce à une plus grande volition et à une adaptabilité accrue. En outre, quatre variables – personnalité proactive, soutien social, conscience critique et conditions économiques – peuvent avoir un effet modérateur sur les trajectoires déterminées par ces facteurs contextuels quant à l'obtention d'un travail décent. Plus précisément, il est suggéré que les effets néfastes de la marginalisation et des contraintes économiques sur d'autres variables du modèle sont moins importants chez les personnes qui ont une personnalité plus proactive, des réseaux de soutien social plus solides, une plus grande conscience critique, puis qui vivent dans une société bénéficiant d'une conjoncture économique favorable (p. ex. forte croissance de l'emploi, faible taux de chômage). La conscience critique renvoie à la capacité de discerner les facteurs visibles et invisibles créant et maintenant en place des forces injustes et oppressives dans la société.

Jusqu'à maintenant, plusieurs études visant à tester les postulats fondamentaux de la PWT sur diverses populations sous-représentées ont confirmé des éléments importants de cette théorie. Des études qualitatives et quantitatives ont permis d'explorer différentes facettes de la théorie ainsi que de tester des postulats et trajectoires proposés par le modèle. À ce jour, ces études ont, entre autres, confirmé le rôle de la marginalisation et des contraintes économiques sur la façon dont les individus peuvent accéder à un emploi décent et gérer leurs activités professionnelles en regard de leur volition au travail, de même que leur adaptabilité de carrière. Ces études ont permis d'étayer pour une première fois l'applicabilité à diverses populations de plusieurs des postulats fondamentaux de la PWT, tout en mettant en lumière les éléments du modèle qui pourraient devoir être revus (p. ex. l'adaptabilité de carrière) [Douglass, Velez, Conlin, Duffy et England, 2017; Duffy et al., 2018].

Dans l'ensemble, la PWT est une nouvelle théorie en psychologie vocationnelle qui met l'accent sur les facteurs contextuels et psychologiques prédictifs d'un travail décent, lequel, une fois obtenu, mène à la satisfaction des besoins et à un sentiment de bien-être. Les premières études menées sur cette théorie ont, en général, étayé les postulats de cette dernière, mais de plus amples recherches s'imposent pour bien comprendre l'applicabilité de la théorie à différentes populations.

Répercussions dans la pratique

Le PWF et la PWT ont la capacité, individuellement et collectivement, de favoriser des changements transformateurs dans les pratiques en orientation. Des propositions précises, fondées sur des données probantes, quant à la façon dont les conseillères et les conseillers peuvent intervenir de façon positive dans la vie de leur clientèle font partie intégrante de ce cadre et de cette théorie. Parallèlement, la PWT fournit des indications sur le plan des politiques quant aux changements sociaux et économiques nécessaires pour favoriser l'accès de tous à un travail décent et épanouissant. Une illustration particulièrement riche en est la manière dont le modèle met en évidence les facteurs qui peuvent être renforcés afin d'atténuer l'impact négatif de la marginalisation et des contraintes économiques sur l'accès au travail décent.

Illustration pratique

Michelle (pseudonyme), une afro-américaine de 24 ans, détient un diplôme de premier cycle en administration des affaires d'une université de l'Ivy League [2]. Elle travaille actuellement dans une banque d'investissement spécialisée dans une petite ville. Michelle souhaite obtenir des services de counseling d'orientation parce qu'elle éprouve des difficultés au travail qui lui font vivre de l'anxiété. En tant qu'étudiante universitaire de première génération issue d'une famille à faible revenu, elle a dû composer avec certaines difficultés académiques dans le cadre de ses études universitaires. Michelle a fréquenté une école secondaire publique dans une région rurale qui ne l'a pas bien préparée à composer avec les exigences rigoureuses d'un établissement de l'Ivy League. Bien qu'elle la soutienne fortement, sa famille n'avait pas le capital social ou financier nécessaire pour l'aider à réussir.

Michelle sent que son emploi actuel l'épuise. Elle travaille souvent 14 heures par jour, en plus des fins de semaine, accomplissant des tâches répétitives qu'elle ne trouve pas stimulantes. Elle se considère comme une personne sociable, mais son travail, qui s'effectue principalement seul, nécessite peu de collaboration et ne l'amène pas, selon elle, à contribuer positivement à la société. Son patron, un homme blanc d'âge mûr, se montre cordial avec elle, mais confie souvent les tâches les plus intéressantes, y compris les projets qui lui permettraient de déployer ses habiletés interpersonnelles, aux jeunes hommes blancs avec qui

---

2 Regroupement d'universités prestigieuses, élitistes et de longue tradition du Nord-Est des États-Unis.

il socialise davantage. Michelle se sent également seule et isolée puisqu'elle vit dans une nouvelle ville où elle n'a pas de relations amicales. Au travail, elle est la seule personne de couleur de son bureau et a de la difficulté à socialiser avec ses collègues, majoritairement des hommes blancs. En raison de ses longues heures de travail, il est difficile pour elle de rencontrer des gens et elle ne sait pas trop par où commencer.

Étant enfant, Michelle se faisait dire que l'éducation est la clé du succès. Ce discours l'a amenée à se culpabiliser pour sa situation professionnelle actuelle puisqu'elle estime qu'elle aurait pu trouver un meilleur emploi si elle avait obtenu de meilleurs résultats à l'université. Elle redoute de se rendre au travail tous les jours, mais elle considère que sa faible moyenne générale à l'université limite sa capacité à obtenir un meilleur emploi. À l'université, elle n'aimait pas ses cours en finance. Elle ne s'intéressait davantage à ceux portant sur le comportement organisationnel et la gestion des ressources humaines. Elle a décidé de poursuivre une carrière dans le domaine de la finance en raison du salaire élevé qui lui était proposé. Comme beaucoup d'autres jeunes adultes aux États-Unis, Michelle peut difficilement décrocher un emploi plus intéressant lui offrant un salaire plus bas compte tenu de la dette d'études qu'elle a accumulée à l'université. En outre, comme elle soutient financièrement les membres de sa famille dont le revenu est faible, elle craint de ne pas pouvoir continuer à leur envoyer de l'argent si elle accepte un emploi moins bien rémunéré. Michelle est désespérée et croit qu'elle sera forcée de conserver un emploi qu'elle n'aime pas dans une ville où elle n'a ni famille ni relations sociales.

Analyse de l'illustration pratique

Le cas de Michelle met en lumière un sentiment d'insatisfaction à l'égard du travail, une absence de liens sociaux et un désespoir face à l'avenir. Ce sont là des problèmes avec lesquels les conseillères et les conseillers sont souvent appelés à composer ainsi que des enjeux particulièrement importants pour les personnes clientes marginalisées qui font face à des contraintes économiques. En plus de ces facteurs sociaux et économiques généraux, l'incidence de l'identité sociale de Michelle, comme femme noire issue d'une famille à faible revenu, sur ce qu'elle vit au travail devrait être examinée de façon approfondie en counseling. L'approche utilisée ci-dessous est adaptée du modèle développé par Blustein *et al.* (2015) pour travailler avec des clientes et des clients aux prises avec des défis liés à leur classe sociale, de même qu'avec d'autres identités marginalisées au sein de la société.

Établir une alliance

La première étape de ce travail thérapeutique avec Michelle consiste à établir une alliance de travail positive pouvant permettre une prise de recul et promouvoir la croissance et le changement de manière optimale (Blustein *et al.*, 2015). Ce processus commence par une réflexion de la part des conseillères et des conseillers quant à leurs propres préjugés ainsi que la façon dont leurs identités et leurs expériences peuvent influencer leur travail auprès de Michelle. Dans le cadre de la relation de counseling, la dynamique de pouvoir résultant des rapports entre la race, l'ethnicité, le genre, la sexualité et la classe, tant chez la personne cliente que conseillère, doit être examinée afin que le déséquilibre de pouvoir entre les deux puisse être compris et géré au profit du processus d'orientation (Blustein *et al.*, 2015). Dans ce cas particulier, la personne conseillère qui travaille avec Michelle devrait se demander quelle incidence le fait d'être une afro-américaine issue d'une famille à faible revenu peut avoir sur les attentes de cette dernière à l'égard de la dynamique de pouvoir dans le contexte du counseling.

Établir des objectifs

Une fois l'alliance de travail renforcée, le processus d'établissement d'objectifs peut s'amorcer. En collaboration avec Michelle, des objectifs à court et à long terme devraient être fixés, ce qui en retour pourra permettre de mieux définir le contenu du processus de counseling. Les objectifs à court terme de Michelle devraient d'abord permettre d'insuffler de l'espoir face à son avenir compte tenu du désespoir qu'inflige une telle situation d'isolement et de frustration. La conseillère ou le conseiller devrait aider Michelle à commencer à réfléchir à l'emploi qu'elle rêverait d'avoir, ce qui est cohérent avec l'aspect d'autodétermination rattaché au PWF et à la PWT. Michelle mentionne avoir aimé ses cours de gestion des ressources humaines et de comportement organisationnel à l'université, ce qui souligne une aspiration à travailler auprès d'individus dans une fonction d'aide. Un autre objectif à court terme pour Michelle serait de réduire sa propension à se culpabiliser, notamment par le développement de sa conscience critique. La personne conseillère peut faciliter ce travail de développement de la conscience critique en questionnant Michelle à propos de ses expériences liées au racisme et au sexisme. Une telle discussion peut aider Michelle à mieux comprendre l'incidence des obstacles systémiques en regard de ses expériences scolaires et professionnelles. Tout en écoutant le récit de Michelle, la personne conseillère est appelée à adopter une posture empathique et réflexive lui permettant de valider les expériences de la cliente et de cerner les répercussions subtiles ou évidentes du racisme systémique.

En regard d'une perspective à long terme, la personne conseillère devrait travailler avec Michelle à l'élaboration et à la mise en œuvre d'un plan de vie et de carrière significatif à ses yeux et l'encourageant à renforcer ses ressources sociales et économiques, de même que celles de sa famille. Michelle se décrit comme une personne sociable et exprime le désir d'apporter une contribution positive à la société. En s'appuyant sur ces intérêts manifestés, la personne conseillère peut collaborer avec Michelle pour l'aider à élaborer un plan redynamisé menant à un travail plus épanouissant et à une vie plus satisfaisante dans son ensemble.

Pratique psychologique inclusive

La pratique psychologique inclusive se caractérise par « une intégration harmonieuse des interventions axées sur le travail, la santé mentale et le renforcement des habiletés qui s'appuient sur les meilleures pratiques en matière de psychothérapie et de counseling de carrière[3] » (Blustein, Kozan, Connors-Kellgren et Rand, 2015, p. 245). Cette pratique peut être utilisée pour aider Michelle à obtenir un travail décent et à se créer une vie plus satisfaisante. Pour réduire son sentiment de culpabilité, la relation de causalité expliquant son isolement devrait être recadrée. Michelle se sent socialement isolée parce qu'elle est la seule personne de couleur de son bureau. Pour améliorer son soutien relationnel, Michelle devrait être encouragée à entrer en contact avec d'autres personnes de couleur en dehors du travail. Par exemple, Michelle peut se renseigner sur les organisations professionnelles et les clubs de rencontre de la ville qui pourraient être destinés aux personnes de couleur. Le fait d'améliorer son réseau de soutien social devrait aider à atténuer une partie de l'isolement et de la solitude qu'elle ressent.

Sur le plan du renforcement des habiletés, la personne conseillère peut travailler avec Michelle pour l'amener à développer son affirmation de soi. Michelle est écartée pour la réalisation des tâches intéressantes au profit de ses collègues masculins blancs qui possèdent le même niveau d'expérience qu'elle.

L'adoption d'une perspective de renforcement des compétences permettra à la conseillère ou au conseiller de travailler sur le développement de l'affirmation de Michelle. Elle se voit mise de côté pour l'octroi de responsabilités intéressantes. Ces dernières sont offertes à ses collègues masculins blancs possédant la même expérience qu'elle. L'entraînement de l'affirmation de soi pourrait aider Michelle à exprimer plus fortement son désir de travailler sur des projets pouvant faire un meilleur usage de ses habiletés et de satisfaire son besoin d'entretenir des liens sociaux au travail. De plus, le renforcement de telles habiletés peut aider Michelle à accroître ses connaissances à propos des ressources humaines et du développement organisationnel, ce qui pourra l'aider à transiter vers une vie au travail plus gratifiante.

Conclusion

Le mouvement en faveur du PWF et de la PWT repose sur des objectifs ambitieux. Entre autres, cela permet de redynamiser le champ du counseling de carrière en milieu de travail, lequel a été mis de côté dans un monde axé sur le développement et le choix de carrière. Un grand nombre de clientes et de clients, voire de communautés, présentent des problèmes ne relevant pas de la prise de décision de carrière. Comme l'illustre le cas de Michelle, les clientes et les clients font

---

[3] Traduction libre.

souvent face à des obstacles importants liés à la marginalisation et aux contraintes économiques, dont certains ont une portée et une incidence intergénérationnelle. Le point de vue présenté ici et ailleurs (Blustein, 2006; Blustein *et al.*, 2015; Duffy *et al.*, 2016) vise à offrir un ensemble plus étendu et plus inclusif d'idées ainsi que de pratiques à utiliser dans le cadre du counseling en milieu de travail. Nous encourageons les lectrices et les lecteurs à se joindre à nous pour élaborer une perspective transformative qui mènera à la création d'un cadre de pratique utile pour toutes celles et ceux qui cherchent un travail décent et qui a du sens.

Références

Blustein, D. L. (2006). *The psychology of working: A new perspective for career development, counseling, and public policy*. New York, NY : Routledge.

Blustein, D. L. (2011). A relational theory of working. *Journal of Vocational Behavior, 79*, 1-17. DOI :10.1016/j.jvb.2010.10.004

Blustein, D. L., Kozan, S., Connors-Kellgren, A. et Rand, B. (2015). Social class and career intervention. Dans P. Hartung, M. L. Savickas et W. B. Walsh, *APA handbook of career intervention* (vol. 1: Foundations, p. 243-257). Washington D.C. : American Psychological Association. DOI: 10.1037/14438-014

Douglass, R. P., Velez, B. L., Conlin, S. E., Duffy, R. D. et England, J. W. (2017). Examining the Psychology of Working Theory: Decent work among sexual minorities. *Journal of Counseling Psychology, 64*, 550-559. DOI : 10.1037/cou0000212

Duffy, R. D., Blustein, D. L., Diemer, M. A. et Autin, K. L. (2016). The Psychology of Working Theory. *Journal of Counseling Psychology, 63*, 127-148. DOI :10.1037/cou0000140

Duffy, R. D., Velez, B. L., England, J. W., Autin, K. L., Douglass, R. P., Allan, B. A. et Blustein, D. L. (2018). An examination of the Psychology of Working Theory with racially and ethnically diverse employed adults. *Journal of Counseling Psychology*, *65*, 280–293. DOI : 10.1037/cou0000247

Richardson, M. S. (1993). Work in people's lives: A location for counseling psychologists. *Journal of Counseling Psychology, 40*, 425-433. DOI : 10.1037/0022-0167.40.4.425

Ryan, R. M. et Deci, E. L. (2000). Self-determination theory and the facilitation of intrinsic motivation, social development, and well-being. *American Psychologist, 55*, 68-78. DOI : 10.1037/0003-066X.55.1.68

Biographies

David L. Blustein est professeur au sein du département de psychologie du counseling, du développement et de l'éducation au Boston College dans l'État du Massachusetts aux États-Unis. Son expertise touche différents domaines dont la psychologie du travail, le chômage, les concepts de travail décent et de travail précaire, les relations et le travail ainsi que d'autres aspects du monde du travail connaissant des changements radicaux. Il est l'auteur de *The Psychology of Working: A New Perspective for Career Development, Counselling, and Public Policy* et de l'ouvrage à paraître *The Impact of Work in an Age of Uncertainty: The Erosion of Work in America*, publié par l'Oxford University Press.

Ryan Duffy est professeur agrégé en psychologie du counseling à l'Université de Floride, aux États-Unis. Il détient un baccalauréat en développement humain et en philosophie du Boston College, au Massachusetts ainsi qu'une maîtrise et un doctorat en psychologie du counseling de l'Université du Maryland. Ses principaux domaines de recherche sont la psychologie vocationnelle et la psychologie positive. Il a plus particulièrement étudié la psychologie du travail ainsi que de la vocation (calling). Il est l'auteur de plus de 100 articles de revues et a coécrit un livre en 2012 intitulé Make Your Job a Calling. Il est actuellement membre du comité de rédaction du *Journal of Vocational Behavior and Career Development Quarterly* et est rédacteur en chef du *Journal of Career Assessment*.

Whitney Erby est doctorante au Boston College dans l'État du Massachusetts, aux États-Unis. Elle est titulaire d'un baccalauréat ès sciences en économie de la *Wharton School* de l'Université de Pennsylvanie et d'une maîtrise ès arts en psychologie socio-organisationnelle du *Teachers College* de l'Université Columbia, à New York.

Haram Kim est doctorant en psychologie du counseling à l'Université de Floride, aux États-Unis. Elle est titulaire d'un baccalauréat ès arts en psychologie et d'une maîtrise ès arts en psychologie de l'orientation de l'Université Yonsei à Séoul, en Corée du Sud.

Points de pratique pour la théorie de la psychologie du travail (PWT)
David L. Blustein, Ryan Duffy, Whitney Erby et Haram Kim

1. **Mettez l'accent sur le travail dans son sens large.** Les personnes conseillères ont la responsabilité de tenir compte de tous les aspects de la vie professionnelle de leurs clientes et de leurs clients. Cela inclut, entre autres, toute activité liée à la prestation de soins ou de tout travail qui ne résulte pas forcément d'un plan de carrière délibéré. Idéalement, les personnes conseillères peuvent aider leurs clientes et leurs clients à maximiser leurs possibilités afin qu'elles et qu'ils éprouvent un sentiment d'épanouissement et sentent que leur vie a un sens. Ce sont là deux réalités qui font partie intégrante de nos droits en tant que personne.

2. **Le changement peut être mis de l'avant au moyen de pratiques fondées sur des données probantes.** Un counseling qui s'appuie sur les concepts théoriques et les recherches tirés du cadre et de la théorie de la psychologie du travail (PWT) peut faire ressortir des éléments de changement particuliers et favoriser, notamment, la conscience critique et l'adaptabilité relative à la carrière des clients.

3. **Ayez recours à des interventions intégratives harmonieuses et naturelles.** Il est rare que les problèmes d'ordre professionnel puissent être dissociés de ceux non liés au travail, des facteurs sociaux et économiques existants et des relations entretenues. L'utilisation d'une pratique psychologique inclusive, qui s'appuie sur une intégration réfléchie du counseling psychologique et du counseling en milieu de travail, peut être la meilleure approche à adopter auprès des clients confrontés à de multiples difficultés dans la vie.

4. **La défense des intérêts sociaux est essentielle pour changer les contextes entourant le travail.** Comme le démontre la littérature relative au cadre et à la théorie de la psychologie du travail (PWT), la défense des intérêts sociaux est essentielle afin de promouvoir un contexte plus approprié pour le travail et le développement personnel.

5. **Le counseling en milieu de travail s'inscrit dans un continuum d'autodétermination et de survie.** Dans certains cas, les clientes et les clients se présenteront avec des problèmes d'ordre professionnel en lien avec la survie, alors que pour d'autres, ceux-ci seront liés à l'autodétermination. Les personnes conseillères peuvent s'attaquer à ces besoins simultanément

en amenant leurs clientes et leurs clients à se donner des objectifs à court et à long terme qui nécessiteront des interventions axées sur la survie et leur permettront d'acquérir des compétences pour renforcer leur autodétermination.

Chapitre 8

Le counseling de carrière narratif : l'approche du récit

Pamelia E. Brott

Choisir ou quitter un emploi, ou encore changer d'emploi, peut motiver une personne à rechercher des services de counseling de carrière. Bon nombre de ces clients et de ces clientes commencent par une demande concrète : « Je veux passer des tests qui me diront quoi faire. » Il se peut que les personnes clientes ne se rendent pas compte que ces instruments de mesure ou d'évaluation tests sont généralement fondés sur une méthode d'autoévaluation, aux termes de laquelle ces derniers et ces dernières répondent à des questions ou choisissent des options qui les aident à mieux se connaître. Ainsi, la vision objective du client ou de la cliente à l'égard de l'emploi en tant que force motrice du counseling de carrière doit se situer dans le contexte de la vision subjective de la vie. Vivre une vie, c'est plus que trouver un emploi; c'est de donner un sens à la vie grâce à divers rôles, dont l'un est le *travail* (Brott, 2005). *L'approche du récit* met l'accent sur l'histoire du client ou de la cliente au moyen du counseling de carrière narratif. Voici un aperçu de l'approche du récit (Brott, 2017) et de la théorie à l'appui, ainsi que des concepts clés appliqués à une illustration pratique.

Aperçu et fondement théorique de l'approche du récit

Le counseling de carrière narratif fait partie d'un « tournant postmoderne[1] » (Busacca et Rehfuss, 2017, p. 4), un changement porté sur une conception du XXe siècle axée sur l'appariement et la gestion de carrière vers un modèle du XXIe siècle axé sur la production de sens par les expériences et les actions uniques d'un individu. L'histoire, ou l'identité narrative, met en lumière les thèmes de la vie au moyen d'interactions sociales et, lorsque les clients et les clientes racontent leurs histoires, ces dernières deviennent plus réelles et cristallisent ce que ces personnes savent d'eux-mêmes (Savickas, 2011). Le récit contextualisé est un processus continu aux termes duquel une personne interagit avec l'environnement et construit une vie en fonction de cinq rôles : relations, apprentissage, plaisir, travail et valeurs (Brott, 2005).

---

1 Traduction libre.

Le counseling de carrière narratif émane d'un cadre constructiviste dans lequel le client ou la cliente est considéré comme un agent actif au sein d'un système auto-organisateur (Patton et McMahon, 2017). L'une des approches à l'égard du counseling de carrière narratif est l'approche du récit (Brott, 2017). Cette approche est fondée sur la théorie de la construction personnelle (personal constructs theory) de Kelly (1955), qui nous permet de comprendre comment nous interprétons le monde. Nos constructions personnelles organisent notre monde et nous permettent de le comprendre, celui-ci pouvant être adapté et modifié en réponse à de nouveaux stimulus. Lorsque les clients et les clientes font face à un dilemme, à un choix ou à un défi dans leur vie qui crée une dissonance, le counseling de carrière peut être un moyen de découverte constructiviste à mesure qu'elles et qu'ils racontent leur histoire, mettent au jour des perspectives différentes, unissent des éléments actuels et nouveaux de l'histoire et rédigent les prochains chapitres.

L'approche du récit (Brott, 2017) repose sur a) une relation de collaboration entre le conseiller, la conseillère, ainsi que le client, la cliente, b) la capacité cognitive de ce dernier ou de cette dernière à assimiler l'information et c) la langue en tant qu'outil de communication. Des outils de counseling, comme des évaluations qualitatives et des mesures normalisées, aident les clients et les clientes à en apprendre davantage sur leur vie et à communiquer l'histoire de leur vie. Le processus de counseling consiste en la co-construction pour raconter l'histoire, en la déconstruction pour mettre au jour les perspectives, en la reconstruction de l'histoire et en la construction des chapitres suivants.

Relation de collaboration entre le conseiller, la conseillère et le client, la cliente
La relation de collaboration est établie dès le départ afin que le client ou la cliente participe activement. Inviter le client ou la cliente à participer à la séance, donner le ton de la collaboration et offrir un cadre propice à la participation active sont des éléments clés qui favorisent une expérience authentique de counseling de carrière. Le conseiller ou la conseillère sollicite la participation de la personne cliente dans l'instant présent, clarifie ses attentes et définit les paramètres du counseling. Le fait de s'asseoir du même côté de la table ou de partager un coin de la table reflète une séance de travail axée sur la collaboration, plus particulièrement lorsque des activités constructivistes sont prévues.

Capacité cognitive
Les clients et les clientes doivent être en mesure de réfléchir et d'assimiler l'information pour bénéficier des avantages du counseling de carrière narratif. Mon expérience de counseling m'a permis de constater que les jeunes adolescents âgés de 11 ou 12 ans peuvent participer pleinement à l'approche du récit. L'approche du récit consiste à organiser et à comprendre les événements de la vie dont on se souvient, ainsi qu'à trouver un sens grâce à ceux-ci. Le fait de structurer ces événements de la vie pour former une perspective personnelle de l'histoire de vie est au cœur du

processus de counseling. Il ne faut pas oublier que l'identité du client ou de la cliente est multidimensionnelle. Elle est déterminée par la cohorte générationnelle, le lieu géographique, les expériences personnelles et relationnelles, ainsi que la culture. les clients et les clientes issus de cultures individualistes ont tendance à faire part d'événements survenus plus tôt dans leur vie, à raconter plus en détail leurs expériences personnelles et à mettre l'accent sur leur caractère unique. De leur côté, les clients et les clientes issus de cultures collectivistes auront tendance à situer leurs expériences dans un contexte social en tant qu'interprétation interdépendante du moi et à faire preuve de respect à l'égard du passé, comme apprendre de leurs ancêtres et des messages moraux.

Langage

Le langage est la structure discursive qui communique le quoi, le comment et le pourquoi du récit personnel. Les conseillers et les conseillères devraient prendre note des mots et des métaphores employées par les clients et les clientes, puis à les utiliser pour assurer la compréhension et pour améliorer l'approche de counseling axée sur la collaboration. Les outils de counseling permettant d'extraire le langage du client ou de la cliente en racontant l'histoire sont idiographiques, c'est-à-dire qu'« ils offrent de riches moyens d'examiner les significations, les thèmes et les préférences du client ou de la cliente comme étant uniques, personnels et distinctifs[2] » (Brott, 2015, p. 31). Ils peuvent inclure des évaluations qualitatives et des mesures normalisées pour inciter les clients et les clientes à prendre activement connaissance de leur récit.

Évaluations qualitatives. Une ligne de vie, des cercles de rôles de la vie et le tri de cartes sont des outils pouvant permettre aux clients et aux clientes de raconter leur histoire (Brott, 2015). La ligne de vie est tracée sur une grande feuille blanche et se compose de chapitres choisis dans l'histoire racontée par le client ou la cliente : les points forts, les points faibles et les moments mémorables. Les gens sont identifiés par leur nom et peuvent révéler des points de vue différents (p. ex. « Selon votre sœur, Jill, quelle serait votre plus grande force? »). Les règles au sein de la famille peuvent donner un aperçu des influences possibles exercées sur les préoccupations professionnelles du client ou de la cliente, ainsi que servir de cadre favorisant la compréhension des perspectives culturelles. Le dialogue entre la personne cliente et conseillère passe de la description des événements aux thèmes de réflexion sur le sens de la vie qui influencent l'histoire de la vie.

Les cercles de rôles de la vie sont dessinés pour représenter les rôles de la vie que sont les relations, l'apprentissage, le plaisir, le travail et les valeurs. Les cinq cercles représentent soit l'importance de chaque rôle de la vie pour le client ou la cliente, soit le temps consacré à chacun d'eux. Il est important de noter la taille des cercles respectifs de rôle et leur emplacement relatif les uns par rapport aux

---

2 Traduction libre.

autres, notamment selon qu'ils se chevauchent ou non. Sur une moitié de la feuille, le client ou la cliente dessine les rôles de la vie tels qu'ils sont actuellement, puis sur l'autre moitié de la feuille, cela est fait pour ceux qu'elle et qu'il préférerait (importance ou temps consacré) à un moment ou à un autre dans l'avenir. Les rôles de la vie peuvent susciter des réactions émotives et peuvent être liés à la ligne de vie dans de nombreux chapitres.

Le tri de cartes est réalisé à l'aide de fiches en vue de clarifier les préférences et de faire des choix. Le tri de cartes peut être fondé sur le rôle de la vie lié aux valeurs du client ou de la cliente, à l'aide de sujets comme le prestige, l'argent, l'autonomie, la reconnaissance, l'autodétermination et l'aide à autrui, sinon de rôles de vie au travail à l'aide de titres professionnels ou d'une typologie. Le client ou la cliente trie les cartes en deux piles : « me ressemble » et « ne me ressemble pas ». Les cartes peuvent être classées dans l'ordre ou l'on peut demander à la personne de renoncer à une carte à la fois jusqu'à ce qu'il ne reste que trois cartes « me ressemble le plus ». Ces trois cartes peuvent être liées à des moments de la ligne de vie où des choix ont été faits appuyant ou compromettant ces cartes « me ressemble le plus ».

Mesures normalisées. Les évaluations normalisées, comme des inventaires des intérêts et de valeurs, peuvent fournir un cadre pour la conscience et la compréhension de soi. Les résultats doivent être formulés de façon à ce que le client ou la cliente entame un dialogue : « À quoi ressemblez-vous selon vos actions manifestes et à quoi ne ressemblez-vous pas? »

Le processus de l'approche du récit

Il y a une interaction dynamique dans le processus de l'approche du récit (Brott, 2017) pour mettre au jour l'histoire (co-construction), ouvrir des espaces pour faire place à différents points de vue (dé-construction), reconstituer l'histoire en tissant sa connaissance de soi comme guide du chapitre suivant (reconstruction) et rédiger les chapitres suivants (construction). Les rôles de la vie que sont les relations, l'apprentissage, le plaisir, le travail et les valeurs situent la profession dans le contexte de la vie (Brott, 2005). Le counseling de carrière amène le client, la cliente, ainsi que le conseiller, la conseillère, à adopter une pratique réflexive. Être réflexif est un processus où la conscience, la connaissance et les émotions sont utilisés afin de donner sens aux événements remémorés (Stedmon et Dallos, 2009). C'est grâce à la réflectivité que la structure de réflexion sur le sens de la vie se dégage.

Co-construction. Étant donné que l'approche du récit est un processus de réflexion axé sur la collaboration, elle est construite conjointement par le conseiller, la conseillère, et la personne cliente. Cette dernière est l'experte de l'histoire, mais il est important de donner au conseiller ou à la conseillère, le rôle d'une personne qui guide, qui facilite, qui confronte, qui organise et qui collabore.

Déconstruction. Mes synonymes préférés pour la déconstruction sont « s'ouvrir à de nouveaux espaces », « différentes perspectives », « clarifier » et « et si ». La déconstruction vise à examiner les influences contextuelles et intrapersonnelles tout en aidant le client ou la cliente à prendre du recul afin qu'elle et qu'il puisse voir son histoire d'un autre point de vue. C'est à ce moment-là que les personnes dans l'histoire du client ou de la cliente peuvent permettre d'exprimer ces points de vue différents.

Reconstruction. La reconstruction vise à reconstituer l'histoire de la vie sous forme d'autobiographie à l'aide d'un thème unificateur. Il s'agit d'intégrer ce qu'apprend le client ou la cliente au récit, de choisir la façon dont le chapitre suivant se déroulera selon ce qu'elle ou qu'il privilégie de vivre (c.-à-d. selon le thème choisi), puis de donner un titre à l'histoire de la vie. La reconstruction est un processus important qui permet aux clients et aux clientes de construire les prochains chapitres répondant à leurs besoins, de faire des choix au travers de cinq rôles de la vie, ainsi que de gérer les changements et les transitions composant la vie. L'appropriation de l'histoire de la vie reconstruite représente la motivation nécessaire aux chapitres suivants.

Construction. La phase de la construction est la rédaction des chapitres suivants de l'histoire du client ou de la cliente. À l'aide d'une nouvelle feuille, la ligne de vie se prolonge vers l'avenir. Le ou les chapitres suivants de l'histoire porteront sur la façon dont le client ou la cliente choisit de vivre selon ses façons privilégiées de vivre et de trouver un sens dans tous les rôles de la vie. Ce prochain chapitre donnera forme au thème de vie du client ou de la cliente. L'identification des prochaines étapes de manière concrète, réalisable et mise à l'essai, et ce, avant que le client ou la cliente mette fin au processus de counseling, va permettre à la personne conseillère de s'en assurer, puis, si nécessaire, de mettre à jour les étapes suivantes à accomplir par la personne qui la consulte. Une plan orienté vers un but[3] (Brott, 2017) peut servir à visualiser les mesures à prendre, les obstacles qui peuvent être rencontrés, les ressources nécessaires à la gestion des obstacles et un échéancier raisonnable pour chaque nouvelle étape.

Illustration pratique

Jim (pseudonyme) est un homme, homosexuel, de 35 ans, engagé dans une relation de longue durée avec son partenaire, Tad. L'automne dernier, ils ont célébré leur cinquième anniversaire. Jim a été le premier membre de sa famille d'origine à obtenir son diplôme d'études universitaire. Il a depuis obtenu une maîtrise en éducation.

---

3 Traduction libre de *Goal Map*.

Il est le seul enfant de sexe masculin de ses parents, lesquels entretiennent des opinions traditionnelles sur le rôle des hommes en tant que chefs de ménage, qui soutiennent leur famille et ont des enfants pour assurer la lignée familiale. Bien que ses parents ne sachent pas qu'il soit homosexuel, ses deux sœurs le savent et aiment bien rencontrer régulièrement Jim et Tad. Jim est professeur d'anglais au secondaire depuis 14 ans. L'an dernier, il a été nommé enseignant de l'année par son conseil scolaire. Ses collègues l'aiment bien, mais il ne les fréquente pas en dehors de l'école. Jim devient inquiet quand il pense au fait de retourner enseigner une autre année. Il estime que sa carrière d'enseignant stagne et qu'il n'est plus aussi enthousiaste à l'idée d'enseigner qu'il l'était auparavant.

Jim et Tad ont récemment acheté une maison ensemble. Ils sont ravis à l'idée d'en faire leur chez-soi. La maison est située à mi-chemin entre les lieux de travail du couple; il faudra donc à chacun environ 30 minutes pour se rendre au travail en voiture. Tad est chef dans un restaurant local. Il a remporté des prix pour ses compétences culinaires. Tad ne comprend pas pourquoi Jim se sent inquiet. C'est Tad qui a eu l'idée que Jim ait recours à des services de counseling de carrière.

Analyse de l'illustration pratique

Du point de vue de l'approche du récit, Jim fait l'expérience de dissonance dans son identité narrative en regard de ses nombreux rôles de vie. Des signes laissent croire que l'identité homosexuelle de Jim est fragmentée sur le plan de ses rôles en relation avec ses parents, ses frères et sœurs, ses collègues et son partenaire. Le counseling de carrière offrira à Jim l'occasion de découvrir le système de de création de sens par lequel il ses différents rôles de la vie à son histoire de vie, puis de créer son prochain chapitre.

Il est important le conseiller et son client deviennent des collaborateurs engagés dans le cadre d'un processus réflexif. Ce dernier débute au cours de la première séance et se poursuit tout au long du processus de counseling. Le bureau où se déroule les rencontres est doté d'une table et de chaises afin d'en faire un espace de travail partagé. Le conseiller accueille Jim à la séance, lui demande quelles sont ses attentes en matière de counseling et donne le ton à la collaboration.

Au début de la phase de co-construction du counseling de carrière, Jim exprime des préoccupations et se dit « *inquiet* » et « *stagnant* ». Il parle ouvertement de son identité homosexuelle. Il est reconnaissant du fait que le conseiller s'informe de sa compréhension de lui-même et du monde. Ses rôles de vie actuels sont liés à des membres de sa famille, à son partenaire, au *plaisir* de faire de sa maison un chez-soi avec son conjoint et de rencontrer des gens, à son *travail* comme enseignant et à la valeur accordée à ses expériences passées stimulantes d'enseignement. Celle d'*apprendre* n'est pas mentionnée lors de la première séance. La ligne de vie est créée en collaboration afin que les chapitres passés et présents de l'histoire de Jim puissent être racontés en fonction des rôles de la vie.

Le conseiller exprime sa curiosité en paraphrasant, en clarifiant et en invitant Jim à donner plus de détails pour établir un lien avec des thèmes possibles : « *Qu'est-ce qui vous a amené à devenir enseignant d'anglais au secondaire? Comment vous sentiez-vous lorsque vous avez appris que vous aviez été choisi comme enseignant de l'année? Le fait d'être un enseignant qui réussit bien dans sa carrière répond-il aux attentes de votre famille ou à vos attentes à l'égard de votre perception de soi?* » Au fur et à mesure que les thèmes commencent à se dégager, le conseiller partage sa compréhension (« *Ce que vous semblez dire est...* »), spécifie (« *Cela ressemble-t-il à ce que vous entendez?* »), suggère des liens (« *À la maison, vous acceptez votre identité homosexuelle, au travail vous êtes réservé, avec vos parents vous gardez le silence, et avec vos sœurs vous et Tad pouvez être un couple* »), puis cherche de nouveau à spécifier (« *Comment voyez-vous votre rôle des relations?* »). Ces thèmes ont façonné l'histoire de Jim en guidant ses réactions émotives et ses décisions. La dissonance qui l'a amené à recourir au counseling peut maintenant être située grâce à ses rôles de la vie. On peut comprendre que l'image de soi personnifiée par Jim joue un rôle de protection. Le langage éclaire l'histoire, et le conseiller se porte attentif afin d'apprendre les mots et les expressions qui maintiennent Jim au sein de son histoire.

Jim est amené à partager le langage qu'il entend des autres. Le conseiller demande le nom de ces personnes et reformule ce qu'elles expriment comme perspective : « *S'agit-il de votre discours intérieur ou s'agit-il de votre mère et de votre père qui vous communiquent leurs attentes?* » Cela entame la phase de la déconstruction. Soutenir le processus réflexif de Jim permettra de clarifier tous ses messages intérieurs contradictoires et ouvrir un espace pour des choix à prendre pour son prochain chapitre : « *Si vous pouviez changer un aspect de votre mission d'enseignement, quel serait-il? Pourquoi cela serait-il significatif pour vous?* »

La reconstruction consiste à rattacher les différentes ficelles qui ont été identifiées et les explorées au sein de l'histoire de vie. À mesure que les éléments de l'histoire de Jim ont été identifiés et explorés, des notes ont été faite au sein de sa ligne de vie. Le tri de cartes réalisé par Jim a permis de clarifier ses trois principales valeurs : la vie privée, la créativité et le souci des autres. Selon l'inventaire de ses intérêts, Jim a noté que son profil de personnalité se compose des types social, artistique et entreprenant. Ces thèmes au sein de sa ligne de vie étaient « *ne pas décevoir les autres... donner à mes élèves une chance... il est temps pour du nouveau.* » Le conseiller lui demande : « *Jim, quel est, selon vous, le lien qui unit ces éléments?* » Jim prend les crayons de couleur et dessine des lignes qui relient les éléments. Il partage ensuite sa réflexion sur la manière dont tout cela parle de son histoire de vie : « *Toutes ces couleurs doivent faire partie du canevas de ma vie.* »

La phase de la construction porte sur les chapitres suivants de l'histoire de la vie. Le conseiller demande à Jim : « *Qu'aimeriez-vous que soit l'échéancier de votre prochain chapitre?* » L'échéancier peut être d'une semaine, d'un mois, d'une année, de cinq ans ou de toute autre période qui convient au client. Étant donné que les questions relatives à la carrière de Jim concernaient son rôle lié au travail au cours de la prochaine année scolaire, il choisit de fixer un échéancier d'un an pour son prochain chapitre. Les notes colorées sur sa ligne de vie lui permettent de voir l'importance de donner une chance à ses élèves; ainsi, pour ce faire, il doit exploiter sa créativité. À l'aide du plan orienté vers son but pour organiser visuellement l'information, Jim souhaite « *être enthousiaste à l'idée d'enseigner une fois de plus.* » Ses obstacles sont l'enseignement des mêmes cours année après année, que Tad qui ne comprend pas pourquoi il est inquiet et qu'il a l'impression de stagner, de même que de vouloir consacrer plus de temps à faire de la maison un chez-soi. Ses ressources sont le fait d'être respecté dans le milieu de l'enseignement, les deux mois d'été qu'il peut employer à faire ce qui lui plaît, ainsi que sa relation avec Tad, laquelle est extrêmement importante. Jim identifie trois étapes qu'il peut se donner entre maintenant et la prochaine séance de counseling afin de démontrer qu'il est sur la bonne voie pour atteindre son but : a) demander d'enseigner un cours d'anglais aux élèves en situation de risque d'abandon, b) identifier ce qu'il aime de l'enseignement et c) explorer des façons de créer une page Web afin de partager ses réussites et ses défis en enseignement de l'anglais.

Au cours de la dernière séance de counseling, Jim indique au conseiller ce qu'il a accompli ou appris à chaque étape : a) il a demandé d'enseigner un cours d'anglais aux élèves qui risquent d'échouer et il enseignera ce cours; b) dans le cadre de son enseignement, il aime que les élèves comprennent la psychologie derrière les personnages d'une histoire; c) la page Web devra être simple, et comprendre des publications une fois par semaine pour faire part de ses réussites et de ses difficultés dans le domaine de l'enseignement de l'anglais. Le conseiller demande à Jim de résumer ce qu'il retient de ces trois étapes servant à créer le chapitre suivant de son histoire de vie. Jim dit :

> *j'adore enseigner l'anglais, et il est important pour moi de pouvoir exercer une influence positive dans la vie des élèves. De plus, Tad a proposé de m'aider avec la page Web; c'est donc quelque chose que nous pouvons faire ensemble. Ce que j'ai appris, c'est que j'ai besoin me lier « moi » (qui je suis) avec les gens et à ce que je fais. J'ai été fragmenté. Tout comme ces lignes dessinées à l'aide de crayons de couleur sur ma ligne de vie, il est temps d'unir ces éléments. Je suis homosexuel, j'ai un partenaire, et nous devons construire ce prochain chapitre ensemble. Je me rends compte maintenant qu'il est temps pour moi de m'asseoir avec maman et papa et de leur faire savoir que je suis homosexuel. Leurs commentaires pourraient être blessants si je les laisse faire. J'ai toutefois besoin de toutes ces couleurs pour mon canevas de vie.*

Conclusion

L'approche du récit est l'une des avenues pour le counseling de carrière narratif. Le processus de réflexion soutien le client ou la cliente dans la mise en lumière de ses chapitres antérieurs et actuels au moyen de descriptions et de thèmes de réflexion sur le sens de la vie, en libérant de l'espace dans l'histoire sous forme de points de vue d'autres personnes, en incorporant les thèmes dans l'histoire et en rédigeant les chapitres suivants qui reflètent les points de vue et les modes de vie privilégiés du client ou de la cliente. L'approche du récit est axée sur les rôles de la vie, ainsi que de l'intégration de l'image de soi et de l'individuation. Les questions relatives à la carrière du client ou de la cliente peuvent concerner le rôle lié au travail. Toutefois, le counseling de carrière narratif conçoit la vie de la personne cliente en tant que système d'influence interactionnel, auto-organisateur et axé sur la réflexion sur le sens de la vie.

Références

Brott, P. E. (2005). A constructivist look at life roles. *The Career Development Quarterly, 54*, 138-149. DOI : 10.1007/978-94-6300-034-5_4

Brott, P. E. (2015). Qualitative career assessment processes. Dans M. McMahon et M. Watson (dir.), *Career assessment: Qualitative approaches* (p. 31-39). Rotterdam, Pays-Bas : Sense.

Brott, P. E. (2017). The storied approach. Dans M. McMahon (dir.), *Career counseling: constructivist approaches* (2e éd., p. 94-103). New York, NY : Routledge.

Busacca, L. A. et Rehfuss, M. C. (2017). Postmodern career counseling: A new perspective for the 21st century. Dans L. A. Busacca et M. C. Rehfuss (dir.), *Postmodern career counseling: A handbook of culture, context, and cases* (p. 1-19). Alexandria, VA : American Counseling Association.

Kelly, G. A. (1955). *The psychology of personal constructs.* New York, NY : W. W. Norton.

McAdams, D. P. (2008). Personal narratives and the life story. Dans O. P. John, R. W. Robins et L. A. Pervin (dir.), *Handbook of personality: Theory and research* (3e éd., p. 242-262). New York, NY : Guilford Press.

Patton, W. et McMahon, M. (2017). Constructivism: What does it mean for career counselling. Dans M. McMahon (dir.), *Career counseling: Constructivist approaches* (2e éd., p. 3-16). New York, NY : Routledge.

Savickas, M. L. (2011). *Career counseling.* Washington, DC : American Psychological Association.

Stedmon, J. et Dallos, R. (2009). Flying over the swampy lowlands: Reflective and reflexive practice. Dans J. Stedmon et R. Dallos (dir.), *Reflective practice in psychotherapy and counselling* (p. 1-22). Maidenhead, Angleterre : Open University Press.

Biographie

Pamelia E. Brott est professeure agrégée en counseling à l'Université du Tennessee, à Knoxville, aux États-Unis. Elle possède plus de 21 ans d'expérience à titre de formatrice de de conseillères et de conseillers et a écrit sur le counseling de carrière constructiviste depuis la publication de l'approche du récit en 2001. Mme Brott présente des exposés lors de conférences internationales et nationales. Elle compte 20 publications dans des revues à comité de lecture et des chapitres de livre à titre de collaboratrice invitée portant sur le développement et le counseling carrière. En 2018, elle a été nommée membre honoraire (Fellow) de la National Career Development Association (États-Unis).

Points de pratique pour l'utilisation de l'approche du récit
Pamelia E. Brott

1. **Soyez collaboratrice, collaborateur.** En tant que conseiller, conseillère, vous possédez des connaissances en matière d'information sur les carrières, ainsi que les processus de counseling. Cependant, le client ou la cliente vivent des questionnements à l'égard de leur carrière, de leur vie. En travaillant ensemble, vos connaissances peuvent les aider à en apprendre davantage sur leur vie et à choisir une histoire de vie significative pour chacune et chacun.

2. **Soyez curieux.** Qu'est-ce qui active la personne? Vivez le moment présent avec celle-ci et suivez votre curiosité. Vos questions, vos demandes de précisions, vos demandes d'informations détaillés et vos réflexions sur le sens sont des façons d'en savoir plus sur les expériences et les motivations du client ou de la cliente.

3. **Utilisez les rôles de la vie.** Le rôle de la vie lié au travail ne représente qu'un aspect de la vie du client ou de la cliente. En s'ouvrant sur l'histoire et les rôles de vie de la personne, cela soulève des occasions pour situer le travail à ces égards. Les relations avec les autres, l'apprentissage de choses nouvelles, le plaisir pour se ressourcer et les valeurs respectées dans la prise de décisions contribueront à vivre sa vie.

4. **C'est l'histoire de la personne cliente.** Celle-ci doit se réjouir de la vie qu'elle vit et en assumer la responsabilité dans la façon dont elle souhaite vivre ses prochains chapitres. Il n'est pas nécessaire de changer à moins que le client ou la cliente ne choisisse de le faire. Le maintien du statu quo pourrait être une décision relative aux valeurs. Intervenir sur ses réactions émotives peut ouvrir sur de nouvelles perspectives et permettre de trouver un sens à la vie. Demandez aux clients et aux clientes de nommer les personnes qui sont des personnages dans leur histoire. Les personnes nommées peuvent offrir une perspective en aidant le client ou la cliente à voir l'histoire de points de vue différents.

5. **Choisissez de petites mesures à prendre pour commencer le chapitre suivant.** L'établissement d'un objectif n'est utile que si le client ou la cliente prend des mesures pour l'atteindre. Aidez cette personne à définir deux ou trois petites mesures à prendre, à reconnaître qu'il peut y avoir des obstacles, à réfléchir aux ressources qui peuvent être utilisées pour gérer ces obstacles, ainsi qu'à évaluer ses progrès. Si une mesure n'a pas été accomplie, il se peut que ce ne soit pas la bonne. Restructurez la mesure et essayez de nouveau.

Chapitre 9

La théorie de l'autodétermination de carrière (CSDT) dans la pratique

Charles P. Chen et Julie Wai Ling Hong

Par le passé, le champ de la psychologie se limitait essentiellement à définir et à décrire les phénomènes et les comportements humains en adoptant une perspective principalement axée sur les déficits, tels que les malformations, les pathologies et les maladies mentales. Le fait d'accorder une place aussi grande à l'étude « de ce qui n'allait pas » a rendu possibles d'innombrables découvertes importantes qui ont favorisé l'avancement des pratiques et des théories psychologiques. Cependant, récemment l'attention a été dirigée vers « ce qui fait que la vie vaut le plus la peine d'être vécue » – un mouvement appelé la *psychologie positive*. Cette approche repose sur l'idée que la vie ne s'arrête pas simplement au fait de mettre fin à la souffrance. Les gens veulent mener une vie intéressante et épanouissante qui leur permet de croître et de prospérer à travers leurs expériences amoureuses, professionnelles et ludiques. La psychologie positive vise à explorer et à examiner tout ce que mener une « bonne vie » suppose, ce qui inclut notamment le bonheur, la résilience, l'agentivité et le sens de la vie. La *théorie de l'autodétermination* (*self-determination theory* – SDT), proposée par Ryan et Deci (2000; 2008), a été récemment intégrée à la psychologie positive, conceptualisant la psychologie de la motivation et du comportement humains dans une optique constructive qui vise à favoriser la croissance, la force intérieure, la résilience et le bien-être. Explorant la possibilité d'intégrer cette théorie à la psychologie de l'orientation et du développement de carrière, Chen (2017) a proposé une métathéorie de la *théorie de l'autodétermination de carrière* (*career self-determination theory* – CSDT), qui combine les postulats de base de la théorie de l'autodétermination (SDT) et les principes clés des principales théories en développement de carrière. Les principaux concepts de la théorie de l'autodétermination de carrière (CSDT) sont examinés dans le présent chapitre en tenant compte de leur application dans le cadre des pratiques de développement de carrière et des interventions d'aide. Une vignette et son analyse sont présentées pour illustrer l'application de cette théorie.

Aperçu de la théorie de l'autodétermination de carrière (CSDT)

Selon la théorie de l'autodétermination (SDT), pour atteindre un bon état de fonctionnement psychologique, trois besoins humains fondamentaux doivent être satisfaits, soit l'autonomie, la compétence et l'affiliation. Combinés, ces besoins mobilisent intrinsèquement les gens à rechercher une plus grande satisfaction de vivre et un meilleur bien-être. La motivation intrinsèque est une ressource essentielle qui sous-tend l'action humaine et qui contribue dans une très large mesure au bien-être professionnel et à celui relatif à la carrière. C'est cette motivation qui justifie l'application de la théorie de l'autodétermination (SDT) dans le contexte du développement de carrière et du bien-être professionnel. Les trois besoins fondamentaux thématisés dans cette théorie constituent les concepts de base à partir desquels les principes clés de plusieurs principales théories de la carrière ont été adoptés et intégrés afin de créer le nouveau cadre théorique de la théorie de l'autodétermination de carrière (CSDT). Cette dernière est ainsi élaborée et comprise à l'aide des trois besoins humains fondamentaux que sont l'autonomie relative à la carrière, la compétence de carrière et l'affiliation de carrière. Ces trois concepts de base, ainsi que les éléments et les facteurs qui s'y rattachent, rendent la théorie pertinente au regard de l'expérience de vie au travail, des comportements vocationnels et des actions de carrière des individus.

Autonomie relative à la carrière

L'autonomie relative à la carrière fait référence au besoin de l'être humain de diriger et de gérer sa vie professionnelle d'une manière lui permettant d'exercer une emprise sur ses aspirations, son agentivité, sa liberté et ses choix dans l'agencement de ses expériences professionnelles. L'essence même de l'autonomie relative à la carrière est le sentiment d'être indépendant et d'avoir le contrôle sur ses activités professionnelles et sur son bien-être à l'égard de sa carrière (Dawis, 2002). Cette autonomie englobe les notions de concept de soi, d'intérêt professionnel et de recherche de sens.

Concept de soi relatif à la carrière. Le concept de soi relatif à la carrière fait référence à l'identité vocationnelle de la personne (Super, 1990). Ce concept joue un rôle des plus essentiels pour ce qui est de faciliter et de renforcer l'autonomie relative à la carrière. Il sert principalement à coordonner le croisement des forces psychologiques dynamiques et complexes d'une personne pour en faire un tout uniforme et ainsi permettre à la personne d'exprimer de manière particulière son individualité par rapport aux nombreuses exigences et expériences de la vie (Chen, 2017). Les gens assumeront de multiples rôles tout au long de leur carrière et de leur vie et chacun de ces rôles s'inscrira dans un concept de soi particulier axé sur la teneur, le contexte et le sens de la vie qui correspond aux exigences et aux impératifs du rôle en question (Super, 1990). Le concept de soi relatif à la carrière reflète le besoin inné qu'a l'être humain de s'assurer de contrôler ses aspirations et ses comportements professionnels en fonction de la perception de ses rôles de vie et de son identité vocationnelle qui sont au cœur de la notion d'autonomie (Chen, 2017). Les gens se tournent vers des choix de carrière qui font appel à leur sentiment d'individualité et le concept de soi relatif à la carrière facilite ce processus en donnant un sens aux significations subjectives et en organisant celles-ci en un système cohérent à l'intérieur duquel l'individu construit son identité vocationnelle (Chen, 2017).

Intérêt professionnel. L'intérêt professionnel fait référence au désir des gens de tirer parti de leurs capacités internes afin de gérer et de dicter leurs décisions de carrière (Chen, 2017; Holland, 1997). Afin de réaliser leurs intérêts professionnels, les gens doivent identifier avec précision leurs types de personnalité prédominants ainsi que les forces et les pouvoirs qui leur correspondent. Les intérêts professionnels aident à renforcer l'autonomie relative à la carrière en permettant aux gens de reconnaître et d'utiliser leurs forces intérieures de manière à obtenir de meilleurs résultats et un plus grand succès sur le plan professionnel. Lorsque sa personnalité cadre bien avec son milieu de travail, la personne est plus libre d'utiliser ses capacités internes et, par-là, de s'épanouir davantage. Plus la concordance entre sa personnalité et son milieu de travail est grande, plus la personne se sentira en contrôle, ce qui peut aider à accroître sa motivation et à améliorer son rendement et sa satisfaction au travail.

Recherche de sens. Tout le fonctionnement de l'être humain repose sur le sens qu'on donne à la vie, et toutes les expériences vécues contribuent à donner un sens à celle-ci (Chen, 2017). En trouvant un sens à leur vie, les gens accèdent ainsi à une motivation initiale et à des raisons les incitant à exercer une fonction humaine, telle qu'une action, une activité, un comportement ou une tâche. Le sens aide les gens à choisir et à réguler leurs perspectives de carrière; par conséquent, être autonome signifie tirer parti des possibilités et des choix de carrière qui ont réellement un sens et qui se veulent intéressants. Le sens personnel donné à la vie fournit le contenu et le contexte qui établissent les assises servant à inciter les gens à exercer leur autonomie lorsqu'ils font face à des problèmes dans leur carrière. En outre, le sens personnel donné à la vie fournit le contenu et le contexte qui sous-tendent la mise en œuvre de plans d'action permettant aux gens de garder le contrôle sur les dynamiques entourant leur vie professionnelle (Chen, 2017). En fonction de leurs contextes personnels, les gens peuvent attribuer des significations très différentes aux situations et aux circonstances auxquelles ils font face. La recherche d'un sens permet aux gens de prendre conscience des caractéristiques dynamiques, diverses et complexes des contextes intrapersonnels et environnementaux – et autres contextes pertinents – et de les analyser afin d'exercer leur autonomie dans le cadre de leur carrière, ce qui les aide, au bout du compte, à contrôler leurs comportements vocationnels et leur trajectoire de carrière (Chen, 2017).

Compétence professionnelle

Pour que les gens en viennent à être autonomes dans leur carrière, ils doivent développer les compétences nécessaires pour résoudre des problèmes et atteindre des objectifs souhaitables. De façon générale, la compétence de carrière fait référence à un ensemble de qualités humaines, telles que les talents, la sagesse, les capacités et les habiletés qui sont appliquées à des comportements vocationnels en vue d'améliorer les résultats de carrière (Chen, 2017; Niles et Harris Bowlsbey, 2017). La compétence professionnelle englobe les *capacités* et les *habiletés acquises* qui font référence à l'inné et à l'acquis, respectivement. Alors que les capacités sont des qualités transmises à la naissance, les habiletés acquises sont des habiletés développées grâce aux expériences d'apprentissage continues et cumulatives, ayant cours tout au long de la vie (Krumboltz, 1994). La compétence de carrière entraîne des changements sur le plan du bien-être relatif à la carrière, de l'apprentissage et du sentiment d'efficacité personnelle.

Compétence et apprentissage. Deux types d'apprentissages, intentionnel et informel, ont pour effet combiné de faciliter l'acquisition et le perfectionnement d'habiletés qui rendent les gens plus compétents. Tous deux nécessitent un engagement permanent en matière d'apprentissage et mènent à la croissance et au bien-être personnel et professionnel. L'apprentissage intentionnel, comme suivre un cours ou obtenir un diplôme, est une démarche délibérée et axée sur des objectifs. Ce mode d'apprentissage constitue la méthode la plus importante pour renforcer et accroître sa compétence de carrière, puisque la personne s'y engage en ayant clairement l'intention d'atteindre un résultat final ciblé, bien défini. Par ailleurs, l'apprentissage informel couvre des expériences d'apprentissage étendues et variées qui surviennent dans tous les aspects de la vie quotidienne comme les activités de loisir, les rencontres de tous les jours et les passe-temps. Ces expériences, courtes et banales, offrent du contenu et des renseignements enrichissants sur le plan personnel et professionnel et suscitent une certaine curiosité et une certaine motivation lorsque la personne y réfléchit et leur attribue un sens (Chen, 2017).

Compétence et efficacité personnelle. La compétence de carrière peut également entraîner des changements en influençant le sentiment d'efficacité personnelle d'une personne, à savoir le fait de connaître et de reconnaître ses compétences. Un sentiment d'efficacité personnelle optimal peut être atteint et renforcé grâce à l'apprentissage social, aux épreuves, aux expériences d'apprentissage permanentes et à la rétroaction. Pour accéder au bien-être professionnel et réussir sa carrière, il est essentiel qu'une personne atteigne un niveau d'efficacité personnelle optimal fondé sur une évaluation factuelle précise de sa compétence. Un individu qui manifeste un sentiment d'efficacité personnelle trop élevé surestime sa compétence, alors que celui qui entretient un sentiment trop faible à cet égard la sous-estime. Une évaluation imprécise de sa compétence peut mener à une planification et à une prise de décision de carrière erronées, à une mauvaise exécution des tâches professionnelles et, en définitive, à une diminution de l'autonomie relative à la carrière et des possibilités de développement professionnel.

Affiliation professionnelle

L'autonomie relative à la carrière et la compétence professionnelle n'ont de sens que lorsque les gens les exercent en lien avec autrui et dans des environnements sociaux appropriés. L'affiliation professionnelle, qui représente la condition sociale et le *contexte de vie* requis pour établir un lien entre l'autonomie relative à la carrière et la compétence professionnelle, intègre toutes les dynamiques psychologiques connexes en vue de former un tout cohérent (Chen, 2017). Cette affiliation englobe les connaissances, les émotions et les comportements qui relient les intentions et les actions des gens. Le contexte de vie est une construction complexe en constante évolution qui comporte de nombreuses composantes étroitement liées et interdépendantes qui exigent une communication verbale; il intègre les conditions du milieu, telles que le climat politique, les tendances sociales et économiques, les normes culturelles, les changements démographiques, les emplacements géographiques, les phénomènes naturels, les cadres organisationnels, les relations de personne à personne et les interactions (Chen, 2017; Young, Valach et Collin, 2002). Le contexte de vie fournit les points de référence nécessaires pour que les perceptions et les interprétations prennent forme et que les actions soient réalisées. L'affiliation professionnelle est l'environnement à l'intérieur duquel les gens et leur contexte de vie interagissent; c'est cette affiliation qui permet aux gens de s'ancrer, les amenant ainsi à affirmer leur identité, leurs besoins et le sens personnel qu'ils donnent à la vie.

L'affiliation professionnelle comprend deux catégories : l'affiliation *essentielle* et *l'affiliation générale*. L'affiliation générale fait référence aux contextes relationnels directs et indirects qui sont passagers, mais significatifs pour une personne et qui influencent sa pensée relative à sa carrière, son cheminement et ses actions subséquentes. Ces connexions relationnelles s'établissent avec les collègues de travail, les gestionnaires, les employeurs, les pairs, et les superviseurs. *L'affiliation essentielle* fait référence aux personnes et aux relations importantes dans la vie d'un individu qui ont une incidence immédiate et durable sur ses décisions de carrière et sur le développement de ses comportements professionnels. Ces connexions concernent les parents, les frères et sœurs, la ou le conjoint, la famille élargie, les amis et les amies proches, les enseignants et les enseignantes et les mentors. Dans la prochaine section du présent chapitre, nous appliquerons les principaux concepts de la théorie de l'autodétermination de carrière (CSDT) dans le cadre d'une illustration de cas.

Illustration de cas

Eric (pseudonyme), 33 ans, sollicite un accompagnement de counseling de carrière en raison des sentiments ambivalents qu'il éprouvait à l'égard de son emploi actuel. Titulaire d'un diplôme en informatique, il travaille depuis 5 ans comme programmeur sénior dans une grande entreprise de logiciels. Il affirme que depuis près d'un an, il a de la difficulté à savoir s'il devrait conserver ou quitter cet emploi. Eric indique que son expérience au travail est « *monotone* » et que sa situation « *stagne* ». Il avait l'habitude de trouver excitants et stimulants les projets qui lui étaient confiés; cependant, les politiques et la culture de son milieu de travail ont freiné son enthousiasme. En ce qui concerne ses relations au travail, il déclare entretenir des relations amicales, mais superficielles, avec ses collègues. Eric indiqué qu'aucun de ses « liens d'amitié au travail » ne s'étend au-delà de la sphère professionnelle. Selon lui, sa différence d'âge par rapport à ses collègues et leur manque d'intérêts communs en sont la cause, étant donné que la plupart d'entre eux sont mariés, ont une famille ou sont soit beaucoup plus âgés, soit beaucoup plus jeunes que lui. Vu son manque d'enthousiasme et son sentiment de frustration au travail, il appelle souvent son employeur pour s'annoncer malade ou pour demander à travailler de la maison.

Récemment, Eric a reçu son évaluation annuelle et les responsables des ressources humaines l'ont informé qu'ils jugeaient son rendement insatisfaisant; ils ont donc refusé sa demande d'augmentation de salaire. De plus, du fait de cette mauvaise évaluation, ils attribuent certaines de ses responsabilités à un collègue junior. Cet événement a provoqué et exacerbé ses sentiments de mécontentement et d'insatisfaction.

Eric a été élevé au sein d'une famille « *aisée* »; sa mère occupe un poste de direction de haut niveau dans un cabinet d'experts-comptables, alors que son père travaille comme ingénieur chimiste en chef dans une société pharmaceutique. Eric affirme que ses parents avaient de grandes ambitions pour lui; ils s'attendaient à ce qu'il obtienne un diplôme universitaire et exerce une profession prestigieuse. Il déclare avoir toujours été « *un intello* » et avoir toujours obtenu de bons résultats à l'école. Il a eu les meilleures notes au secondaire et a été accepté en sciences informatiques dans une université très prestigieuse. Il a ensuite étudié pendant trois ans pour obtenir son diplôme de premier cycle. Une fois ses études terminées, grâce à un stage, il décroche un emploi de programmeur. Il travaille pour une moyenne entreprise pendant six ans avant d'accéder à son emploi actuel. La perspective de projets plus stimulants et d'un meilleur salaire l'ont motivé à faire ce changement.

En ce qui concerne les objectifs de l'accompagnement de counseling de carrière, Eric veut résoudre son ambivalence et décider s'il doit conserver ou quitter son emploi. De plus, il souhaite travailler sur son sentiment d'insatisfaction à l'égard de son choix de carrière et explorer les autres options qui s'offrent à lui.

Analyse de l'illustration de cas

Conceptualiser le cas d'Eric du point de vue de la théorie de l'autodétermination de carrière (CSDT) permettra d'examiner et d'expliquer en détail les trois composantes de l'autonomie relative à la carrière, de la compétence professionnelle et l'affiliation professionnelle.

Autonomie relative à la carrière

Eric n'a pas l'impression d'avoir le contrôle sur son travail, ce qu'il a montré en affirmant que sa situation est « *monotone* » et « *stagne* ». L'enthousiasme d'Eric à l'égard des projets qui lui sont confiés a été émoussé par « *les politiques et la culture* » de son milieu de travail, tant et si bien qu'il ne croit pas pouvoir contrôler l'avancement et le rythme de son travail. Pour examiner l'autonomie relative à la carrière, il est important d'analyser le concept de soi relatif à la carrière, l'intérêt professionnel et la recherche de sens.

Concept de soi relatif à la carrière

L'identité vocationnelle d'Eric est celle de programmeur sénior; ce rôle suppose qu'il possède les connaissances et l'expérience nécessaires pour assumer des tâches exigeantes et peut-être même des rôles de leader. Toutefois, en raison de l'environnement politique et culturel de son milieu de travail, sa capacité à exercer librement son rôle de sénior s'en trouve grandement limitée, ce qui menace son sentiment d'identité vocationnelle. Cela se reflète dans les comportements professionnels réactionnaires qu'il manifeste en réponse à la frustration de se sentir impuissant et coincé : Eric évite de se rendre au travail en s'annonçant malade ou en demandant de travailler de la maison.

Intérêt professionnel

Lors de l'examen de cette composante, des évaluations supplémentaires pourraient aider à obtenir une idée plus précise des types de personnalité prédominants et des intérêts d'Eric, afin de déterminer si ceux-ci cadrent bien avec son environnement de travail actuel. Les évaluations qui pourraient s'avérer utiles en ce sens comprennent les tests d'intérêts (p. ex. l'Inventaire des intérêts professionnels Strong, l'orientation par soi-même, l'Inventaire des préférences vocationnelles, l'Inventaire des intérêts et des compétences professionnelles Campbell)[1] et les outils Web d'exploration de carrière comme *l'Occupational Information Network* (O*NET). Ces tests de carrière aideraient Eric à comprendre et à reconnaître ses habiletés, aptitudes et intérêts innés, de même qu'à atteindre son objectif dans l'accompagnement de counseling, soit explorer d'autres possibilités de carrière.

---

[1] *Strong Interest Inventory, Self-Directed Search, Vocational Preference Inventory, Campbell Interest and Skill Survey.*

Recherche de sens

Le counseling de carrière est une forme de thérapie par la parole au cours de laquelle sont abordés des problèmes liés à la carrière et au bien-être professionnel de la personne cliente. En général, d'autres aspects de la vie du client ou de la cliente sont également examinés. La conception selon laquelle « la vie signifie la carrière, et vice versa[2] » (Chen, 1998, p. 439) souligne l'interconnexion entre vie personnelle et vie professionnelle – deux réalités souvent indissociables. Aidé par une alliance thérapeutique empathique, Eric peut examiner ses expériences professionnelles et y trouver un sens. Par exemple, sa récente évaluation annuelle semble constituer un événement majeur qui pourrait être soigneusement analysé et examiné afin d'aider Eric à trouver un sens à sa vie cohérent avec son sentiment d'unicité.

Compétence de carrière

Au vu de son développement et de son histoire scolaire et professionnelle, Eric semble posséder les capacités et les habiletés nécessaires pour remplir son rôle au travail, dont un esprit d'analyse essentiel à la résolution de problèmes et à la programmation. Toutefois, il vaudrait la peine d'explorer si d'autres facettes de son rôle professionnel l'amèneraient à devoir se perfectionner. Il est important de procéder à une évaluation factuelle et précise des compétences d'Eric afin de l'aider à atteindre un niveau d'auto-efficacité de carrière optimal. D'après le récit d'Eric, la rétroaction négative qu'il a reçue lors de la récente évaluation de son travail a eu pour effet de le décourager dans son rôle de programmeur sénior. En plus d'évaluer ses compétences, il serait donc important de permettre à Eric d'assimiler toute rétroaction et de l'intégrer à son sentiment d'efficacité personnelle. Ce faisant, Eric pourrait en venir à reconnaître qu'il a besoin d'un soutien professionnel supplémentaire sous forme d'un apprentissage intentionnel. Cela pourrait consister à suivre des ateliers de développement d'habiletés relationnelles ou de compétences en leadership.

Affiliation de carrière

Eric a qualifié de « *superficielle* » la relation qu'il entretient avec ses collègues. Il est difficile de savoir s'il serait à l'aise de demander du soutien sur son lieu de travail. D'après ce qu'il raconte, il juge nuisibles et improductifs la culture et le climat politique qui prévalent à son travail. Cela se reflète dans son comportement professionnel d'évitement et de distanciation par rapport aux autres. Un examen plus poussé s'impose afin de dresser un portrait plus clair de la culture interpersonnelle et du climat politique dans son entreprise afin de déterminer si ses styles de communication et relationnels cadrent avec son environnement de travail. En outre, il conviendrait d'explorer les relations qu'il entretient avec des personnes importantes dans sa vie afin de déterminer la manière dont ces

---

[2] Traduction libre.

dernières ont influencé sa façon habituelle d'interagir avec autrui ainsi que son choix de carrière. Il serait important d'aider Éric à comprendre et à reconnaître la façon dont ses connexions développementales et relationnelles peuvent avoir une incidence sur son bien-être et ses choix actuels.

Conclusion

La théorie de l'autodétermination de carrière (CSDT) est une métathéorie qui intègre les composantes essentielles de la théorie de l'autodétermination (SDT) et de nombreuses autres théories clés en psychologie de l'orientation (c.-à-d. *la théorie de l'adaptation au travail; la théorie typologique de la personnalité; les théories du développement de carrière orientées sur les rôles et les temps de vie; la théorie de l'apprentissage social, la théorie de la carrière axée sur les besoins, la théorie sociale cognitive de l'orientation et la théorie contextuelle de la carrière*)[3] (Chen, 2017). Une approche intégrative de la motivation et des comportements professionnels permet de parvenir à une compréhension globale de la manière dont les gens peuvent améliorer leurs décisions et leurs actions professionnelles et de carrière, ainsi que leur bien-être général. Appliquée au counseling de carrière, cette théorie constitue une approche prometteuse et dynamique pour faciliter la recherche de sens, l'exploration, l'agentivité et la compréhension du sentiment d'individualité des clients et des clientes dans le contexte particulier qui caractérise leur carrière et leur vie. La vignette et son analyse sont un exemple de la façon dont une approche intégrative, telle que la théorie de l'autodétermination de carrière (CSDT), peut aider à répondre de façon utile et efficace aux problématiques complexes et dynamiques touchant la carrière et la vie des individus.

---

[3] *Theory of work adjustment; Personality typology theory; Lifespan and lifespace career development theory; social learning theory; Needs-based career theory; Social cognitive career theory; Contextual career theory*

Références

Chen, C. P. (1998). Understanding career development: A convergence of perspectives. *Journal of Vocational Education and Training, 50*, 437 460. DOI : 10.1080/13636829800200053

Chen, C. P. (2017). Career self-determination theory. Dans K. Maree (dir.), *Psychology of career adaptability, employability and resilience* (p. 329-348). New York, NY : Springer.

Dawis, R. V. (2002). Person-environment-correspondence theory. Dans D. Brown (dir.), *Career choice and development* (4e éd., p. 427-464). San Francisco, CA : Jossey-Bass.

Holland, J. L. (1997). *Making vocational choices: A theory of vocational personalities and work environments* (3e éd.). Odessa, FL : Psychological Assessment Resources.

Krumboltz, J. D. (1994). Improving career development theory from a social learning perspective. Dans M. L. Savickas et R. W. Lent (dir.), *Convergence in career development theories* (p. 19-31). Palo Alto, CA : CPP Books.

Niles, S. G. et Harris-Bowlsbey, J. (2017). *Career development interventions* (5e éd.). Upper Saddle River, NJ : Pearson Education.

Ryan, R. M. et Deci, E. L. (2000). Self-determination theory and the facilitation of intrinsic motivation, social development, and well-being. *American Psychologist, 55*(1), 68-78.

Ryan, R. M. et Deci, E. L. (2008). A self-determination theory approach to psychotherapy: The motivational basis for effective change. *Psychologie canadienne, 49,* 186-193. DOI : 10.1037/a0012753

Super, D. E. (1990). A life-span, life space approach to career development. Dans D. Brown et L. Brooks (dir.), *Career choice and development: Applying contemporary theories to practice* (2e éd., p. 197-261). San Francisco, CA : Jossey-Bass.

Young, R. A., Valach, L. et Collin, A. (2002). A contextualist explanation of career. Dans D. Brown (dir.), *Career choice and development* (4e éd., p. 206-252). San Francisco, CA : Jossey-Bass.

Biographies

Charles P. Chen est professeur en psychologie clinique et psychologie de l'orientation et titulaire d'une chaire de recherche du Canada en développement vie-carrière à l'Université de Toronto, au Canada. Il est professeur honoraire émérite et professeur de chaire invité dans plus de 10 grandes universités du monde. Cet éminent spécialiste des sciences sociales, qui apparaît dans le *Canadian Who's Who* et le *Who's Who in the World*, est membre de la Société canadienne de psychologie, en plus d'être un auteur primé et un conférencier d'honneur convoité lors de diverses conférences et dans différents contextes professionnels et universitaires.

Julie W. L. Hong est étudiante au doctorat en psychologie de l'orientation à l'Institut d'études pédagogiques de l'Ontario de l'Université de Toronto, au Canada. Ses intérêts de recherche et intérêts cliniques reposent sur le fait d'aider diverses populations au sein de collectivités d'âge adulte à favoriser la croissance, la résilience, la guérison et l'espoir dans le cadre de leurs projets de carrière et de vie.

Points de pratique pour la théorie de l'autodétermination de carrière (CSDT)
Charles P. Chen et Julie Wai Ling Hong

1. **Renforcez l'autonomie relative à la carrière.** Ayez recours à des interventions qui aideront les personnes clientes à comprendre, à renforcer et à utiliser le concept de soi dans le cadre d'expériences et de situations de vie-carrière. Lorsque les clients et les clientes acquièrent une conscience de soi plus claire et plus aiguisée – lorsqu'ils sont conscients de la façon dont ce concept de soi interagit et coïncide avec leurs comportements professionnels dans leurs environnements sociaux dynamiques et dans d'autres contextes de leur vie –, ils sont en mesure de prendre en charge leur parcours professionnel.

2. **Précisez les intérêts.** Les intérêts sont un élément clé de l'autonomie relative à la carrière. Le counseling de carrière vise donc à déterminer les intérêts existants et l'incidence de ceux-ci sur les choix de carrière, l'exploration et les situations de prise de décision, tout en reconnaissant les autres facteurs d'influence qui peuvent stimuler ou freiner l'intérêt des gens à l'égard de leur vie professionnelle.

3. **Centralisez la recherche d'un sens à la vie.** Aidez les personnes clientes à déterminer, à clarifier, à énoncer, à analyser et à reformuler le sens de leurs expériences de vie-carrière en prenant des mesures efficaces pour résoudre les problèmes et apporter des changements positifs de manière à obtenir les résultats les plus souhaitables dans le cadre de leurs expériences de vie-carrière actuelles et futures.

4. **Renforcez la compétence professionnelle.** Aidez les clients et les clientes à acquérir des habiletés concrètes, puis à les améliorer et à les perfectionner pour qu'ils soient aptes à bâtir et à gérer leur vie et leur carrière. Le processus de counseling de carrière renforce les personnes clientes et les aide à devenir des adeptes de l'apprentissage intentionnel et transformateur tout au long de leur vie, leur permettant ainsi d'avoir les habiletés appropriées qui leur permettront de faire face aux problèmes, aux difficultés et aux changements présents dans le monde réel du travail. Le fait d'aider la clientèle à développer un juste sentiment d'efficacité personnelle relativement à leur carrière et à en tirer parti renforcera leur compétence professionnelle.

5. **L'affiliation se fait en contexte.** Aidez les personnes clientes à prendre conscience des différents aspects relationnels présents et à les intégrer activement au portrait d'ensemble d'un problème professionnel et du processus de prise de décision de carrière. Un plan de carrière est élaboré et des mesures sont prises en tenant compte des facteurs relationnels et contextuels d'influence qui interviennent dans des situations données.

Chapitre 10

Modèle de l'action décisionnelle : aperçu et application au développement de carrière

Louis Cournoyer et Lise Lachance

Au cours des dernières années, Louis Cournoyer et ses collègues (Cournoyer et Deschenaux, 2017; Cournoyer, Lachance et Samson, 2016) ont réalisé des recherches qualitatives, s'appuyant sur des méthodes inductives, afin de mieux comprendre comment les jeunes et les adultes scolarisés prennent des décisions de carrière. Le *modèle de l'action décisionnelle* est un cadre intégrateur servant au processus de prise de décision de carrière. Par sa conception, le modèle permet d'intégrer les connaissances théoriques et empiriques concernant les principes des théories et des approches reconnues dans le domaine du développement de carrière (pour de plus amples renseignements, voir Cournoyer et Lachance, 2018). Par exemple, les concepts qui ont été intégrés au modèle comprennent la recherche de congruence entre les caractéristiques personnelles d'un individu et son environnement; l'exécution de tâches développementales afin d'assurer une plus grande maturité et une meilleure adaptabilité relative à la carrière; le rôle des processus et des conditions d'apprentissage; ainsi que les opérations cognitives et les aspects émotionnels, comportementaux et sociorelationnels de la prise de décision. Le modèle de l'action décisionnelle, qui s'appuie sur des concepts psychologiques et sociologiques, accorde une grande importance à l'imprévisibilité parfois chaotique et hasardeuse du parcours de vie, à l'effet soutenant des relations, des contextes et des environnements sociaux, de même qu'à l'analyse des événements singuliers et de la combinaison d'événements qui se produisent au cours de la vie des gens. Le présent chapitre présente un résumé descriptif du modèle de l'action décisionnelle et l'illustration d'un cas dans le contexte du développement de carrière.

Aperçu du modèle de l'action décisionnelle

L'action décisionnelle correspond à ce que réalise une personne lorsqu'elle prend une décision. S'appuyant sur une recension des écrits portant sur la notion de décision, Cournoyer et ses collègues (2016) ont défini l'action décisionnelle comme l'acte de décider d'une carrière en optant pour le choix qui, parmi différentes options, est le plus susceptible de conduire à l'atteinte des objectifs personnels, scolaires, professionnels et autres en fonction de multiples opérations complémentaires qui tiennent compte du contexte de vie et de la disposition de la personne (p. ex. physique, psychologique et sociale). Les décisions plus ou moins éclairées que prennent les gens découlent d'une double tension continue qui touche quatre dimensions expérientielles : la *tension biographique* (entre le parcours de vie et les projets personnels) et la *tension interactionniste* (entre les forces de contextes et les stratégies d'ajustement). Bien que la signification donnée à l'ensemble des expériences de vie d'une personne oriente ses projets personnels, son parcours de vie se trouve également influencé par la réalisation de ses projets personnels. De même, tout au long de leur vie et de leurs projets personnels, les gens mettent en œuvre plus ou moins de stratégies d'ajustement afin d'améliorer la prise de décision, alors qu'ils essaient de composer avec les forces de contextes particulières qui entrent en jeu.

Tension biographique : entre le parcours de vie et les projets personnels
Le *parcours de vie* est influencé par 1) les temps et les lieux sociohistoriques traversés, 2) les conjonctures rencontrées à différents moments impromptus, 3) les vies sociales interreliées, de même que 4) l'agentivité humaine (Elder, 1998). Autrement dit, le parcours de vie est différent selon l'époque à laquelle une personne existe dans l'histoire, l'endroit où elle vit, sa situation sociale et son environnement (p. ex. les possibilités offertes à un jeune de 20 ans qui vivait au Canada en 1998 sont différentes de celles d'une personne de 35 ans vivant dans un autre pays en 2018), de même qu'en fonction des événements, des rencontres et des incidents particuliers qui surviennent à un moment ou à un autre de sa vie (p. ex. les conséquences d'un divorce, de la maladie, de la perte d'un emploi ou d'une occasion à saisir). En outre, tous les individus évoluant au sein des réseaux et des environnements d'une personne peuvent s'influencer mutuellement. Enfin, chaque personne évolue dans un monde de possibilités et de contraintes individuelles qui déterminent son autonomisation ou son manque de pouvoir à cet égard (Elder, 1998).

Les *projets personnels* sont des actions créatives inhérentes à la nature humaine qui sont posées dans le but de donner un sens à une histoire potentiellement incomplète, insatisfaisante ou incertaine en faisant appel à l'espoir libérateur (Boutinet, 2005). Il est possible d'avoir des projets personnels pour l'école, le travail, la famille, la vie amoureuse, les loisirs, une organisation sociale, une communauté, etc. Les projets personnels recoupent ceux existants dans toutes les sphères de la vie d'une personne : familiale, amoureuse, institutionnelle, sociale et culturelle (Little, Chambers et Barbeau, 2000).

Tension interactionniste : entre les forces de contextes et les stratégies d'ajustement
Diverses *forces de contextes* peuvent contribuer à la mise en œuvre de stratégies d'ajustement dans le cadre du parcours de vie et des projets des gens. Conformément

aux travaux de Bronfenbrenner (1986), les forces de contextes exercent une pression sur les systèmes à différents niveaux : microsystèmes (p. ex. famille, pairs, école et travail), mésosystèmes (p. ex. relations entre la famille, l'école et le travail), exosystèmes (p. ex. situation des parents, valeurs et conditions socioéconomique) et macrosystèmes (p. ex. contextes culturels, économiques et politiques à plus grande échelle ou à l'échelle mondiale). Les causes et les effets des actions des gens, que ce soit sur les plans cognitif, affectif, comportemental ou relationnel, sont grandement influencés par le caractère unique des diverses forces de contextes à l'origine de leur expérience subjective et intersubjective. Les expériences interpersonnelles des gens, à l'intérieur de ces systèmes, supposent donc l'existence d'écarts importants entre eux quant aux trajectoires inégales (socioéconomiques, culturelles et autres) qu'ils suivent, aux ressources qui leur sont accessibles et aux possibilités de progression sociale dont ils bénéficient, ainsi que de normes, de valeurs, de concepts de soi et de perceptions du monde, des institutions, etc., qui sont intériorisés avec plus ou moins de facilité. De plus, chaque contexte de vie bénéficie de son propre ensemble de mesures de soutien sur les plans affectif (p. ex. encouragements, disponibilité et ouverture), instrumental (p. ex. conseils et renseignements), financier, logistique et autre provenant d'un réseau de relations sociales (p. ex. parents, amis et collègues) et d'environnements sociaux (Cournoyer, 2011).

En présence de forces de contextes diverses, dynamiques et uniques – et compte tenu de l'influence continue d'un parcours de vie et de projets personnels qui sont tout aussi uniques et indéterminés –, les gens mettent en œuvre des stratégies d'ajustement plus ou moins adaptatives. Plusieurs variables, dimensions et facteurs contribuent activement à conduire les gens à utiliser de telles stratégies : la motivation, l'estime personnelle et la confiance en soi, l'indépendance, la capacité de gérer le stress et les changements, les schèmes de pensée et les croyances, les compétences générales et particulières, la capacité de recueillir et de traiter l'information, etc. (pour de plus amples renseignements, voir Cournoyer et Lachance, 2018). Le modèle de l'action décisionnelle se veut davantage un modèle d'évaluation que d'intervention. Il offre un moyen rigoureux d'analyser la situation d'une personne, ce qui peut aider à optimiser les interventions. L'application du modèle de l'action décisionnelle sera illustrée par l'étude d'un cas afin de démontrer son utilité à des fins d'intervention.

Illustration pratique

Parcours de vie de Martine

Martine (pseudonyme), âgée de 50 ans, offre des services de secrétariat aux petites entreprises en tant que pigiste. Pendant des années, elle a occupé différents emplois, en tant que secrétaire salariée, au sein desquels ses conditions de travail (salaire, avantages sociaux, tâches et responsabilités) ne cessaient de se détériorer.

Il y a 5 ans, lorsqu'elle a vu, une fois de plus, ses chances d'obtenir des conditions de travail satisfaisantes s'envoler à la suite d'une restructuration interne de l'entreprise où elle travaillait alors à temps plein, elle a décidé de lancer sa propre entreprise. Après des débuts financièrement difficiles, elle a vu les longues heures qu'elle a investies pour obtenir suffisamment de contrats porter leurs fruits, et son entreprise est maintenant florissante au point où elle pourrait devoir embaucher quelqu'un pour l'aider. Martine a 3 enfants (âgés de 8 ans, 10 ans et 13 ans) et son mari, qui est représentant commercial, est appelé à voyager beaucoup et à travailler selon un horaire variable. Non seulement cela rend la relation de couple de Martine difficile, mais cela signifie également qu'elle doit assumer la responsabilité de répondre aux besoins des enfants en ce qui concerne leurs études et leurs déplacements, sans parler des tâches ménagères. Ses antécédents familiaux ont été teintés par les injonctions négatives (p. ex. « ne sois pas... », « ne crois pas... ») de parents insatisfaits de leur vie personnelle, familiale et professionnelle qui ont offert peu de soutien à leurs enfants et leur ont manifesté peu d'intérêt. Martine a dû renoncer à son rêve d'aller à l'université, par exemple, pour s'occuper de ses deux jeunes frères.

Projets personnels de Martine

Martine aimerait organiser son travail de façon à mieux concilier les ambitions qu'elle nourrit en tant que mère, épouse et professionnelle compétente, satisfaite et estimée. Elle veut trouver un moyen d'avoir plus de temps qu'elle pourra consacrer de façon plus stratégique à des projets et à des activités de développement professionnel qui répondent mieux à ses besoins et cadrent davantage avec ses intérêts. Elle veut également être en mesure de mieux circonscrire la place que le travail, l'éducation des enfants et sa relation de couple occupent dans sa vie et le temps qu'elle y consacre.

Les forces de contextes de Martine

Martine se sent tellement dépassée par ses multiples responsabilités dans la vie qu'elle craint l'épuisement professionnel. Son entreprise est finalement très florissante, et elle veut pouvoir continuer. Cependant, elle est constamment aux prises avec le dialogue intérieur que ses parents l'ont amenée à entretenir en lui disant qu'elle ne devrait pas être trop ambitieuse dans la vie, car les choses tournent toujours mal au bout du compte. Ses clientes et ses clients sont heureux, mais ils sont très exigeants; ils vont jusqu'à l'appeler chez elle le soir et la fin de semaine. En outre, comme elle exploite sa propre entreprise à la maison – au même endroit où elle vit et s'occupe de ses enfants –, il est très difficile pour elle de concilier ses différents rôles et fonctions. Le mari de Martine la soutient émotionnellement, mais il l'aide très peu dans la maison.

Stratégies d'ajustement Martine

Pour l'instant, même si Martine sait qu'elle aurait avantage à prendre le temps de trouver une façon de mieux structurer son style de vie, elle estime qu'elle ne peut régler qu'un seul problème à la fois. Elle a l'habitude de faire passer les autres (enfants, mari, clientèle) avant elle et de négliger ses propres besoins. Consciente que ses stratégies ne lui permettent pas de gérer efficacement les forces de contextes présentes dans sa vie, de suivre le parcours qu'elle s'est elle-même fixé et de concrétiser les projets auxquels elle aspire, elle consulte une personne conseillère dans l'espoir d'élaborer des stratégies pour accéder à l'indépendance socioprofessionnelle.

Analyse de l'illustration de cas

Le modèle de l'action décisionnelle permet à Martine de bien évaluer sa situation afin de mieux comprendre les tensions qui définissent son expérience et d'établir un plan d'action qui répond davantage à son objectif de changement.

L'évaluation biographique sert de point de départ pour évaluer la situation de Martine. Son parcours de vie et ses projets personnels sont d'abord étudiés séparément afin de cibler les éléments biographiques les plus importants. Son parcours de vie sera examiné en fonction de l'époque et du lieu sociohistoriques dans lesquels elle vit, des situations et des événements impromptus qui se sont produits, de l'influence des vies qui sont liées à la sienne et de l'agentivité qu'elle a démontrée jusqu'à maintenant pour tirer parti des possibilités s'offrant à elle. De même, les projets de Martine – actuels et passés – seront examinés en fonction des objectifs et des motivations qui les sous-tendent, des mesures qu'elle a prises pour les concrétiser (ou non), ainsi que de la manière dont ils chevauchent ses autres projets personnels et ceux des personnes importantes dans sa vie. Cette évaluation biographique « dimensionnelle » mettra en lumière les ressources personnelles qu'elle a développées (p. ex. intérêts, compétences, aptitudes et stratégies d'apprentissage personnelles, scolaires et professionnelles), ses mécanismes de fonctionnement personnels et interpersonnels (p. ex. croyances, motivations, estime personnelle et confiance en soi), ainsi que diverses circonstances facilitant ou entravant ses actions (p. ex. caractéristiques et disposition de son environnement social et culturel; accessibilité et disponibilité de mesures de soutien sur les plans affectif, instrumental et financier).

Cette évaluation dimensionnelle exhaustive mènera à une évaluation axée davantage sur les tensions qui aidera à démontrer comment les expériences vécues par Martine ont pu influencer la conception et l'exécution (ou non) de ses projets personnels et comment ces derniers ont, à leur tour, influencé sa trajectoire de vie. La personne conseillère cherchera progressivement à réaliser une évaluation interactionniste. Là encore, l'évaluation portera d'abord sur les dimensions distinctes existantes, (forces de contextes ou stratégies d'ajustement), avant d'en venir à prendre en compte, petit à petit, des liens entre elles en vue de faire ressortir les tensions créées. Cette évaluation aidera ensuite Martine à mieux comprendre comment ses stratégies d'ajustement ont été plus ou moins adaptatives, en réaction aux forces de contextes qui ont facilité l'adaptation ou l'ont rendue plus difficile, tout au long de sa vie et lors de la réalisation (ou non) de ses projets personnels. L'évaluation, portant d'abord sur les dimensions distinctes (parcours de vie, projets personnels, forces de contextes et stratégies d'ajustement) puis sur les tensions créées (biographiques et interactionnistes), devient finalement plus dynamique. L'évaluation dynamique fait référence à l'action décisionnelle fondée sur la double tension créée par les quatre dimensions qui mènent à une décision.

Par exemple, Martine pourrait utiliser ce processus d'évaluation pour retracer des moments importants de sa vie (p. ex. injonctions parentales et situations familiales dysfonctionnelles; abandonner son rêve de poursuivre des études universitaires; détérioration progressive et restructuration défavorable de ses conditions de travail) et établir des parallèles entre eux et différents projets personnels (p. ex. travailler comme secrétaire, fonder une famille et lancer sa propre entreprise). Grâce à toutes ces expériences, elle pourrait voir comment les stratégies d'ajustement qu'elle a utilisées pour atteindre ses objectifs, à différents moments de sa vie, étaient plus ou moins adaptatives et efficaces, surtout en ce qui concerne les forces de contextes : augmenter constamment sa charge de travail et ses responsabilités liées à la gestion de sa vie familiale, conjugale et personnelle pour se sentir mieux, alors qu'en fait, cette prise en charge la conduit lentement vers l'épuisement professionnel. Toutes ces dimensions et ces tensions permettront de découvrir les ressources personnelles de Martine (p. ex. compétences organisationnelles, diligence, fiabilité et disponibilité), ainsi que ses modes de fonctionnement psychologique (p. ex. curiosité et ambition, injonctions parentales persistantes qui affectent l'estime qu'elle a d'elle-même), qui s'appliquent à sa situation de vie, que ce soit par choix ou non (concilier ses différents rôles en travaillant à la maison, selon un horaire variable, pour s'adapter aux besoins de chacun).

Évaluer la dynamique des tensions auxquelles Martine est confrontée pourrait l'aider à mieux comprendre comment les actions décisionnelles requises pour mieux concilier ses aspirations avec ses rôles de vie doivent s'appuyer sur un concept de soi réaliste. Par exemple, Martine pourrait a) reconnaître qui elle est, en prenant conscience de ses ressources et de ses limites, ainsi que de ses modes de fonctionnement psychologique et de leurs répercussions sur la réalisation de ses projets; b) se rendre compte qu'elle ne peut tout simplement pas assumer plus de responsabilités professionnelles, familiales, conjugales, domestiques et autres sans revoir la façon dont son temps est structuré et définir clairement ses priorités dans la vie; c) réaliser qu'elle doit être prête à engager une discussion claire et honnête avec elle-même (sur la gestion de son stress et ses exigences élevées), avec son mari et ses enfants, qui sont ses partenaires de vie (concernant la façon d'organiser la vie de chacun), de même qu'avec sa clientèle parfois exigeante (affirmation de soi).

Conclusion

Le modèle de l'action décisionnelle permet d'évaluer rigoureusement la situation d'une personne en ce qui a trait à ses décisions de carrière. Ce modèle s'appuie sur une analyse de la situation et tient compte des tensions entre le parcours de vie et les projets personnels (tension biographique), d'une part, et les forces de contextes et les stratégies d'ajustement (tension interactionniste), d'autre part. L'illustration du cas de Martine montre comment une évaluation progressive – axée d'abord sur les dimensions, puis sur les tensions, avant de revêtir un caractère dynamique – peut aider les gens à mieux se comprendre et à prendre ainsi des décisions plus éclairées. Les dimensions et les tensions prises en considération dans le modèle de l'action décisionnelle sont conformes à de nombreux concepts et facteurs que l'on retrouve dans les approches classiques et contemporaines dominantes en matière de développement de carrière.

Références

Boutinet, J. P. (2005). *Anthropologie du projet*. Paris : Presses universitaires de France.

Bronfenbrenner, U. (1986). Ecology of the family as a context for human development: Research perspectives. *Developmental Psychology, 22*(6), 723-742. DOI : 10.1037/0012-1649.22.6.723

Cournoyer, L. (2011). Le rôle des relations sociales sur l'évolution des projets professionnels. Dans S. Bourdon et J. Charbonneau (dir.), *Regard sur ... les jeunes et leurs relations* (p. 141-156). Québec, QC : Presses de l'Université Laval.

Cournoyer, L. et Deschenaux, F. (2017). Decision-making rationales among Quebec VET student aged 25 and older. *International Journal for Research in Vocational Education and Training, 4*, 226-248. DOI: 10.13152/IJRVET.4.3.3

Cournoyer, L., Lachance, L. et Samson, A. (2016). L'action décisionnelle de carrière : processus en deux dimensions, quatre tensions. Dans J. Masdonati, M. Bangali et L. Cournoyer (dir.), *Éducation et vie au travail : perspectives contemporaines sur les parcours et l'orientation des jeunes* (p. 119-148). Québec, QC : Presses de l'Université Laval.

Cournoyer, L. et Lachance, L. (2018). *L'Ado en mode décision : 7 profils pour comprendre et aider son choix de carrière*. Québec, QC : Septembre Éditeur.

Elder, G. H. (1998). The life course and human development. Dans R. M. Lerner (dir.), *Handbook of child psychology, Volume 1 : Theoretical models of human development* (p. 939-991). New York, NY : Wiley & Sons.

Little, B. R. et Chambers, N. C. (2000). Analyse des projets personnels : un cadre intégratif pour la psychologie clinique et le counselling. *Revue québécoise de psychologie, 21*(2), 153-189.

Biographies

Louis Cournoyer est professeur titulaire à l'Université du Québec à Montréal, au Canada. Ses recherches portent principalement sur les processus de prise de décisions relatives à la carrière chez les jeunes et les adultes, l'influence des relations sociales sur les projets de carrière et les pratiques en matière de développement de carrière. Il exerce la profession de conseiller d'orientation depuis plus de 20 ans.

Lise Lachance est psychologue et professeure titulaire à l'Université du Québec à Montréal, au Canada. Ses principales activités de recherche portent sur le fonctionnement social, la conciliation travail-vie personnelle, les transitions entre les rôles et les différences entre les sexes. Elle étudie les facteurs qui favorisent ou perturbent l'équilibre travail-vie personnelle et les parcours professionnels en vue de déterminer les ressources, les pratiques et les stratégies les plus efficaces (p. ex. la présence attentive, les nouvelles technologies) pour favoriser l'adaptation des gens.

Points de pratique pour le modèle de l'action décisionnelle
Louis Cournoyer et Lise Lachance

1. **Les gens sont en constante interaction avec leurs contextes de vie.** Les interventions en développement de carrière doivent tenir compte de cette réalité. Les contextes de vie dans lesquels les gens évoluent déterminent qui ils sont au même titre que les actions qu'ils posent à l'intérieur de ceux-ci.

2. **Une évaluation continue s'impose.** Toutes les interventions en développement de carrière doivent s'appuyer sur une évaluation initiale et continue des ressources personnelles, du fonctionnement psychologique et des conditions de vie d'une personne.

3. **Une perspective intégrative doit être adoptée à l'égard de la prise de décision de carrière.** Toute décision de carrière est fondée sur les actions que posent les gens pour mettre en œuvre des stratégies d'ajustement, tout au long de leur parcours de vie, en fonction des forces de contextes et de leurs projets personnels particuliers.

4. **Le counseling de carrière est avant tout une question de changements dans la vie.** Toute intervention en développement de carrière vise, par-dessus tout, à aider les gens à apporter délibérément des changements significatifs dans leur vie personnelle et professionnelle.

5. **Les interventions devraient s'appuyer sur la prise de conscience et les actions.** Les interventions axées sur l'action décisionnelle visent à aider les gens à développer progressivement leur conscience de soi et à se rendre compte de leurs ressources personnelles et de leur fonctionnement psychologique en relation avec leurs contextes de vie. Les gens en viennent ainsi à prendre conscience de ce qu'il advient dans leur vie, de ce qu'ils sont et de ce qu'ils veulent devenir, ainsi que des actions qui devront vraisemblablement être posées pour qu'un changement survienne. Ils peuvent alors agir de manière plus éclairée et plus déterminée afin de produire ce changement.

Chapitre 11

Théorie culturelle-historique de l'activité (Cultural-Historical Activity Theory) : counseling de carrière groupal collectif pour la justice sociale de femmes issues de minorités visibles

Patricia Dionne et Audrey Dupuis

Le Canada accueille environ 220 000 personnes immigrantes par année, dont 50 000 au Québec (Ministère de l'Immigration, de la Diversité et de l'Inclusion, 2016). Lorsqu'elles arrivent au Canada, leur situation économique est marquée par de faibles revenus, un statut d'emploi précaire et des difficultés d'insertion en emploi, et ce particulièrement chez les femmes issues des minorités visibles (Chicha, 2012). Plusieurs études ont révélé les inégalités vécues par les personnes immigrantes et, plus particulièrement, la double stigmatisation vécue eu égard à l'appartenance ethnique et de genre. Divers organismes offrent des programmes de soutien de groupe pour aider les personnes immigrantes sur le plan de l'*insertion sociale et professionnelle* (ISP), compte tenu de leurs besoins spécifiques (Leong et Flores, 2015). Dionne, Saussez et Bourdon (2017) soulignent que l'on en sait peu sur ce que, dans l'activité des groupes, favorise l'ISP. S'inscrivant dans une réflexion plus générale sur la justice sociale et l'orientation professionnelle, nous examinons l'activité en counseling de carrière groupal et plus spécifiquement, au rôle de l'intervention pour soutenir la transmission et l'apprentissage de nouveaux moyens d'action et de développement de nouvelles capacités à agir des femmes immigrantes. À la section suivante, nous donnons un aperçu de quelques fondements de la *théorie culturelle-historique de l'activité* (*cultural-historical activity theory*), suivi d'un exemple de son application dans le cadre d'un programme de groupe.

Quelques fondements de la théorie culturelle-historique de l'activité

L'analyse de cas présentée dans ce chapitre est fondée sur la théorie culturelle-historique de l'activité (cultural-historical activity theory), qui, selon Stetsenko (2016), repose principalement sur l'équité et la justice. La théorie culturelle-historique s'appuie sur les travaux fondateurs de Vygotsky (2013) qui considère que le développement d'une personne est étroitement lié à l'évolution de la société et à la maîtrise progressive des outils techniques et des instruments psychologiques de l'activité sociale (p. ex. la langue). L'apprentissage de *systèmes d'action et de concepts systématiques* – qui ne sont pas spontanément accessibles aux individus – permet une prise de conscience nécessaire à la maîtrise progressive des processus psychologiques qui favorisent le développement, puis la justice sociale (Dionne et al., 2017). Vygotsky (2013) a souligné la relation entre la systématisation de l'expérience, ce qui est lié à l'acquisition de concepts scientifiques, et l'intellectualisation du rapport au monde, ce qui conduit au développement de la puissance d'agir. Ainsi, les instruments appropriés permettent de modifier le rapport à soi, à soi en lien avec le monde, à autrui et au monde.

> Les instruments culturels (y compris les concepts scientifiques et les systèmes d'action liés à l'ISP) transmis dans le cadre du groupe de counseling de carrière peuvent aider une personne à établir un rapport plus volontaire et conscient avec ses propres pensées, actions et émotions (Dionne et al., 2017). Les systèmes d'action sont une organisation conceptuelle et, par conséquent, systématique d'actions liées par un principe d'intelligibilité qui lie les actions à poser aux connaissances précédemment acquises, en l'occurrence les connaissances liées aux situations d'ISP. Le counseling de carrière offert par les personnes conseillères crée une alliance de travail (qui comprend des liens affectifs, une entente sur les tâches et les buts) qui favorise les conditions de transmission et d'appropriation de ces instruments. S'appuyant sur les travaux de Vygotsky, Stetsenko (2016) affirme que le développement des personnes se réalise par des actions collaboratives, plus particulièrement au moyen d'instruments langagiers, visant à transformer les conditions sociales, y compris celles qui donnent lieu à des iniquités et des inégalités sociales. La poursuite de la justice sociale est un objectif fondamental de ces actions.

Illustration pratique

Ce cas est tiré d'un projet intitulé Personnes et communautés en mouvement (Michaud et al., 2012), concernant une intervention groupale visant l'ISP de personnes en situation de chômage de longue durée (c.-à-d. plus de 24 mois). Le groupe (N = 11) était principalement composé de femmes cheffes de famille monoparentale d'origine haïtienne qui vivaient au Québec depuis 10 ans ou plus. Toutes les personnes participantes, sauf deux, n'avaient pas terminé leurs études secondaires. Leur participation au marché du travail était limitée, deux personnes participantes n'ayant pas expérience de travail rémunéré. La durée de l'éloignement du marché du travail varie au sein du groupe. Parmi celles qui avaient travaillé et répondu à cette question, la durée du chômage était inférieure à 2 ans (n = 1), de 2 à 5 ans (n = 2) ou de plus de 10 ans (n = 1). Les deux conseillères du groupe, Merline et Naima (pseudonymes), étaient d'origine haïtienne.

Les données ont été recueillies lors de cinq temps de mesure, sur une période de 18 mois. Les sources d'information comprenaient des entrevues semi-dirigées, des observations directes accompagnées de notes dans un journal de terrain, des journaux de bord des conseillères ainsi que des documents témoins utilisés pendant l'intervention. L'intervention a été réalisée dans un quartier considéré comme étant défavorisé et aux prises avec des tensions raciales. Elle s'est déroulée dans un centre communautaire et comprenait un projet collectif visant à revitaliser certaines rues du quartier, ainsi que des activités de sensibilisation dans la collectivité relativement à l'importance d'assurer la propreté du quartier. Nous avons attribué des pseudonymes à toutes les femmes nommées et citées ci-dessous.

Logiques d'intervention en groupe

Plusieurs logiques d'intervention ont été mobilisées simultanément dans le cadre du programme et ont été identifiées par l'analyse de l'activité du groupe (Michaud *et al.*, 2012). Ces logiques d'intervention en groupe ont été identifiées, notamment par les instruments culturels mobilisés dans le cadre de l'intervention. Dans ce groupe particulier, trois de ces principes se sont distingués comme suit.

La logique d'engagement à créer et à maintenir des liens affectifs fiables et, pour la plupart, inconditionnels est fondée sur la création de liens entre les personnes participantes, ainsi qu'avec les conseillères. Les antécédents des personnes participantes pouvaient comprendre plusieurs ruptures de relation. Par conséquent, les relations établies entre les membres du groupe et avec les conseillères ont joué un rôle déterminant dans l'apport d'un soutien affectif au processus d'ISP. Le lien était présent tout au long de l'intervention et a été continuellement renforcé. Travailler sur un projet collectif a renforcé la solidarité et les liens entre les personnes participantes, et plusieurs amitiés entre elles se sont ainsi nouées. À ce sujet, Merline a déclaré : « c'est pour ça que ce projet est intéressant parce qu'étant donné qu'il est sur le long terme, il permet, justement, de créer ce lien. » Elle a ajouté que l'attitude exempte de jugement, chaleureuse, d'ouverture, de soutien, empathique et d'encouragement avait contribué à la force du lien. Merline a fait part de l'importance de ces attitudes aux personnes participantes, y compris en milieu de travail. Elle a également transmis un système d'action pour maîtriser ces attitudes, surtout dans le cadre d'ateliers sur la communication interculturelle et la préparation aux entrevues d'emploi.

Un autre point important était la souplesse des conseillères en ce qui concerne le cadre du groupe. Elles ont permis aux membres du groupe de se faire entendre et de donner leur opinion sur l'horaire du groupe : « oui, on a eu un, un calendrier avec des choses à faire. Mais...on a fait la grande partie, sauf que des fois on avait quelque chose, mais on ne le faisait pas nécessairement. On tâtait le pouls, et puis on allait dans, en ce sens » (Merline). Malgré la planification effectuée, les conseillères ont adapté l'horaire en fonction des besoins et des préférences des personnes participantes. Le concept des besoins était un thème récurrent dans le groupe, et les personnes participantes ont appris à définir leurs propres besoins et ceux de la communauté.

La logique de continuité de services relevant de différents secteurs est principalement liée à la participation des partenaires de la communauté. Le programme était situé de façon stratégique dans un centre communautaire de quartier, ce qui favorisait l'établissement de liens avec la communauté, les organismes et plusieurs acteurs de la communauté qui appuyaient le groupe. Naima a déclaré : « il y a quand même beaucoup d'organismes et d'acteurs qui ont contribué de près ou de loin, que ce soit au recrutement, soit au niveau d'une pub[licité] ou quelque chose à faire passer, soit un nouveau service d'alimentation. » Les liens créés avec les partenaires ont également eu une incidence sur les personnes participantes, qui ont communiqué plus régulièrement avec eux et qui ont été invitées plus directement à prendre part à des événements communautaires ou à postuler un emploi lorsqu'il y avait des postes vacants.

La logique de développement du pouvoir d'agir des individus, du groupe de la communauté désigne le développement du pouvoir d'agir dans le rapport à soi, aux autres et au monde. Le projet collectif impliquant notamment la revitalisation de rues du quartier a permis de concrétiser cette logique. Naima a expliqué que le projet a été entrepris en collaboration avec la communauté : « On a décidé de faire ce projet-là collectif suite à la prise de besoins des différents organismes, les participants se sont rendu compte que c'était quelque chose également qui les intéressait, de se réapproprier le quartier en l'embellissant. » En outre, la communauté a joué un rôle dans la réalisation du projet de groupe : « une épicerie qui nous a donné de la liqueur [boisson gazeuse] et des pâtés, des pâtés haïtiens. Il a même des citoyens qui passaient par là et qui ont posé des questions, qui se sont mobilisés, qui ont arrêté, qui ont nettoyé, qui ont peinturé » (Naima). C'était ainsi une forme de développement du pouvoir d'agir pour les personnes participantes, en tant que groupe, ce à quoi la communauté a également participé.

Instruments utilisés dans l'intervention en counseling de carrière groupal

Des instruments langagiers ont été introduits par divers moyens, tels que des questionnaires, des listes, des analogies, des images, des mises en situation, des exemples (cas) et autres. Ces instruments ont été utilisés pour susciter un rapport plus conscient des personnes participantes à elles-mêmes, aux autres et au monde (Dionne *et al.*, 2017). Les instruments liés au rapport à soi visaient principalement à favoriser une meilleure compréhension de soi dans le contexte de l'orientation professionnelle. Les concepts mobilisés comprenaient les types de personnalité, les valeurs, les intérêts et les besoins. Les personnes participantes ont également été invitées à discuter de leur rôle en tant que citoyennes et de ce qu'elles voulaient accomplir (p. ex. participer à la vie sociale, occuper un emploi, suivre une formation). En ce qui concerne le rapport aux *autres*, plusieurs instruments transmis concernaient notamment la communication interculturelle. À titre d'exemple, des systèmes d'action ont été présentés à l'aide de scénarios de communication interculturelle afin d'aider les personnes participantes à mieux saisir certaines des subtilités de la culture québécoise majoritaire. Le principe d'intelligibilité qui lie les actions a également été présenté. Les activités relatives au rapport au *monde* étaient axées sur l'environnement, le marché du travail ou l'éducation. À titre d'exemple, le système scolaire québécois (ordres d'enseignement) est abordé et un système d'action est présenté pour séquencer les démarches à entreprendre en vue de l'obtention d'un emploi. De plus, les personnes participantes ont été invitées à tenir compte de l'incidence environnementale de leurs actions et du rôle qu'ils peuvent jouer pour aider leurs concitoyennes et leurs concitoyens à adopter des comportements plus respectueux de l'environnement.

Cheminement des personnes participantes

Nous avons utilisé l'analyse de l'activité du groupe pour retracer l'apprentissage et le développement du pouvoir d'agir des personnes participantes. Le tableau 1 montre que même si leur insertion sociale et professionnelle était précaire lorsqu'elles ont débuté le groupe, la majorité des participantes avaient trouvé un emploi ($n = 5$) ou suivaient une formation ($n = 2$) à la fin de du programme. De plus, certains emplois ont été obtenus ($n = 3$) et certains programmes de formation ont été suivis ($n = 2$) par l'entremise de partenaires qui avaient participé au projet collectif. Quelques personnes participantes ($n = 2$) n'avaient pas transmis leurs renseignements sur leur emploi ou leur formation à la fin du programme.

Tableau 1

Cheminement des personnes participantes

Nom (pseudonyme)	Emploi ou formation à la fin du programme (18 mois)
Sephora	Formation en secrétariat
Catheline	Emploi d'agente de sécurité
Larissa	En recherche d'emploi
Christelle	Formation en vue de la préparation au test d'équivalence d'études secondaires
Leila	Emploi d'aide-cuisinière cuisine
Laetitia	Emploi de secrétaire-réceptionniste
Emmanuel	Emploi de concierge (préposé à l'entretien ménager)
Axelle	Emploi de coordonnatrice des bénévoles
Didier	Bénévole dans le domaine de la cuisine

Au-delà du changement dans leur situation d'emploi, nous avons tenté de définir les aspects du groupe ou de l'intervention qui ont aidé les personnes participantes. Au départ, plusieurs d'entre elles (pseudonymes utilisés) se sentaient isolées et avaient de la difficulté à trouver un emploi ou à concilier leur emploi et leurs responsabilités familiales. Laetitia, par exemple, a expliqué sa participation au projet comme suit :

« Je me cherchais, et j'ai dit tant qu'à me chercher, j'ai dit je vais me chercher en groupe. [rire] c'est moins plate que d'être toute seule chez soi. Au moins tu es avec du monde et tu peux échanger et tu peux comprendre qu'il y a du monde aussi qui ont peur comme toi, et tu t'aperçois que tu n'es pas tout seul dans le même bateau. »

Laetitia a pris conscience de l'émotion qu'elle ressentait en ce qui concerne le marché du travail, et a été en mesure de la nommer : la crainte. La raison pour laquelle Sephora a participé aux activités du groupe était semblable : « je ne faisais rien du tout, parce que j'avais terminé mes tests d'équivalence et je ne savais pas où m'orienter. »

À la suite de leur participation au groupe, ces personnes participantes ont été en mesure de clarifier leurs choix professionnels et d'obtenir du soutien pour prendre les mesures nécessaires à l'atteinte de leurs objectifs. En outre, dans leur rapport à soi et aux autres, plusieurs personnes ont réalisé des prises de conscience. Sephora s'est rendu compte qu'elle était très directe et s'exprime parfois trop spontanément :

des fois je pouvais dire quelque chose, et au fond de moi je le disais juste parce que ça venait spontané, mais je pouvais blesser des gens par rapport à ça justement, parce que je suis trop directe. Avec ça en plus, avec Naima, elle, elle m'a aidée plus à contrôler qu'est-ce que je dis, ça fait que c'est à cause d'elle un petit peu que je m'oriente dans une job à l'avenir parce qu'elle a dit il faut que tu sois plus diplomate.

D'autres personnes participantes ont également mentionné le fait que le groupe les avait aidées à renforcer leur capacité d'établir des relations avec les autres. La création et le maintien de liens affectifs fiables et pour la plupart inconditionnels semblaient faciliter la transmission et l'apprentissage de systèmes d'action pour aider les participants à mieux maîtriser leurs émotions ou leurs paroles. La participation aux activités du groupe semblait également accroître la détermination, la motivation, l'écoute active, l'organisation, la persévérance, les habitudes d'écriture et l'équilibre travail-vie personnelle chez plusieurs participantes. Elles ont progressivement repris les instruments présentés par les conseillères.

Plusieurs personnes participantes ont indiqué que l'estime de soi était l'un des effets positifs du counseling de carrière groupal. Laetitia a expliqué l'amélioration :

« des fois de voir que les autres ont confiance en toi, on dirait que ça te permet l'estime [de soi], ça te le remonte un peu […] j'ai réussi à passer au travers; en ayant du monde qui m'ont vraiment aidée. Parce que toute seule, je n'aurais pas été capable. »

Le fait de voir d'autres personnes dans une situation semblable accomplir leur projet était encourageant. Laetitia affirme que voir Sephora réussir à obtenir son attestation d'équivalence d'études secondaires l'a convaincue qu'elle pouvait le faire elle aussi. Elle a pris des mesures pour atteindre cet objectif et a obtenu son attestation. L'encouragement, la solidarité et le soutien des conseillères, ainsi que des autres membres du groupe, semblaient significatifs pour les personnes participantes. Ce soutien a été offert dans plusieurs situations au cours des activités du groupe, et parfois dans le cadre d'interactions informelles. Le fait que les conseillères ont reconnu la capacité des personnes participantes de réussir à l'école ou sur le marché du travail était important : « des choses positives que moi j'ai aimées, c'est sûr que c'est de me faire dire comme ça que go, tu vas être capable pour aller à l'école, c'est Naima là, Naima et Merline qui m'ont encouragée » (Laetitia).

Les liens avec la communauté ont également été renforcés. Sephora a affirmé que même après avoir vécu dans son quartier pendant quatre ans, elle ne connaissait pas vraiment les organismes qui s'y trouvaient. Le groupe l'a aidée à en découvrir plusieurs :

regarde, maintenant que j'ai été dans ce programme-là, j'ai été capable de savoir qu'il y avait un CJE pas loin, j'ai été capable de savoir qu'il y avait un Centre Jeunesse, parce que moi j'ai un jeune de 12 ans, fait que je peux me renseigner à savoir qu'est-ce qu'il y a là.

Les liens allaient dans les deux sens, puisque certaines personnes participantes jouaient un rôle plus actif au sein de leur collectivité. Laetitia a affirmé : « j'ai même encouragé mon nettoyeur à recommencer ses cours [...] Je lui ai apporté les documents justement et lui il est porté à vouloir même venir s'inscrire. »

Le projet collectif a également modifié la perception que les personnes participantes avaient de leur communauté. Catheline a indiqué que ce qu'elle a apprécié du projet, c'est que « qu'on était tout un groupe et qu'on mettait tous la main à la pâte. » Axelle a ajouté, d'un point de vue plus général, que l'aspect positif du projet pour elle était le suivant :

> ça fait un changement, pas global, au niveau de la société, ça a motivé du monde, il ne faut pas jeter des poubelles dans la rue, il ne faut pas faire n'importe quoi, il faut garder propre votre quartier pour améliorer la santé, pour l'environnement, tout ça, et quand on travaille là-bas, il y a du monde qui ont dit c'est bien, c'est bien, ça fait un changement, si tout le monde fait comme ça, ça peut changer le quartier et tout ça.

Elle a ajouté qu'elle avait l'impression que les gens les voyaient différemment depuis le projet : « ils voient qu'on est en train de travailler, de changer notre vie. » Plusieurs personnes participantes ont indiqué que les passants, en les voyant travailler sur leur projet, ont réagi positivement ou ont été « impressionnés » par elles. L'un des acteurs de la communauté a fait remarquer que, dans le contexte de tensions raciales, la visibilité et la reconnaissance de la contribution du groupe à la communauté pourraient permettre de lutter contre certaines formes de discrimination raciale. Dans le même ordre d'idées, le journal du quartier de même qu'un intervenant de la communauté ont parlé favorablement de l'initiative, ce qui a peut-être renforcé le sentiment de fierté des personnes participantes. Naima affirme que plusieurs organismes communautaires les ont félicitées du projet.

> C'est, comme tout d'un coup, on a fait nos preuves, les participants ont fait leurs preuves aux yeux de la communauté, là ils sont plus acceptés et là, les gens sont plus ouverts à ce qu'il y a, à soit nous donner un service, soit collaborer avec nous. Cette reconnaissance sociale des compétences des personnes participantes semble avoir été un tremplin pour leur ISP.

Conclusion

Dans le contexte de l'orientation professionnelle, des préoccupations s'élèvent pour que les services se préoccupent de la justice sociale des populations desservies (Arthur, Collins, Marshall et McMahon, 2013). Cette préoccupation s'applique également à l'équité des possibilités éducatives et professionnelles et aux possibilités réelles pour les jeunes et les adultes de vivre une vie qu'ils jugent digne d'être vécue (Picard, Olympio, Masadonati et Bangali, 2015). Les données indiquent que les femmes issues des minorités visibles peuvent vivre dans des situations où les tensions raciales, l'isolement et le manque de reconnaissance de leurs compétences peuvent nuire à leur ISP. Dans ces contextes, il a été montré qu'une intervention en counseling de carrière groupal, qui intègre un projet collectif dans la communauté, peut soutenir les apprentissages et le développement du pouvoir d'agir des femmes immigrantes. D'importantes transformations sur le plan de l'ISP ont été observées à la suite de la participation au groupe, plusieurs personnes participantes obtenant un nouvel emploi ou retournant aux études.

Plusieurs leviers semblent à retenir pour l'intervention et expliquent en partie les retombées positives découlant de la participation au groupe. Tel qu'il a été mentionné précédemment, les membres du groupe ont établi des liens sociaux entre elles et avec les conseillères. Ces liens, fiables et pour la plupart inconditionnels (Michaud *et al.*, 2012), ont été renforcés par la participation aux activités du groupe de counseling de carrière. De même, les conseillères ont encouragé les personnes participantes à exprimer leurs opinions et à contribuer collectivement à l'organisation des activités. Des instruments langagiers systématiques ont été transmis, ce qui a permis aux personnes participantes de rendre plus conscient leur rapport à soi, aux autres et au monde. Étant donné que le groupe a rejoint des personnes participantes issues de minorités visibles, une attention particulière a été accordée à la communication interculturelle. Un accent a également été mis sur l'établissement de liens avec la collectivité. La communauté s'est mobilisée avec le groupe et les acteurs du milieu se sont intéressés au projet et ont facilité l'ISP des personnes participantes. Cette mobilisation communautaire semble donc s'inscrire dans un point de vue de justice sociale pouvant permettre de surmonter certains obstacles, comme la stigmatisation à laquelle font face les femmes immigrantes (Leong et Flores, 2015). Le projet collectif a permis de renforcer les liens, de faire preuve de solidarité et, conformément au point de vue de Stetsenko (2016), a contribué à transformer les conditions sociales. La réalisation du projet collectif a permis aux personnes participantes d'être vues et reconnues pour leurs compétences, une reconnaissance qui, loin d'être banale, semble avoir contribué à leur insertion sociale et professionnelle.

Références

Arthur, N., Collins, S., Marshall, C. et McMahon, M. (2013). Social justice competencies and career development practices. *Canadian Journal of Counselling and Psychotherapy, 47*, 136-154. Récupéré de https://cjc-rcc.ucalgary.ca

Chicha, M.-T. (2012). Discrimination systémique et intersectionnalité : la déqualification des immigrantes à Montréal. *Canadian Journal of Women and the Law, 24*(1), 82-113. DOI : 10.3138/cjwl.24.1.082

Dionne, P., Saussez, F. et Bourdon, S. (2017). Reconversion et développement du pouvoir d'agir par l'apprentissage de systèmes d'action en groupe de réinsertion sociale et professionnelle. *L'orientation scolaire et professionnelle, 46*(3), 1-17. DOI : 10.4000/osp.5475

Leong, F. T. L. et Flores, L. Y. (2015). Career interventions with racial and ethnic minority clients. Dans P. J. Hartung, M. L. Savickas et W. B. Walsh (dir.), *APA handbook of career intervention, Volume 1: Foundations* (p. 225-242). Washington, DC : American Psychological Association.

Michaud, G., Bélisle, R., Garon, S., Bourdon, S. et Dionne, P. (2012). *Développement d'une approche visant à mobiliser la clientèle dite éloignée du marché du travail*. Sherbrooke : Centre d'études et de recherches sur les transitions et l'apprentissage (CÉRTA).

Ministère de l'Immigration, de la Diversité et de l'Inclusion. (2016). *Bulletin statistique sur l'immigration permanente au Québec*. Québec : Gouvernement du Québec.

Picard, F., Olympio, N., Masdonati, J. et Bangali, M. (2015). Justice sociale et orientation scolaire : l'éclairage de l'approche par les « capabilités » d'Amartya Sen. *L'orientation scolaire et professionnelle, 44*(1), 23-45. DOI : 10.4000/osp.4515

Stetsenko, A. (2016). *The transformative mind: Expanding Vygotsky's approach to development and education*. New York, NY : Cambridge University Press.

Vygotsky, L. S. (2013). *Pensée et langage* (4e éd.). Paris, France : La Dispute.

Biographies

Patricia Dionne est professeure agrégée en orientation professionnelle à l'Université de Sherbrooke, au Québec, au Canada. Elle est chercheuse au Centre d'études et de recherches sur les transitions et l'apprentissage (CÉRTA) et au Centre de recherche et d'intervention sur l'éducation et la vie au travail (CRIEVAT). Ses recherches portent sur le counseling de carrière groupal, l'analyse culturelle-historique de l'activité, l'orientation professionnelle des adultes en situation de pauvreté et de précarité, l'immigration et le bilan de compétences.

Audrey Dupuis est conseillère en orientation et candidate au doctorat en éducation à l'Université de Sherbrooke, au Québec, au Canada. Elle est membre du Centre d'études et de recherches sur les transitions et l'apprentissage (CÉRTA) et du Centre de recherche et d'intervention sur l'éducation et la vie au travail (CRIEVAT). Ses recherches portent sur le counseling de carrière groupal, l'orientation professionnelle des adultes en situation précaire, l'anxiété dans le contexte du choix de carrière et le choix de carrière pendant l'adolescence.

Points de pratique pour la théorie culturelle-historique de l'activité
Patricia Dionne et Audrey Dupuis

Dans le cas présenté, les éléments suivants semblaient indispensables pour favoriser l'insertion sociale et professionnelle et le développement du pouvoir d'agir des femmes immigrantes :

1. **Créer des liens fiables et inconditionnels.** Des liens solides et significatifs entre les personnes participantes, ainsi qu'avec les personnes conseillères, sont essentiels à une intervention groupale. Les conseillères sont intervenues personnellement et de manière authentique auprès des personnes participantes. Elles ont activement fait preuve d'empathie, d'ouverture et d'encouragement. Ces liens ont créé un environnement qui favorise l'insertion sociale et professionnelle des immigrantes et ont été maintenus malgré les fluctuations des relations.

2. **Assurer la continuité des services.** La mobilisation de la communauté et d'autres organismes est essentielle à la réussite de ce type de programme. L'élargissement du réseau de personnes-ressources et les possibilités offertes aux personnes participantes ont contribué au développement et à la reconnaissance de leurs compétences et semblent avoir facilité leur participation à la formation ou au marché du travail.

3. **Réaliser un projet collectif.** Le projet réalisé par le groupe répondait aux besoins d'une communauté. Il a contribué à rompre l'isolement et a permis aux personnes participantes d'être vues pour leurs compétences. Il a également favorisé l'apprentissage et le développement du pouvoir d'agir.

4. **Pratiquer la communication interculturelle.** Au sein d'un groupe de femmes immigrantes, il est important de tenir compte de leur situation particulière. La communication interculturelle – qui valorise la culture d'origine des personnes participantes – constitue un moyen de faciliter leur insertion sociale et professionnelle.

5. **Transmission des instruments systématiques.** Les concepts scientifiques et systèmes d'action liés à l'orientation professionnelle visent à favoriser la conscience du rapport à soi, du rapport aux autres et du rapport au monde. Ils sont intégrés aux diverses activités et permettent de comprendre et de rendre explicite la séquence des actions à poser dans une situation en les mettant en lien selon un principe explicatif explicite.

Chapitre 12

Le counseling de carrière fondé sur la théorie de l'action en contexte (CAT) : concepts clés pour la pratique

José F. Domene et Richard A. Young

La *théorie de l'action en contexte* (*contextual action theory* – CAT) est une théorie qui entend décrire l'action humaine telle qu'elle se déploie en vue d'objectifs et telle qu'elle s'inscrit dans différents contextes sociaux qui définissent la façon dont les gens agissent ensemble pour établir, négocier et poursuivre des buts. Bien que la théorie puisse s'appliquer à tous les domaines de vie, les recherches existantes sur la théorie de l'action en contexte (CAT) ont porté sur l'étude des actions individuelles concernant le monde du travail ou les choix professionnels, à savoir le développement de carrière. La théorie de l'action en contexte (CAT) et la recherche inspirée de cette théorie ont également servi à l'élaboration d'un modèle spécifique de counseling, un moyen pour les personnes conseillères d'aider leur clientèle à atteindre leurs objectifs pour un avenir envisagé (Domene, Valach et Young, 2015). Ce chapitre présente le modèle de counseling qui découle de la théorie de l'action en contexte (CAT) en donnant un aperçu des principes clés de cette théorie (CAT), en décrivant les cinq tâches qui composent ce modèle d'intervention et en présentant un cas pour illustrer ce type de counseling de carrière que l'on peut qualifier d'informé. Pour une présentation approfondie sur la façon dont le développement de carrière est conceptualisé par la théorie de l'action en contexte (CAT), voir Young et Domene (2019).

Une approche du counseling de carrière fondée sur la théorie de l'action en contexte (CAT)

Systèmes d'action

Action. La théorie de l'action en contexte (CAT) conceptualise l'action comme un phénomène complexe intégré au contexte social, c'est-à-dire que les personnes comprennent leurs actions et celles des autres par l'intermédiaire du langage et des représentations sociales (Young, Domene et Valach, 2015). Les actions sont conceptualisées comme étant intentionnelles et sont entreprises en vue d'objectifs. Même lorsqu'une action ne semble pas avoir de sens, la théorie de l'action en contexte (CAT) la conceptualise comme motivée par un objectif sous-jacent. L'action comprend les comportements visibles qui sont associés à son exécution (comportements manifestes), les pensées et sentiments subjectifs ressentis pendant l'exécution de l'action (processus internes), ainsi que les interprétations et explications données pour décrire cette action à autrui (signification sociale). Pour avoir une compréhension holistique des actions relevant de la carrière d'une personne cliente, il faut tenir compte de l'ensemble de ces points de vue.

Projet. Les individus s'engagent généralement dans une multitude d'actions qui se déploient en fonction parfois d'une diversité d'objectifs, sur plusieurs mois ou années, pour atteindre le résultat souhaité. Dans le cadre de la théorie de l'action en contexte (CAT), les actions individuelles et conjointes prises au fil du temps pour atteindre un objectif sont conceptualisées en tant que *projet* (Young et Domene, 2019). Les projets se développent généralement dans une temporalité à moyen terme. Par définition, les projets durent plus longtemps que les actions qui se développent dans l'instant présent, mais ils présentent une finalité plus claire et déterminée. Les gens initient différentes actions pour réaliser leurs projets, y compris des actions individuelles ou collectives. En effet, les projets liés à l'emploi et au travail sont suffisamment complexes pour que pratiquement tous ces projets comportent des actions menées en collaboration avec d'autres personnes.

Carrière. À mesure que la portée des objectifs souhaités par une personne s'élargit et que ses objectifs se prolongent au fil du temps, certains actions et projets peuvent être considérés comme faisant partie plus largement d'une carrière (Young *et al.*, 2015). À titre d'exemple, si l'objectif de « retourner aux études pour devenir technicien en forage pétrolier certifié » est un projet scolaire, la théorie de l'action en contexte (CAT) définit l'objectif de « devenir un apprenant permanent qui participe au perfectionnement professionnel continu » comme une carrière scolaire. Il est important de noter que le concept de la carrière est défini par la complexité et la durée indéterminée de l'objectif sous-jacent, et non par le rôle ou le domaine de vie de cet objectif. Par conséquent, en plus des carrières scolaires et professionnelles, il est conforme à la théorie de discuter avec les clients et clientes des carrières relatives à l'amitié, au maintien de la santé ou en tant que grand-parent. En outre, la théorie propose explicitement que les conseillers et les conseillères travaillent de concert avec leur clientèle pour promouvoir des carrières qui contribuent à leur épanouissement (Young et , 2015). Pour l'ensemble des rôles et des domaines de vie, de telles carrières permettent d'accroître le sens donné à la vie à long terme et de répondre aux besoins d'une personne en matière de prévisibilité et de nouveauté (Young et Domene, 2019).

Tâches principales du counseling de carrière fondé sur la théorie de l'action en contexte (CAT)

Les concepts d'action, de projet et de carrière sont au cœur du counseling de carrière fondé sur la théorie de l'action en contexte (CAT) (Young *et al.*, 2015). En effet, c'est l'adhésion à la compréhension de l'expérience humaine dans l'optique de la théorie de l'action en contexte (CAT), plutôt que d'interventions particulières, qui définit cette approche. Tel que Domene *et al.* (2015) l'ont expliqué, « l'approche fondée sur la théorie de l'action en contexte (CAT) en matière de counseling intègre diverses techniques à une théorie particulière pour comprendre l'action, la vie et les contextes humains[1] » (p. 156). Par conséquent, les personnes conseillères s'appuyant sur la théorie de l'action en contexte (CAT) peuvent mettre en œuvre un large éventail d'interventions particulières tirées de diverses sources, à condition que ces interventions soient intégrées à une conceptualisation de la personne cliente et de sa situation fondée dans la théorie de l'action en contexte (CAT). Une autre caractéristique déterminante est la proposition selon laquelle un counseling de carrière efficace implique cinq tâches : a) créer et maintenir une alliance de travail ; b) identifier les actions, projets et carrières clés ; c) résoudre les actions et projets problématiques ; d) tenir compte des émotions, affects et souvenirs ; e) établir des liens avec la vie quotidienne (Domene *et al.*, 2015). Bien que certaines tâches exigent une attention plus grande à certains moments du counseling de carrière, il n'y a pas d'ordre préétabli. Certaines tâches sont reprises à toutes les séances (p. ex. il est tout aussi important de maintenir une alliance de travail aux phases intermédiaire et finale qu'au début). Les professionnels et les professionnelles peuvent aussi choisir revenir à certaines tâches lors d'une séance ultérieure.

Créer et maintenir une alliance de travail. De nombreuses recherches décrivent le rôle important de l'alliance de travail dans l'efficacité du counseling, y compris le counseling de carrière (Whiston, Rossier et Barón, 2016). Conformément à cette littérature, la création et le maintien d'une alliance de travail constituent une tâche clé du counseling de carrière fondé sur la théorie de l'action en contexte (CAT). Bien qu'elle soit habituellement dirigée par la personne conseillère, cette tâche de création et de maintien d'une alliance de travail est conceptualisée comme un projet concernant à la fois la personne conseillère et cliente (Domene *et al.*, 2015). Conceptualiser l'alliance de cette manière permet aux conseillers et aux conseillères d'examiner systématiquement les actions menées ensemble au cours de la séance et la façon dont ces actions contribuent ou pas au projet d'alliance.

Il peut être utile de discuter explicitement du projet d'alliance au début du counseling de carrière, en mettant l'accent sur son importance pour la réussite du counseling et en discutant des attentes du client ou de la cliente à l'égard de la relation (Domene *et al.*, 2015). Il peut également être utile de discuter

---

1 Traduction libre.

régulièrement du projet d'alliance dans le cadre des séances, d'en évaluer l'état et de (re)négocier les mesures que la personne conseillère et cliente peuvent prendre pour le maintenir. En outre, Valach et Young (2012) ont suggéré qu'il est nécessaire de se pencher sur les trois systèmes d'action (action, projet, carrière) pour évaluer l'état du projet d'alliance et de maintenir l'alliance en engageant des actions qui témoignent d'une empathie culturellement appropriée.

Identifier les actions, projets et carrières clés. La compréhension de la situation de la personne cliente dans les termes de la théorie de l'action en contexte (CAT) est une tâche essentielle dans le cadre de cette approche (Young et Domene, 2019). Cette tâche est généralement accomplie à l'aide d'une approche narrative, c'est-à-dire, au lieu d'utiliser des instruments d'évaluation relative à la carrière, les personnes conseillères demanderont aux personnes clientes de raconter l'histoire de leur situation actuelle, en cherchant à découvrir ce que les clients et les clientes estiment être des facteurs contextuels et explicatifs pertinents et en observant la façon dont ceux et celles-ci interagissent. Les personnes conseillères prêtent une attention particulière aux patterns d'actions de la vie d'une personne cliente et essayent d'acquérir une compréhension préliminaire des projets qui ont de l'importance pour le celui ou celle-ci, ainsi que des personnes qui participent avec lui ou elle à ces projets. Tel que Domene *et al.* (2015) l'ont expliqué :

> le fait d'acquérir une compréhension de l'organisation et des systèmes d'actions de la vie d'une cliente ou d'un client permet à la personne conseillère et cliente de distinguer plus clairement la situation problématique vécue par celui ou celle-ci et les ressources dont il ou elle dispose pour le résoudre (p. 158)[2].

Résoudre les actions et les projets problématiques. Lorsqu'ils cherchent à trouver des solutions aux actions et aux projets problématiques, les personnes conseillères sont libres de mettre en œuvre des interventions provenant d'une grande diversité de sources si elles peuvent s'accorder avec une compréhension de la situation fondée sur la théorie de l'action en contexte (CAT). Néanmoins, la théorie de l'action en contexte (CAT) propose plusieurs voies à suivre pour la résolution des problèmes (Domene *et al.*, 2015). En premier lieu, une compréhension de la situation du client ou de la cliente fondée sur la théorie de l'action en contexte (CAT) peut révéler des patterns d'actions qui contribuent au problème. En second lieu, le fait de connaître l'objectif qui sous-tend le projet problématique d'une personne cliente peut permettre d'identifier d'autres projets plus fonctionnels pour atteindre ce même objectif. En troisième lieu, la théorie de l'action en contexte (CAT) encourage les personnes conseillères et clientes à penser aux objectifs et aux actions futures plutôt qu'aux causes profondes ou au passé. Finalement, parler en

---

2 Traduction libre.

termes d'actions et de projets suggère de fait que les clients et les clientes sont des agents actifs dans leur vie et que le changement est possible.

Malgré l'approche éclectique de résolution de problèmes, Young et ses collègues ont proposé plusieurs stratégies d'intervention. L'une de ces stratégies consiste en une procédure « d'auto-confrontation », où les personnes clientes examinent les enregistrements vidéo d'une interaction afin d'analyser systématiquement leurs actions (comportement manifeste, processus internes, signification sociale) lors de cette interaction (Popadiuk, Young et Valach, 2008). Une autre stratégie combine l'autoconfrontation, avec la tenue d'un journal, et des séances entre la personne cliente et de membres de son réseau de soutien (significatifs), afin de l'aider à atteindre ses objectifs, notamment liés à la transition vers l'âge adulte, s'il s'agit d'un ou d'une jeune, y compris la transition vers le marché du travail (Young et al., 2011).

Analyser les émotions, affects et souvenirs. La théorie de l'action en contexte (CAT) propose que les émotions permettent la mise en œuvre de l'action des gens, en lui procurant son énergie (Young et al., 2015). Par conséquent, il est important que les personnes conseillères travaillent directement avec les émotions, affects et souvenirs afin de motiver les clients et les clientes lorsqu'ils engagent des actions pour résoudre leurs problèmes et poursuivre une carrière qui contribue à leur épanouissement. L'examen du contexte personnel et social des émotions de la clientèle peut également révéler une voie à suivre lorsque la personne cliente se sent « coincée » à un certain moment du counseling de carrière (Domene et al., 2015). Comme dans la tâche précédente, l'approche ici est éclectique en ce qui concerne les interventions qui peuvent être utilisées pour travailler sur le plan des émotions, à condition que l'intervention soit conforme aux propositions théoriques de la théorie de l'action en contexte (CAT).

Établir des liens avec la vie quotidienne. À l'instar de nombreuses autres approches, l'une des principales tâches du counseling de carrière fondé sur la théorie de l'action en contexte (CAT) consiste à aider la clientèle à établir un lien entre ce qui se produit au cours de la séance et leur vie quotidienne. Cette tâche devrait uniquement être réalisée à la fin du counseling de carrière, mais devrait être une priorité tout au long du processus (Domene et al., 2015). Lorsqu'il s'agit d'identifier les actions, les projets et les carrières clés, il est important d'évaluer les patterns d'actions des personnes clientes pendant les séances et en dehors de celles-ci. De même, lorsqu'il s'agit de résoudre des problèmes et d'analyser les émotions, il est important de mettre l'accent sur les actions et les émotions qui surviennent entre les séances, et pas seulement pendant celles-ci. La principale façon de faire cela dans le cadre du counseling de carrière fondé sur la théorie de l'action en contexte (CAT) consiste à « permettre aux clients et aux clientes de construire le récit de leur expérience en préservant leur propre cadre de référence[3] » (Domene *et al.*, 2015, p. 162). Domene et ses collègues ont proposé trois stratégies pour permettre à la clientèle de faire cela : a) poser activement des questions au sujet de ces liens pour aider les personnes clientes à expliquer ce qui est important et donne du sens à leur vie; b) utiliser des activités écrites ou visuelles pour décrire leur histoire de vie, puis demander à la personne cliente de décrire son histoire (sa production); c) demander explicitement aux personnes clients comment ils poursuivront leur projet une fois le counseling terminé.

Illustration pratique

Le cas suivant a été élaboré pour illustrer les quatre premières tâches du counseling de carrière fondé sur la théorie de l'action en contexte (CAT). Il est fondé sur plusieurs cas qui ont été intégrés afin de présenter une illustration riche et substantielle. La majeure partie du texte est écrite à la deuxième personne – « vous » êtes la cliente, Damia – pour s'assurer que l'application de la théorie reste proche de l'expérience de la cliente et du sens qu'elle lui donne. Le texte en italique, dans le texte, rend compte des pensées de la conseillère.

Damia (pseudonyme) est une étudiante de 23 ans inscrite à un programme accéléré d'anglais comme langue seconde, ayant l'intention de s'inscrire ensuite à un programme universitaire en administration des affaires. Originaire de la Malaisie, elle est arrivée au Canada il y a un an. Damia a commencé le counseling de carrière en remettant en question son aptitude à travailler dans le domaine de l'administration des affaires, parce qu'elle était très souvent en colère et irritée par les autres. La conseillère de Damia, Kay (pseudonyme), est d'origine européenne et exerce les fonctions de conseillère universitaire depuis 12 ans. Elle adopte généralement une approche humaniste, avec des touches éclectiques, en fonction du cas. Au cours des dernières années, elle s'est tournée vers la théorie de l'action en contexte (CAT) comme fondement du counseling. Damia et Kay ont tenu six séances ensemble à intervalles de deux semaines.

Travailler avec Damia en utilisant la théorie de l'action en contexte (CAT)
Créer et maintenir une alliance de travail

Kay vous a souhaité la bienvenue dans son bureau et a essayé de vous mettre à l'aise en engageant une conversation sociale polie. Elle vous a ensuite invitée à lui parler de vous-même, de votre parcours et de vos motivations à entreprendre une démarche de counseling de carrière. Vous avez expliqué à Kay que vous êtes venue au Canada pour poursuivre vos études et poursuivre une « bonne » carrière en

---

[3] Traduction libre.

économie. Kay semblait vous écouter attentivement, vous encourageant à en dire plus en posant des questions et, à l'occasion, en réfléchissant à ou en clarifiant ce qu'elle venait d'entendre. Dans tout cela, votre préoccupation sous-jacente était la colère dont vous faisiez l'expérience dans différents domaines de votre vie et l'anxiété que cela semblait provoquer en vous. Vous avez révélé : « Je semble ne pouvoir rien faire sans me mettre en colère. Je crains que cela n'ait une incidence sur mes études et le genre d'emploi que je souhaite obtenir dans l'avenir. »

Kay : Même si je voulais que Damia puisse raconter son histoire sans trop de conseils ni d'interférence, j'ai dû poser plus de questions que d'habitude. J'ai attribué cela à des différences culturelles, au fait que Damia n'avait jamais consulté une personne conseillère auparavant, et à son manque d'aisance à s'exprimer en anglais. Néanmoins, je l'ai vue raconter des histoires à son sujet qui étaient substantielles, établir des liens entre les actions passées, présentes et futures, et se présenter comme agent de ce qui lui arrive à cet égard. J'ai toujours essayé de mettre l'accent sur ce qui fonctionnait pour elle dans le présent.

Identifier les actions, projets et carrières clés

Au cours des deux premières séances, vous et Kay avez identifié les actions et projets importants de votre vie actuelle. Vous vous êtes vue comme ayant un projet d'identité fort et significatif en tant qu'étudiante, en tant que Malaisienne et en tant que personne qui est venue au Canada par elle-même, d'une culture très différente. Vous aviez un projet d'identité de carrière en tant que future étudiante en économie et femme d'affaires. Vous avez un petit ami, de nouveaux amis au Canada et de vieux amis et de la famille en Malaisie qui contribuent tous à vos projets et à votre carrière. Parallèlement, vous avez reconnu que vous avez des comportements destructeurs qui nuisent à ces projets et carrières : « Ma colère détruira les bonnes choses qui se passent dans ma vie. » Vous avez adopté des comportements que vous avez qualifiés de « destructeurs » et vous avez donné un exemple récent précis d'agression physique de votre petit ami par colère. Vous n'arriviez pas à comprendre pourquoi vous vous mettez si souvent en colère et vous étiez préoccupée par votre anxiété lorsque vous le faites, et même lorsque vous y pensez.

Kay : J'estimais qu'il était très utile pour elle de voir ces tendances dans sa vie. L'idée que ce sont ses projets et ses carrières a trouvé un écho en elle.

Résoudre les actions et projets problématiques

Le projet sur lequel vous et Kay avez mis l'accent dans le cadre du counseling de carrière était d'être moins en colère contre les autres lorsque les choses ne vont pas comme vous le voulez. Vous avez fait part à Kay de ce qui suit au sujet de votre vie familiale : Se mettre en colère semblait être une façon prédominante pour les membres de la famille de gérer leurs sentiments. Être en colère semblait normal, mais vous n'aviez pas l'impression d'être comprise lorsque vos parents étaient en colère contre vous. Vous vous sentiez diminuée, insignifiante, comme si rien ne pouvait bien aller. Cette façon d'être (ou ce « projet », comme vous et Kay avez convenu de l'appeler) vous préoccupe maintenant en raison du défi que représente le travail avec d'autres étudiants ou étudiantes dans le cadre de projets communs et de vos relations avec de nouveaux camarades. Vous avez déclaré : « Je n'arrive pas à faire quoi que ce soit pour gérer ces sentiments. Mon avenir sera ruiné; je suis déçue de moi-même. » Vous ne voulez pas tant de colère et d'anxiété dans votre vie ou dans ce que vous prévoyez pour votre avenir. Ces sentiments semblent vous faire obstacle, mais ils ont été si accablants que, parfois, vous ne saviez pas quoi faire.

Kay : *C'était presque comme si Damia avait trop d'énergie. Comme si son énergie était représentative d'un processus inconscient en elle. Son projet et ses objectifs de carrière étaient logiques pour elle, mais semblaient déconnectés de ses émotions. J'ai été frappée par ce qu'elle a dit lors de la deuxième séance : « Toutes les bonnes choses que j'accomplis semblaient gâchées par ma colère envers les autres. ».*

Analyser les émotions, affects et souvenirs

Il était clair, avant de commencer le counseling de carrière, que vos émotions et vos réactions émotives étaient au cœur du problème que vous rencontriez. Pendant les séances, vous étiez heureuse que les histoires que vous avez racontées à Kay vous aient permis de reconnaître d'autres émotions positives importantes dans vos actions et vos projets. Il était également important pour vous de faire le lien entre vos émotions inquiétantes et vos actions à ce moment-là. À titre d'exemple, vous avez dit : « J'étais tellement en colère contre mon petit ami parce que je pensais qu'il m'accuserait de faire semblant de ne pas le voir ou l'entendre. » Vous avez établi un lien entre vos sentiments et des actions précises. Vous pouviez également établir un lien entre la crainte d'être jugée et rejetée par les autres et des souvenirs d'enfance de la crainte d'être jugée sévèrement par vos parents et de leur colère envers vous. Grâce au counseling, vous avez eu l'occasion de raconter votre histoire de sorte que votre colère et votre anxiété deviennent plus compréhensibles, en tenant compte des principaux projets et carrières qui vous concernaient et auxquels vous aspiriez. Vous étiez heureuse que Kay n'ait pas critiqué ces vives émotions négatives, car vous aviez déjà été critiquée par d'autres personnes par le passé.

Kay : *Manifestement, les émotions étaient une partie importante du counseling de carrière avec Damia. Il est intéressant de noter qu'elle n'a pas exprimé beaucoup de colère lors des séances elles-mêmes. Elle a toutefois fait preuve d'incertitude et d'anxiété dans notre relation. Cela semblait lié à l'idée de ne pas agir de façon appropriée ici, qu'en tant que conseillère, je la jugerais en raison de la colère qu'elle a exprimée dans ses actions en dehors des séances. Il était également important pour moi de l'aider à reconnaître les émotions positives associées à un éventail de ses actions et de ses projets.*

Bien entendu, nous en avons fait beaucoup plus au cours de nos six séances ensemble que ce qui est consigné ici. Nous avons parlé de la capacité de reconnaître les émotions au fur et à mesure qu'elles se présentent dans certaines actions, d'en être conscient et de les maîtriser. Nous avons établi de nombreux liens avec la vie quotidienne de Damia et nous avons également discuté de la possibilité de counseling à plus long terme pour gérer certains des sentiments résiduels concernant les relations entre Damia et ses parents.

Conclusion

En tant que conseillers et conseillères, nous voulons aider nos clientes et nos clients à être efficients et efficaces lorsqu'ils relèvent les défis et les dilemmes relatifs de leurs carrières. La théorie de l'action en contexte (CAT) permet d'atteindre cet objectif de trois façons. En premier lieu, elle est proche de l'expérience humaine; la théorie de l'action en contexte (CAT) considère le comportement comme nous le percevons, c'est-à-dire fondé sur des objectifs. En deuxième lieu, en tant qu'approche intégrée, elle considère le comportement, les cognitions et le contexte social avec la même importance : ils contribuent tous à la compréhension des problèmes de la clientèle et à leur résolution. En dernier lieu, la théorie de l'action en contexte (CAT) considère les actions des personnes clientes qui se produisent au sein et en dehors des séances. Cela permet aux conseillers et aux clients de prendre conscience de ces processus et de leur rôle dans nos vies.

Références

Domene, J. F., Valach, L. et Young, R. A. (2015). Action in counseling: A contextual action theory perspective. Dans R. A. Young, J. F. Domene et L. Valach (dir.), *Counseling and action: Toward life-enhancing work, relationships, and identity* (p. 151-166). New York, NY : Springer.

Popadiuk, N. E., Young, R. A. et Valach, L. (2008). Clinician perspectives on the therapeutic use of the self-confrontation procedure with suicidal clients. *Journal of Mental Health Counseling, 30*(1), 13-30. DOI : 10.17744/mehc.30.1.h37l81l71u4986n0

Valach, L. et Young, R. A. (2012). The case study of therapy with a Swiss woman. Dans S. Poyrazli et C. E. Thompson (dir.), *International case studies in mental health* (p. 13-32). Thousand Oaks, CA : Sage.

Whiston, S. C., Rossier, J. et Barón, P. M. H. (2016). The working alliance in career counseling: A systematic overview. *Journal of Career Assessment, 24*(4), 591-604. DOI : 10.1177/1069072715615849

Young, R. A. et Domene, J. F. (2019). Contextual action theory: Concepts, processes, and examples. Dans N. Arthur et M. McMahon (dir.), *Contemporary theories of career development: International perspectives* (p. 78-90). Abingdon, Oxon : Routledge.

Young, R. A., Domene, J. F. et Valach, L. (dir.). (2015). *Counseling and action: Toward life-enhancing work, relationships and identity*. New York, NY : Springer.

Young, R. A., Marshall, S. K., Valach, L., Domene, J., Graham, M. D. et Zaidman-Zait, A. (2011). *Transition to adulthood: Action, projects, and counseling*. New York, NY : Springer.

Biographie

José F. Domene est professeur en sciences de l'éducation en psychologie du counseling à la *Werklund School of Education* de l'Université de Calgary, au Canada. Il est membre de la Société canadienne de psychologie (SCP) et a assumé des rôles de leadership au sein de la SCP, de l'Association canadienne de counseling et de psychothérapie et de l'*Asia Pacific Career Development Association*. Ses intérêts en matière de recherche comprennent les contextes relationnels du développement de carrière et les questions professionnelles dans le domaine du counseling et de la psychologie du counseling au Canada. Le professeur Domene a également exercé les fonctions de psychologue agréé, où il a mis l'accent sur l'aide aux personnes adolescentes et aux nouveaux et nouvelles adultes présentant un éventail de difficultés complexes en matière d'études, de carrière et de santé mentale.

Richard A. Young est professeur au sein du programme de psychologie du counseling de l'Université de la Colombie-Britannique, au Canada. Il est membre de la Société canadienne de psychologie et de l'American Psychological Association et psychologue agréé en Colombie-Britannique. Ses intérêts en matière de recherche comprennent l'application de la théorie de l'action (action theory) et de la méthode qualitative axée sur les actions et les projets à divers sujets de recherche, y compris la transition vers l'âge adulte, les familles, le développement de carrière, le counseling, la santé et le suicide.

Points de pratique pour la théorie de l'action en contexte (CAT)
José Domene et Richard Young

Systèmes d'action

- **Actions.** La théorie de l'action en contexte (CAT) conceptualise la vie quotidienne des personnes clientes dans l'optique de l'action, ce qui englobe le comportement manifeste, les processus internes et la signification sociale.

- **Projets.** Les personnes clientes prennent généralement des mesures individuelles et conjointes pour atteindre leurs objectifs au fil du temps. Habituellement, ces projets définissent la portée du counseling de carrière.

- **Carrières enrichissantes.** Les personnes conseillères qui s'appuient sur la théorie de l'action en contexte (CAT) encouragent généralement la poursuite de carrières enrichissantes, c'est-à-dire des objectifs complexes, à long terme et à durée indéterminée qui donnent un sens à la vie et qui répondent aux besoins de la clientèle en matière de prévisibilité et de nouveauté.

Tâches de counseling

1. **Promouvoir une alliance de travail.** Il est important de créer et de maintenir une alliance de travail efficace pour assurer l'efficacité du counseling de carrière.

2. **Identifier les actions, projets et carrières.** Au fur et à mesure que les personnes clientes décrivent leur situation, les conseillers ou les conseillères cherchent à découvrir et à analyser les actions, les projets et les carrières qui sont au cœur du problème.

3. **Résoudre les actions et projets problématiques.** Des interventions provenant de diverses sources peuvent servir à régler les problèmes, à condition que ces interventions concordent avec une compréhension de la situation de la personne cliente fondée sur la théorie de l'action en contexte (CAT).

4. **Analyser les émotions, affects et souvenirs.** L'émotion est stimulante, ce qui fait qu'il est important que les personnes conseillères travaillent directement avec les émotions et la mémoire émotionnelle de leur clientèle.

5. **Établir des liens avec la vie quotidienne.** Le counseling de carrière n'est efficace que si l'on établit un lien entre le travail réalisé dans le cadre des séances et la vie quotidienne du client ou de la cliente. Les personnes conseillères devraient mettre explicitement l'accent sur cette tâche tout au long de leur travail.

Chapitre 13

Modèle des 4S de Schlossberg pour faire face aux transitions de vie : évaluation et planification d'une intervention

Jane Goodman

En 1981, Nancy Schlossberg a proposé un modèle dans lequel les transitions sont considérées comme une aide saillante pour comprendre les gens selon leur âge ou le stade où ils en sont dans la vie. La notion de transition a été définie comme un événement ou un non-événement entraînant un changement. La définition d'un événement est, quant à elle, on ne peut plus claire : quelque qui se produit et conduit à une transition. L'obtention d'un diplôme, le départ à la retraite, l'obtention ou la perte d'un emploi, etc. sont des exemples d'événements liés à la carrière. Les non-événements sont moins souvent abordés, mais comprennent, par exemple, le fait de ne pas obtenir une promotion, de ne pas suivre un programme de formation ou de ne pas pouvoir prendre sa retraite comme prévu. L'approche de Schlossberg – jugée radicale à son époque – avait le potentiel de changer la façon dont les conseillers et les conseillères, de même que d'autres personnes exerçant sur le plan de la carrière et de la santé mentale, percevaient leurs clients et clientes. Le modèle des 4S de Schlossberg (Schlossberg, 1981, 2011) offre un moyen de comprendre les problèmes énoncés et les décisions prises, de même que les forces et les faiblesses des clients et des clientes, et permet de trouver un moyen d'aider ces derniers à réussir la transition qu'ils et elles sont appelés à vivre. Dans le présent chapitre, les principaux éléments du *modèle des 4S pour faire face aux transitions de vie* sont décrits et appliqués dans le cadre d'une illustration pratique.

Les éléments du modèle des 4S

La Situation
Pour mieux comprendre où se situe la personne cliente au moment de l'intervention, les conseillers et les conseillères doivent d'abord examiner la *situation*. Chaque personne vit une situation unique, qui peut être résumée à l'aide des éléments et des questions de réflexion qui suivent (pour les explorer de manière plus détaillée, voir Anderson, Goodman et Schlossberg, 2012).

Quel est l'*élément déclencheur*? Quel événement a précipité les choses? Si la personne est sans emploi, a-t-elle été mise à pied en raison d'une réduction des effectifs ou d'une réorganisation? La personne a-t-elle été congédiée pour un motif valable? A-t-elle démissionné parce qu'elle était victime de harcèlement ou de discrimination ou parce qu'elle n'aimait pas son emploi? La personne vient-elle de compléter un programme d'études ou de formation, puis cherche-t-elle son premier emploi? Il y a autant de questions et de réponses qu'il y a de personnes.

À quel *moment* la transition survient-elle? Bien que l'âge et le stade de la vie ne soient pas des éléments prédominants dans le modèle de transition, ils sont tout de même pertinents. De quelle façon cette transition cadre-t-elle avec les attentes de la personne quant au stade qu'elle croyait avoir atteint à ce moment précis de sa vie? Par exemple, le processus de recherche d'emploi est pratiquement le même que la personne soit âgée de 20 ans ou de 60 ans, mais il présente également certaines différences.

Y a-t-il eu un *changement de rôle* important? Dans la plupart des pays occidentaux du moins, l'identité est étroitement liée à la profession exercée. Quelle sera l'incidence de cette transition sur les rôles de vie de la personne cliente, comme personne pourvoyeuse, contributrice, etc.

Quelle est *l'expérience de la personne cliente à l'égard de toute transition semblable*? Une personne à la recherche d'un emploi pour une quatrième fois peut avoir davantage confiance et disposer de plus d'outils que celle qui en est à sa première tentative. Cela est à condition qu'elle ait réussi à trouver du travail lors de ses recherches précédentes. Les personnes dont les recherches se sont avérées infructueuses ou difficiles par le passé se montreront peut-être moins confiantes.

La personne cliente doit-elle composer avec d'*autres sources de stress*? Les clients et les clientes peuvent composer différemment avec la perte d'un emploi selon qu'ils et elles ont un ou une partenaire qui travaille, des enfants d'âge adulte rendus autonomes ou encore de bonnes économies. Ils et elles peuvent vivre cette même situation de perte d'emploi de diverses façons selon leurs conditions (p. ex. une mère célibataire qui n'a pas d'argent de côté). Cela peut clairement représenter une source de stress supplémentaire.

Le Soi

Le deuxième « S » dans le modèle de Schlossberg fait référence aux caractéristiques de la personne. Cela comprend divers facteurs tels que le *profil démographique*, les *ressources psychologiques* et la *résilience*. Il s'agit là d'un échantillon d'enjeux à prendre en considération, car chaque personne présentera des caractéristiques différentes qui influenceront la façon dont elle vit la transition.

Le Soutien

Le *soutien* peut-être défini comme ce qui nous aide à faire face au quotidien ou, plus particulièrement, une transition. Ce soutien peut nous être offert par des individus, des institutions, sinon des groupes communautaires, religieux ou autres, sinon provenir de nos souvenirs. En période de transition, il est fréquent que les clients et les clientes perdent ces sources de soutien. Il est important pour nous de les aider à déterminer quelle fonction remplissait le soutien ainsi perdu et à examiner comment reproduire de nouveau. Par exemple, les collègues de travail d'un client ou d'une cliente peuvent représenter une part importante de sa vie et qui se voit disparaître lorsqu'il ou elle perd son emploi ou voit son entreprise fermer ses portes. Dans le même ordre d'idées, les activités en lien avec le travail (p. ex. l'équipe sportive de l'entreprise, les conférences professionnelles) peuvent cesser lorsque les gens prennent leur retraite. En situation de chômage, les activités qui coûtent de l'argent peuvent devoir être réduites (p. ex. le golf ou les quilles).

Les Beatles chantaient « I get by with a little help from my friends » (Lennon et McCartney, 1967), ce qui signifie littéralement « j'arrive à m'en sortir avec un peu d'aide de mes ami-e-s ». John Donne (1964) a déclaré que « personne ne vit en vase clos[1] ». L'interdépendance que nous tenons peut-être pour acquise fait partie de ce soutien, tout comme les sentiments d'appartenance et d'importance face aux autres. En période de transition, tous ces éléments peuvent disparaître ou se raréfier. Les *démonstrations* sont une des fonctions que joue ce soutien et que les personnes conseillères peuvent prendre en considération. Ces démonstrations font référence aux gens qui vous aiment et vous le font savoir. Les mentions « J'aime » sur Facebook peuvent ne pas être suffisantes pour répondre à ce besoin de soutien, mais elles peuvent y contribuer. Les démonstrations en milieu de travail peuvent être aussi simples comme un « beau travail » de la part de la personne qui vous supervise à des événements, sinon aussi complexes qu'une promotion ou une évaluation annuelle exceptionnelle vous donnant droit à une prime. De telles démonstrations disparaissent lorsqu'une personne perd son emploi, ce qui l'amène à dépendre davantage de sa famille et de ses amis et amies ou encore d'un groupe de soutien. De nombreuses personnes clientes affirment avoir obtenu de telles démonstrations en puisant dans les souvenirs qu'elles gardent de leurs parents ou grands-parents ou d'autres personnes décédées. Elles se souviennent des choses que leur ont dites par ceux et celles qui les aimaient et cela leur donne la force de continuer lors de la traversée d'une période difficile.

Un autre aspect à prendre en considération en ce qui concerne le soutien est l'aide offerte. Le prêt d'un porte-documents en prévision d'une entrevue d'emploi, un voisin ou une voisine qui accepte de s'occuper des jeunes enfants d'un parent devant se rendre à un tel rendez-vous, sinon l'apport d'un soutien financier sont toutes des formes d'aide. Cette aide peut être importante ou minime. Le soutien peut être fourni de façon formelle par des personnes professionnelles rémunérées

---

1 Traduction libre.

(p. ex.; un conseiller, une conseillère) ou être obtenu de manière informelle à peu de frais, voire gratuitement (p. ex.; ressources accessibles dans une bibliothèque publique locale ou sur un site Web interactif).

Un aspect important de l'aide offerte aux chercheurs et aux chercheuses d'emploi est l'accès à toute personne ou à toute chose pouvant leur fournir des informations à jour. L'aide gouvernementale, telle que l'allocation de chômage ou les bons alimentaires, peut également être incluse dans cette catégorie de soutien. Souvent, le rôle d'un conseiller ou d'une conseillère consiste à promouvoir cette forme d'aide ou à aider la personne cliente à prendre connaissance de ce qui est offert. De nombreuses collectivités, par exemple, fournissent des coupons donnant droit au transport gratuit, mais dans bien des cas, ceux et celles qui en ont besoin ne savent pas que de tels coupons existent.

Les Stratégies

Schlossberg a établi trois types de stratégies : celles qui changent la situation, celles qui en modifient le sens et celles qui permettent de gérer le stress. Les stratégies qui peuvent changer la situation comprennent, entre autres, le fait de quitter un emploi insatisfaisant, d'obtenir un nouvel emploi ou de compléter un programme abandonné auparavant. Par exemple, en perdant son emploi, une enseignante a trouvé la motivation dont elle avait besoin afin d'entreprendre un programme de formation pour devenir conseillère en santé mentale – un rêve qu'elle remettait depuis longtemps à plus tard. Il peut sembler cruel de demander aux clients et aux clientes de « tirer le meilleur parti des revers de la vie ». Toutefois, les inviter à chercher des stratégies visant à donner un sens à des situations difficiles peut favoriser leur guérison et leur bien-être. Par exemple, à mesure que les clients et les clientes apprennent à composer avec la perte de l'emploi qu'ils et elles occupaient, il peut être utile de les aider à comprendre les étapes du deuil (p. ex. Kübler-Ross, 1969). Enfin, certaines stratégies facilitent la gestion du stress. L'enseignement de techniques de gestion du stress devrait faire partie du répertoire de compétences de toute personne professionnelle de la carrière. En période de transition, de nombreuses personnes ont recours à des moyens malsains pour éliminer la souffrance causée par cette transition (p. ex. l'abus d'alcool et d'autres substances). D'autres se laissent envahir par la colère ou sombrent dans la dépression. De saines pratiques de gestion du stress peuvent aider à soulager une partie de cette détresse, en particulier lorsqu'il n'est pas possible de changer la situation ou d'en modifier le sens.

Illustration pratique

Le modèle des 4S de Schlossberg – situation, soi, soutien et stratégies – peut être utilisé comme modèle diagnostique pour vérifier l'équilibre entre les ressources et les contraintes des clients et des clientes. Il peut également servir à déterminer à quel moment des interventions sont utiles à mettre en place, puis aider les personnes conseillères à travailler avec leurs clients et leurs clientes pour prévoir et mettre en œuvre les prochaines étapes.

Theresa Juarez (pseudonyme), qui est âgée de 40 ans, est venue aux États-Unis depuis le Guatemala lorsqu'elle avait 5 ans. Elle est devenue une citoyenne naturalisée à l'âge de 21 ans, a obtenu son diplôme en sciences infirmières, puis s'est mariée et a eu 3 enfants. Son fils a maintenant 11 ans et ses filles ont 5 ans et 8 ans. Depuis la naissance de son premier enfant jusqu'à aujourd'hui, Theresa a travaillé comme infirmière, à temps plein ou à temps partiel.

En raison du travail, le mari de Theresa a récemment été appelé à déménager de Chicago vers une petite ville de l'Alabama. Theresa et les enfants sont allés le rejoindre à la fin de l'année scolaire. Theresa s'était rendue en Alabama plus tôt pendant l'année pour trouver une maison. Venant tout juste d'emménager, Theresa a consulté un conseiller pour concevoir et mettre en œuvre pour elle les prochaines étapes. Theresa a travaillé comme infirmière en milieu hospitalier pendant toute sa carrière. Elle se demande maintenant quelles sont les autres possibilités qui s'offrent à elle dans le domaine des soins infirmiers, ou peut-être même en dehors de ce dernier. La réinstallation de son mari s'est accompagnée d'une augmentation de salaire et comme le coût de la vie en Alabama est inférieur à celui de Chicago, elle estime avoir un peu de temps pour se décider. Theresa anticipe toutefois le moment où son fils et, ultérieurement, ses filles poursuivront des études postsecondaires. Elle sait que son mari et elle doivent épargner en prévision de ces dépenses.

Theresa a toujours habité à Chicago. Elle a de nombreuses amies et membres de sa famille qu'elle a côtoyés pratiquement toute sa vie. Elle a quatre frères et sœurs qui vivaient à proximité. Ses enfants ont passé beaucoup de temps avec leurs cousines et leurs cousins. Ses parents vivaient également près de chez elle à Chicago. Ces derniers l'ont aidée avec ses enfants lorsqu'elle devait travailler et que son mari n'était pas disponible. Ses deux parents sont à la retraite. Son père est en bonne santé, mais sa mère a récemment été traitée pour un cancer. Les médecins croient qu'elle est entièrement guérie maintenant, mais la possibilité d'une récidive pèse lourd sur Theresa.

La Situation

Tandis que Theresa vous décrit sa situation, elle montre des signes de détresse. Elle a par moment les yeux remplis de larmes. Theresa indique que cette transition est très difficile et qu'elle se sent occasionnellement accablée. Vous lui décrivez le modèle des 4S pour faire face aux transitions et elle accepte de l'utiliser comme point de départ pour comprendre ce qui se passe, ainsi que pour planifier ses prochaines étapes.

Il est évident que la réinstallation du mari de Theresa est l'élément déclencheur à l'origine de la transition qu'elle vit. Toutefois, Theresa se questionne également sur son désir de continuer ou non dans son rôle actuel en soins infirmiers. Le déménagement est ce qui l'incite à faire cette réévaluation. D'une certaine façon, la transition de Theresa survient au bon moment où elle songeait déjà à réorienter sa carrière et le nouvel emploi de son mari lui procure une certaine aisance financière. Theresa est préoccupée par l'état de santé de sa mère, mais elle sait que son père et ses frères et sœurs sont tout près, si jamais cette dernière a besoin d'aide.

Les principaux rôles de Theresa, en tant qu'épouse et que mère, demeurent inchangés. Si elle décide de faire un changement de carrière, elle amorcera là un virage majeur. Le changement de rôle de vie le plus notable réside dans le fait que comme elle ne vit plus près de sa famille. Elle ne pourra plus participer à des activités familiales aussi souvent qu'avant et elle ne sera plus un soutien important pour sa mère.

Theresa a habité toute sa vie à Chicago et n'a donc jamais vécu de déménagement majeur. Elle est un peu contente, mais surtout terrifiée. En outre, elle n'a exercé qu'une seule profession et là encore, les sentiments qu'elle éprouve sont un mélange d'enthousiasme et d'anxiété.

Les enfants de Theresa trouvent le déménagement difficile. Son fils de 11 ans est fâché d'avoir dû laisser ses amis et ses activités. Les plus jeunes redoutent davantage le fait de devoir se faire de nouvelles amies et de nouveaux amis, ainsi que de s'ennuyer de leurs grands-parents et des autres membres de leur famille. Le nouvel emploi du mari de Theresa l'amène à travailler de plus longues heures et à laisser Theresa seule plus longtemps. Elle se sent encore plus isolée. Elle ne connaît pas encore les supermarchés et les pharmacies de l'endroit, de même qu'elle n'a toujours pas trouvé de magasin où elle peut se procurer les aliments hispaniques dont elle et sa famille raffolent. Elle s'inquiète de l'état de santé de sa mère. Chercher un emploi et décider quel type de travail elle doit tenter de trouver représentent pour elle un fardeau supplémentaire.

Le Soi

Le conseiller recueille des données démographiques concernant Theresa. Elle est une immigrante hispanique de première génération. Bien qu'elle ne se souvienne pas de l'endroit où elle est née, ses parents y faisaient souvent référence. Elle parle couramment l'espagnol. Elle est mariée et a des enfants d'âge scolaire. L'illustration pratique concernant Theresa ne fournit aucun renseignement sur son appartenance religieuse ni sur sa participation à d'autres organisations. Il pourrait être utile de lui poser des questions à ce sujet. Bien que dans l'exemple donné, il soit peu fait mention des ressources psychologiques de Theresa, il est possible de savoir que son mariage dure depuis longtemps, qu'elle entretient des liens étroits avec sa famille élargie et qu'elle réussit depuis nombre d'années à concilier un travail rémunéré avec sa vie familiale. Encore une fois, il s'agit là que d'un aspect à explorer lors d'un entretien.

Ce déménagement en Alabama testera la résilience de Theresa. Il semble que son parcours de vie se soit déroulé relativement sans heurts. Les obstacles qu'elle a eu à surmonter, le cas échéant, sont inconnus. Afin de l'aider à tirer parti de sa capacité de résilience, le conseiller pourrait examiner les problèmes qu'elle a rencontrés auparavant et l'aider à déterminer comment elle les a surmontés – ce qui a bien fonctionné et ce qui s'est avéré inefficace. Elle pourra ainsi cibler les forces sur lesquelles elle pourra miser pour relever ce nouveau défi.

Le Soutien

Démonstrations. Bien que Theresa puisse encore recevoir à distance des compliments et des messages d'amour et de compréhension, les démonstrations auxquelles elle aura droit en Alabama se limiteront à celles de son mari et de ses enfants, qui vivent également une période de transition. La dimension du modèle de Schlossberg correspondant au soutien peut donc représenter la plus grande difficulté pour Theresa. Deux composantes importantes de la notion de démonstrations sont les sentiments d'appartenance et d'importance face aux autres que celles-ci suscitent. Ces sentiments étaient puissants chez Theresa lorsqu'elle vivait à Chicago, mais ils lui font défaut en Alabama. Dans ce contexte également, Theresa continue d'être dépendante de sa famille nucléaire pour tout. La pression qu'elle exerce ainsi sur son mari et ses enfants est élevée. Il peut donc s'avérer trop exigeant pour ceux et celles-ci de pouvoir répondre à tous ses besoins de démonstration. En premier lieu, il serait donc recommandé de la part du conseiller d'aider Theresa à élaborer un plan pour établir des relations dans sa nouvelle ville. Dresser une liste de ses intérêts pourrait fournir des indications quant à d'éventuels liens. L'église que fréquentait Theresa à Chicago, ou encore son club de couture ou de randonnée était peut-être une source de soutien pour elle. Elle était peut-être membre de l'association de parents à l'école de ses enfants. Les possibilités sont infinies. Se réengager au sein de la collectivité aura l'avantage supplémentaire de lui faire connaître des gens avec qui faire du réseautage lorsqu'elle sera prête à chercher du travail. Certains clients et certaines clientes jugent utile de se représenter visuellement leur réseau de soutien tel qu'il était auparavant et tel qu'il est maintenant. Cette représentation peut être un cercle muni de rayons ou division par sections, sinon tout autre système jugé logique pour la personne cliente. Plusieurs jugent utile, par exemple, de réaliser un collage représentant leur réseau de soutien. Cette représentation, quelle qu'en soit la forme, peut ensuite être analysée afin d'examiner le soutien perdu lors de la transition et la façon dont ce dernier peut être renouvelé ou remplacé.

Aide. L'aide concrète est une forme de soutien qui peut parfois être oubliée au profit du soutien affectif. Ce soutien concret peut provenir d'institutions (p. ex. des organismes permettant aux gens de faire sensation lors d'entrevues d'embauche en leur prêtant ou en leur donnant des vêtements appropriés ou des bibliothèques mettant à la disposition de leur clientèle des ordinateurs pouvant être utilisés pour rédiger et imprimer leur curriculum vitæ). L'aide peut également être apportée par des gens (p. ex. un voisin qui veille à ce qu'un enfant rentre à la maison après l'école lorsqu'un parent doit aller faire des courses, ou un ami qui accepte de vous prêter sa voiture lorsque la vôtre a une crevaison). En période de transition comme celle que vit Theresa, de telles sources de soutien peuvent ne pas être accessibles ou la personne peut ignorer comment y accéder.

Les Stratégies

Tel qu'il a été mentionné précédemment, il existe trois principales stratégies que Theresa et son conseiller doivent évaluer. À la suite de cette évaluation, ils pourront planifier des façons pour elle d'améliorer ses capacités d'adaptation. Pour commencer, Theresa peut chercher des moyens de changer la situation. Comme retourner à Chicago n'est pas une option, la façon la plus évidente pour ce faire consiste à trouver du travail dans sa nouvelle localité. Un autre aspect de sa situation est son incertitude quant au parcours professionnel à suivre – retourner travailler comme infirmière comme elle le faisait auparavant, trouver un autre champ d'activité relevant des soins infirmiers, chercher un emploi totalement différent ou s'inscrire à une formation pour apprendre un tout autre métier, que ce soit à l'intérieur ou à l'extérieur du domaine des soins infirmiers ou du domaine de la santé en général. Toutes ces actions permettraient de changer la situation.

Theresa peut également tenter de modifier le sens que revêt la situation. Elle envisage de changer d'emploi. Le fait d'utiliser le déménagement comme catalyseur de changement est un exemple de la façon de modifier le sens de la transition. Bien que Theresa ne soit plus physiquement proche de sa famille, elle peut envisager ce que serait d'avoir une « famille choisie ». Elle peut également considérer ce déménagement comme une occasion de passer plus de « temps en famille » avec son mari et ses enfants. En outre, bien qu'elle s'inquiète pour sa mère, vivre à distance peut l'amener à éprouver moins d'inquiétude et à se sentir moins responsable au quotidien.

Enfin, que ces stratégies fonctionnent ou non, Theresa a besoin d'outils pour gérer le stress engendré par cette transition. Lorsque le conseiller interroge Theresa au sujet de ses habiletés de gestion du stress, elle lui dresse une liste assez longue. Lorsqu'il lui demande à quel moment elle a utilisé l'une de ces habiletés pour la dernière fois, elle lui répond, avec un certain embarras, qu'elle ne l'a pas fait depuis longtemps. Par conséquent, la première étape, dans son cas, consiste à choisir trois façons de gérer son stress, qu'elle pourra utiliser au cours de la prochaine semaine – et à s'engager à les mettre en pratique! Lors de leur prochain rendez-vous, son conseiller promet de vérifier si elle s'est bien acquittée de cette tâche.

Conclusion

L'utilisation du modèle des 4S de Schlossberg à titre d'outil d'évaluation et de plan de traitement pour faire face aux transitions de vie est un processus simple qui peut être communiqué au client ou à la cliente. Lorsque la personne conseillère et la personne cliente examinent chacune des quatre composantes du modèle, un plan d'intervention prend habituellement forme, à mesure que les points forts et les points faibles – les ressources et les contraintes – sont ciblés. Ce processus ne nécessite aucun instrument ni aucun ordinateur. Seule la collaboration entre les participants est requise. Comme il s'agit d'un processus neutre sur le plan culturel, il est possible de l'adapter selon les différents contextes, cultures ou capacités. Si la décision est prise d'examiner les intérêts ou les habiletés du client ou de la cliente, de rédiger son curriculum vitæ ou de l'exercer à appliquer les techniques d'entrevue, des dispositifs d'aide peuvent alors être utilisés, mais les premières étapes consistent à entretenir une discussion engagée. Que le conseiller ou la conseillère ait beaucoup d'expérience ou non, travailler à partir d'un plan détaillé peut faciliter la partie de l'entrevue portant sur la collecte de renseignements, tout en permettant l'établissement d'une relation de confiance avec la personne cliente. Le modèle des transitions peut être appliqué dans le cadre de diverses approches théoriques. De nature descriptive plutôt que normative, le modèle des 4S pour faire face aux transitions de vie s'appuie sur l'analyse des ressources et des contraintes dont il a été question précédemment. Pour les clients et clientes, il est réconfortant d'avoir une feuille de route qui permet d'accroître leurs ressources et de réduire leurs contraintes. Cela fournit un plan pour gérer leurs transitions.

Références

Anderson, M. L., Goodman, J. et Schlossberg, N. K. (2012). *Counseling adults in transition: Linking Schlossberg's theory with practice in a diverse world*. New York, NY : Springer.

Donne, J. (1964). *Devotions upon emergent occasions.* Le royaume d'Angleterre. Kübler-Ross, E. (1969). *On death and dying*. New York, NY : Macmillan. Lennon, J. et McCartney, P. (1967). With a little help from my friends [chanson enregistrée par les Beatles]. Dans *Sgt. Pepper's Lonely Hearts Club Band*. RU : Parlophone.

Schlossberg, N. K. (1981). A model for analyzing human adaptation to transition. *The Counseling Psychologist*, *9*(2), 2-18. DOI : 10.1177/001100008100900202

Schlossberg N. K. (2011). The challenge of change: The transition model and its applications. *Journal of Employment Counseling, 48*, 159-162. DOI : 10.1002/j.2161-1920.2011.tb01102.x

Biographie

Jane Goodman est professeure émérite en counseling à l'Université Oakland de Rochester, dans l'État du Michigan, aux États-Unis. Elle a été présidente de l'American Counseling Association (ACA) et de la National Career Development Association (NCDA), en plus de siéger au sein des conseils d'administration de l'Association internationale d'orientation scolaire et professionnelle et du Counselors for Social Justice. Elle est l'auteure de plusieurs ouvrages complets et de chapitres, de même que d'articles scientifiques, principalement dans le domaine des transitions et du développement de carrière chez les adultes. Elle s'est vu décerner le prix Eminent Career de la NCDA. Elle est membre de l'ACA et de la NCDA.

Points de pratique pour le modèle des 4S de Schlossberg pour faire face aux transitions de vie
Jane Goodman

1. **Les transitions sont universelles et font partie intégrante de la vie.** Tout le monde vit des transitions tout au long de la vie; certaines sont importantes et d'autres mineures. Elles sont communes à tous les êtres humains, mais propres à chaque personne.

2. **Les transitions peuvent être des événements ou des non-événements.** Les expériences normatives font partie des transitions prévues; lorsque celles-ci ne se produisent pas, elles deviennent des exemples de non-événements.

3. **Le modèle de Schlossberg suggère quatre composantes présentes lors des transitions de vie.** Ces composantes sont la situation, le soi, le soutien et les stratégies.

    a. **La situation décrit les circonstances particulières auxquelles fait face une personne.** La situation peut être décrite en indiquant son élément déclencheur, le moment où elle survient, le ou les changements de rôle observés, ce que la personne a vécu précédemment lors de transitions semblables, ainsi que les autres sources de stress présentes.

    b. **Le soi englobe les qualités de la personne.** Ces qualités peuvent inclure, entre autres, les facteurs culturels, les caractéristiques démographiques, les ressources psychologiques et la résilience.

    c. **La variable du soutien inclut les personnes, les institutions et les choses qui aident une personne à s'en sortir.** Elle englobe les démonstrations et l'aide apportée.

    d. **Les stratégies sont élaborées à partir de ce que la personne a à sa disposition ou de ce qu'elle doit apprendre pour gérer la transition.** Ces stratégies l'amènent à changer la situation, à en modifier le sens et à gérer le stress qui en découle.

Chapitre 14

Mon GPS de carrière : un modèle de développement de carrière autodirigé pour les personnes et les organisations

Liette Goyer et Marie-Paule Dumas

Dans le présent chapitre, qui s'inspire d'études fondées sur des données probantes d'interventions en développement de carrière (Baudouin et *al.*, 2007), nous examinons les principaux fondements théoriques et empiriques qui sous-tendent *Mon GPS de carrière*, un modèle de soutien au perfectionnement professionnel en milieu de travail. Bien qu'il s'agisse d'un modèle autodirigé adapté aux personnes occupant un emploi rémunéré, *Mon GPS de carrière* peut être adapté aux adultes en transition professionnelle (Goyer, 2017). Nous présentons une illustration pratique pour expliquer comment utiliser cette modalité autodirigée. Dans l'analyse de l'illustration pratique, nous examinons également les principaux résultats de l'utilisation de cette méthode. Nous commençons par présenter les facteurs théoriques d'influence de l'élaboration de *Mon GPS de carrière*.

Fondement théorique de Mon GPS de carrière

Les fondements sous-jacents de *Mon GPS de carrière* reposent sur une orientation qui considère le développement de carrière comme un phénomène individuel et social dans une perspective interactionniste et écologique influencée par différents systèmes. En outre, cette orientation considère la mise en œuvre de processus liés au développement de carrière comme un phénomène qui comprend des choix, des décisions, des transitions, des réinsertions, des inclusions, des exclusions et des changements influencés par des facteurs environnementaux. Ces processus ont une incidence sur les personnes dont les identités et les rôles différents interagissent de façon dynamique au fil d'une carrière et d'une vie. Cette orientation peut être appelée *carrièrologique*, et elle représente un espace où le sujet occupe une place en tant qu'acteur social dans plusieurs identités et rôles, à la recherche d'un sens à son existence, à l'aide de stratégies éducatives et professionnelles pour intégrer les systèmes dominants.

Mon GPS de carrière s'adresse aux adultes (également appelés utilisateurs) qui souhaitent faire le bilan de leur situation en vue de se situer dans leur vie professionnelle, de conserver leur emploi, de s'adapter aux changements, de définir des plans d'action, de cibler le perfectionnement des compétences stratégiques ou d'assumer la responsabilité d'un changement dans leur vie personnelle ou professionnelle, qu'il soit désiré ou non. En bref, ce modèle permet aux gens de réfléchir à leur capacité de s'orienter et de rester fidèles à eux-mêmes et, par conséquent, de mieux gérer leur propre vie.

Mon GPS de carrière : processus d'autogestion dans un contexte organisationnel

L'idée de l'autogestion au sein des organisations, présentée par DeWaele, Morval et Sheitoyan (1986), s'est révélée une source d'inspiration pour plusieurs œuvres portant sur l'élaboration de programmes de soutien à la carrière en milieu de travail. L'autogestion est un produit de la pensée humaniste nord-américaine. Dans un contexte organisationnel, l'autogestion peut être comprise comme étant la répartition la plus harmonieuse possible de l'énergie d'une personne parmi les quatre processus fondamentaux suivants : *l'appropriation, la relation, la prise de décisions et l'action*. Le premier processus, soit l'appropriation, peut être considéré comme une alternance de cycles d'acquisition et de méconnaissance d'information, menant à une certaine compréhension de la réalité. Le deuxième processus, la relation, représente l'alternance de cycles d'investissement affectif et de désengagement affectif (reconstruction continue de relations importantes), menant à un réseau de soutien. Le troisième processus, la prise de décisions, est axé sur l'alternance de cycles d'engagement et de détachement en ce qui a trait aux choix ou aux priorités, menant à l'établissement de valeurs et d'un but au sein de l'organisation. Enfin, le quatrième processus, l'action, concerne l'alternance de cycles d'activité intense et de faible activité relativement à la mobilisation du potentiel de la personne (DeWaele et *al.*, 1986).

Les premiers modèles de programmes de planification et de gestion de carrière se sont inspirés du modèle d'apprentissage fonctionnel de Patry (1993). Le modèle de Patry est fondé sur une attitude ou une préoccupation fondamentale : soit d'être constamment vigilant, de ne jamais se contenter d'un simple transfert de connaissances et de ne pas céder à la propagande idéologique. Pour ce faire, il faut donner aux gens les outils qui leur permettent de suivre leurs plans et de résoudre leurs problèmes au quotidien, en réagissant aux situations créées par l'environnement, en examinant ces situations, en les comprenant en fonction de leurs propres besoins et en les transformant, s'ils le souhaitent, comme ils le souhaitent. *Mon GPS de carrière* exige des utilisateurs et les utilisatrices qu'ils revisitent leur passé (*rétrospectif*) au chapitre du développement, qu'ils activent leur présent (réalisation *à l'instant présent*) et qu'ils prévoient leurs plans futurs (*prospectifs*) à court, à moyen et à long terme.

Tout au long de ce processus, les utilisateurs de *Mon GPS de carrière* ont la possibilité d'entreprendre une évaluation professionnelle, de façon indépendante, avec ou sans soutien professionnel approprié. La figure 1 illustre les quatre étapes du processus fonctionnel qui sous-tend *Mon GPS de carrière* et qui favorise l'apprentissage ou le changement : le sentiment, l'exploration, la compréhension et l'action.

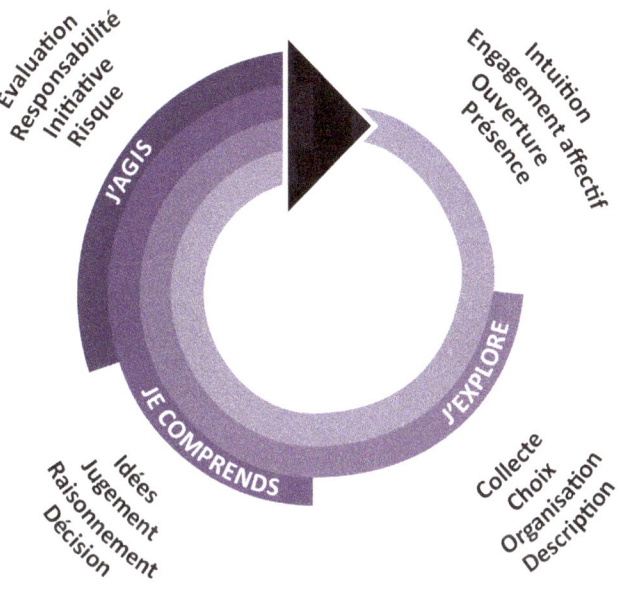

Figure 1. **Schéma du processus fonctionnel qui sous-tend *Mon GPS de carrière*.** Reproduit avec autorisation.

L'expérience du sentiment permet aux gens d'utiliser leur intuition et de s'engager sur le plan affectif, tout en demeurant présents et ouverts à eux-mêmes. L'expérience de l'exploration exige des gens qu'ils traitent de l'information à leur sujet et au sujet de leur environnement. Il s'agit ainsi de recueillir, de choisir, d'organiser et de décrire de l'information. L'expérience de la compréhension de sa situation exige un jugement et un raisonnement pour parvenir à des décisions claires fondées sur des idées. L'expérience de l'action signifie d'adopter un comportement de changement en évaluant la situation, de même qu'en assumant la responsabilité, en faisant preuve d'initiative et en prenant des risques. Les étapes de ce processus sont disposées en spirale qui se recoupe parce qu'elles sont fondées sur une combinaison d'expériences objectives, subjectives et intersubjectives. Chaque étape comprend des opérations (actions) qui sont étroitement liées dans le temps (passé-présent-avenir) dans le cadre d'une relation cumulative.

Conception d'un modèle autodirigé : composantes de *Mon GPS de carrière*

L'élaboration d'un modèle de carrière autodirigé exigeait la création d'un guide qui permettrait l'autodétermination, indépendamment du soutien professionnel continu. Il convient de noter que l'autonomie ne signifie pas « seul », mais plutôt « sans interagir régulièrement avec les spécialistes en counseling de carrière ». Ce modèle autodirigé vise à aider les utilisateurs et les utilisatrices à atteindre cinq objectifs : 1) faire le bilan de leur situation actuelle; 2) définir leurs caractéristiques personnelles au travail; 3) établir leurs plans dans le contexte du travail; 4) évaluer leur expérience au travail; 5) fixer des objectifs pour stimuler leurs plans de perfectionnement. Le guide *Mon GPS de carrière* comprend sept sections, chacune étant indépendante des autres. Les utilisateurs et les utilisatrices effectuent une autoévaluation à la fin de chaque section. Chaque autoévaluation invite ceux-ci à consigner leurs perceptions de leur propre participation, à évaluer l'utilité de la section et, dans l'ensemble, à estimer les changements perçus avant et après l'utilisation de *Mon GPS de carrière*. *Mon GPS de carrière* peut être rempli au travail, à la maison ou ailleurs. Il faut consacrer d'une à deux heures à chacune des sections du guide. Il faut en moyenne 12 heures pour effectuer l'autoévaluation holistique complète.

La première section du guide comprend un questionnaire autoadministré conçu pour aider les utilisateurs et les utilisatrices à faire le bilan de leur situation afin d'évaluer (autoévaluer) leur perception de leur propre gestion de carrière et de cibler les secteurs clés nécessitant la prise de mesures en priorité. La satisfaction au travail a une grande incidence sur la qualité de vie dans son ensemble (Baudouin, 2010; Goyer, 2010). Les exercices de la deuxième section permettent aux adultes de déterminer ce qui est satisfaisant et peu satisfaisant dans leur vie professionnelle ainsi que leurs attentes à l'égard de l'expérience de travail. Cette activité autodirigée permettra de mettre au jour plusieurs voies possibles à suivre pour élaborer des plans.

Dans la troisième section, les utilisateurs et les utilisatrices évaluent leur situation en fonction des processus fonctionnels de *Mon GPS de carrière* (voir la figure 1). On encourage les individus à accéder à leurs émotions, à examiner le passé et à explorer les caractéristiques de leur vie actuelle au fur et à mesure qu'ils traitent l'information à leur sujet et au sujet de leur environnement. Le fait de réfléchir à leur vie professionnelle aide les utilisateurs et les utilisatrices à prendre des décisions et à agir en possédant une compréhension plus approfondie et plus consciente de leur situation. En examinant l'histoire de leur vie, les adultes peuvent déterminer les étapes importantes de leur développement, leurs compétences génériques et particulières, leurs traits de personnalité dominants et les valeurs fondamentales qui guident leurs actions et leur avenir. Enfin, le regroupement de ces éléments clés donne aux adultes une nouvelle perspective sur leur situation professionnelle.

La quatrième section de *Mon GPS de carrière* permet aux utilisateurs et aux utilisatrices d'acquérir une connaissance plus holistique de la vie en général en leur montrant la pertinence de combiner l'élaboration d'autres plans personnels avec des plans de travail. Cette section examine plusieurs aspects de la vie : les aspects familial, social, financier, spirituel, de la croissance personnelle ainsi que de la santé physique et psychologique. Des activités et tableaux servent à déterminer les priorités pour l'élaboration de plans dans toutes ces facettes de la vie.

La cinquième section de *Mon GPS de carrière* propose des exercices qui aideront les utilisateurs et les utilisatrices à définir les attentes en établissant des plans d'action à mettre en œuvre. Ici, ils commencent à définir des objectifs. Les exercices autodirigés facilitent l'établissement de prévisions et la clarification des attentes (en invitant les utilisateurs à décrire une situation de travail optimale), puis permettent de définir des plans d'action.

La sixième section de *Mon GPS de carrière* permet aux travailleurs et aux travailleuses de poursuivre l'élaboration de leurs plans. Dans cette section, les individus sont invités à s'adresser à des membres dignes de confiance de leurs réseaux personnels et professionnels pour vérifier (confirmer) leur évaluation. Au besoin, une personne pourrait, de façon ponctuelle, demander des conseils professionnels à son réseau intime afin de confirmer sa compréhension. De plus, cette activité permet aux utilisateurs et aux utilisatrices de tenir compte de l'environnement de travail en ce qui a trait aux besoins, aux exigences, aux ressources possibles et aux restrictions. Cela permet non seulement aux individus de s'ancrer dans la réalité, mais représente également une étape supplémentaire dans l'harmonisation de leurs plans avec ceux du milieu de travail ou avec leurs plans personnels. Cela permet en outre aux individus de chercher de l'information stratégique.

Dans la dernière section du guide, les exercices autodirigés amènent les utilisateurs et les utilisatrices à se rendre compte que les plans personnels et professionnels ne peuvent pas se réduire à une série d'objectifs. Tous les plans doivent comporter un objectif global, ou un but, afin de leur donner un sens et de veiller à ce qu'ils ne s'éparpillent pas en fonction des circonstances relatives au milieu. Cette septième section comprend une leçon importante : il est nécessaire de s'assurer que ses projets sont viables en les établissant et en les réalisant à l'aide d'objectifs précis, mesurables, réalisables, réalistes et personnels, dans le contexte donné. À la fin de *Mon GPS de carrière*, les adultes effectuent une autoévaluation des objectifs atteints.

Illustration pratique

Cette illustration de cas présente le parcours d'une personne qui a utilisé *Mon GPS de carrière* pendant une transition dans sa vie professionnelle. Marie (pseudonyme) possède une vaste expérience en éducation. Elle est travailleuse autonome et a dû promouvoir ses services de façon créative pour obtenir des contrats de consultation. Pendant plus de 30 ans, cette consultante en formation a offert des services professionnels aux conseils scolaires; aux ministères de l'Éducation, de la Justice et de la Sécurité publique; aux organismes gouvernementaux qui assurent l'éducation et la formation des adultes; ainsi qu'aux entreprises privées s'intéressant au diagnostic organisationnel des besoins en matière de perfectionnement des compétences de leurs ressources humaines. En 2010, les changements touchant le marché du travail l'ont amenée à remettre sérieusement en question son parcours professionnel. Plusieurs observations l'ont amenée à effectuer le processus d'autogestion de sa carrière. En premier lieu, les restrictions budgétaires relatives à la formation du personnel (gestion, professionnelle, technique) dans tous les ministères et organismes gouvernementaux (provinciaux et fédéraux) ont mis fin à la plupart de ses contrats de consultation. En deuxième lieu, un certain nombre de ses clients et ses clientes occupant des postes de direction au sein de leur organisation ont pris leur retraite et ont décidé d'offrir eux-mêmes des services de consultation à un coût inférieur au sien, que ce soit à leur propre organisation ou au sein de leurs réseaux professionnels. En troisième lieu, les décideurs et les décideuses ont commencé à s'appuyer sur des ressources internes plutôt que sur des spécialistes externes. En quatrième lieu, Marie s'est retrouvée sans contrat pendant plusieurs mois.

Ses réflexions et les connaissances qu'elle a acquises du processus d'auto-orientation relative à la carrière (Mon GPS de carrière) l'ont aidée à entreprendre un changement professionnel important. Une fois qu'elle a terminé le processus de Mon GPS de carrière, Marie s'est inscrite à un programme de formation accréditée pour devenir coach de gestion (coach associée certifiée) certifiée par l'International Coach Federation, a mis à jour son curriculum vitæ, a enregistré son portefeuille pour obtenir des qualifications de l'Ordre des conseillers en ressources humaines agréés et elle a présenté une demande de certificat d'autorisation auprès de la Commission des partenaires du marché du travail, soit toutes des mesures stratégiques visant à faire progresser son perfectionnement professionnel. Marie a également ajouté une série de certifications précises pour élargir son offre de services, lui permettant ainsi de tenir ses compétences à jour. Deux ans plus tard, elle a de nouveau remanié ses services offerts à ses clients et ses clientes et mis à jour son plan de prospection de clientèle. Grâce à *Mon GPS de carrière* et à son ingéniosité, Marie a réalisé un changement important dans sa vie professionnelle.

Analyse de l'illustration de cas

Mon GPS de carrière est un guide autodirigé composé d'exercices pour aider les personnes qui les réalisent à obtenir un aperçu de leur parcours professionnel afin d'élaborer des plans qui comprennent le perfectionnement des compétences. Le guide exige une autoréflexion sur les différents rôles de la vie et sur l'incidence qu'ils ont sur la vie d'une personne. La réalisation de *Mon GPS de carrière* a permis à Marie d'accroître son sentiment d'efficacité personnelle, la qualité de la gestion du maintien de sa carrière, l'autogestion de sa carrière et son estime de soi. En outre, la mise en œuvre de 10 stratégies d'apprentissage (voir les points de pratique à la fin du chapitre) pour l'auto-orientation relative à sa carrière s'est avérée utile pour son perfectionnement.

Relation avec le sentiment d'efficacité personnelle et l'information

Dans le cadre de nos travaux d'évaluation d'un modèle autodirigé (Goyer, 2010), nous avons observé que les sentiments d'efficacité personnelle des gens s'étaient améliorés de manière générale après avoir réalisé le processus *Mon GPS de carrière*. Des résultats positifs ont été consignés en ce qui concerne le sentiment d'efficacité personnelle globale, ainsi que pour des facteurs particuliers liés à la description des compétences et à la capacité d'agir.

Dans notre illustration de cas, la consultante a commencé à élaborer son plan d'action avant, pendant et même après le processus *Mon GPS de carrière*. Dans le cadre de ce processus, la recherche de renseignements sert souvent à activer des plans professionnels et personnels. Ce processus d'activation structure les liens entre les activités de perfectionnement professionnel et les activités professionnelles et les stimule. La recherche de renseignements dans le but d'entreprendre de nouveaux projets professionnels et personnels a permis de mettre au jour les liens potentiels entre différentes activités de perfectionnement professionnel et la situation professionnelle personnelle de Marie.

Relation avec la gestion du maintien de carrière

Les données de recherche révèlent que la gestion du maintien en poste des employés et des employées s'améliore dans l'ensemble trois mois après la réalisation de *Mon GPS de carrière* (Goyer, 2010). À titre d'exemple, l'analyse des données a révélé un effet positif sur quatre états et deux stratégies. Les états touchés étaient a) le sentiment de compétence, b) le sentiment de gérer adéquatement sa charge de travail, c) un sentiment positif au sujet de sa carrière et d) la santé physique et émotionnelle. Les stratégies étaient a) de s'exprimer clairement aux bonnes personnes au bon moment et b) l'importance de ne pas trop investir dans le travail. Ces résultats de la stratégie de maintien de carrière axée sur le questionnaire (Lamarche, 2006) révèlent que le processus *Mon GPS de carrière* est un moyen efficace d'améliorer la qualité de ces stratégies et états de maintien de carrière.

Relation avec l'estime de soi

Les résultats du questionnaire d'évaluation de l'estime de soi (Lecomte, Corbière et Laisné, 2006) révèlent une amélioration importante de l'estime de soi six mois après la réalisation de *Mon GPS de carrière*. Ces résultats reflètent ceux de Michaud et Savard (2010), qui établissent une corrélation entre une augmentation de l'estime de soi et la clarification d'un projet de carrière.

Relation avec l'autogestion de carrière

Les résultats de recherche (Goyer, 2010) sur quatre facteurs d'autogestion de carrière appuient l'utilisation de *Mon GPS de carrière* comme moyen efficace d'améliorer la gestion de carrière en ce qui concerne des stratégies précises. En outre, ces stratégies, qui étaient directement liées aux objectifs de *Mon GPS de carrière* (prendre les mesures appropriées avec les acteurs stratégiques au bon moment; déterminer les habiletés et les compétences au moyen d'un curriculum vitæ ou d'un portefeuille; définir des projets professionnels à court, à moyen et à long terme assortis de plans d'action réalistes), se sont révélées considérablement efficaces. Les résultats positifs montrent qu'il est important de suivre une formation en mettant en œuvre ces stratégies de façon qualitative et en assurant leur surveillance à l'aide de *Mon GPS de carrière*.

Relation avec le niveau de maîtrise et les objectifs atteints

Nos résultats (Goyer, 2010) indiquent qu'avant d'entreprendre le processus, une proportion importante de participants et participantes estimaient qu'ils n'étaient pas suffisamment en mesure de faire le bilan de leur situation actuelle au travail; de définir leurs caractéristiques personnelles au travail; d'établir des plans de vie équilibrés à réaliser, y compris dans leur vie professionnelle; d'apprécier leur propre expérience au travail; ni de fixer des objectifs pour stimuler leurs plans de perfectionnement. Après avoir effectué les exercices, les personnes qui ont utilisé *Mon GPS de carrière* estimaient qu'elles étaient plus que suffisamment en mesure d'établir un, deux, voire trois objectifs. Dans l'ensemble, en ce qui concerne les objectifs généraux de *Mon GPS de carrière*, les participants et les participantes ont perçu des changements importants dans leur capacité après avoir utilisé le processus autodirigé.

En outre, ce guide d'évaluation autodirigé a été conçu pour être réalisé sans ressources externes se spécialisant dans le counseling de carrière. Il est néanmoins important de comprendre la demande de soutien occasionnel formulée par certains individus, pendant ou après le processus *Mon GPS de carrière*. Plusieurs participants et participantes ont clairement indiqué qu'ils ne ressentaient pas ce besoin, et ceux qui avaient des demandes complexes n'ont pas attendu d'avoir terminé *Mon GPS de carrière* pour consulter un spécialiste en counseling de carrière.

Relation avec la validation, la reconnaissance et le perfectionnement des compétences

La validation, la reconnaissance et le perfectionnement des compétences constituent l'un des objectifs finaux de *Mon GPS de carrière*. Pour ce faire, les participants et participantes doivent reconnaître leurs compétences génériques et particulières en les définissant explicitement et systématiquement, ainsi qu'en les appuyant à l'aide de données probantes. L'établissement d'une activité ou d'un plan semble correspondre davantage à l'acquisition de compétences dans le contexte du perfectionnement professionnel continu, qui est entrepris par des personnes plutôt que par des entreprises. Les participants et les participantes à l'étude ont mentionné avoir établi un plan de perfectionnement des compétences ou un plan de nature autre à la suite de leur processus *Mon GPS de carrière* (Goyer, 2010; 2013). D'autres objectifs finaux sont également possibles, notamment l'examen de nouvelles voies, la mobilité ascendante, descendante ou latérale, la participation à des activités en dehors du travail, la réalisation d'un projet personnel, le maintien de son poste actuel, la modification de son horaire de travail tout en conservant ou en modifiant ses responsabilités et, enfin, l'entrepreneuriat.

Conclusion

Mon GPS de carrière (Goyer, 2013) a été élaboré en intégrant le modèle d'évaluation élaboré par le Groupe de recherche canadien sur la pratique en développement de carrière fondée sur les données probantes (Baudouin et al., 2007). Les résultats indiquent que ce processus autodirigé est bien adapté aux personnes qui sont actuellement employées ou en période de transition de carrière dans les petites et moyennes entreprises. Les résultats démontrent l'efficacité de l'outil, étant donné que la majorité des participants et des participantes à l'étude ont atteint leurs objectifs. Dans le cas illustré, la consultante qui a utilisé *Mon GPS de carrière* a été en mesure de renforcer davantage sa motivation à agir. Elle a été grandement reconnaissante de la possibilité de prendre le temps de réfléchir à sa vie, y compris à sa vie professionnelle. *Mon GPS de carrière* est un outil de travail simple, abordable, accessible et autodirigé qui soutient l'importance de l'apprentissage et de l'orientation continus.

Références

Baudouin, R. (2010). *Accompagnement en matière de développement de carrière dans les PME. Analyse de besoins* (Rapport no 2). [Career development in SMEs. Needs analysis. Report no. 2]. Québec : GDRC/CRWG.

Baudouin, R., Bezanson, L., Borgen, B., Goyer, L., Hiebert, B., Lalande, V., ... Turcotte, M. (2007). Demonstrating value: A draft framework for evaluating the effectiveness of career development interventions. *Canadian Journal of Counselling, 41*(3), 146-156. Récupéré de https://cjc-rcc.ucalgary.ca

De Waele, M., Morval, J. et Sheitoyan, R. (1986). *Survivre ou s'épanouir dans les organisations.* Montréal, QC : Gaëtan Morin.

Goyer, L. (2010). *Career self-management in organizations: My Career GPS.* [En ligne] Report 8. Québec : GDRC/CRWG.

Goyer, L. (2013). Career self-management in small- and medium-sized businesses: Strengths and limitations. *Canadian Journal of Counselling and Psychotherapy, 47*, 188-195. Récupéré de https://cjc-rcc.ucalgary.ca

Goyer, L. (2017). *Self-directed career management: A passport to integrating into a new society.* Récupéré de https://ceric.ca/careering-magazine/winter-2017

Lamarche, L. (2006). *Validation d'un instrument visant à mesurer le maintien professionnel.* Thèse de doctorat, Université de Sherbrooke, Québec, Canada.

Lecomte, T., Corbière, M. et Laisné, F. (2006). Investigating self-esteem in individuals with schizophrenia: Relevance of the self-esteem rating scale-short form. *Psychiatry Research,* , 99-108. DOI : 10.1016/j.psychres.2005.08.019

Michaud, G. et Savard, R. (2010). *Évaluation des effets d'une démarche de Bilan de compétences auprès des personnes en emploi dans les petites et moyennes entreprises.* Communication dans le cadre de Cannexus, Ottawa.

Patry, J. (1993). *Le processus d'apprentissage fonctionnel.* Direction de la formation générale des adultes, ministère de l'Éducation, Québec.

Biographies

Liette Goyer est professeure titulaire à l'Université Laval, au Québec, au Canada, où elle dirige le Laboratoire portant sur les analyses des dispositifs d'accompagnement et de la compétence à s'orienter (ADACO). Elle se spécialise dans le counseling et l'orientation et est responsable des études supérieures en sciences du counseling. Elle est conseillère en orientation et psychothérapeute et agit à titre de directrice universitaire pour les professionnels et les professionnelles en exercice.

Marie-Paule Dumas est membre de l'Ordre des conseillers en ressources humaines agréés et coach professionnelle. Elle travaille à son doctorat à l'Université Laval et s'intéresse aux questions éthiques relatives à l'accompagnement professionnel au Québec, au Canada. Elle se spécialise dans l'accompagnement en gestion, le perfectionnement en leadership, l'accompagnement en équipe ou en groupe et individuel, ainsi que l'accompagnement en affaires et de la direction dans les petites et moyennes entreprises.

Points de pratique pour *Mon GPS de carrière*
Liette Goyer et Marie-Paule Dumas

Nous avons déterminé que les 10 stratégies d'apprentissage suivantes sont tout particulièrement efficaces en ce qui concerne l'auto-orientation relative à la carrière pour les personnes qui utilisent le modèle *Mon GPS de carrière*.

1. Définir les **éléments clés** à privilégier pour la gestion de sa propre carrière.

2. Préciser les **compétences générales et particulières** à perfectionner.

3. Déterminer **les caractéristiques personnelles** en ce qui a trait aux points forts et aux limites.

4. Préciser **les valeurs fondamentales** qui guident ses actions et son avenir.

5. Produire **un aperçu** de toutes ses caractéristiques jusqu'à présent.

6. Déterminer **les principales dimensions de la vie** (santé, famille et couple, finances, dimension spirituelle, croissance personnelle) sur lesquelles mettre l'accent.

7. Décrire sa **situation de travail optimale** dans le contexte de sa vie actuelle.

8. Établir **des plans de perfectionnement pour le travail**, y compris le perfectionnement des compétences.

9. Obtenir de **l'information** sur soi-même et des commentaires de la part des membres de son milieu professionnel.

10. Définir **des objectifs** pour des mesures précises, mesurables, réalistes, positives et personnelles.

Chapitre 15

Mon chapitre de carrière (MCC) : le soi dialogique en tant que personnes auteure et éditrice d'une autobiographie de carrière

Michael Healy et Peter McIlveen

Mon chapitre de carrière : une autobiographie dialogique (*My career chapter* – MCC) [McIlveen, 2015] est un outil qualitatif de counseling et d'évaluation relative à la carrière, fondé sur le *cadre théorique des systèmes* (*systems theory framework* – STF) [Patton et McMahon, 2014] et la *théorie du soi dialogique* (*dialogical self theory* – DST) [Meijers et Hermans, 2017]. Mon chapitre de carrière (MCC) amène la personne cliente à effectuer un processus de rédaction réfléchi, qui repose sur ses dialogues intérieurs au sujet de sa carrière, et l'aide à mettre au point le manuscrit produit pour en faire un récit profitable favorisant le pouvoir d'agir. Les éléments pratiques de Mon chapitre de carrière (MCC), qui sont fondés théoriquement, peuvent être utilisés pour développer la capacité de réflexion du client ou de la cliente au-delà de l'activité de counseling et promouvoir ainsi un apprentissage continu, un autojugement éclairé et une plus grande maîtrise de soi. Le présent chapitre décrit les fondements théoriques de Mon chapitre de carrière (MCC) et présente une illustration de cas pour en démontrer l'application.

Le cadre théorique des systèmes (STF)

Le cadre théorique des systèmes (STF) [Patton et McMahon, 2014] est un cadre qui permet d'organiser la myriade de facteurs d'influence qui forment la carrière d'une personne. Il positionne l'individu en fonction de trois niveaux de systèmes : le *système individuel* formé des caractéristiques physiques, cognitives et psychologiques; le *système social* composé des principaux groupes sociaux; le *système environnemental-sociétal* regroupant les facteurs politiques, économiques et historiques plus généraux. De plus, selon le cadre théorique des systèmes (STF), l'individu et ses systèmes d'influence sont récursifs (c- à-d. chacun affecte l'autre de façon répétée), changeants au fil du temps et soumis aux effets souvent importants du hasard. Ce cadre fournit une vision holistique du développement de carrière, qui s'appuie sur des approches constructivistes en la matière et qui a favorisé, à son tour, l'élaboration d'autres approches du genre.

La théorie du soi dialogique (DST)

Selon la théorie du soi dialogique (DST), le soi n'est pas une entité unifiée unique, mais plutôt une *société de l'esprit* constituée d'une multitude de *positions du « je »* qui entretiennent entre elles une relation de dialogue (Meijers et Hermans, 2017). Pour illustrer cette individualité, il est possible d'utiliser la métaphore du forum politique, avec tous les débats, les dissensions, les querelles et les disputes rhétoriques qu'il suppose entre ses participantes et participants belliqueux. La théorie du soi dialogique (DST) conçoit chacune des voix s'exprimant dans ce forum politique comme une position du « je ». Ainsi, une personne peut simultanément adopter différentes positions du « je », chacune ayant sa propre voix, un rôle à jouer ou une perspective à défendre. Une position du « je » décrit un point de vue particulier à l'intérieur du soi multiple, qui est vécu dans sa relation avec les autres positions du « je » et les positions réelles ou fictives d'autres voix externes. Les positions du « je » peuvent être modifiées à l'intérieur d'un processus dynamique de positionnement et de repositionnement par rapport aux autres. L'élément au cœur de la théorie du soi dialogique (DST) est cette relation de dialogue entre les différentes positions du « je ».

Dans les moments difficiles, lorsque les positions du « je » (vues comme les personnes participantes à un forum) sont en conflit ou en opposition les unes avec les autres. Les dialogues entre ces positions peuvent être l'expression d'une crise intérieure ou d'une autocritique. L'anxiété provient des conversations dialogiques centrées sur le manque de confiance en soi et l'échec, alors que la dépression résulte de celles axées sur la dépréciation de soi et le sentiment d'impuissance face à l'avenir. Les participants et les participantes, représentant chaque position du « je », discutent entre eux, se jugent les uns les autres et ressentent l'affliction que provoquent les mots cruels qu'ils se lancent ou marmonnent sous l'effet de la peur, de la douleur et de la colère. Le processus clinique qui consiste à établir et à formuler les positions du « je », avant de les organiser, de les mettre en présence les unes des autres et de voir à les intégrer, peut être un moyen de favoriser l'autorégulation, l'apprentissage et la guérison (Meijers et Hermans, 2017).

La théorie du soi dialogique (DST) conceptualise plusieurs types de positions du « je » et de dialogues de soutien (Meijers et Hermans, 2017) :

- Les *méta-positions* sont un positionnement plus global, qui s'écarte légèrement des positions du « je » distinctes qu'il incarne, dans le but de reconnaître et d'organiser ces dernières et d'en évaluer la crédibilité et la cohérence en prévision du développement futur du soi;

- Les *tierces-positions* se forment lorsqu'une situation conflictuelle entre deux ou plusieurs positions du « je » mène à l'adoption d'une nouvelle position qui intègre les aspects clés de toutes les positions visées, au lieu que l'une d'entre elles devienne dominante;

- Les positions promotrices intègrent, orientent et favorisent l'innovation dans les différents regroupements de positions du « je ».

Ainsi, les méta-positions, les tierces-positions et les positions promotrices sont en quelque sorte les personnes médiatrices et meneuses dans l'« organisation démocratique du soi[1] » (Meijers et Hermans, 2017, p. 12).

Mon chapitre de carrière (MCC)

Mon chapitre de carrière (MCC) intègre le cadre théorique des systèmes (STF) et la théorie du soi dialogique (DST) de manière à former un seul outil pratique de counseling et d'évaluation relative à la carrière. Mon chapitre de carrière (MCC) est un cahier de travail, en format imprimé ou électronique, qui guide la personne cliente dans le cadre d'un processus de rédaction réfléchi conçu pour produire une autobiographie dialogique, rédigée à partir des positions du « je » propres à l'individu et mise au point à l'aide de méta-positions et de positions promotrices utiles.

Les étapes 1 et 2 de Mon chapitre de carrière (MCC) consistent en une série de questions « préparatoires » et en une description générale des influences internes et externes tirées du cadre théorique des systèmes (STF). Ces étapes ont pour but de créer des liens et d'établir une alliance de travail entre la personne cliente et son conseiller ou sa conseillère, de stimuler ses réflexions sur sa carrière, d'enrichir son vocabulaire à cet égard et de *décentrer* la notion de carrière. Décentrer la carrière signifie de la considérer non pas comme le fruit très limité des compétences et des intérêts qui orientent une décision de carrière, mais plutôt comme un facteur dynamique dans la relation que la personne cliente entretient avec le monde et qui est affecté par la myriade de facteurs interpersonnels, sociaux et culturels d'influence présente dans sa vie, qui, à son tour, les affecte (McIlveen, 2015).

À l'étape 3, le client ou la cliente examine la matrice de compatibilité des influences sur sa carrière (voir la figure 1). On retrouve les influences internes dans la première colonne et les influences externes sur la première ligne. Ligne par ligne, la personne cliente examine dans quelle mesure chaque influence interne est compatible ou incompatible avec chacune des influences externes. Ce faisant, la personne cliente continue de décentrer sa carrière, en constatant et en évaluant les écarts entre les influences ciblées dans le cadre théorique des systèmes (STF). Parallèlement, la personne établit et nomme les positions du « je » qui, selon elle, favorise son développement de carrière ou nuit à ce dernier.

---

1 Traduction libre.

Théories et modèles orientés sur la carrière : des idées pour la pratique

	Milieu de travail	Pairs	Famille	Vie sociale et communautaire	Médias	Emplacement	Tendance du marché	Ressources financières	Marché du travail
Ma carrière									
Intérêts									
Habiletés, compétences									
Valeurs									
Connaissances									
Âge									
Sexe									
Santé									
Sexualité									
Culture									
Mœurs									
Éducation									
Rêves et aspirations									
État émotionnel									
Travail									

Figure 1. Matrice de compatibilité montrant les influences internes dans la première colonne et les influences externes sur la première ligne.

L'étape 4 permet au client ou à la cliente d'exprimer ces positions du « je », alors qu'il ou elle commence à rédiger son autobiographie dialogique, en complétant les cinq (5) segments de phrase figurant dans chacune des 24 catégories présentées. Chaque catégorie correspond à une influence tirée du cadre théorique des systèmes (STF) et comprend : trois (3) segments de phrase respectivement rédigés au passé, au présent et au futur, un (1) autre qui fait appel aux émotions et un (1) dernier qui permet d'évaluer l'incidence de l'influence en question (voir la figure 2). Chaque segment de phrase force le client ou la cliente à exprimer une de ses positions du « je » et définie en fonction de sa relation avec une ou plusieurs des influences établies dans le cadre théorique des systèmes (STF). Il ou elle peut choisir de compléter deux versions d'une même phrase afin d'exprimer des positions du « je » contradictoires.

Culture
Mon bagage culturel m'a offert ...
Je suis...
D'autres cultures pourraient aider ma carrière en...
Je me sens généralement très positif / positif / indifférent / négatif / très négatif par rapport à mon bagage culturel parce que...
Mon patrimoine culturel a une incidence très positive / positive / neutre / négative / très négative sur ma carrière / vie parce que...

Figure 2. Extrait de l'étape 4 de Mon chapitre de carrière (MCC) montrant des segments de phrase pour une des influences sur la carrière.

La cinquième étape de Mon chapitre de carrière (MCC) est cruciale. À cette étape-ci, la personne cliente est invitée à se faire la voix de son moi intérieur, depuis les cinq dernières années, en lisant à haute voix les phrases rédigées à l'étape 4. Elle est ensuite invitée à adopter la méta-position d'éditeur afin d'examiner les affirmations de soi qu'elle a formulées à l'étape 4 et d'y répondre. Mon chapitre de carrière (MCC) amène donc le client ou la cliente à faire entendre le dialogue entre deux méta-positions : son « soi plus jeune » et son « soi en tant qu'éditeur ou éditrice ». Il est important, dans le cadre du processus de Mon chapitre de carrière (MCC), que le client ou la cliente lise son récit à haute voix et l'entende, car ce faisant, il ou elle enclenchera un processus d'autoréflexion, qui l'amènera à se parler, à s'entendre et à s'écouter. Ce processus de rédaction, de lecture et d'écoute peut se révéler instructif pour cette personne.

La sixième et dernière étape amène la personne cliente à adopter d'autres méta-positions et positions promotrices. Ici, la personne cliente est invitée à résumer le manuscrit, en complétant d'autres segments de phrase répartis dans trois catégories, axées cette fois-ci sur ses forces, ainsi que les obstacles auxquels elle fait face et son avenir. L'individu a maintenant révisé ses récits initiaux en tirant parti d'une plus grande distance émotionnelle, d'une approche évaluative et de l'orientation vers l'avenir que permet l'adoption consciente de méta-positions et de positions promotrices.

Une fois que le client ou la cliente a effectué ces six étapes par écrit et qu'elle a résumé son manuscrit Mon chapitre de carrière (MCC), il est recommandé de le communiquer à la personne conseillère afin d'en discuter davantage. Cette dernière lit le manuscrit à voix haute à la personne cliente pour permettre de réfléchir davantage à ce qui a été écrit. Il est important de lire le texte à voix haute, car le client ou la cliente peut maintenant entendre l'histoire racontée par une autre personne, ce qui peut l'amener à pousser, plus en avant, sa réflexion et son examen. Le dialogue entre la personne cliente et conseillère en réponse à l'autobiographie du client ou de la cliente, est l'aboutissement du processus ayant conduit la personne qui consulte à raconter, à répéter et, au bout du compte, à réécrire son autobiographie de carrière pour s'en servir comme source de réflexion et d'inspiration.

Mon chapitre de carrière (MCC) comme méthode d'écriture sur sa carrière

Mon chapitre de carrière (MCC) est un exemple de la *méthode d'écriture sur sa carrière* (Meijers et Lengelle, 2012; Lengelle et Meijers, 2015; voir le chapitre 18), qui est une approche en matière d'éducation et de counseling de carrière qui utilise des exercices d'écriture créatifs, expressifs et réflexifs pour aider les clients et les clientes à explorer leur identité professionnelle et à gérer des *expériences limites* difficiles. Lors d'une expérience limite, l'individu est confronté à une situation qui met à l'épreuve les limites de sa compréhension de lui-même et de la place qu'il occupe à l'intérieur de ses systèmes sociaux et environnementaux (Healy, McIlveen et Hammer, 2017; Meijers et Lengelle, 2012). Lors d'une telle expérience, les dialogues autocritiques et autoconflictuels prévalent, ce qui donne lieu à de premières histoires n'apportant rien d'utile, marquées par l'incertitude, l'insécurité, l'insatisfaction ou le désespoir (Meijers et Lengelle, 2012). L'objectif de la méthode d'écriture sur sa carrière est d'aider le client ou la cliente à faire face aux positions du « je » inutiles dans sa première histoire et à en écrire d'autres versions plus profitables, en laissant place à l'expression de méta-positions et de positions promotrices.

Avec la méthode d'écriture sur sa carrière, la personne conseillère, avec la personne cliente, collaborent afin de raconter l'histoire de cette dernière. Cela commence par l'examen des différentes perspectives, avant de réécrire et de se raconter de façon itérative. Le récit qui en résulte incite le client ou la cliente à entreprendre le prochain chapitre de son histoire. Ce processus — une séquence modèle dans le cadre des exercices d'écriture de sa carrière — se reflète dans la structure de Mon chapitre de carrière (MCC) [Healy et al., 2017]. Mon chapitre de carrière (MCC) est un exemple d'une bonne pratique en matière d'éducation et de counseling de carrière, comme l'indiquent les éléments essentiels aux interventions relatives à la carrière mis en évidence dans les études méta-analytiques sur l'efficacité de telles interventions (Whiston, Li, Goodrich Mitts et Wright, 2017) :

1. exercices écrits;

2. rétroaction et interprétation individualisées;

3. monde du travail;

4. apprentissage par observation d'autres personnes compétentes;

5. soutien des réseaux sociaux;

6. soutien du conseiller ou de la conseillère;

7. clarification des valeurs;

8. éducation psychologique, voire prise en compte explicite des processus cognitifs associés à la prise de décision et sa réalisation.

Intrinsèquement, Mon chapitre de carrière (MCC) fait intervenir tous ces éléments, à l'exception des points 3 et 5 ci-dessus. Il n'exclut aucun des éléments essentiels et peut facilement être adapté pour inclure explicitement tous les autres éléments requis.

Illustration de pratique

Maryann (pseudonyme), qui est âgée de 25 ans, a demandé des services de counseling pour trouver une solution à l'anxiété qu'elle ressent à l'idée de retourner travailler au service des ressources humaines d'une grande et prestigieuse société d'experts-conseils. Elle est en arrêt de travail depuis trois mois afin de se remettre d'une blessure à l'épaule subie alors qu'elle tentait de déplacer un classeur trop lourd pour elle. Dans sa recommandation, son médecin praticien a indiqué que son épaule est maintenant entièrement guérie, mais qu'elle peut s'attendre à ressentir une douleur récurrente, si les muscles de son épaule viennent à être fatigués ou tendus. Maryann a déclaré qu'elle est si anxieuse à l'idée de retourner au travail qu'elle a envisagé de démissionner.

Maryann, qui se présente comme une personne d'apparence soignée, fait bien son âge. Elle s'exprime avec éloquence, d'une voix douce, et son affect concorde avec son humeur anxieuse, qui se reflète dans sa voix chevrotante et son visage enflammé. Sa posture rigide et ses mouvements difficiles démontrent qu'elle cherche à protéger son épaule. La cognition et la perception de Maryann ne révèlent aucune anomalie évidente, et Maryann ne représente aucun risque pour elle-même ou pour les autres. Ses pensées sont centrées sur l'urgence de retourner au travail en raison de contraintes financières et de la crainte que ses collègues nourrissent de mauvaises pensées à son égard et l'accusent de simuler la maladie pour obtenir congé. Maryann semble être consciente que son anxiété est liée aux sentiments contradictoires qu'elle éprouve en pensant à l'opinion que ses collègues auront d'elle, mais que son sentiment découle également du fait qu'elle n'a pas de stratégie claire pour gérer le conflit qu'elle vit intérieurement.

Analyse de l'illustration de cas

Lors de son entrevue initiale, Maryann a fait état des bons résultats qu'elle a obtenus en sport, à l'école et au travail. Elle a indiqué avoir remporté plusieurs médailles en nage libre lors de compétitions à l'échelle de l'État. À la fin de ses études universitaires, Maryann a été recrutée par une grande société d'experts-conseils dans le cadre d'un prestigieux programme d'emploi destiné aux personnes diplômées. Une fois ce programme terminé, elle a accepté un poste auprès de son employeur actuel, et c'est dans le cadre de ce travail qu'elle s'est blessée. Maryann a indiqué qu'elle aime son travail, mais qu'elle déplore l'attitude de ses collègues, qui se disputent pour obtenir les éloges de leur gestionnaire, se critiquent les uns les autres et sont jaloux du fait qu'elle a participé à un prestigieux programme pour diplômés. Au cours de sa séance, Maryann a réussi à décentrer sa carrière et à reconnaître l'importance de ses réussites individuelles passées dans le cadre de diverses activités de compétition, incluant le sport, par rapport à l'anxiété qu'elle éprouve actuellement à l'idée de retourner travailler.

Maryann a accepté de poursuivre le counseling de carrière à la suite de son entrevue d'évaluation initiale et d'effectuer l'exercice Mon chapitre de carrière (MCC) avant son prochain rendez-vous. Lorsqu'elle a été invitée à décrire ce qu'elle a vécu en effectuant cet exercice et à préciser si elle avait eu des surprises ou vu la situation sous un nouvel angle en écrivant son histoire et en se la lisant à haute voix, Maryann s'est mise à pleurer et a clamé haut et fort qu'elle détestait ses collègues, car ils et elles étaient à l'origine de sa blessure. Il est apparu que Maryann a déplacé seule le classeur, car elle ne voulait pas demander à ses collègues de l'aider. Elle était en colère contre elle-même de ne pas le leur avoir demandé, mais était fâchée également puisqu'elle croyait qu'il n'y avait pas lieu de le faire — ses collègues ne l'auraient pas aidée de toute façon. Maryann a exprimé la position du « je » des « autres travailleurs », citant des paroles existant uniquement dans le *soi dialogique* de Maryann, afin de tourner en ridicule sa demande d'aide et de formuler des remarques sarcastiques sur sa réputation d'excellence, paroles qui ont blessé l'orgueil de la « gagneuse » en elle (autre position du « je ») — « *Je vais le faire sans toi* » — et l'ont amenée à s'entêter à vouloir déplacer seule le classeur. Le reste de la séance a porté sur les pensées à l'origine de sa colère envers elle-même et envers ses collègues.

Lors de la séance suivante, le conseiller a lu à haute voix à Maryann son manuscrit Mon chapitre de carrière (MCC), marquant des pauses à l'occasion pour l'inviter à discuter davantage de certains points, qui semblaient liés aux problèmes énoncés en ce qui concerne son anxiété et le fait qu'elle ne veuille pas retourner travailler, et la colère qu'elle éprouve envers elle-même et envers ses collègues en raison de sa blessure. Le conseiller a remarqué que le manuscrit produit par Maryann mettait beaucoup l'accent sur le fait de réussir dans la vie, mais ce, de façon indépendante comme, par exemple, en natation, un sport qui se pratique seul plutôt qu'en équipe. Le conseiller a voulu connaître la réaction de la Maryann plus jeune lorsque Maryann a lu, pour elle-même, à haute voix son manuscrit. La position du « je » exprimée par le « soi plus jeune » de Maryann était qu'elle ne devait pas être trop dure envers elle-même — « *après tout, tu essayais de donner le meilleur de toi-même* ». La jeune Maryann s'était également rappelée les paroles de sa gestionnaire, « *Ma mère nous disait toujours d'essayer et de donner notre meilleur* », des idéaux représentant d'importantes sources de motivation en natation et à l'école. Le conseiller a demandé à Maryann : « *Si vous étiez votre mère, que vous diriez-vous au sujet de votre décision de déplacer le classeur?* » D'une voix larmoyante, Maryann a laissé parler la position du « je » de la « mère » : « *Je dirais : "Tu m'as déçue, Maryann. Tu aurais dû demander de l'aide lorsque tu t'es rendue compte que le classeur était trop lourd pour une seule personne."* » Maryann a donné une réponse semblable lorsque le conseiller lui a demandé d'imaginer le conseil que sa gestionnaire lui aurait donné, qui reflète une autre position du « je » (celle de la « gestionnaire ») qui pourrait favoriser l'émergence d'une méta-position ou d'une position promotrice, combinant le soutien et les encouragements de sa mère et de sa gestionnaire.

Les séances de counseling de carrière suivantes ont porté sur les attentes que Maryann nourrit à son endroit et sur celles qu'elle croit que les autres ont à son égard. Maryann est retournée au travail; elle a tenu un journal dans lequel elle a exprimé les diverses positions du « je » actives dans son soi dialogique et a fait des efforts pour faire ressortir et rendre plus fortes les méta-positions, les tierces-positions et les positions promotrices. Ce faisant, Maryann a commencé à rédiger une deuxième version plus profitable de son histoire, axée sur la guérison, la croissance et l'idée d'en venir à être plus à l'aise au sein de sa communauté de travail.

Conclusion

Mon chapitre de carrière (MCC) est un outil de counseling et d'évaluation relative à la carrière narratif, qui utilise les théories du cadre théorique des systèmes (STF) pour décentrer la carrière de la personne cliente et inviter cette dernière à considérer les influences sur sa carrière, ainsi que la théorie du soi dialogique (DST) pour laisser s'exprimer les positions du « je » découlant de ces influences, dans le but d'amener l'individu à faire face aux positions qui ne sont pas utiles et d'encourager celles qui le sont. Mon chapitre de carrière (MCC) peut être employé dans le cadre de séances de counseling individuel de carrière, comme il est décrit ici, mais peut également être utilisé à bon escient lors du counseling de groupe ou de cours d'éducation à la carrière (Healy et al., 2017). Il s'agit là d'un exemple d'une activité d'écriture sur sa carrière, s'appuyant sur la théorie et des données probantes, qui a le potentiel de favoriser un véritable apprentissage transformationnel chez la personne cliente.

Références

Healy, M., McIlveen, P. et Hammer, S. (2017). Use of my career chapter to engage students in reflexive dialogue. Dans F. Meijers et H. Hermans (dir.), *The dialogical self theory in education: A multicultural perspective* (p. 173-187). Cham, Suisse : Springer.

Lengelle, R. et Meijers, F. (2015). Career writing. Dans M. McMahon et M. Watson (dir.), *Career assessment: Qualitative approaches* (p. 145-151). Dordrecht, Pays-Bas : Sense.

McIlveen, P. (2015). My career chapter and the career systems interview. Dans M. McMahon et M. Watson (dir.), *Career assessment: Qualitative approaches* (p. 123-128). Dordrecht, Pays-Bas : Sense.

Meijers, F. et Hermans, H. (2017). Dialogical self theory in education: An introduction. Dans F. Meijers et H. Hermans (dir.), *The dialogical self theory in education: A multicultural perspective* (p. 1-18). Cham, Suisse : Springer.

Meijers, F. et Lengelle, R. (2012). Narratives at work: The development of career identity. *British Journal of Guidance & Counselling, 40*, 157-176. DOI : 10.1080/03069 885.2012.665159

Patton, W. et McMahon, M. (2014). *Career development and systems theory: Connecting theory and practice*. Rotterdam, Pays-Bas : Sense.

Whiston, S. C., Li, Y., Goodrich Mitts, N. et Wright, L. (2017). Effectiveness of career choice interventions: A meta-analytic replication and extension. *Journal of Vocational Behavior, 100*, 175-184. DOI : 10.1016/j.jvb.2017.03.010

Biographies

Michael Healy est formateur en employabilité et doctorant à l'Université du Queensland du Sud, en Australie. Il focalise sa pratique et ses recherches sur l'exploration de méthodes promouvant les capacités d'apprentissage des personnes étudiantes en matière d'employabilité et de carrière, plus particulièrement par l'usage de méthodes liés à l'apprentissage social et d'écriture sur sa carrière.

Peter McIlveen est directeur de recherche au sein de l'Australian Collaboratory for Career, Employability, and Learning for Living (ACCELL : www.accell research. com) à l'Université du Queensland du Sud, en Australie. Ses travaux universitaires portent sur la psychologie du travail et des carrières. Il siège au sein des comités de rédaction du *Journal of Vocational Behavior* et du *Journal of Career Assessment*.

Points de pratique pour Mon chapitre de carrière (MCC)
Michael Healy et Peter McIlveen

1. **Téléchargez le cahier de travail Mon chapitre de carrière (MCC).** *Mon chapitre de carrière* (MCC) est offert en anglais à l'adresse https://eprints.usq.edu.au/23797/ et en chinois à l'adresse https://www.researchgate.net/publication/283663464_My_Career_Chapter_A_Dialogical_Autobiography_Chinese_Version.

2. **Téléchargez le guide du conseiller pour Mon chapitre de carrière (MCC).** Le guide *Career Systems Interview & My Career Chapter: Counsellors Guide*, à l'intention des conseillers et des conseillères est offert à l'adresse https://www.researchgate.net/publication/324834228_Career_Systems_Interview_My_Career_Chapter_Counsellors_Guide.

3. **Mon chapitre de carrière (MCC) peut être utilisé auprès de groupes.** Mon chapitre de carrière (MCC) peut être utilisé dans le cadre de séances de counseling de carrière individuel ou de groupe ou encore d'ateliers d'éducation à la carrière. Son utilisation en contexte de groupe offre d'autres possibilités, telles que la rétroaction des pairs et le soutien social.

4. **Intégrez Mon chapitre de carrière (MCC).** Mon chapitre de carrière (MCC) devrait être intégré à un entretien d'évaluation initiale en counseling de carrière. À titre d'exemple, il est possible de penser à un entretien sur les systèmes de carrière ou une séance préparatoire d'éducation à la carrière.

5. **Décentrez la vision que la personne cliente a de la notion de carrière.** Lors de l'entrevue initiale de counseling de carrière ou lors d'une séance d'éducation à la carrière, amenez la personne à se décentrer de la notion de carrière afin de l'amener à examiner les nombreux systèmes d'influence au sein desquels elle évolue.

6. **Réagir et résumer le manuscrit Mon chapitre de carrière (MCC).** Les étapes cruciales de Mon chapitre de carrière (MCC) sont les étapes 5 et 6, au cours desquelles la personne cliente lit le manuscrit à l'intention de son « soi plus jeune » afin d'entendre la réaction de cette position du « je », avant de rédiger un résumé final. Si ce récit est laissé inachevé, il est possible que des positions du « je » inutiles ne soient pas remises en cause et que des conflits entre celles-ci ne soient pas résolus (répercussions sur ma carrière ou ma vie parce que…).

Chapitre 16

Raisonnement des enfants au sujet du développement de carrière : le modèle de conceptions de choix et d'accomplissement de carrière

Kimberly A. S. Howard et Stephanie M. Dinius

La littérature sur les pratiques exemplaires en éducation explicite bien que les activités d'apprentissage les plus efficaces sont celles qui sont conçues en tenant compte du niveau de développement de la personne apprenante. Il est attendu que les programmes d'études dans divers domaines, comme les mathématiques, la lecture et les sciences, soient créés et mis en œuvre de manière à ce qu'ils soient bien adaptés aux capacités cognitives des élèves de la classe. Le même principe devrait s'appliquer au domaine du développement de carrière, c'est-à-dire qu'une éducation de carrière appropriée sur le plan du développement devrait être adaptée au niveau conceptuel des élèves. Le *modèle des conceptions du choix et de l'accès à la carrière (conceptions of career choice and attainment* – CCCA) de Howard et Walsh (2010, 2011) offre un cadre de travail pour les personnes professionnelles du milieu scolaire qui interviennent auprès des jeunes et les soutenir dans leur développement de carrière. Après un aperçu du modèle, les concepts clés sont appliqués à une illustration pratique.

Aperçu du modèle de conceptions du choix de carrière et de l'accession à la carrière

Rien qu'un examen sommaire de la littérature sur le développement de carrière des enfants permet de saisir qu'on en sait beaucoup plus sur *ce que* les enfants connaissent des métiers que sur comment ils comprennent les processus clés du développement de la carrière (processus de prise de décision de carrière, poursuite d'objectifs professionnels). Le modèle CCCA de Howard et Walsh (2010, 2011) a ainsi été élaboré pour combler cette lacune dans nos connaissances. En basant leur modèle initial sur la théorie et la recherche existantes qui examinent les conceptualisations des enfants de divers phénomènes (p. ex. la maladie : Bibace et Walsh, 1980; la violence : Buckley et Walsh, 1998; l'identité ethnique : Quintana, 1998), les auteurs ont décrit trois approches du raisonnement sur les processus de développement de carrière : l'association, la séquence et l'interaction. Chaque approche comprend deux niveaux de raisonnement, soit six niveaux au total, qui caractérisent les conceptions des enfants en matière de développement de carrière (voir les détails ci-dessous). Bien que le modèle CCCA mette l'accent sur le niveau de développement, et non sur l'âge, il est généralement vrai que les jeunes enfants du niveau primaire ont un raisonnement qui correspond au niveau de l'association, et que les enfants plus âgés du niveau primaire et des premières années du cycle secondaire[1] ont un raisonnement qui correspond au niveau de l'association et de la séquence. Les niveaux d'interaction sont généralement observés dans le raisonnement des adolescents en fin du cycle secondaire. Il est important de relever que tous les enfants ne se développeront pas à ce rythme et qu'il se peut même que certains d'entre eux n'atteignent jamais les niveaux de raisonnement les plus élevés en termes de choix et d'accès à la carrière.

L'approche de l'association

L'approche de l'association peut être observée lorsqu'un enfant qui a recours à son imagination et à ses rêves pour comprendre le monde du travail. Cette approche implique une incapacité marquée à reconnaître comment choisir ou obtenir un emploi ou une carrière, ou l'existence même d'un processus permettant de prendre des décisions de carrière. Lorsqu'ils et elles ont la possibilité de choisir une carrière, les enfants choisissent des emplois qu'ils et elles peuvent s'imaginer occuper, et leur compréhension de l'accession à la carrière se limite au fait de mettre les vêtements ou l'équipement se rattachant à l'emploi en question. Il n'y a aucune reconnaissance d'un processus décisionnel ou de formation qui favorise l'accession à la carrière. Dans l'approche de l'association, les enfants peuvent employer deux niveaux de raisonnement : l'association pure (niveau 1) et le lien magique (niveau 2). Au premier niveau, celui de l'association pure, les enfants sont en mesure de reconnaître l'existence d'un emploi ou d'une carrière, tout en ne possédant aucune connaissance d'un processus lié au choix ou à l'accès à cette carrière. Au deuxième niveau, celui de la pensée magique, les enfants sont en mesure d'identifier une méthode de base de choix et de l'accès à la carrière, comme avoir les vêtements et les accessoires appropriés, sans pour autant identifier le mécanisme permettant de choisir une profession ou d'obtenir un emploi (p. ex. le simple fait de posséder un stéthoscope fait d'une personne un médecin). Pour obtenir de plus amples renseignements sur les processus de développement de carrière durant la petite enfance, vous pouvez consulter les guides créés par Cahill et Furey (2017a, 2017b) à l'intention des enseignants et enseignantes, des parents et des tuteurs et tutrices.

L'approche de la séquence

La deuxième approche, celle de la séquence, se caractérise par la capacité d'un ou une enfant à déterminer un type de mécanisme par lequel le choix ou l'accès à une carrière

---

1 Niveau d'enseignement du collège pour le système éducatif français.

est possible. Ce mécanisme peut être une activité à laquelle on participe ou encore une situation ou un événement vécu. Un ou une enfant qui adopte cette approche s'efforce de définir ses intérêts et à aligner ses préférences de carrière en fonction de ses intérêts, plutôt qu'en ayant recours à son imagination, comme c'est le cas dans l'approche de l'association. En plus de leurs intérêts, les enfants prennent conscience de leurs points forts et de leurs points faibles, ce qui leur permet d'orienter leur choix de carrière. Les enfants qui utilisent l'approche de la séquence comprennent non seulement le choix et l'accès à la carrière comme des processus, mais ils les reconnaissent également comme des processus distincts. Les enfants sont ainsi capables de décrire comment les processus de choix et d'accès à la carrière sont liés, en considérant habituellement des étapes séquentielles comme l'obtention d'un diplôme d'études secondaires, la poursuite d'études postsecondaires, puis le début de l'emploi. Ils et elles ne possèdent toutefois pas une compréhension nuancée du processus de développement de carrière; leur pensée se limite à des étapes concrètes, chacune garantissant l'étape suivante. Cette approche ne tient pas compte des imprévus.

Les enfants peuvent faire appel à deux niveaux de raisonnement dans le cadre de l'approche de la séquence : les activités externes (niveau 3) et les processus et les capacités internes (niveau 4). Au niveau 3, celui des activités externes, les enfants appréhendent les carrières au moyen d'activités et de compétences externes et observables qui, selon eux et elles, mènent à l'obtention d'un emploi. Bien que les enfants reconnaissent que certaines étapes, comme l'obtention d'un diplôme universitaire, sont nécessaires pour obtenir un emploi, ils ne sont pas en mesure d'expliquer exactement comment le diplôme universitaire mène à l'emploi. Par conséquent, leur raisonnement se limite à croire que si une personne participe à l'activité X, elle obtiendra automatiquement l'emploi Y. Au niveau 4, celui des processus et capacités internes, les enfants sont en mesure de comprendre que l'obtention d'un emploi est le résultat d'un processus d'acquisition de compétences et de connaissances particulières liées à cet emploi. Les enfants de ce niveau choisissent des emplois qui correspondent à leurs capacités et à leurs intérêts perçus.

L'approche de l'interaction

Dans la dernière approche, soit celle de l'interaction, les enfants plus âgés (généralement à l'adolescence) sont en mesure d'apprécier et d'intégrer le rôle de différents facteurs - même des concepts abstraits comme le prestige professionnel - dans leur compréhension du choix et de l'accès à la carrière. Cette progression se fait en parallèle au développement de la capacité de raisonnement de l'adolescent ou de l'adolescente, de façon plus abstraite. À ce stade, une constellation complexe de facteurs liés à la prise de décision de carrière survient tandis que la personne adolescente s'appuie sur ses intérêts, ses capacités, ses traits de caractère, ses valeurs et le prestige pour sélectionner un ensemble d'options de carrière plus restreint et plus ciblé. Les adolescents et les adolescentes sont également en mesure d'apprécier le rôle des facteurs contextuels, systémiques et environnementaux qui peuvent influencer leur choix et leur accès aux carrières. À titre d'exemple, les adolescents et les adolescentes commencent à tenir compte de la disponibilité de l'emploi ou de la profession, des possibilités de formation et de la situation du marché du travail lorsqu'ils et lorsqu'elles prennent des décisions au sujet de leur avenir. Bien que ces renseignements aient déjà été à leur disposition par le passé, ils et elles sont maintenant prêts à les comprendre et à les utiliser dans leurs processus de développement de carrière. À ce stade, les processus d'accès et de choix de carrière sont abordés simultanément, avec une reconnaissance de l'interaction bidirectionnelle et dynamique existante entre les attributs personnels et les détails de l'emploi et/ou de la carrière, ainsi que la disponibilité de l'emploi.

Dans le cadre de l'approche de l'interaction, les enfants font appel à deux niveaux de raisonnement : l'interaction (niveau 5) et l'interaction systémique (niveau 6). Le raisonnement au niveau 5, soit celui de l'interaction, peut donner lieu à de nombreux résultats potentiels à mesure que les enfants commencent à tenir compte de l'interaction complexe des attributs personnels et des influences environnementales sur le choix de carrière. L'accès à la carrière implique l'interaction des niveaux personnels, relationnels et environnementaux immédiats. Le niveau 6, soit celui de l'interaction systémique, implique la prise en compte des mêmes facteurs qu'au niveau 5 avec l'ajout de facteurs systémiques (p. ex. les tendances en matière d'emploi). La compréhension de l'accès à la carrière à ce niveau implique l'ajout de facteurs environnementaux et sociétaux (p. ex. les nouvelles professions).

En résumé, le modèle CCCA offre un cadre précieux dont peuvent se servir les professionnels et les professionnels qui travaillent auprès des enfants pour comprendre l'évolution du développement de leur raisonnement cognitif en ce qui concerne les processus de choix et d'accès à la carrière. Au fur et à mesure que le raisonnement des enfants se développe, ils et elles sont capables d'intégrer des considérations plus complexes au sujet des facteurs personnels, relationnels et environnementaux impliqués dans le choix l'accès à la carrière. Les personnes enseignantes et praticiennes peuvent utiliser le modèle CCCA pour guider la conception d'activités de développement de carrière pour les enfants et les jeunes. Dans le tableau 1, nous proposons des interventions par niveau de raisonnement, organisées en fonction des objectifs d'apprentissage utilisés dans les modèles de plans directeurs du développement de carrière (p. ex. Canada — Hache, Redekopp et Jarvis, 2000 ; Australie – Ministerial Council for Education, Early Childhood Development, and Youth Affairs, 2010). Plus particulièrement, nous proposerons des activités dans les domaines 1) de la connaissance du contenu nécessaire pour se préparer à un futur emploi, y compris la connaissance de soi et du monde du travail; 2) des différents processus du développement de carrière que les élèves devraient connaître; 3) de l'application, par les élèves, des connaissances relatives à la carrière qu'ils et elles ont acquises; 4) de l'amélioration continue des connaissances relatives à la carrière et de leur application, ainsi que de la réflexion des élèves à cet égard.

Tableau 1
Interventions selon les niveaux de raisonnement du modèle CCCA

	NIVEAUX DE RAISONNEMENT		
	Association *Jeunes enfants du niveau primaire*	**Séquence** *Enfants plus âgés du niveau primaire et du début du cycle secondaire*	**Interaction** *Élèves de la fin du cycle secondaire*
OBJECTIF	**EXEMPLES D'INTERVENTIONS**		
1. Connaissance du contenu (connaissance de soi et carrière)	Apprendre par le jeu. Exemple : utilisation de jouets qui représentent le travail et explication de la façon dont ceux-ci sont liés à la carrière (p. ex. stéthoscope et médecin, blocs de construction et d'ingénieur).	Activités qui permettent d'accroître la connaissance au sujet des diverses carrières, intérêts et compétences. Exemples : excursions scolaires relatives aux professions, conférences, expériences d'observation.	Apprentissage axé sur les projets. Exemples : effectuer des recherches sur les différentes carrières, les facteurs structuraux et systémiques d'influence connexes, ainsi que sur les défis et les imprévus qui pourraient survenir dans la poursuite de ces carrières.
2. Processus de développement de carrière	Apprendre qu'il existe un processus pour choisir et pour accéder aux emplois. Exemples : excursions scolaires ou journées d'orientation permettant aux enfants d'apprendre pourquoi et comment les autres ont choisi leur emploi et comment ils ont fait pour l'obtenir.	Faciliter la connaissance du rôle des valeurs et des besoins dans la prise de décision de carrière. Mettre l'accent sur les étapes liées au choix et à l'accès à la carrière. Exemple : fixer un objectif et explorer les étapes nécessaires pour l'atteindre.	Favoriser l'adaptabilité relative à la carrière en examinant divers scénarios (et si...). Exemples : « et si les besoins du marché du travail changeaient et que la profession que vous avez choisie n'était plus nécessaire? Et si votre situation familiale changeait et vous aviez besoin d'heures de travail différentes ou d'une plus grande souplesse dans vos horaires de travail? »
3. Application des connaissance	Ne s'applique pas	Apprentissage axé sur les projets. Exemple : activités visant l'établissement d'objectifs et de stratégies pour les atteindre.	Créer un curriculum vitae et participer à des possibilités d'apprentissage en milieu de travail. Exemples : observation, stages, entrevues d'information
4. Réflexion et amélioration	Ne s'applique pas	Activité de mise en perspective. Exemple : « imaginez à quoi ressemblera votre vie dans 5, 10 ou 20 ans. Qu'est-ce que cet avenir vous révèle sur vos objectifs, vos besoins et vos valeurs? Que vous faudra-t-il apprendre ou vivre afin de concrétiser cet avenir? »	Activité de réflexion. Exemple : encourager la réflexion sur la façon dont les intérêts et les compétences d'une personne peuvent changer au fil du temps et peuvent interagir avec les facteurs d'influence systémiques afin d'avoir un impact sur la poursuite d'une carrière particulière.

Illustration pratique

Pour illustrer l'application du modèle CCCA, nous présenterons le cas de Maria (pseudonyme) et la conceptualisation de son développement de carrière dans le temps sous l'angle de ce modèle.

Maria à la maternelle
Maria est une fille de cinq ans qui vit dans un état du Nord-Est des États-Unis. Elle est la deuxième de trois enfants, vivant au sein d'une famille composée de ses deux parents, ainsi que de sa grand-mère. Maria fréquente l'école de son quartier, où elle est en maternelle. Lorsqu'on le lui demande, Maria explique qu'elle veut devenir dentiste quand elle sera grande. Lorsqu'on lui demande ce qui la pousse à vouloir devenir dentiste, elle explique « *j'aime le dentiste* » et le dentiste « *te donne un ours en peluche ou un autocollant* ». Lorsqu'on lui demande ce qu'elle doit faire pour devenir dentiste, elle répond « *écouter quand l'enseignant demande "Qui veut être dentiste?" Et si tu lèves la main, tu seras dentiste.* »

Maria en 6e année
Maria continue de fréquenter les écoles de son quartier et, à l'exception d'une brève période où elle suit des cours spécialisés supplémentaires en petit groupe, elle progresse sans difficulté à l'école. En commençant la sixième année (11 ans), ses aspirations professionnelles changent. Après avoir accompagné sa grand-mère au bureau du vétérinaire plusieurs fois avec le chat de cette dernière, et après avoir visité à plusieurs reprises le zoo local en famille et lors d'excursions scolaires, Maria explique maintenant qu'elle veut devenir le type de scientifique qui étudie les animaux. Elle explique qu'elle trouve les animaux intéressants, qu'elle aime en prendre soin et qu'elle croit qu'elle « sait s'y prendre » avec eux. Voyant son intérêt pour les animaux, en particulier pour le chat de sa grand-mère, les membres de sa famille l'appellent affectueusement « celle qui murmure à l'oreille des chats ». Lorsqu'on lui demande ce qu'elle doit faire pour devenir scientifique animale, elle explique qu'elle devra « *faire du bénévolat. Par exemple, en zoologie, visiter des refuges pour animaux ou un laboratoire.* » Elle explique qu'en faisant cela et en suivant des cours supplémentaires en sciences, « *tu deviens meilleure en sciences* », ce qui permet de mieux « *savoir comment faire* ». Elle explique qu'une fois qu'elle aura terminé ses études universitaires, elle pourra alors étudier les animaux en guise de travail.

Maria au secondaire

Maria a aimé ses cours de sciences à l'école intermédiaire[2] et complète autant de cours de sciences que possible par la suite à l'école secondaire, y compris des cours avancés en biologie. Vivant dans une collectivité côtière, Maria a été témoin de l'incidence de l'élévation du niveau de la mer et des changements climatiques sur les terres autour des plages et des marais d'eau salée. À l'âge de 16 ans, elle commence à faire des recherches sur les universités et les domaines d'études. Elle constate qu'elle s'intéresse aux sciences de l'environnement, ainsi qu'à l'incidence des changements environnementaux sur la santé et la survie des animaux du monde. Lorsqu'on l'interroge sur ce changement, ou sur cet affinement, de ses intérêts professionnels, elle explique qu'elle en est venue à croire que chacun de nous, en tant que citoyens du monde, a la responsabilité de prendre soin de la planète dans laquelle nous vivons et de veiller au bien-être des créatures vivantes. Elle croit que son nouvel objectif de carrière pourrait lui permettre de combiner son amour des animaux, son désir d'aider les autres et sa conscience environnementale.

Lorsqu'on lui demande ce qu'il faut faire pour obtenir un emploi dans ce domaine, Maria explique qu'elle devra faire des études en zoologie ou en biologie de la faune et poursuivre des études supérieures dans ce domaine. Elle devra chercher des expériences sur le terrain et examiner comment l'évolution des conditions environnementales peut exercer une influence sur les types d'emplois précis dans ce domaine plus vaste qui pourrait faire l'objet d'une forte demande dans l'avenir. Maria est restée très attachée à sa famille. La santé déclinante de sa grand-mère fait en sorte qu'elle veut trouver un moyen de rester relativement proche de sa communauté d'origine lorsqu'elle entrera dans le monde du travail. Elle espère focaliser ses études sur les changements climatiques ainsi que la faune et la vie marine présentes dans la région de l'Atlantique Nord des États-Unis, afin de pouvoir rester près de chez elle.

Analyse de l'illustration pratique

Le modèle CCCA peut être appliqué à l'histoire de Maria pour nous aider à comprendre l'évolution, au fil du temps, de son raisonnement au sujet des processus liés à la carrière. Lorsque nous rencontrons Maria pour la première fois, elle vient de commencer ses études et est âgée de cinq ans. Elle est en mesure de nommer une aspiration professionnelle : dentiste. Sa réflexion sur cette profession est clairement révélatrice de l'approche de l'association. Elle n'est pas en mesure d'expliquer comment elle a fait ce choix, mais elle offre plutôt un sentiment sur son dentiste actuel (j'aime le dentiste!) et des associations positives avec les visites chez le dentiste (c.-à-d. obtenir un ours en peluche ou un autocollant).

---

2 Les auteurs vont référer à la « Middle School », ce qui correspond à la sixième, le cinquième et la quatrième année de collège dans le système éducatif français, de même qu'à la sixième année du primaire et les deux premières années de cycle d'études secondaires au Québec.

À ce stade, la réflexion de Maria sur la façon dont on devient dentiste repose également sur l'imagination et le rêve. Pour Maria, l'accès à la carrière se fait par un lien magique ; simplement en levant la main lorsque l'enseignant suggère dentiste comme future profession, Maria peut le devenir. On peut voir que pour Maria, le choix et l'accès ne sont pas considérés comme des événements distincts, mais qu'ils se produisent spontanément et immédiatement.

Lorsque nous réexaminons le cas de Maria plusieurs années plus tard, nous constatons que son aspiration professionnelle a changé; elle veut devenir scientifique animale. Elle a vécu des expériences personnelles qui l'ont exposée à des professions qui s'occupent des animaux (c.-à-d. visiter le bureau du vétérinaire et le zoo local), et ces expériences semblent avoir éveillé son intérêt pour la science du soin des animaux. Elle a également réfléchi à ses compétences et a reconnu qu'elle est douée pour prendre soin des animaux. Son processus de choix de carrière comprenait la prise en compte de ses compétences et de ses intérêts, puis la mise en correspondance de ces attributs avec une future carrière potentielle. Ce type de processus de mise en correspondance est conforme à l'approche de la séquence dans la conceptualisation du choix de carrière, puisque Maria est maintenant en mesure d'utiliser l'information dont elle dispose sur elle-même pour guider le processus de choix de carrière. Maria réfléchit à la fois aux choses qu'elle aime et aux capacités naturelles qu'elle se découvre.

En décrivant ce qu'elle devra faire pour devenir scientifique animale, Maria est en mesure d'établir plusieurs étapes concrètes, notamment le bénévolat dans des endroits où elle peut prendre soin des animaux, le perfectionnement de ses connaissances scientifiques en tant que moyen de renforcer ses compétences relatives à l'étude et au soin des animaux, de même que l'étude des sciences animales à l'université. Ces activités semblent être de nature additive, c'est-à-dire qu'elles s'appuient les unes sur les autres et contribuent, simultanément, à sa capacité à entrer dans le domaine des sciences animales. Ainsi, le processus simple décrit par Maria est de nature linéaire et la conduit directement à l'exercice de la profession qu'elle a choisie.

Au moment où Maria atteint sa troisième année du secondaire, elle a encore affiné sa compréhension d'elle-même et du monde du travail. Elle a cherché des occasions d'élargir et d'approfondir ses connaissances scientifiques. Elle a envisagé l'incidence des tendances climatiques mondiales sur l'écologie de sa collectivité locale, développant un sentiment de responsabilité envers le monde physique et animal qui l'entoure. Son choix de carrière a changé en raison de l'interaction dynamique de ces expériences, intérêts et valeurs. Son intérêt particulier pour le domaine plus vaste des sciences de l'environnement et de la biologie de la faune est en plus influencé par son désir de rester dans le Nord-Est des États-Unis. Nous observons une grande complexité dans l'approche utilisée par Maria pour décider d'une future carrière, puisqu'elle a pris en compte des facteurs personnels, interpersonnels et environnementaux dans sa prise de décision. La compréhension qu'a Maria du processus de réalisation de son objectif de carrière présente un niveau de complexité semblable. Elle reconnaît qu'en plus de choisir une filière d'études universitaires appropriée, elle gagnera aussi à rechercher des expériences sur le terrain. Maria comprend que le monde du travail change et évolue et que des changements environnementaux sont en cours. Elle devra surveiller ces changements au fil du temps puisqu'ils entraîneront probablement des changements dans les types d'emplois ou d'ensembles de compétences requis à l'avenir par les scientifiques de l'environnement et les biologistes de la faune.

Conclusion

Le modèle CCCA (Howard et Walsh, 2010, 2011) permet aux professionnels et aux professionnelles du milieu scolaire, ainsi qu'aux conseillers et aux conseillères intervenant auprès des jeunes de soutenir un développement de carrière positif. Il fournit un cadre à six niveaux à partir duquel nous pouvons comprendre la manière dont les enfants raisonnent au sujet des processus liés à la carrière, et comment ce raisonnement évolue au fil du temps. Le modèle peut être utilisé pour déterminer les types d'interventions qui encouragent les enfants à adopter un raisonnement plus complexe en regard du développement de carrière. Cela peut donc s'avérer une ressource utile dans le cadre de la conception d'interventions adaptée à leur développement de carrière.

Biographies

Kimberly A. S. Howard est professeure agrégée de psychologie du counseling et de développement humain appliqué, à l'Université de Boston, aux États-Unis, et directrice pédagogique du programme de formation doctorale en psychologie du counseling. La recherche et les intérêts professionnels de Kimberly portent sur les facteurs qui favorisent le développement vocationnel et la résilience chez les jeunes, la compréhension des processus de raisonnement utilisés par les enfants et les jeunes en développement de carrière, ainsi que le rôle de personnes psychologues et conseillères au sein de l'éducation publique pour soutenir les enfants et les jeunes.

Stephanie M. Dinius est doctorante dans le cadre du programme de psychologie du counseling et de développement humain appliqué de l'Université de Boston, aux États-Unis. Ses recherches portent sur l'expérience des athlètes universitaires qui se retirent de la compétition, les processus de planification et de gestion de carrière qu'ils et elles entreprennent, de même que les défis auxquels ils et elles sont confrontés. Stephanie s'intéresse tout particulièrement à l'élaboration de programmes de carrière qui peuvent soutenir la transition des athlètes universitaires vers leur carrière après le sport.

Références

Bibace, R. et Walsh, M. E. (1980). Development of children's concepts of illness. *Pediatrics, 66*, 913-917.

Buckley, M. A. et Walsh, M. E. (1998). Children's understanding of violence: A development analysis. *Applied Developmental Science, 2*, 182-193. DOI : 10.1207/ s1532480xads0204_2

Cahill, M. et Furey, E. (2017a). *The early years: Career development for young children—A guide for educators*. Toronto, ON : CERIC.

Cahill, M. et Furey, E. (2017b). *The early years: Career development for young children—A guide for parents/guardians*. Toronto, ON : CERIC.

Hache, L., Redekopp, D. E. et Jarvis, P. S. (2000). *Blueprint for life/work designs*. Memramcook, Nouveau-Brunswick, Canada : Centre national en vie-carrière.

Howard, K. A. S. et Walsh, M. E. (2010). Conceptions of career choice and attainment: Developmental levels in how children think about careers. *Journal of Vocational Behavior, 76*, 143-152. DOI : 10.1016/j.jvb.2009.10.010

Howard, K. A. S. et Walsh, M. E. (2011). Children's conceptions of career choice and attainment: Model development. *Journal of Career Development, 38*, 256-271. DOI : 10.1177/0894845310365851

Ministerial Council for Education, Early Childhood Development and Youth Affairs. (2010). *Australian blueprint for career development*. Préparé par Miles Morgan Australia. Récupéré de www.blueprint.edu.au

Quintana, S. M. (1998). Children's developmental understanding of ethnicity and race. *Applied and Preventive Psychology, 7*, 27 45. DOI : 10.1016/S0962 1849(98)80020 6

Points de pratique pour le modèle de conceptions du choix et de l'accès à la carrière par objectif
Kimberly A. S. Howard et Stephanie M. Dinius

1. **Connaissance du contenu.** À chaque niveau de raisonnement du modèle CCCA, les enfants bénéficient d'une meilleure connaissance de soi et du monde du travail leur permettant de se préparer à un emploi futur. Il est possible d'accroître les connaissances liées à diverses carrières, intérêts, compétences et valeurs au moyen d'activités comme des excursions scolaires relatives aux professions, des conférences et des expériences d'observation.

2. **Processus de développement de carrière.** Les élèves devraient progresser dans leur compréhension des processus impliqués dans le développement de carrière. Apprendre qu'il existe un processus pour choisir et obtenir des emplois peut être facilité par des excursions scolaires ou des journées d'orientation permettant aux enfants d'apprendre pourquoi et comment les autres ont choisi leur emploi, et comment ils et elles ont fait pour l'obtenir. À des niveaux de raisonnement ultérieurs, les enfants sont en mesure de comprendre les étapes précises du développement et de l'accès à la carrière, ainsi que de saisir l'importance de l'adaptabilité de carrière.

3. **Application des connaissances.** Les élèves peuvent mettre en pratique leurs connaissances relatives à la carrière en réalisant des activités d'apprentissage axées sur des projets qui à visent l'établissement d'objectifs et de stratégies ou les atteindre. Parmi les autres activités qui répondent à cet objectif figurent la création d'un curriculum vitae personnel et la participation à des possibilités d'apprentissage en milieu professionnel.

4. **Réflexion et amélioration.** L'amélioration continue des connaissances relatives à la carrière et de leur application par les élèves, ainsi que la réflexion à cet égard constituent des objectifs importants au niveau de la séquence et de l'interaction du raisonnement. Les exemples d'interventions comprennent des activités d'autoréflexion et de mise en perspective (p. ex. « Imaginez votre vie future. Qu'est-ce que cet avenir vous révèle sur vos objectifs, vos besoins et vos valeurs? Que vous faudra-t-il apprendre ou vivre afin de concrétiser cet avenir? »).

Chapitre 17

KIPINÄ : le counseling de carrière SPARKS

Minna Kattelus

À l'époque actuelle, les aptitudes et les plans de carrière comportent des défis qui nécessitent l'adoption de nouvelles approches de counseling pour aider les gens à formuler et prendre en compte leurs propres récits et objectifs. KIPINÄ est le nom finlandais du counseling de carrière SPARKS. Le présent chapitre introduit le *modèle de counseling de carrière SPARKS*, lequel est utilisé pour le counseling individuel et le counseling de groupe par les pairs auprès des jeunes et des adultes, ainsi que les outils employés dans le cadre du processus de counseling : le schéma visuel et structuré du modèle SPARKS, les cartes SPARKS et les menus SPARKS. L'objectif du modèle SPARKS est de rendre transparent le processus de counseling de carrière et d'aider la personne cliente à visualiser les différents aspects de sa vie (à l'aide du schéma SPARKS), qui ont une incidence sur sa planification de carrière et ses plans d'action. Le modèle SPARKS puise ses fondements théoriques des approches constructivistes, notamment le counseling de carrière sociodynamique (Peavy, 1997, 2004), le counseling axé sur la construction de sa vie[1] (Savickas, 2012) et la théorie de l'action contextuelle (contextual action theory – CAT) [Young et Valach, 2004]. Dans ce chapitre, je décris les principales caractéristiques du modèle de counseling de carrière SPARKS, et je présente une illustration pratique, que j'analyse par la suite, pour montrer l'application de ce modèle auprès de groupes de pairs.

Fondements théoriques du modèle de counseling de carrière SPARKS

Le counseling de carrière SPARKS s'inscrit dans une perspective de planification holistique tout au long de la vie, d'actions orientées vers des buts de la personne cliente, du contexte, de l'efficacité personnelle, de l'observation et de la compréhension de soi, ainsi que de ses aspirations d'avenir et les moyens de consolider ses options. Le mot « SPARKS » fait référence à l'étincelle qui anime les personnes en orientation lorsqu'elles pensent à leur vie, à leur travail et à leurs études — trois domaines à prendre en considération au moment de mobiliser leurs forces de caractère. Selon Peterson et Seligman (2004), porteurs de la psychologie

---

[1] Life Designing.

positive, c'est en mobilisant les principales forces des gens, plus particulièrement, les forces de caractère les plus innées, qu'ils connaîtront une vie heureuse.

Le modèle de counseling de carrière SPARKS peut être utilisé pour conseiller autant les jeunes que les adultes. La *trame narrative* du modèle SPARKS s'appuie sur le récit de M. Fortunato, un multimillionnaire, qui a choisi comme mission de vie de soutenir les étudiants et les étudiantes. Les personnes étudiantes financées par M. Fortunato doivent être fortement interpellées par le domaine envisagé — lequel doit être tout simplement extraordinaire à leurs yeux —, parce que le financement qui leur est accordé prend fin dès que l'« étincelle » (« the spark ») les animant s'éteint. La trame narrative du modèle SPARKS amène les personnes en orientation à répondre à la question suivante : De quelle matière ou dans quel domaine, vous engageriez-vous à étudier dans le but d'obtenir le financement de M. Fortunato le plus longtemps possible (Kattelus, 2017a)? Le principal outil est le schéma visuel et structuré du modèle SPARKS (voir la figure 1), qui donne aux personnes en orientation la possibilité de trouver différentes options de carrière. Ce schéma comprend les éléments suivants :

- Les ÉTINCELLES de carrière (Career SPARKS), là où les projets d'études ou de carrière sont inscrits;

- Le *cœur du pouvoir d'agir* (Heart of Empowerment), contenant les forces de la personnalité qui porteront la personne tout au long de sa vie;

- Les conditions de délimitation relèvent d'études et de formations actuelles et antérieures (et leur réussite), les préférences de matières scolaires et de passe-temps (passées et présentes), les activités extrascolaires, les expériences de travail, les caractéristiques personnelles utiles au travail, les forces, ainsi que les qualités nécessitant d'être développées.

Les activités phares du processus de counseling de carrière SPARKS sont la co-construction, l'écoute dialogique, la schématisation (c.-à-d. la visualisation), le design de vie, la construction d'un récit de carrière, ainsi que la planification d'actions.

La co-construction et l'écoute dialogique

Selon l'approche sociodynamique (Peavy, 2004) et de construction de sa vie (Savickas, 2012), le processus de counseling est co-construit. L'accent est mis sur l'importance d'écouter et d'entendre la personne cliente de manière authentique. Cette dernière avec la personne conseillère forment une équipe. La première est experte du contenu de sa propre vie et la deuxième du processus de counseling. Conséquemment, la première tâche d'un conseiller ou d'une conseillère est d'établir une relation de confiance avec la personne cliente afin qu'elle puisse se sentir à l'aise pour raconter et analyser son histoire. La dimension de l'écoute en counseling se nomme l'écoute dialogique. Au travers de ce dialogue, la personne cliente est autorisée à prendre le temps et l'espace nécessaires pour raconter son histoire (son récit) afin que le conseiller ou la conseillère puisse mieux comprendre son monde (Peavy, 2004; Savickas, 2012).

Lors du counseling de carrière selon le modèle SPARKS, le schéma est utilisé comme outil pour favoriser l'écoute dialogique dans le cadre d'un processus de co-construction, guidé par les buts fixés. Le schéma SPARKS consiste en un projet conjoint entre la personne conseillère et cliente qui encourage une participation active lors de la séance. De plus, cela assure une disposition plus relaxe pour la personne conseillère puisque les deux parties sont impliquées sur le schéma au cours du processus dialogique. La personne conseillère a également besoin d'un schéma SPARKS bien structuré en tant qu'outil de dialogue, afin de faire progresser le counseling le plus efficacement possible.

La schématisation

La schématisation (c.-à-d. la visualisation) est un outil au cœur du counseling de carrière sociodynamique utilisé pour chercher à comprendre le schéma d'espace de vie personnelle d'une autre personne (Peavy, 1997). L'approche du counseling de carrière sociodynamique permet à la personne conseillère d'utiliser une grande variété de méthodes et d'outils auprès de ses clients et de ses clientes. Ces outils favorisent l'improvisation et l'emploi de méthodes créatives. De son côté, le counseling axé sur la construction de sa vie permet d'improviser à l'intérieur d'un plan d'action et peut être utilisé conjointement avec d'autres approches pour répondre aux besoins particuliers d'une personne cliente (Savickas, 2012).

Figure 1. **Schéma du modèle SPARKS.** Droit d'auteur de Minna Kattelus (2018); reproduction autorisée.

Dans le modèle SPARKS, la visualisation est la principale méthode utilisée pour analyser la séance de counseling de carrière et en faire la consignation à l'aide du schéma SPARKS par l'usage de textes, de dessins et de couleurs. La visualisation englobe ici l'utilisation de différents outils visuels dans le cadre de la séance de counseling afin de favoriser le dialogue. Les questions et les fiches de travail SPARKS fournissent une grande variété de méthodes de consultation visuelle, d'activités, d'exercices narratifs, ainsi que de tâches et de questions fondées sur l'imagerie mentale. Les cartes descriptives de forces et d'émotions SPARKS peuvent aider à révéler les sentiments et les pensées de la personne cliente. Les menus SPARKS sont des outils pratiques qui aident ces personnes à cerner rapidement leurs points forts et ce qu'elles doivent améliorer, ainsi que les qualités importantes pour de futurs emplois. Les cartes et les menus SPARKS sont offerts en anglais, en suédois et en finlandais (Kattelus, 2017a, 2017b, 2018).

Le design de vie : l'élaboration d'un récit de carrière
Le counseling axé sur le design de vie[2] (Savickas, 2012) s'appuie sur des récits utilisés pour témoigner du caractère singulier des personnes clientes. Le discours du design de vie s'amorce en définissant la carrière sous forme de récit que la personne raconte au sujet de sa vie au travail. En livrant leurs récits, les clients et les clientes prennent conscience de ce qu'ils savent déjà et trouvent les réponses qu'ils cherchent. Le counseling axé sur le design de vie vise l'introspection sur la conscience actuelle de soi des personnes clientes, étant donné que le passé est toujours analysé à partir du présent. Tous les rôles et les environnements propres à une personne devraient faire partie des interventions qui lui permettent d'élaborer des récits de carrière et de construire sa vie. En prenant part à des activités dans divers rôles, les gens ciblent les activités qui font écho en eux.

Le schéma SPARKS aide les personnes en orientation à se faire une idée plus claire de leurs récits de vie, en les analysant d'un point de vue différent. Dans le modèle SPARKS, les conditions limites doivent être examinées : a) du point de vue du passé : ce que la personne a fait et appris, les forces et les habiletés qui ont été mobilisées et ce qui a été jugé intéressant; b) sous l'angle du présent : la situation actuelle, ce qui est devenu plus important, la façon dont la personne utilise ses temps libres, ce qu'elle juge intéressant, ce qu'elle ressent, l'expérience de travail qu'elle possède et les particularités du travail qui présentent un intérêt; c) en se tournant vers l'avenir : ce qui sera important dans le cadre d'un emploi ou d'un travail futur, les forces et les habiletés que la personne souhaite mobiliser, les changements qui seront apportés, ce qui doit être clarifié et les objectifs futurs jugés les plus importants.

L'établissement de plans d'action
La théorie de l'action contextuelle (CAT) [Young et Valach, 2004] repose sur l'idée que le comportement des gens peut être compris à travers d'actions visant l'atteinte d'objectifs. De ce point de vue, les personnes clientes en orientation sont considérées comme des agents ou des agentes qui gèrent et dirigent leurs activités.

---

2   Life Design.

La carrière est axée sur des actions concrètes, c'est-à-dire établir un équilibre entre ce qui doit être fait à court terme et ce qu'une personne peut réaliser au cours de sa vie. Un lien est ainsi établi entre les actions (à court terme), les projets (à moyen terme) et la carrière (à long terme), chacun étant intentionnel et orienté vers des buts. Le counseling de carrière comprend l'interprétation et la réinterprétation des actions passées et futures (possibles) en fonction des actions actuelles. En outre, les personnes clientes peuvent ainsi avoir l'occasion d'aborder toute émotion émergente, plus ou moins consciente ou développée, lors de la séance de counseling.

Le counseling de carrière SPARKS est un processus de counseling orienté sur l'atteinte d'objectifs, incluant le but, voire l'espoir, de trouver une étincelle de carrière pour chaque personne — un projet qui l'emballe réellement et dans lequel elle est prête à s'investir pleinement. Le schéma SPARKS est un outil favorisant le dialogue, l'extériorisation et l'observation partagée, soit ce qui soutient l'auto-observation et l'autocompréhension des personnes en orientation (Leiman, 2012). Les personnes clientes contrôlent leurs propres schémas SPARKS — leurs intérêts professionnels et les diverses sous-sections de leurs plans de carrière — tant d'un point de vue externe que du point de vue de leur moi intérieur. De plus, le schéma soutient les buts personnels de la personne et ceux liés à son sentiment d'efficacité personnelle (Bandura, 1997).

Illustration pratique

J'ai transposé le counseling SPARKS d'une pratique individuelle à une pratique groupale par les pairs, ce qui est facile à faire d'un point de vue paradigmatique. Les personnes clientes en orientation et les groupes de pairs vivent une période de transition par rapport à l'école. La présente illustration pratique décrit l'un des groupes de pairs, formé de 6 jeunes âgés de 17 et 18 ans (3 garçons et 3 filles). Des pseudonymes sont utilisés tout au long de l'illustration.

Le counseling en groupe de pairs, selon le modèle SPARKS, comporte 4 phases principales : a) une période d'enseignement de 30 minutes, b) un travail en groupes de pairs de 60 à 75 minutes, c) un counseling par les pairs de 15 minutes et d) un retour sur l'expérience de 5 minutes.

Phase 1 : enseignement

Au cours de la première phase, nous passons en revue les buts visés et les enjeux de confidentialité. Essentiellement, je présente le modèle de counseling de carrière SPARKS. Les autres outils liés à ce type de counseling sont le modèle structuré du schéma SPARKS, une feuille blanche de format A4 et des crayons et des crayons de couleur. Ce matériel sera utilisé pour créer et compléter un schéma SPARKS. La personne conseillère forme les clients et les clientes au modèle de counseling de carrière SPARKS par groupes de pairs. Les pairs agissant comme conseillers et conseillères, écrivent aux pairs clients et clientes à partir de la feuille blanche de format A4, en s'appuyant sur le contenu du modèle de schéma SPARKS.

Pour commencer, les personnes clientes créent elles-mêmes leur schéma SPARKS. Quant à la personne conseillère, elle dessine un ovale au milieu du schéma SPARKS, en inscrivant au dessus comme titre : « Étincelles de carrière » (Career SPARKS). C'est à cet endroit que les « étincelles », liées à la poursuite d'un projet d'étude ou de travail, c'est-à-dire les premières et deuxièmes options du plan de carrière, seront inscrites vers la fin de la séance. Au début, cet ovale demeure vide. Le counseling se poursuit en examinant les conditions de limitations. Il est utile que la personne conseillère explique pourquoi il est si important d'examiner les conditions de limitation dans la planification de carrière : c'est en déterminant ces conditions que les forces et les intérêts véritables des personnes en orientation, tout comme les ÉTINCELLES de carrière (pour les études et le travail), sont mis au jour. L'examen de ces conditions permettra de clarifier la signification réelle des particularités d'emploi et du travail pour les personnes, ainsi que de préciser les forces et les habiletés qu'elles veulent utiliser lorsqu'elles travaillent.

L'étape suivante du processus consiste à examiner les conditions de limitation examinées en remplissant le schéma SPARKS. Les options de carrière qui intéressent les personnes en orientation, ainsi que les matières qu'elles préfèrent et souhaitent étudier dans l'avenir sont inscrites dans l'ovale des ÉTINCELLES de carrière. À la fin de la période de travail en équipe, le conseiller ou la conseillère peut également utiliser la trame narrative du modèle SPARKS (les questions et les fiches de travail SPARKS) pour aider les personnes en orientation à cibler concrètement leurs rêves et leurs objectifs de carrière (Kattelus, 2017a).

Ensuite, le conseiller ou la conseillère et la personne en orientation examinent ensemble les conditions limites qui peuvent influencer les options d'études et de carrières inscrites dans l'ovale des ÉTINCELLES de carrière. Enfin, sur leur schéma SPARKS, les personnes clientes peuvent inscrire leurs cœurs de pouvoir d'agir SPARKS, à savoir leurs principales forces de caractère.

Phase 2 : travail en groupes de pairs et de paires
Au début de cette phase, j'ai établi les équipes en me fiant à mon intuition et de mes observations des personnes clientes. D'après mon expérience, il est préférable de former des équipes en fonction de la personnalité et de la diversité de genre. Au cours de cette phase, les dyades composées de deux personnes qui ne se connaissaient pas sont celles qui ont le mieux travaillé. Chaque élève agissant à tour de rôle comme personne conseillère et cliente, chaque membre de la dyade a pu élaborer son schéma SPARKS selon le modèle présenté ci-dessus. Après avoir vérifié où en étaient les dyades dans leur travail, j'ai donné à celles qui travaillaient plus rapidement des tâches supplémentaires à partir de questions et de tâches des fiches de travail SPARKS (Kattelus, 2017a). Elles devaient inscrire leurs réponses au

dos de leur schéma SPARKS. À la fin de la période de travail en équipe, j'ai demandé aux membres de chaque dyade de se serrer la main et de se féliciter mutuellement pour le bon travail accompli. Ensuite, j'ai demandé à ceux-ci et celles-ci de signer le schéma SPARKS de leur personne coéquipière. Finalement, chaque personne a pris son schéma SPARKS et produit son propre cœur du pouvoir d'agir avec, inscrites juste à côté, ses forces de caractère. J'ai également eu recours à la trame narrative du modèle SPARKS (les questions et les fiches de travail SPARKS) auprès des groupes pairés afin de m'assurer que tous et toutes avaient trouvé ses véritables rêves et buts de carrière (Kattelus, 2017a).

Phase 3 : counseling par les pairs et les paires

Lorsque les dyades de pairs se sont de nouveau réunies, en grand groupe, chaque membre a partagé l'information entrée dans son schéma SPARKS. Pour chaque dyade, la personne cliente a rapporté ses étincelles de carrière, alors que son ou sa partenaire conseillère a décrit les conditions de limitation soutenant ces dernières. J'ai informé le groupe au sujet d'autres options d'études envisageables à celles liées aux ÉTINCELLES de carrière. Au besoin, j'ai posé des questions supplémentaires et donné de petites activités individuelles à faire à la maison (p. ex. trouver des établissements où entreprendre d'autres études). En plus de leurs ÉTINCELLES de carrière, les dyades ont fait part à l'ensemble du groupe de leurs forces de caractère inscrites au sein de leurs cœurs de pouvoir d'agir. Après que tous les membres du groupe eurent parlé de leurs ÉTINCELLES de carrière, je les ai informés de la possibilité pour eux et pour elles de réserver une séance de counseling individuelle, une fois qu'ils et elles auraient terminé leur activité de recherche d'établissements où poursuivre leurs études.

Phase 4 : retour sur l'expérience

Lors du retour, les personnes clientes ont fait part, à tour de rôle, de ce qu'elles ressentent, après avoir participé au processus de counseling de carrière SPARKS. Elles ont indiqué que le modèle de counseling de carrière SPARKS et le schéma SPARKS les ont aidées à mettre leurs idées sur papier et à y voir plus clair.

- Tuomas : « *Tout devient plus clair lorsqu'il est possible de visualiser la situation.* »

- Elsa : « *L'ordre dans lequel nous avons procédé était bon. C'était bien qu'on ne me pose pas de questions trop ardues et que la plus difficile soit soulevée en dernier.* »

Certaines des personnes clientes étaient d'avis que la meilleure chose à propos du counseling en groupe de pairs et de paires était le fait qu'un ou qu'une des membres agissait à titre de personne conseillère. Certaines ont aimé que les personnes des autres dyades entendent parler de leurs ÉTINCELLES et de leurs emplois éventuels. Certaines ont même dit souhaiter conseiller leurs amis et leurs amies en utilisant le modèle de counseling de carrière SPARKS :

- Pete : « *En écoutant les réponses des autres, j'ai aussi appris à analyser mes propres pensées.* »

- Jasmin : « *Je pourrais faire un schéma semblable pour un ami.* »

- Emil : « *J'ai commencé à songer à mes plans de carrière en me basant sur mes passe-temps – et autres choses du genre.* »

- Erin : « *Je constate que tout a une incidence sur tout le reste; par exemple, mes matières scolaires préférées peuvent soutenir mes aspirations professionnelles ou y faire obstacle.* »

Certaines des personnes clientes ont indiqué qu'ultérieurement, il s'est avéré plus facile de parler à leurs parents, ainsi qu'aux conseillers et conseillères, en se fondant sur le schéma SPARKS. Plusieurs parents et personnes tutrices ont précisé que les schémas SPARKS leur ont permis d'en apprendre davantage sur les plans de carrière de leurs jeunes :

- « *Le choix de carrière de notre enfant ne figure pas du tout dans le schéma. Cet exercice l'a amené à se livrer à la bonne réflexion.* »

Analyse de l'illustration pratique

La création d'un schéma SPARKS, dans le cadre d'un projet conjoint, a favorisé une participation active à la séance de counseling et a contribué à créer une atmosphère détendue. Cela a permis aux membres de dyade de se concentrer sur leur schéma pendant le processus dialogique. Le schéma SPARKS aide les personnes clientes à raconter leurs récits et à celles conseillères de relever les points saillants et les progrès accomplis. Ce schéma permet au processus de counseling de se poursuivre même avec une seule séance. En plus d'aider à renforcer la confiance en soi, le schéma SPARKS permet aux membres de la famille, ainsi qu'aux amis et amies, de contribuer aux situations de vie ou aux plans de carrière des personnes en démarche d'orientation :

- Commentaire d'un parent : « *L'exercice nous a assurément ouvert les yeux à tous les deux. Ces schémas nous sont apparus comme de véritables trésors en ce qui a trait aux carrières et aux emplois des jeunes. Je crois que cela les aidera, à condition qu'ils soient honnêtes envers eux-mêmes lors de la création des schémas.* »

L'expérience de counseling de carrière SPARKS par groupes de pairs a été bonifiée par la prise en compte de différences entre les différents plans individuels de carrière. Les groupes de pairs SPARKS offre aux élèves de vivre à la fois le rôle de personne conseillère et cliente. Cela mobilise leur participation et leur action. L'enthousiasme et la motivation des membres de dyades m'ont étonnée. Je crois que la meilleure façon d'expliquer la motivation suscitée par l'activité en groupe de pairs est le fait que celle-ci répond à des besoins psychologiques fondamentaux de l'être humain : action volontaire, compétence et d'affiliation (Deci et Ryan, 2008). À cette liste, Martela (2015) a ajouté la bienveillance : le sentiment de faire du bien aux autres et l'expérience qui en résulte.

- Tuomas : « *Le plus utile a été d'apprendre les plans des autres; je pouvais comparer la pertinence des conditions limites dans ces cas-là.* »

- Elsa : « *J'ai appris à créer le schéma SPARKS et à orienter la réflexion d'une autre personne pour l'aider à y voir plus clair.* »

- Jasmin : « *La trame narrative du modèle SPARKS a été efficace – j'ai réalisé ce que je voulais vraiment faire, si le principal enjeu n'était plus l'argent.* »

Un des participants a indiqué que le schéma SPARKS l'a mobilisé au moment de se préparer pour ses examens d'entrée. Lorsqu'il s'est mis à douter de ses propres aptitudes, le schéma de counseling lui a redonné confiance en lui, lui donnant ainsi l'impulsion nécessaire. Une autre des personnes clientes m'a dit qu'elle avait récemment fait encadrer et accroché au mur le schéma SPARKS qu'elle a créé il y a 10 ans, simplement parce qu'elle était extrêmement surprise que dans son cas, tous les détails du schéma se soient concrétisés, aussi bien en ce qui concerne son travail que ses passe-temps.

Conclusion

- « *Le schéma SPARKS nous donne confiance en nos propres objectifs.* »

- « *Le plus efficace a été de travailler avec des gens appartenant au même groupe d'âge que nous et le fait que le modèle SPARKS soit nettement défini.* »

- « *J'ai appris à être plus ouvert à propos de mes propres rêves.* »

Le schéma SPARKS rend le processus de counseling de carrière concret et transparent. Il offre aux personnes clientes l'occasion de s'analyser et de se donner des scénarios, des notes sur soi-même, ainsi que des activités à réaliser en dehors des séances. Le schéma SPARKS donne aux familles, ainsi qu'aux pairs, un moyen de contribuer aux plans de carrière des personnes clientes. Cette façon de faire s'écarte des méthodes de counseling traditionnelles, où les plans de carrière ne font l'objet que d'une simple discussion et ne sont peut-être conservés que dans les notes personnelles des conseillers et des conseillères, que ceux-ci et celles-ci rangent dans leurs classeurs.

Pour les personnes clientes, le processus de counseling de carrière SPARKS consiste à analyser leurs objectifs et leurs options, à renforcer leur motivation et leur confiance en soi, ainsi qu'à renforcir leur conviction qu'un bel avenir les attend. Cette approche les aide à établir mentalement des liens avec les conditions de limitation de leurs préférences professionnelles. Le processus de counseling de carrière SPARKS amène les personnes clientes à particper à l'intérieur d'un contexte social plus étendu, ce qui leur permet de considérer leur propre situation selon un éventail de points de vue extérieurs enrichissants.

Références

Bandura, A. (1997). *Self-efficacy: The exercise of control*. New York, NY : W. H. Freeman.

Deci, E. L. et Ryan, R. M. (2008). Favoriser la motivation optimale et la santé mentale dans les divers milieux de vie [Facilitating optimal motivation and psychological well-being across life's domains]. *Canadian psychology/ Psychologie canadienne, 49*, 24-34. DOI : 10.1037/0708-5591.49.1.24

Kattelus, M. (2017a). *SPARKS Questions and Task Cards for counselling professionals.* Helsinki : Minna Kattelus – Career Counselling.

Kattelus, M. (2017b). *SPARKS Strengths and Emotional Description Cards for counselling professionals*. Helsinki : Minna Kattelus – Career Counselling.

Kattelus, M. (2018). SPARKS Menu: Strengths. SPARKS Menu: What is important at work? Helsinki : Minna Kattelus – Career Counselling.

Leiman, M. (2012). Dialogical sequence analysis in studying psychotherapeutic discourse. *International Journal for Dialogical Science, 6*, 123-147.

Martela, F. (2015). *Valonöörit: Sisäisen motivaation käsikirja* [Bright spots: A handbook of internal motivation]. Helsinki : Gummerus Kustannus.

Peavy, R. V. (1997). *Sociodynamic counselling: A constructivist perspective for the practice of counselling in the twenty-first century.* Victoria, C.-B. : Trafford.

Peavy, R. V. (2004). *Sociodynamic counselling: A practical approach to meaning making*. Chagrin Falls, OH : Taos Institute.

Peterson, C. et Seligman, M. E. P. (2004). *Character strengths and virtues: A classification and handbook*. Washington, DC : American Psychological Association.

Savickas, M. L. (2012). Life design: A paradigm for career intervention in the 21st century. *Journal of Counseling & Development, 90*, 13-19. DOI : 10.1111/j.1556-6676.2012.00002.x

Young, R. A. et Valach, L. (2004). Some cornerstones in the development of a contextual action theory of career and counselling. *International Journal for Educational and Vocational Guidance, 4*, 61-81. DOI : 10.1023/B:IJVO.0000021138.12299.cf

Biographie

Minna Kattelus, M.Ed., est conseillère d'orientation et enseignante en psychologie à l'école secondaire de deuxième cycle de Tikkurila, en Finlande. Minna a enseigné et fait des recherches sur le counseling de carrière SPARKS pendant plus de 10 ans. Elle a coécrit et coédité un certain nombre d'ouvrages sur le counseling pour les élèves des écoles secondaires de deuxième cycle. Minna est la conceptrice de KIPINÄ — le modèle de counseling de carrière SPARKS, avec ses cartes et menus SPARKS pour les professionnels et les professionnelles du counseling. SPARKS est également un programme de formation d'une année destiné aux professionnels et aux professionnelles de la carrière, en plus de servir à la formation des conseillers et des conseillères à l'Université de l'Est de la Finlande.

Points de pratique pour KIPINÄ – le counseling de carrière SPARKS
Minna Kattelus

1. **Utilisez le modèle visuel et structuré de counseling de carrière SPARKS dans le cadre de processus de counseling individuel, ainsi que de groupes de pairs auprès des jeunes et des adultes.** Au sein des groupes de pairs SPARKS, les personnes travaillent en dyade afin de créer ensemble leurs schémas SPARKS respectifs, puis de discuter de tendances propres à chacune.

2. **Utilisez le schéma SPARKS comme un outil favorisant le dialogue, l'extériorisation et le partage d'observations.** Ces éléments soutiennent l'auto-observation et l'autocompréhension chez les personnes clientes.

3. **Encouragez les participants et les participantes à poursuivre le travail après les séances.** Grâce au schéma SPARKS, les personnes clientes quittent la séance avec des résumés et des notes à consulter, ainsi que des activités à faire. Le schéma offre également la possibilité aux membres de la famille, de même qu'aux amis et amies, de contribuer aux plans de carrière des personnes clientes.

4. **Aidez les personnes clientes à éliminer les restrictions et à changer leur point de vue.** Utilisez des outils et des exercices pour les aider à développer de nouvelles façons de penser, qui reflètent leurs véritables intérêts professionnels.

5. **Dégagez des leçons de certains concepts ou tâches sélectionnés.** Par exemple, en dyade, les participants et les participantes peuvent utiliser les questions et les fiches de travail SPARKS pour créer leurs schémas de counseling.

6. **Aidez les personnes clientes à exploiter leurs forces et leurs émotions.** Utilisez des outils favorisant l'extériorisation et qui encouragent les personnes à s'imprégner de leurs pensées, de leurs sentiments, de leurs situations de vie, de leurs forces, de leurs rêves et de leurs objectifs.

7. **Aidez les personnes clientes à représenter leur apprentissage et leurs progrès.** Utilisez les systèmes et les outils SPARKS pour assurer le suivi des forces et des points à améliorer qui ont été ciblés, ainsi que des qualités souhaitées dans les emplois futurs.

8. **Faites participer les pairs avec les membres de la famille.** Encouragez les personnes clientes à montrer le travail accompli lors des séances de counseling afin de recueillir des commentaires et obtenir de nouveaux points de vue qui pourraient inspirer de nouvelles idées et perspectives quant à leurs choix de carrière.

Chapitre 18

Créativité poétique : la méthode d'écriture sur sa carrière pour favoriser la réflexivité professionnelle au XXIe siècle

Reinekke Lengelle, Frans Meijers et Charlene Bonnar

La méthode d'*écriture sur sa carrière* (Lengelle et Meijers, 2015) est un ajout récent à une variété d'autres approches de construction de carrière fondées sur des trames narratives, telles que la construction de sa vie[1] (Savickas, 2010), la théorie des systèmes (systems theory framework – STF) [McMahon, Watson et Patton, 2004] et mon chapitre de carrière (McIlveen, 2015). Ces approches, basées sur des récits, s'appuient sur les difficultés personnelles et les expériences que les gens ont vécues pour les amener à en découvrir le sens de manière créative dans le but de répondre à leurs besoins actuels et de développer leur conscience. Autrement dit, au lieu d'essayer de faire correspondre le soi et les compétences d'une personne avec une carrière, les personnes sont amenées à développer ce que nous appelons la « chaleureuse boussole intérieure », en les faisant se connecter avec elles-mêmes et devenir ainsi des décideurs et décideuses capables d'adaptation. Cette approche d'apprentissage de carrière permet également une réflexivité professionnelle, ce qui est particulièrement utile dans une économie de services où le travail émotionnel s'avère de plus en plus nécessaire. Les approches narratives, comme l'écriture sur sa carrière, aident les gens à donner un sens et une orientation à leur vie et à leur carrière, à une époque où la société, les employeurs et employeuses et les parcours biographiques traditionnels ne suffisent plus. Suivant l'explication des fondements théoriques de la méthode d'écriture sur sa carrière, nous en démontrons l'application à l'aide d'une illustration de cas.

Fondements théoriques

Trois types d'écriture

La méthode d'écriture sur sa carrière est employée en contexte de groupe (habituellement de 10 à 15 participants et participantes) et fait appel à différents exercices d'écriture créative, expressive et réflexive pour inciter les personnes

---
1 Life Designing.

participantes à découvrir et à définir les thèmes de leur vie, à réfléchir aux expériences qu'elles ont vécues et à se poser des questions sur elles-mêmes et sur leur identité professionnelle. *L'écriture créative* consiste à créer des histoires et des personnages, en faisant appel à l'art d'une pièce ou d'un jeu créatif, dans le but de révéler certains aspects de soi plus difficiles à mettre au jour à l'aide de questions ou d'approches plus directes. *L'écriture expressive* vise à écrire des récits évoquant des événements traumatisants ou douloureux, en décrivant les faits associés à ces souvenirs, afin d'intégrer ce qui nous a façonnés et qui entraîne parfois chez nous certains blocages (Pennebaker, 2011). *L'écriture réflexive* consiste à mettre en mots sur une page d'une manière qui favorise davantage l'ordre et la congruence.

La démarche peut mener à la création d'une œuvre poétique ou narrative qui représente certains aspects du « soi » de l'individu (p. ex. le récit de sa vie); toutefois, le travail effectué est principalement axé sur le processus d'apprentissage, dans le cadre duquel l'agentivité associée à la carrière est considérée comme une qualité qui se développe de manière continue, et non comme un élément que l'on peut acquérir ou obtenir (Muijen, Lengelle, Meijers et Wardekker, 2018).

Le soi

Dans le cadre de la méthode d'écriture sur sa carrière, le soi n'est pas conceptualisé comme un « je » particulier attendant d'être découvert, ou un type de personnalité à décrire avec précision, mais plutôt comme un ensemble dynamique et impliquant une plurivocalité à l'intérieur du soi, dont la complexité augmente au même rythme que celle de la société (Hermans, 2018). Ce soi avec une plurivocalité, qui s'exprime à l'intérieur d'un récit en constante évolution, est perçu comme étant constitué de positions du « je » souvent contradictoires, qui peuvent entretenir une relation de dialogue, former différentes coalitions, observer des aspects identitaires auparavant cachés et inciter les voix moins dominantes à se mettre de l'avant pour se faire entendre et contribuer. Selon Hermans (2018), dans la *théorie dialogique du soi (dialogical self theory* – DST), d'où cette conception du soi est tirée, le soi est perçu métaphoriquement comme une démocratie en puissance de ces « soi » (selves). Il s'agit d'un système dynamique de positions du « je », qui se positionnent et se repositionnent, avec toutes les difficultés que cela comporte, mais qui rendent également possible une multitude de réponses créatives (Hermans, 2018). Bien que cette façon de conceptualiser la notion du soi se révèle plus complexe que les conceptions du « soi authentique » ou du « soi véritable » – des termes qui sont souvent utilisés sans plus d'explications ou sans en exposer les fondements théoriques –, la conceptualisation du soi proposée dans la théorie dialogique de soi (DST) a l'avantage d'offrir de nombreuses possibilités créatives, qui élargissent l'espace réel et symbolique dans lequel une personne se sent capable d'agir (Muijen et al., 2018).

Le dialogue interne

Stimuler la conversation interne d'une personne fait partie des buts fondamentaux de l'écriture sur sa carrière. L'idée ici est que la qualité de ce dit « dialogue interne » bonifie ce que les autres peuvent nous offrir (c.-à-d. le dialogue externe) et vice versa. Les nombreuses positions du « je » ou de « soi » qu'une personne peut percevoir, ou avec lesquelles elle s'identifie en tant que « moi », sont parties prenantes de cette conversation. Ces voix, qui peuvent se positionner les unes par rapport aux autres, deviennent des ressources plutôt que des discours confus ou des inquiétudes qui embrouillent l'esprit.

Le fait d'écrire ralentit la vitesse à laquelle défilent les pensées, les rendant ainsi observables. Par exemple, une personne cliente ou une personne étudiante peut constater qu'en plus de s'identifier à la position du « je-personne chercheuse d'emploi », elle se reconnaît dans d'autres positions du « je-qui ne respecte pas ses engagements », comme le « je-bloquée dans sa situation ». Voici un exemple de ce qui peut découler du processus d'écriture pour cette personne : « *J'ai écrit que mon père n'avait jamais aimé son travail; le simple fait de voir cela inscrit sur la page m'a effrayé et m'a fait réaliser qu'une partie de moi a toujours hésité à s'engager à l'égard d'un quelconque choix de carrière.* » Une telle introspection peut, par exemple, expliquer pourquoi une personne cliente semble ignorer ou ne pas se sentir interpellée par la liste d'options de carrière pertinente qu'a soigneusement établie la personne conseillère en se basant sur les diplômes ou l'expérience, les compétences et les intérêts de la personne cliente. Autrement dit, les offres aussi bien intentionnées d'une personne professionnelle de la carrière ne peuvent être utiles que lorsque la cliente, le client, réussit à surmonter son blocage interne ou à faire taire la voix qui mène au sabotage et qu'elle accepte cette partie de soi et reconnaît son expérience personnelle. En effet, encourager et faciliter cette écoute de soi curieuse et créative, qui cache souvent des motifs plus profonds et des blessures non guéries, est un des aspects souvent absents lors de l'éducation et du développement de carrière. Bien que l'orientation professionnelle vise, en général, à fournir de l'information et suppose une prise de décisions rationnelle, les approches narratives démontrent très clairement que les décisions humaines comportent des éléments affectifs profondément ancrés et que l'information est souvent utilisée rétrospectivement seulement pour expliquer les décisions instinctives d'une personne.

Que ce soit sur le plan thérapeutique ou dans un contexte de counseling carrière, le travail narratif consiste, à la base, à faire appel et engage à la *créativité poétique* et à y donner libre cours pour permettre à de nouvelles perspectives d'émerger et d'évoluer en de nouvelles façons d'être et d'agir. En effet, cette créativité poétique est « nécessaire pour transformer des émotions et des récits épars en vignettes expérientielles qui reflètent les efforts déployés par les étudiants et les étudiantes pour se faire une vie[2] » (Savickas, 2010, p. 16). Nous sommes d'avis que les personnes conseillères peuvent non seulement cultiver cette forme de créativité, mais que les personnes étudiantes et les personnes clientes peuvent elles aussi être incitées à la développer, pour peu qu'on leur offre la possibilité de faire jouer la plurivocalité du « soi » faisant partie de leur for intérieur. Ces voix, ou les « sois » (selves), comprennent des conceptions telles que « mes souhaits contradictoires », « mes craintes », « mes besoins » et « ce que je pense vraiment » – en prenant en compte ces aspects, nous ouvrons la voie aux prochaines étapes de la carrière et au développement de la réflexivité professionnelle.

Le soi comme un récit : le processus d'apprentissage sur la carrière

Le processus d'apprentissage au cœur de l'écriture sur sa carrière suggère que le « soi » auquel nous nous identifions et que nous montrons à la face du monde est un récit en constante évolution, que nous racontons tant à nous-mêmes qu'aux autres, quant au sens et à l'orientation donnés à nos vies (Lengelle et Meijers, 2015). Cependant, cette notion de récit en constante évolution n'est pas aussi simple ou aussi facilement adaptable qu'elle en a l'air. Habituellement, le récit de qui nous sommes ne change pas tant qu'un dilemme ne nous force pas à en revoir la trame. Ainsi, les dilemmes associés à la carrière (p. ex. le chômage, les injustices en milieu de travail, un sentiment d'échec ou d'imposture) constituent une impulsion pour le développement identitaire (c.-à-d. de l'élaboration de ce récit), aussi incertain ou effrayant que cela puisse être pour nous, la personne cliente ou la personne étudiante appelée à y faire face.

Nous qualifions ce dilemme ou ce débat, qui a le potentiel d'amorcer l'apprentissage, d'« expérience limite » (Meijers et Lengelle, 2012) ; il nous amène à nous questionner aux limites de ce que nous connaissons et de ce avec quoi nous sommes à l'aise. Puisque de telles situations ou expériences sont généralement douloureuses, nous nous attribuons souvent, par défaut, le rôle de la victime dans notre récit des événements. Nous sommes enclins à raconter une « première version » de la situation qui nous limite et nous empêche d'y voir clair et d'agir. Cette première version nous force à élaborer un nouveau récit (c.-à-d. une « deuxième version ») pour arriver à établir un rapport différent et constructif avec cette nouvelle réalité et les défis qu'elle présente. Pour ce faire, nous devons suivre un processus d'apprentissage en quatre étapes, qui intègre des dimensions affectives et cognitives (Law, 1996).

Ce processus d'apprentissage commence par l'étape détection, où nous sommes appelés à inscrire sur la page les sentiments et la multitude de pensées qui surgissent en nous, lorsque nous sommes projetés hors de notre zone de confort. Pour ce faire, nous pouvons tenir un journal de réflexion structuré. Métaphoriquement, cette première étape consiste, en quelque sorte, à contempler le paysage pour prendre conscience de ce qui se passe à l'intérieur de nous à ce moment-là (voir la figure 1).

---

2   Traduction libre.

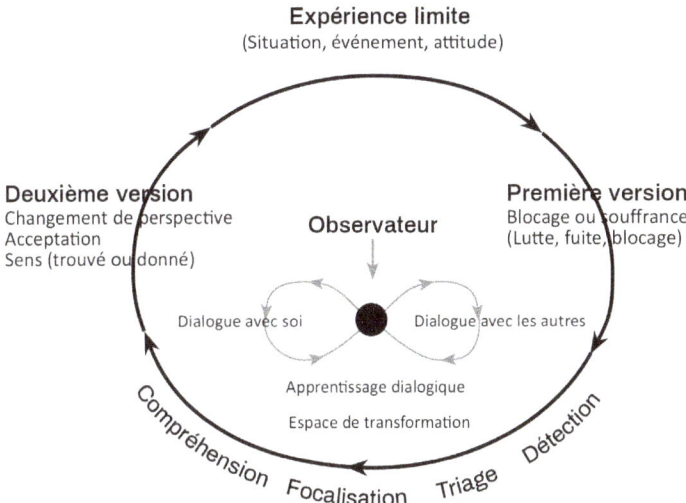

Figure 1. **La transformation par l'écriture : une méthode dialogique en quatre étapes.** Droit d'auteur de R. Lengelle et F. Meijers (2009); reproduction autorisée.

Ensuite, nous effectuons d'autres exercices d'écriture, qui nous aident à faire le tri et à distinguer les thèmes qui ressortent du chaos provoqué par nos pensées et nos sentiments initiaux (cette deuxième étape est celle du *triage*). Une fois un ou plusieurs thèmes cernés (p. ex. craindre de choisir une orientation de carrière et donc de se retrouver bloqué), nous pouvons examiner là où cela a pu se produire plus tôt dans notre vie, ou là où cela joue encore un rôle aujourd'hui (cet exercice d'approfondissement et d'élargissement des horizons est considéré comme l'étape de la *focalisation*). Enfin, après avoir examiné en profondeur des thèmes particuliers au cours de l'étape de la focalisation, nous pouvons résumer ou formuler ces thèmes d'une manière qui témoigne d'une compréhension nouvelle (étape de la *compréhension*).

L'écriture

Les exercices d'écriture comprennent l'écriture expressive et réflexive d'un journal, la création de listes, l'écriture de fiction et de poésie et une méthode d'investigation servant à examiner les pensées stressantes. Plus précisément, les personnes étudiantes et les personnes clientes sont invitées à consigner leurs préoccupations au moyen d'exercices structurés, qui permettent d'éviter qu'elles ne déversent simplement leurs pensées sur la page et leur donnent ainsi la possibilité de trouver un sens à ce qui les préoccupe, de jouer avec leurs pensées, de s'interroger sur le sens à leur donner et d'en faire différentes interprétations.

Un exemple d'un exercice qui permet aux personnes d'explorer là où elles peuvent vivre un blocage ou des difficultés au travail ou dans leur vie consiste à écrire un trait de personnalité ou une étiquette qu'elles craignent de se voir attribuer (p. ex. malhonnête, négligent, manque de confiance en soi). À partir de ce trait de caractère ou de cette étiquette, elles sont ensuite invitées à créer un véritable personnage, à déterminer son habillement et ses habitudes et à formuler des commentaires à son sujet (p. ex. « malhonnête est un personnage nommé Quincy qui, avec ses yeux de fouine, a une idée en tête »). Pendant une période de 10 à 15 minutes, les personnes participantes feront preuve d'imagination pour donner vie à ce trait de caractère et seront ensuite invitées à lire à haute voix ce qu'elles ont écrit devant le reste du groupe (bien que l'échange reste facultatif). Des rires spontanés de bonne nature se font souvent entendre au sein du groupe lorsque ces histoires sont racontées.

Grâce à un tel processus, les gens en viennent à réaliser qu'un trait de caractère qu'ils redoutent a) révèle quelque chose à leur sujet (p. ex. lorsque j'ai peur, j'ai tendance à ne pas être tout à fait honnête et à cacher mon jeu, alors qu'il serait plus profitable pour moi d'être transparent); b) est habituellement plus inoffensif que prévu; c) leur réserve des surprises (p. ex. mon réflexe de repli me freine, ce qui me donne l'occasion de réfléchir à la prochaine étape); d) n'est qu'une partie d'eux-mêmes; e) n'a pas à les empêcher d'aller de l'avant.

En somme, grâce à un processus d'apprentissage ludique et structuré qui stimule la créativité poétique, l'apprentissage associé à la carrière se déroule dans un espace sécuritaire, sous la supervision d'une personne professionnelle de la carrière formée dans l'application de cette méthode.

Illustration pratique : une blanche sur les terres visées par le Traité no 6[3]

L'histoire qui suit a été écrite par Charlene Bonnar (2016), une étudiante de cycle supérieur de Reinekke, dont le développement de carrière, en tant que conseillère pédagogique, a commencé par des questions sur la façon dont elle pourrait réduire les taux de décrochage chez les élèves autochtones. Les solutions typiques adoptées en établissement pour faire face à ce genre de problèmes sont de nature externe : améliorer les taux de fréquentation au moyen d'incitatifs ou de sanctions, modifier le programme d'études pour y inclure du matériel pertinent au regard de la culture des élèves ou en apprendre davantage sur cette population. Il est rare qu'on porte attention à la nécessité pour les personnes enseignantes et les personnes conseillères d'examiner la façon dont elles se présentent en classe ou dans l'environnement visé et les cas où leurs propres perceptions ou visions du monde peuvent représenter un frein à l'engagement, à la communication et à leur performance.

---

3   Le « Traité 6 » est une entente établie à la fin du 19e siècle entre la « couronne du Canada » – mode de pouvoirs établis dans la constitution canadienne – et certains groupes amérindiens dits des premières nations.

Lorsque je me suis adressée à Reinekke, au départ, afin de lui demander d'être ma mentore pour mon dernier projet de maîtrise, je savais que je voulais parler de mes expériences de travail auprès des jeunes autochtones. Cependant, j'étais réticente à fonder mon histoire sur mon travail en tant que conseillère pédagogique dans une université rurale, malgré le fait que les relations alors entretenues étaient ancrées dans ma profession. Reinekke m'a encouragée à reconnaître et à explorer la source de mes expériences.

En fin de compte, les questions que je me suis posées étaient les suivantes : Comment puis-je établir des liens avec les élèves autochtones et faire une différence dans leur vie? Comment puis-je aider à réduire leur taux de décrochage excessif? Comment puis-je aider ces élèves à réussir?

D'une certaine façon, je me voyais comme « la stupide femme blanche » culturellement incompétente qui se laissait emporter par sa culpabilité de femme blanche. J'ai donc questionné les élèves autochtones au sujet de leur vie, de leur culture et de leurs expressions pour tenter d'obtenir des renseignements et d'arriver à mieux les comprendre et à mieux comprendre leurs difficultés. Cette première étape fut très réussie; toutefois, l'« expérience limite », qui est devenue le moteur de mon apprentissage, est survenue lorsqu'une jeune femme autochtone, inscrite au collège en tant qu'étudiante, a été assassinée à l'extérieur du campus. À ce moment-là, j'ai su que je ne pouvais plus n'être qu'une simple spectatrice. Je voulais – et j'avais besoin – d'en faire plus afin d'être une bonne conseillère pour mes élèves.

Toutefois, mon désir et ma simple curiosité à eux seuls ne suffisaient pas. Afin de vraiment créer des liens avec les élèves autochtones et de faire une différence dans leur vie, je devais examiner ma propre éducation et mes propres idées préconçues. Je devais écrire la première version de mon récit sur mon enfance et mon adolescence dans les Prairies canadiennes et sur l'histoire de l'éducation raciste et coloniale qui en faisait partie. J'ai examiné le langage racialisé de ma jeunesse; selon le compte-rendu historique inexact reproduit dans les manuels scolaires et ancré dans la culture populaire, les Autochtones étaient des « sauvages ». J'ai reconnu la peur qu'avaient instillée en moi le langage, les histoires et les images qui constituaient la norme dans les années 1970 et 1980. Ces personnes enseignantes ont renforcé les différences entre les autochtones et les non-autochtones vivant sur les terres visées par le Traité no 6.

Les autochtones vivaient à la périphérie de mon monde de blancs, mais ce n'est qu'une fois adulte, alors que je travaillais dans un établissement d'enseignement, que je me suis réellement retrouvée en présence d'autochtones et que j'ai dû faire face – en fin de compte – aux idées fausses de mon enfance. Je me suis sentie coupable et honteuse de mon incompétence culturelle. Les jeunes assis dans mon bureau ne correspondaient pas aux stéréotypes véhiculés par la culture populaire, dans les médias et dans les manuels scolaires. Par conséquent, je devais commencer à écrire la « deuxième version » de mon récit, ce qui m'a forcée à désapprendre et à réapprendre l'histoire canadienne, en travaillant en collaboration avec un gardien du savoir traditionnel, en me liant d'amitié avec des autochtones et en m'imprégnant de leurs riches traditions et cérémonies culturelles.

Dans le cadre du processus qui m'a amenée à passer de la « première » à la « deuxième » version de mon récit, j'en suis venue à qualifier mon éducation de « raciste » au lieu d'assumer simplement que « les choses étaient comme cela à l'époque ». Ma honte a commencé à se transformer en compréhension. Ce fut là une humble reconnaissance, mais ô combien importante! Celle-ci m'a libérée de la « culpabilité de femme blanche » qui me hantait et m'a permis de réussir ma carrière en établissant des liens plus concrets avec les élèves autochtones.

Ma première tendance avait été de séparer mes expériences personnelles et professionnelles, alors que j'avais besoin, en fait, de reconnaître leur relation symbiotique afin de devenir une conseillère pédagogique plus efficace et un être humain plus réceptif. Avec la méthode d'écriture sur sa carrière, j'ai appris que je ne pouvais pas être une conseillère efficace à moins de revisiter et déblayer les récits profondément ancrés en moi, qui m'empêchaient de devenir réellement compatissante et sensible aux différences culturelles.

Analyse de l'illustration pratique

En procédant à l'examen de ses propres idées préconçues, Charlene a été appelée à abandonner d'anciens récits (c.-à-d. certaines identités), non seulement parce qu'elle a obtenu de l'information sur les Autochtones, mais également parce qu'elle a examiné la façon dont le récit ancré par défaut en elle à leur sujet l'avait empêchée d'« offrir efficacement son aide », aussi louables que fussent ses intentions. La première version du récit de Charlene portait en partie sur sa conception selon laquelle « *il y a un taux élevé de décrochage chez mes élèves autochtones et si j'en apprends davantage sur eux, je pourrai les aider à régler leurs problèmes* ». Bien qu'il s'agisse là d'un objectif ambitieux, il manquait un élément essentiel. La deuxième version de son récit a fourni cet élément manquant :

> *Afin d'être utile pour mes élèves et de m'attaquer à leurs taux élevés de décrochage, je dois en apprendre plus sur moi-même et m'aider à résoudre mon problème – celui en lien avec la façon dont je structure les perceptions que j'entretiens et qui définissent mon approche et mes interactions.*

> *Comment puis-je « tirer une croix » sur mon ancienne mentalité au sujet de mes élèves, que mon héritage de femme blanche et mon éducation coloniale m'ont amenée à développer? Qu'est-ce que cette mentalité m'empêche de voir et d'intégrer?*

Bien entendu, cette deuxième version ne s'est pas simplement imposée à elle, telle une conception bien définie. Un processus d'apprentissage s'est avéré nécessaire, comme il a été expliqué précédemment. Ce processus a commencé par l'étape de la détection, décrite par Law (1996), au cours de laquelle Charlene a pris le temps d'exprimer d'abord une multitude de pensées et de sentiments associés aux « Premières Nations » et à « son ignorance et sa culpabilité de femme blanche ». Cette étape, qui fait souvent appel aux émotions, exige du courage (p. ex. pour reconnaître ses propres peurs, les stéréotypes véhiculés et la confusion générale). En plus de la position exprimée en elle par la conseillère pédagogique bien intentionnée, elle a dû composer avec trois autres positions du « je », soit celles du Je-de la femme blanche ignorante, du Je-comme femme s'estimant incompétente et du Je-de la femme désireuse d'aider. Les exercices d'exploration par l'écriture lui ont permis de mettre ces positions sur papier pour ainsi les voir et prendre conscience de leur rôle dans le cadre de son travail. Au cours de la deuxième étape, alors qu'elle triait les éléments mis au jour à l'étape de la détection, elle a commencé à discerner un certain nombre de thèmes clés comme la honte, les différences économiques, le programme scolaire normalisé dans les années 1970 1980, les stéréotypes véhiculés dans les médias et les possibilités d'apprentissage (p. ex. par l'intermédiaire du gardien du savoir cri avec qui elle s'est liée d'amitié). À la troisième étape, celle de focalisation, Charlene a constaté qu'une des meilleures façons d'analyser son bagage culturel était de se concentrer sur les stéréotypes véhiculés dans les médias, l'attitude de ses premiers enseignants et le contenu des manuels qui ont fait partie de son éducation et de ses antécédents scolaires. À cette étape de son processus de réflexion, qui lui a permis d'approfondir et d'élargir ses perspectives, elle a combiné un certain nombre de facteurs d'influence pour formuler la conception selon laquelle elle a, en fait, été conditionnée à croire en la domination des Blancs par un récit colonialiste. Cette étape de focalisation a été facilitée en partie par sa relation avec son mentor cri, Wes Fineday, et par l'apprentissage d'une version moins eurocentrique de l'histoire canadienne. Grâce à de tels dialogues externes, elle a pu comparer, de manière réaliste et concrète, l'ancien récit qui primait auparavant dans son dialogue interne et commencer à élaborer une nouvelle version plus sentie de ce récit. La quatrième étape de l'apprentissage, à savoir la compréhension, se présente souvent sous forme d'une métaphore éclairante. Dans le cas de Charlene, son ami Wes lui a proposé la métaphore requise : il lui a rappelé qu'en essayant de « faire tomber les barrières », elle travaillait en réalité à « bâtir des ponts ». Le mot cri Âsokan, qui signifie « pont », est devenu le titre de son projet de maîtrise.

Conclusion

La méthode d'écriture sur sa carrière présente plusieurs avantages distincts par rapport aux pratiques de counseling individuel. Premièrement, elle permet aux personnes étudiantes et aux personnes clientes d'apprendre une méthode qu'elles pourront continuer d'utiliser par elles-mêmes. Deuxièmement, elle peut être appliquée en contexte de groupe, ce qui permet d'économiser temps et argent, en particulier dans les écoles où les budgets et les ressources sont souvent limités. Nos recherches sur l'efficacité de cette méthode auprès de groupes montrent, en outre, que la dynamique créée par le fait de travailler dans un environnement sécuritaire, où les personnes participantes profitent de la rétroaction et de l'engagement de leurs pairs, favorise l'apprentissage sur la carrière. Cette méthode augmente les positions du « je » potentielles auxquelles les personnes s'identifient et élargit, par conséquent, la liste possible de réactions face à un dilemme ou à un problème relatif à la carrière. Elle permet aux personnes clientes et aux personnes étudiantes de sentir qu'elles « ne sont pas seules » pour surmonter leurs difficultés particulières et donne l'occasion aux gens de s'exercer au sein d'un groupe, avant d'avoir à agir et à s'engager dans le monde réel. En tant que personnes professionnelles de la carrière du 21e siècle, notre travail consiste à conseiller les gens à développer leur pouvoir d'agir en regard de leur vie professionnelle. Cela peut s'opérer par la facilitation d'un processus d'apprentissage dans le cadre d'une recherche d'emploi, d'une prise de décision de carrière durable ou du développement de la réflexivité professionnelle.

En outre, l'exploration de soi que rendent possible les approches narratives, telles que l'écriture sur sa carrière, répond aux exigences de nos économies toujours plus axées sur les services. Afin d'accomplir le travail émotionnel de création de solutions sur mesure pour les gens que nous conseillons, nous devons bien nous connaître et exercer nos vies intérieures. L'identité professionnelle et l'agentivité associée à la carrière sont inextricablement liées à notre développement personnel et peuvent être alimentées grâce à la créativité poétique.

Références

Bonnar, C. (2016). Âsokan-*"Bridge": Building the bridge of reconciliation, one story at a time* [projet final de maîtrise ès arts]. Université d'Athabasca, Alberta, Canada.

Hermans, H. J. M. (2018). *Society in the self: A theory of identity in democracy*. New York, NY : Oxford University Press.

Law, B. (1996). A career learning theory. Dans A. G. Watts, B. Law, J. Killeen, J. Kidd et R. Hawthorn (dir.), *Rethinking careers education and guidance: Theory, policy and practice* (p. 46-72). Londres, Angleterre : Routledge.

Lengelle, R. et Meijers, F. (2015). Career writing: A creative, expressive and reflective approach to qualitative assessment and guidance. Dans M. McMahon et M. Watson (dir.), *Career assessment: Qualitative approaches* (p. 145-153). Rotterdam, Pays-Bas : Sense.

McIlveen, P. (2015). My career chapter and the career systems interview. Dans M. McMahon et M. Watson (dir.), *Career assessment: Qualitative approaches* (p. 123-128). Rotterdam, Pays-Bas : Sense.

McMahon, M., Patton, W. et Watson, M. (2004). Creating career stories through reflection: An application of the systems theory framework of career development. *Australian Journal of Career Development, 13*(3), 13-17. DOI: 10.1177/103841620401300304

Meijers, F. et Lengelle, R. (2012). Narratives at work: The development of career identity. *British Journal of Guidance & Counselling, 40*, 157-176. DOI: 10.1080/03069 885.2012.665159

Muijen, H., Lengelle, R., Meijers, F. et Wardekker, W. (2018). The role of imagination in emerging career agency. *Australian Journal of Career Development, 27*(2), 88-98.

Pennebaker, J. (2011). *The secret life of pronouns*. New York, NY : Bloomsbury.

Savickas, M. L. (2010). Career studies as self-making and life designing. *Career Research and Development: The NICEC Journal, 23*, 15-17.

Biographies

Reinekke Lengelle, Ph. D., est professeure adjointe à l'Université d'Athabasca et chercheuse principale à l'Université des sciences appliquées de La Haye, aux Pays-Bas. Elle a créé et élaboré la méthode d'écriture sur sa carrière en collaboration avec Frans Meijers. Elle a commencé sa carrière comme dramaturge, poète clinique et professeure d'écriture. Elle donne des cours sur l'écriture de carrière au Canada, aux Pays-Bas, en Finlande et en Islande et est rédactrice en chef des éditions spéciales du numéro « Creative Methods » du *British Journal of Guidance & Counselling*.

Frans Meijers, Ph. D., était professeur émérite à l'Université des sciences appliquées de La Haye, aux Pays-Bas, et exploitait son propre cabinet de conseil en recherche sur la carrière. Conférencier bien connu en matière d'éducation à la carrière, il a inspiré d'innombrables professionnels et professionnelles du domaine grâce à son travail novateur en orientation professionnelle. L'apprentissage de l'identité était son principal intérêt. Frans, qui était corédacteur en chef du *British Journal of Guidance & Counselling*, a également mis au point et publié de nombreux articles savants sur le thème de l'apprentissage professionnel. Frans s'est éteint paisiblement en novembre 2018, avec sa partenaire de vie et de travail, Reinekke Lengelle, à ses côtés.

Charlene Bonnar, M.A., qui travaille dans le domaine de l'éducation postsecondaire depuis plus de 20 ans, se dit honorée de travailler auprès des jeunes et d'apprendre de ceux et celles-ci. Elle est actuellement professeure de littérature anglaise au Collège Lakeland de Lloydminster, en Alberta, au Canada, ce qui lui permet de partager sa passion pour les histoires canadiennes et autochtones avec la prochaine génération.

Points de pratique pour l'utilisation de la méthode d'écriture sur sa carrière
Reinekke Lengelle et Frans Meijers

1. **Il n'y a pas qu'une seule bonne réponse (ou choix de carrière)**. L'écriture sur sa carrière est un exercice et un jeu sérieux qui favorise le développement personnel. Le but ici n'est pas de se rendre à la bonne destination. L'agentivité associée à la carrière est un élément qui se renouvelle constamment, et non une habileté que l'on acquiert.

2. **Vous n'avez pas besoin d'être une personne conseillère ou une personne autrice publiée pour utiliser la méthode d'écriture sur sa carrière.** Il vous suffit de suivre une formation et le tour est joué. Des articles, des exercices et des cours sont offerts à ceux qui désirent apprendre cette méthode (p. ex. les cartes de carrière de Lengelle comprennent 52 réflexions et exercices d'écriture).

3. **L'idée est toujours de passer d'une première (non utilisable pour le travail) à une deuxième (utilisable pour le travail) version du récit, ce qui se fait par étapes, et non de façon directe.** Chaque fois que nous apprenons à raconter une nouvelle version du récit de notre vie et de ce dont nous sommes capables, nous suivons un processus d'apprentissage non linéaire qui nécessite du temps, qui suscite des émotions et qui habituellement nous surprend.

4. **Assurez-vous de créer un environnement sécuritaire, où les personnes étudiantes et les personnes clientes peuvent bien cibler leurs pensées et leurs émotions et les exprimer.** Les présentations créatives, où les gens n'ont pas à parler de leur carrière ou de leur statut social, font en sorte que le processus commence de manière inspirante. Établir des lignes directrices est une bonne façon de créer un espace suffisamment sécuritaire pour travailler en collaboration, mais plus important encore, cela dépend de la mesure dans laquelle vous êtes ancré en vous et à l'aise dans votre propre corps. Travaillez en respectant le rythme que votre corps vous impose.

5. **La méthode d'écriture sur sa carrière, qui peut être employée en contexte de groupe, fait appel à des exercices d'écriture créative, expressive et réflexive.** Les gens lisent et écrivent ensemble dans le cadre du cours. Lire à haute voix le fruit du travail accompli est souvent inspirant, mais demeure facultatif. Les commentaires sur le travail d'écriture d'une autre personne peuvent débuter

par des expressions comme « j'aime l'idée que… » et « j'aimerais en savoir plus sur… ». Les commentaires formulés doivent porter sur le texte produit, et non sur la personne.

Chapitre 19

La thérapie d'acceptation et d'engagement (ACT) favorise l'innovation en matière de counseling de carrière

Tom Luken et Albert de Folter

La *thérapie d'acceptation et d'engagement* (*acceptance and commitment therapy* – ACT) est une thérapie cognitivo-comportementale qui est largement répandue dans de nombreux pays du monde. Son succès peut s'expliquer par une solide base théorique et scientifique, ainsi que par de nombreuses preuves de ses effets positifs dans beaucoup de domaines (Hayes, Luoma, Bond, Masuda et Lillis, 2006). De nos jours, l'ACT est pratiquée non seulement en thérapie, mais également dans de nombreux contextes préventifs, comme la promotion de la résilience et de la santé psychologique dans les milieux éducatifs et professionnels.

Nous avons mené un projet de mise en œuvre de l'ACT dans le cadre de l'orientation professionnelle autour de la transition de l'enseignement secondaire à l'enseignement supérieur (*ACT in LOB*, https://www.act-in-lob.eu; Luken et de Folter, 2018). Dans les sections qui suivent, nous décrirons certaines des expériences que nous avons vécues avec la « boîte à outils » que nous avons développée. Nous commençons par un aperçu du contexte et des éléments de base de l'ACT, puis nous présentons une illustration pratique qui démontre l'utilisation de l'ACT.

Thérapie d'acceptation et d'engagement (ACT)

Hoare, McIlveen et Hamilton (2012) ont proposé l'utilisation de la thérapie d'acceptation et d'engagement (ACT) comme stratégie de counseling de carrière. La partie engagement de la théorie et des pratiques de l'ACT est utilisée pour aider les gens à trouver et à maintenir une direction dans leur vie. La partie acceptation contribue à percevoir, correctement, les signaux internes et externes pouvant conduire à corriger ou à changer de cap. Les processus intégrés de l'ACT aident les gens à demeurer en bonne santé psychologique dans une société tumultueuse et exigeante.

Fondements de l'ACT
Il existe quatre fondements de l'ACT qui offrent une mise en contexte importante pour son utilisation dans le counseling de carrière. En premier lieu, l'ACT provient du monde

de la psychothérapie et, plus particulièrement, de la thérapie comportementale. L'originalité de l'ACT consistait en l'attention particulière accordée au contexte du comportement et à la fonction du comportement et des pensées dans ce contexte. L'ACT ne vise pas directement à réduire les difficultés psychologiques, mais à focaliser sur leur traitement de manière fonctionnelle. En deuxième lieu, l'ACT est enracinée dans la philosophie pragmatique du *contextualisme fonctionnel*. Les contextualistes fonctionnels soulignent l'importance des perspectives personnelles, du contexte, des relations réciproques et des effets, mais ils et elles s'efforcent également d'obtenir des appuis scientifiques concrets et valides de manière générale, de même que des moyens de prédire et d'influencer le comportement (Hayes et al., 2006). En troisième lieu, un fondement théorique important de l'ACT est celui de la *théorie des cadres relationnels* (*relational frame theory – RFT*; Blackledge, 2003). Cette théorie montre clairement comment les constructions linguistiques conduisent à confondre les « cartes » avec les « territoires ». Cette confusion entraîne d'importants problèmes psychologiques, par exemple, le fait de vivre dans nos pensées plutôt que dans le moment présent, ou de s'accrocher aux concepts et aux règles linguistiques, réduisant ainsi notre flexibilité psychologique. En quatrième lieu, l'ACT a également une solide base empirique. Divers aspects de la théorie des cadres relationnels (RFT) et l'efficacité de nombreux instruments et pratiques de l'ACT ont été confirmés dans de nombreuses situations (Hayes et al., 2006).

Contenu de l'ACT

L'ACT, est passé d'une forme de psychothérapie à un « mouvement ». De nombreux sites dans de nombreux pays offrent, en général gratuitement, toutes sortes d'outils, tels que des exercices, des métaphores, des questionnaires, des images et des vidéos qui peuvent être utilisés dans le cadre de thérapies, de formation et d'activités de développement personnel.

Le principal objectif de l'ACT est la flexibilité psychologique, ce que Hayes et *al.* (2006) ont défini comme « la capacité d'être plus pleinement en contact avec le moment présent en tant qu'être humain conscient, ainsi que de changer ou de maintenir son comportement lorsque cela permet d'atteindre des objectifs importants[1] » (p. 7). Le contraire de la flexibilité est le fait d'être prisonnier ou prisonnière de certains types de comportements et de pensées, en retenant hors du champ de la conscience des expériences qui pourraient menacer ces types de comportements et de pensées. La flexibilité psychologique est essentielle à l'adaptabilité dans le développement de carrière.

Six processus de base, ou « piliers », sont au cœur de l'ACT : 1) l'acceptation, 2) la présence attentive (le contact avec le moment présent), 3) les valeurs, 4) l'engagement, 5) le soi comme contexte et 6) la défusion cognitive. Ces six processus sont cartographiés sur un *hexaflex* (hexa du grec pour *six* et flex de *flexibilité*; voir

---

[1] Traduction libre.

la figure 1). Les processus de base et l'objectif principal sont expliqués ci-dessous, à l'aide de contextes professionnels.

Acceptation. L'acceptation est un processus d'autorisation ou même d'accueil inconditionnel des expériences intérieures. Dans le contexte de l'orientation professionnelle, cela peut concerner, par exemple, les sentiments d'incertitude et d'ambiguïté quant à soi-même et à l'avenir. Le fait d'accepter l'incertitude et l'ambiguïté prépare mieux une personne aux événements imprévus qui surviendront inévitablement.

Le contraire de l'acceptation est l'évitement expérientiel : s'efforcer de contrôler ou d'éliminer les pensées, les sentiments et les sensations physiques indésirables. Dans le monde extérieur, éviter certains endroits, événements ou personnes peut s'avérer efficace, ce qui n'est pas le cas pour les événements intérieurs. Tenter de s'en débarrasser implique souvent de s'y empêtrer encore plus. Le fait de ne pas tolérer l'incertitude et l'ambiguïté peut conduire à des images de soi rigides et simplifiées, ainsi qu'à une incapacité à voir des solutions de secours pour un scénario futur, voire à l'incapacité de former une quelconque image du futur.

Présence attentive. Jon Kabat-Zinn, qui s'est inspiré des pratiques bouddhistes pour faire découvrir la présence attentive (aussi appelée « pleine conscience ») au monde occidental, a décrit ce processus fondamental comme « la prise de conscience qui émerge au travers de l'attention délibérée, dans le moment »

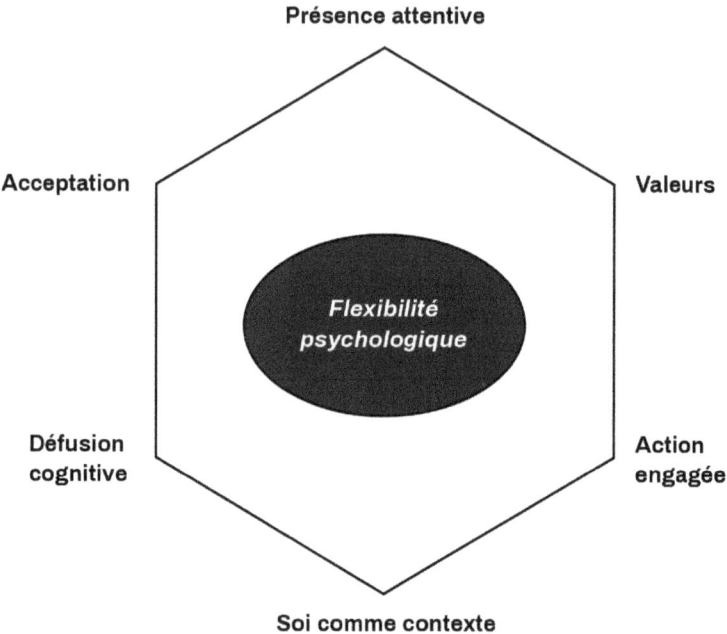

Figure 1. L'ACT selon le modèle de l'hexaflex. Tirée de « Acceptance and Commitment Therapy: Model, Processes and Outcomes », par S. C. Hayes, J. B. Luoma, F. W. Bond, A. Masuda et J. Lillis, 2006, *Behaviour Research and Therapy*, p. 8. Tous droits réservés, 2006, par Elsevier Ltd. Adapté avec autorisation.

Les contraires de la présence attentive sont le vagabondage de l'esprit, la rumination et l'inquiétude. Les gens peuvent consacrer beaucoup de temps et d'énergie à ces types de processus, ce qui conduit à une diminution du bien-être et à des performances d'apprentissage et d'autres tâches moins qu'optimales.

Valeurs. Les valeurs représentent ce que chaque personne considère comme étant vraiment important, les qualités de vie souhaitées à long terme. Elles expriment le genre de personne que l'on veut être. Il faut distinguer les valeurs des objectifs. Les objectifs peuvent être atteints, puis perdre leur pouvoir de motivation; ils peuvent également ne pas être atteints, ce qui peut conduire à de la frustration. Les valeurs continuent de donner une direction quoi qu'il arrive.

Le rôle des valeurs en tant qu'indicateurs de direction relativement stables dans le développement de carrière est traditionnellement reconnu, mais il a longtemps été éclipsé par des concepts plus faciles à gérer, tels que les capacités, les intérêts et la personnalité (Hartung, 2006). Le contraire d'une vie orientée par les valeurs est de vivre selon des règles verbales imposées par autrui ou par soi-même. Cela conduit à de l'inflexibilité et réduit la santé psychologique. Remplacer les règles par des valeurs, équivaut à remplacer les « devoirs » par des « désirs ».

L'engagement. L'engagement consiste à choisir d'agir véritablement sur la base des valeurs, en dépit des obstacles et des craintes (par exemple, avoir peur d'échouer ou d'être considéré comme un imbécile). Le contraire de l'engagement consiste à se focaliser sur l'évitement des situations et des expériences indésirables, ce qui constitue un obstacle au bien-être et à la santé mentale. Après tout, on ne peut jamais réussir à éviter complètement et définitivement toutes les expériences redoutées, et pendant ce temps, on ne parvient pas à atteindre ce que l'on désire vraiment.

Soi comme contexte. Ce processus fondamental voit le soi comme un contexte pour les pensées et les sentiments, ce qui peut être observé par un « je ». Bien que les pensées et les sentiments changent constamment, la perspective du « je » observateur est une constante.

Les contraires de l'expérience de soi-même en tant que contexte sont de se perdre dans une réflexion intellectuelle et discursive sur soi-même et de s'identifier à des autodescriptions d'une manière statique et verbale. Ce type d'autodescription nuit à l'exploration, à l'apprentissage, au développement et à la flexibilité. Même l'apposition d'étiquettes positives au soi (p. ex. « je suis intelligent ») entrave le développement.

Défusion cognitive. Les gens ont tendance à s'identifier à la partie d'eux-mêmes qui réfléchit et parle consciemment. Cela signifie que les pensées discursives et que la réalité vécue sont « fusionnées » les unes avec les autres. Le but de la défusion, dans le cadre de l'ACT, n'est pas de changer les pensées ou de les faire disparaître. L'intention est plutôt de changer la relation que les gens entretiennent avec leurs propres pensées (c.-à-d. de moins s'identifier à elles et de moins les prendre au pied de la lettre).

Illustration pratique

Jessica (pseudonyme) est une femme de 18 ans qui vit dans une petite ville des Pays-Bas. Elle est étudiante en sixième et dernière année d'un lycée athénée, qui prépare les élèves aux études universitaires. Quand Jessica avait 14 ans et qu'elle avait rencontré des problèmes liés à la puberté, elle a été bien aidée par son médecin. À ce moment-là, elle a décidé de devenir elle-même médecin. En choisissant des matières du programme « nature et santé » pendant ses trois dernières années à l'école, elle pensait être bien préparée à étudier la médecine.

Jessica était certaine et fière de son choix professionnel. Certaines de ses amies, qui doutaient de leurs propres choix professionnels, étaient un peu jalouses. Son père, qui travaille comme directeur médical de l'hôpital local, était ravi. Jessica n'a jamais envisagé de solutions alternatives, même lorsqu'elle a dû redoubler sa cinquième année, en raison de ses résultats insuffisants en mathématiques et en sciences. À présent en début de sa sixième année, elle devient de plus en plus tendue. Elle a abandonné bon nombre de ses activités de loisirs pour étudier et se concentrer sur les examens scolaires à venir. Elle sait qu'après avoir passé ces examens, elle devra réussir une procédure d'admission à l'université dans laquelle les notes jouent un rôle important. Ses parents ont remarqué qu'elle éprouvait des difficultés et lui ont proposé à plusieurs reprises de consulter un conseiller en orientation. Ils ne veulent pas décourager Jessica, mais ils estiment qu'elle a besoin d'une solution de rechange au cas où elle ne serait pas admise en école de médecine. Elle finit par accepter leur demande.

Le conseiller que Jessica et ses parents ont choisi utilise la boîte à outils de l'ACT comme l'un de ses moyens d'intervention. Lors du premier entretien, il trouve Jessica plutôt nerveuse et ils conviennent d'utiliser un exercice simple de présence attentive (le balayage corporel) pour l'aider à se détendre. Ensuite, ils réalisent un exercice de défusion intitulé « Examiner votre choix d'étude ». Pendant 10 minutes, Jessica écrit toutes les pensées qui lui viennent à l'esprit sur différentes fiches auto-adhésives. Après cela, sur les directives du conseiller en orientation, elle examine ses pensées et s'en distance mentalement. Enfin, dans le cadre de l'exercice « Se voir du point de vue de quelqu'un d'autre », le conseiller invite Jessica à parler d'elle-même comme si elle était quelqu'un d'autre, assise sur une chaise vide devant eux. À la suite de ces trois exercices, Jessica est plus consciente de l'étroitesse de ses projets et de ses propres doutes secrets. Maintenant, elle est plus ouverte à reconsidérer son avenir. Dans le cadre de ses devoirs à domicile, elle effectue l'exercice « Images de mon avenir », où elle doit décrire trois scénarios très différents pour sa situation dans 10 ans, à l'aide de photos trouvées dans les médias, sur Internet et de sa propre production.

Lors du deuxième entretien, Jessica réalise l'exercice de tri de cartes liées aux valeurs « Quel type de personne souhaitez-vous devenir? » Lors de la discussion avec le conseiller qui s'ensuit, Jessica conclut que sa valeur la plus importante est celle de contribuer au bien-être et au bonheur des gens. Comme devoir, elle effectue l'exercice « Des valeurs à la création d'un plan ». Dans le cadre de cet exercice, elle relie ses valeurs et certains objectifs intermédiaires, ainsi que les mesures à prendre dans un proche avenir. Jessica se rend compte une fois de plus qu'elle considère le bonheur comme plus important que la santé. Elle comprend qu'il existe de nombreuses façons de contribuer au bonheur des autres et que d'autres domaines d'études, comme la psychologie ou le travail social, pourraient offrir des alternatives intéressantes à la médecine. Lors du troisième et dernier entretien, la médecine est toujours la première option de Jessica, mais elle n'est plus obsédée par ce domaine d'études et, en collaboration avec le conseiller en orientation, elle élabore un plan pour explorer les activités relatives aux solutions de rechange.

Analyse de l'illustration pratique
Pression, stress et forclusion

De nombreux étudiants et étudiantes éprouvent des difficultés et du stress lors du choix d'une profession. Il y a tant de possibilités, et l'avenir apportera de nombreux événements inconnus. En même temps, les parents et les enseignants exercent une pression sur les élèves. Dans certains pays, comme les Pays-Bas, cette pression est exacerbée par des règlements gouvernementaux limitant les bourses d'études et les possibilités de changement d'orientation. De nombreux étudiants et étudiantes se mettent la pression, croyant à tort que leur choix d'études déterminera la qualité de leur vie. Certaines structures cérébrales, comme le cortex préfrontal, ne sont pas suffisamment matures pour permettre une prise de décision équilibrée, réfléchie et autonome (Luken, 2014).

Il existe plusieurs façons pour un ou une élève de composer avec le stress lié au choix d'un programme d'études, dont certaines s'avèrent, au bout du compte, préjudiciables. Certains et certaines élèves s'engagent dans une réflexion et une exploration par rumination. D'autres peuvent agir comme si cela n'avait aucune importance, comme si l'avenir n'existait pas. La stratégie de Jessica était de s'accrocher à un choix prématuré, ce qui peut être décrit comme de la forclusion, c'est-à-dire s'engager dans une direction donnée sans se livrer à une exploration des possibles au préalable (Shaffer et Zalewski, 2011). L'un des problèmes associés à la forclusion est qu'elle passe souvent inaperçue, car la communauté est heureuse de voir que l'élève a pris une décision. Un autre problème est que les élèves s'habituent à justifier leur choix et s'y attachent sur le plan affectif. Il est alors trop angoissant ou pénible de penser que l'option choisie n'est peut-être pas la meilleure et d'envisager d'autres options. Par conséquent, l'élève n'apprend pas à explorer et à reconsidérer son choix. Tôt ou tard, cela entraîne des difficultés, car l'exploration et la reconsidération deviennent des compétences essentielles pour mener une vie et une carrière réussies.

Processus d'acceptation

Afin de prévenir ou de mettre fin aux stratégies d'adaptation dysfonctionnelles, une première étape appropriée de nombreux processus de counseling de carrière consiste à explorer et à accepter les sentiments d'anxiété qui accompagnent la prise de responsabilité à l'égard d'un avenir inconnu. Souvent, les croyances dysfonctionnelles (p. ex. « le choix du domaine d'études est le choix de ma vie ») doivent être combattues et les difficultés, voire les impossibilités associées à ce choix doivent être affrontées. La boîte à outil de l'ACT [disponible en néerlandais à l'adresse https://www.act-in-lob.eu] et d'autres sources (p. ex. l'Association for Contextual and Behavioral Science, https://contextualscience.org) proposent de nombreux exercices, métaphores et autres aides. Dans le cas de Jessica, un exercice de présence attentive l'a aidée à se détendre, et des exercices de défusion cognitive et du soi comme contexte lui ont permis de se distancer de ses identités forcloses d'élève décidée et de future médecin.

Un nouveau paradigme?

Il y a longtemps, des philosophes comme Platon et Descartes ont placés la « partie » pensante de nous-mêmes sur un piédestal. Depuis que Parsons (1909) a établi les fondements de l'orientation professionnelle, cette partie pensante devrait guider la personne vers et tout au long de sa carrière. C'est toujours le cas dans le cadre de l'approche narrative dominante. Le langage y joue un rôle crucial. « Cette réflexion consciente utilise le langage à la fois pour construire et constituer des réalités sociales [...] En un sens, nous vivons dans le langage [...] le langage contient le sois, et les histoires portent la carrière[2] » (Savickas, 2013, p. 148). En revanche, l'ACT considère le langage comme une source de nombreux problèmes et de souffrances humaines (Hoare et al., 2012), car nous confondons inévitablement le monde verbal avec la réalité. Les autodescriptions et les règles verbales ont tendance à dominer les expériences directes, ce qui limite notre conscience du moment présent, de notre liberté et de notre bien-être. Ainsi, dans bien des cas, nous nous identifions au « moi narrateur » et nous prenons des décisions « absurdes » au détriment du « moi expérimentateur » (Kahneman, 2011, p. 399).

Dans l'alternative qu'offre l'ACT, la partie pensante de nous-mêmes est considérée comme un conseiller ou une conseillère plutôt que comme un gouverneur ou une gouverneure (Hayes et Ciarrochi, 2015). Nous émettons l'hypothèse que ce point de vue, qui est corroboré par des observations neuroscientifiques, et qui est radicalement différent des points de vue traditionnels et actuels dans le domaine de la carrière, pourrait alimenter le développement d'un nouveau paradigme. L'influence de Parsons demeure importante dans la manière dont les professionnels et les professionnels de l'orientation vise à fournir à leurs clientes, leurs clients, une façon de penser « I » composé d'informations à propos de soi (p. ex.; résultats de tests psychométriques ou en dégageant un thème récurrent au sein de leur narration de vie) et en regard du monde de la formation et du travail, puis à aider ce « je » pour la réflexion, la prise de décision et la planification. La théorie et la vision de la nature humaine de l'ACT indiquent que cette approche est trop unilatérale et comporte des risques pour la flexibilité. Du point de vue de l'ACT, le « je » pensant et les comptes rendus verbaux de la personne doivent être pris au sérieux, mais pas au pied de la lettre et ne doivent pas être considérés comme les plus importants. Les rêves, les sentiments, les désirs, les actes, l'expérience et l'observation sont tout aussi importants que la réflexion. L'orientation professionnelle devrait porter moins sur la connaissance de soi et davantage sur la concordance de soi (c.-à-d. savoir ce qu'il faut faire en tant qu'être humain entier et intégré).

Processus d'engagement

Pour de nombreux jeunes, le « moi futur » semble être un étranger plutôt ennuyeux, qui nuit à l'insouciance du moment présent. Afin de véritablement s'intéresser à son

---
2 Traduction libre.

avenir, Jessica a exploré plusieurs versions futures possibles d'elle-même. Après cela, elle a été ouverte à la question « Quel genre de personne veux-je devenir? » L'ACT considère les valeurs la dimension la plus efficace pour obtenir réponse à une telle question, comme bon nombre d'approches en matière d'orientation professionnelle. Le conseiller aborde l'exercice du tri de cartes comme un instrument et non comme un objectif en soi. Le résultat qui compte n'est pas dans le choix par le client de trois ou quatre valeurs indiquées par des mots simples (dans le cas de Jessica : la sagesse, la santé, l'aide et les soins, la compétence), mais celui de l'activation d'un processus de recherche et du développement d'un sentiment d'orientation durable et motivant. Idéalement, l'orientation de la valeur est formulée à l'aide d'un ou de plusieurs verbes actifs et qualifications, et non pas d'objectifs ou d'états souhaités. Jessica a formulé avec son conseiller la déclaration suivante en tant que phare, ou guide : « Je veux contribuer à la santé, au bien-être et au bonheur des autres en aidant à résoudre les problèmes de manière concrète. » L'un des avantages de formuler ses valeurs de cette manière est que l'on peut toujours avancer (c.-à-d. qu'il n'y a pas d'état final contrairement à de nombreux objectifs). Un autre avantage est qu'il est possible de réaliser la valeur de différentes façons (p. ex. différents domaines d'études). L'engagement à l'égard de la valeur n'est pas contradictoire à la flexibilité d'approche. Dans l'exercice « Des valeurs à la création d'un plan », la valeur de Jessica est celle d'un moi idéal, ce qui est lié de façon cohérente aux objectifs et aux actions.

Conclusion

L'ACT offre des théories bien établies sur la nature humaine et sur des pratiques efficaces qui favorisent la santé et le bien-être psychologiques. Ces pratiques peuvent être décrites sous forme de six processus cohérents, qui peuvent être cartographiés sur un continuum d'acceptation et d'engagement. Le principal objectif de l'ACT est la flexibilité psychologique.

À la suite d'Hoare et al. (2012), nous avons soutenu que l'ACT peut favoriser l'innovation en matière de counseling de carrière. Dans le cas de Jessica, nous avons illustré certains des six processus et certains des outils que nous avons mis au point pour le counseling de carrière. L'ACT offre des façons de vivre avec l'insécurité et l'ambiguïté et de trouver une direction, tout en demeurant souple et adaptable.

Traditionnellement, de nombreuses approches en matière d'orientation professionnelle visent à produire des descriptions verbales claires du moi du client, qui permettent de faire des choix et d'établir des plans bien fondés. Plus la société devient tumultueuse, plus ce genre d'autodescription peut devenir un obstacle à la flexibilité et à l'adaptabilité. L'aspect le plus important de l'ACT en tant qu'élément moteur de l'innovation en matière de counseling de carrière est peut-être qu'elle offre une solution alternative aux approches traditionnelles axées sur le traitement de l'information et sur les processus de réflexion.

Références

Blackledge, J. T. (2003). An introduction to relational frame theory: Basics and applications. *The Behavior Analyst Today, 3*(4), 421-433. DOI : 10.1037/h0099997

Hartung, P. J. (2006). Values. Dans J. H. Greenhaus et G. A. Callanan (dir.), *Encyclopedia of career development* (p. 843-846). Thousand Oaks, CA : Sage.

Hayes, L. L. et Ciarrochi, J. (2015). *The thriving adolescent: Using acceptance and commitment therapy and positive psychology to help teens manage emotions, achieve goals, and build connection*. Oakland, CA : Context Press.

Hayes, S. C., Luoma, J. B., Bond, F. W., Masuda, A. et Lillis, J. (2006). Acceptance and commitment therapy: Model, processes and outcomes. *Behaviour Research and Therapy, 44*, 1-25. DOI : 10.1016/j.brat.2005.06.006

Hoare, P. N., McIlveen, P. et Hamilton, N. (2012). Acceptance and commitment therapy (ACT) as a career counselling strategy. *International Journal for Educational and Vocational Guidance, 12*, 171-187. DOI : 10.1007/s10775-012-9224-9

Kahneman, D. (2011). *Thinking, fast and slow*. New York, NY : Farrar, Straus and Giroux.

Luken, T. (2014). Are we on the right track with career learning? *Journal of Counsellogy, 2*, 299-314.

Luken, T. et de Folter, A. (2018). ACT as innovation for career guidance. *Newsletter of the International Association for Educational and Vocational Guidance, 81* (mai 2018).

Parsons, F. (1909). *Choosing a vocation*. Boston, MA : Houghton Mifflin.

Savickas, M. L. (2013). Career construction theory and practice. Dans R. W. Lent et S. D. Brown (dir.), *Career development and counseling: Putting theory and research to work* (2e éd., p. 147-183). Hoboken, NJ : John Wiley & Sons.

Shaffer, L. S. et Zalewski, J. M. (2011). « It's what I have always wanted to do. » Advising the foreclosure student. *NACADA Journal, 31*(2), 62-77. DOI: 10.12930/0271-9517-31.2.62

Biographies

Tom Luken est un psychologue du travail et des organisations, basé aux Pays-Bas, qui a toute sa vie mis l'accent sur le développement de carrière. Il a exercé les fonctions de conseiller en orientation professionnelle et de conseiller, de formateur, de chercheur, de professeur, de développeur d'instruments et de méthodes, de consultant, de rédacteur en chef de la publication trimestrielle néerlandaise sur la profession de carrière *LoopbaanVisie* et de spécialiste des carrières pour un syndicat. Maintenant à la retraite, il se concentre sur la recherche sur l'ACT dans le contexte du développement de carrière.

Albert de Folter a exercé plusieurs fonctions de gestion dans le domaine du développement de carrière et a présidé la Commission Quality Circles of NOLOC, la société néerlandaise des professionnels de l'orientation professionnelle. En 2010, il a mis sur pied Omega advies & coaching, où il travaille comme conseiller en orientation indépendant aux Pays-Bas. En 2013, il a initié le projet sur l'ACT dans le domaine du développement de carrière décrit dans le présent chapitre.

Points de pratique pour la thérapie d'acceptation d'engagement (ACT) appliquée au counseling de carrière
Tom Luken et Albert de Folter

1. **Tenez compte du stade de développement de votre client.** Le stade de développement des élèves adolescents et adolescentes et de leur cerveau implique que beaucoup d'entre eux ne sont pas encore en mesure de prendre des décisions à long terme bien équilibrées. Si cela n'est pas pris en compte, les pressions environnementales pourraient conduire à des écueils (p. ex. des sentiments d'insécurité manifestes ou cachés, de la passivité ou de l'hyperactivité, des conceptions de soi rigides ou confuses, des identités forcluses et des plans rigides).

2. **Rassurez vos clients et vos clientes et aidez-les à accepter les sentiments négatifs liés au développement de carrière.** Aidez les personnes clientes à comprendre qu'il est normal d'éprouver de l'anxiété à l'égard de l'avenir et de ne pas savoir quoi faire. Réfutez les croyances dysfonctionnelles au sujet du rôle du choix de carrière dans la vie.

3. **Mettez en pratique ce que vous prêchez.** Pour la personne conseillère, il est nécessaire de connaître les processus de base en s'appuyant sur son expérience personnelle. Les mettre en pratique (p. ex. écouter attentivement) a des effets positifs sur la santé psychologique, l'attitude et la compétence du conseiller.

4. **Il s'agit davantage de se sentir mieux que de mieux sentir.** La pensée atténue souvent les sentiments, voire les déforme. Concentrez-vous sur l'expérience directe plutôt que sur la compréhension abstraite.

5. **Mettez l'accent sur la régularité et sur la diversité.** Les effets du travail avec l'ACT s'amplifient lorsque les exercices et les processus de base sont mis en pratique avec une certaine régularité pendant une certaine période. La diversité des exercices peut accroître la motivation à les réaliser et peut favoriser leur efficacité, puisqu'ils se complètent et se renforcent mutuellement.

6. **Créez vos propres outils d'orientation professionnelle et de pratiques d'ACT.** L'application de l'ACT dans le domaine de la carrière est plutôt nouvelle et il y a largement la place pour la création de nouveaux outils et de nouvelles pratiques. Les sites Web comme https://contextualscience.org et https://www.act-in-lob.eu offrent des sources et du matériel qui pourraient être adaptés ou traduits.

Chapitre 20

Pratiques cohérentes relatives à la carrière : un cadre de référence pour l'organisation des concepts et des pratiques en développement de carrière

Kris Magnusson et Dave E. Redekopp

Un défi pour les professionnels et les professionnelles est de savoir quand, comment et où les théories et les pratiques d'accompagnement peuvent servir à appuyer leur travail avec les clients et les clientes. Nous avons établi un cadre de référence intégrant quatre grands défis pour les personnes clientes et nous proposons qu'aider celles-ci à relever ces défis se traduira par de « bonnes pratiques » relatives à la carrière. Les défis soulèvent des questions qui dépassent largement celles liées aux professions, et requièrent des interventions permettant de mieux répondre à ces questions et d'élargir l'étendue des résultats possibles pour les clients et les clientes. Nous soutenons également que le cadre de référence offre un moyen cohérent d'organiser les conceptions du développement de carrière et élargit nos pratiques à un éventail d'options beaucoup plus large. Le présent chapitre fournit une description des quatre défis, des exemples de réponses à ces défis et une illustration pratique montrant comment le cadre de référence peut guider la réflexion de la personne professionnelle à l'égard des préoccupations d'un client ou d'une cliente.

Pratiques cohérentes relatives à la carrière : un aperçu

Considérez les *pratiques cohérentes relatives à la carrière* comme cadre de référence permettant de compartimenter les concepts de développement de carrière et de mieux comprendre les relations entre ces concepts. Imaginez un placard comportant quatre sections pour 1) suspendre des vêtements longs, comme des robes; 2) suspendre des vêtements courts, comme des chemises; 3) ranger des vêtements pliés, comme des chandails; et 4) ranger des articles qui ne sont ni suspendus ni pliés, comme des chaussures. Le cadre de référence des pratiques cohérentes relatives à la carrière en quatre parties s'apparente à un tel placard pour le développement de carrière.

Le déplacement de n'importe quel élément dans le placard des pratiques cohérentes relatives à la carrière peut amener des changements dans d'autres éléments au sein d'une même catégorie et entre les catégories. À titre d'exemple, jeter de vieux pantalons peut engendrer des changements sur d'autres articles du placard : les habits peuvent devenir plus longs et les chaussures peuvent changer de couleur. Toutefois, ce placard à la Harry Potter ne se comporte pas de façon aléatoire. Le cadre de référence permet d'organiser le contenu, mais également les relations entre les divers éléments du contenu. Il s'agit là de la partie « cohérente » du « placard », qui tient compte de la façon dont la « garde-robe » de la personne cliente s'organise au fur et à mesure qu'elle grandit et évolue, que ses vêtements se renouvellent et que le monde et la mode changent.

Les quatre défis des pratiques cohérentes relatives à la carrière

Littératie relative à la carrière. L'intention sous-jacente au développement de carrière requiert d'être conscient et de posséder des compétences dans une multitude de domaines, dont l'autogestion, la prise de décisions, l'autoréflexion, la planification et l'exploration. La littératie relative à la carrière constitue un ensemble d'outils en termes d'habiletés, de connaissances et attitudes permettant de s'orienter tout au long de la vie (voir également les travaux sur les compétences en gestion de carrière, Neary, Dodd et Hooley, 2015). Elle permet de répondre à la question « comment puis-je trouver et donner sens aux informations dans le but de prendre une meilleure décision? » Les outils de littératie relative à la carrière sont semblables à celles de la littératie typique. Ils impliquent d'accueillir et de produire, puis de changer en regard des contextes. Il existe de meilleures et de pires littératies, mais aucune littératie « véritable ». De même, il existe différents niveaux de littératie. Un ou une élève de septième année a moins besoin de littératie relative à la carrière sophistiquée pour choisir ses cours pour la prochaine année académique qu'une personne adulte sans emploi qui cherche du travail dans une économie difficile et qui, à son tour, a besoin d'une littératie moins avancée que l'entrepreneur ou l'entrepreneuse qui cherche à comprendre les tendances du marché et qui y réagit en apportant des changements à ses produits.

La façon la plus courante d'acquérir une littératie relative à la carrière est par l'enseignement direct. Lorsque nous apprenons aux personnes clientes à trouver et à interpréter de l'information sur le marché du travail, à mener des entrevues d'information, à développer des compétences en réseautage relationnel, à s'engager dans un processus de recherche d'emploi ou à effectuer des analyses de l'environnement, nous les aidons à acquérir une littératie relative à la carrière. Toutefois, à l'instar de tout apprentissage, la littératie peut être améliorée de plusieurs façons, notamment par procuration (en observant les autres), de façon indépendante (par l'autoapprentissage) ou par réflexion (par l'étude de soi).

Détermination professionnelle. La détermination professionnelle est la partie du placard où se trouve l'énergie nécessaire au développement de carrière, qui comprend la motivation (p. ex. Herzberg, 1987), l'espoir (p. ex. Amundson, Goddard, Niles, Yoon, Schmidt et Braga, 2016), l'optimisme (p. ex. Seligman, 2011) et l'auto-efficacité (p. ex. Krumboltz, 2009). Elle permet de répondre à une deuxième série de questions des personnes clientes : « Comment puis-je trouver de l'espoir? Comment puis-je générer et maintenir l'enthousiasme, l'énergie et tout simplement la volonté nécessaires pour m'adapter continuellement? » La détermination professionnelle comprend à la fois les aspects relatifs aux traits et à l'état d'une personne. La joie de vivre (trait de personnalité) des individus semble varier, mais chacun peut également connaître des fluctuations d'énergie (état). La détermination professionnelle peut naître par l'insatisfaction, les attentes ou les désirs, mais ces expériences ne donnent pas lieu à une attitude et des comportements professionnellement déterminés. Une personne peut réagir à l'insatisfaction, aux attentes ou aux désirs avec pessimisme et impuissance ou en adoptant des attitudes positives comme l'espoir, l'optimisme et la confiance en soi.

Il existe une multitude de façons d'aider les personnes clientes à élever leur niveau de détermination professionnelle : fournir une source externe de détermination jusqu'à ce que la personne cliente soit en mesure de trouver son enthousiasme; aider la personne cliente à trouver un modèle inspirant; tirer parti de l'une des responsabilités de la personne cliente (p. ex. éduquer un enfant) pour la motiver; faire appel a ses réussites antérieures; et plus encore.

Contexte relatif à la carrière. À l'extérieur du placard se trouve le monde entier. À l'intérieur du placard se trouve un compartiment renfermant la réalité de la personne. Ce compartiment contient les réponses aux questions existentielles : « Quelle est ma place dans ce monde? Comment puis-je concilier mes besoins et mes désirs avec les forces et les facteurs d'influence qui m'entourent ? » Il s'agit là du contexte relatif à la carrière d'une personne ou « son monde », soit le monde des possibilités sociales, économiques, professionnelles et celles liées aux rôles qu'une personne juge pertinentes. Très peu d'entre vous, à la lecture du présent chapitre, auront un contexte relatif à la carrière qui comprend le soudage sous l'eau ou l'exploration spatiale. Vous avez entendu parler de ces deux activités. Or, elles ne sont tout simplement pas pertinentes ou accessibles pour la plupart sur le plan psychologique. Bien qu'elles ne soient pas dans votre placard, elles le sont certainement dans celui de quelqu'un d'autre.

Un contexte relatif à la carrière efficace se caractérise par une souplesse créative (il peut changer à la suite de nouvelles connaissances), une exhaustivité compréhensible (il optimise l'éventail des options sans accabler la personne) et une imagination durable (il est réaliste à court terme, mais visionnaire à long terme; pour situer ces caractéristiques dans un environnement complexe, voir par exemple Pryor et Bright, 2011). Un contexte relatif à la carrière inefficace peut être rigide (« Je m'intéresse seulement à la profession de commentateur sportif. »); soit trop restrictif, ou tellement vaste au point d'être accablant; soit utopique (« Je serai une célébrité après mes études secondaires. ») ou irréaliste (« J'exercerai cet emploi pendant les 20 prochaines années. »).

Au sein des conceptions modernes du développement de carrière, il est reconnu que le contexte carriérologique joue un rôle important sur l'histoire de vie d'un individu (p. ex.; Savickas, 2011). La « carrière » est un concept dépassant celui de « profession », en incluant les enjeux de conciliation des rôles de vie, de satisfaction et de changement, des possibilités de travail dans un marché complexe (p. ex.; plus de 30 000 professions au sein de la Classification nationale des professions, 2016), de la mobilité (l'aisance à pouvoir se déplacer accroît les options disponibles), la stabilité (plusieurs rôles au travail changent rapidement) et la forme (p. ex.; emploi à temps plein, à forfait, en consultation, en partage d'emploi ou travail autonome). Mettre l'accent sur le contexte relatif à la carrière permet également de prévenir des attitudes de rejet de la responsabilité sur la victime. Il arrive parfois que le contexte externe soit si restrictif ou contraignant qu'il existe peu d'options pour les personnes clientes. L'objectif est maintenant d'aider les clients et les clientes à adapter leur contexte relatif à la carrière afin de saisir des options à court terme raisonnablement réalistes, ainsi que des possibilités futures plus visionnaires, afin de trouver leur « place » dans le monde.

Intégrité relative à la carrière. L'identité d'une personne est construite intentionnellement aussi bien qu'inconsciemment. Elle façonne les expériences vécues dans le cadre de ses rôles sociaux, économiques, communautaires et personnels, tout en étant façonnée par ces expériences (voir Ashforth, 2012, pour les relations entre l'identité et les rôles). La question centrale à laquelle sont confrontées les personnes clientes est la suivante : « Comment puis-je prendre des décisions et des mesures qui me permettent de conserver un sentiment de fierté à l'égard de qui je suis dans divers rôles de la vie? » La réponse à cette question est l'intégrité relative à la carrière. Celle-ci est forte lorsque l'identité globale d'une personne s'harmonise avec tous ses rôles. Cette harmonisation est le résultat d'une adaptation presque continue. Le membre de la communauté, le conjoint ou la conjointe ou le parent ou la parente bienveillante qui s'acquitte de ses obligations bénévoles, professionnelles et familiales de façon satisfaisante sur le plan personnel fait preuve d'une grande intégrité relative à la carrière. Les problèmes liés à l'intégrité relative à la carrière sont visibles pour les professionnels et les professionnelles lorsque les clients et les clientes les consultent parce qu'ils ne sont pas certains de leurs valeurs, de leurs intérêts, de leurs aspirations ou de leurs caractéristiques personnels. Ils ne sont pas sûrs de savoir comment vivre en accord avec leur identité dans le cadre de leurs rôles professionnels et d'autres rôles, sinon parce qu'ils sont peu satisfaits de l'harmonisation et des relations entre les divers rôles qu'ils jouent, ainsi que des perceptions qu'ils ont d'eux-mêmes.

Intégration relative à la carrière : réorganiser le placard

Les effets des interactions entre les défis peuvent être subtils, mais tout de même puissants. Une faible intégration professionnelle (« Je ne sais pas qui je suis vraiment. ») peut nuire à la détermination professionnelle (« Pourquoi me donner cette peine? »), mais elle peut parfois se révéler un élément déclencheur de celle-ci (« Personne d'autre ne s'occupe de cela pour moi, alors je prends ma propre vie en main! »). Toutefois, il peut être difficile d'alimenter la détermination professionnelle si le contexte relatif à la carrière est limité (« Les seules options qui s'offrent à moi dans la réserve sont des postes au sein du conseil de bande, mais ce dernier n'embauche pas. »). Un contexte relatif à la carrière restrictif peut être élargi grâce à la littératie relative à la carrière (en permettant l'acquisition des compétences nécessaires pour envisager d'autres possibilités), mais la motivation à améliorer la littératie relative à la carrière sera faible si la détermination professionnelle est faible également.

L'intégration relative à la carrière consiste à relever les quatre défis de façon cohérente. Les interactions entre ces défis sont présentées à la figure 1. L'intégration relative à la carrière dépend des quatre défis et exerce une influence sur ceux-ci. À titre d'exemple, le fait de constater une baisse de la satisfaction de vie fait partie de l'intégrité relative à la carrière. Pour déterminer la cause de cette baisse, il faut posséder la capacité de littératie relative à la carrière de l'autoréflexion. Et pour trouver l'énergie nécessaire pour intervenir, cela fait appel à la détermination professionnelle. La solution consiste souvent à élargir ou à modifier le contexte relatif à la carrière. L'intégration relative à la carrière permet de relever ces défis, ainsi que de prendre appui sur chacun d'eux ou de les adapter en conséquence. Les concepts centraux liés à l'intégration relative à la carrière sont mis en application dans l'illustration pratique qui suit.

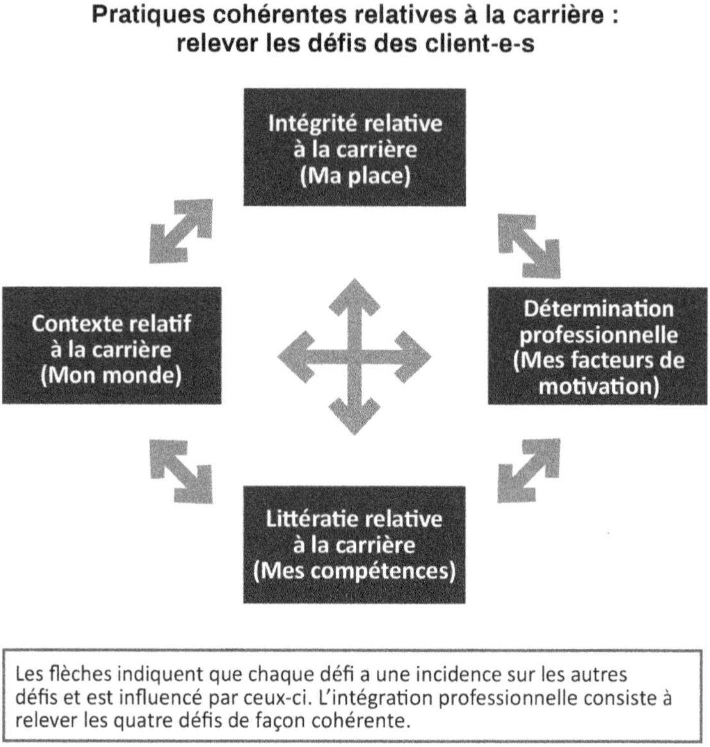

Pratiques cohérentes relatives à la carrière : relever les défis des client-e-s

[Diagramme : quatre cases reliées par des flèches bidirectionnelles autour d'un symbole central à quatre directions]

- Intégrité relative à la carrière (Ma place)
- Détermination professionnelle (Mes facteurs de motivation)
- Littératie relative à la carrière (Mes compétences)
- Contexte relatif à la carrière (Mon monde)

Les flèches indiquent que chaque défi a une incidence sur les autres défis et est influencé par ceux-ci. L'intégration professionnelle consiste à relever les quatre défis de façon cohérente.

Figure 1. Concepts liés aux pratiques cohérentes relatives à la carrière.

Illustration pratique

Ahmed Al Masri, 28 ans, et Bedoor Hadhad, 24 ans, ont fui la Syrie avec leur fille Mariam, maintenant âgée de 8 ans, en 2013 (tous les noms sont des pseudonymes). Ils ont d'abord déménagé en Jordanie, puis se sont installés au Liban où ils sont restés un peu plus de deux ans. Leur fils, Mohammed, maintenant âgé de 4 ans, est né au Liban. Ils sont venus au Canada en tant que réfugiés en 2016 pour échapper à une vie dans la pauvreté. Ils ne connaissaient presque rien du Canada.

Ils formaient une famille musulmane ordinaire selon les normes syriennes et venaient d'une petite ville située dans une région rurale. Ils avaient tous deux fait leurs études à l'école publique. Bedoor a quitté l'école pour devenir femme au foyer. Ahmed gagnait sa vie dans le secteur agricole en conduisant généralement un camion pour livrer des produits dans la région, mais aussi en travaillant souvent comme ouvrier dans l'entrepôt dont son employeur était propriétaire.

La famille est arrivée à Calgary et à titre de réfugiés parrainés par le gouvernement, on leur a fourni l'essentiel (nourriture et logement). Ahmed a également eu accès à des cours d'apprentissage de l'anglais. Les services de garde financés étaient complets. Bedoor n'a donc pas pu assister aux cours d'apprentissage de l'anglais. La plupart de leurs nouveaux amis sont des arabophones de la mosquée. Ils ont peu d'occasions de mettre en pratique leurs compétences en anglais.

Après avoir vécu au Canada pendant plus d'un an, Ahmed ressent un sentiment d'urgence à faire sa place au pays. Il en parle à un ami de la mosquée, qui organise une rencontre entre Ahmed, un conseiller et un interprète.

Analyse de l'illustration pratique

Nous débutons par l'analyse du cas d'Ahmed de la façon dont nous commencerions toute intervention, c'est-à-dire en demandant à Ahmed ce qu'il aimerait retirer de l'expérience de counseling et ce qu'il trouverait le plus utile pour atteindre son objectif. Ahmed n'a jamais rencontré de conseiller ou de conseillère et n'a pas beaucoup réfléchi à ses valeurs, à ses intérêts, à ses traits de personnalité ou à ses aspirations. Il se présente à la séance en s'attendant à ce que le conseiller l'aide à trouver un emploi et commence à se dérouler comme elles le devraient, une fois qu'il aura un emploi.

L'histoire d'Ahmed en est une interruption et d'immigration importante. La tâche immédiate, soit celle de trouver un emploi qui lui permettra de subvenir aux besoins de sa famille, consistera à répondre à une série d'exigences qui pourraient sembler très différentes de ce à quoi Ahmed a fait face par le passé. La façon la plus logique est de commencer le processus d'aide en cherchant à mieux comprendre le contexte relatif à la carrière d'Ahmed, notamment comment il en est arrivé à sa situation actuelle. Toutefois, comme il n'a aucune expérience en matière de counseling de carrière, nous devons d'abord fournir un contexte propice à la relation de counseling : à quoi ressemblera le processus, combien de temps il pourrait durer et ce qu'il peut s'attendre à en retirer.

En écoutant l'histoire d'Ahmed, nous nous intéressons tout particulièrement à la place qu'il occupait dans son monde auparavant et à la façon dont son monde a été perturbé. Le premier élément nous donne une idée de certaines des compétences et des attitudes qu'il possède déjà pour sa recherche d'emploi (littératie relative à la carrière) et le second élément nous donne une idée de la place qu'il occupe dans son contexte actuel. Nous cherchons des moyens d'exploiter des alliés naturels : ses relations à la mosquée, les gens qu'il a rencontrés dans le cours d'apprentissage de l'anglais, ainsi que les agents et les agentes de transition du gouvernement. Plus il se rendra compte qu'il a établi de nouvelles relations, plus il aura confiance en l'établissement de liens avec l'emploi. L'histoire d'Ahmed fournit de précieux indices sur son état affectif. Les services d'aide à la carrière sont souvent réticents à aborder les émotions et ont tendance à mettre l'accent sur les facteurs cognitifs (p. ex. la communication de renseignements et la prise de décisions) et comportementaux (p. ex. la recherche d'emploi). Toutefois, une menace importante pouvant contrer les efforts d'Ahmed en vue d'obtenir un emploi est liée à la détermination professionnelle. Son histoire d'interruption, d'immigration et d'aliénation, combinée à la durée de la période durant laquelle il est sans emploi, est source de découragement. Ses espoirs de trouver un emploi peuvent s'estomper rapidement, et il est susceptible d'abandonner ses efforts. Pour contrer cette tendance, il faut mettre en place intentionnellement des stratégies pour susciter la confiance et l'espoir; l'une des priorités de l'intervention sera celle qui mise sur des stratégies qui « le maintien actif ». Nous pouvons également utiliser des éléments de son histoire (p. ex. avoir réussi à garder sa famille intacte pendant deux autres transitions vers des pays différents) pour mettre l'accent sur sa résilience et sa capacité d'adaptation.

L'histoire d'Ahmed fournit également des indices sur son niveau de littératie relative à la carrière. Il se sent perdu dans ce nouveau pays et n'est pas familier avec la culture de l'emploi au Canada (comment l'on obtient et conserve des emplois) et les mesures de soutien offertes aux chercheurs et aux chercheuses d'emploi (tableaux d'affichage des offres d'emploi numériques, ressources de carrière, etc.). L'un des obstacles au perfectionnement de ses compétences en littératie relative à la carrière est sa maîtrise de la langue anglaise. Par conséquent, l'intervention doit également être axée sur les moyens lui permettant de poursuivre son apprentissage de l'anglais et de s'exercer à parler cette langue. Dans tous les aspects des interventions prévues, il sera important qu'Ahmed reçoive une rétroaction claire et précise sur le perfectionnement de sa littératie. Ainsi, les occasions de s'exercer à parler anglais, en recevant une rétroaction, sont fort susceptibles d'accroître sa confiance.

Le point de départ de l'histoire d'Ahmed fournit de précieux indices pour tenir compte de l'intégrité relative à la carrière. Les défis auxquels il fait face sont liés à un sentiment confus de perte d'identité, de sens et d'espoir. Sa première recherche d'emploi en Syrie était liée à un objectif principal : subvenir aux besoins de sa famille. Ahmed n'éprouvera pas un sentiment d'intégrité relative à la carrière tant qu'il ne sera pas une fois de plus en mesure de subvenir aux besoins de sa famille, et cela devient le thème global de l'intervention. Toutes les explorations, discussions et interventions sont liées à la façon dont elles mèneront au moment où il pourra de nouveau subvenir aux besoins de sa famille. Cela aide également à lui fournir une raison d'accepter les mesures de soutien offertes par la collectivité et le gouvernement : en acceptant l'aide des autres, il subvient aux besoins de sa famille jusqu'à ce qu'il puisse le faire de façon plus autonome.

Étant donné l'importance de la perturbation, les premières interventions devraient débuter en prenant appui sur des sources de continuité et de stabilité. Ainsi, nous accorderions une attention particulière au maintien de la sécurité familiale et des liens familiaux. Nous miserions sur les compétences et les milieux de travail potentiels avec lesquels Ahmed est familier. Il s'agira notamment d'établir un cycle récurrent d'identification des atouts personnels, d'exploration des possibilités locales et de conception de ponts entre les deux. À titre d'exemple, les rôles professionnels antérieurs d'Ahmed, camionneur et travailleur agricole, pourraient mener à une intervention précoce ayant pour but de se préparer à l'obtention d'un permis de conduire de classe 3 au Canada. Une analyse des professions agricoles à Calgary révèle une industrie d'aménagement paysager active. Même si l'emploi dans cette industrie n'est que saisonnier, il offre une expérience de travail au Canada et peut s'avérer un tremplin vers d'autres possibilités.

Trouver ces possibilités et ces autres occasions peut nécessiter un réseautage relationnel, avec une rétroaction, ce qui donne lieu à un certain nombre de résultats possibles : s'exercer plus souvent à parler anglais dans un contexte professionnel (amélioration de la littératie relative à la carrière), augmenter le nombre de relations de travail d'Ahmed (élargissement du contexte relatif à la carrière), insuffler une dynamique pour accroître la confiance (augmentation de la détermination professionnelle), ainsi que renforcer son sentiment d'appartenance et entrevoir sa contribution au sein de sa nouvelle communauté (amélioration de l'intégrité relative à la carrière).

Conclusion

Un cadre de référence favorisant la réflexion sur les défis des personnes clientes et les interventions correspondantes peut aider les professionnels et les professionnelles à faire une meilleure utilisation de la myriade de théories, de modèles et d'interventions qu'ils ont à leur disposition. Le cadre de référence des pratiques cohérentes relatives à la carrière ne remplace aucune théorie ni aucun modèle. Son objectif est d'aider les personnes professionnelles à organiser toutes les idées dans des catégories connues pour être au service du développement de carrière de la personne cliente, soit les compétences nécessaires pour s'orienter, la motivation pour se faire, la compréhension sa « place » possible dans le monde et la capacité de se réaliser pleinement à travers une diversité de rôles de vie.

Références

Amundson, N. E., Goddard, T., Niles, S. G., Yoon, H. J., Schmidt, J. et Braga, M. (2016). *Hope centred career interventions research project: Final report.* Toronto, ON : CERIC.

Ashforth, B. E. (2012). *Role transitions in organizational life: An identity-based perspective.* New York, NY : Routledge.

Gouvernement du Canada. (2018). *Classification nationale des professions 2016.* Consulté le 21 mars 2018 à l'adresse https://noc.esdc.gc.ca/Accueil/

Herzberg, F. I. (1987). One more time : How do you motivate employees? *Harvard Business Review, 65*, 109-120.

Krumboltz, J. D. (2009). The happenstance learning theory. *Journal of Career Assessment, 17*, 135-154. DOI :10.1177/1069072708328861

Neary, S., Dodd, V. et Hooley, T. (2015). *Understanding career management skills: Findings from the first phase of the CMS LEADER project.* Derby, RU : International Centre for Guidance Studies, Université de Derby.

Pryor, R. et Bright, J. (2011). *The chaos theory of careers: A new perspective on working in the twenty-first century.* New York, NY : Routledge.

Savickas, M. L. (2011). *Career counseling.* Washington, DC : American Psychological Association.

Seligman, M. E. P. (2011). *Flourish: A visionary new understanding of happiness and well-being.* Toronto, ON : Free Press.

Biographies

Kris Magnusson est doyen de la Faculté d'éducation de l'Université Simon-Fraser, à Vancouver, au Canada. Kris a été enseignant au premier cycle du secondaire, conseiller au niveau collégial et membre du corps professoral en psychologie du counseling dans les universités de Calgary et de Lethbridge. Il a été récipiendaire du prix d'excellence pour le développement de carrière de la province de l'Alberta et le prix Stu Conger pour son leadership en développement de carrière en 2006, et il est cofondateur du Groupe de recherche canadien sur la pratique en développement de carrière fondée sur les données probantes.

Dave Redekopp est président du Life-Role Development Group Ltd., un cabinet de consultation canadien en développement de carrière, et depuis 1988, il s'est engagé dans presque tous les aspects du développement de carrière. Dave a été invité à travailler dans presque toutes les provinces et tous les territoires du Canada, en Australie, en Bulgarie, en Angleterre, aux Pays-Bas, en Arabie saoudite, en Écosse, au Pays de Galles et aux États-Unis, et il a reçu plusieurs prix dans le domaine du développement de carrière. Sa passion pour le développement de carrière est omniprésente dans son travail, qui comprend l'enseignement, l'animation, les conférences publiques, le développement de produits et la recherche.

Conseils pratiques pour l'adoption de pratiques cohérentes relatives à la carrière
Kris Magnusson et Dave E. Redekopp

1. **Écoutez l'histoire du client, de la cliente.** Il s'agit d'une première étape cruciale, quelle que soit l'approche théorique retenue. Il n'est pas nécessaire d'adopter une approche narrative, par exemple, simplement parce que vous voulez entendre l'histoire!

2. **Commencez par ce que la personne cliente vous communique.** Il n'y a pas de point de départ formel pour traiter les défis liés aux pratiques cohérentes relatives à la carrière. Il est donc préférable de commencer là où la personne cliente en est.

3. **Cherchez les liens entre les défis.** Les défis interagissent les uns avec les autres et s'influencent mutuellement. Lorsque les clients et les clientes comprennent cette interaction, ils sont moins susceptibles de dévier dans la quête de leurs objectifs.

4. **Les deux prédicteurs les plus fiables du changement sont l'espoir et la confiance.** Il faut chercher constamment des moyens de fournir une rétroaction descriptive du comportement (pour accroître la confiance) et de faire des liens avec des possibilités d'ouvrir sur des perspectives (pour susciter l'espoir).

5. **Ayez une ou deux interventions à portée de main pour chaque défi.** Cela pourrait être aussi simple que des questions ouvertes. Lorsque la détermination professionnelle est très faible, par exemple, vous voudrez peut-être être prêt à poser une question ou un énoncé incitatif, comme « Parlez-moi d'un moment où vous vous êtes vraiment enthousiasmé pour l'avenir », suivi de « Qu'est-ce qui a changé pour vous? ».

6. **Soyez prêt à réagir « dans l'instant présent ».** Parce que les carrières sont des histoires de vie, elles sont singulières. Les interventions créées « dans l'instant présent » sont souvent susceptibles de mieux répondre aux besoins et au contexte uniques d'un client ou d'une cliente.

7. **Enseignez directement les cinq compétences essentielles de survie.** Il s'agit de la capacité de décrire ce qu'une personne cliente a à offrir; de la capacité de reconnaître ses possibilités; de la capacité de créer des liens créatifs et inventifs entre ses atouts et ses possibilités; de la capacité de documenter l'efficacité de l'établissement de ces liens; ainsi que de la capacité de faire part de ses réussites aux autres.

Chapitre 21

La théorie de la construction de carrière (CCT) et son application

Jacobus G. Maree

Hartung, Walsh et Savickas (2013) soutiennent qu'« une réorientation et un renouveau s'imposent pour que le domaine [du counseling de carrière] demeure pertinent et viable et qu'il tienne compte efficacement des réalités des travailleurs et travailleuses et du travail au sein de la société contemporaine, à l'ère du numérique et de la mondialisation[1] » (p. xii). Les auteurs ajoutent qu'il existe un consensus sur la nécessité de procéder à « un véritable renouvellement des théories fondamentales [du counseling de carrière] et des pratiques liées à leur application[2] » (p. xi) pour s'assurer que le champ professionnel puisse relever les défis posés par les changements observés dans le monde du travail. De nombreux travailleurs et travailleuses ont perdu leur emploi au cours des dernières décennies; les possibilités d'emploi se font rares dans maintes professions; de nouveaux types d'emplois sont créés en grande partie grâce aux avancées technologiques. C'est pourquoi les conseillers et les conseillères ont été appelés à porter leur attention non plus sur le fait d'aider les gens à trouver du travail, mais plutôt de les rendre aptes à l'emploi, résilients par rapport à leur carrière et capables de s'adapter à celle-ci. L'application de la théorie de la construction de carrière (career construction theory – CCT) dans la pratique a permis d'obtenir d'excellents résultats, aussi bien auprès d'individus qu'en contexte de groupe. Le présent chapitre examine la façon dont le counseling axé sur la construction de carrière a permis d'exploiter la théorie de la construction de carrière (CCT) et l'application pratique de celle-ci dans le cadre du counseling axé sur la construction de sa vie. Un exemple de l'application de la théorie dans la pratique est également présenté.

Aperçu de la théorie de la construction de carrière (CCT)

La *théorie de la construction de carrière* (CCT) (Savickas, 2011) est une métathéorie qui combine les approches différentielles, développementales et

---

1 Traduction libre.
2 Traduction libre.

psychodynamiques du counseling de carrière. Les théoriciens et les théoriciennes de la construction de carrière expliquent les processus interpersonnels auxquels les gens ont recours pour se construire et soulignent l'importance pour ces derniers de donner un sens à sa vie dans et par leur carrière. En écoutant les gens raconter leurs *récits*, les conseillers et les conseillères deviennent le « public » de chaque personne. Cette approche contraste avec celles utilisées précédemment en ce qui a trait à l'explication du comportement professionnel. De nos jours, le counseling de carrière vise avant tout à aider les gens à se construire une vie réussie (Savickas, 2015). L'approche de la *construction de sa vie* est une intervention thérapeutique qui s'appuie sur la construction de carrière et la construction de soi et qui conjugue ces notions avec les facteurs distinctifs qui interviennent dans la vie des gens. L'objectif du counseling axé sur la construction de sa vie est d'aider les gens à clarifier les principaux thèmes de leur carrière, ainsi que le rôle et l'importance du travail dans celle-ci.

La première des trois approches, à savoir l'approche différentielle (différences entre les individus), qui est associée au paradigme de l'orientation professionnelle, met l'accent sur les différences entre les gens. Cette approche s'appuie donc principalement sur l'information — *résultats* ou *scores normalisés* — obtenue lors de l'administration de tests. Les résultats des tests et les récits personnels sont utilisés dans le cadre d'une évaluation globale et d'une intervention en counseling pour vérifier la constance des thèmes identifiés (Hartung, 2015). Ces résultats, qui permettent d'évaluer les traits de personnalité des gens, sont utilisés pour aider les personnes conseillères à trouver ce que l'on pourrait appeler l'appariement optimal entre les individus et leur environnement (de travail). Cette approche positionne les personnes conseillères en tant que sujets et les clients et les clientes en tant qu'objets. La deuxième approche, à savoir l'approche développementale (rôles et temps de vie), repose sur l'idée que les gens continuent de se développer tout au long de leur vie. Cette approche traite de la façon dont les gens peuvent *s'acquitter* de tâches développementales adaptées à leur âge, assurer les transitions dans leur carrière, faire face aux traumatismes liés à cette dernière au cours de certaines phases de leur vie, et apprendre à s'adapter en assumant différents rôles. Selon la troisième approche, soit l'approche psychodynamique (qualitative, narrative) [Hartung, 2015; Savickas, 2011], les gens sont les auteurs et les auteures de leurs récits de vie professionnelle. Lorsque la vie leur impose des changements, en ces temps de plus en plus incertains et imprévisibles, le fait d'examiner ces récits peut les aider à découvrir les thèmes clés sur lesquels s'appuyer. Ensemble, les personnes conseillères et leurs clients et clientes recherchent les thèmes de vie de ces derniers et établissent des liens entre ceux-ci dans le but de permettre l'émergence d'un scénario de vie professionnelle distinct. En réfléchissant à maintes reprises aux « souffrances » qu'ils ont subies ou endurées passivement dans leur jeunesse et en revivant celles-ci, les clients et les clientes peuvent en venir à aider d'autres personnes à surmonter des difficultés ou des souffrances semblables

(Savickas, 2011). De même, les gens peuvent tirer profit de stratégies d'ajustement constructives, issues d'expériences antérieures positives.

Certains concepts clés associés au counseling axé sur la construction de carrière sont présentés ci-dessous, dans le cadre des discussions sur l'adaptabilité relative à la carrière et les récits de vie professionnelle.

Adaptabilité relative à la carrière

L'adaptabilité relative à la carrière (Hartung, 2015; Savickas, 2015) fait référence aux ressources que les gens utilisent pour leur adaptation afin d'apporter des changements vis-à-vis d'eux-mêmes, mais aussi dans leurs contextes particuliers, de façon à gérer efficacement leur vie professionnelle. L'adaptabilité relative à la carrière comprend quatre composantes :

- les *préoccupations de carrière* (« Ai-je un avenir? ») permettent de savoir dans quelle mesure les gens s'engagent à l'élaboration de leur future carrière;

- le *contrôle sur sa carrière* (« Qui-est responsable de mon avenir? ») est associé à la capacité des gens d'assumer la responsabilité liée à la création de leurs récits de carrière;

- la *curiosité professionnelle* (« Qu'est ce que je veux faire de mon avenir? ») est associée au niveau de connaissance et d'intérêt qu'ont les gens du monde du travail et à la curiosité qu'ils manifestent à cet égard;

- la *confiance par rapport à la carrière* (« Puis-je le faire? ») a trait à l'aptitude des gens à résoudre les problèmes, ainsi qu'à leur capacité à identifier les possibilités d'emploi.

Récits de vie professionnelle

Les récits de vie professionnelle révèlent les nombreux rebondissements présents dans les scénarios principaux et secondaires (trames principales et secondaires) des gens et renferment des « signaux » que les gens peuvent utiliser pour gérer des transitions professionnelles répétées. Un examen minutieux de ces récits peut révéler des déviations dans les parcours de vie professionnelle des gens. Ces dernières, lorsqu'elles sont examinées de manière professionnelle et exploitées, peuvent inciter l'auteur ou l'auteure du récit à agir et à cheminer, en l'aidant à reconstruire son passé douloureux.

La *narrativité* est la capacité d'une personne à organiser clairement les récits de sa vie professionnelle – à exprimer qui elle est vraiment et à s'écouter. Il s'agit là d'une condition préalable essentielle pour développer une véritable conscience de soi et parvenir à un concept de soi stable. La narrativité favorise également la construction de soi comme une histoire, de même que le façonnement de soi comme une boussole intérieure qui aide à gérer les transitions (Savickas, 2011).

L'*(auto)biographicité* (Savickas, 2011) consiste à s'inspirer de son récit de vie professionnelle en période de changement. Cela implique la reconstruction de ses récits du passé. En relevant les principaux thèmes de vie dégagés par ces récits, la personne prend conscience de sa capacité à utiliser son travail (emploi, carrière, poste) pour faire disparaître sa souffrance. En réinterprétant et en reconstruisant ces récits sous l'œil attentif du conseiller ou de la conseillère, les personnes clientes peuvent trouver en eux une orientation à suivre. Ces conseils sont des signes précurseurs de l'action et du progrès. Les récits de vie professionnelle des gens sont utilisés pour créer des environnements propices (accueillants, nourrissants, bienveillants) à leur prise en charge, mais aussi à celle des autres. (Winnicott, 1964).

La valeur de la biographicité réside dans le fait qu'elle peut aider les gens à relier les nombreux récits (petits, moyens et grands) qui, combinés, composent leurs récits de vie et forment ainsi une « grande histoire ». Ce processus peut être vu comme la construction d'un *pont biographique* entre un passé douloureux et un avenir prometteur, entre la défaite et la victoire, ainsi qu'entre le désespoir et l'espoir. La réflexion rétroactive (suscitée par les questions de la personne conseillère dans le cadre du counseling) permet de générer des idées qui peuvent favoriser l'action et le changement, préparant ainsi le terrain pour la phase de construction de sa vie (Savickas, 2015).

Il est peu probable que les clients et les clientes dévoilent leurs « secrets » les plus profonds (en relevant leurs premiers souvenirs), tant que les personnes conseillères n'auront pas réussi à créer un environnement sûr ou « sacré » dans lequel les gens se sentent suffisamment à l'aise pour parler de leurs blessures les plus profondes. Les personnes conseillères expérimentées, plus particulièrement, peuvent créer un tel environnement en posant les quatre premières questions de l'entretien de construction de carrière (Career Construction Interview – CCI) [Savickas, 2011; voir l'illustration pratique ci-dessous]. Toutefois, en contexte de groupe, l'entretien de construction de carrière (CCI) ne permet pas toujours d'obtenir suffisamment de renseignements pour réaliser une intervention en counseling efficace en la matière. De façon alternative, la théorie de la construction de carrière (CCT) propose une nouvelle stratégie intégrant des approches quantitatives et qualitatives, qui peut inciter les gens à élaborer leurs récits de vie professionnelle et leur donner le pouvoir de le faire pour les aider à aller de l'avant. Cette stratégie, qui fait partie intégrante de la théorie de la construction de carrière (CCT) [Savickas, 2015], comporte quatre phases :

1. *Construction*. Les personnes clientes sont invitées à raconter leurs nombreux petits récits.

2. *Déconstruction*. Les récits racontés sont ensuite lus aux personnes clientes, puis clarifiés et interprétés par ces dernières et le conseiller ou la conseillère.

3. *Reconstruction*. Les petits récits sont reconstruits en un récit plus important afin d'assurer la cohérence de la trame.

4. *Coconstruction*. Les personnes clientes élaborent leurs récits futurs en collaboration avec le conseiller ou la conseillère afin de favoriser leurs progrès (Savickas, 2011).

Il convient de noter que les résultats des clients et des clientes (de nature quantitative ou scores aux tests) font partie de leurs récits. Ces résultats fournissent des renseignements utiles à propos de diverses carrières et de différents domaines d'études. En outre, les récits contiennent des renseignements sur les principales forces des personnes clientes et les principaux points qu'ils doivent améliorer (renseignements psychoéducatifs et psychosociaux portant, entre autres, sur l'adaptabilité relative à la carrière des clients et des clientes, leur résilience, leur niveau de préparation à faire un choix de carrière, ainsi que l'influence de leur contexte social et de leur environnement sur leurs choix de carrière).

Illustration pratique

L'illustration pratique qui suit démontre l'utilité du counseling axé sur la construction de carrière pour aider un jeune homme à choisir un domaine d'études et une future carrière, à donner un sens à sa vie professionnelle et à avoir un but bien précis.

Sean (pseudonyme), âgé de 18 ans, est un caucasien anglophone, issu d'un milieu socioéconomique moyen, étudiant en 12e année et ayant reçu des services de counseling de carrière en 2015. Il regrettait de ne pas s'être inscrit aux cours de mathématiques et de sciences physiques, après s'être laissé convaincre par ses enseignants et ses enseignantes, qui ne le voyaient pas fréquenter une école régulière. Sean ne savait pas trop quel domaine d'études choisir. Il travaillait dur et obtenait d'excellentes notes à l'école, malgré les doutes de ses enseignants et de ses enseignantes. Le Profil d'intérêt de carrière (Career Interest Profile – CIP) [version 5, un questionnaire qualitatif; Maree, 2015] et la Matrice de carrière de Maree (Maree Career Matrix – MCM) [un outil d'évaluation psychométrique des intérêts et du niveau de confiance par rapport à la carrière (Maree et Taylor, 2016) ont été utilisés lors de la première phase (construction) du counseling axé sur la construction de carrière. Les données qualitatives ont été analysées comme suit : premièrement, on a demandé à Sean à plusieurs reprises ce que ses réponses aux questions d'entretien (p. ex. ses citations préférées) signifiaient pour lui. Deuxièmement, les mots et les expressions qu'il a répétés plusieurs fois ont été pris en note. Troisièmement, les mots et les expressions exactes que Sean a employés lui ont été lus à haute voix. Quatrièmement, les principaux thèmes de sa vie professionnelle ont été associés aux patrons ciblés au moyen du Profil d'intérêt de carrière (CIP), et nous avons conjointement établi des liens avec différents domaines d'études (coconstruction).

Sean et moi avons étudié ses résultats quantitatifs en vue de découvrir ses patrons d'intérêts. Nous nous sommes penchés sur ces derniers, les avons comparés avec sa perception de ses domaines de prédilection et avons triangulé ces patrons avec ceux établis au moyen du Profil d'intérêt de carrière (CIP), ainsi qu'avec ses thèmes de vie professionnelle.

Résultats quantitatifs

Cinq catégories se retrouvaient dans le premier quadrant de la Matrice de carrière de Maree (MCM) [« Allez-y ! »], qui contient les domaines à privilégier, à savoir : a) l'ingénierie et l'aménagement (qui comprend notamment des cours en architecture, en génie et en gestion de la construction); b) les services médicaux ou paramédicaux; c) la recherche; d) les mathématiques ou le secteur de la comptabilité; e) la formation pratique et technique.

Résultats qualitatifs

Les catégories d'intérêts privilégiées par Sean étaient les suivantes : a) l'ingénierie et l'aménagement; b) la recherche; c) les services médicaux ou paramédicaux; d) les mathématiques ou le secteur de la comptabilité; e) les activités d'aventure, les plantes, les animaux et l'environnement. Les catégories qui l'attiraient le moins étaient les suivantes : a) les sciences pratiques créatives et les sciences de la consommation; b) les arts (peinture, sculpture et décoration) et la culture; c) la commercialisation; d) les technologies de l'information et de la communication; e) la pratique du droit et les services relatifs à la sécurité.

Certaines des réponses de Sean aux questions tirées de la dernière partie du Profil d'intérêt de carrière (CIP) sont présentées ci-dessous. En raison des contraintes d'espace, seules les réponses sélectionnées sont discutées. Veuillez prendre note que les réponses n'ont été que légèrement modifiées afin de préserver leur authenticité.

Comment puis-je vous être utile ou vous aider? (Maree, 2015; Savickas, 2011). *« Je suis "tout à fait" incertain quant à mon avenir, et je ne sais pas si je serai en mesure de réussir dans certains domaines. J'espère que vous pourrez me guider. »* [Preuve de sa curiosité professionnelle (« Qu'est-ce que je veux faire de mon avenir? »), mais également de son manque de confiance par rapport à sa carrière (« Puis-je réussir ma carrière? »).]

Quelles sont vos plus grandes forces? « *J'aime aider les gens qui souffrent. Je suis dévoué, patient, travailleur et réaliste.* »

Quels sont vos points à améliorer? « *Je suis très dur envers moi-même. Je manque de confiance et j'ai une estime de moi plutôt faible.* »

Comment les autres (personnes enseignantes et amis et amies) vous perçoivent-ils? « *Ils me considèrent dévoué, serviable et attentionné. Des amis et amies viennent me voir lorsqu'ils ont besoin d'aide.* »

Qui admiriez-vous ou preniez-vous comme modèles lorsque vous étiez plus jeune? Pourquoi? « *Jane [pseudonyme]. Elle m'a soigné quand j'étais à l'hôpital. Elle était attentionnée, gentille et serviable et s'exprimait d'une voix douce.* » « *Mon professeur de sciences de la vie. Il était respectueux envers les apprenants. Il a su susciter mon intérêt pour le corps humain.* » « *Mon professeur de génie et de conception graphique. Il m'a toujours encouragé; il m'a félicité pour ma perspicacité technique; il était patient.* » [Ces réponses montrent pourquoi Savickas (2011) a posé cette question particulière, c'est-à-dire pour se faire une idée de la façon du concept de soi de la personne. Lorsque Sean a été invité à dire en quoi il était différent de ces modèles ou semblable à ceux-ci, son visage s'est éclairé et il a répondu : « Il s'agit, en fait, d'une assez bonne description de moi-même! »].

Quelles sont vos citations préférées? [Conseils que Sean se donne à lui-même.] « *Il n'y a rien de tel que d'essayer.* » Invité à donner des précisions, il a répondu : « *Fait toujours de ton mieux, sinon tu ne sauras jamais ce que tu peux accomplir.* » « *Donne ton maximum.* » « *Seul le meilleur de toi-même est suffisant.* » « *Tu ne sais jamais à quel point tu es fort jusqu'au jour où l'être reste ta seule option.* » « *J'ai découvert mes plus grandes forces dans les moments les plus difficiles.* ».

Quels ont été vos trois plus grands défis (« problèmes ») lorsque vous étiez jeune? Sean a indiqué : « *Comme je suis né prématurément, j'ai toujours été "plus faible" et plus petit que les autres garçons de mon âge. J'avais du mal à me faire des amis et amies. J'ai dû surmonter de nombreux "problèmes" liés à ma santé.* » Invité à réfléchir à ses réponses, Sean a répondu : « *Le fait que j'aie dû lutter physiquement m'a rendu plus fort, plus résilient et plus patient que la plupart des autres garçons.* ».

Les thèmes récurrents dans les réponses de Sean étaient son désir d'aider ceux ayant des problèmes physiques ou de santé, sa résilience, sa disposition à ne jamais s'avouer vaincu, sa patience, son dévouement, sa persévérance et son introversion. Enfin, j'ai demandé à Sean ce qu'il pensait de l'intervention jusqu'à maintenant.

a) Qu'avez-vous apprécié? « *Être obligé de partager des choses dont je parle rarement avec les autres et réaliser que je suis en fait une personne très résiliente et très motivée!* » [Preuve de réflexivité] ; **b) Qu'est-ce que vous n'avez pas apprécié?** « *Avoir à revivre des moments douloureux de ma vie; [sourires], mais ce fut également positif!* » **c) Y a-t-il autre chose que je devrais savoir à votre sujet?** « *Je suis déterminé à réussir ma vie. J'y parviendrai, même si cela signifie que je devrai faire encore plus de sacrifices! Je veux aider les autres et rendre mes parents fiers de moi; cet idéal me motive!"* » [Trouver un sens et un but à sa vie].

Sean a souvent été invité à réfléchir à ses réponses. Ses métaréflexions ont révélé ses intérêts professionnels, des aspects de sa personnalité, ses valeurs, les principaux thèmes de sa vie professionnelle et son but dans la vie (Savickas, 2011). Ensemble, nous avons utilisé l'information pour déterminer des domaines d'études susceptibles de lui permettre non seulement de choisir et d'avoir une carrière fructueuse, mais également de trouver un sens et un but à son existence, d'intégrer le travail à sa vie, de construire et de vivre une vie réussie et d'apporter une contribution importante à la société. À cette fin, nous nous sommes penchés à maintes reprises sur le lien entre ses résultats quantitatifs (ses résultats) et qualitatifs (ses récits) en vue de miser sur la triangulation. De plus, nous avons soigneusement relevé les expressions et les mots récurrents, ainsi que les thèmes et les sous-thèmes qui ressortent de ses réflexions sur le Profil d'intérêts de carrière (CIP) de même que les liens entre les réponses à ce dernier et et à la Matrice de carrière de Maree (MCM).

En plus de discuter des renseignements généraux, psychopédagogiques et psychosociaux recueillis, ainsi que des recommandations sur les domaines d'études possibles (Duarte, 2017), nous avons examiné les thèmes centraux de la vie de Sean, qui se sont dégagés des réponses qu'il a données à la question sur les principaux défis auxquels il a été confronté au cours des premières années de sa vie (Maree, 2013). Nous avons également discuté de ses réponses aux questions du Profil d'intérêt de carrière (CIP) et avons examiné ensemble ses réflexions (coconstruction), sans jamais cesser d'insister sur le fait qu'il se connaît mieux que quiconque. Lorsqu'il a été question d'identifier un « conseil », je lui ai relu ses réponses et lui ai demandé d'analyser ses propres réflexions (déconstruction) tout en insistant que les points (perçus) à améliorer [ses « points faibles »] pouvaient (devraient) devenir des forces (reconstruction).

À la fin de l'intervention, Sean a été invité à effectuer une analyse approfondie des emplois liés aux domaines d'études recommandés, comme l'enseignement, les soins infirmiers, la pratique médicale clinique et l'ingénierie. En raison de ses faibles résultats en mathématiques et en sciences physiques, il devrait refaire des cours dans ces deux matières afin d'obtenir de meilleures notes pour améliorer ses chances d'être accepté en génie ou en médecine. Je lui ai demandé d'évaluer ses options quant aux débouchés appropriés pour exploiter ses talents et de me présenter un compte-rendu de ses conclusions, s'il le voulait.

La dernière fois que j'ai parlé à Sean, il étudiait la médecine. Après avoir repris des cours dans les deux matières antérieurement, il a été admis au baccalauréat en sciences biochimiques et, six mois plus tard, en médecine. Il y a quelques semaines, Sean m'a fait le commentaire suivant : « *L'intervention a permis de confirmer ce que je savais et m'a incité à ne jamais abandonner mes rêves. Pour moi, faire ce que je fais maintenant est un rêve devenu réalité. J'ai vraiment hâte de terminer mes études pour réaliser mon désir d'aider les gens.* »

Conclusion

Cette illustration pratique et son analyse ont permis faire ressortir l'intérêt ou la valeur du counseling axé sur la construction de carrière pour ce jeune homme. Une approche du counseling de carrière intégrant des informations quantitatives et qualitatives a été retenue pour favoriser un dialogue coconstructif, ainsi que la réflexion et la réflexivité. Après l'intervention, le client a manifesté un sentiment d'identité professionnelle renforcé, une plus grande adaptabilité relative à sa carrière et une meilleure compréhension de la façon dont il peut donner un sens au domaine d'études et à la carrière de son choix. Cela a permis de l'aider à trouver un but bien précis à sa vie professionnelle (« Que puis-je faire ou que devrais-je faire pour m'aider à découvrir et atteindre le véritable but de ma vie? »). L'intervention a aidé Sean à tirer parti de son autobiographie pour se conseiller lui-même relativement à ses choix de carrière. L'insécurité de Sean a fait place à la détermination, lorsqu'il a compris comment le domaine d'études et la carrière qu'il a choisis pourraient l'aider à donner un sens à sa vie professionnelle, à répondre à son besoin de trouver un but précis à sa future carrière et à prendre soin de soi et des autres (Duffy et Dik, 2009).

En combinant différentes approches de counseling de carrière (c.-à-d. utilisation des récits et des résultats), tel que recommandé dans le présent chapitre, les professionnels et les professionnelles disposent d'une stratégie et d'un cadre conceptuel solides sur le plan théorique et viables dans la pratique pour répondre aux besoins en matière de counseling de carrière des personnes confrontées à des difficultés en matière de sens et de but dans la vie (Savickas, 2015). Cela permet aux personnes conseillères et à leurs clients et leurs clientes de prêter une oreille « attentive » aux récits de vie professionnelle de ces derniers au lieu de simplement les écouter (Welty, 1998). L'illustration pratique et son analyse présentées au sein de ce chapitre montrent l'importance de mettre en œuvre des stratégies qualitatives, en plus des instruments d'évaluation conventionnels, pour faire progresser le counseling de carrière.

Références

Duarte, M. E. (2017). *Sustainable decent work*. Conférencière invitée à l'Université de Pretoria, Pretoria, Afrique du Sud.

Duffy, R. D. et Dik, B. J. (2009). Beyond the self: External influences in the career development process. *The Career Development Quarterly, 58*(1), 29-43. DOI : 10.1002/j.2161-0045.2009.tb00171.x

Hartung, P. J. (2015). Life design in childhood: Antecedents and advancement. Dans L. Nota et J. Rossier (dir.), *Handbook of life design: From practice to theory, and from theory to practice* (p. 89-101). Göttingen, Allemagne : Hogrefe.

Hartung, P. J., Walsh, W. B. et Savickas, M. L. (2013). Introduction: Stability and change in vocational psychology. Dans W. B. Walsh, M. L. Savickas et P. J. Hartung (dir.), *Handbook of vocational psychology: Theory, research, and practice* (4e éd., p. xi xv). New York, NY : Routledge.

Maree, J. G. (2013). *Counselling for career construction: Connecting life themes to construct life portraits: Turning pain into hope*. Rotterdam, Pays-Bas : Sense.

Maree, J. G. (2015). *The Career Interest Profile (Version 5)*. Randburg, Afrique du Sud : JvR Psychometrics.

Maree, J. G. et Taylor, N. (2016). *Manual for the Maree Career Matrix*. Randburg, Afrique du Sud : JvR Psychometrics.

Savickas, M. L. (2011). *Career counseling*. Washington, DC : American Psychological Association.

Savickas, M. L. (2015). Career counselling paradigms: Guiding, developing, and designing. Dans P. Hartung, M. Savickas et W. B. Walsh (dir.), *APA handbook of career intervention, Volume 1: Foundations* (p. 129-143). Washington, DC : American Psychological Association.

Welty, E. (1998). *One writer's beginnings*. Cambridge, MA : Harvard University Press.

Winnicott, D. W. (1964). *The child, the family and the outside world*. Londres, Angleterre : Penguin.

Biographie

Jacobus Maree est professeur au sein du Département de psychologie de l'éducation de l'Université de Pretoria en Afrique du Sud. Ses recherches portent principalement sur le counseling de carrière, le counseling axé sur la construction de carrière et la construction de sa vie ainsi que sur la responsabilité sociale. Depuis 2008, il a rédigé ou corédigé 90 articles évalués par les pairs de même que 61 livres ou chapitres de livres sur le counseling de carrière et autres sujets connexes. Étant régulièrement invité comme conférencier d'honneur, il a passé beaucoup de temps à l'étranger à titre de professeur invité. Il a reçu le titre de membre honoraire (fellow) de l'Association internationale de psychologie appliquée en 2014.

Points de pratique pour la théorie de la construction de carrière (CCT)
Jacobus G. Maree

- **Favorisez le partage de récits.** Aidez les clients et les clientes à vous raconter et à vous partager leurs récits de vie professionnelle, à titre de professionnel et professionnelles de la carrière, mais également avec d'« autres » dans des espaces psychologiques sécuritaires, surtout lorsque le counseling est offert en contexte de groupe.

- **Utilisez les récits racontés et les résultats obtenus.** Le recours à des instruments qualitatifs et quantitatifs permet de s'assurer que la pratique est fondée sur une stratégie et un cadre conceptuel solides sur le plan théorique et viables dans la pratique, et qu'elle répond aux besoins en matière de counseling de carrière des clients et des clientes qui éprouvent des difficultés en matière de sens et de but de leur vie.

- **Mettez l'accent sur la recherche d'un sens et d'un but.** Aidez les clients et les clientes à devenir et à rester aptes à l'emploi, en les amenant à trouver un sens et un but précis à leur travail.

- **Amenez les personnes clientes à présenter leurs (auto)biographies.** Utilisez les (auto)biographies des clients et des clientes pour les aider à découvrir leurs capacités « cachées » ou non exploitées, mises de l'avant par leur écoute de soi et la gestion de leurs nombreuses transitions de carrière.

- **Collaborez avec les personnes clientes.** Travaillez en collaboration avec les clients et les clientes, les véritables « connaisseurs et connaisseuses » de ce qu'ils sont vraiment (coconstruction), en les aidant à raconter leurs récits de vie professionnelle (construction) et à les analyser (déconstruction), ainsi qu'en leur rappelant qu'ils devraient convertir en forces les points à améliorer qu'ils ont perçus (reconstruction).

- **Combinez le counseling personnel et de carrière.** Gardez à l'esprit que le counseling personnel et le counseling de carrière sont étroitement liés.

- **Prêtez une oreille « attentive » aux récits.** Utilisez l'approche intégrée du counseling axé sur la construction de carrière pour être « attentif » aux récits de vie professionnelle des clients et des clientes au lieu de simplement les écouter.

Chapitre 22

Conceptualiser les transitions de carrière d'athlètes à l'aide du modèle holistique de la carrière athlétique

Lauren McCoy

La recherche dans le domaine de la psychologie du sport moderne en est venue à reconnaître que les athlètes sont plus que de simples êtres de performance. Les théories contemporaines conceptualisent l'athlète en tant que personne à part entière. La pratique sportive d'une personne s'inscrit dans d'autres contextes et enjeux de vie (Stambulova, 2016). La recherche en psychologie sportive s'est progressivement intéressée à l'amélioration des performances, à la préparation aux compétitions, puis aux facteurs holistiques et contextuels influençant la carrière des athlètes (Wylleman et Rosier, 2016). Les points de transition occupent une part importante de la carrière d'athlètes. Ces changements, communément appelés *les transitions de carrière d'athlètes*, sont définis comme « tout point tournant qui confronte une personne athlète en raison de diverses exigences liées à la pratique, à la compétition, à la communication et au style de vie qui nécessitent un mécanisme d'adaptation efficace pour continuer à pratiquer le sport ou prendre activement sa retraite de sa carrière d'athlète[1] » (Samuel et Tenenbaum, 2011, p. 393).

Au cours des dernières décennies, un nombre grandissant de recherches empiriques sur ce qui est à l'origine des transitions de carrière chez les athlètes, ainsi que sur leurs processus d'ajustement adaptatif ont mené à l'élaboration de plusieurs modèles descriptifs et explicatifs sur la transition de carrière des athlètes (Wylleman, 2018). Dans le présent chapitre, la perspective holistique des temps de vie et, plus particulièrement, le *modèle holistique de la carrière sportive* (*holistic athletic career model* – modèle HAC; Wylleman et Rosier, 2016) sont utilisés pour conceptualiser théoriquement et interpréter la transition de carrière des athlètes. De plus, une illustration pratique examinera plus en détail l'expérience personnelle de la transition de carrière. Enfin, des considérations pratiques et des recommandations du modèle HAC sont présentées afin d'orienter les personnes professionnelles de la relation d'aide et de la carrière dans leur travail auprès d'athlètes qui font face à une transition de carrière.

---

[1] Traduction libre.

La perspective holistique des temps de vie et le modèle holistique de la carrière sportive

La perspective holistique des temps de vie est une perspective contemporaine qui en est venue, au cours des dernières décennies, à alimenter la littérature scientifique sur la transition de carrière des athlètes (Stambulova, 2016). Cette perspective conceptualise d'abord et avant tout l'athlète en tant que personne, rejetant ainsi l'idée entretenue selon laquelle l'unique but d'une carrière sportive est d'atteindre un niveau maximal de performance sportive. Cette perspective d'une personne prise dans son entièreté remet en question le discours dominant sur la réussite axée sur la performance dans le domaine de la psychologie du sport, qui ne reconnaît pas l'agentivité des athlètes, leur authenticité personnelle et leur perspective de carrière subjective.

La perspective holistique des temps de vie a d'abord été présentée par *le modèle développemental des transitions rencontrées par les athlètes* (Wylleman, Alfermann et Lavallee, 2004). Les recherches conduites sur la transition de carrière des athlètes rendent compte que ce qui se vit sur le plan strictement sportif se rattache simultanément, interactivement et réciproquement à ce qui se trame dans les autres domaines de vie. Cela a conduit à l'inclusion de l'ensemble des domaines de vie dans la conceptualisation des transitions de carrières sportives (Wylleman et al., 2004). Ainsi, le modèle de développement des transitions auxquelles font face les athlètes a tenu compte du développement multiniveau des athlètes dans quatre domaines de la vie d'un ou d'une athlète – sportif, psychologique, psychosocial, puis scolaire et professionnel – afin d'harmoniser les transitions normatives selon l'âge chronologique (Stambulova, 2016; Wylleman et al., 2004, Wylleman et Rosier, 2016). Le modèle démontre la nature interactive des transitions de sorte qu'il met l'accent sur les transitions au cours de la carrière sur le plan sportif, mais également sur d'autres transitions simultanées à de multiples niveaux de développement (Wylleman et al., 2004; Wylleman et Rosier, 2016).

Le *développement sportif* est le premier domaine du modèle de développement des transitions auxquelles font face les athlètes. Il est représenté en quatre stades : initiation, développement, maîtrise et abandon (Stambulova, 2016). Le stade d'initiation débute aux alentours de l'âge de 6 ans, au moment où l'enfant est initié au sport organisé compétitif (Wylleman, 2018). Le stade de développement se réalise au moment de l'exposition de l'enfant athlète talentueux (âgés de 12 à 18 ans) à l'entraînement intensif et la compétition (Wylleman et Rosier, 2016). Le stade de la maîtrise concerne l'expérience de participation à des compétitions de haut niveau dans son sport (18 ou 19 ans). Enfin, le stade d'abandon est celui où les athlètes quittent le milieu des sports de compétition (Wylleman et Rosier, 2016).

Dans le deuxième domaine du modèle, le *développement psychologique* est marqué par les stades de l'enfance (12 ans et moins), de l'adolescence (13 à 18 ans) et de l'âge adulte (19 ans et plus), ainsi que les transitions connexes dans la maturation personnelle des athlètes (Stambulova, 2016). Le *développement psychosocial* représente le troisième domaine du modèle et décrit les changements dans les réseaux sociaux liés au sport d'un ou d'une athlète au fil du temps (Stambulova, 2016). À mesure que les athlètes vieillissent, les stades psychosociaux reflètent les personnes étant perçues alors comme étant les plus significatives au stade en question (Wylleman et Rosier, 2016). À titre d'exemple, les parents et les frères et sœurs peuvent offrir le soutien psychosocial le plus important lorsque les athlètes en sont au stade de l'enfance, alors qu'une fois devenus jeunes adultes, le ou la partenaire ou l'entraîneur ou l'entraîneuse pourra exercer une influence importante sur le plan psychosocial. Le quatrième domaine du modèle concerne *le développement scolaire et professionnel*. Il se caractérise par les étapes de scolarité de la personne (primaire, secondaire, collégiale, universitaire) et de vie au travail, de même que par les transitions définies par les systèmes éducatifs et les marchés du travail. L'expérience de formation et celle d'occupation d'un emploi peuvent avoir des impacts significatifs sur les trajectoires de carrières athlétiques, de sorte que certains et certaines pourront décider de passer des études secondaires ou universitaires au statut d'athlète semi-professionnel (Wylleman, 2018).

Selon le modèle développemental de transitions rencontrées par les athlètes, nombre d'entre elles, sportives et non sportives, se produisent simultanément, ce qui peut engendrer des incidences sur le développement de la carrière sportive de l'athlète. À titre d'exemple, les transitions scolaires engendrent souvent une dispersion des enfants au sein de différentes écoles, ce qui contribue à perturber les réseaux d'amitié motivant la participation au sport (Wylleman et al., 2004). En outre, au moment où de jeunes athlètes d'élite passent au stade de maîtrise de leur carrière sportive, ils et elles peuvent simultanément faire face à des changements transitionnels importants sur le plan psychologique (transition de l'adolescence au début de l'âge adulte), psychosocial (établissement de relations temporaires ou stables avec un partenaire) ou scolaire (transition vers l'enseignement supérieur) [Wylleman et al., 2004].

Récemment, les quatre domaines de développement définis dans le modèle de développement initial des transitions auxquelles font face les athlètes ont été de nouveau mis à jour, faisant ainsi place au modèle holistique de la carrière sportive actuel (Wylleman et Rosier, 2016). L'une des révisions du modèle HAC a été l'ajout d'un cinquième domaine de transitions : le *développement financier*. Ce dernier domaine représente la façon dont les athlètes peuvent recevoir un soutien financier pendant et après leur carrière sportive (Wylleman, 2018). Le plus souvent, un soutien financier est offert par la famille d'origine au début de la carrière sportive (Wylleman et Rosier, 2016). Pour certains et certaines athlètes d'élite, ce soutien financier peut être complété par un financement de fédérations sportives, de comités olympiques nationaux, de commanditaires et d'employeurs, à mesure que les athlètes font la transition du stade de développement vers celui de maîtrise de leur carrière sportive (Stambulova, 2016; Wylleman et Rosier, 2016). Une autre révision a été faite sur en regard du domaine de développement scolaire et professionnel, afin que les statuts d'athlète professionnel et d'athlète semi-professionnel soient ajoutés de manière à correspondre au stade de maîtrise du développement sportif (Wylleman, 2018).

Le modèle HAC offre aux psychologues du sport et aux professionnels de la carrière un cadre conceptuel d'expériences de transition auxquelles les athlètes peuvent faire face, et peut continuer d'orienter les dispositions pertinentes en matière de soutien à la carrière des athlètes (Wylleman et Rosier, 2016). Le modèle reconnaît les points communs interindividuels à de multiples domaines tout au long du développement des athlètes (Wylleman, 2018); toutefois, il permet également de tenir compte des différences interindividuelles en ce qui a trait au sport, au sexe, aux caractéristiques personnelles et aux circonstances contextuelles de l'athlète (Stambulova, 2016). Bien que le modèle n'inclue pas les transitions non normatives (p. ex. les blessures mettant fin à la carrière, le retranchement, les échanges) qui peuvent également avoir une incidence sur la qualité de la participation des athlètes au sport, il fournit un fondement pour situer et comprendre les transitions communes interdépendantes qui se chevauchent à tous les stades du développement d'un ou d'une athlète (Wylleman et *al.*, 2004). Ainsi, le modèle HAC peut être appliqué par divers professionnels et professionnelles œuvrant auprès d'athlètes dans de multiples contextes sportifs. Le modèle peut servir d'outil pour contribuer à la conceptualisation d'illustration pratique et d'intervention associée.

Illustration pratique

La présente illustration de cas est fictive et utilise des pseudonymes. Elle s'appuie sur l'expérience d'anciens joueurs canadiens de hockey junior majeur ayant participé à une série d'études de recherche que j'ai menées. Les expériences décrites ont été choisies pour créer un récit fascinant qui représente les expériences de transition communes des joueurs canadiens de hockey junior majeur.

L'histoire de Jack

Jack quitta le bureau des entraîneurs, ébranlé. À son arrivée à la patinoire 30 minutes plus tôt, il s'attendait à jouer dans le match à domicile de ce soir. Maintenant, il devait vider son casier dans le vestiaire, puis retourner chez sa famille de pension pour rassembler ses affaires. Un autre joueur devait pouvoir prendre sa place. Sous le choc, il s'arrêta à l'extérieur du vestiaire. Il était incapable de comprendre que sa carrière de hockey venait de prendre fin, et ce, de façon si inattendue et brusque. Il songea à la probabilité qu'une autre équipe de la ligue le veuille aussi tard dans la saison. Il demeurait après tout une période très courte d'admissibilité au hockey junior avant l'âge limite de son 21e anniversaire. Jack poussa un soupir long et profond en entrant dans le vestiaire pour la dernière fois pour récupérer tout l'équipement qui n'appartenait pas à l'organisation. Ses coéquipiers le regardaient faire pendant qu'il rassemblait ses affaires et faisait ses adieux. Certains avaient un regard empathique, d'autres éprouvaient plutôt un soulagement d'avoir été épargnés par le retranchement.

Jack redoutait d'avoir à faire les neuf heures de route pour rentrer dans sa ville natale. Tant de pensées défilaient dans son esprit. Il craignait que son genou blessé ne s'ankylose en cours de route. Il imaginait nerveusement comment il expliquerait le retranchement à ses parents. Ces derniers avaient investi beaucoup de temps, d'énergie et d'argent dans sa carrière sportive. Il avait honte à la pensée de le dire à son père. Ce dernier était si fier de son fils athlète. Il n'avait jamais manqué l'occasion de regarder ses matchs sur Internet. Jack songeait à devoir dire à sa petite amie, qu'il avait rencontrée par l'entremise de sa famille de pension, qu'il retournerait dans sa province natale. Il doutait que la relation puisse durer, tandis qu'il retirait son complet des jours de match pour la dernière fois, puis en déposant machinalement ses vêtements dans sac de sport abîmé.

Jack imaginait son retour dans sa ville natale en pensant, avec désespoir, « Que vais-je faire maintenant? » Il n'avait jamais pensé être retranché en milieu de saison. Il songea à s'inscrire à l'université, mais se rendit compte que c'était le milieu du semestre. Ses notes médiocres au secondaire seraient-elles suffisantes pour qu'il soit admis à l'université? Pourrait-il encore jouer au hockey au sein d'une équipe universitaire ou devrait-il se joindre à une équipe de compétition de niveau inférieur? Devrait-il même jouer au hockey? Ses pensées passèrent rapidement à la gêne qu'il éprouverait à devoir expliquer à ses amis et amies de sa ville natale qu'il ne jouerait plus au hockey. Son rêve de devenir joueur de la Ligue nationale de hockey (LNH) avait été anéanti. Le désespoir qu'il éprouvait était comme un couteau dans le ventre. En passant devant le panneau de bienvenue de la ville où il avait élu domicile depuis deux ans et s'engageant sur la route enneigée et sombre en direction de l'ouest, il réfléchit à son avenir avec un sentiment d'échec : « Que vais-je faire? Qui suis-je si je ne suis pas un joueur de hockey? »

Jack n'est pas seul : les réalités du hockey canadien junior majeur

L'histoire de Jack n'est pas différente de celle de nombreux anciens athlètes canadiens de hockey junior majeur. Considérée comme l'une des meilleures ligues de hockey sur glace junior majeur au monde, la Ligue canadienne de hockey (LHC) est composée de 60 équipes de hockey junior majeur réparties en trois ligues associées : la Ligue de hockey de l'Ouest (WHL), la Ligue de hockey de l'Ontario (OHL) et la Ligue de hockey junior majeur du Québec (LHJMQ). Étant donné la structure de la ligue, la majorité des athlètes de la LCH ont entre 17 et 20 ans. Toutefois, nombre d'entre eux quittent leur domicile à l'âge de 16 ans pour réaliser leur rêve de jouer un jour au hockey professionnel. À moins de blessures, sinon de suspensions ou d'équipe, ces jeunes athlètes jouent jusqu'à 72 matchs réguliers par année (Campbell et Parcels, 2013). Bien que la LCH soit souvent considérée comme une ligue reconnue pour alimenter les équipes de la LNH, moins de 20 % des athlètes de la LCH joueront un jour un match à ce niveau professionnel. Seulement 5 % des joueurs de la LCH réussissent une carrière à long terme dans la LNH (Campbell et Parcels, 2013). La fin définitive de la carrière de toute une vie de ces athlètes au hockey peut provoquer une période de transition importante, nécessitant la renégociation du temps, de l'énergie et de la détermination des rôles (Park, Lavallee et Tod, 2013).

Analyse de l'illustration pratique

Le modèle HAC est bien adapté pour analyser et comprendre les diverses transitions auxquelles font face les athlètes canadiens de hockey junior majeur lors de leur retranchement ou lors d'une retraite forcée. Selon le modèle HAC, Jack fait face à la transition de sa carrière d'athlète entre le stade de maîtrise et celui d'abandon. Il passe du rôle de joueur de hockey d'élite à celui de personne appelée à abandonner le sport de compétition. Cette transition peut donner lieu à un sentiment de perte sur les plans de la compétence personnelle, du plaisir et de la reconnaissance sociale (Wylleman et Rosier, 2016). Même si l'on pourrait simplement décrire la transition de Jack comme une retraite de sa carrière d'athlète, cela n'est pas sans agir de façon simultanée sur les plans psychologique, psychosocial, scolaire et professionnel, de même que financier. L'expérience de Jack requiert une compréhension plus complexe, nuancée et holistique.

Développement psychologique

Âgé de 20 ans, Jack a récemment fait la transition de l'adolescence au début de l'âge adulte (Wylleman et Rosier, 2016). Étant donné que Jack pratique probablement le hockey depuis son enfance, il peut avoir une forte identité d'athlète. Les recherches ont révélé une corrélation entre une forte identité d'athlète et des difficultés après la retraite de la carrière d'athlète. Ces difficultés sont liées à l'identité personnelle, de même qu'en corrélation avec un faible bien-être psychologique et un sentiment de perte de contrôle (Park et *al.*, 2013). Ainsi, les athlètes peuvent devenir plus susceptibles d'adopter des stratégies d'ajustement non adaptatives (p. ex. tabagisme, dépendance à l'alcool) et de développer des problèmes de santé mentale : dépression, stress traumatique, pensées suicidaires (Park et *al.* 2013).

Développement psychosocial

Dans le cadre de cette transition vers la retraite de sa carrière d'athlète, Jack fera également face à des transitions psychosociales. Celles-ci pourraient entraîner des changements dans ses rôles et son identité sur le plan social. Le modèle HAC prend en compte que les partenaires, les entraîneurs et les coéquipiers représentent souvent les principales sources de soutien social de l'athlète durant la phase de maîtrise de son développement (Wylleman, 2018). Jack retournera dans sa ville natale et laissera ces liens derrière lui. Ce faisant, il pourrait dépendre de plus en plus de sa famille et de ses pairs dans sa ville natale pendant sa transition vers l'abandon du sport. Comme l'ont souligné Wylleman et Rosier (2016), Jack pourrait être appelé à s'adapter à un nouveau statut social (c.-à-d. qu'il n'est plus un athlète d'élite) et à renouveler ses liens avec le réseau social de sa ville natale (c.-à-d. son réseau social non sportif).

Développement scolaire et professionnel
Selon le modèle HAC, l'abandon du sport par Jack pourrait également donner lieu à une transition scolaire et professionnelle. S'il n'est pas en mesure de poursuivre sa carrière d'athlète semi-professionnel dans une autre ligue de hockey ou s'il n'est pas disposé à le faire, il pourrait devoir entrevoir une poursuite non sportive de sa carrière. Cela peut s'avérer tout particulièrement difficile pour les athlètes d'élite. Bon nombre d'entre eux et elles n'ont peut-être pas eu l'occasion d'employer des connaissances ou des compétences en dehors de leur carrière sportive. Pour cette raison, ils et elles peuvent faire face à des perspectives d'emploi limitées (Wylleman et Rosier, 2016). Jack devra peut-être poursuivre des études supérieures ou entreprendre une formation professionnelle afin d'acquérir des connaissances et des compétences de travail. Par rapport à leurs pairs non-athlètes ayant déjà amorcés leurs études supérieures ou encore qui se sont insérées professionnellement, les athlètes à la retraite peuvent éprouver des sentiments d'infériorité. Ils et elles peuvent bénéficier d'opportunités réduites s'ils visent une insertion directe en emploi, en raison en raison de leur âge et de leurs réalisations sportives (Wylleman et Rosier, 2016). Si Jack décide de poursuivre des études supérieures, il aura peut-être deux ou trois ans de retard par rapport à ses pairs de sa ville natale, qui eux, pourraient déjà en être à l'obtention de leur diplôme.

Développement financier
Bien que les pairs de son groupe d'âge puissent vivre de façon autonome, poursuivre des études supérieures ou travailler dans un domaine professionnel choisi, il est peu probable que Jack soit financièrement en mesure de profiter de ce niveau d'autonomie. La plupart des joueurs de la LCH ne reçoivent pas plus que quelques centaines de dollars par mois (Campbell et Parcels, 2013). Jack devra probablement se tourner vers sa famille pour obtenir un soutien financier, voire même retourner vivre au domicile familial jusqu'à ce qu'il puisse trouver un travail et devenir financièrement autonome. Comme l'ont fait remarquer Wylleman et Rosier (2016), le fait que les athlètes retournent au domicile parental peut entraîner des problèmes interpersonnels ou intergénérationnels qui, à leur tour, peuvent donner lieu à des transitions psychosociales de plus en plus complexes.

Conclusion

L'histoire de la transition de Jack vers la retraite de sa carrière d'athlète, ainsi que les transitions connexes et simultanées dans d'autres domaines de sa vie, fait ressortir, de manière publique et tangible, la complexité de la transition de carrière des athlètes. Les modèles de transition de carrière d'athlètes comme le HAC favorisent une analyse et une compréhension plus détaillée des défis liés aux expériences transitoires rencontrés par les athlètes. La perspective holistique des temps de vie a servi de fondement aux chercheurs et chercheuses et aux professionnels et professionnelles pour mieux connaître et comprendre le nombre et la complexité des transitions réciproques rencontrés dans différents domaines par les athlètes d'élite, et ce, pendant et après leur carrière sportive (Wylleman et Rosier, 2016). Cette reconceptualisation de la façon dont les athlètes sont perçus dans le contexte de la littérature scientifique en psychologie du sport a contribué à renforcer la position selon laquelle l'orientation scolaire et professionnelle est nécessaire peut les aider à s'orienter en regard de questionnements relatifs à la carrière sportive et non sportive (Stambulova, 2016). Les personnes professionnelles du counseling de carrière peuvent appuyer leurs interventions sur des modèles de transition et ainsi aider les jeunes athlètes à mobiliser leurs ressources et composer avec les défis de cette expérience.

Biographie

Lauren K. McCoy est conseillère canadienne certifiée, psychologue autorisée et candidate conseillère agréée canadienne, psychologue provisoire autorisée et candidate au doctorat en psychologie du counseling de l'Université de Calgary (Alberta, Canada). Lauren a étudié la transition de carrière des joueurs de hockey junior majeur d'élite du Canada après leur retraite sportive, ainsi que celles se poursuivant dans leur vie par la suite. Lauren apporte une perspective unique et appliquée de la transition de carrière des athlètes tant sur le plan de la recherche qu'à titre d'entraineuse professionnelle en patinage artistique à Patinage Canada.

Références

Campbell, K. et Parcels, J. (2013). *Selling the dream: How hockey parents and their kids are paying the price for our national obsession*. Toronto, ON : Penguin Group.

Park, S., Lavallee, D. et Tod, D. (2013). Athletes' career transition out of sport: A systematic review. *International Review of Sport and Exercise Psychology, 6*, 22-53. DOI : 10.1080/1750984X.2012.687053

Samuel, R. D. et Tenenbaum, G. (2011). How do athletes perceive and respond to change events: An exploratory measurement tool. *Psychology of Sport Exercise, 12*, 392-406. DOI : 10.1016/j.psychsport.2011.03.002

Stambulova, N. (2016). Theoretical developments in career transition research: Contributions of European sport psychology. Dans M. Raab, P. Wylleman, R. Seiler, A.-M. Elbe et A. Hatzigeorgiadis (dir.), *Sport and exercise psychology research: From theory to practice* (p. 251-268). Oxford, RU : Elsevier.

Wylleman, P. (2018). Sport psychologists assisting young talented athletes faced with career transitions. Dans C. J. Knight, C. G. Harwood et D. Gould (dir.), *Sport psychology for young athletes* (p. 141-152). New York, NY : Routledge.

Wylleman, P., Alfermann, D. et Lavallee, D. (2004). Career transitions in sport: European perspectives. *Psychology of Sport and Exercise, 5*, 7-20. DOI: 10.1016/S1469-0292(02)00049-3

Wylleman, P. et Rosier, N. (2016). Holistic perspective on the development of elite athletes. Dans M. Raab, P. Wylleman, R. Seiler, A.-M. Elbe et A. Hatzigeorgiadis (dir.), *Sport and exercise psychology research: From theory to practice* (p. 270-288). Oxford, RU : Elsevier.

Points de pratique pour l'utilisation du modèle holistique de la carrière sportive
Lauren McCoy

1. **Conceptualiser les expériences des athlètes dans de multiples domaines.** Le modèle HAC offre un cadre utile aux professionnels et aux professionnelles pour recueillir de l'information sur le fonctionnement et les ressources de l'athlète sur les plans du développement psychologique, psychosocial, scolaire et professionnel, et financier. La collecte d'information dans chacun de ces domaines contribuera à une conceptualisation intégrative de l'athlète et de ses ressources d'adaptation.

2. **Reconnaître les athlètes, les types de sport et les contextes sportifs comme étant uniques.** Les recherches ont révélé que le niveau de compétition, le sport et l'âge d'un ou d'une athlète en transition peuvent exercer une influence sur le type d'intervention jugé le plus approprié. Bien que certains professionnels et certaines professionnelles aient conscience du développement individuel des athlètes au fil du temps, il est tout aussi important de comprendre les aspects structuraux, organisationnels et stratégiques du sport de l'athlète afin de préparer les athlètes et de mobiliser des ressources pour les transitions au cours de la carrière. Bien connaître le contexte de l'athlète permettra d'établir une bonne relation avec celui-ci ou celle-ci, de même que de renforcer la confiance dans la relation de travail avec ce dernier ou cette dernière, et pourrait également améliorer la participation de l'athlète à l'intervention.

3. **Les transitions sont normatives et non normatives.** Le modèle HAC présente les transitions normatives auxquelles un ou une athlète est susceptible de faire face. Toutefois, il pourrait également être utile pour les professionnels et les professionnelles d'examiner la littérature sur la transition de carrière des athlètes afin de se familiariser avec les transitions non normatives auxquelles peuvent faire face les athlètes.

4. **Complétez vos stratégies d'intervention.** Le modèle HAC est de nature conceptuelle et ne fournit aucune recommandation sur l'intervention auprès des personnes clientes et des athlètes. Toutefois, le modèle HAC peut être complété par d'autres modèles de transition chez les athlètes et qui offrent des recommandations d'intervention, dont notamment celui de Stambulova (2016).

Chapitre 23

Le cadre théorique des systèmes du développement de carrière (STF) : application de la pensée systémique à la théorie et à la pratique du développement de carrière

Mary McMahon et Wendy Patton

Ce chapitre présente *le cadre théorique des systèmes du développement de carrière* (*systems theory framework of career development* – STF) [Patton et McMahon, 2014, 2017], lequel applique la pensée systémique à la théorie et à la pratique du développement de carrière. S'appuyant sur la théorie des systèmes, le STF fournit une carte conceptuelle et pratique (McMahon et Patton, 2017, sous presse) permettant de conceptualiser systématiquement le développement de carrière individuel et ses pratiques telles que le counseling, l'évaluation, sinon l'éducation relative à la carrière. Depuis toujours, l'un des points forts du STF est l'intégration de la théorie, de la recherche et de la pratique. Le présent chapitre décrit d'abord, brièvement, les fondements de ce cadre et ses principaux concepts, de même que les considérations pratiques justifiant son utilisation en contexte d'évaluation et d'intervention en counseling de carrière. Une illustration pratique est ensuite présentée et analysée afin de démontrer l'application du STF dans la pratique. Le chapitre se termine par des points pratiques à l'intention des professionnels et des professionnelles de la carrière.

Le cadre théorique des systèmes (STF)

Le cadre théorique des systèmes (STF) [Patton et McMahon, 2014, 2017] est le premier cadre métathéorique du développement de carrière fondé sur la théorie des systèmes. La théorie des systèmes reconnaît que la totalité d'un phénomène (p. ex. en développement de carrière) se compose de nombreux éléments interagissant les uns avec les autres. Cela facilite l'analyse et la compréhension d'un phénomène dans son ensemble. Les systèmes de transport et les systèmes informatiques sont des exemples de l'application de la théorie des systèmes. À la différence de théories décrivant en détail chacun des construits du développement de carrière (p. ex.; intérêts, valeurs, traits de personnalité), le STF reconnait la complexité, la pluridimensionnalité et la dynamique du développement de carrière.

Chaque théorie relative à la carrière apporte une contribution à la compréhension générale du développement de carrière. Le STF n'est pas conçu comme une théorie particulière du développement de carrière. Il est plutôt question d'un cadre global, ou métaphorique, au sein duquel se retrouvent tous les concepts du développement de carrière traités au sein des multiples théories du développement de carrière peuvent être utilisés sur le plan théorique et pratique. Des descriptions détaillées de ces différents concepts du développement de carrière sont fournies par les théories ou par les personnes lorsqu'elles racontent leurs récits de carrière.

Le STF est composé de plusieurs systèmes clés interreliés, dont le *système individuel*, le *système social* et le *système environnemental-sociétal* (voir la figure 1). Chacun comprend plusieurs *facteurs d'influence* contribuant au développement de carrière de la personne. Ces trois systèmes interviennent dans le contexte du passé, du présent et du futur. Le passé influence le présent et, ensemble, le passé et le présent influencent le futur. Le système individuel comprend les facteurs d'influence relatifs au contenu intrapersonnel, dont le genre, l'âge, le concept de soi, la santé, les habiletés, les handicaps, les caractéristiques physiques, les croyances, la personnalité, les intérêts, les valeurs, les aptitudes, les compétences, la connaissance du monde du travail, l'orientation sexuelle et l'ethnicité. Les facteurs d'influence relatifs au contenu du système social englobent les pairs, la famille, les médias, les groupes communautaires, le milieu de travail et les établissements de formation. Ceux du système environnemental-sociétal comprennent les décisions politiques, les tendances historiques, la mondialisation, le statut socioéconomique, le marché de l'emploi et l'emplacement géographique. La culture n'est pas explicitement représentée comme un facteur d'influence dans le STF en raison de sa nature personnelle et multidimensionnelle et des nombreux endroits où elle peut intervenir dans les systèmes d'influences (McMahon et Patton, sous presse). L'identité n'y est pas non plus représentée de façon explicite, étant donné que, tout comme la culture, elle s'inscrit dans la récursivité et dans les espaces des systèmes d'influences (McMahon et Patton, sous presse).

Le STF est un système ouvert et dynamique, soumis à l'influence du monde extérieur, à l'intérieur duquel les facteurs d'influence interagissent et changent constamment. Dans le STF, la chance (c.-à-d. les événements imprévus), le changement au fil du temps et la récursivité (c.-à-d. les interactions à l'intérieur même des facteurs d'influence et entre eux) représentent les *facteurs d'influence relatifs au processus* qui reflètent la nature dynamique et changeante du développement de carrière. La nature et le degré d'influence exercée par tout facteur d'influence changent au fil du temps. Par exemple, l'influence de la famille reste toujours présente, mais sa nature évolue tout au long de la vie : l'individu passe du statut d'enfant à la charge de ses parents, à celui d'adulte autonome qui subvient peut-être aux besoins de ses propres enfants, puis éventuellement à celui du proche aidant qui s'occupe de ses parents âgés. Grâce à la combinaison des facteurs d'influence et de processus, le STF dépeint le développement de carrière comme une interaction dynamique entre les individus et leurs systèmes d'influences au travers de laquelle ils construisent leur identité. En prenant comme point central la personne en contexte, qui définit elle-même le sens de sa carrière, il est possible d'appliquer les théories de carrière pertinentes pour chaque personne, afin de tenir compte des influences particulières qu'elle subit.

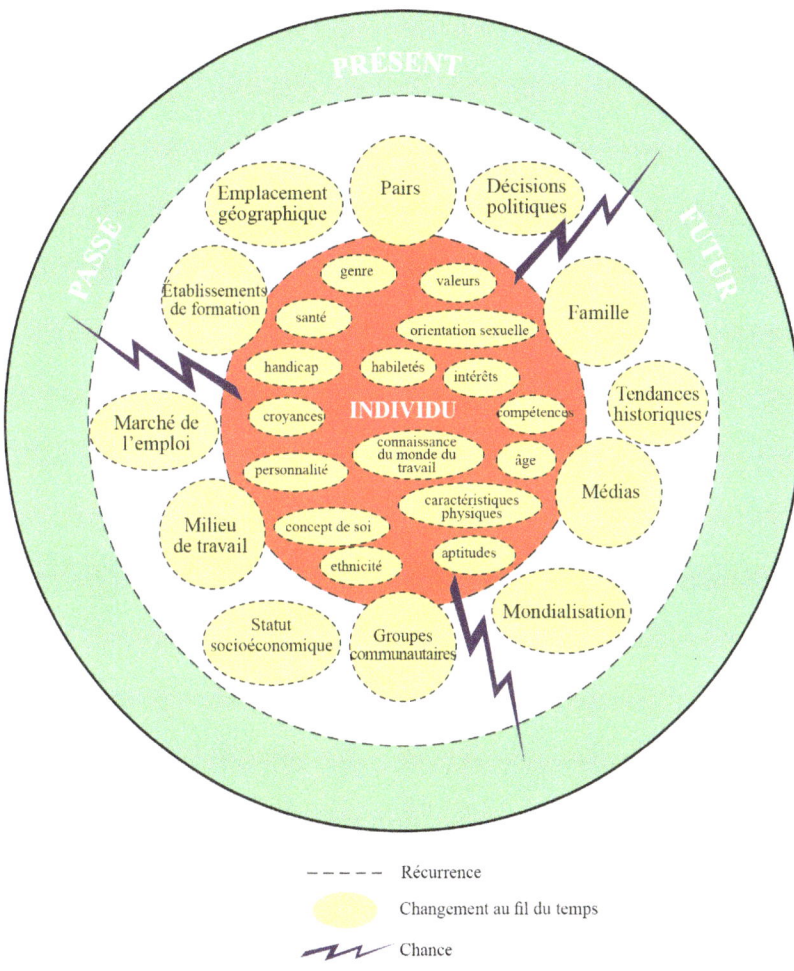

Figure 1. **Le cadre théorique des systèmes du développement de carrière (STF).** Droit d'auteur de W. Patton et M. McMahon (1999).

Le STF a été appliqué aux contextes de counseling de carrière et d'éducation à la carrière (c.-à-d. l'approche narrative du counseling de carrière) et de l'évaluation relative à la carrière (p. ex. Mon système d'influences de carrière [My System of Career Influences – MSCI]). Dans ce chapitre, l'accent est mis sur les pratiques du counseling de carrière et de l'évaluation relative à la carrière. Quatre conceptions fondamentales sous-tendent ces pratiques et s'avèrent nécessaires pour tout professionnels et professionnelles de la carrière qui appliquent le STF. Ces compréhensions conceptuelles de (a) l'individu, (b) la pensée systémique, (c) la récurrence et (d) du récit, encouragent les professionnels et les professionnelles de la carrière à considérer les personnes clientes dans le contexte des interactions complexes, dynamiques et récursives qu'elles entretiennent avec leurs systèmes d'influences. Les clients et les clientes rendent compte des influences et des relations entre eux en racontant leurs histoires (McMahon & Patton, 2017). Comme les vies comprennent une multitude de récits, nombreux sont ceux que les personnes clientes peuvent raconter. Le STF présente une carte des sources possibles de ces récits (p. ex. l'expérience d'influences individuelles comme les intérêts ou le genre, d'influences sociales comme la famille, d'influences environnementales-sociétales comme les conditions socioéconomiques ou l'emplacement géographique, ou d'expériences passées et présentes comme le travail et les études). Lorsqu'elles racontent leurs récits, les personnes clientes sont encouragés à réfléchir de façon systématique à leur carrière et à identifier les thèmes et les patrons présents à l'intérieur de ceux-ci et entre eux.

L'application de ces connaissances est guidée par cinq aspects fondamentaux de la pratique du STF et de l'approche narrative qui sont facilités par les personnes professionnelles de la carrière : (a) la réflexion, (b) l'interdépendance (c) la recherche d'un sens, (d) l'apprentissage et (e) l'intentionnalité (McMahon et Patton, 2017). Ces aspects sont démontrés au travers de l'application directe du STF à l'approche narrative systémique adoptée dans le contexte du counseling de carrière (voir McMahon, Watson et Patton, 2015). Cette approche narrative :

> encourage les individus à s'engager dans un processus de réflexion (réflexion) au cours duquel ils racontent leurs récits en lien avec les systèmes d'influences dans lesquels ils vivent (interdépendance), commencent à comprendre l'incidence des influences identifiées sur leurs récits (recherche d'un sens), cernent les thèmes et les patrons évidents présents à l'intérieur de leurs récits et d'un récit à l'autre (apprentissage), et, par conséquent, jouent un rôle plus actif dans la construction de leurs identités futures et de leur récit de carrière (intentionnalité)[1].
> (McMahon et al., 2015, p. 151)

Afin d'inciter les clients et les clientes à raconter leurs récits, les personnes conseillères qui s'appuient sur le STF doivent renoncer à leur position d'expert et

---

[1] Traduction libre.

experte et démontrer un véritable intérêt pour leurs clients et leurs clientes, en adoptant une posture de personne curieuse, posant des questions sur la mise en récit (voir McMahon et al., 2015), mais qui ne sait, a priori, pas (White, 2007). À cet égard, Schein (2013) a utilisé le terme d'« enquête humble[2] » (p. i), qu'il a décrit comme « l'art de faire émerger la personnalité d'un individu, de poser des questions auxquelles vous n'avez pas toujours la réponse, de construire une relation basée sur la curiosité et l'intérêt pour l'autre[3] » (p. i). Selon les principes du STF, il existe une relation récursive entre l'enquête humble de Schein et l'établissement de relations. Dans le cadre de ce processus de questionnement et de narration respectueux, un « partenariat conversationnel[4] » (White, 2007, p. 263) facilite l'établissement de liens thématiques entre les expériences passées et présentes et les aspirations futures, permettant ainsi l'émergence de nouvelles idées et l'élaboration de récits ultérieurs. À l'intérieur du STF, on utilise le terme de *système thérapeutique* pour désigner la relation qui unit les personnes conseillères avec leurs clients et leurs clientes. En essence, le système de la personne conseillère et celui du client ou de la cliente s'unissent pour former un autre système, soit le système thérapeutique (McMahon et Patton, sous presse ; Patton et McMahon, 2014, 2017). Autrement dit, la personne conseillère devient un facteur d'influence dans le système d'influences du client ou de la cliente.

Même si les applications pratiques du STF s'appuient sur le récit, rien n'empêche le recours à l'évaluation psychométrique. Toutefois, cette dernière n'est pas utilisée systématiquement dans le cadre de l'approche narrative. Elle est plutôt intégrée dans le processus du counseling de carrière en regard des récits du client ou de la cliente. Par exemple, si la personne cliente est incertaine quant à ses intérêts, le conseiller ou la conseillère pourrait lui suggérer de passer un test d'intérêts. De là, la personne cliente décide ou non de le faire.

L'évaluation est partie prenante de l'application de l'approche narrative selon le modèle STF auprès d'adolescents, d'adolescentes et d'adultes, notamment sous un usage qualitatif dans Mon système d'influences de carrière (MSCI) [McMahon, Patton et Watson, 2017; McMahon, Watson et Patton, 2013]. Le MSCI est un livret qui, page après page, guide les personnes clientes dans leur réflexion sur leur situation professionnelle actuelle, leurs influences individuelles, sociales et environnementales-sociétales, ainsi que celles liées au passé, au présent et au futur, en vue de cibler les facteurs d'influence les plus importants. Ces personnes sont ensuite accompagnées dans l'élaboration d'une carte de leur système d'influences de carrière, soit un STF personnalisé. Par la suite, ils effectuent une réflexion guidée sur leur carte et établissent un plan d'action. L'intégration de différentes formes d'évaluations relatives à la carrière (y compris le MSCI) dans une approche narrative

---

2 Traduction libre.
3 Traduction libre.
4 Traduction libre.

du counseling de carrière fournit un processus d'évaluation et intervention global et intégré (Patton et McMahon, 2014).

Le STF présente des avantages et des inconvénients. Ses avantages, sur le plan théorique, sont qu'il permet de démontrer les similitudes, les différences et les liens entre les théories de la carrière. Le STF peut ainsi être appliqué au niveau macro de l'analyse des théories, de même qu'au niveau micro de l'analyse du développement de carrière d'un individu. Par conséquent, les personnes professionnelles de la carrière qui se réfèrent à ce cadre théorique peuvent choisir les théories les plus pertinentes au regard des besoins et de la situation de chaque client et cliente, s'appuyant ainsi sur les principaux concepts de toutes ces théories. L'un des inconvénients du cadre, au niveau théorique, est qu'il ne fournit pas de compte-rendu détaillé des facteurs d'influence relatifs au processus et au contenu ; ceux-ci sont offerts par les théories et par les personnes clientes elles-mêmes. Dans la pratique, le STF a pour avantage de favoriser la cohérence entre la théorie et la pratique lors du développement de carrière, ainsi que d'apporter de nouvelles approches à utiliser dans la pratique professionnelle. Dans les démarches d'orientation fondées sur le STF, l'accent est mis sur l'individu et non sur la théorie, comme le démontre la vignette ci-dessous.

Illustration pratique et analyse

La vignette présentée ici est un entretien en counseling de carrière, basé sur l'approche narrative, qui a été réalisé avec Campbell (pseudonyme), un célibataire de 34 ans, qui connaissait une carrière fructueuse et lucrative dans le secteur financier. Il s'est présenté en affirmant qu'il voulait « *désespérément changer de carrière* », mais qu'il ne voulait pas se précipiter ; il souhaitait « *faire les choses correctement* ». Dès le moment de sa rencontre avec Campbell, le conseiller, appliquant l'approche narrative du STF, a établi les attentes de ce dernier à l'égard du counseling de carrière et a donné la priorité à l'établissement d'une relation conseiller-client, respectueuse, accueillante et sûre, basée sur la confiance ; une relation dans laquelle Campbell pouvait se sentir écouté et important et sentir que son conseiller s'intéressait à lui. Tout au long de l'entretien, le conseiller s'est efforcé, dans le cadre d'un processus continu d'établissement de liens, d'approfondir et de renforcer la relation. Dès le départ, le conseiller est entré dans l'espace de vie de Campbell en devenant une influence sociale à l'intérieur de ses systèmes d'influences. Cela est reflété dans le système thérapeutique du STF qui montre comment les systèmes du client et du conseiller entrent en action pour créer un nouveau système, puis comment le conseiller devient une influence dans le système du client.

Conformément à l'approche narrative du STF appliquée au counseling de carrière, le conseiller a adopté la position de l'enquêteur curieux et a reconnu

Campbell comme l'expert de sa propre vie. L'apparente contradiction (pour quelqu'un de l'extérieur) entre la carrière réussie de Campbell et son désir désespéré de changer a piqué la curiosité du conseiller et l'a amené à poser des questions favorisant la mise en récit (voir McMahon et al., 2015). Au travers de questionnements fondés sur la curiosité et l'intérêt, le conseiller a incité Campbell à raconter une série d'histoires systémiques connexes. Il a notamment parlé de ses études, de son travail actuel, de comment il en était venu à travailler dans le secteur financier, de sa vie en dehors du travail, de toutes les visions ou idées de carrières alternatives qu'il avait envisagées, du calendrier qu'il s'accordait pour effectuer la transition, ainsi que de son réseau de soutien. Du point de vue du STF, les récits proviennent des interactions et des expériences des personnes clientes avec le contenu et le processus des facteurs d'influence dans leur vie. Le conseiller ou la conseillère doit être attentif aux indices contenus dans les récits du client qui suscitent chez lui une réaction et l'amènent, entre autres, à poser des questions favorisant la mise en récit (voir McMahon et al., 2015) ; ces questions, qui sont liées au récit de la personne cliente, incitent ce dernier à en dire plus. Il existe une relation récursive entre les questions favorisant la mise en récit et l'établissement de liens, ce dernier n'étant pas une étape du processus de counseling de carrière, mais plutôt une démarche continue d'approfondissement et de renforcement de la relation.

Les récits de Campbell ont révélé beaucoup de choses sur lui. Par exemple, le fait qu'il est issu d'une famille de comptables travaillant principalement dans le secteur financier (un récit tiré du système social de Campbell). En effet, sa sœur et lui représentent la troisième génération de la famille à suivre cette voie. Ses parents ont toujours soutenu activement Campbell et sa sœur. Ils sont fiers du succès de Campbell. Dans sa famille, il y avait eu peu de discussions sur ce que ferait Campbell lorsqu'il quitterait l'école, parce qu'il s'en sortait bien en mathématiques, en économie et en comptabilité, même s'il n'aimait pas vraiment ces matières (un récit sur les influences intrapersonnelles de Campbell, plus particulièrement ses intérêts, et sur son système social, plus particulièrement sa famille). Implicitement, sa famille tenait pour acquis qu'il obtiendrait son diplôme en comptabilité et en finances et qu'il travaillerait ensuite dans ce domaine (un récit tiré du système social de Campbell et de son passé qui influence son présent et son avenir).

Deux expériences que Campbell a vécues pendant ses études secondaires l'ont profondément marqué. La première a été sa participation à une activité parascolaire consistant à fournir un petit-déjeuner aux sans-abri de la ville où il habitait, et la deuxième a été une excursion scolaire dans le village d'un pays en développement, où lui et d'autres élèves avaient travaillé à la construction d'un édifice communautaire nécessaire (un récit tiré du passé de Campbell, qui influence son présent et qui est susceptible d'influencer son avenir). Depuis, Campbell s'est passionné pour l'aide aux personnes défavorisées (un récit sur le système intrapersonnel de Campbell, plus particulièrement sur ses intérêts, ses valeurs et sa personnalité). Il a donné généreusement aux organismes d'aide internationale et s'est rendu à plusieurs reprises à l'étranger en tant que bénévole avec ces organisations pour contribuer à des projets d'aide dans les pays en développement (des récits montrant la récurrence entre le système intrapersonnel de Campbell [c.-à-d. ses intérêts et ses valeurs], son système social [sa participation à des organismes d'aide] et ses systèmes environnementaux-sociétal [son statut socioéconomique et la mondialisation]). Du point de vue du STF et de l'approche narrative du counseling de carrière, les récits sur la vie personnelle d'une personne et ceux sur sa carrière sont inextricablement liés (Patton et McMahon, 2014). Les thèmes relevés dans les récits racontés peuvent donner des indices quant à un récit futur.

Campbell avait envisagé de postuler sur un emploi lié aux finances au sein d'un organisme d'aide internationale. Il s'était rendu compte qu'il ne voulait tout simplement plus faire ce genre de travail. Il trouvait son emploi actuel peu satisfaisant et peu gratifiant et ne voulait pas simplement transférer ses compétences comptables et financières, dans un métier similaire dans un autre secteur. Il voulait changer complètement de carrière et était prêt à acquérir de nouvelles compétences et connaissances. En racontant ses récits, Campbell s'est rendu compte que l'altruisme était un thème qui ressortait des expériences où il s'est senti satisfait et épanoui. Il a réalisé à quel point rendre service aux autres était important pour lui, et il a pris conscience que ce thème pouvait être un élément de son futur récit. Pour reprendre les mots mêmes de Campbell, il voulait *« se salir les mains »* dans le cadre de sa nouvelle carrière et était prêt à faire ce qu'il faut pour que celle-ci devienne réalité. Toutefois, il n'avait aucune idée de ce qu'il pouvait faire ou de la façon dont il pouvait procéder pour passer à ce qu'il estimait être une future carrière plus satisfaisante et plus intéressante. À mesure que Campbell racontait ses récits, il s'est rendu compte qu'il avait des contacts au sein des organismes auprès desquels il avait travaillé comme bénévole et que ceux-ci pouvaient probablement lui fournir des informations, et il a convenu avec le conseiller que ce serait là une première étape utile dans la construction de son futur récit.

Cette vignette démontre les conceptions du STF qui sous-tendent l'approche narrative. Qui plus est, elle montre comment le conseiller les a appliquées dans la pratique. Plus précisément, le conseiller a offert à Campbell un espace de réflexion et l'occasion non seulement de raconter les récits qui découlent de ses expériences avec les influences présentes dans son système, mais également de réfléchir à ces dernières et à ce qu'elles signifient pour lui (réflexion). Campbell a commencé à voir un lien entre son bénévolat à l'école, son travail auprès d'organismes d'aide internationale et son futur récit potentiel (interdépendance). Il a également commencé à comprendre à quel point l'altruisme était une valeur importante pour lui et en quoi elle rendait son emploi actuel ni satisfaisant ni gratifiant (recherche d'un sens). Il a identifié l'altruisme comme un thème parmi les récits d'expériences qui avaient été porteuses de sens et satisfaisantes pour lui, et a réalisé à quel point ce thème pourrait être important pour sa future carrière (apprentissage). Tout au long de l'entretien en counseling de carrière, Campbell a joué un rôle actif dans la narration de ses récits et dans l'identification des thèmes qui s'en dégageaient, et il a déterminé une première étape dans la construction de sa future carrière qu'il se sentait capable de réaliser (intentionnalité).

Conclusion

Le cadre théorique des systèmes du développement de carrière (STF) fournit des supports visuels aux personnes professionnelles de la carrière. Grâce aux cartes des systèmes du développement de carrière de la personne, il permet des pratiques d'évaluation, d'intervention, d'éducation, ainsi que de recherche dans le champ du counseling de carrière. Le STF s'applique facilement dans la pratique au moyen de techniques narratives telles que l'approche narrative du counseling de carrière, ainsi que d'instruments d'évaluation qualitative de la carrière comme Mon système d'influences sur la carrière (MSCI) [McMahon et al., 2017 ; McMahon et al., 2013]. Le STF offre une représentation utile de la nature complexe et dynamique du développement de carrière. Il encourage les personnes professionnelles de la carrière à appliquer la pensée systémique, en prenant en compte la personne dans son contexte.

Références

McMahon, M. et Patton, W. (2017). The systems theory framework: A conceptual and practical map for career counselling. Dans M. McMahon (dir.), *Career counselling: Constructivist approaches* (p. 113-126). Londres, Angleterre : Routledge.

McMahon, M. et Patton, W. (sous presse). The systems theory framework: A systems map for career theory, research and practice. Dans J. Athanasou et H. Perera (dir.), *International handbook of career guidance* (2e éd.). Springer.

McMahon, M., Patton, W. et Watson, M. (2017). *The My System of Career Influences (MSCI – Adolescent): Reflecting on my career decisions*. Brisbane, Australie : Australian Academic Press.

McMahon, M., Watson, M. et Patton, W. (2013). *The My System of Career Influences Adult Version (MSCI Adult): A reflection process*. Brisbane, Australie : Australian Academic Press.

McMahon, M., Watson, M. et Patton, W. (2015). The systems theory framework of career development: Applications to career counselling and career assessment. *Australian Journal of Career Development, 24*, 148-156. DOI : 10.1177/1038416215572378

Patton, W. et McMahon, M. (2014). *Career development and systems theory: Connecting theory and practice* (3e éd.). Rotterdam, Pays-Bas : Sense.

Patton, W. et McMahon, M. (2017). The systems theory framework of career development. Dans J. P. Sampson Jr., E. Bullock-Yowell, V. C. Dozier, D. S. Osborn et J. G. Lenz (dir.), *Integrating theory, research and practice in vocational psychology: Current status and future directions* (p. 50-61). Tallahassee, FL: Florida State University.

Schein, E. (2013). *Humble inquiry: The gentle art of asking instead of telling*. San Francisco, CA : Berrett-Koehler.

White, M. (2007). *Maps of narrative practice*. New York, NY : Norton.

Biographies

Mary McMahon est chargée de cours senior honoraire à la Faculté d'éducation de l'Université du Queensland en Australie. À cet endroit, elle a enseigné le développement de carrière, ainsi que le counseling de carrière narratif. Mme McMahon effectue des recherches et publie des ouvrages sur le développement de carrière tout au long de la vie, de même que sur le counseling de carrière narratif. Elle est conceptrice et coauteure du cadre théorique internationalement reconnu des systèmes du développement de carrière (STF). Elle est impliquée au sein de comités éditoriaux de nombreuses revues nationales et internationales.

Wendy Patton est professeure émérite à l'Université de Technologie du Queensland (Brisbane, Australie) Depuis plus de 30 ans, elle enseigne et réalise des recherches dans le champ du counseling et du développement de carrière. Elle a coécrit et coédité un certain nombre de livres, de même qu'elle a été éditrice fondatrice de la série *Career Development Series* de Sense Publishers. Elle a été largement publiée, comptant à son actif plus de 150 chapitres de livres et articles parus dans des revues scientifiques avec comités de lecture. Elle fait partie des comités éditoriaux de plusieurs revues nationales et internationales.

Points de pratique pour le cadre théorique des systèmes du développement de carrière (STF)
Mary McMahon et Wendy Patton

1. **Établissez une relation respectueuse et attentionnée avec vos clients et vos clientes basée sur la confiance et un sentiment d'importance face aux autres.** Demander de l'aide à quelqu'un d'inconnu peut susciter chez les gens un sentiment de vulnérabilité. L'établissement de la relation n'est pas une étape unique du processus de counseling : il est essentiel d'y travailler tout au long de ce dernier.

2. **Montrez-vous curieux.** Le récit est au cœur de l'application du cadre théorique des systèmes (STF), qui est une carte des facteurs d'influence et des sources des récits. La vie des individus comporte de multiples histoires ; il y a beaucoup de récits de contextes et d'époques différents, que les personnes clientes peuvent raconter. Adoptez la position de l'enquêteur curieux ou l'enquêtrice curieuse pour encourager les personnes clientes à vous les livrer.

3. **Soyez attentif aux indices dans les récits des personnes clientes et encouragez-les à en livrer davantage.** Il est plus important d'écouter que de parler. Avant les questions favorisant la mise en récit, commencez par un élément qui suscite votre curiosité dans les récits de vos personnes clientes. Cela permet au client ou la cliente de savoir que vous l'écoutez, contribue à l'établissement de la relation et améliore le déroulement de l'entretien.

4. **Aidez les personnes clientes à cerner les thèmes dans et entre leurs récits.** Posez des questions favorisant la mise en récit pour explorer les thèmes présents dans les histoires des clients et des clientes. Ces thèmes peuvent devenir des ingrédients pour de futurs récits.

5. **Reconnaissez que les personnes clientes sont des agentes actives et encouragez-les à l'être.** Inviter les clients et les clientes à raconter leurs récits les fait intervenir activement dans le processus de counseling de carrière. Favorisez l'intentionnalité en aidant les personnes clientes à déterminer les étapes qu'elles peuvent prendre pour s'orienter vers un avenir souhaité.

6. **Au besoin, aidez les personnes clientes à créer un cadre théorique des systèmes (STF) personnalisé.** Ce processus pourrait être mené à l'aide de l'instrument d'évaluation qualitative de la carrière Mon système d'influences sur la carrière (MSCI) ou pourrait être entrepris dans le cadre d'un processus plus informel guidé par une personne professionnelle de la carrière.

7. Réfléchissez à vos propres systèmes d'influences et à votre pratique. Soyez conscient de votre propre système d'influences et de l'incidence de ces dernières sur vous dans le cadre du counseling de carrière (p. ex. dans votre approche du counseling, votre attitude envers les personnes clientes, les valeurs auxquelles vous tenez).

Chapitre 24

Théorie centrée sur les solutions (Solution-Focused Theory) et pratiques relatives à la carrière

Judi H. Miller

En tant que professeure de counseling, j'enseigne le counseling centré sur les solutions depuis 20 ans. Ma motivation à rédiger le présent chapitre découle de mon enthousiasme à encourager les personnes professionnelles de la carrière à faire usage d'hypothèses et de techniques centrées sur les solutions dans leur travail. J'estime que les principes essentiels qui sous-tendent ces derniers sont les plus utiles pour les personnes clientes qui n'ont peut-être que de brefs contacts avec des conseillers et des conseillères, qui sont entourés de changements et qui cherchent à clarifier leur parcours professionnel. Ces principes sont les suivants : a) croire en l'expertise des personnes clientes; b) utiliser la curiosité pour encourager les personnes clientes à déterminer leur avenir et leurs possibilités préférées; c) travailler en collaboration pour encourager le sentiment d'autonomie et d'autosuffisance des personnes clientes. Dans le présent chapitre, je décris les fondements de la *théorie et de la pratique centrée sur les solutions (solution-focused theory)* avant d'appliquer la théorie à un cas.

Aperçu de la théorie centrée sur les solutions (Solution-Focused Theory)

Le *counseling centré sur les solutions* a été lancé dans les années 1980 par le psychologue Steve de Shazer, la conseillère Insoo Kim Berg et leurs collègues du Brief Family Therapy Center à Milwaukee (Wisconsin), aux États-Unis. Ils ont élaboré l'approche à la suite de ce qu'ils ont découvert en observant des séances avec des personnes clientes et après leur avoir demandé ce qu'elles avaient trouvé utile. Cette approche a été adoptée et adaptée dans le monde entier. Il existe maintenant de nombreuses recherches démontrant son efficacité auprès de diverses clientèles (Franklin, Trepper, McCollum et Gingerich, 2011; Macdonald, 2007, 2011). Quand je fais découvrir ce modèle aux étudiants, aux étudiantes et aux personnes conseillères, je commence par examiner le *constructivisme social* et le pouvoir du langage pour donner du sens, avant d'examiner des techniques particulières. J'utiliserai ce même format pour les lecteurs et les lectrices du présent chapitre.

Le constructivisme social constitue le fondement du counseling centré sur les solutions. L'accent est mis sur la réalité des personnes clientes, qu'elles créent de par leur compréhension et leur participation à leurs propres expériences (Goldenberg et Goldenberg, 2013). En outre, l'idée est que de nouvelles significations, de nouvelles possibilités et de nouveaux parcours peuvent émerger au travers des échanges. Ces échanges vont aider les clients et les clientes à définir et à déterminer le type de vie qu'ils souhaitent mener, ce dans quoi ils sont déjà bons, où les changements souhaités sont déjà en train de se produire et ce qui favorisera d'autres changements (De Jong et Berg, 2012).

Un certain nombre d'hypothèses et de principes découlent de ces propositions pour guider les professionnels dans l'utilisation du modèle de counseling centré sur les solutions.

1. Chaque individu est unique. Cela aide les professionnels et les professionnelles à rester curieux à l'égard de chaque personne cliente.

2. Les personnes clientes sont les expertes de leur vie et de leur contexte. Cela aide les professionnels et les professionnelles à poser des questions dans une posture où l'on ne sait pas[1] : soit de ne pas présumer connaître la vie, l'expérience, les points forts, les problèmes ou les espoirs de la personne cliente.

3. Les personnes clientes possèdent les forces et les ressources pour s'aider elles-mêmes. Cela aide les professionnels et les professionnelles à repérer et à approfondir les situations où l'ingéniosité de la personne cliente s'est révélée utile par le passé.

4. Le changement est inévitable et les conversations sont transformatrices. Cela aide les professionnels et les professionnelles à encourager les conversations où ils démontrent leur confiance et leurs espoirs dans la capacité de changer de la personne cliente, ne serait-ce qu'un tout petit peu.

5. Lorsque les personnes clientes s'estiment compétentes, ils sont davantage en mesure d'apporter des changements positifs.

6. Lorsque les personnes clientes sont en mesure d'exprimer en détail ce qu'elles veulent, elles peuvent (re)découvrir et développer ce qu'elles font ou ce qu'elles ont fait qui leur permet d'y arriver.

---

[1] Not Knowing Position.

En résumé, le counseling centré sur les solutions est dirigé par la personne cliente, il fait appel à la collaboration et se focalise sur les changements de l'individu, ses espoirs, ses compétences, son expertise et le sens qu'il donne à sa vie.

Aperçu des pratiques centrées sur les solutions

Une personne conseillère centrée sur les solutions cherche à travailler en étroite collaboration avec le client ou la cliente afin de coconstruire de nouvelles possibilités. Bon nombre des compétences utilisées sont fondamentales pour toutes les activités de counseling, mais elles ont un objectif légèrement différent. Ces compétences comprennent :

- l'écoute sélective — pour les réponses de la personne cliente qui a) démontrent ses points forts et son optimisme, son autodétermination, ses compétences et son autonomie; et b) reflètent ce qu'elle fait qui correspond avec ses espoirs et ses aspirations;

- la reformulation et le résumé (refléter et approfondir les réponses du client ou de la cliente qui mettent en évidence sa compétence);

- poser des questions (en mettant l'accent sur la création de sens et sur la visualisation de la réalisation des espoirs).

Le plus important dans ce processus, c'est que la conversation soit guidée par la réalité de la personne cliente et la reconnaissance que cette réalité soit influencée non seulement par l'interaction entre la personne cliente et le conseiller ou la conseillère, mais également par les interactions que les personnes clientes ont avec elles-mêmes. Par conséquent, ces conversations impliquent la personne cliente tout entière (p. ex. famille, culture, société et relations) et sont ancrées dans les activités et les expériences quotidiennes de l'individu. Bien qu'il existe plusieurs techniques spécifiques que les conseillers et les conseillères peuvent utiliser pour faciliter le processus de counseling centré sur les solutions, Shennan (2014) a réduit ce processus à trois tâches intentionnelles.

1. Commencer par **ce que le client ou la cliente veut**. Aider les individus à décrire en détail ce qu'ils attendent de la démarche ou des discussions (voir *l'établissement d'objectifs* ci-dessous).

2. Approfondir l'autosuffisance[2] du client. Aider les individus à décrire en détail **comment ils sauront que leurs espoirs ont été réalisés** et quelle est l'incidence possible d'une telle réalisation (un avenir privilégié détaillé).

3. Encourager l'autoévaluation de la personne cliente. Aider les individus à découvrir **les progrès qu'ils réalisent** en direction la concrétisation de leurs espoirs.

Techniques spécifiques de questionnement et de réponse centrées sur les solutions

Le point de départ du travail centré sur les solutions consiste à aider les personnes clientes à décrire ce qu'elles veulent. Il peut s'agir d'un objectif, d'un avenir désiré ou d'un espoir. La *formulation d'objectifs* nous encourage à reconnaître que ce qu'un client ou une cliente détermine vouloir n'est pas statique. Son sens peut changer pendant une séance. En demandant aux personnes clientes quels sont leurs espoirs *pour* une séance, la conversation met l'accent sur la séance elle-même; en demandant aux personnes clientes quels sont leurs espoirs *à l'égard de la* séance, la conversation met l'accent sur ce qu'ils veulent au-delà de la séance.

Amplifier les descriptions des clients de leurs espoirs pour un avenir désiré

Poser aux personnes clientes la question « Qu'est-ce qui vous permettra de savoir que le fait d'être venu ici aujourd'hui était une bonne idée? » les encourage à préciser ce qu'elles veulent et favorise également un sentiment de compétence chez l'individu. De plus, lorsque les personnes clientes répondent à cette question, ils s'entendent décrire plus en détail ce qu'ils veulent, par exemple « je serai plus détendu » ou « j'aurai un plan ». Une telle réponse permet au conseiller ou à la conseillère de se faire l'écho de ces espoirs et de les amplifier en posant la question suivante : « Lorsque vous serez plus détendu, quelle différence cela fera-t-il? » Cela encourage les personnes clientes à ajouter leurs propres connaissances contextuelles à la description dans laquelle elles se visualisent pour réaliser leurs espoirs.

Encourager les clients à autoévaluer leurs progrès vers un avenir désiré

Il existe trois compétences principales qui aident les personnes clientes à découvrir ce qu'elles font ou ce qu'elles ont fait pour atteindre leurs objectifs : a) les questions à échelle, b) les moments d'exception de réussite et c) les questions *miracle*.

Questions à échelle. Il s'agit d'une série de questions que pose le professionnel ou la professionnelle pour faciliter une discussion centrée sur le changement. La première étape consiste à nommer l'échelle selon les espoirs de la personne cliente.

---

2 Self-helpfulness.

Par exemple, si l'individu veut avoir une plus grande confiance dans ses choix de carrière, l'échelle serait une échelle de confiance. La deuxième étape consiste à nommer les extrémités de l'échelle où 10 représente le meilleur et 1 le pire niveau d'espoir de la personne cliente. Pour aider l'individu à nommer ces extrémités, le professionnel ou la professionnelle pourrait poser la question suivante : « Si 10 représente la plus grande confiance que vous puissiez avoir, quel mot utiliseriez-vous pour définir ce niveau de confiance? » La personne cliente pourrait dire « clarté ». Ensuite, le professionnel ou la professionnelle encouragerait l'individu à définir l'autre extrémité de l'échelle (le 1) : il pourrait dire « blocage ». Cette interaction vise à focaliser la conversation tout en permettant aux personnes clientes d'utiliser leurs propres significations. À la troisième étape, le professionnel ou la professionnelle demande à la personne cliente d'indiquer où elle se trouve sur cette échelle, à l'heure actuelle, et ce que cette évaluation signifie pour elle. Une question type à poser à ce moment est « Qu'est-ce qui vous indique que vous vous trouvez à ce stade et non pas à un stade inférieur? » Une quatrième étape consiste à aider les personnes clientes à expliquer quels progrès ont été faits ou pourraient l'être. Des questions comme « Qu'avez-vous fait qui vous a permis d'arriver à ce point-là? » ou « Comment avez-vous réussi à arriver ici? » encouragent le sentiment d'agentivité des personnes clientes.

Enfin, le professionnel ou la professionnelle peut encourager la personne cliente à progresser sur l'échelle en leur demandant où elles aimeraient se trouver, et lui permettre d'envisager l'atteinte de cet objectif en demandant « Quel serait le premier petit signe qui révélerait que vous avez fait un pas dans cette direction? » ou « Si vous progressiez d'un point, que remarqueriez-vous? » (Voir Miller, 2017, pour d'autres exemples de questions à échelle centrées sur la carrière).

Moments d'exception de réussite. Il s'agit de questions aidant les personnes clientes à reconnaître les moments de leur passé où elles ont accompli leurs espoirs ou atteint un niveau élevé d'une question à échelle susmentionnée : « Pouvez-vous penser à un moment où vous vous êtes senti un peu plus au clair? » En répondant à ces questions, les personnes clientes s'entendent décrire des moments d'exception de réussite et acquièrent un sentiment d'optimisme quant à la possibilité de transformer leur situation actuelle en une situation désirée.

Question miracle. À l'origine, la série de questions miracles proposait aux personnes clientes d'imaginer un avenir où leur problème avait disparu définitivement du jour au lendemain (De Jong et Berg, 2012). Personnellement, je préfère une question qui n'utilise pas le mot miracle, qui attire moins l'attention sur le problème et qui met plutôt l'accent sur les espoirs des personnes clientes afin de les aider à envisager comment les choses pourraient se passer s'elles étaient en mesure de réaliser leur avenir désiré. La question miracle élimine tout sentiment d'obstacle et permet aux individus d'imaginer qu'ils sont déjà là où ils souhaiteraient être. Ils peuvent ainsi créer un « souvenir de l'avenir » qui peut les aider à découvrir des manières d'y parvenir. Pour les clients et les clientes qui veulent avoir une plus grande confiance en leur choix de carrière, un professionnel ou une professionnelle pourrait poser la question suivante : « Supposons que vous vous réveilliez demain et que vous découvriez que vous avez toute la confiance souhaitée pour votre choix. Quelle est la première chose que vous remarqueriez au sujet de vous-même qui vous indiquerait que vous avez cette confiance? » Le professionnel ou la professionnelle peut ensuite utiliser les réponses de la personne cliente pour l'aider à dresser un portrait détaillé de cet avenir désiré en lui demandant ce qui serait différent pour elle, ce que les autres pourraient remarquer de différent à son sujet et ce qui se passerait ensuite.

Illustration pratique

Pour illustrer l'utilité du processus centré sur les solutions dans le cadre du counseling de carrière, je vais présenter les trois tâches intentionnelles dans la vignette d'une femme qui cherche un meilleur équilibre entre vie professionnelle et vie privée.

Sarah (pseudonyme) est une comptable de 42 ans qui travaille dans un grand cabinet comptable. Avant d'occuper ce poste, elle a travaillé à temps partiel comme réceptionniste dans un centre médical pendant qu'elle terminait ses études de commerce. Elle a récemment réintégré ses fonctions actuelles après neuf mois de congé maternité. Elle et son partenaire ont engagé une nourrice et la mère de Sarah garde leur enfant le mercredi. Sarah est préoccupée à l'idée de prendre du retard dans son travail, et elle a l'impression qu'elle doit prendre certains dossiers à la maison pour arriver à tout faire. Elle fait appel au counseling de carrière parce qu'elle se sent épuisée et estime qu'elle n'est pas en mesure de bien faire son travail.

1. **Que veut Sarah?**

    Conseiller : « *Qu'espérez-vous retirer de notre rencontre d'aujourd'hui?* ».
    Sarah décrit ce qui se passe et exprime ses préoccupations.
    Conseiller : « *Il semble que vous vous sentez un peu dépassée au travail… Étant donné cela, je me demande ce qu'il devrait se passer pour que vous vous disiez que c'était une bonne idée d'être venue ici aujourd'hui?* »
    Sarah : « *Eh bien, j'aimerais avoir des stratégies pour m'aider à me sentir mieux au travail.* »
    Conseiller : « *D'accord, vous aimeriez donc avoir des stratégies pour vous sentir mieux au travail. Je me demande, une fois que vous aurez ces stratégies, qu'est-ce que cela changera pour vous?* »
    Sarah : (pause) « *Qu'est-ce que cela changera pour moi? Je suppose que je ne me sentirais pas si confuse, si débordée.* »
    Conseiller : « *Donc, quand vous aurez des stratégies, vous ne vous sentirez pas si débordée… Comment vous sentiriez-vous?* »

Sarah : « *Je me sentirais comme si j'avais un certain contrôle. Je me sentirais un peu plus équilibrée.* »

2. **Comment Sarah saura-t-elle que ses espoirs ont été réalisés?** (questions à échelle)

    Conseiller : « *Commençons par vérifier le niveau de contrôle ou d'équilibre que vous pensez avoir à l'heure actuelle. Si je dessinais une échelle d'équilibre ou de contrôle où 1 représente la pire des situations et 10 la meilleure, seriez-vous en mesure de nommer ces deux extrémités?* »

    Sarah : « *Eh bien à 1, je serais dépassée, et à 10, je serais détendue.* »

    Conseiller : Dessine l'échelle et étiquette les extrémités et demande : « *D'accord, alors où diriez-vous que vous vous situez à l'heure actuelle sur cette échelle?* »

    Sarah : « *Environ à 4.* »

    Conseiller : Fait une marque sur l'échelle à 4. « *Et que se passe-t-il pour vous à 4?* »

    Sarah : « *Je me sens bien par rapport à l'organisation des services de garde, je me sens aussi bien de savoir que ma fille aura une mère qui travaille, mais je me sens épuisée et toujours en retard.* »

    Conseiller : « *Je remarque qu'en vous situant à 4 sur l'échelle, vous êtes satisfaite de votre rôle de mère, mais peut-être moins sur le plan du travail. Y a-t-il un autre endroit où vous aimeriez vous situer sur cette échelle?* »

    Sarah : « *Bien entendu, je préférerais me trouver à 10... mais d'un point de vue réaliste, je pense que je voudrais me trouver à 8.* »

    Conseiller : *Le conseiller fait une marque sur l'échelle à 8.* « *Et que feriez-vous à 8?* »

    Sarah : « *Je passerais des moments de qualité avec ma famille, j'accomplirais toutes les tâches requises au travail, j'aurais la certitude de faire du bon travail (à la maison et au travail) et je serais en mesure de me détendre.* »

3. **Quels progrès Sarah a-t-elle réalisés?**

    Conseiller : Approfondis ces descripteurs de l'avenir privilégié de Sarah en les inscrivant sous forme de liste sous le numéro 8. « *Vous semblez donc avoir une image plutôt claire de vous à 8 sur l'échelle. Je me demande, quand vous regardez cette liste, y a-t-il eu un moment dans votre vie où vous avez été en mesure de vous trouver dans une de ces situations, même pendant une courte période?* » [question relative aux moments d'exception de réussite]

    Sarah : « *Avant d'avoir ma fille, j'étais vraiment sûre de moi, et j'accomplissais toutes les tâches requises au travail.* »

    Conseiller : « *Oui, je peux imaginer que les choses ont changé depuis votre congé maternité. Je me demande, comment saviez-vous que vous étiez sûre de vous ? »*

Sarah : « *J'avais simplement l'impression de faire du bon travail et les clients me disaient qu'ils étaient reconnaissants du travail que je faisais pour eux.* »

Conseiller : « *Vous avez donc été en mesure d'utiliser votre propre jugement et les retours des clients pour vous donner un sentiment de confiance ? Par curiosité, y a-t-il eu un moment, depuis que vous êtes revenue de votre congé maternité, où vous avez pu considérer que vous faisiez du bon travail ?* » [question relative aux moments d'exception de réussite]

Sarah : « *Eh bien oui... la semaine dernière, un client s'est présenté dans tous ses états après avoir été licencié, inquiet de ne pas pouvoir faire ses paiements hypothécaires. Je suis passée en mode automatique et je l'ai aidé à analyser sa situation financière actuelle et ses options. Il est parti beaucoup plus heureux.* »

Conseiller : « *Dans le cadre de votre travail avec ce client, qu'est-ce qui vous a permis de vous sentir plus sûre de vous ?* »

Sarah : « *Savoir que je possédais les compétences requises.* »

Conseiller : « *Et comment est-ce que le fait de savoir que vous possédez les compétences requises pourrait-il vous aider à progresser un peu sur cette échelle ?* » [établir un lien entre un moment d'exception de réussite et les progrès réalisés].

Sarah : « *En mettant l'accent sur les domaines où je suis douée, et en ne me laissant pas abattre par des pensées négatives au sujet de mes difficultés. En fait, je n'y avais pas pensé auparavant, mais je crois que cela m'aiderait à me sentir plus sûre de moi.* »

Conseiller : « *Je me demande, quand vous vous sentirez plus sûre de vous, comment cela vous pourra-t-il vous aider à trouver un certain équilibre ?* » [établir un lien entre un exemple de réussite et les espoirs].

Sarah : « *Être mère c'est nouveau pour moi, mais être comptable, ce n'est pas si nouveau. Je pense que je devrais accepter la nouveauté de ma situation familiale, et me rappeler que la comptabilité est un domaine où je réussis bien.* »

Conseiller : « *Cela semble être une excellente idée. Qu'est-ce qui vous aidera à faire cela ?* »

Analyse de l'illustration pratique

Plusieurs aspects de l'interaction entre Sarah et son conseiller illustrent les principes centrés sur les solutions. Le premier est que, bien que l'accent mis par la cliente sur le problème ait été reconnu, le conseiller a immédiatement dirigé la conversation pour l'aider à regarder vers l'avenir et à décrire comment elle voulait que les choses changent et s'améliorent. Plutôt que d'offrir des stratégies, le conseiller a posé des questions pour aider la cliente à décrire ce qu'elle espérait que ces stratégies lui offriraient, dans ce cas, la confiance et l'équilibre. Une question à échelle a été utilisée pour aider la cliente à autoévaluer sa confiance et son équilibre travail-vie personnelle. La collaboration a été démontrée lors de l'élaboration de l'échelle, dans le cadre de laquelle la cliente a nommé les extrémités et a décrit ce que chacune signifiait. Il convient de noter que le conseiller a adopté une approche prudente pour poser des questions et a employé des mots comme *curiosité* et *je me demande* pour encourager la cliente à chercher ses propres points forts, moments d'exception de réussite et stratégies. Enfin, le conseiller n'a fait aucune supposition sur ce que voulait dire la cliente et, au bout du compte, la cliente a proposé sa propre stratégie possible qui avait du sens et était réalisable.

Si cette séance devait se poursuivre, je m'attendrais à ce que le conseiller y mette fin en se faisant l'écho des stratégies définies par la cliente et en lui demandant quel petit pas elle se sentirait capable de faire à ce stade pour progresser sur l'échelle.

Conclusion

Le counseling de carrière centré sur les solutions vise à aider les gens à exprimer, à entendre et à réaliser leur propre avenir professionnel désiré. La personne conseillère écoute et pose des questions pour aider les gens à décrire par eux-mêmes où ils se trouvent dans le monde du travail, où ils aimeraient en être, et ce qui, selon eux, serait nécessaire pour faire le lien avec les études ou les professions qu'ils pourraient aimer. Ainsi, la personne professionnelle de la carrière agit à titre de facilitatrice qui encourage une conversation centrée sur la collaboration dans le cadre de laquelle le client ou la cliente peut explorer de nouvelles significations, de nouvelles orientations et de nouvelles possibilités avec un but précis.

Références

De Jong, P. et Berg, I. K. (2012). *Interviewing for solutions*. Belmont, CA : Brooks/Cole.

Franklin, C., Trepper, T. S., McCollum, E. E. et Gingerich, W. J. (dir.). (2011). *Solution- focused brief therapy: A handbook of evidence-based practice*. New York, NY : Oxford University Press.

Goldenberg, H. et Goldenberg, I. (2013). *Family therapy: An overview* (8e éd.). Belmont, CA : Brooks/Cole.

Macdonald, A. J. (2007). *Solution-focused therapy: Theory, research & practice*. Londres, Angleterre : Sage.

Macdonald, A. J. (2011). *Evaluation list*. Récupéré de http://blog.ebta.nu/wp-content/uploads/2012/08/SFBTevaluationlist120416.pdf

Miller, J. (2017). Solution-focused career counselling. Dans M. McMahon (dir.), *Career counselling : Constructivist approaches* (2e éd., p. 127-138). New York, NY : Routledge.

Shennan, G. (2014). *Solution-focused practice : Effective communication to facilitate change*. Londres, Angleterre : Palgrave Macmillan.

Biographie

Judi Miller est professeure associée et enseignante en counseling à la maîtrise en counseling de la School of Health Sciences de l'Université de Canterbury en Nouvelle-Zélande. La maîtrise est fondée sur la thérapie centrée sur les solutions. Judi occupait auparavant un poste de conseillère d'orientation. Ses recherches portent sur l'efficacité de la formation centrée sur les solutions pour les personnes conseillères et l'étude de l'influence du financement par des tiers, de l'humour et les données probantes dans l'exercice du counseling. Elle a publié des ouvrages sur l'éthique du counseling, le professionnalisme et le counseling centré sur les solutions.

Points de pratique pour la théorie centrée sur les solutions (Solution-Focused Theory) et les pratiques relatives à la carrière
Judi H. Miller

1. **Commencez par ce que veut la personne cliente.** Il est essentiel que les clients et les clientes choisissent leur propre direction pour l'entrevue. Le professionnel ou la professionnelle peut poser une ou plusieurs des questions suivantes :

   a. Quels sont vos espoirs pour la séance d'aujourd'hui? [Établir un objectif pour la séance].

   b. Quels sont vos espoirs à la suite de la séance d'aujourd'hui? [Décrire un avenir privilégié].

   c. Qu'est-ce qui vous permettra de savoir que le fait d'être venu ici était une bonne idée?

2. **Comment la personne cliente saura-t-elle qu'elle a réalisé ces espoirs?** Dessinez une échelle où 1 représente le pire et 10 représente le meilleur des avenirs désirés. Demandez à l'individu de nommer les extrémités; inscrivez le tout sur l'échelle. Inscrivez les réponses de l'individu aux questions suivantes sous chaque numéro choisi :

   a. Où vous situez-vous maintenant? Que se passe-t-il à ce stade? Où aimeriez-vous être? Que feriez-vous à ce stade que vous ne faites pas maintenant?

   b. Qu'est-ce qui changera pour vous en étant à ce stade (avenir privilégié)?

   c. Qu'est-ce que les autres pourraient remarquer à votre sujet si vous vous trouviez à ce stade?

3. **Quels progrès la personne cliente réalise-t-elle ou a-t-elle réalisés?** Ces progrès peuvent être représentés à l'aide de l'échelle. Notez les réponses aux questions utiles qui suivent :

   a. Comment avez-vous réussi à en arriver là où vous êtes maintenant?

   b. À quel autre point, plus haut sur l'échelle, vous êtes-vous déjà trouvé? [Exemple de réussite]

c. Comment avez-vous réussi cela? [Compétences du client, de la cliente]

d. Comment ceci pourrait-il vous aider à progresser un peu sur l'échelle? [Ingéniosité du client, de la cliente]

4. **Et maintenant?** Terminez la séance en invitant la personne cliente à examiner toutes les ressources inscrites sur l'échelle et à déterminer lesquelles seraient les plus utiles à envisager ou à mettre en œuvre après la séance.

Chapitre 25

La théorie du choix professionnel (Theory of Career Choice) de Holland : adéquation entre la personnalité et l'environnement

Margaret M. Nauta

La *théorie du choix professionnel* (*theory of career choice*) de John Holland (1959, 1997) met l'accent sur l'importance de trouver une bonne adéquation entre la personnalité de la personne cliente et les caractéristiques de l'environnement de travail. Selon la théorie de Holland, le degré d'adéquation entre la personnalité et l'environnement permet de prédire la stabilité professionnelle des employés et des employées, ainsi que leur satisfaction et leur rendement au travail. Cet auteur pensait donc qu'aider les personnes clientes à se comprendre, en fonction des types de personnalité de base, leur permettrait de faire des choix de carrière satisfaisants. La théorie revêt un grand intérêt en tant que guide dans la pratique du counseling de carrière, étant donné que les idées clés qui la sous-tendent sont simples et intuitives. En outre, des ressources conviviales sont offertes pour aider les gens à mieux se comprendre et à cibler les environnements de travail et d'études susceptibles de les intéresser. Les principes fondamentaux de la théorie du choix professionnel (theory of career choice) de Holland, qui ont été introduits pour la première fois en 1959, ont résisté à l'épreuve du temps et demeurent très influents dans la théorie et la pratique actuelles. Le présent chapitre sert d'introduction à la théorie de Holland et présente une illustration pratique pour en démontrer l'application.

Aperçu de la théorie du choix professionnel (Theory of Career Choice) de Holland

Holland (1997) a suggéré que les gens et les environnements peuvent être caractérisés en fonction de leur degré de ressemblance avec chacun des six *types* de bases : réaliste, investigateur, artistique, social, entreprenant et conventionnel (représentés par l'abréviation RIASEC, qui correspond à la première lettre de chaque type). Chez les individus, les types RIASEC se manifestent comme des ensembles cohérents d'aptitudes, d'intérêts, de valeurs et de croyances à propos de soi. Les types d'environnements de travail et d'études sont déterminés à la fois par les personnalités typiques des gens qui y évoluent et par la nature des activités auxquelles ces personnes se livrent habituellement dans ce cadre. Les lecteurs et les lectrices sont invités à consulter les travaux d'Holland (1997), de Gottfredson et Holland (1996) et de Prediger (1982) pour obtenir des descriptions plus détaillées, mais un résumé de ces différents types est présenté ci-dessous.

Six types de personnalité et d'environnement

Réaliste. Les individus ayant une personnalité de type réaliste ont tendance à accorder de l'importance à l'autonomie et à l'aspect pratique des choses et à se montrer directs, déterminés et résistants. Ils possèdent souvent des aptitudes mécaniques et une bonne coordination ou force physique. Les types réalistes ont tendance à aimer les activités manuelles ou physiques et préfèrent travailler avec des objets. Les environnements de travail de type réaliste impliquent généralement de produire ou de réparer des choses, de faire fonctionner des équipements ou de déployer des efforts physiques. Les domaines d'études de type réaliste comprennent, entre autres, la gestion de constructions, l'entraînement sportif et les services de sécurité publique. Les professions propres à ce type comptent notamment les suivantes : pompier/pompière, couvreur/couvreuse, mécanicien/mécanicienne, opérateur/opératrice de machineries.

Investigateur. Les individus ayant une personnalité de type investigateur ont tendance à valoriser la logique et la réussite et à se montrer analytiques, curieux, réservés et ambitieux. Ils possèdent souvent de solides compétences intellectuelles. Les types investigateurs ont tendance à aimer résoudre des problèmes, expérimenter et théoriser et ils préfèrent travailler avec des idées et des choses abstraites ou complexes. Les environnements de travail de type investigateur impliquent généralement d'élaborer et de tester des théories et des idées, de recueillir des données et de résoudre des problèmes en faisant appel à l'intellect. Les domaines d'études de type investigateur comprennent, entre autres, l'ingénierie, les sciences et les mathématiques. Les professions propres à ce type comptent notamment les suivantes : biologiste, chercheur/chercheuse, professeur/professeure.

Artistique. Les individus ayant une personnalité de type artistique ont tendance à valoriser l'expression de soi et l'imagination et à se montrer intuitifs, sensibles et non conformistes. Ils sont souvent très créatifs et possèdent des compétences musicales ou artistiques très développées. Les types artistiques ont tendance à aimer les activités où ils doivent faire appel à leur imagination et à leur expression créatrices, et ils préfèrent travailler avec des idées et des gens, dans un contexte souple et non structuré. Les environnements de travail de type artistique impliquent souvent de créer des œuvres d'art ou de se produire de manière expressive. Les domaines d'études de type artistique comprennent, entre autres, les beaux-arts, le graphisme et le théâtre. Les professions propres à ce type comptent notamment les suivantes : artiste, musicien/musicienne, écrivain/écrivaine.

Social. Les individus ayant une personnalité de type social ont tendance à valoriser l'altruisme et l'éthique et à se montrer coopératifs, compréhensifs et pleins de tact. Ils possèdent souvent d'excellentes habiletés interpersonnelles et savent faire preuve d'empathie envers les autres. Les types sociaux ont tendance à aimer aider et guider les autres et ils préfèrent travailler avec des gens, plutôt qu'avec des idées ou des objets. Les environnements de travail de type social impliquent généralement d'enseigner, d'aider ou de guider les autres. Les domaines d'études de type social comprennent, entre autres, l'éducation, le travail social et les soins infirmiers. Les professions propres à ce type comptent notamment les suivantes : enseignant/enseignante, conseiller/conseillère, travailleur/travailleuse des services de l'enfance.

Entreprenant. Les individus ayant une personnalité de type entreprenant ont tendance à valoriser le prestige et l'ambition et à se montrer convaincants, énergiques et sociables. Ils possèdent habituellement de solides compétences en leadership et en gestion et ils excellent dans l'art de la vente et de la discussion. Les types entreprenants ont tendance à aimer gérer des personnes et des projets, ainsi qu'à vendre des idées ou des produits et ils préfèrent travailler avec des données et avec des gens. Les environnements de travail de type entreprenant impliquent généralement d'exercer des fonctions de gestion ou de vente, ou de persuasion. Les domaines d'études de type entreprenant comprennent, entre autres, le droit, la gestion et les sciences politiques. Les professions propres à ce type comptent notamment les suivantes : gestionnaire, avocat/avocate, vendeur/vendeuse.

Conventionnel. Les individus ayant une personnalité de type conventionnel ont tendance à valoriser la précision, la tradition, le contrôle et l'ordre et à se monter consciencieux, pragmatiques et conservateurs. Ils possèdent souvent un grand souci du détail et sont efficaces. Les types conventionnels ont tendance à aimer la tenue de dossiers et l'organisation et ils préfèrent travailler avec des données et avec des objets. Les environnements de travail de type conventionnel impliquent généralement d'organiser et de tenir à jour des dossiers, ainsi que d'accomplir des formalités administratives. Les domaines d'études de type conventionnel comprennent, entre autres, la comptabilité et les finances. Les professions propres à ce type comptent notamment les suivantes : commis-comptable, comptable, actuaire, bibliothécaire.

Codes Holland
La plupart des gens ne possèdent pas qu'un seul de ces types de personnalité, mais présentent plutôt des ressemblances avec plusieurs d'entre eux, à différents

degrés (Holland, 1997). Dans la pratique, un *code Holland* est établi en déterminant et en ordonnant les trois types RIASEC qui se rapprochent le plus de l'individu, en commençant par celui qui représente le mieux la personne (c.-à-d. son type dominant), suivi du deuxième et du troisième type lui ressemblant le plus. Par exemple, un client ou une cliente qui présente le plus de similitudes avec le type artistique, mais qui montre également une bonne ressemblance avec le type social et certains points communs avec le type réaliste se verrait attribuer le code Holland ASR. Les personnes clientes qui connaissent très bien leurs aptitudes, leurs valeurs et leurs intérêts peuvent être en mesure de déterminer elles-mêmes leur code Holland après avoir lu une description des types. Par ailleurs, les conseillers et les conseillères peuvent utiliser des outils d'évaluation pour déterminer un code Holland. À cet égard, de nombreux inventaires d'intérêts professionnels réputés présentent les résultats des types RIASEC : l'Inventaire des intérêts Strong (Donnay, Morris, Schaubhut et Thompson, 2004), l'Orientation par soi-même (Holland, Fritzsche et Powell, 1994) et l'Inventaire des intérêts de carrière du réseau d'information sur les professions (O*Net) [Rounds, Smith, Hubert, Lewis et Rivkin, 1999]. Les résultats d'autres outils, comme le Système Harrington O'Shea *Pour un choix de carrière* (Harrington et O'Shea, 2000), ont également été mis en correspondance avec les catégories RIASEC.

Les environnements de travail et d'études se voient également attribuer des codes Holland, en fonction des trois types RIASEC qui représentent le mieux les caractéristiques de leurs employés et employées et de leurs activités professionnelles typiques. Le dictionnaire des codes de professions de Holland (*Dictionary of Holland Occupational Codes*) [Gottfredson et Holland, 1996], les bases de données de la Classification nationale des professions (https://noc.esdc.gc.ca/) et de l'O*Net (http://www.onetonline.org/), ainsi que les documents connexes de l'Orientation par soi-même permettent aux utilisateurs de déterminer le code Holland d'un environnement donné, soit directement, soit au moyen de classifications au contenu similaire.

Congruence

Holland a utilisé le terme de *congruence* pour désigner le degré d'adéquation existant entre les types RIASEC des individus et ceux des environnements. Comme les personnes et les environnements sont complexes et ne présentent que rarement des ressemblances avec un seul des types RIASEC, la congruence n'est pas binaire. Il existe plutôt différents degrés de congruence. Une personne de type IRC atteindra le plus haut degré de congruence avec un environnement IRC, mais elle présentera également une congruence assez élevée avec un environnement IRE, compte tenu du chevauchement important existant entre son type et celui de cet environnement. En revanche, la personne de type IRC ne présenterait qu'une très faible congruence avec un environnement de travail ASE, au vu de l'absence de tout chevauchement entre les types en question.

L'idée au cœur de la théorie de Holland (1997) est que les personnes cherchent et se distinguent dans des environnements de travail et d'études qui cadrent avec leur personnalité. Selon lui, les individus auront également tendance à rester dans les environnements qui sont hautement congruents, ce qui favorisera une plus grande stabilité sur les plans éducationnel et professionnel. Par contre, une faible congruence augmenterait le risque d'insatisfaction et conduirait les gens à vouloir changer d'environnement professionnel. Par conséquent, l'un des objectifs du counseling de carrière consiste à aider les clients à cibler et à envisager des environnements de travail et d'études qui correspondent à leur personnalité.

Cohérence

Chaque type de personne et d'environnement RIASEC a plus de points en commun avec certains types RIASEC plutôt qu'avec d'autres (Holland, Whitney, Cole et Richards, 1969). Par exemple, le type E ressemble au type S, dans la mesure où les deux requièrent de solides compétences interpersonnelles, mais comme le type R suppose généralement de travailler avec des objets plutôt qu'avec des personnes, il cadre moins bien avec le type S. Lorsque les types sont placés dans l'ordre RIASEC sur les pointes d'un hexagone, la proximité de chacun reflète la similitude des types (Holland, 1997). Certaines personnes et certains environnements sont très cohérents, ce qui signifie que les types qui composent leur code Holland se chevauchent considérablement (c.-à-d. qu'ils sont proches les uns des autres sur l'hexagone), tandis que d'autres personnes et environnements montrent une faible cohérence, ce qui suggère des tendances disparates et variées. Beaucoup d'environnements de travail sont assez complexes et exigent que les travailleurs et les travailleuses fassent appel à des compétences et à des habiletés caractéristiques de nombreux types RIASEC, mais comme il est plus fréquent que les environnements de travail soient cohérents, les gens ayant une personnalité cohérente disposent de plus d'options présentant une forte congruence avec leur personnalité. Promouvoir la cohérence n'est généralement pas un objectif du counseling de carrière, mais les conseillers et les conseillères peuvent encourager les personnes clientes ayant des personnalités très incohérentes à trouver des passe-temps qui satisferont certains de leurs intérêts, dans la mesure où un environnement de travail ne sera peut-être pas suffisant pour satisfaire tous les aspects d'une personnalité dite incohérente.

Différenciation

Selon Holland (1997), les personnes et les environnements sont *différenciés* lorsqu'ils ressemblent clairement plus à un type RIASEC qu'à un autre. Les personnes et les environnements indifférenciés ressemblent de manière à peu près similaire à deux ou plusieurs types RIASEC. Holland a suggéré que les personnes clientes ayant des personnalités très différenciées peuvent avoir plus de facilité à choisir une profession, parce qu'ils sont clairement attirés par un domaine professionnel particulier. Une faible différenciation ne constitue pas forcément un obstacle pour autant que les types qui composent le code Holland de l'individu soient cohérents. Toutefois, les personnes clientes ayant des personnalités à la fois indifférenciées et incohérentes peuvent éprouver particulièrement de difficultés à prendre des décisions de carrière, parce qu'elles se sentent également attirées par deux ou plusieurs directions très différentes.

Identité

L'*identité* est une estimation « de la clarté et de la stabilité[1] » de l'image de soi, des objectifs, des intérêts et des talents d'une personne (Holland, 1997, p. 5) et elle est censée faciliter la prise de décision de carrière. L'un des objectifs du counseling de carrière est d'aider les personnes clientes à se comprendre, au regard des types RIASEC, pour les amener à clarifier et à exprimer leur identité professionnelle.

Illustration pratique

Ted (pseudonyme) travaille dans l'entreprise d'entretien de pelouses de ses parents depuis qu'il a obtenu son diplôme d'études secondaires. Son intention était de prendre une année sabbatique pour gagner de l'argent, avant de faire une demande d'admission au collège, mais la première année est passée rapidement, et Ted n'a jamais présenté sa demande. Cela fait maintenant deux ans, et Ted est de plus en plus insatisfait de son travail et mécontent de vivre chez ses parents. Il fait appel au counseling de carrière parce qu'il se dit « *dans une impasse, sans savoir quoi faire du reste de ma vie* » et qu'il a besoin d'aide pour voir plus clair et se fixer des objectifs.

Dans le cadre de son travail actuel, Ted passe la majeure partie de son temps à tondre et à ratisser le gazon, ainsi qu'à préparer des plates-bandes. Bien qu'il aime rencontrer des clients et des clientes et qu'il apprécie venir en aide à ceux et celles qui ont de la difficulté à entretenir leur propre pelouse, Ted trouve les travaux d'entretien ennuyeux, et il n'aime pas mettre en œuvre des plans d'aménagement paysager qu'il considère comme génériques et peu attrayants. Ted aimerait avoir la liberté de créer de nouveaux plans, car il déborde d'idées créatives qui, selon lui, plairaient vraiment aux clients et aux clientes. Ted accompagne parfois son père lors de rencontres avec des fournisseurs, et il s'est senti fier lorsque son père l'a félicité pour les bons marchés qu'il a négociés pour l'achat d'outils et d'équipement. Ses parents l'ont encouragé à obtenir un diplôme en affaires pour qu'il puisse prendre la relève et éventuellement favoriser l'expansion de l'entreprise. Ted ne veut pas décevoir ses parents, mais il ne voit pas d'avenir pour lui dans l'entretien des pelouses. Ses parents consacrent un temps considérable à la tenue et à l'organisation des dossiers des clients et des clientes et cela lui semble très fastidieux. De plus, Ted n'aime pas son emploi actuel, au point qu'il a du mal

---

1 Traduction libre.

à se lever chaque matin pour se rendre au travail, ce qui le porte à croire qu'il a besoin d'un changement radical.

Lorsqu'il était au secondaire, Ted était très aimé de ses pairs. Il s'intéressait davantage à ses relations sociales qu'à la plupart de ses cours, mais il avait particulièrement aimé les cours d'art et le cours sur les médias numériques, où il avait appris à créer des pages Web. Il avait également aimé le cours d'art oratoire, parce qu'il trouvait facile de présenter des arguments convaincants et qu'il recevait des compliments de la part de ses camarades de classe qui le considéraient comme un orateur engageant. Comme Ted avait tendance à apprendre facilement, il avait obtenu des notes supérieures à la moyenne, malgré le fait qu'il n'ait pas donné son 100 % dans tous ses cours. Son conseiller lui avait dit que ses notes et ses résultats aux examens le rendaient admissible à de nombreux programmes d'études dans un collège local.

Deux années passées à occuper un emploi qu'il n'aime pas ont amené Ted à adopter une nouvelle vision de l'école. Il se sent prêt à prendre les études au sérieux et cherche désespérément à changer sa situation actuelle. Ted veut explorer diverses possibilités de professions dans l'espoir que l'une d'elles suscitera son enthousiasme et l'incitera à respecter les dates limites pour les prochaines demandes d'admission au collège.

Analyse de l'illustration pratique

Un conseiller ou une conseillère, qui se baserait sur la théorie de Holland (1997) pour comprendre les préoccupations énoncées par Ted, conceptualiserait la personnalité de ce dernier en fonction des types RIASEC et lui attribuerait un code Holland. Un inventaire d'intérêts permettrait de connaître les résultats liés aux types RIASEC, ce qui aiderait Ted à réfléchir à qui il est et à organiser ses pensées sur lui-même d'une manière qui pourrait être mise en correspondance avec différents environnements de travail et d'études. Par ailleurs, Ted pourrait être capable de déterminer les types qui composent son code Holland, en lisant une description de ceux-ci et en discutant avec son conseiller de la mesure dans laquelle chacun d'eux caractérise ses tendances et ses intérêts.

Les informations fournies par les antécédents scolaires et professionnels de Ted peuvent être utilisées pour écarter provisoirement certains types RIASEC qui ne feront probablement pas partie de son code Holland. L'aversion de Ted pour les activités physiques liées à l'entretien des pelouses donne à penser qu'il présente probablement très peu de points communs avec le type réaliste, et son intérêt apparemment faible à l'égard de nombreux cours traditionnels offerts au secondaire semble incompatible avec le type investigateur. La répugnance qu'il éprouve à l'idée d'organiser et de tenir des dossiers laisse croire qu'il ne cadre probablement pas avec le type conventionnel.

Par ailleurs, certains éléments des antécédents scolaires et professionnels de Ted laissent entrevoir des domaines où Ted présente des ressemblances avec d'autres types RIASEC. Le type artistique se reflète dans le penchant qu'a Ted pour les cours d'art et dans son désir d'avoir la liberté de concevoir des plans d'aménagement paysager pour les clients et les clientes. Son grand talent pour la négociation et la persuasion est compatible avec une personnalité de type entreprenant, bien qu'il faille encore déterminer si Ted aime réellement les activités associées à ce type, en plus d'être doué pour celles-ci. Enfin, la satisfaction que Ted semble tirer des relations interpersonnelles et du sentiment d'aider les clients et les clientes laisse entrevoir une ressemblance possible avec le type social. Il est donc raisonnable de supposer que le code Holland de Ted est formé d'une combinaison des types artistique, entreprenant et social, mais il est difficile d'établir clairement d'emblée si Ted s'approche beaucoup plus d'un de ceux-ci que des autres.

L'insatisfaction de Ted à l'égard de son emploi actuel peut être attribuée en grande partie à une congruence moins qu'optimale entre sa personnalité et son environnement. La nature réaliste de ses tâches professionnelles et plus particulièrement du travail physique, semble incompatible avec sa personnalité de type artistique, entreprenant et social. De plus, le côté artistique apparemment faible de ce travail semble parfois susciter chez Ted un sentiment de frustration. Bien qu'Holland (1997) ait soutenu que les gens ont tendance à chercher une profession qui cadre avec leur personnalité, le travail de Ted dans le domaine de l'entretien des pelouses était probablement un choix de convenance et une obligation perçue envers ses parents, plutôt qu'une véritable expression de sa personnalité.

Bien que la congruence entre l'emploi actuel de Ted et sa personnalité ne soit pas optimale, cet emploi comporte quelques éléments attrayants, qui peuvent expliquer que Ted l'ait toléré pendant deux ans. Le sentiment d'aider les autres que ressent Ted peut faire appel à son côté social, et la négociation avec les fournisseurs est compatible avec le type entreprenant. Si Ted souhaite demeurer dans l'entreprise familiale, le conseiller pourrait examiner avec lui la possibilité de modifier les principales fonctions associées à son poste, afin qu'il interagisse plus directement avec les clients, les clientes et les fournisseurs. Intégrer plus d'activités associées aux types entreprenant et social permettrait d'accroître le degré de congruence entre l'emploi de Ted et sa personnalité et pourrait rendre son travail plus satisfaisant. Ted pourrait avoir besoin de suivre une formation supplémentaire, afin d'être qualifié en aménagement paysager, mais si son emploi actuel lui permettait d'exprimer davantage son côté artistique, il présenterait sans doute une plus grande congruence avec sa personnalité.

L'un des objectifs de Ted en matière d'orientation professionnelle consiste à identifier des alternatives de professions qu'il trouverait stimulantes. Le conseiller pourrait donc l'amener à consulter le dictionnaire des codes de professions de Holland, la base de données de l'O*Net ou d'autres systèmes de classification des environnements, afin de parcourir les professions associées aux types artistique, entreprenant et social. Étant donné que la personnalité de Ted semble cohérente (c.-à-d. qu'elle comprend des types qui sont adjacents sur l'hexagone de Holland), il y aura de nombreuses professions qui engloberont chacun des principaux aspects de sa personnalité et qui présenteront donc probablement une plus grande congruence avec celle-ci que son emploi actuel.

Ted ne semble pas encore avoir d'identité professionnelle bien définie, puisqu'il n'exprime pas de vision claire et stable de ses objectifs, de ses aptitudes et de ses intérêts professionnels. Il est possible qu'en découvrant les types RIASEC et en utilisant cette stratégie organisationnelle pour réfléchir sur lui-même, Ted parvienne à définir son identité professionnelle, ce qui lui permettrait d'évaluer plus facilement divers environnements de travail en fonction de leur congruence potentielle.

Une évaluation supplémentaire et une discussion plus approfondie avec Ted au sujet de sa ressemblance avec les types ciblés pourraient permettre d'obtenir des renseignements utiles sur ses priorités, mais il est possible que Ted ait une personnalité indifférenciée, qui présente une ressemblance à peu près égale avec deux ou plusieurs des types qui composent son code Holland. Le cas échéant, Ted pourrait alors être encouragé à explorer les professions dont les codes Holland sont formés d'une combinaison des types artistique, entreprenant et social, dans n'importe quel ordre (c.-à-d. SEA, SAE, ESA, EAS, ASE et AES). À partir de cet éventail relativement vaste de professions compatibles avec les différents aspects de sa personnalité, Ted pourrait hiérarchiser certaines d'entre elles, afin de les examiner plus en détail en fonction du niveau de formation requis, du salaire, des perspectives d'emploi et de tout autre facteur qu'il juge important et pertinent.

Conclusion

Selon Holland (1997), les gens recherchent et se distinguent dans des environnements de travail qui correspondent à leur personnalité. Conceptualiser la personnalité des personnes clientes en fonction des types RIASEC de Holland offre une manière d'évaluer le degré d'adéquation avec des environnements de travail actuels et potentiels. Les personnes clientes qui ont une personnalité indifférenciée et moins cohérente peuvent se sentir tiraillées entre des domaines concurrents et potentiellement incompatibles. L'un des objectifs du counseling de carrière est d'aider ces clients et ces clientes à préciser leur identité professionnelle par la réflexion et l'établissement de priorités, ainsi qu'à identifier des moyens alternatifs de satisfaire certains aspects de leur personnalité qui ne cadreraient pas avec un environnement de travail particulier.

Références

Donnay, D. A. C., Morris, M. L., Schaubhut, N. A. et Thompson, R. C. (2004). *Strong interest inventory manual*. Mountain View, CA : CPP.

Gottfredson, G. D. et Holland, J. L. (1996). *Dictionary of Holland occupational codes* (3e éd.). Odessa, FL : Psychological Assessment Resources.

Harrington, T. F. et O'Shea, A. J. (2000). *The Harrington-O'Shea career decision-making system revised* (CDM-R) manual. Circle Pines, MN : American Guidance Service.

Holland, J. L. (1959). A theory of vocational choice. *Journal of Counseling Psychology, 6*, 35 45. DOI : 10.1037/h0040767

Holland, J. L. (1997). *Making vocational choices: A theory of vocational personalities and work environments* (3e éd.). Odessa, FL : Psychological Assessment Resources.

Holland, J. L., Fritzsche, B. A. et Powell, A. B. (1994). *The self-directed search technical manual*. Odessa, FL : Psychological Assessment Resources.

Holland, J. L., Whitney, D. R., Cole, N. S. et Richards, J. M. (1969). *An empirical occupational classification derived from a theory of personality and intended for practice and research* (rapport de recherche no 29 de l'ACT). Iowa City, IA : American College Testing Program.

Prediger, D. J. (1982). Dimensions underlying Holland's hexagon: Missing link between interests and occupations? *Journal of Vocational Behavior, 21*, 259-287. DOI : 10.1016/0001-8791(82)90036-7

Rounds, J., Smith, T., Hubert, L., Lewis, P. et Rivkin, D. (1999). *Development of occupational interest profiles for O*NET*. Raleigh, NC : National Center for O*NET Development.

Biographie

Margaret M. Nauta a obtenu son doctorat en psychologie (counseling) de la Iowa State University en 1997. Elle est maintenant professeure au sein du département de psychologie à la Illinois State University dans l'État de l'Illinois (États-Unis) où elle est rattachée au programme de maîtrise en psychologie du counseling clinique. Elle mène des recherches sur les facteurs sociaux et cognitifs associés aux choix et au développement de carrière des individus.

Points de pratique pour la théorie du choix professionnel (Theory of Career Choice) de Holland
Margaret Nauta

1. **Favorisez un développement de carrière optimal.** Les conseillers et les conseillères favorisent le développement de carrière en encourageant les personnes clientes à approfondir leur connaissance de soi et des environnements de travail. En informant les personnes clientes au sujet de la théorie de Holland et des types RIASEC, les conseillers et les conseillères offrent à ces dernières une manière comparable de penser à eux-mêmes et au monde du travail.

2. **Découvrez et utilisez les outils d'évaluation fondés sur les types RIASEC.** Les professionnels et les professionnelles évaluent la ressemblance des personnes clientes avec les types RIASEC en discutant avec elles ou en utilisant l'un des nombreux outils offerts, comme l'Inventaire des intérêts Strong, la recherche autodirigée, le Système Harrington O'Shea *Pour un choix de carrière* ou l'Inventaire des intérêts de carrière de l'O*Net, qui offrent des échelles fondées sur les types RIASEC ou des classifications similaires.

3. **Explorez les ressources de classification des environnements.** Grâce à de nombreux outils, comme le dictionnaire des codes de professions de Holland, les bases de données de la Classification nationale des professions et de l'O*Net ou les documents connexes de recherche de l'Orientation par soi-même, les conseillers et les conseillères aident les personnes clientes à explorer des environnements de travail et d'études qui correspondent (c.-à-d. qui présentent un haut degré d'adéquation) à leur personnalité.

4. **Reconnaissez la complexité des personnes et des environnements.** Les individus et les environnements peuvent présenter des caractéristiques propres à plusieurs types RIASEC. Les professionnels et les professionnelles encouragent les personnes clientes à examiner les environnements qui présentent toutes les combinaisons des types RIASEC auxquels elles s'apparentent et ne limitent pas cet examen à ceux qui démontrent une parfaite adéquation avec leur code Holland.

5. **Appliquez les types RIASEC de façon générale.** Les personnes clientes qui ont une personnalité indifférenciée (c.-à-d. sans type RIASEC clairement dominant) ou incohérente (c.-à-d. présentant des tendances disparates et variées) peuvent nécessiter d'être encouragés à utiliser leurs loisirs ou d'autres rôles de leur vie personnelle pour satisfaire certains aspects de leur personnalité qui ne sont pas comblés par le travail.

Chapitre 26

Engagement relatif à la carrière : un modèle conceptuel pour harmoniser les défis et les capacités

Roberta A. Borgen (Neault) et Deirdre A. Pickerell

Il est de plus en plus attendu que les individus peuvent autogérer leur carrière en composant avec les complexités dynamiques liées aux changements professionnels et sectoriels, aux réalités familiales et de vie en général, ainsi qu'à leurs répercussions économiques. Les personnes conseillères ou coachs qui interviennent au niveau de la carrière mettent essentiellement l'accent sur l'individu, alors que celles des ressources humaines tendent plutôt à le faire en regard du contexte particulier de leur organisation. En conceptualisant le *modèle d'engagement relatif à la carrière*, nous espérons faire le pont entre ces cloisonnements, en reconnaissant que les carrières existent au sein de systèmes interconnectés complexes comprenant les individus et les organisations, de même que les contextes au sein desquels ils évoluent (Neault et Pićkerell, 2011). Ce modèle définit l'engagement relatif à la carrière « comme le lien affectif et cognitif actuel d'une personne avec sa carrière, soit l'état dans lequel elle est concentrée, stimulée et en mesure de tirer du plaisir d'activités liées au travail et aux autres rôles de la vie[1] » (Pickerell et Neault, 2016, p. 5). Les sections qui suivent présentent un aperçu des principes fondamentaux du modèle d'engagement relatif à la carrière. Elles démontrent comment il peut être utilisé pour examiner les complexités de la prise de décision de carrière au sein d'un couple dont les deux personnes conjointes sont en pleine transition de carrière et de vie.

Aperçu du modèle d'engagement relatif à la carrière

Aujourd'hui, l'*engagement* en milieu de travail demeure bien représenté dans la littérature portant sur les affaires. Toutefois, le débat se poursuit relativement à ce que suppose l'engagement et sur la façon dont ce concept se distingue d'autres semblables comme *la motivation ou la satisfaction* du personnel, ou encore s'il se distingue en effet de ceux-ci.

---

1   Traduction libre.

Dans une recension d'écrits intégrant plus de 200 publications, Shuck (2011) a relevé quatre approches en matière d'engagement. Chacune est axée sur un élément différent : a) la satisfaction des besoins, qui est liée à l'exécution des rôles; b) l'antithèse de l'épuisement professionnel, qui place l'engagement à l'opposé de l'épuisement professionnel; c) la satisfaction et l'engagement, ce qui concerne les ressources liées à l'emploi; et d) l'approche multidimensionnelle, qui tient compte des facteurs cognitifs, comportementaux et affectifs liés à un emploi ou une organisation spécifique. Toutefois, l'examen des sources documents réalisé par Schuck met en lumière que nombre d'auteurs et d'auteures ne font pas usage du terme *engagement des personnes employées*. La définition de l'engagement dépend, en grande partie, du point de vue unique de chaque chercheur ou chercheure, ainsi que de l'organisation.

La notion particulière de l'*engagement relatif à la carrière* s'est dégagée de notre longue histoire à essayer d'éliminer les cloisonnements entre le counseling et le monde des affaires (Neault et Pickerell, 2011). Bien que notre travail dans le domaine du counseling de carrière, de l'encadrement, de la formation et de la consultation puisse régulièrement s'affranchir de ces cloisonnements, les modèles dont nous disposions n'étaient pas aussi malléables. Dans les deux domaines, nous avons souvent présenté les travaux de Csikszentmihalyi (1997) sur l'*expérience optimale* comme moyen d'expliquer les expériences de travail et de vie optimales. Cependant, nous avons trouvé que la priorité accordée à l'interaction entre les *compétences* et les *défis* s'avère trop restrictive. Notre travail dans le domaine de la réduction des effectifs et de la restructuration dans le milieu organisationnel lors des années 1990 a montré clairement que vivre une expérience optimale (ou non) n'était pas exclusivement attribuable aux compétences d'une personne (Neault, 2002). Bien que le modèle d'engagement relatif à la carrière puisse être influencé par le concept d'expérience optimale, la conceptualisation de la notion de compétence a été revue et remplacée par celle des capacités. Cela permet ainsi de reconnaître les facteurs d'influence tant individuels et externes que contextuels (voir la figure 1).

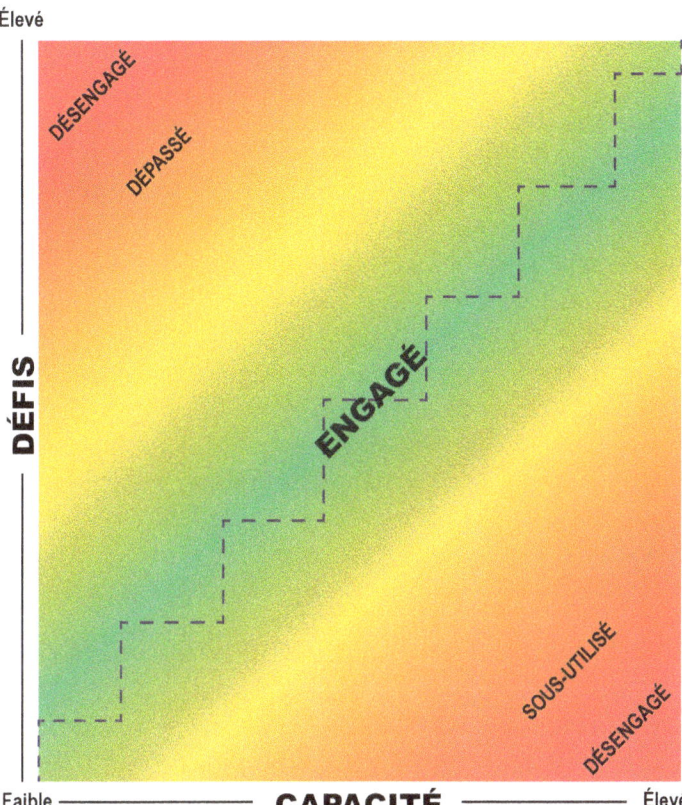

Figure 1. **Le modèle d'engagement relatif à la carrière.** Tous droits réservés, 2011, par R. Neault et D. Pickerell.

Aux premières phases de développement de ce modèle, une revue exhaustive de la littérature sur l'engagement des personnes employées a permis de dégager plusieurs thèmes communs relatifs aux défis (p. ex. travail à la fois significatif et motivant) et aux capacités (p. ex. compétences, ressources, relations avec collègues et superviseurs ou superviseures, conflits de rôles, limites, harmonisation des valeurs, adaptation). Pour obtenir un résumé plus détaillé de littérature pertinente et de résultats préliminaires de recherche à propos du modèle d'engagement relatif à la carrière, voir Pickerell et Neault (2016).

Nous voulions également que le modèle reconnaisse l'expérience dynamique, parfois fugace, de l'engagement (c.-à-d. qu'il ne s'agit pas d'atteindre l'engagement, puis d'en demeurer là). Influencée par la notion de *zone proximale de développement* de Vygotsky (1978), la ligne pointillée en zigzag sur la figure 1 illustre l'interaction dynamique entre les défis et les capacités.

En couleur, le modèle adopte la métaphore d'un feu de circulation. La zone Engagé, en vert, en diagonale au centre de la figure 1, représente l'état optimal d'engagement relatif à la carrière. Aux extrêmes, en rouge, les zones Désengagé représentent un état de faibles défis avec de hautes capacités, sinon l'inverse. Entre les deux, de teintes jaunes à orange, se retrouvent des états mitoyens de dépassement ou de sous-utilisation en regard des défis et des capacités de la personne. Afin de se maintenir dans un engagement relatif à la carrière optimal, il est plus efficace de procéder à de légers ajustements lorsque l'on se voit glisser vers la zone de désengagement que de tenter de se réengager que lorsque l'on se retrouve dépassé ou sous-utilisé. À l'instar de l'avertissement donné par le feu jaune de circulation, un mouvement vers la zone Dépassé ou Sous-utilisé indique que l'on ne se trouve plus complètement dans la zone Engagé, puis de que légers rajustements s'imposent pour revenir sur la bonne voie.

La clé d'une solution appropriée est la direction du mouvement loin de l'engagement. Il est clair que « l'ajustement » pour une personne qui commence à se sentir dépassée est assez différent de celui d'une personne qui se sent de plus en plus sous-utilisé. La première profitera d'une situation où les défis se font moins exigeants, afin de pouvoir ainsi mieux faire valoir ses capacités. La seconde pourra bénéficier de défis accrus, sinon d'ajuster la mobilisation de ses capacités en contexte d'échéancier serré ou bien dans celui de soutien au projet d'autres personnes. L'engagement optimal ne requiert pas de maintenir constamment un engagement maximal. Au contraire, une alternance d'avancées et de reculs dans la zone d'engagement est plus adaptée à long terme. Cela offre aux personnes des opportunités de repos au travers de réalisations exigeantes.

L'engagement relatif à la carrière est un cadre compréhensif pouvant tenir compte de multiples rôles de la vie, rémunérés et non rémunérés. Cela diffère de façon importante de l'engagement des employés et des employées, où l'on met l'accent sur l'engagement au sein d'un emploi et d'un milieu de travail en particulier. À cet égard, l'engagement relatif à la carrière correspond le mieux, au sein de la littérature scientifique sur le sujet, à l'approche de Kahn en matière de satisfaction des besoins (Kahn et Heaphy, 2014) et à sa « conceptualisation initiale de l'engagement en tant qu'engagement *personnel* plutôt qu'en tant qu'engagement professionnel ou engagement des employés et des employées » (p.83). Pour ces auteurs, « la nomenclature est importante; elle indique qu'au cœur de l'engagement se trouve l'individu en tant que personne plutôt qu'en tant que travailleur, travailleuse ou employé, employée [2]» (p. 83).

Le modèle d'engagement relatif à la carrière a été conçu pour travailler auprès d'individus ayant un large éventail d'habiletés. Nous avions en tête certains types particuliers de personnes comme cas à l'étude : l'une ayant le syndrome de Down

---

[2] Traduction libre.

et l'autre occupant le poste de physicien nucléaire. Le counseling, tant de carrière que d'emploi, est profondément enraciné dans la justice sociale. Il est important que notre modèle s'applique à toutes les personnes, non pas seulement celles plus privilégiées. Nos travaux s'inscrivent dans une perspective internationale, qui comme pour le Canada, notre pays d'origine, présente une forte complexité sur le plan culturel. Par conséquent, le modèle d'engagement relatif à la carrière se doit d'être adapté et respectueux de la culture. En l'appliquant sur six continents, il semble avoir satisfait à ces critères (Pickerell et Neault, 2016).

La gestion de carrière tout au long de la vie n'est pas réalisée en vase clos. La capacité d'une personne d'assurer et de maintenir son engagement est influencée par des ressources et des défis personnels et contextuels. En outre, les individus font partie de nombreux systèmes interdépendants (McMahon et Patton, 2018), dont chacun peut exercer une influence sur les niveaux globaux de capacités et de défis d'une personne (p. ex. les responsabilités imprévues en matière de soins aux aînés peuvent donner lieu à un travail qui auparavant était stimulant et agréable et qui commence maintenant à sembler accablant et non viable).

Selon notre expérience, il est très utile d'expliquer le modèle à l'aide de l'image (Figure 1), de discuter de la zone où les personnes clientes estiment se trouver, puis d'examiner les rajustements nécessaires pour favoriser un engagement plus optimal. Nous avons appris qu'un individu peut se trouver simultanément dans la zone Dépassé et la zone Sous-utilisé. Les personnes nouvellement immigrantes, éduquées à l'étranger, illustrent cette situation. Elles sont dépassées par les défis liés à l'établissement dans un nouveau pays, mais sous-utilisées dans un rôle professionnel qui ne correspond pas à celui exercé avant l'immigration.

L'illustration pratique qui suit présente un autre type de complexité. Lorsque des changements surviennent dans la carrière ou les circonstances de la vie de l'une des personnes conjointes d'un couple, cela peut involontairement avoir une incidence sur la capacité de l'un et l'autre à maintenir son engagement relatif à sa propre carrière.

Illustration pratique

Enofe (pseudonyme) est un Canadien Nigérian de 35 ans. Il a immigré au Canada avec ses parents à l'âge de 12 ans. Il a fait dans ce pays ses études secondaires et postsecondaires. Enofe est ingénieur professionnel et gestionnaire en énergie agréé. Rebecca (pseudonyme), son épouse depuis 5 ans, est âgée de 31 ans. Elle est infirmière à l'unité néonatale des soins intensifs dans un grand hôpital en région urbaine.

Enofe et Rebecca ont tous deux travaillé très fort pour faire progresser leur carrière. Ils sont actuellement satisfaits de l'avancement de leur carrière ainsi que de leur vie ensemble. Ils avaient récemment décidé d'avoir des enfants et d'acheter une maison. Toutefois, Enofe s'est depuis vu offrir une promotion qui, incluant des possibilités stimulantes et une augmentation de salaire importante, mais également des responsabilités et des déplacements supplémentaires.

Enofe et Rebecca reconnaissent que cette offre les aidera à atteindre leurs objectifs à long terme, mais elle se présente plus tôt que prévu. Même si l'acceptation de l'offre ne retardera pas forcément leurs projets familiaux et d'achat de maison, elle a assurément une incidence. L'horaire d'Enofe ne sera pas aussi souple, et ses déplacements liés au travail exigeront que Rebecca assume des responsabilités familiales supplémentaires.

Rebecca veut une famille. Elle reconnaît qu'avoir et élever des enfants retardera l'avancement de sa propre carrière, du moins à court terme. Toutefois, elle est préoccupée par l'incidence éventuelle à long terme de la promotion d'Enofe. Elle se demande si cela pourrait entraîner qu'elle ait à assumer davantage de responsabilités en matière de garde d'enfants et d'entretien ménager. Jusqu'à présent, Enofe et Rebecca avaient réussi à faire progresser leur carrière presque en tandem. Cependant, Rebecca craint maintenant que sa propre carrière puisse avoir du retard sur celle d'Enofe, peut-être indéfiniment. Cette nouvelle occasion pour Enofe, et le changement prévu dans sa disponibilité pour ce qui est de partager les responsabilités ménagères et familiales, suscite des sentiments inattendus chez Rebecca. Pour la première fois, elle se demande comment elle peut jongler pour concilier les rôles de sa vie personnelle et professionnelle d'une manière qui lui donnera l'impression de s'épanouir. Enofe remarque les préoccupations de Rebecca et est un peu déçu qu'elle ne soit pas aussi enthousiaste que lui à l'idée de la promotion. Il considère que la carrière de Rebecca est tout aussi importante. Enofe souhaite que Rebecca puisse être heureuse, tout autant pour sa carrière à elle, pour leurs projets familiaux, mais aussi sa réussite professionnelle à lui.

Analyse de l'illustration pratique

Lorsqu'il s'agit de travailler avec des couples dont les deux personnes conjointes ont une carrière, il faut tenir compte de plusieurs perspectives. Entre autres, il faut prendre en compte le point de vue unique de chaque conjoint, ainsi que les projets et les objectifs du couple. Cela vaut sur le plan familial, mais aussi pour toutes perspectives où d'autres personnes qui pourraient être touchées par leurs décisions de carrière. Dans les sections qui suivent, nous examinerons ce scénario du point de vue individuel de Rebecca (qui a choisi de rencontrer un conseiller pour explorer ses préoccupations), et d'Enofe, ainsi que d'une séance à laquelle assistent les deux personnes conjointes.

Le point de vue de Rebecca

Au cours de la première rencontre avec son conseiller, Rebecca confirme qu'elle s'engage à mettre sa carrière entre parenthèses pour avoir des enfants. Toutefois, bien qu'elle reconnaisse les avantages qu'apporte la promotion d'Enofe, tant pour lui sur le plan professionnel que pour leur famille, Rebecca admet se sentir un peu laissée-pour-compte. Elle trouve ce sentiment de ressentiment troublant puisqu'elle et Enofe se sont toujours appuyés mutuellement.

En acceptant de mettre d'abord l'accent sur la carrière et les objectifs futurs de Rebecca, le conseiller explique le modèle d'engagement relatif à la carrière, en utilisant une image de ce dernier comme guide. Ensemble, ils discutent des éléments, des défis et des capacités du modèle, ainsi que de la façon dont l'engagement relatif à la carrière est réalisé grâce à leur interaction dynamique. Le conseiller demande à Rebecca où elle se voit sur le modèle. Rebecca se place dans la zone d'engagement, mais pas tout à fait au centre de celle-ci. Elle se situe plutôt près de l'extrémité extérieure du côté gauche, ce qui indique qu'elle pourrait se retrouver dans la zone Dépassé. Lorsque l'on tient compte du rôle de Rebecca au travail, cela est logique. En tant qu'infirmière à l'unité néonatale des soins intensifs, Rebecca occupe un poste exigeant où elle doit composer avec une forte pression dans un environnement chargé d'émotion et se retrouve souvent à en faire plus avec moins de ressources. En ce qui concerne la vie à la maison, Rebecca indique un niveau d'engagement semblable : la vie est occupée, mais intéressante, surtout étant donné les activités supplémentaires de planification d'un déménagement et d'une famille.

Rebecca remarque : « *Je ne me souviens pas de la dernière fois où je me suis sentie sous-utilisée ou même ennuyée. Enofe et moi avons tous deux travaillé avec acharnement pour réussir. Nous menons une vie remplie et stimulante.* » Elle ajoute : « *Cependant, je ne peux pas penser à un moment où j'ai ressenti tant d'appréhension à l'égard des prochaines étapes.* ».

En gardant à l'esprit le modèle d'engagement relatif à la carrière, les discussions portent sur ce qui préoccupe le plus Rebecca au sujet des changements prévus dans leur vie. En s'attendant à ce qu'Enofe ne soit pas aussi disponible qu'ils l'avaient envisagé au départ lorsqu'ils ont discuté de leurs projets familiaux, Rebecca craint d'être dépassée par les responsabilités familiales et ménagères et de n'avoir personne vers qui se tourner. Elle craint également de se sentir sous-utilisée en ce qui concerne ses compétences et habiletés professionnelles.

Le point de vue d'Enofe

Rebecca montre à Enofe le document que lui a remis son conseiller. Ce dernier présente le modèle coloré d'engagement relatif à la carrière. Elle explique brièvement la notion de mise en correspondance des capacités et des défis, puis elle demande à Enofe où il pense se retrouver sur le modèle en regard de sa propre carrière. Enofe est intrigué, mentionnant : « *Je n'y avais pas pensé auparavant, mais je pense que je suis actuellement "sous-utilisé" au travail. C'était autrefois un défi, et il y avait beaucoup à apprendre. Dernièrement, cependant, rien ne semble nouveau. J'ai parfois l'impression de pouvoir faire ce travail dans mon sommeil.* » Rebecca est surprise d'apprendre cela, d'autant plus que ce n'est pas ce qu'elle ressent dans son propre travail. Elle lui demande : « *Quand tu penses à la promotion, où imagines-tu te situer sur le modèle?* » Il réfléchit brièvement puis indique qu'il se trouve dans la zone Dépassé. Il mentionne : « *Je suppose que je trouverai le nouvel emploi un peu stressant au début, mais d'une bonne façon. Je me sens TELLEMENT prêt pour exercer ces fonctions! J'ai besoin d'un nouveau défi et il y a des gens formidables de qui je pourrai apprendre au sein de cette équipe.* » Il ajoute ensuite : « *J'étais très enthousiaste au début, mais maintenant je n'en suis plus si certain. J'espérais que tu serais heureuse de la promotion également.* » Rebecca explique certaines des préoccupations dont elle a discuté avec le conseiller. Le conseiller a demandé s'il pouvait être utile de les voir tous les deux en tant que couple lors de la prochaine séance; Rebecca demande donc à Enofe s'il est intéressé. Il répond : « Je serais heureux de venir, surtout si cela pouvait nous aider à trouver ce qui fonctionnerait pour nos deux carrières et nos projets pour un bébé. ».

Le point de vue combiné de Rebecca et d'Enofe : décisions de carrière en tant que couple

Avant la prochaine séance de counseling, Rebecca et Enofe avaient déjà convenu qu'il était logique pour Enofe d'accepter la promotion. L'argent supplémentaire sera très utile, d'autant plus que Rebecca devra composer avec une réduction de salaire pendant son congé de maternité. Rebecca ne s'est pas rendu compte qu'Enofe ne trouve plus son travail actuel stimulant. Même si elle aime son rôle actuel, elle se souvient d'un moment par le passé où elle s'était désintéressée de son emploi et à quel point cela avait été désagréable. Toutefois, elle demeure préoccupée par le fait d'être laissée-pour-compte sur le plan professionnel et d'être principalement responsable des enfants et de tout ce qui touche la gestion de leur foyer et de leur famille. Enofe accepte de travailler avec Rebecca et le conseiller pour étudier des options.

Le conseiller explique un peu plus l'axe des capacités du modèle. Il rappelle à Rebecca et à Enofe que cela fait référence à la fois à la capacité individuelle et à la capacité externe (c.-à-d. même s'ils discutent de la carrière et des responsabilités familiales de Rebecca, les ressources nécessaires sont probablement plus importantes qu'elle ne pourrait assurer seule). Rebecca affirme qu'elle a toujours imaginé qu'Enofe partagerait les responsabilités à la maison. Cette nouvelle promotion et tous les déplacements qu'elle comporterait s'avèrent angoissants. Si Enofe doit voyager autant, elle n'imagine pas pouvoir retourner au travail, surtout pour travailler par quarts à l'hôpital.

Le conseiller se demande ce qu'il en est des autres mesures de soutien possibles, en posant discrètement des questions au sujet de leur famille et de leurs amis. Rebecca mentionne que ses parents prendront bientôt leur retraite et qu'elle aimerait faire une visite prolongée, une fois qu'elle et Enofe auront eu un bébé. Bien que les parents de Rebecca peuvent leur offrir de l'aide, surtout si Enofe doit voyager peu après la naissance du bébé, ni Rebecca ni Enofe ne considèrent ses parents comme une solution viable à long terme.

Cependant, la discussion déclenche une réflexion sur une nourrice résidante. Rebecca n'a jamais envisagé d'embaucher une nourrice. Cependant, Enofe a la certitude que grâce à son revenu plus élevé, si Rebecca décide de retourner au travail, ils pourraient facilement avoir les moyens d'embaucher une nourrice pendant quelques années. Cette idée donne lieu à la mise en place d'un plan. À la recherche d'une nouvelle maison, ils veilleront à ce que cette dernière ait de la place pour une nourrice, puis qu'elle soit raisonnablement près de l'aéroport, de l'hôpital de Rebecca et du bureau d'Enofe. Cela réduira au minimum la durée de leurs trajets quotidiens. Ils reconnaissent également que les projets changent. Ils établissent un plan de rechange au cas où Rebecca choisit de prolonger son congé après la naissance du bébé. À l'insistance du conseiller, ils reconnaissent également qu'il se peut que la venue d'un bébé ne soit pas immédiate. Si tel était le cas, ils pourraient utiliser la chambre supplémentaire de leur maison pour héberger un étudiant étranger.

À la fin de la séance de counseling, le conseiller demande au couple s'il souhaite examiner brièvement le nouveau poste d'Enofe du point de vue de l'engagement relatif à la carrière. Enofe mentionne qu'il s'attend à ce qu'au cours des premiers mois, il soit un peu débordé en assumant ses nouvelles responsabilités, en apprenant à connaître d'autres membres de l'équipe et en s'adaptant à l'augmentation des déplacements. Il est également préoccupé par le fait de s'acquitter des responsabilités liées à l'achat d'une nouvelle maison et à l'emménagement dans cette dernière alors que son emploi est encore nouveau. Rebecca se demande si ses parents pourraient être disposés à venir les aider à déménager. Enofe dit qu'il se sentirait très soulagé si effectivement ils pouvaient venir. Ils conviennent de le leur demander et, comme plan de rechange. Ils décident également d'établir un budget pour l'embauche de gens de métier, de nettoyeurs et de déménageurs afin que ni Rebecca ni Enofe n'aient l'impression d'en avoir plus à faire qu'ils n'arriveraient raisonnablement à gérer.

Conclusion

Comme l'a montré l'illustration pratique, le modèle d'engagement relatif à la carrière est utile lorsqu'il s'agit d'examiner les rôles de la vie interdépendants d'une personne. Il est important de reconnaître qu'un individu peut être dépassé dans un rôle de la vie (comme dans le cas d'Enofe, en envisageant le déménagement à venir) et pourtant se sentir sous-utilisé dans un autre rôle (comme il se sentait dans son travail actuel). De même, Rebecca s'est dite préoccupée par le fait qu'elle pourrait se sentir sous-utilisée si elle abandonnait sa carrière professionnelle, mais simultanément dépassée si elle devait assumer les responsabilités principales du soin des enfants et de la gestion de leur foyer.

Pour les individus qui sont passés à la zone où ils sont complètement désengagés, il est essentiel de comprendre leur cheminement pour en arriver là (c.-à-d. étaient-ils dépassés ou sous-utilisés?). Plutôt que d'attendre qu'une crise de carrière importante crée un besoin de changement, la gestion de carrière tout au long de la vie peut faciliter les légers rajustements afin de maintenir les individus dans la zone d'engagement. L'interprétation de la position d'un individu sur le modèle d'engagement relatif à la carrière est ipsative plutôt que normative : un individu ayant une capacité très limitée peut éprouver un engagement optimal en présence d'un niveau de défi très faible, tandis qu'une personne ayant une capacité personnelle plus grande ou bénéficiant de mesures de soutien et de ressources organisationnelles plus importantes aura besoin d'un plus grand défi pour se sentir engagée de façon optimale.

On a laissé entendre que le modèle d'engagement relatif à la carrière pourrait également s'avérer un modèle utile pour l'engagement scolaire, communautaire ou personnel. Toutefois, des recherches futures sont nécessaires pour étudier ces possibilités. Nous invitons d'autres chercheurs, chercheuses, professionnels et professionnelles à mettre à l'essai le modèle auprès de diverses personnes clientes et dans divers contextes afin de nous permettre, ensemble, d'en apprendre davantage sur la façon d'aider les individus à atteindre et à maintenir un engagement optimal dans leur travail et dans d'autres rôles de la vie.

Références

Csikszentmihalyi, M. (1997). *Finding flow: The psychology of engagement with everyday life*. New York, NY : HarperCollins

Kahn, W. A. et Heaphy, E. D. (2014). Relational context of personal engagement at work. Dans C. Truss, R. Delbridge, K. Alfes, A. Shantz et E. Soane (dir.), *Employee engagement in theory and practice* (p. 82-96). Londres, Angleterre : Routledge.

McMahon, M. et Patton, W. (2018). Systemic thinking in career development theory: Contributions of the systems theory framework. *British Journal of Guidance & Counselling, 46*, 229-240. DOI : 10.1080/03069885.2018.1428941

Neault, R. (2002). Thriving in the new millennium: Career management in the changing world of work. *Canadian Journal of Career Development, 1*(1), 11-21. Récupéré de https://cjcd-rcdc.ceric.ca/index.php/cjcd

Neault, R. A. et Pickerell, D. A. (2011). Career engagement: Bridging career counseling and employee engagement. *Journal of Employment Counseling, 48*(4), 185-188.

Pickerell, D. A. et Neault, R. A. (2016). Examining the career engagement of Canadian career development practitioners. *Canadian Journal of Career Development, 15*(1), 4-14. Récupéré de https://cjcd-rcdc.ceric.ca/index.php/cjcd

Shuck, B. (2011). Four emerging perspectives of employee engagement: An integrative literature review. *Human Resource Development Review, 10*(3), 304-328. DOI : 10.1177/1534484311410840

Vygotsky, L. S. (1978). *Mind in society: The development of higher psychological processes*. M. Cole, V. John-Steiner, S. Scribner et E. Souberman (dir.). Cambridge, MA : Harvard University Press.

Biographies

Roberta Neault, Ph. D., est présidente de Life Strategies Ltd. Elle offre également des cours de counseling dans plusieurs universités canadiennes. Présidente sortante de la section Formateurs de conseillers et superviseurs pour l'Association canadienne de counseling et de psychothérapie, de même que membre d'Équipe Canada pour le Symposium international sur le développement de carrière et les politiques publiques, Roberta joue un rôle actif au sein du secteur du développement de carrière depuis plus de 40 ans. Son leadership international a été récompensé. Elle a reçu la médaille d'or et l'épinglette diamant Stu Conger, ainsi que le prix de formatrice exceptionnelle de professionnels de la carrière de l'Asia Pacific Career Development Association.

Deirdre Pickerell, Ph. D., est doyenne des études au campus de la Colombie-Britannique de l'Université Yorkville (Canada) et vice-présidente de Life Strategies Ltd. Elle a rédigé et corédigé des articles de revues scientifiques, des livres, des guides de formation, des curriculums d'études, ainsi que des rapports de recherche sur un large éventail de sujets liés au développement de carrière. Elle a dirigé Équipe Canada – et a été une conférencière catalysant ce qui concerne le rôle des nouvelles technologies – lors du 7e Symposium international sur le développement de carrière et les politiques publiques. Elle a reçu le Prix Stu Conger de leadership en counseling et en développement de carrière de 2014, ainsi que le prix d'excellence de 2006 de la Human Resources Association.

Points de pratique pour l'application du modèle d'engagement relatif à la carrière
Roberta Neault et Deirdre Pickerell

1. **Établir une alliance de travail.** À l'instar de tous les types de counseling, il est important d'établir une relation efficace au moyen de l'écoute active, de l'observation et de réponses individualisées.

2. **Expliquer le modèle.** La version colorée du modèle permet aux individus de comprendre rapidement l'interaction dynamique entre les défis et les capacités, de même que l'importance d'effectuer continuellement des ajustements lorsque quelque chose indique que l'on quitte la zone d'engagement.

3. **Estimer l'engagement.** Inviter les individus à indiquer leur zone actuelle sur le modèle.

4. **Poser la question « pourquoi maintenant? »** Quelque chose a amené le client à recourir à des services de counseling. La compréhension du contexte actuel peut faciliter l'établissement d'objectifs, l'établissement d'un plan d'action et le classement des interventions par ordre de priorité.

5. **Analyser le « désengagement ».** La compréhension du cheminement d'un individu vers le désengagement (c.-à-d. se sentir dépassé ou sous-utilisé) permettra de déterminer les interventions appropriées.

6. **Reconnaître l'incidence du contexte.** Les individus peuvent se sentir à la fois dépassés et sous-utilisés (p. ex. une surabondance de tâches non signifiantes).

7. **Tenir compte de tous les rôles de la vie.** Les individus qui font face à des défis accrus dans des rôles en dehors du travail peuvent avoir une capacité réduite relativement au travail qui était auparavant stimulant. De même, l'augmentation des responsabilités professionnelles peut rendre d'autres responsabilités non professionnelles difficiles à gérer.

8. **Préciser les objectifs de changement.** Des changements sont-ils nécessaires en ce qui concerne les niveaux de défis, les capacités ou les deux?

9. **Planifier des rajustements gérables.** Viser des « victoires rapides » renforcer la motivation.

10. **Tenir compte des ressources internes et externes.** Les problèmes (ou les solutions) ne sont pas tous du ressort de l'individu. Les changements apportés à divers systèmes interdépendants peuvent aider les individus à se réengager.

Chapitre 27

Théorie axée sur l'espoir et l'action (HAT) : susciter et maintenir l'espoir dans le domaine du développement de carrière

Spencer G. Niles, Norman Amundson et Hyung Joon Yoon

La *théorie axée sur l'espoir et l'action* (*hope-action theory – HAT*) favorise le développement de compétences essentielles en tant que feuille de route visant à susciter de l'espoir et participer efficacement à la planification de son parcours éducationnel et de carrière. En outre, les compétences servent de point d'ancrage pour la construction de carrières positives. Les gens rencontrent des défis et des possibilités (prévus et imprévus) tout au long de leur vie et dans un monde du travail imprévisible et instable, ce qui découle des récentes crises économiques mondiales et de l'évolution des tendances en matière d'emploi.

La théorie axée sur l'espoir et l'action (HAT) est fondée sur la nécessité de développer l'*adaptabilité relative à la carrière*, soit la capacité a) de réagir efficacement à de nouvelles informations sur soi-même ou sur sa situation changeante et b) de transformer de nouvelles connaissances et prises de conscience en comportements stratégiques relatifs à la carrière, favorisant ainsi un développement de carrière efficace et satisfaisant. Nous insistons sur le fait que la théorie axée sur l'espoir et l'action (HAT) priorise le besoin de faire preuve de vigilance pour maintenir une conscience de soi et de sa situation professionnelle. Dans le présent chapitre, nous décrivons les attitudes et les comportements importants nécessaires dans le cadre de ce processus de développement positif tout au long de la vie. Nous présentons également une illustration pratique de la théorie axée sur l'espoir et l'action (HAT) intégrant l'Inventaire axé sur l'espoir et l'action (Hope-Action Inventory – HAI; Niles, Yoon et Amundson, 2010), ainsi que d'exemples plus concrets de l'application de la théorie.

Aperçu de la théorie axée sur l'espoir et l'action (HAT)

La théorie axée sur l'espoir et l'action (HAT) intègre les attitudes et les comportements importants suivants nécessaires pour susciter et maintenir l'espoir : l'autoréflexion, la clarté de soi, la visualisation, l'établissement et la planification d'objectifs, de même que la mise en œuvre et l'adaptation (Niles, Amundson et Neault, 2010;

voir la figure 1). Nous avons conçu la théorie axée sur l'espoir et l'action (HAT) en résumant la théorie de l'espoir (hope theory) de Snyder (2002), la théorie de l'agentivité humaine (human agency theory) de Bandura (2001), ainsi que la théorie de la carrière protéiforme (protean career theory) de Hall (1996), en les adaptant au développement de carrière afin de fournir une structure pour une autogestion de carrière efficace.

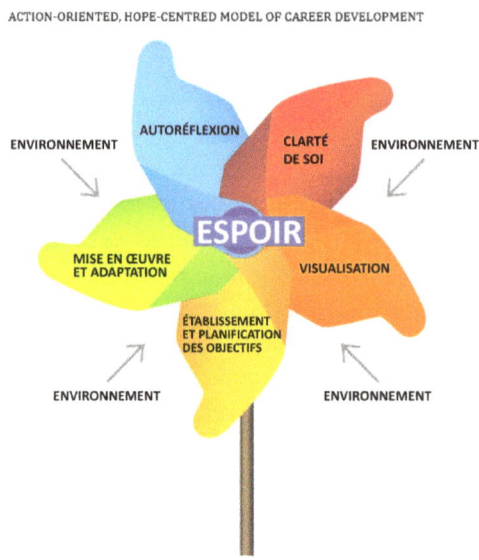

Figure 1. **Modèle axé sur l'espoir et l'action.** Tous droits réservés, 2011, par S. Niles, N. Amundson et H. J. Yoon. Reproduction autorisée.

Collectivement, l'autoréflexion, la clarté de soi, la visualisation, l'établissement et la planification des objectifs, ainsi que la mise en œuvre et l'adaptation constituent un fondement utile pour relever les défis liés au développement de carrière. Enfin, les interactions entre la personne et l'environnement fournissent une rétroaction continue qui devient utile dans le cadre du développement continu de l'autoréflexion et de la clarté de soi.

Espoir

Il est essentiel d'avoir de l'espoir pour favoriser le développement de carrière positif. L'espoir est lié au fait d'envisager un objectif et à la croyance que des résultats positifs sont susceptibles de se produire si des mesures précises sont prises. Avoir un sentiment d'espoir permet aux gens de tenir compte des possibilités dans n'importe quelle situation et les pousse à agir. Snyder (2002) a décrit l'espoir comme étant « la capacité perçue de trouver la voie à suivre pour atteindre les objectifs souhaités et de se motiver en faisant appel à la réflexion axée sur l'agentivité pour emprunter cette voie[1] » (p. 249). Ainsi, la pensée liée à l'espoir est formée de trois éléments : a) la réflexion axée sur le parcours (« j'ai déterminé les étapes à réaliser pour atteindre mes objectifs »), b) la pensée axée sur l'agentivité (« je suis persuadé que je peux mener à bien les étapes que j'ai déterminées en vue de l'atteinte des objectifs ») et c) les objectifs ou les résultats souhaités. Ces trois éléments sont interdépendants. À titre d'exemple, si l'on a défini des stratégies pour atteindre les objectifs, mais que l'on ne fait pas preuve de réflexion axée sur l'agentivité, il est peu probable que l'on persévère en présence d'obstacles. De même, ceux qui ont la certitude qu'un objectif peut être atteint, mais qui n'ont pas de stratégies pour l'atteindre sont susceptibles d'avoir moins de succès dans l'atteinte de leurs objectifs que ceux qui ont défini des stratégies. Enfin, ceux qui n'ont pas d'objectifs rencontrent souvent des difficultés parce qu'ils n'ont ni orientation ni but précis.

Une attitude liée à l'espoir devient un catalyseur pour la définition d'une ou de plusieurs étapes d'action liées aux objectifs. Lorsque les personnes rencontrent des obstacles insurmontables à l'atteinte de leurs objectifs, elles doivent faire preuve d'adaptabilité pour définir et mettre en œuvre des actions visant à éviter les obstacles et à atteindre leurs objectifs. L'adaptabilité suppose la capacité de changer avec le changement, de demeurer ouvert aux nouvelles informations pouvant donner lieu au renforcement des objectifs actuels ou à l'élaboration de nouveaux. Il est essentiel de s'adapter aux nouvelles informations de cette façon, car tel qu'il a été mentionné précédemment, la personne et son contexte évoluent constamment et des possibilités (prévues et imprévues) se présentent continuellement. Toutefois, sans espoir les gens abandonneraient en rencontrant des obstacles (et tout le monde rencontre des obstacles en réalisant leurs objectifs). Les chercheurs et les chercheures ont constaté que les étudiants et les étudiantes qui ont peu d'espoir ont tendance à éviter les tâches qui sont nécessaires à l'atteinte de leurs objectifs (Snyder, 2002). À titre d'exemple, si une personne estime qu'elle est susceptible d'échouer à un examen, elle pourrait retarder l'étude en prévision de cet examen parce qu'il y a peu d'espoir que l'étude se traduise par un résultat positif (réussir l'examen). Ainsi, les trois éléments de l'espoir (la réflexion axée sur le parcours, la réflexion axée sur l'agentivité et les objectifs) sont les pierres angulaires d'une planification efficace de son parcours éducationnel et de carrière.

Autoréflexion

L'autoréflexion suppose la capacité d'examiner ses pensées, ses croyances, ses sentiments, ses comportements et les circonstances de ses expériences. Il faut être disposé à examiner des questions comme celles-ci : Qu'est-ce qui est important pour moi ? Qu'est-ce que j'aime ? Quelles sont les compétences que j'aime utiliser ? Quelles sont les compétences que j'aimerais acquérir ? Quelles sont les possibilités qui me sont offertes dans mon environnement ? Quel est le type de style de vie que j'espère

---

[1] Traduction libre.

avoir? Dans quelle mesure est-ce que j'utilise efficacement les talents que je veux utiliser, que je réalise des activités qui me plaisent et que je participe à des activités importantes pour moi? Est-ce que je vis la vie que je veux vivre? Est-ce que j'ai une vision pour mon avenir? La liste continue. Essentiellement, l'autoréflexion consiste à « prendre le temps de faire le bilan », c'est-à-dire de prendre en considération le sens autoréférentiel de son concept de soi en évolution au fur et à mesure qu'il se révèle dans le contexte d'innombrables expériences d'apprentissage quotidiennes. En s'adonnant régulièrement à l'autoréflexion, on dispose d'un fondement solide pour l'acquisition d'une clarté de soi et l'on augmente la probabilité que les nouvelles informations soient prises en compte dans la planification de carrière.

Clarté de soi

L'autoréflexion intentionnelle se traduit inévitablement par la clarté de soi. L'autoréflexion consiste à prendre le temps de poser des questions sur soi-même et sur sa situation. La clarté de soi se produit à mesure que les gens trouvent des réponses à ces questions. Il s'agit d'un processus réalisé tout au long de la vie, car chaque expérience d'apprentissage crée le besoin de réfléchir à ses répercussions sur soi-même et sur sa situation, ce qui donne l'occasion d'acquérir une clarté de soi dans le contexte évolutif de sa vie.

Grâce à des efforts constants, animés par un sentiment d'espoir (et souvent par l'aide d'un professionnel de la carrière), la clarté de soi se dégage. À bien des égards, le processus est semblable à celui employé pour peindre un portrait. Autrement dit, l'autoréflexion est semblable à l'entrée dans le studio de l'artiste dans le but de transposer une image sur une toile à l'aide de sa palette de couleurs (expériences) et créer un autoportrait clair et précis (clarté de soi). L'ancien philosophe grec Aristote a souligné l'importance de la clarté de soi lorsqu'il a insisté sur l'importance de « se connaître soi-même » pour vivre efficacement sa vie. Ce conseil est essentiel à une planification efficace de son parcours éducationnel et de carrière. Tout commence par le fondement de la conscience de soi. Si la clarté de soi prend appui sur l'autoréflexion, alors la personne est prête à s'engager dans la réflexion sur les possibilités (la visualisation), l'établissement d'objectifs, la mise en œuvre et l'adaptation.

Visualisation et établissement d'objectifs

La visualisation consiste à faire un remue-méninge de ses possibilités de carrière et déterminer un futur désiré. La séance de remue-méninges focalise sur la quantité d'idées générées plutôt que sur leur qualité. Dans ce cas, la clarté de soi est utilisée pour élaborer le plus grand nombre possible d'options de carrière. Une fois qu'un nombre suffisant d'options est défini, un nouvel appel à la clarté de soi est fait pour déterminer les options les plus souhaitables. On recueille ensuite des informations sur les options souhaitables afin d'acquérir une connaissance approfondie au sujet de ces options et de déterminer si elles demeurent souhaitables. Parmi la liste des options toujours souhaitables, des objectifs de carrière précis sont sélectionnés.

Mise en œuvre et adaptation

Une fois que les objectifs sont définis et que des stratégies pour les atteindre sont en place, la mise en œuvre des objectifs a lieu. La mise en œuvre consiste à prendre des mesures qui s'harmonisent avec ses plans et ses objectifs. À titre d'exemple, si une personne s'est adonnée à l'autoréflexion afin d'acquérir une clarté de soi en ce qui a trait aux programmes d'études universitaires possibles, puis a fait appel à la clarté de soi pour envisager les programmes d'études possibles et les professions connexes, a établi des objectifs et a prévu de s'inscrire à un programme d'études en particulier, la prochaine étape consiste à s'inscrire à ce programme d'études (mise en œuvre). Les professionnels et les professionnelles de la carrière qui travaillent avec des personnes clientes qui en sont à l'étape de la mise en œuvre se retrouvent souvent eux-mêmes à assumer un rôle de coach (c.-à-d. offrir du soutien, encourager et guider). Ce coaching permet à leurs clients et clientes de garder l'espoir qu'ils puissent mettre en œuvre et atteindre les objectifs qu'ils ont définis.

Au fur et à mesure que des mesures sont prises pour atteindre les objectifs, on obtient de nouvelles informations qui, à la suite de l'autoréflexion, donnent lieu à la clarté de soi, ce qui, à son tour, permet de déterminer si le plan d'action actuel est approprié ou doit être révisé. L'ouverture à la révision des objectifs exige une adaptabilité relative à la carrière, c'est-à-dire posséder la capacité de « changer avec le changement et d'être en mesure de s'y adapter efficacement[2] » (Herr, Cramer et Niles, 2004, p. 127). Tel qu'il a été mentionné précédemment, l'interaction dynamique entre la personne et l'environnement exige de la vigilance à l'égard du maintien de la clarté de soi, des efforts pour maintenir une compréhension de l'influence de l'évolution du moi sur les objectifs de carrière, ainsi qu'une souplesse pour s'adapter au changement en soi ou dans sa situation de travail. Il est essentiel de surveiller le degré d'espoir de la personne cliente pour ce qui est de s'acquitter avec succès de chacune de ses tâches afin de maintenir une dynamique positive.

Inventaire axé sur l'espoir et l'action (HAI)

L'Inventaire axé sur l'espoir et l'action (HAI; Niles, Yoon et Amundson, 2010) peut servir à évaluer le niveau d'espoir d'une personne en ce qui a trait aux compétences axées sur l'espoir et l'action mentionnées précédemment. Plus particulièrement, l'Inventaire axé sur l'espoir et l'action (HAI) mesure les six compétences du développement de carrière axées sur l'espoir (espoir, autoréflexion, clarté de soi, visualisation, établissement et planification des objectifs, mise en œuvre et adaptation) chez les adultes âgés de 18 ans et plus. L'Inventaire axé sur l'espoir et

---

[2] Traduction libre.

l'action (HAI) mesure sept concepts plutôt que six parce que la mise en œuvre et l'adaptation sont différentes et ces construits devraient être traités séparément. L'Inventaire axé sur l'espoir et l'action (HAI) compte 28 éléments; voici des exemples d'éléments pour chaque construits :

- **Espoir :** J'envisage mon avenir avec espoir.

- **Autoréflexion :** Je pense aux choses qui me sont arrivées.

- **Clarté de soi :** Je peux énumérer au moins cinq choses pour lesquelles je suis doué.

- **Visualisation :** J'imagine souvent des événements futurs possibles dans ma vie.

- **Établissement et planification des objectifs :** J'élabore un plan avant d'agir.

- **Mise en œuvre :** Je passe à l'action une fois que j'ai des objectifs clairs.

- **Adaptation :** Je modifie mes plans au besoin afin d'atteindre mes objectifs.

Les options de réponse reposent sur une échelle de Likert à 4 points (de 1 = *tout à fait faux* à 4 = *tout à fait vrai*).

L'Inventaire axé sur l'espoir et l'action (HAI) est assorti de données probantes solides en matière de fiabilité et de validité avec un échantillon de 382 étudiants et étudiantes de premier cycle et de cycle supérieur dans une grande université publique des États-Unis (Niles, Yoon et Amundson, 2010) et d'un autre de 738 individus de pays différents (Yoon, 2017).

L'utilisation de l'Inventaire axé sur l'espoir et l'action (HAI) peut être résumée de trois façons. En premier lieu, l'Inventaire axé sur l'espoir et l'action (HAI) sert d'outil d'évaluation au début d'un programme ou au sein d'une série de séances. L'utilisation de l'Inventaire axé sur l'espoir et l'action (HAI) aide les clients à déterminer leurs points forts et leurs points faibles, ainsi qu'à comprendre la théorie axée sur l'espoir et l'action (HAT). En deuxième lieu, l'Inventaire axé sur l'espoir et l'action (HAI) peut servir aux personnes clientes de guide d'évaluation de son développement, pendant et après les séances. À cet effet, le manuel de l'Inventaire axé sur l'espoir et l'action (HAI) fournit des items d'actions concrètes pour renforcer les compétences axées sur l'espoir et l'action. (À titre d'exemple, lorsqu'il s'agit d'envisager les étapes d'action relatives à la visualisation, les consignes suivantes sont fournies : « Déterminez quels sont les rôles de la vie les plus importants pour vous et ce que vous aimeriez accomplir dans le cadre de chacun de ces rôles au cours des cinq prochaines années. ») En troisième lieu, l'Inventaire axé sur l'espoir et l'action (HAI) peut servir d'outil d'évaluation en mesurant la situation des personnes clientes et étudiantes avant et après l'intervention relative à la carrière. Les résultats d'évaluation peuvent informer les conseillers et les conseillères, de même que les décideurs et les décideuses, au sujet de l'efficacité des interventions utilisées. Les rangs-centiles sont préparés en fonction du groupe de référence, soit 676 étudiants et étudiantes de premier cycle (voir le tableau 1; Yoon et al., 2015). On s'attend à ce que les personnes conseillères consultent le tableau 1 lorsqu'ils interprètent les résultats de l'Inventaire axé sur l'espoir et l'action (HAI) des personnes clientes.

Tableau 1. **Scores normatifs de l'Inventaire axé sur l'espoir et l'action (HAI) fondés sur 676 étudiants et étudiantes de premier cycle au Canada**

Centiles	Espoir	Autoréflexion	Clarté de soi	Visualisation	Établissement et planification des objectifs	Mise en œuvre	Adaptation	Notes générales
10	2,5	2,5	2,5	2,5	2,25	2,43	2,75	2,75
25	3,0	3,0	2,75	3,0	2,75	2,75	3,0	2,96
50	3,5	3,25	3,25	3,50	3,0	3,00	3,50	3,25
75	3,75	3,50	3,50	3,75	3,5	3,5	3,75	3,50
90	4,0	3,75	4,0	4,0	3,75	3,75	4,0	3,75

Reproduction de « The effects of hope on student engagement, academic performance, and vocational identity », par H. J. Yoon, H. In, S. G. Niles, N. Amundson, B. A. Smith et L. Mills, 2015, *Revue canadienne de développement de carrière, 14*(1), p. 40. Reproduction autorisée.

Illustration pratique

Chioma (pseudonyme) est une personne exerçant la profession réglementée d'infirmière. Originaire du Nigéria, elle est venue en Saskatchewan, au Canada, avec son mari et trois jeunes enfants. Chioma travaillait depuis quatre ans au Nigéria et avait bon espoir de devenir infirmière autorisée au Canada. Elle a passé l'examen de compétence en anglais Canadian English Language Benchmark Assessment for Nurses (CELBAN) et l'a réussi avec peu de difficulté. Au départ, elle était empreinte d'espoir à l'égard de son nouveau pays. Toutefois, elle a rencontré des problèmes. Son mari a dû retourner au Nigéria pendant trois mois pour conserver son permis d'exercice en soins infirmiers. De plus, elle a découvert qu'elle devait suivre d'autres cours. Il y avait un délai de trois ans pour suivre ces cours. Si elle ne les suivait pas tous au cours de cette période, elle devrait en reprendre certains qu'elle avait déjà suivis. Les cours qu'elle suivait étaient difficiles. Il n'était pas facile de trouver suffisamment de temps pour étudier. Son espoir pour l'avenir s'amenuisait et elle était en colère contre la réglementation imposée dans son nouveau pays. À ce moment-là, elle a eu l'occasion de participer à l'étude de recherche sur l'espoir

(Clarke, Amundson, Niles et Joon, sous presse), ce qui a tout changé. Après six mois de participation au programme, elle a fait la remarque suivante :

> c'était vraiment utile parce qu'au moment où j'ai choisi de participer à ce programme, je n'étais plus disposée à poursuivre mon cheminement, car j'avais perdu espoir. L'expérience était comme si le feu se ravivait. Je suis parti avec ce zèle, ce feu pour y retourner, continuer, tout recommencer. J'ai été en mesure de constater que j'ai fait beaucoup de chemin et que je ne peux pas reculer maintenant, car j'y suis presque. C'est comme un moteur, une source de motivation, c'est tout, voilà le programme Hope pour moi. C'est une expérience qui n'a pas de prix; c'est inestimable.

Elle a poursuivi ses cours après avoir complété le programme de recherche. Et environ un an plus tard, elle avait satisfait à toutes les exigences. Elle travaille maintenant comme infirmière autorisée[3] en Saskatchewan.

Comme première étape dans le cadre de ce programme, elle a effectué l'Inventaire axé sur l'espoir et l'action (HAI) et a rencontré une conseillère. Les résultats ont confirmé que la note obtenue pour l'espoir était faible, tout comme celle pour l'établissement et la planification des objectifs. La discussion qui a suivi a porté sur la façon dont elle pourrait remédier à certaines de ces lacunes. Elle s'inquiétait tout particulièrement de savoir comment elle pourrait commencer à travailler davantage à la préparation de son accréditation à la maison. Chioma était tout particulièrement anxieuse pendant l'absence de son mari, mais elle avait tout de même du temps à consacrer à ses études. Chioma a examiné avec sa conseillère comment trouver ne serait-ce que 10 minutes pour faire quelque chose. Elle s'est rendu compte qu'elle avait plus de temps qu'elle ne l'imaginait. Si elle commençait à travailler pendant 10 minutes, ces 10 minutes devenaient vite 20 minutes, une demi-heure, voire une heure. Une fois qu'elle s'engageait dans son travail, elle était en mesure de réaliser des progrès importants. Elle pouvait également voir sur le système en ligne qui d'autre travaillait en même temps qu'elle, et si d'autres travaillaient, elle estimait qu'elle devrait également faire des efforts supplémentaires.

Chioma et sa conseillère ont également discuté des relations de travail à la maison et de la façon dont son partenaire pourrait offrir plus d'aide lorsqu'il était présent. Cette discussion a permis à Chioma d'ouvrir la discussion avec son mari et de créer encore plus de possibilités d'étude. Elle a trouvé sa voix et a été en mesure de mieux communiquer ses besoins et, grâce à ce processus, de restructurer la façon dont les tâches étaient réparties chez elle. De plus, Chioma a été en mesure de créer un échéancier pour ce qui devait se faire. Cet échéancier a permis à Chioma d'accorder la priorité et de se concentrer sur ses études actuelles, ainsi que de s'occuper des autres questions à une date ultérieure.

---

3   Membre de la Saskatchewan Registered Nurses Association (SRNA), organisme de réglementation de la profession d'infirmière pour cette province canadienne.

Un autre facteur de motivation était la responsabilisation établie au sein de sa relation avec sa conseillère. Chioma ne travaillait plus seule. Elle avait maintenant quelqu'un à qui elle devait, à titre officieux, rendre des comptes. Elle avait une excellente relation avec sa conseillère et ne voulait pas la décevoir. Chioma s'est retrouvée à travailler plus intensivement et à essayer d'atteindre les objectifs qu'elle avait fixés avec sa conseillère.

Grâce à ce programme, Chioma a également eu l'occasion de rencontrer d'autres infirmiers et infirmières qui essayaient d'obtenir leur autorisation. Elle a appris que les délais pour suivre les cours devaient être pris au sérieux. Si elle prenait trop de temps, elle devrait refaire les cours. Cette information était troublante, mais elle a poussé Chioma à continuer de travailler et à terminer les cours qu'elle suivait en temps opportun.

Dans le cadre du processus de counseling, Chioma a effectué un certain nombre d'exercices (voir le chapitre 1 du présent livre pour de plus amples informations). À titre d'exemple, Chioma a réalisé l'exercice Marcher avec le problème[4] avec sa conseillère. Elle se tenait debout d'un côté de la pièce (l'espace problématique – derrière un portemanteau), puis marchait pour se rendre de l'autre côté où le problème était résolu (une grande plante qui représentait l'achèvement de sa formation pour devenir infirmière autorisée). Cet exercice a montré très concrètement à Chioma que son objectif était sur le point d'être réalisé. Elle était déjà sur le point de devenir infirmière autorisée et elle n'avait qu'à faire des efforts supplémentaires pour atteindre le « *sommet de la montagne* ». Cet exercice a renforcé la confiance en soi de Chioma et lui a donné l'occasion de déterminer ce qui devait être fait pour atteindre ses objectifs avec succès.

L'exercice d'expérience optimale de carrière[5] l'a également aidée à mieux comprendre ce qu'elle avait déjà accompli et ce qu'il fallait faire pour progresser. Dans cet exercice, on a demandé à Chioma de réfléchir à son cheminement de carrière à l'aide de l'image d'une rivière. Chioma se trouvait actuellement en « eaux stagnantes », mais avait auparavant connu des moments de « fort courant ». Chioma savait qu'elle devait se sortir de cet état de stagnation pour retrouver un état plus fluide. Cette métaphore d'une rivière a fourni une image visuelle forte dont Chioma pouvait se servir pour guider ses progrès.

En parlant des expériences antérieures de fluidité, il était évident que Chioma avait beaucoup de points forts qu'elle avait mis à contribution par le passé. Ces points forts ont été établis et affirmés, et on l'a encouragée à appliquer certains d'entre eux à sa situation actuelle. Un exercice d'affirmation du pouvoir (le Cercle de forces[6]) a contribué à accroître la confiance en soi de Chioma et à susciter de l'espoir.

---

4   Traduction libre de l'exercice « Walking the problem ».
5   Traduction libre de l'exercice « Career Flow ».
6   Traduction libre de l'exercice « Circle of Strengths ».

En tant que dernière stratégie, la conseillère a rappelé à Chioma de tous les autres Nigérians qui avaient réussi le processus d'autorisation. Elle n'était pas la première personne à rencontrer des problèmes, et d'autres avaient d'une manière ou d'une autre trouvé la détermination nécessaire pour continuer et surmonter leurs défis. Cette prise de conscience a stimulé Chioma et lui a permis de poursuivre ses actions.

Après environ six mois, Chioma a effectué de nouveau l'Inventaire axé sur l'espoir et l'action (HAI). Chioma était heureuse de constater les progrès qu'elle avait réalisés en ce qui concerne l'espoir ainsi que l'établissement et la planification des objectifs. Les résultats de l'Inventaire ont confirmé pour Chioma qu'elle était sur la bonne voie et ont contribué à stimuler davantage ses progrès continus. Chioma a terminé ses cours et travaille maintenant comme infirmière autorisée en Saskatchewan.

Conclusion

L'utilisation de l'Inventaire axé sur l'espoir et l'action (HAI) permet aux gens de susciter et de maintenir un élan positif dans le processus de développement de carrière. Étant donné que la plupart des gens font face à des défis fréquents dans leur processus de développement de carrière, une telle approche peut s'avérer tout particulièrement utile dans le contexte actuel de la fluctuation des marchés du travail. En outre, une fois que ces compétences axées sur l'espoir et l'action sont acquises, elles demeureront utiles tout au long de la vie à mesure que les situations de travail évoluent et que les possibilités d'emploi changent en fonction des conditions économiques mondiales.

Références

Bandura, A. (2001). Social cognitive theory : An agentic perspective. *Annual Review of Psychology, 52*, 1 26. DOI : 10.1146/annurev.psych.52.1.1.

Clarke, A., Amundson, N., Niles, S. et Yoon, H. J. (sous presse). Action-oriented hope: An agent of change for internationally educated professionals. *Journal of Employment Counseling.*

Hall, D. T. (1996). Protean careers of the 21st century. *Academy of Management Executive, 10*(4), 8-16. DOI : 10.5465/ame.1996.3145315

Herr, E. L., Cramer, S. H. et Niles, S. G. (2004). *Career guidance and counseling through the lifespan* (6e éd.). Boston, MA : Allyn & Bacon.

Niles, S. G., Amundson, N. E. et Neault, R. A. (2010). *Career flow: A hope-centered approach to career development.* Boston, MA : Pearson Education.

Niles, S. G., Yoon, H. J. et Amundson, N. E. (2010). *Career Flow Index : Hope-centered career development competencies*. Manuscrit non publié, University Park, PA.

Snyder, C. R. (2002). Hope theory: Rainbows in the mind. *Psychological Inquiry, 13*, 249-275. DOI : 10.1207/S15327965PLI1304_01

Yoon, H. J. (2017, mars). *Psychometric properties of the Hope-Centered Career Inventory: An update after six years of administration.* Séance de présentation par affiches donnée lors de l'International Research Conference in the Americas de 2017 de l'Academy of Human Resource Development, San Antonio, TX.

Yoon, H. J., In, H., Niles, S. G., Amundson, N. E., Smith, B. A. et Mills, L. (2015). The effects of hope on student engagement, academic performance, and vocational identity. *Revue canadienne de développement de carrière, 14*(1), 34-45.

Biographies

Spencer Niles est professeur et doyen de la William & Mary School of Education et, précédemment, professeur émérite et directeur du département de psychologie éducationnelle, de counseling et d'éducation spécialisée à l'Université d'État de Pennsylvanie, aux États-Unis. Il est membre de l'American Counselling Association et de la National Career Development Association. Il est récipiendaire d'un prix de la National Career Development Association (NCDA) pour souligner une carrière remarquable. Il fut également président de la NCDA (2018-2019).

Norm Amundson est professeur en psychologie du counseling à la Faculté d'éducation de l'Université de la Colombie-Britannique, à Vancouver, au Canada. Il est également titulaire d'un doctorat honorifique de l'Université d'Umeå, en Suède. Il est un conférencier et un auteur bien connu. Il vient de publier une édition du vingtième anniversaire de son livre primé, Active Engagement. Ses publications comprennent plus de 100 articles de revue, des DVD de formation, de même que des livres et des cahiers d'exercices, dont bon nombre ont été traduits dans différentes langues.

Hyung Joon Yoon, Ph. D., est professeur adjoint en éducation et perfectionnement de la main-d'œuvre à l'Université d'État de Pennsylvanie, aux États-Unis. Il a travaillé à l'Université George-Washington ainsi qu'à l'Université Al Akhawayn à Ifrane, au Maroc, en tant que membre du corps professoral. Il est actuellement membre du conseil d'administration de la National Career Development Association (2013-2019). Ses recherches visent à favoriser l'espoir et l'agentivité humaine chez les individus et les organisations.

Points de pratique pour la théorie axée sur l'espoir et l'action (HAT)
Spencer G. Niles, Norman Amundson et Hyung Joon Yoon

1. **Susciter de l'espoir grâce aux réalisations.** Demandez aux personnes clientes d'identifier une réalisation précise dont elles sont fières et les compétences particulières qu'elles ont mises à profit pour favoriser cette réalisation (p. ex. « il fallait que je travaille de concert avec mon enseignante et que j'intègre ses commentaires à mes séances d'entraînement afin d'être un meilleur joueur »). Demandez ensuite aux personnes clientes de réfléchir à l'incidence des compétences identifiées sur leur sentiment d'espoir.

2. **Faciliter l'autoréflexion et la clarté de soi.** Demandez aux personnes clients de tenir un journal pour consigner leurs réflexions, leurs questions, leurs projets ou tout ce qui semble pertinent pour acquérir une clarté de soi. Encouragez-les à pratiquer régulièrement une activité de pleine conscience (p. ex. méditation, marche méditative, yoga, peinture).

3. **Envisager les possibilités futures.** Demandez aux personnes clientes quelle carrière elles mèneraient si elles se réveillaient demain et faisaient le meilleur travail qu'elles puissent imaginer.

4. **Établir des objectifs significatifs.** Encouragez les personnes clientes à définir un objectif et à établir les mesures à prendre pour l'atteindre. Demandez-leur si elles sont convaincues qu'elles peuvent prendre les mesures nécessaires avec succès et si elles s'engagent à prendre ces mesures.

5. **Surveiller la mise en œuvre.** Aidez les personnes clientes à consigner leurs objectifs et leurs projets, de même qu'à élaborer un système pour surveiller régulièrement les progrès.

6. **Encourager l'adaptabilité.** Enseignez aux personnes clientes qu'elles ne doivent pas être esclaves de leurs objectifs et de leurs projets. Encouragez-les à faire preuve d'ouverture et de souplesse tout en gardant à l'esprit leur plus grande priorité dans la vie.

7. **Offrir du soutien.** Démontrez une approche axée sur la personne cliente. Appuyez les personnes clientes tout au long de la planification et de la mise en œuvre, même lorsque surviennent des événements imprévus.

Chapitre 28

Théorie du traitement cognitif de l'information (CIP Theory) : application de la théorie et de la recherche à la pratique

**Debra S. Osborn, V. Casey Dozier, Emily Bullock Yowell,
Seth C. W. Hayden et James P. Sampson, Jr.**

Les professionnels et les professionnelles des services de carrière font de plus en plus face au défi de fournir des interventions et des services fondés sur des données probantes. Conformément aux normes éthiques, les conseillers et les conseillères doivent « utiliser des techniques, des procédures et des modalités qui sont fondées sur la théorie, qui sont généralement considérées comme des pratiques professionnelles établies en counseling et développement de carrière, et/ou qui ont un fondement empirique ou scientifique[1] » (National Career Development Association [NCDA], 2015, p. 11). La *théorie du traitement cognitif de l'information (Cognitive information processing theory – CIP theory*; Osborn et al., 2019; Sampson, Reardon, Peterson et Lenz, 2004) a été élaborée il y a plus de 40 ans à partir de l'expérience de professionnels des services relatifs à la carrière et est toujours utilisée aujourd'hui avec les mêmes éléments clés. La théorie est étayée par près de 150 articles évalués par les pairs et plus de 300 citations. Il est possible à ce propos de consulter la bibliographie compilée par Sampson et ses collaborateurs à l'adresse suivante : https://career.fsu.edu/sites/g/files/upcbnu746/files/20170323CIPBibliography.pdf. Elle a été insérée dans la prestation de services à l'échelle nationale et internationale. Dans les sections qui suivent, les hypothèses et les éléments clés de la théorie du traitement cognitif de l'information (CIP theory) seront présentés, ainsi qu'un résumé des résultats de recherche. Par la suite, une illustration pratique représentant un cas synthèse pour préserver la confidentialité sera présentée. L'illustration pratique sera suivie d'une analyse qui démontre l'application de la théorie du traitement cognitif de l'information (CIP theory) dans la pratique.

---
1 Traduction libre.

But et éléments de la théorie du traitement cognitif de l'information (CIP Theory)

L'objectif général de la théorie du traitement cognitif de l'information (CIP theory) est d'améliorer les compétences des individus sur le plan de la prise de décision et de la résolution de problèmes, actuels ou futurs, liés à la carrière. La théorie du traitement cognitif de l'information (CIP theory) repose sur quatre hypothèses clés. En premier lieu, bien que la tâche soit cognitive (comme l'indique le nom de la théorie), les émotions et les comportements jouent un rôle inextricable. En second lieu, une prise de décision de carrière réussie exige des connaissances ainsi qu'un processus de réflexion sur ces dernières En troisième lieu, les connaissances des clients et clientes ne sont pas statiques, mais elles continuent d'évoluer au fur et à mesure que ceux-ci interagissent avec le monde. En quatrième lieu, la prise de décision de carrière et la résolution de problèmes sont des compétences qui peuvent être acquises et améliorées.

Une grande partie de la théorie et des pratiques connexes sont comprises dans les trois principaux éléments de la théorie : la pyramide du traitement cognitif de l'information (CIP pyramid), le cycle CASVE (CASVE cycle) et le modèle de préparation à la carrière pyramid (career readiness model). Ces éléments clés sont illustrés aux figures 1 à 3. La pyramide du traitement cognitif de l'information représente l'aspect du contenu (« savoir ») de la prise d'une décision de carrière éclairée, tandis que le cycle CASVE illustre l'aspect du processus (« faire ») de la prise d'une décision de carrière prudente. Les conseillers peuvent utiliser ces figures pour expliquer le contenu et le processus de prise de décision de carrière à une personne cliente afin de favoriser des décisions de carrière réussies qu'elles soient actuelles et futures. Le modèle de préparation à la carrière permet aux conseillers et aux conseillères de conceptualiser la capacité actuelle de la personne cliente de prendre une décision de carrière ainsi que les facteurs actuels de sa vie pouvant contribuer à la complexité de la mise en œuvre d'une décision de carrière.

La pyramide du traitement cognitif de l'information

La pyramide du traitement cognitif de l'information (Figure 1) repose sur une base de connaissances composée de deux domaines principaux, la connaissance de soi et la connaissance de ses options. Selon la théorie du traitement cognitif de l'information (CIP theory), les gens doivent se connaître eux-mêmes et connaître leurs options pour être bien préparés à prendre une décision de carrière. La connaissance de soi comprend des informations relatives aux valeurs personnelles, aux intérêts, aux habiletés, ainsi que d'autres facteurs personnels importants qui pourraient comprendre les préférences en matière d'emploi ou les expériences culturelles. La connaissance de ses options comprend des informations spécifiques sur les professions, l'éducation, les programmes d'études, ainsi que l'emploi pour les personnes clientes, de même qu'un schéma d'organisation global.

Ce qu'implique un choix de carrière

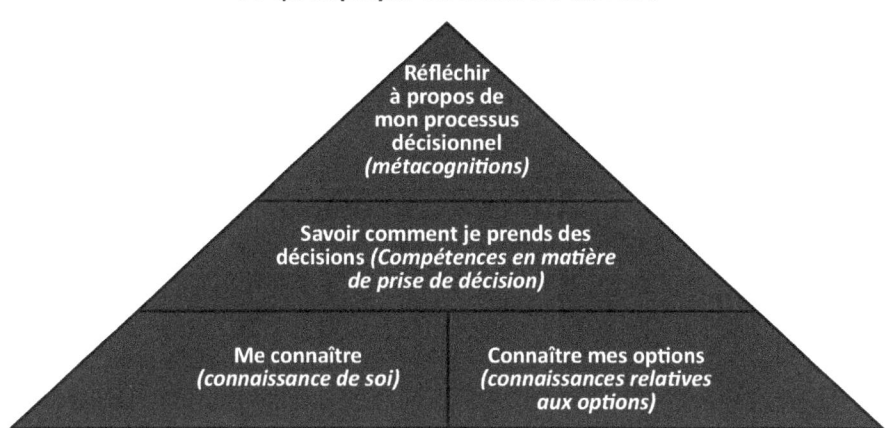

Figure 1. Version client de la pyramide des domaines de traitement de l'information. Tiré de « A Cognitive Approach to Career Services: Translating Concepts into Practice », par J. P. Sampson, Jr., G. W. Peterson, J. G. Lenz et R. C. Reardon, 1992, *Career Development Quarterly*, 41, p. 70. Tous droits réservés, 1992, National Career Development Association. Adaptation autorisée.

La partie supérieure de la pyramide du traitement cognitif de l'information représente un aspect propre à la théorie du traitement cognitif de l'information (CIP theory), soit *le traitement exécutif ou les métacognitions*. Cette partie de la pyramide consiste à travailler avec votre client ou cliente pour déterminer son processus de réflexion relativement à sa décision de carrière. Un processus empreint de pensées négatives et dysfonctionnelles peut empêcher la personne à prendre une décision éclairée et prudente. Si le processus de la personne cliente est empreint de pensées négatives, il peut alors être difficile de voir et d'acquérir une connaissance de soi ajustée, puis d'en faire l'application dans un processus décisionnel. La théorie du traitement cognitif de l'information (CIP theory) encourage personnes professionnelles à travailler de concert avec les personnes clientes pour identifier, confronter et atténuer les pensées négatives avant de considérer et de prendre des décisions de carrière. Une évaluation fondée sur la théorie du traitement cognitif de l'information (CIP theory), l'Inventaire des pensées relatives à la carrière (Career Thoughts Inventory; Sampson, Peterson, Lenz, Reardon et Saunders, 1996), est un outil regroupant 48 éléments permettant de détecter les pensées dysfonctionnelles relatives à la carrière. Cet outil aide les personnes clients et les clientes, de même que les personnes conseillères, à identifier des pensées négatives signifiantes. Une fois que la pensée est plus adaptée, il est possible de prendre des mesures fondées sur cette pensée plus claire en ce qui concerne soi-même, les options et la prise de décisions. Cela reflète la nature interdépendante de tous les domaines pyramidaux : tous les domaines doivent être examinés à fond et clarifiés du point de vue de la personne cliente pour favoriser un choix de carrière de qualité.

Le cycle CASVE

La partie centrale de la pyramide est le domaine de la prise de décisions que la théorie du traitement cognitif de l'information (CIP theory) définit à l'aide du cycle CASVE (voir la figure 2). Chaque phase du cycle représente un ensemble important de tâches ou de facteurs à considérer pour prendre une décision prudente et complexe, notamment celles relatives à la carrière. Une décision, comme la décision de faire des études universitaires, peut amener un individu à reprendre le cycle CASVE du début pour ensuite prendre la prochaine décision : le choix de l'université ou du programme d'études universitaires. Les phases du cycle CASVE sont les suivantes :

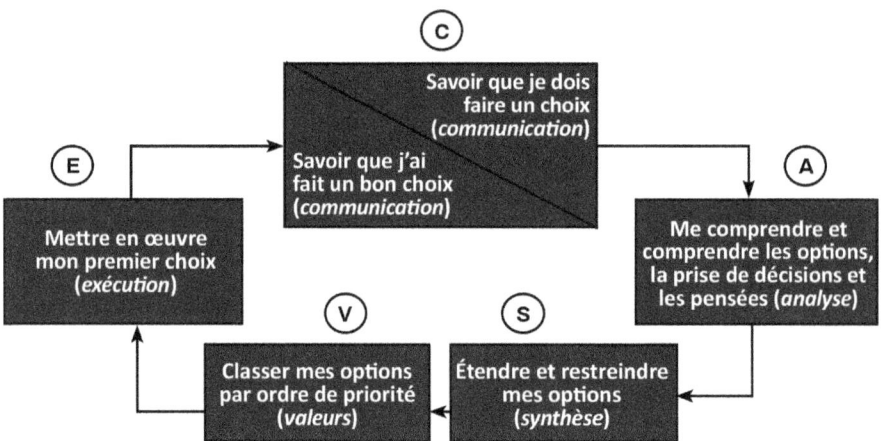

Ce que vous devez faire pour *faire* un choix de carrière *éclairé* et *prudent*

Figure 2. Le cycle CASVE : un guide pour prendre de bonnes décisions. Tiré de « A Cognitive Approach to Career Services: Translating Concepts into Practice », par J. P. Sampson, Jr., G. W. Peterson, J. G. Lenz et R. C. Reardon, 1992, *Career Development Quarterly*, 41, p. 70. Tous droits réservés, 1992, National Career Development Association. Adaptation autorisée.

1. La *communication* est la première étape du processus décisionnel, dans le cadre de laquelle le conseiller travaille de concert avec la personne cliente pour déterminer l'écart entre sa situation actuelle et sa situation future souhaitée. Il est également important d'examiner les indices internes (p. ex. l'anxiété) et externes (p. ex. les politiques en matière d'éducation, les pressions familiales) qui incitent actuellement l'individu à prendre une décision de carrière.

2. L'*analyse* est un moment que la personne cliente prend pour s'arrêter et réfléchir à ce qu'elle sait actuellement sur elle-même et sur ses options. Si des renseignements supplémentaires, des compétences en matière de prise de décisions ou l'identification des pensées négatives sont nécessaires, le conseiller ou la conseillère encourage la personne cliente à consacrer du temps à cette étape pour régler ces questions. Il pourrait être nécessaire de réaliser une évaluation formelle pour renforcer la connaissance de soi, fournir des ressources pour acquérir des connaissances sur les options ou participer au processus de remise en question et à la modification de ses pensées. Les conseillers et les conseillères veulent s'assurer que la personne cliente possède les compétences et l'état de préparation nécessaires pour participer efficacement au processus décisionnel avant de passer à la phase suivante du cycle CASVE.

3. La *synthèse* comporte deux étapes distinctes. La première est celle de l'élaboration, où la personne cliente est libre d'examiner toutes les options sans censure. La deuxième étape, la cristallisation, permet à la personne cliente d'évaluer et de réduire ces options en fonction de sa connaissance de soi. L'objectif à la fin de l'étape de la synthèse est d'avoir de trois à cinq options à examiner à la phase des valeurs, qui suit.

4. La phase des *valeurs* permet aux personnes clientes de tenir compte des avantages et des inconvénients de chaque option viable par rapport à elles-mêmes, à leur partenaire, à leur famille, à leur collectivité et à la société. La valeur accordée à ces questions devrait se traduire par un choix principal à mettre en œuvre à l'étape de l'exécution.

5. L'*exécution* est la phase d'action du cycle CASVE. Selon la nature de la décision de la personne cliente, cela pourrait comprendre une épreuve de réalité au moyen d'expériences, de la présentation de demandes d'admission à des programmes d'études, du rajustement des fonctions liées au poste actuel ou de la présentation de nouvelles demandes d'emploi.

6. La *communication* est réexaminée à la fin du processus décisionnel afin de déterminer si l'écart relevé au départ a été comblé ou s'il faut réexaminer les phases antérieures du cycle. L'évaluation de la satisfaction d'une personne cliente à l'égard de la décision prise et des mesures prises pourrait comprendre une évaluation du processus de réflexion actuel ou des symptômes d'anxiété. La théorie du traitement cognitif de l'information (CIP theory) suppose qu'une décision efficace ou satisfaisante sera suivie d'une réflexion moins négative et d'une anxiété moindre.

Le modèle de préparation à la carrière

Les clients et les clientes entament la relation de counseling en ayant des niveaux de connaissances et de compétences différentes dans tous les domaines de la pyramide. C'est à ce moment que le modèle de préparation à la carrière de la théorie du traitement cognitif de l'information (CIP theory) [Reardon, 2017; voir la figure 3] est essentiel. La préparation est conceptualisée selon deux dimensions, la *capacité* et la *complexité*. La capacité comprend généralement les connaissances ou les compétences que possède un individu lui permettant de prendre une décision de carrière éclairée et prudente. La complexité tient compte des facteurs familiaux, sociaux, économiques et organisationnels qui exercent une influence favorable et défavorable sur le développement de carrière. La conceptualisation de l'état de préparation d'une personne cliente selon ces deux dimensions peut faciliter la planification des interventions axées sur la théorie du traitement cognitif de l'information (CIP theory). Comme l'illustre la figure 3, un conseiller ou une conseillère peut se servir de la capacité et de la complexité actuelles d'une personne cliente pour déterminer le degré de soutien nécessaire : aucun, faible à modéré ou élevé. La théorie du traitement cognitif de l'information (CIP theory) présente un modèle de prestation de services en trois volets : services d'autoassistance, services de durée brève assistée par le personnel, les services d'intervention individuelle. Les d'intervention individuelle conviennent souvent aux personnes ayant une faible capacité et une complexité élevée. Les personnes ayant une faible capacité peuvent généralement travailler avec un conseiller ou une conseillère avec succès pour acquérir les connaissances (c.-à-d. la connaissance de soi et la connaissance de leurs options), ainsi que les compétences (c.-à-d. Prise de décision; modification de pensées négatives) afin de prendre une décision de carrière éclairée et prudente. Les personnes ayant une complexité élevée dans leur vie et une faible capacité sont susceptibles d'avoir le plus besoin du soutien et du temps d'un conseiller ou d'une conseillère. Les personnes ayant une capacité élevée et une faible complexité peuvent être en mesure de s'orienter dans une grande partie du processus de prise de décision de carrière de façon autonome à l'aide des services d'autoassistance. Les conseillers et les conseillères peuvent diriger ces personnes clientes vers des ressources appropriées qu'elles peuvent utiliser de façon quasi autonome. Bien entendu, les clients et les clientes dont la capacité et la complexité sont modérées bénéficient d'une combinaison d'interventions de professionnels et d'un service autoassisté, ce qui se traduit par l'offre de prestation de services de brève durée assistés par le personnel.

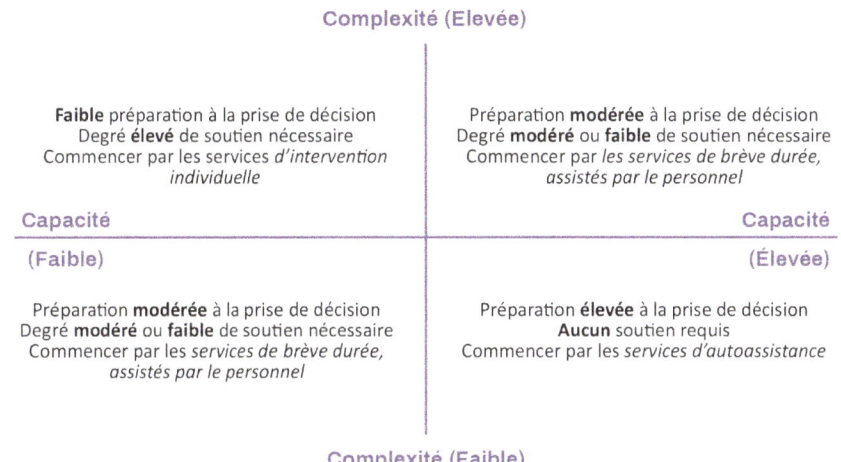

Figure 3. **Un modèle bidimensionnel de préparation à la prise de décisions pour le choix initial des interventions relatives à la carrière.** De « Using Readiness Assessment to Improve Career Services: A Cognitive Information Processing Approach », par J. P. Sampson, G. W. Peterson, R. C. Reardon et J. G. Lenz, 2000, *Career Development Quarterly*, 49, p. 161. Tous droits réservés, 2000, National Career Development Association. Adaptation autorisée.

Pensées dysfonctionnelles relatives à la carrière

La recherche fondée sur la théorie du traitement cognitif de l'information (CIP theory) est principalement axée sur la compréhension, la prévision et la réduction des pensées dysfonctionnelles relatives à la carrière. On a constaté à plusieurs reprises que les pensées dysfonctionnelles relatives à la carrière permettent de prédire l'indécision relative à la carrière (p. ex. Bullock-Yowell, Peterson, Reardon, Leierer et Reed, 2011) et qu'elles sont également liées à des problèmes de santé mentale comme la dépression et l'anxiété (Saunders, Peterson, Sampson et Reardon, 2000). Le modèle de services de durée brève, assistés par le personnel, fondé sur la théorie du traitement cognitif de l'information (CIP theory) s'est avéré efficace. Un total de 138 clients et clientes ayant bénéficié de ces services sans rendez-vous a effectué un prétest et un post-test. Les résultats révèlent une meilleure connaissance des prochaines étapes, une plus grande confiance et une diminution de l'anxiété à l'égard du choix (Osborn, Hayden, Peterson et Sampson, 2016). La théorie du traitement cognitif de l'information (CIP theory) a été utilisée auprès de diverses populations, comme des étudiants et étudiantes universitaires et des vétérans indécis, a été utilisée à l'échelle internationale (International Center for Guidance Studies, Université de Derby, Royaume-Uni, https://www.derby.ac.uk/research/icegs/) et continue de faire l'objet de recherches.

Illustration pratique

Cette brève illustration pratique, fondée sur une compilation de personnes clientes réelles rencontrées par les auteurs et auteures, sera présentée et interprétée dans l'optique de la théorie du traitement cognitif de l'information (CIP theory). Tout au long de l'illustration pratique, les pensées négatives déclarées par le client ainsi que le point de vue du conseiller à l'égard des pensées négatives du client sont en italique pour souligner qu'il s'agit de métacognitions du haut de la pyramide du traitement cognitif de l'information. Les métacognitions sont indiquées par un « M » entre parenthèses. Lorsque Taylor est entré pour la première fois au Centre de carrière, il était en sueur, respirait bruyamment et a déclaré : « J'essaie seulement de trouver un emploi avant d'obtenir mon diplôme, *de peur d'être une personne sans but dans la vie possédant un diplôme inutile* (M). » Cette déclaration a frappé le conseiller parce que Taylor, qui n'en était pas encore à sa dernière année d'études, composait déjà avec le stress attribuable à la recherche d'emploi et était inquiet d'obtenir un « *diplôme inutile* ». Taylor est un homme caucasien célibataire de 43 ans qui s'occupe de parents âgés, travaille à temps partiel dans un grand magasin et fréquente l'université à temps plein. Il entame sa troisième année d'études universitaires en sciences politiques, domaine d'études qu'il a choisi à l'origine comme voie vers la faculté de droit. Toutefois, en raison de l'engagement financier nécessaire, il ne veut plus poursuivre ses études en droit. Il souhaite examiner les possibilités liées à son programme d'études et il aimerait idéalement trouver un stage, puis un poste à temps plein. Sa recherche d'emploi est axée sur l'emplacement, étant donné que ses parents ont un système de soins de santé établi dans leur ville actuelle. Il n'a donc pas l'intention de déménager. Peu de temps après avoir rencontré le conseiller, Taylor a dévoilé qu'il était en cure de désintoxication et a déclaré : « Oui, je sais, je suis dans un état lamentable; *J'ai peur d'être un raté toute ma vie.* » Il a indiqué qu'il avait déjà travaillé comme concierge dans un hôpital et qu'il avait développé une dépendance aux analgésiques. Toutefois, lorsque ses parents sont devenus plus dépendants de lui pour les soins physiques, il a été motivé à suivre un traitement. Il n'avait pas consommé depuis plus de 15 ans. Taylor a déclaré avoir cherché des stages en ligne, mais s'est senti découragé parce *qu'il n'était pas qualifié pour quoi que ce soit*. Un grand nombre de ces emplois sont liés à l'enseignement et au droit, ce qui ne l'intéressait pas. Il a exprimé de l'incertitude quant à ses options et a déclaré qu'il n'était pas certain de ce qu'il voulait faire. Il en savait davantage sur ce qu'il ne voulait pas faire et il était perplexe quant aux prochaines étapes.

Analyse de l'illustration pratique

Comme l'indiquent les notes élevées obtenues à l'Inventaire des pensées relatives à la carrière, Taylor a eu plusieurs pensées négatives, dysfonctionnelles ou inexactes, comme « j'ai *peur* (M) d'être un raté toute ma vie. » Les pensées négatives comprennent souvent des mots forts qualifiant les sentiments (p. ex. peur, gêne, colère) ou des pensées absolues (p. ex. jamais, je ne peux pas, je dois, je devrais, toujours). Vers la fin de la première rencontre, le conseiller a eu recours à l'immédiateté (c.-à-d. souligner ce qui se passe au moment présent) pour aider Taylor à cerner et à recadrer ces pensées. À titre d'exemple :

Après avoir examiné une possibilité de stage, Taylor a déclaré : « *Je ne suis pas qualifié.* »

Conseiller : « *Comment savez-vous que vous n'êtes pas qualifié?* »

Taylor : « *Je ne possède pas d'expérience de travail dans un laboratoire de recherche.* »

Conseiller : « *Où sur la possibilité de stage est-il indiqué qu'il faut posséder une expérience antérieure ou que la préférence est accordée aux personnes ayant de l'expérience en recherche?* »

Taylor : « *Oh, je suppose qu'aucune qualification n'est énumérée.* »

Conseiller : « *Je me demande si vous limitez vos options trop rapidement ou si vous établissez des critères qui ne sont pas effectivement énumérés.* »

Taylor : « *Je n'y avais pas pensé. Peut-être que oui.* »

Conseiller : « *Que diriez-vous d'inscrire cette option dans la catégorie des "peut-être" et de consulter le site web avant de dire non à celle-ci?* »

Quelque chose d'aussi simple que d'utiliser l'immédiateté et d'aider Taylor à cerner et à recadrer sa pensée l'a aidé à comprendre qu'il réduisait trop rapidement ses options. Cela lui a permis de reconsidérer plusieurs options de stage qu'il avait auparavant rejetées. Il était maintenant en mesure de présenter une demande de stage la semaine suivante. Nous examinons ci-après le cas de Taylor du point de vue de la théorie du traitement cognitif de l'information (CIP theory), en commençant par le sommet de la pyramide.

Métacognitions

L'ancienne pensée relative à la carrière de Taylor était « je ne suis pas qualifié ». En travaillant ensemble, Taylor et le conseiller ont recadré une nouvelle pensée relative à la carrière : « Je dois examiner la section des qualifications pour vérifier si je possède les qualifications requises. » En ayant l'ancienne pensée relative à la carrière, Taylor n'était en mesure de cerner aucune possibilité de stage, mais sa nouvelle pensée relative à la carrière lui a permis de dresser une liste des possibilités de stage et il était motivé à présenter une demande.

Le cycle CASVE

Communication. Taylor a relevé une lacune en ce qui a trait au désir d'en apprendre davantage sur les options et de trouver un stage tout en ayant l'objectif à long terme de trouver un poste à temps plein dans la même ville que ses parents.

Analyse. Taylor s'est présenté à la rencontre en ayant une connaissance de soi et une connaissance des options limitées et a travaillé avec le conseiller pour approfondir ses connaissances dans ces deux domaines.

Synthèse. Taylor a effectué l'exercice du tri de cartes, complété un inventaire des intérêts, l'Orientation par soi-même, puis il a consulté des systèmes informatisés d'information professionnelle. Enfin, il a cherché des options en ligne pour élargir et réduire ses options.

Valeurs. L'exercice du tri de cartes axé sur les valeurs a permis à Taylor de déterminer ses valeurs, notamment la famille, le revenu, la stabilité et l'autonomie, ce qui s'est révélé important pour établir l'ordre de priorité des options. Taylor a également appris qu'il était important pour lui de parler aux autres, ce qui a été confirmé par son code Holland à l'OPSM, soit SIR (social, investigateur et réaliste). Par conséquent, il a décidé que les entrevues d'information et l'observation en situation de travail pourraient s'avérer utiles avant de présenter une demande de stage.

Exécution. Taylor et le conseiller ont examiné ensemble son curriculum vitae et ses lettres de présentation. Taylor a mené plusieurs entrevues d'information avant de présenter une demande d'observation en situation de travail à l'American Heart Association. Finalement, ce qui a commencé par une journée d'observation en situation de travail s'est transformée en un stage, puis en une offre d'emploi à temps plein.

Communication. Enfin, Taylor s'est penché sur sa décision et était très heureux d'avoir eu l'occasion de postuler à plusieurs endroits. Taylor a mené plusieurs entrevues d'information auprès de divers organismes sans but lucratif et était enthousiaste à l'idée d'accepter le poste au sein de l'American Heart Association parce que cet organisme aide les gens et fait la promotion d'une bonne santé.

Connaissance de soi. Taylor s'est présenté à la rencontre en ayant une connaissance de soi limitée; il en savait davantage sur ce qu'il ne voulait pas faire (p. ex. faculté de droit, enseignement, soins de santé) que sur ce qu'il voulait faire. Il a indiqué qu'il avait des restrictions géographiques en raison de son rôle de proche aidant auprès de ses parents. Il a également exprimé le désir de chercher un emploi à temps plein plutôt que de poursuivre ses études pour des motifs financiers. Grâce à des interventions telles que l'exercice Tri de cartes axées sur les intérêts et les valeurs, Taylor a appris que sa passion est d'aider les autres et de défendre leurs intérêts. En fait, c'est l'une des raisons pour lesquelles il avait pour objectif de faire des études en droit et avait commencé à étudier en sciences politiques.

Connaissance des options. Deux interventions ont principalement permis d'accroître les connaissances de Taylor relativement à ses options. En premier lieu, tel qu'il a été mentionné précédemment, en recadrant ses pensées, Taylor a pu se rendre compte qu'il limitait inutilement ses options en pensant qu'il n'était pas qualifié. En second lieu, en effectuant un exercice de tri de cartes sur les intérêts professionnels, Taylor pensait tout haut, ce qui lui a permis de repérer les pensées négatives et d'imposer moins de restrictions (p. ex. éducation, finances, temps) à ses choix. Cela lui a permis de disposer d'un plus large éventail d'options et l'a aidé à déterminer à quel point il était important d'aider les autres dans le cadre de son travail.

Modèle de préparation à la carrière. Taylor s'est présenté à la première rencontre en ayant une faible capacité, comme en témoignent certains des facteurs suivants : les pensées négatives actuelles, le fait qu'il se rétablisse d'une dépendance à la drogue, le potentiel de faire une rechute, ainsi que le manque de connaissance de soi et de connaissance des options. Au cours de ses séances de counseling, Taylor a rapidement recadré ses pensées négatives et est passé d'une faible capacité à une capacité modérée. Un autre facteur de protection et indicateur d'une capacité plus élevée était la capacité du client de demeurer sobre pendant plus de 15 ans. Taylor s'est présenté à la première rencontre en ayant une complexité élevée parce qu'il a indiqué des facteurs de stress financiers, puisqu'il était le principal soignant de ses parents, ce qui limitait ses possibilités de stage et sa recherche d'emploi sur le plan géographique. Ces restrictions ont également imposé des contraintes financières relativement à sa capacité de poursuivre des études en vue d'obtenir une désignation professionnelle.

En résumé, Taylor a eu recours à des services de counseling de carrière en tant qu'individu perplexe et indécis qui n'était pas certain de la marche à suivre pour prendre une décision de carrière. Après avoir examiné les options, il prit connaissance de ses intérêts, de ses valeurs et de ses habiletés, puis recadré ses pensées., Taylor a pu mener un entretien auprès de divers professionnels et professionnelles, puis prendre une décision éclairée et prudente. Après avoir réussi un stage, Taylor s'est vu offrir un poste à temps plein au sein d'un organisme sans but lucratif, qu'il a accepté volontiers, car ce poste lui permettait d'aider les gens et de sensibiliser les autres à leur bien-être.

Conclusion

La théorie du traitement cognitif de l'information (CIP theory) a une riche histoire de recherche, de développement et de pratique s'étendant sur plus de quatre décennies. Les applications de la théorie du traitement cognitif de l'information (CIP theory) peuvent être observées dans divers contextes, notamment dans le cadre de séances traditionnelles de counseling de carrière individuel (tel qu'il est démontré dans l'illustration pratique), de brefs services sans rendez-vous, de services d'autoassistance et de cours de planification de carrière au premier cycle. La recherche empirique a validé et amélioré des éléments de la théorie du traitement cognitif de l'information (CIP theory), tant aux États-Unis qu'à l'échelle internationale, ce qui a donné lieu à une mine de matériel pour les cliniciens et cliniciennes et pour les chercheurs et chercheuses.

Références

Bullock-Yowell, E., Peterson, G. W., Reardon, R. C., Leierer, S. J. et Reed, C. A. (2011). Relationships among career and life stress, negative career thoughts, and career decision state: A cognitive information processing perspective. *The Career Development Quarterly, 59,* 302-314. DOI : 10.1002/j.2161-0045.2011.tb00071.x

National Career Development Association (2015). *NCDA code of ethics.* Récupéré de https://www.ncda.org/aws/NCDA/asset_manager/get_file/3395

Osborn, D. S., Dozier, C., Peterson, G. W., Bullock-Yowell, E., Saunders, D. E. et Sampson, J. P., Jr. (2019). Cognitive information processing theory: Applications of an empirically-based theory and intervention to diverse populations. Dans N. Arthur et McMahon (dir.), *Contemporary theories of career development and international perspectives* (p. 61-77). Abingdon, Oxon : Routledge.

Osborn, D. S., Hayden, S. C., Peterson, G. W. et Sampson, J. P., Jr. (2016). Effect of brief staff-assisted career service delivery on drop-in clients. *Career Development Quarterly, 64,* 181-187. DOI : 10.1002/cdq.12050

Reardon, R. C. (2017). Enhancing self-help career planning using theory-based tools. *Journal of Career Assessment, 25,* 650-669. DOI : 10.1177/1069072716653376

Sampson, J. P., Jr., Peterson, G. W., Lenz, J. G., Reardon, R. C. et Saunders, D. E. (1996). *Career Thoughts Inventory.* Odessa, FL : Psychological Assessment Resources.

Sampson, J. P., Jr., Reardon, R. C., Peterson, G. W. et Lenz, J. G. (2004). *Career counselling and services: A cognitive information processing approach.* Pacific Grove, CA : Brooks/Cole.

Saunders, D. E., Peterson, G. W., Sampson, J. P. Jr. et Reardon, R. C. (2000). Relation of depression and dysfunctional career thinking to career indecision. *Journal of Vocational Behavior, 56,* 288-298.

Biographies

Deb Osborn a obtenu en 1998 son doctorat combiné en psychologie du counseling et en psychologie scolaire de l'Université d'État de Floride. Elle travaille actuellement comme professeure agrégée à l'Université d'État de Floride, aux États-Unis, et a été présidente et membre de la National Career Development Association. Ses recherches actuelles sont principalement axées sur les facteurs qui ont une incidence sur le développement de carrière des individus. Elle est également passionnée de l'étude de « ce qui fonctionne » dans la prestation des services (p. ex. la théorie du traitement cognitif de l'information [CIP theory]), et s'intéresse tout particulièrement au rôle que joue la technologie dans l'amélioration et l'élargissement des services.

V. Casey Dozier a obtenu en 2013 son doctorat combiné en psychologie du counseling et en psychologie scolaire de l'Université d'État de Floride. Elle est psychologue agréée (Floride) et conseillère nationale agréée aux États-Unis. Ses publications comprennent des articles de revues évalués par les pairs, des chapitres de livres et des présentations nationales. Mme Dozier a offert des interventions cliniques dans divers milieux, en mettant l'accent sur le counseling personnel et le counseling de carrière.

Emily Bullock-Yowell a obtenu en 2006 son doctorat combiné en psychologie du counseling et en psychologie scolaire de l'Université d'État de Floride. Elle est actuellement professeure agrégée à l'Université du Mississippi du Sud et psychologue agréée dans l'État du Mississippi, aux États-Unis. Son programme de recherche est axé sur le développement de carrière, en particulier du point de vue de la théorie du traitement cognitif de l'information (CIP theory) et de celle de Holland.

Seth C. W. Hayden a obtenu en 2011 son doctorat en formation de conseillers de l'Université de Virginie. Il est actuellement professeur adjoint à l'Université de Wake Forest, ainsi que conseiller agréé en Caroline du Nord et en Virginie, aux États-Unis. Son programme de recherche est axé sur le développement de carrière des militaires, de même que le lien entre le développement de carrière et la santé mentale. Il a rédigé plusieurs publications et présenté des exposés sur ces sujets lors de conférences étatiques, régionales et nationales.

James P. Sampson, Jr. a obtenu en 1977 son doctorat en formation de conseillers et conseillères de l'Université de Floride, et il actuellement professeur émérite à l'Université d'État de Floride, de même que psychologue agréé et conseiller national agréé aux États-Unis. Son programme de recherche est axé sur le contenu et le processus de prise de décision de carrière à l'aide de la théorie du traitement cognitif de l'information (CIP theory), la conception et la prestation de ressources et de services rentables liés à la carrière, ainsi que la conception et l'utilisation de la technologie de l'information et des communications dans la prestation de ressources et de services de counseling.

Points de pratique pour la théorie du traitement cognitif de l'information (CIP Theory)
Debra S. Osborn, V. Casey Dozier, Emily Bullock Yowell, Seth C. W. Hayden et James P. Sampson, Jr.

La théorie du traitement cognitif de l'information (CIP theory) est conçue de manière à être accessible aux professionnels et professionnelles et aux personnes clientes, pour ainsi faciliter la mise en œuvre lorsqu'il s'agit de donner suite aux préoccupations en matière de développement de carrière.

1. **Les compétences peuvent être acquises.** Il est possible d'enseigner la prise de décision de carrière et la résolution de problèmes de manière efficace.

2. **Les connaissances et les processus sont tous deux essentiels.** La théorie du traitement cognitif de l'information (CIP theory) englobe des domaines de connaissances (connaissance de soi, connaissance des options, prise de décision, réflexion sur la prise de décision) et un processus de prise de décision de carrière (communication, analyse, synthèse, valeurs, exécution).

3. **Évaluer et recadrer les pensées dysfonctionnelles relatives à la carrière.** L'évaluation au moyen de l'Inventaire des pensées relatives à la carrière et le recadrage des pensées dysfonctionnelles relatives à une décision de carrière peuvent améliorer la capacité d'une personne de gérer efficacement une préoccupation de carrière.

4. **Tenir compte de l'état de préparation de la personne cliente.** Les dimensions du modèle de préparation à la carrière de la théorie du traitement cognitif de l'information (CIP theory) [capacité de gérer les préoccupations actuelles relatives à la carrière et la complexité des facteurs externes] permettent à un professionnel ou une professionnelle d'offrir un niveau approprié de soutien individualisé.

5. **Être sélectif.** Les professionnels et professionnelles qui emploient la théorie du traitement cognitif de l'information (CIP theory) font part des éléments de cette approche en vue de renforcer l'autonomie de leurs clients et clientes en leur permettant d'acquérir des compétences pouvant être appliquées aux futures décisions de carrière.

6. **Examiner l'applicabilité de la théorie du traitement cognitif de l'information (CIP theory).** La théorie du traitement cognitif de l'information (CIP theory) a été appliquée dans divers contextes et auprès de diverses populations

7. **Demeurer au fait des recherches sur la théorie du traitement cognitif de l'information (CIP theory).** Pour obtenir de plus amples renseignements sur la théorie du traitement cognitif de l'information (CIP theory), prière de consulter le Career Center Tech Center de l'Université d'État de Floride à l'adresse https://www.career.fsu.edu/tech-center.

Chapitre 29

Des pratiques de développement de carrière sous l'angle de la justice sociale de l'approche par les capabilités

France Picard, Michel Turcotte, Simon Viviers et Patricia Dionne

Le concept de justice sociale a traversé l'histoire de l'orientation et des pratiques de développement de carrière. Au début du XXe siècle, Frank Parsons, un pionnier de l'orientation professionnelle en Amérique du Nord, a souligné la répartition inégale des biens et des richesses au sein de la société américaine et il s'est engagé à aider certaines des personnes citoyennes les plus défavorisées. Depuis ce temps, les études réalisées dans le domaine de l'éducation et de la sociologie ont clairement démontré que les inégalités sociales ont une incidence sur la liberté réelle de choisir un parcours scolaire et professionnel. Par exemple, elles peuvent interférer avec les aspirations scolaires, de même qu'avec le processus décisionnel entourant le choix d'un domaine d'études, d'une discipline, d'un programme de formation ou même d'une carrière. Ces inégalités peuvent résulter de caractéristiques sociales, telles que le genre, le statut social ou les affiliations ethnoculturelles (p. ex. Brinbaum et Primont, 2013; Duru-Bellat, 2012). En raison de ces inégalités, les élèves ont tendance à opter pour des domaines ou des programmes d'études qui peuvent correspondre ou non à ce qu'ils et elles veulent réellement. En effet, de nombreux chercheurs et de nombreuses chercheuses ont examiné les pratiques d'orientation ou de développement de carrière dans des contextes d'inégalités ou de discrimination. Des études ont révélé des cas où les pratiques elles-mêmes peuvent accroître les inégalités, souvent sans même que les personnes professionnelles de l'orientation en soient conscientes (Arthur, 2014; Picard, Olympio, Masdonati et Bangali, 2015). Dans le présent chapitre, nous présentons les concepts clés de l'*approche par les capabilités* élaborée par Amartya Sen à l'égard de l'orientation et du développement de carrière, et nous analysons deux illustrations pratiques montrant l'application de cette approche (Picard et *al.*, 2015; Sen, 1999, 2009).

L'approche par les capabilités : concepts clés et application à l'orientation et au développement de carrière

Nous avons cherché à déterminer si les questions de justice sociale sont suffisamment prises en compte dans les pratiques d'orientation. En effet, une intervention qui fait fi des inégalités — qu'elles soient liées au genre, au statut social, économique ou culturel, à l'orientation sexuelle ou à un handicap — et qui met l'accent uniquement sur les difficultés individuelles tend à amplifier le problème et à maintenir les inégalités qui affectent le bien-être et le développement de la personne. Parmi un certain nombre de cadres théoriques possibles qui sous-tendent la question de la justice sociale, nous avons choisi d'illustrer la façon dont l'approche par les capabilités, développée par Amartya Sen (lauréat du prix Nobel d'économie), peut aider à lever le voile sur les situations injustes, à clarifier les mécanismes entourant les inégalités et à proposer des approches favorisant des pratiques d'orientation et de développement de carrière socialement plus équitables.

Une équipe internationale de chercheurs et de chercheuses a développé une façon d'appliquer l'approche par les capabilités d'Amartya Sen aux questions d'injustice dans le cadre des pratiques de counseling d'orientation ou axées sur le développement de carrière (Picard et *al.*, 2015). Selon Sen (2009), une situation peut être considérée comme injuste chaque fois qu'il est possible d'intervenir pour compenser une inégalité, mais qu'aucune intervention n'est posée ou que celles mises de l'avant contribuent à renforcer l'inégalité d'accès à un droit, à des biens ou à des services. Orienter les filles, dans le cadre du counseling, vers des professions traditionnellement « féminines », qui ont tendance à être moins bien rémunérées, en serait un bon exemple. L'inaction sociale souvent acceptée ici joue un rôle dans le maintien sur le marché du travail des inégalités fondées sur le genre, à l'origine de la disparité salariale. À l'inverse, l'exposition des filles à des modèles de femmes qui réussissent bien dans des carrières non traditionnelles peut s'avérer un antidote aux injustices. L'analyse de la liberté des gens (ou des entraves à celle-ci) de choisir un parcours de vie qu'ils ont des raisons de valoriser est au cœur de l'approche par les capabilités (Sen, 1999, 2009). Selon Sen, le parcours de vie qu'une personne a des raisons de privilégier correspond à ce vers quoi elle tend véritablement, par opposition à une préférence soumise à des contraintes qui ne reflète pas ce qu'elle juge réellement important de valoriser. D'après Sen, les injustices ne sont pas liées à la pauvreté de moyens, mais plutôt à un manque de possibilités réelles pour la personne de choisir et d'accomplir ce qu'elle a des raisons de valoriser (Bonvin et Farvaque, 2008; Sen 1999, 2009). Appliquée à l'orientation, la *capabilité à s'orienter* est définie comme l'étendue des libertés réelles dont dispose un individu dans son choix d'orientation tenant compte du parcours de vie qu'ils ont des raisons de valoriser (Picard et *al.*, 2015). Les droits formels des gens, tels que les droits garantis par la loi (p. ex. l'accès universel à l'éducation dans les pays développés) ou la disponibilité des ressources publiques (p. ex. les droits de scolarité peu élevés à l'université), ne sont pas automatiquement convertis en libertés réelles pour l'individu. Par exemple, en dépit de la liberté formelle d'accès à l'éducation pour tous, certaines familles de personnes immigrantes ont du mal à comprendre le système d'éducation de leur pays d'accueil, ce qui peut occulter l'éventail de cheminements possibles et limiter les options pour leurs enfants; la liberté réelle des élèves est alors beaucoup plus limitée que leur liberté formelle. En bref, l'écart entre la liberté formelle et la liberté réelle est ce qui nous permet de déterminer l'étendue des capabilités.

Comme montré par la figure 1, *les ressources et les droits formels,* qui se trouvent en amont des capabilités, sont des conditions essentielles pour obtenir la justice. Pourtant, à eux seuls, ils sont insuffisants, pour mener à la justice, car il n'y a aucune garantie que les personnes en feront un réel usage, même s'ils sont disponibles. Par conséquent, le passage des ressources et des droits formels (*moyens d'accomplir*) aux capabilités à s'orienter (*liberté d'accomplir*) suppose de tirer parti de l'utilisation d'un *facteur de conversion* (Bonvin et Farvaque, 2008). C'est en convertissant ces ressources et ces droits formels en possibilités réelles (facteur de conversion positif) qu'un individu peut accroitre sa liberté et ouvrir le champ des possibles. Par exemple, les personnes conseillères qui fournissent les « bonnes » informations concernant les droits de scolarité à l'université et l'aide financière offerte peuvent représenter un facteur de conversion efficace pour les personnes étudiantes universitaires de première génération (Acumen Research Group, 2008). À l'inverse, un conseiller ou une conseillère qui estime que le dossier scolaire d'un ou une élève n'est pas très bon et qui risque ainsi d'étouffer les aspirations de ce dernier ou même de restreindre ses choix en matière d'éducation peut être un facteur de conversion négatif.

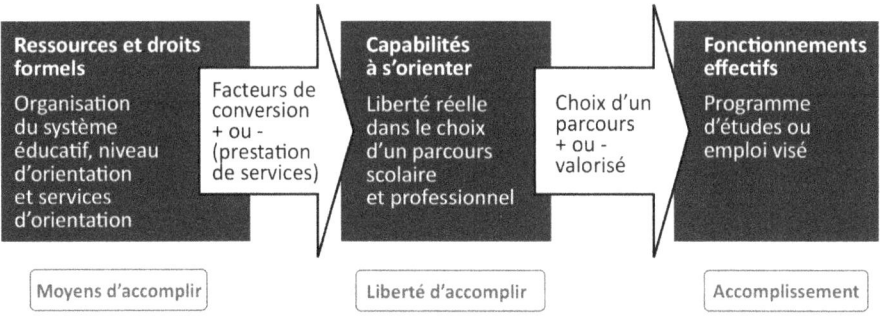

Figure 1. **Les capabilités à s'orienter.** Tirée de « Justice sociale et orientation scolaire : l'éclairage de l'approche par les "capabilités" d'Amartya Sen », par F. Picard, N. Olympio, J. Masdonati et M. Bangali, 2015, *L'orientation scolaire et professionnelle* (OSP), p. 35. Tous droits réservés 2015 par OSP. Adaptée avec autorisation.

En aval des capabilités se trouve le *choix de parcours*. Le soutien au processus de prise de décision de carrière et de choix est au cœur des pratiques du développement de carrière au sein du système éducatif. Dans le cadre d'une approche axée sur les capabilités, ce choix est l'élément central de l'investigation plutôt que le résultat de bonnes pratiques. Par conséquent, pour déterminer la marge de manœuvre dont dispose un ou une élève en ce qui concerne ce choix (*liberté d'accomplir*), la personne professionnelle établie si l'élève a eu la possibilité de choisir autrement, s'il a formulé des commentaires a mobilisé sa capabilité de prise de parole sur la situation, si des contraintes ont eu une incidence sur ce choix et si le choix du programme d'études a une valeur pour l'élève (Sen, 1999; 2009). Dans le cadre de l'approche par les capabilités, nous tentons de différencier un choix d'études ou de carrière librement consenti d'un choix conditionné par des stéréotypes fondés sur le genre ou la classe ou encore des cas où les choix scolaires étaient limités, voire inexistants. Cette dernière situation englobe le concept de *préférences adaptatives*, selon lequel la personne intériorise et exprime une préférence en réponse aux contraintes, qui l'éloigne de ses domaines d'intérêt et fait fi de ses aspirations (Nussbaum, 2011; Sen, 1992).

L'investigation relative à la prise de décisions se poursuit ensuite par une analyse des *fonctionnements effectifs* individuels (les façons d'être et d'agir des individus) et des *accomplissements* (ce que les individus réalisent et l'ensemble de leurs fonctionnements) [Bonvin et Farvaque, 2008; Sen, 1992]. Il est possible que les *accomplissements* des gens en tant que tels ne témoignent pas forcément la présence d'une injustice. Prenons l'exemple de deux étudiants inscrits au même programme d'études (un même accomplissement). Le premier a librement fait ce choix, tandis que l'autre s'est inscrit à ce programme par défaut. Bien que l'accomplissement soit le même, la liberté de choisir (*capabilité*) diffère.

Illustrations pratiques

Nous examinerons maintenant les services d'orientation ou de développement de carrière fournis dans deux collèges d'enseignement général et professionnel (cégeps) au Québec, au Canada (Picard et *al.*, 2015). Les cégeps offrent un enseignement général (préuniversitaire) et technique. Ils représentent le premier niveau d'enseignement supérieur dans cette province canadienne.

CÉGEP A, dans un secteur favorisé

Le cégep A est un grand établissement situé dans une zone urbaine favorisée, où les membres de la population étudiante ont, pour la plupart, obtenu de bons résultats scolaires au secondaire. Les services d'orientation qui y sont offerts sont organisés pour soutenir la réussite des personnes étudiantes, et ce, au plus grand nombre que possible. La priorité est accordée à celles qui demandent un accompagnement en counseling individuel auprès de l'équipe d'orientation, qui est composée de cinq personnes conseillères d'orientation et de trois personnes conseillères spécialisées dans l'information scolaire et professionnelle. Les services qu'offrent ces spécialistes de l'orientation visent à aider les élèves à faire des choix et à prendre des décisions de façon indépendante. Ces personnes professionnelles travaillent en collaboration avec les services aux personnes étudiantes (formés des travailleuses et travailleurs sociaux, des psychologues et autres). En outre, l'équipe d'orientation a élaboré plusieurs projets pour soutenir la réussite des élèves, notamment des guides d'auto-exploration (intérêts, valeurs, compétences et croyances), ainsi que de l'information portant sur les programmes universitaires et les programmes de formation professionnelle (p. ex. les élèves peuvent suivre un programme préuniversitaire en sciences humaines ou en sciences pures). Les membres de l'équipe ont également participé à la validation d'un inventaire des apprentissages acquis avant le collège, qui vise à cibler les personnes étudiantes qui font face à des difficultés scolaires ou qui risquent d'échouer dès leur entrée au cégep. En outre, en raison de l'augmentation de l'effectif étudiant souffrant d'un handicap ou de troubles d'apprentissage, une des personnes conseillères a acquis une expertise en matière de soutien pour cette population cible et consacre la majeure partie de son temps à cet aspect du travail.

CÉGEP B, dans un secteur défavorisé

Le cégep B est un établissement de taille moyenne, situé dans un quartier ouvrier de la ville. L'établissement a mis en œuvre une politique sur l'accessibilité et le soutien des personnes étudiantes, étant donné que près du quart de sa population est composée de personnes étudiantes qui sont inscrites à des programmes qui n'étaient pas leur premier choix, qui souffrent de troubles d'apprentissage et de difficultés d'adaptation, qui sont des parents étudiants ou qui reviennent à l'école après avoir interrompu leurs études. L'accessibilité à l'enseignement supérieur et la réussite des personnes étudiantes dans ce domaine sont au cœur de la mission du collège. Il s'ensuit que les services d'orientation qui y sont offerts visent à soutenir les élèves vulnérables. Ainsi, les personnes conseillères croient qu'elles ont la responsabilité d'aider les personnes étudiantes à trouver un sens dans leur plan d'études et le temps qu'elles passent au cégep.

Les services d'orientation relèvent des services aux étudiants. Environ 15 personnes professionnelles, dont 5 personnes conseillères d'orientation, ainsi qu'un certain nombre de psychologues et de personnes travailleuses sociales, offrent des services psychosociaux. Ces professionnels et ces professionnelles à temps plein comptent quelques employées et employés contractuels. D'une année à l'autre, le niveau de service est non seulement maintenu, mais également augmenté, grâce aux négociations annuelles entre la direction des services aux étudiants et l'administration du collège. Bien que les ressources allouées soient précaires, elles sont jugées adéquates, pour répondre aux besoins de la population étudiante.

En plus d'offrir des services d'orientation scolaire et professionnelle réguliers, les services d'orientation ont mis sur pied plusieurs initiatives, dont le programme *Tremplin DEC* qui est destiné aux nouveaux et nouvelles élèves, lesquels représentent près de 10 % de la population étudiante, l'invitation des parents à soutenir leurs adolescents ou adolescentes ou leurs jeunes adultes dans leurs études et les mesures de soutien offertes aux parents étudiants. Le cégep a également créé un cours, intégré au programme *Tremplin DEC*, spécialement conçu pour les élèves issus et issues de familles immigrantes, dont le nombre augmente d'année en année. Il convient de souligner que lorsque le temps fut venu de remplacer une personne commis de bureau, les services aux étudiants ont fait valoir auprès de l'administration du collège et des syndicats que ce poste (dont les fonctions consistent, notamment, à traiter les demandes d'information et à cibler les élèves ayant des problèmes psychosociaux) devait être confié à une personne travailleuse sociale. Les services aux étudiants ont également embauché une autre personne travailleuse sociale dont le rôle consiste à interagir directement avec les personnes étudiantes dans les couloirs afin de cibler celles qui sont vulnérables ou qui éprouvent des problèmes psychosociaux et de les aiguiller vers les services aux étudiants. Cette série de mesures vise à joindre les personnes susceptibles d'avoir des besoins complexes quant au soutien requis notamment en matière d'orientation.

Analyse des illustrations pratiques

Déterminer les ressources et les droits formels (moyens d'accomplir)

Dans les exemples présentés ci-dessus, les deux collèges ont mis en place une politique de réussite éducative qui nécessite la participation de leurs services d'orientation. Il convient de noter qu'il s'agit là d'un trait distinctif dans l'organisation des services d'orientation au Québec, ces services étant pleinement intégrés au sein des établissements d'enseignement, du niveau secondaire jusqu'à l'université. Les élèves ont donc le droit de demander et de recevoir des services d'orientation pour les aider à atteindre leurs objectifs scolaires et favoriser leur réussite éducative. Dans le cas du cégep B, les besoins de soutien lié à la réussite éducative et à l'orientation sont nettement plus saillants que pour le cégep A, étant donné que sa population compte un plus grand nombre d'élèves vulnérables. Bien que les deux populations étudiantes disposent des mêmes droits, la réussite éducative (*accomplissement*) au sein du cégep B nécessite le déploiement de plus de ressources. En fin de compte, les équipes de personnes professionnelles de l'orientation dans les deux cégeps croient qu'elles sont bien outillées pour répondre aux besoins de leurs élèves.

L'introduction de facteurs de conversion positifs et les capabilités à s'orienter

Les services d'orientation au cégep A offrent des services selon le principe du premier arrivé, premier servi – autrement dit, la priorité est accordée aux personnes étudiantes qui prennent rendez-vous. Nous avons ici un cas où l'on se fie aux facteurs de conversion personnels des personnes étudiantes, notamment à leur propre esprit d'initiative et leur débrouillardise, pour qu'ils accèdent aux services de développement de carrière. Comme ce cégep est situé dans une zone favorisée, où les élèves affichent généralement de meilleurs résultats scolaires, les facteurs de conversion personnels de ces élèves sont susceptibles d'être plus élevés que ceux des élèves du cégep B. Quoi qu'il en soit, des initiatives sont mises en œuvre ici pour cibler les élèves vulnérables (p. ex. inventaire des apprentissages acquis avant le collège), et les personnes conseillères aident les départements d'enseignement à favoriser la réussite de ces élèves. Il convient également de souligner que ce collège offre un service adapté aux personnes étudiantes handicapées. En outre, l'équipe de personnes professionnelles du collège a élaboré des trousses d'information pédagogique pour aider les personnes étudiantes inscrites aux programmes préuniversitaires (programmes d'études générales comprenant diverses disciplines dans un domaine donné) à en apprendre davantage sur les possibilités de carrière associées à ces programmes. Loin d'être triviale, une telle information constitue un exemple d'un facteur de conversion positif pour l'orientation et la réussite éducative, qui peut être converti en capabilités à s'orienter (Picard et *al.*, 2015).

Compte tenu des caractéristiques de la poulation étudiante du cégep B, on peut faire l'hypothèse que les élèves y ont davantage besoin d'accompagnement en orientation. En fait, des personnes chercheuses ont montré la tendance qu'ont les jeunes issus de familles à faible revenu à adopter un comportement d'auto-exclusion, qui peut se manifester par une limitation de leurs possibilités d'études ou de leurs aspirations (processus de *cooling out*). En outre, la concentration de familles à faible revenu dans une même région, un même quartier ou un même établissement d'enseignement secondaire, où la qualité de la préparation scolaire serait moindre, limiterait les choix d'orientation, engendrant ainsi des inégalités territoriales. Le fait qu'un cours a ici été introduit dans le cadre du programme *Tremplin DEC* est perçu comme un facteur de conversion positif, puisque la prestation de services psychosociaux va de pair avec les services d'orientation dans le soutien aux élèves. L'accès en première ligne à une personne technicienne en travail social peut permettre la détection précoce des personnes étudiantes vulnérables, qui peuvent ensuite être aiguillées vers des professionnels spécialisés dans les services de développement de carrière. Il s'agit là d'un autre exemple d'un facteur de conversion positif. Essentiellement, l'équipe de professionnels du cégep B joue un rôle d'advocacie, c'est-à-dire qu'elle soutient et défend le droit d'accès des élèves vulnérables à des services de développement de carrière (Arthur, 2014). Ces personnes professionnelles fournissent un soutien en assurant le suivi des différentes formes de vulnérabilité au sein de la population étudiante, ainsi que l'accès à des ressources supplémentaires (sur une base contractuelle, au besoin), en collaboration avec l'administration du collège, dans le but de répondre aux besoins des élèves.

Choix et accomplissement

Comparativement à celle du cégep A, la population étudiante du cégep B fait face à des choix plus contraints en matière d'éducation, à des interruptions d'études (qui nuisent aux *accomplissements*) et à des obstacles à l'apprentissage (*facteurs de conversion personnels négatifs*), qui peuvent également nuire au choix d'un parcours de vie qu'un ou une élève a des raisons de valoriser. Selon la définition de Sen (2009), une injustice n'est pas simplement fondée sur les limites auxquelles fait face un groupe par rapport à un autre, mais repose plutôt sur l'inaction en apparence acceptée en présence de telles inégalités. Toutefois, le cégep B a ajouté des ressources psychosociales et de développement de carrière en vue de promouvoir l'accès des élèves vulnérables aux services de développement de carrière (*facteur de conversion social positif*). Nous pouvons présumer que ces ressources aideront les élèves vulnérables à élargir leur éventail de possibilités, tant en ce qui concerne leurs choix d'études que de carrières, augmentant ainsi leurs capabilités à s'orienter.

Conclusion

Au cours des dernières années, une résurgence de l'intérêt pour la justice sociale a été observée à l'échelle internationale, comme en témoignent les positions adoptées par l'Association internationale d'*orientation scolaire et professionnelle* (2013) dans son communiqué sur la justice sociale dans le cadre du counseling et de l'orientation scolaires et professionnels, de même que dans diverses revues scientifiques, qui ont consacré des numéros entiers à la question (p. ex. Orientation scolaire et professionnelle, 2012; *Revue canadienne de counseling et de psychothérapie*, 2014; *International Journal for Educational and Vocational Guidance*, 2014). L'approche par les capabilités nous amène à voir au-delà de la mesure des inégalités et à remettre en question les injustices, de même qu'à réfléchir à la façon dont les pratiques de développement de carrière pourraient être différentes. Sur le plan opérationnel, la mise en œuvre d'une telle approche nécessiterait sans aucun doute l'intégration, dès le départ, d'une conscience critique des droits des bénéficiaires des services, ainsi que des ressources et des services publics effectivement accessibles aux populations cibles. À cette fin, les personnes conseillères doivent examiner les approches, les objectifs et les discours sous-jacents de tout plan stratégique ou politique ou d'affectation de ressources au sein des organisations où elles travaillent, afin de confirmer si les intentions qui les sous-tendent, aussi louables et généreuses soient-elles, servent les intérêts réels des personnes à qui ces droits et ces ressources sont destinés (Berthet, 2016; Bonvin et Farvaque, 2008). Au besoin, les personnes conseillères doivent entreprendre des activités d'advocacie en vue d'assurer un accès équitable aux ressources d'orientation et développement de carrière. De plus, lors des séances de counseling, ils doivent s'assurer qu'il y a place à la délibération afin que les gens puissent se faire entendre (capabilité à la prise de parole) et qu'ils puissent décrire le parcours de vie qu'ils ont des raisons de valoriser. Les personnes conseillères doivent être sensibles à l'éventail des options possibles envisagées, au moment de choisir une carrière ou un programme d'études, ainsi qu'aux préférences adaptatives qui favorisent l'expression d'un domaine d'intérêt donné. En somme, les séances de counseling axées sur le développement de carrière devraient avoir pour but d'offrir à chacun et chacune une plus grande liberté réelle de choix.

Références

Acumen Research Group. (2008). *Les perceptions concernant les coûts et les avantages d'une formation postsecondaire sont-elles importantes?* Montréal, QC : Fondation canadienne des bourses d'études du millénaire.

Arthur, N. (2014). Social justice and career guidance in the age of talent. *International Journal for Educational and Vocational Guidance, 14*, 47-60. DOI : 10.1007/s10775-013-9255-x

Berthet, T. (2016). Évaluer l'action publique éducative à l'aune de ses principes de justice. Analyse d'une politique régionale d'orientation scolaire et professionnelle. *Recherches sociologiques et anthropologiques, 47*(2), 37-57. Récupéré de https://journals.openedition.org/rsa/1714

Bonvin, J.-M. et Farvaque, N. (2008). *Amartya Sen. Une politique de la liberté*. Paris, France : Michalon.

Brinbaum, Y. et Primon, J.-L. (2013). Parcours scolaires des descendants d'immigrés et sentiments d'injustice et de discrimination. *Économie et statistiques, 464-466*, 215-243.

Duru-Bellat, M. (2012). Les dilemmes d'une orientation juste... *L'Orientation scolaire et professionnelle, 41*(1). DOI : 10.4000/osp.3659

Nussbaum, M. C. (2011). *Creating capabilities. The human development approach*. Cambridge, MA: Harvard University Press.

Picard, F., Olympio, N., Masdonati, J. et Bangali, M. (2015). Justice sociale et orientation scolaire : l'éclairage de l'approche par les « capabilités » d'Amartya Sen. *L'Orientation scolaire et professionnelle, 44*(1). DOI : 10.4000/osp.4515

Sen, A. (1999). *Development as freedom*. New York, NY: Anchor Books.

Sen, A. (2009). *The idea of justice*. Cambridge, MA: Belknap Press of Harvard University Press.

Biographies

France Picard est professeure dans le cadre des programmes en sciences de l'orientation à l'Université Laval et directrice du Centre de recherche et d'intervention sur l'éducation et la vie au travail de l'Université, au Québec, au Canada. Au fil des ans, elle a développé une vaste expertise en recherche dans le domaine de la sociologie de l'enseignement supérieur. Ses travaux de recherche portent sur l'étude du cheminement des élèves, plus particulièrement des élèves vulnérables issus de milieux socioéconomiques défavorisés ou aux prises avec de difficultés d'apprentissage qui entreprennent des études supérieures, dans l'optique de la justice sociale.

Michel Turcotte est conseiller d'orientation et psychologue. En 2013, Michel a entrepris des études de doctorat à l'Université Laval sur le counseling de carrière à distance. Michel est membre du Centre de recherche et d'intervention sur l'éducation et la vie au travail de l'Université, au Québec, au Canada. Il est récipiendaire du prix Etta St. John Wileman (2017), de la Médaille d'or de leadership en counseling et développement de carrière (2014) et du prix Stu Conger de leadership en counseling et développement de carrière (2008).

Simon Viviers est professeur dans le cadre des programmes en sciences de l'orientation à l'Université Laval et chercheur régulier au Centre de recherche et d'intervention sur l'éducation et la vie au travail de l'Université, au Québec, au Canada. Ses recherches et son enseignement portent sur les questions psychologiques et sociales du travail dans le monde contemporain, ainsi que sur les pratiques de recherche et de soutien auprès de groupes et de communautés. Il a publié de nombreux articles sur la santé mentale et le pouvoir d'agir des membres du personnel scolaire relativement à l'organisation de leur travail et aux possibilités de perfectionner leur profession.

Patricia Dionne est professeure adjointe dans le cadre des programmes d'orientation et de counseling à l'Université de Sherbrooke, au Québec, au Canada. Elle est chercheuse régulière au Centre d'études et de recherches sur les transitions et l'apprentissage (Université de Sherbrooke), de même qu'au Centre de recherche et d'intervention sur l'éducation et la vie au travail (Université Laval). Ses thèmes de recherche sont le counseling de carrière en groupe, l'analyse des activités historico-culturelles, l'orientation professionnelle auprès des adultes en situation de pauvreté et de précarité, l'immigration et le bilan de compétences (évaluation des compétences).

Points de pratique pour la justice sociale sous l'angle des capabilités
France Picard, Michel Turcotte, Simon Viviers et Patricia Dionne

1. **Examinez les ressources et les droits formels se rapportant aux services d'orientation.** Déterminez si les élèves issus et issues de populations ciblées (p. ex. les femmes, les groupes défavorisés sur le plan socioéconomique, les groupes ethnoculturels ou les étudiants handicapés) sont touchés par des inégalités, si leur accès aux droits et aux ressources en matière d'éducation est différent de celui de leurs pairs ou s'ils en font une utilisation différente.

2. **Déterminez la conversion des ressources et des droits formels en choix d'orientation.** Trouvez ce qui empêche un ou une élève d'accéder aux droits et aux ressources d'orientation et développement de carrière au sein d'un établissement (p. ex., examinez les règles, les mesures et les méthodes de prestation des services offerts). Établissez les mesures, les renseignements ou les ressources qui aident les élèves à accéder à ces services.

3. **Évaluez les capabilités à s'orienter.** Examinez les libertés réelles des élèves lorsqu'ils et elles choisissent un parcours, en accordant une attention particulière à l'éventail des possibilités envisagées, abandonnées ou occultées au moment où un choix d'études ou de carrière est fait. Examiner également dans quelle mesure ce choix correspond à leurs aspirations. Déterminez si les élèves touchés et touchées par une quelconque forme d'inégalité bénéficient des mêmes libertés que leurs pairs ou si celles-ci sont plus limitées.

4. **Cherchez à savoir ce qu'il y a au-delà de l'accomplissement.** Essayez d'évaluer quelques-unes des réalisations scolaires et professionnelles qui pourraient être rendues possibles, si certains des obstacles présents dans l'environnement de l'élève (p. ex. accès aux ressources, modification des règles administratives) étaient éliminés. De ce point de vue, réévaluez la nature de l'environnement scolaire actuel pour tous les élèves.

Chapitre 30

L'engagement rempli d'espoir : nouvelles possibilités en matière de counseling de vie et de carrière

Gray Poehnell

L'engagement rempli d'espoir s'est développé grâce à l'entrelacement de mon propre cheminement personnel et professionnel avec l'espoir. Mon propre cheminement vers une meilleure histoire de vie a commencé et a été orienté par la possibilité d'espoir. Sur le plan professionnel, j'ai cherché à présenter la carrière la notion de carrière dans l'optique de l'espoir à une grande diversité de personnes, et ce, qu'elles soient marginalisées (p. ex.; autochtones, immigrantes, réfugiées, handicapées, etc.) ou qu'elles fassent partie du grand public. En ce qui concerne l'espoir, j'ai eu du mal à trouver ma propre identité, car j'ai dû relever de nombreux défis, comme un patrimoine métis, des dysfonctionnements familiaux et la pauvreté, une déficience visuelle, des troubles d'apprentissage, une faible estime de soi, l'introversion et la peur du ridicule. De même, l'engagement rempli d'espoir permet aux gens de chercher à découvrir leur identité et leurs capacités, puis de continuer, et ce, quels que soient les défis rencontrés sur leur cheminement de vie et de carrière. Après un aperçu de l'élaboration de l'approche de l'engagement rempli d'espoir, j'utiliserai une illustration pratique pour présenter la façon dont un éventail de concepts, de métaphores, de langage, d'outils et d'activités peuvent servir à cultiver l'espoir chez les gens dans le cadre de leur cheminement de vie ou de carrière.

Engagement rempli d'espoir : Élaboration

L'engagement rempli d'espoir est né des *Cercles d'accompagnement* (McCormick, Amundson et Poehnell, 2002; Poehnell, Amundson, McCormick, 2006). Bien que les Cercles d'accompagnement aient été conçus au départ pour les contextes autochtones, un large éventail d'autres groupes les ont rapidement adoptés également. Fondés sur les travaux de base énoncés dans *Active Engagement* (Amundson, 2018), les Cercles d'accompagnement reflètent bon nombre de concepts et d'activités d'Amundson, comme l'engagement (mental, physique, visuel), la prise en compte d'hypothèses et de conventions, le sentiment d'importance face aux autres, les métaphores, l'élan arrière et la narration d'histoires. Ces activités et concepts fondamentaux ont été complétés par le travail de McCormick dans le domaine de la guérison et de l'éducation des Autochtones (McCormick et Amundson, 1997; McCormick et France, 1995; McCormick et *al.*, 1999), ainsi que de mon exploration personnelle dans les domaines de l'espoir, de la créativité et de l'imagination.

En tant que principal formateur des *Cercles d'accompagnement*, j'ai eu l'occasion d'interagir avec des milliers de professionnels et de professionnelles de la vie et de la carrière, d'étudiants et d'étudiantes et de personnes clientes dans le cadre de centaines d'ateliers à l'échelle nationale et internationale. Au fur et à mesure que la formation évoluait, ma priorité est passée des cahiers de travail des *Cercles d'accompagnement* à l'approche même d'engagement rempli d'espoir illustrée dans ces documents. L'engagement rempli d'espoir (Poehnell et Amundson, 2010) est le résultat de l'analyse d'innombrables interactions relativement aux questions, aux préoccupations, aux problèmes et aux expériences dont ont fait part les participants et participantes lors d'ateliers des *Cercles d'accompagnement*.

Engagement rempli d'espoir : concepts

Un concept fondamental de l'engagement rempli d'espoir est que ce qui s'avère efficace pour de nombreuses personnes ne l'est peut-être pas pour d'autres. Les approches courantes du processus de counseling de carrière demeurent élaborées en tenant compte de la population générale. Toutefois, étant donné la diversité de plus en plus grande dans notre monde, il est important de reconnaître que cela nécessite également plus de diversification de nos concepts, de nos métaphores, de notre langage, de nos outils et de nos activités. Par conséquent, j'ai cherché, au moyen de l'engagement rempli d'espoir, à élaborer des approches alternatives pouvant compléter celles plus courantes en matière de counseling de carrière.

Ce concept souligne l'importance de l'accessibilité dans le cadre du processus de counseling de carrière. L'accessibilité est une question importante dans le monde d'aujourd'hui. À titre d'exemple, si je me rends dans n'importe quelle école, j'y trouverai non seulement des escaliers, mais également des rampes d'accès. Les escaliers ne sont pas « mauvais ». En fait, ils conviennent à la grande majorité des élèves. Toutefois, pour quelqu'un en fauteuil roulant, ces mêmes escaliers, plutôt que de permettre l'accès à l'école et à tous ses services, deviennent des obstacles. Reconnaissant cette différence dans les besoins individuels, les écoles proposent d'autres moyens, comme des rampes d'accès ou des ascenseurs, pour accéder aux services d'enseignement offerts.

Le principe illustré dans cette analogie a une application beaucoup plus vaste. Ce ne sont pas seulement les structures physiques qui peuvent empêcher les gens d'accéder aux services. Les structures culturelles ou conceptuelles peuvent constituer des obstacles aussi réels pour les gens qu'un escalier. De même, en ce qui concerne l'engagement rempli d'espoir, j'essaie de m'assurer que mon counseling est réellement accessible à une diversité sans cesse grandissante de gens. Bien qu'il existe d'excellents concepts et outils qui s'avèrent efficaces pour la plupart des membres du grand public, j'ai également élaboré d'autres concepts et outils qui se révéleront efficaces auprès d'autres populations.

Un autre concept fondamental de l'approche ici présentée est la culture de l'espoir. Elle permet aux gens de découvrir qu'ils ne sont pas définis par leurs problèmes. Je vois ce besoin lorsque je constate le profond désespoir des gens, comme chez les personnes autochtones ayant survécu des sévices subis dans les pensionnats indiens au Canada. Il en va de même pour celles réfugiées ayant fui la guerre, les catastrophes naturelles ou l'extrême pauvreté ou encore les femmes ou les hommes victimes de violence, les personnes ayant une incapacité physique ou mentale, les étudiants qui ne sont pas motivés, les personnes qui ont une faible estime de soi ou qui souffrent de dépression, sinon les membres du grand public qui n'arrivent pas à trouver leur voie. Beaucoup de gens abandonnent parce qu'ils ne se considèrent pas comme étant suffisamment bons ou ne considèrent pas que le monde qui les entoure offre un soutien suffisant.

Un quatrième concept de l'engagement rempli d'espoir est la nécessité d'une approche holistique. Le besoin d'identité contextuelle en est un exemple. L'identité professionnelle est plus que le curriculum vitae d'une personne. Les gens ne vivent pas et ne travaillent pas isolément, mais dans le contexte du moi, de la famille, de la communauté, de la culture, du monde naturel et de celui spirituel. Les gens peuvent se sentir désespérés et déprimés lorsqu'ils se sentent coupés de la réalité. Il est donc essentiel de découvrir leurs liens avec leur monde tout au long de leur cheminement de vie ou de carrière.

Grâce à l'engagement rempli d'espoir, je cherche également à accepter la personne tout entière, tant par ses points forts que ceux plus faibles. Je rencontre souvent des gens qui se sentent désespérés parce qu'on leur a dit à un moment donné qu'ils ne réussiraient jamais dans la vie. À titre d'exemple, les élèves qui se font dire « avec de telles notes, tu ne réussiras jamais » peuvent prendre ce message à cœur, puis envisager leur avenir dans cette optique. Ils et elles sont étonnés d'apprendre qu'en fin de compte, la réussite ne dépend pas du niveau de capacité d'une personne, mais de ce qu'elle en fait. Les gens ont des capacités différentes, mais le secret est de trouver un travail qui puisse exiger le niveau de capacité qu'ils possèdent. Ce paradigme rend l'espoir du succès accessible à tous, et non seulement à ceux qui sont « suffisamment bons ».

Engagement rempli d'espoir : métaphores

Je cultive l'espoir et l'accessibilité grâce à l'engagement rempli d'espoir en fournissant des métaphores alternatives. Plutôt que les métaphores habituelles relatives aux modèles de gestion de carrière, j'ai trouvé très efficaces les métaphores plutôt orientées sur le cheminement de carrière, la conversation sur la carrière et le façonnement de la carrière. Beaucoup de gens n'ont pas un bon rapport avec le modèle de gestion de carrière, parce qu'ils ne comprennent pas le langage technique employé ou ne partagent pas les valeurs qu'ils estiment véhiculées par le modèle. Je m'emploie également à reconnaître un éventail plus diversifié de valeurs, dont la spiritualité, la créativité, la communauté, l'altruisme et l'équilibre dans sa vie personnelle.

Par exemple, le modèle de carrière commun aux vendeurs et vendeuses encourage la découverte de leurs ressources commercialisables, puis d'aller de l'avant et se vendre sur le marché du travail. Cela nécessite l'autopromotion, ce qui peut entrer en conflit avec l'enseignement culturel qui valorise l'humilité enracinée. Au sein de nombreuses cultures, on croit que les individus ne devraient pas parler d'eux-mêmes parce que c'est arrogant et vantard. L'engagement rempli d'espoir montre aux gens comment affirmer qui ils sont de façon appropriée sur le plan culturel.

Engagement rempli d'espoir : langage

En plus des métaphores alternatives, j'encourage également l'utilisation d'un langage alternatif, comme l'*apprentissage* plutôt que l'*éducation*. Les mots peuvent être associés à un vécu personnel pouvant déclencher des barrières défensives personnelles. À titre d'exemple, pendant mon enfance, chaque fois que le mot *éducation* était mentionné, ma mère (qui a quitté l'école à l'âge de 11 ans) répondait avec désespoir et était sur la défensive en disant : « Je sais que je n'ai pas d'éducation. » Par conséquent, elle n'accordait aucune valeur à l'apprentissage qu'elle avait acquis tout au long de sa vie. L'exemple de ma mère illustre que ce n'est pas tout le monde qui a eu une bonne expérience en matière d'éducation, mais que tout le monde a appris des choses.

Engagement rempli d'espoir : outils et activités

Enfin, tout au long de l'engagement rempli d'espoir, j'utilise d'autres outils et activités qui favorisent l'espoir et l'accessibilité. À titre d'exemple, ce qui semble être une question de départ très positive peut soulever des barrières défensives difficiles à surmonter. Lorsqu'on leur demande dans quel domaine ils sont bons, certains et certaines répondent par un grognement « aucun ». Ils ne se considèrent pas comme étant bons en quoi que ce soit. Cela reflète souvent les déclarations universelles qu'ils ont entendues en grandissant, comme « tu ne peux rien faire comme il faut » ou « tu n'es simplement pas assez bon ». Par conséquent, ce point de départ peut renforcer chez les gens ce qu'ils pensent ne pas posséder. Il peut donc être plus efficace de poser des questions au sujet des choses préférées des gens pour les faire parler. Ce n'est pas tout le monde qui croit être bon dans un domaine donné, mais tout le monde préfère certaines choses. De même, il est question de l'humilité enracinée. Il n'est peut-être pas approprié sur le plan culturel de dire « je suis bon en cuisine », mais il est généralement acceptable de dire « j'aime cuisiner ». Ces choses préférées deviennent les sujets de la narration d'histoires. En racontant des histoires, les gens découvrent que leur vie ne se résume pas qu'à leurs échecs et à leurs problèmes; ils trouvent de l'espoir à mesure qu'ils commencent à voir ce qui va bien dans leur vie.

Afin de rendre l'espoir accessible aux gens, j'emploie de nombreux autres concepts et activités. Il est, entre autres, possible de penser à l'impact de la confusion des valeurs dans notre monde moderne pluraliste et relativiste, sinon celui de l'équilibre de la vie personnelle sur la vie et le travail. Également, il peut être question de la nécessité d'une vision, d'une prise de décision et de l'établissement de plans d'action réalistes, souples et créatifs dans un monde chaotique.

Au cours des dernières années, j'ai appliqué l'engagement rempli d'espoir dans de nouvelles directions, plus particulièrement à des défis précis qui peuvent sembler sans espoir, comme la honte, le vieillissement et les traumatismes. À l'heure actuelle, j'étudie également le concept d'« une meilleure histoire ». Parfois, les gens ne sont pas en mesure de trouver de l'espoir dans leur cheminement parce que leur histoire intérieure est autodestructrice. Les gens peuvent trouver de l'espoir à mesure qu'ils apprennent à reconnaître leur histoire, à l'analyser et à la réviser afin de cultiver une nouvelle histoire qui les soutiendra tout au long de leur cheminement de vie.

Illustration pratique et analyse

Johnny (pseudonyme) était un élève participant à un atelier d'une journée en Australie, en compagnie d'une vingtaine d'autres jeunes autochtones de 10e année « désengagé-e-s », ainsi que cinq ou six personnes enseignantes ou conseillères. Je l'ai remarqué assis avec trois autres garçons qui faisaient de lui leur « souffre-douleur ». Après avoir présenté le concept de l'espoir, j'ai animé une activité sur les choses préférées dans le cadre de laquelle les élèves ont parlé de leurs choses préférées. Cette activité a établi des points de départ pour la narration d'histoires.

Après avoir expliqué l'activité de narration d'histoires, j'ai demandé un volontaire. Lorsque personne n'a répondu, les trois amis de Johnny l'ont poussé dans l'allée. Il a trébuché et s'est à peine empêché de tomber face contre terre. Il était visiblement extrêmement gêné, mais il s'est présenté et s'est assis à côté de moi.

Son langage corporel était une image de gêne et de découragement : il avait la tête penchée et les yeux rivés au sol. Il faisait une coupe avec ses deux mains entre les genoux et parlait à voix basse. Je l'ai remercié pour le courage dont il a fait preuve en se présentant à l'avant de la salle pour se porter volontaire. Je voulais lui montrer qu'il n'était pas une victime, mais plutôt quelqu'un qui a fait un choix courageux. Je l'ai encouragé en lui disant qu'il pouvait le faire et qu'il trouverait l'expérience très utile.

J'ai demandé à Johnny quelles étaient certaines de ses choses préférées. Il a énuméré doucement les jeux vidéo, la planche à roulettes, le footie (football australien), le cricket, regarder la télévision, manger et quelques autres. Je lui ai demandé de choisir l'un de ces domaines dont il pensait pouvoir parler sans difficulté. Après un moment, il a choisi le cricket.

Je lui ai ensuite demandé s'il pouvait se souvenir d'une histoire précise à propos d'un moment agréable qu'il avait vécu en jouant au cricket. Il a parlé d'un match récent où son équipe avait voyagé en autobus pour jouer dans une ville voisine.

Par la suite, je lui ai demandé ce qui en faisait un bon souvenir pour lui. Il a parlé du fait qu'il avait aimé le voyage et être en compagnie de l'équipe. Ces questions ouvertes lui ont permis de passer d'une perspective négative à une perspective positive. Il parlait d'une chose préférée (un point positif) et d'un bon moment vécu en faisant cette chose (un point positif d'un point positif), puis de ce qui en a fait un bon moment pour lui (un point positif d'un point positif d'un point positif).

À l'aide d'une série de questions ouvertes, j'ai aidé Johnny à analyser ce qu'il avait fait avant, pendant et après le voyage. Cela a établi les grandes lignes de l'histoire, ainsi que les compétences qu'il possédait. Il a dit qu'il s'était réveillé tôt et qu'il avait rapidement préparé tout son équipement afin de pouvoir arriver tôt au point de rendez-vous de l'école. Quand je lui ai demandé pourquoi il voulait arriver tôt, Johnny a expliqué qu'il aimait être là à mesure que tout le monde arrive. Il était chargé de mettre l'équipement de l'équipe dans l'autobus et de veiller à ce que tous les membres aient l'équipement dont ils avaient besoin pour le match. Il voulait être là « *pour l'équipe* ». Lorsque je lui ai demandé ce que cela signifiait pour lui, il a répondu : « *J'aime vraiment aider et encourager tout le monde lors d'un match.* ».

Lorsque l'autobus est arrivé au terrain de cricket, Johnny a déchargé l'équipement et l'a remis à chacun, en plus de formuler des commentaires encourageants. Une fois de plus, il a essayé de s'assurer que chacun disposait de tout ce dont il avait besoin et de régler tout problème qui survenait, le cas échéant. Une fois le match commencé, Johnny a pris sa place habituelle. Comme il n'était pas très bon au cricket, on lui a toujours donné une place où il n'y avait pas beaucoup d'action. Cela ne le dérangeait pas parce qu'il aimait simplement faire partie de l'équipe, être sur le terrain et encourager les autres tout au long du match. Après le match, quand l'équipe est retournée à l'autobus, Johnny a de nouveau pris soin de mettre l'équipement dans l'autobus et d'encourager tout le monde.

Une fois que je l'ai aidé à analyser tout ce qu'il avait fait lors du match, je l'ai questionné sur ce qu'il aimait (p. ex., faire partie d'une équipe, aider les autres, encourager les autres, organiser, résoudre des problèmes), comment il faisait les choses (p. ex. avec prudence, précision et enthousiasme), comment ses coéquipiers le percevaient (p. ex. serviable, celui qui encourage), ce qui était important pour lui (p. ex. faire partie d'une équipe, aider et encourager les autres), quel était le rôle du cricket dans sa vie (p. ex. il a tendance à passer beaucoup de temps seul et le cricket le fait sortir et interagir avec autrui), comment il avait appris à être si serviable et celui qui encourage (p. ex. il a toujours été comme cela et plus il le fait, plus il aime le faire), et quels rôles il a assumés pendant le match (p. ex. joueur de cricket, organisateur, celui qui encourage, résolveur de problèmes, coéquipier).

Après avoir terminé la première étape du processus de narration, soit de raconter, nous sommes passés à la deuxième étape, ici de réfléchir : « Que révèle cette histoire à ton sujet en tant que personne? » Comme le font la plupart des gens, il a commencé très lentement et timidement. « *Je suppose que j'aime le cricket. J'aime aider les autres.* » Après avoir dit certaines choses, il n'a fait que fixer du regard la liste des éléments de son histoire que j'avais énumérés sur le tableau de papier. Il avait relativement bien réussi à raconter l'histoire, mais se ferma rapidement lorsqu'il était question d'y réfléchir. Plutôt que de lui dire ce que j'ai observé, j'ai essayé de faciliter la découverte de soi en montrant du doigt un à un les éléments sur le tableau de papier et en lui demandant ce que chaque élément particulier disait de lui. Il a trouvé cette façon de faire beaucoup plus facile.

« *Qu'est-ce que cela dit de toi, que tu t'es levé tôt et que tu t'es assuré d'arriver tôt au point de rendez-vous de l'autobus?* » « *Je suppose que j'aime arriver tôt.* »

« *Comment arrives-tu à te lever tôt?* » « *Lorsque je suis passionné par quelque chose, je peux le faire sans problème.* »

« *Qu'est-ce que cela dit de toi, que tu as mentionné plusieurs fois dans l'histoire, d'encourager les autres?* » « *J'aime encourager les autres?* » J'ai confirmé son observation sur lui-même. « *Je crois que tu as absolument raison; tu es une personne qui encourage les autres.* »

En réfléchissant à l'histoire, il commençait clairement à assumer la responsabilité de ce que l'histoire révélait sur lui. J'ai noté ses réflexions sur le tableau de papier et la liste ne cessait de s'allonger : aime le cricket, aide les autres, se lève tôt, aime être prêt, serviable, responsable, encourage les autres, coéquipier, aime participer, organise, résout les problèmes, prudent, méthodique, très enthousiaste, patient, humour, souci du détail, prêt à essayer, aime apprendre.

En terminant le processus de réflexion, je lui ai demandé s'il était étonné d'apprendre toutes les choses formidables que cette histoire disait à son sujet. Il fut très agréablement surpris. Je lui ai demandé s'il avait observé ces choses dans d'autres parties de sa vie. Il a dit qu'effectivement, il les avait observées. Lorsque je lui ai demandé un exemple, il a dit que quand la famille part en vacances, il aime vraiment aider son père à charger la voiture. Je l'ai encouragé en lui disant que cette histoire montre que, bien qu'il puisse avoir des difficultés, ses problèmes ne forment qu'une petite partie de sa vie. J'ai ensuite terminé le processus de narration en l'encourageant à trouver quelqu'un en qui il a confiance et à demander à cette personne de l'aider à raconter d'autres histoires portant sur ses autres choses préférées. Je l'ai remercié de s'être porté volontaire pour raconter son histoire.

Même si ce n'était qu'une brève histoire et si Johnny n'était pas vraiment un grand bavard, beaucoup de choses merveilleuses sur lui ont été mises en lumière pendant qu'il parlait. Il était également clair que l'histoire avait un effet sur lui. J'ai immédiatement pu voir une différence chez Johnny. En racontant son histoire, son langage corporel a commencé à changer. Il s'est mis à se redresser sur sa chaise, à s'exprimer avec ses mains, à sourire et à parler avec une plus grande assurance. En fait, Johnny était en train de revivre le match de cricket et de profiter de toutes les bonnes choses à cet égard.

Johnny a participé beaucoup plus activement aux autres activités de la journée. À la fin de l'atelier, il est venu me voir pour me remercier de la journée constructive. Au cours d'une séance d'information après l'atelier, les enseignants et enseignantes ne cessaient de commenter sa transformation radicale d'un garçon qui était non motivé, découragé et trop gêné en un garçon bavard, plus ouvert, extraverti et enthousiasmé.

J'ai eu l'occasion, un an plus tard, de discuter avec certains des enseignants et enseignantes qui ont assisté à l'atelier où Johnny avait raconté son histoire. Ils étaient heureux de me dire que le changement qu'ils avaient observé chez Johnny lors de l'atelier s'est poursuivi à son retour à l'école. Dès le lendemain, Johnny était beaucoup plus motivé et sûr de lui qu'il ne l'avait jamais été. C'était comme s'il était un garçon différent.

Conclusion

L'engagement rempli d'espoir est un moyen efficace de compléter les approches traditionnelles et courantes relatives à la carrière. Il répond au besoin grandissant en matière d'outils et de concepts différents pouvant être utilisés auprès de populations de plus en plus diversifiées. Il rend l'espoir accessible à ceux et celles qui, pour diverses raisons, ont été marginalisés parce qu'ils ne correspondent pas au profil démographique de la population générale.

L'engagement rempli d'espoir reconnaît que de nombreuses personnes qui sont marginalisées et même certains membres du grand public réagissent aux approches traditionnelles en se mettant sur la défensive. Les professionnels de la carrière qui souhaitent utiliser des stratégies axées sur l'engagement rempli d'espoir dans le cadre de leur travail comprennent que lorsque les gens font face à des problèmes comme une faible estime de soi, ils peuvent avoir l'impression de n'avoir rien de bon à offrir. En tant qu'approche axée sur la personne cliente, l'engagement rempli d'espoir utilise des concepts, des métaphores, un langage et des activités de rechange pour motiver les gens en ce qui a trait à leur situation actuelle et non à leur situation future souhaitée. Il facilite la découverte de soi au moyen d'un large éventail d'activités qui surprennent les gens en leur permettant de prendre conscience d'une nouvelle façon de qui ils sont et de ce qu'ils peuvent faire. L'engagement rempli d'espoir permet aux gens de voir que leurs problèmes ne forment qu'une petite partie d'eux-mêmes. Les gens sont outillés pour poursuivre leur cheminement de vie ou de carrière en ayant un sentiment renouvelé d'espoir à l'égard d'eux-mêmes et du monde qui les entoure.

Références

Amundson, N. E. (2018). *Active engagement : The being and doing of career counselling, anniversary edition*. Richmond, C.-B. : Ergon Communications.

McCormick, R. et Amundson, N. E. (1997). A career-life planning model for First Nations people. *Journal of Employment Counselling, 34*, 171-79. DOI : 10.1002/j.2161-1920.1997.tb00467.

McCormick, R. et France, M. H. (1995). Counselling First Nations clients on career issues : Implications for the school counsellor. *Guidance and Counselling, 10*, 27-31.

McCormick, R., Amundson, N. et Poehnell, G. (2002). *Guiding Circles: An Aboriginal guide to finding career paths, Booklet 1: Understanding yourself*. Saskatoon, Sask. : Conseil pour le développement des ressources humaines autochtones du Canada et Ergon Communications.

McCormick, R., Neumann, H., Amundson, N. E. et McLean, H. (1999). First Nations career/life planning model: Guidelines for practitioners. *Journal of Employment Counselling, 36*, 167-177. DOI : 10.1002/j.2161-1920.1999.tb01019.x

Poehnell, G., Amundson, N. et McCormick, R. (2006). *Guiding Circles: An Aboriginal guide to finding career paths, Booklet 2: Finding new possibilities*. Saskatoon, Sask. : Conseil pour le développement des ressources humaines autochtones du Canada et Ergon Communications.

Poehnell, G. et Amundson, N. E. (2010). *Hope-filled engagement: New possibilities in life/career counselling*. Richmond, B.-C. : Ergon Communications.

Biographie

Gray Poehnell est un auteur, un formateur et un présentateur qui compte 29 années d'expérience en matière d'approche de la carrière sous des perspectives holistiques qui cultivent cultivant l'espoir, la spiritualité pratique, la créativité, l'imagination et l'intégrité professionnelle. Gray est d'origine métisse. Il est reconnu à l'échelle nationale et internationale pour le dynamisme de ses formations auprès de professionnels et professionnelles de la carrière, plus particulièrement ceux qui travaillent auprès des peuples autochtones, ainsi que d'autres populations marginalisées dans la société.

Principaux points de pratique pour l'engagement rempli d'espoir
Gray Poehnell

1. **Apprenez à interpréter le niveau d'espoir des personnes avec qui vous travaillez.** Faites preuve de réflexion personnelle : Augmentez-vous ou diminuez-vous l'espoir des gens?

2. **Utilisez un langage accessible aux personnes avec qui vous travaillez.** Évitez le langage technique (comme les compétences ou l'évaluation) que les gens ne comprendront peut-être pas. Surveillez les mots déclencheurs (comme l'éducation) qui peuvent amener une personne à se mettre sur la défensive.

3. **Adoptez la formation polyvalente dans le cadre de votre stratégie d'apprentissage continu.** Si vous travaillez dans un contexte où la diversité est de plus en plus grande, il se peut que les sources que vous utilisez habituellement ne traitent pas de toutes les questions auxquelles vous faites face. La consultation de littérature hors de votre domaine peut vous donner un aperçu utile des idées ou des activités que d'autres ont utilisées pour régler certains des problèmes auxquels vous faites face. À titre d'exemple, au nombre des domaines à étudier figurent la créativité et l'imagination, la communication interculturelle, la croissance post-traumatique, la neurocognition et la plasticité cérébrale, de même que de récits de vie.

4. **Utilisez des expériences surprises pour éviter que les gens ne se mettent sur la défensive.** Trouvez des façons créatives d'aider les gens qui sont bloqués à découvrir des solutions de rechange et des possibilités. À titre d'exemple, le fait de demander directement aux gens s'ils estiment avoir un lien avec quelqu'un ou quelque chose peut entraîner un déferlement défensif de tous leurs liens rompus. Il est préférable de demander quels sont les liens possibles que peuvent avoir les gens. Cette façon de faire crée une distance objective puisqu'ils dressent une liste de possibilités. Vous pouvez ensuite discuter de la liste et demander quels sont les liens qu'ont les gens à l'heure actuelle ou auxquels ils peuvent accéder.

5. **Dans la mesure du possible, cherchez à faciliter plutôt qu'à diriger.** N'utilisez pas vos connaissances et votre expérience simplement pour dire ce qu'il faut faire. Guidez les gens vers la découverte de soi au moyen de questions ou d'activités, puis confirmez leurs découvertes. Cela permet plus efficacement de renforcer la confiance en soi des gens, car ils apprennent à croire en eux-mêmes et en leurs capacités.

Chapitre 31

La théorie relationnelle-culturelle (RCT) : examiner l'influence des relations sur le développement de carrière

Natalee Popadiuk

La prise de décision de carrière, le développement de carrière et les rôles professionnels sont étroitement liés aux relations interpersonnelles, de même qu'aux processus relationnels. La *théorie relationnelle-culturelle* (*relational cultural theory* – RCT) est une théorie psychologique qui met l'accent sur la façon dont les connexions, les déconnexions et les reconnexions servent de processus centraux au développement psychologique, tout au long de la vie (Jordan, Kaplan, Miller, Stiver et Surrey, 1991; Miller et Stiver, 1997). La théorie relationnelle-culturelle (RCT) peut fournir un cadre utile afin d'explorer et de comprendre comment les relations influencent le développement de carrière et vice versa. Lorsque vous réfléchissez avec ces concepts, il pourrait s'avérer utile de considérer d'abord les façons dont votre propre carrière a été influencée par d'autres personnes importantes, ainsi que l'influence que vos choix de carrière ont eue sur vos relations. Comment avez-vous vécu vos discussions avec vos parents au sujet du travail, de l'université et de la direction que vous souhaitiez donner à votre carrière? Vous êtes-vous senti soutenu dans le choix et la négociation de votre cheminement, y a-t-il eu absence de discussion et de directionnalité ou vous a-t-on fait comprendre qu'il n'y avait que quelques options acceptables? Qu'en est-il des décisions de carrière prises en rapport avec une personne conjointe? Avez-vous déjà déménagé dans un nouvel endroit du fait qu'une personne avec qui vous étiez en relation amoureuse s'était vu offrir un emploi, ou avez-vous mis fin à une relation en raison d'un déménagement d'ordre professionnel? Comment chacune de ces situations a-t-elle été négociée, comment l'avez-vous vécue sur le plan émotionnel et l'expérience a-t-elle changé au fil du temps? Ces questions montrent comment les relations influencent le développement de carrière et soutiennent la pertinence de la théorie relationnelle-culturelle (RCT). Les principaux concepts de la théorie sont présentés ci-après, suivis d'une illustration pratique qui en démontre l'application.

Aperçu de la théorie relationnelle-culturelle (RCT)

La théorie relationnelle-culturelle (RCT) diffère de nombreuses théories psychologiques en ce sens que l'accent est mis principalement sur les progrès accomplis et sur le pouvoir avec les autres, plutôt que sur l'individualisation, l'autonomie, la dissociation et l'emprise sur les autres (Jordan et *al.*, 1991; Miller et Stiver, 1997). Dans le cadre de la théorie relationnelle-culturelle (RCT), la *connexion* est ce qui favorise le développement et l'épanouissement psychologiques par le développement d'un pouvoir d'agir avec l'autre et l'empathie mutuellement témoignée. Les relations empathiques fondées sur un engagement mutuel deviennent le principal moteur de changement psychologique, ce qui conduit à l'épanouissement personnel, à la guérison émotionnelle et au sentiment de bien-être. Il y a *déconnexion* lorsque les gens sont blessés parce qu'ils n'ont pas le sentiment d'être vus et compris ou lorsqu'ils se sentent coupés des autres et abandonnés. La déconnexion des autres limite l'épanouissement psychologique et peut mener au retrait, à l'aliénation, à la dépression, à l'anxiété et à la marginalisation. La *reconnexion* survient lorsqu'il y a rétablissement de la connexion à la suite de tentatives sincères et authentiques pour être avec une autre personne afin de partager son expérience. Une reconnexion authentique peut offrir des occasions d'épanouissement personnel et de développement relationnel qui, autrement, n'auraient pas été possibles.

La théorie relationnelle-culturelle (RCT) est une théorie solide qui peut être utilisée efficacement dans le cadre du counseling de carrière auprès de différentes personnes (Jordan et *al.*, 1991). Les principes clés de la théorie sont les suivants :

- l'épanouissement qui résulte des relations et se développe à travers celles-ci est un processus continu tout au long de la vie;

- la réciprocité dans les relations est ce qui permet un fonctionnement mature;

- l'épanouissement est caractérisé par la différenciation relationnelle et l'expansion des relations;

- le développement du pouvoir d'agir avec l'autre et l'empathie mutuellement témoignée sont des caractéristiques des relations favorisant l'épanouissement;

- l'authenticité est essentielle à l'engagement et à la participation;

- les contributions et les avantages mutuels sont essentiels aux relations favorisant l'épanouissement;

- il est possible de développer et d'améliorer ses compétences relationnelles tout au long de la vie.

En résumé, les processus relationnels entre les gens sont une composante essentielle à l'épanouissement, au développement et à la maturité.

Comme le suggère le nom de la théorie, les relations se développent dans un contexte socioculturel, historique et politique, où existent le pouvoir, les privilèges et l'oppression. La théorie relationnelle-culturelle (RCT) a été créée par un groupe de psychologues féministes psychodynamiques du Wellesley College, près de Boston, au Massachusetts, aux États-Unis (Jordan et al., 1991). À l'époque, ce groupe a constaté que les collectivités de médecins et de psychologues avaient largement attribué un caractère pathologique au désir des femmes d'être en relation et que ces dernières étaient souvent considérées comme faibles, dépendantes et névrosées. Ce groupe de psychologues a, au contraire, suggéré que les personnes qui connaissent un épanouissement psychologique sont celles a) qui se sentent vues, entendues et comprises; b) qui peuvent prendre des mesures pour remédier à une situation difficile; c) qui croient qu'elles sont efficaces, compétentes et désirables; d) qui sont en mesure de fournir ces mêmes éléments dans le cadre d'une relation d'engagement mutuel (Miller et Stiver, 1997). Bien que la théorie relationnelle-culturelle (RCT) ait été élaborée à l'origine par et pour un sous-ensemble particulier de femmes, l'approche a été élargie afin d'être applicable à diverses populations et d'adopter une perspective plus générale en matière de justice sociale (Walker et Rosen, 2004).

La neuroscience relationnelle ou interpersonnelle, largement présentée au public par Allan Schore (2015) et Daniel Siegel (2012), démontre que nous sommes faits pour entrer en relation. De nombreuses recherches scientifiques dans ce domaine appuient les préceptes de la théorie relationnelle-culturelle (RCT) selon lesquels une bonne santé mentale et physique, l'épanouissement et la maturité psychologiques et la guérison passent par les connexions avec les autres. Parallèlement, les troubles mentaux et physiques, l'isolement social et les traumatismes interpersonnels découlent de déconnexions profondes ou prolongées. Eisenberger et Lieberman (2004) ont fourni des preuves d'ordre neurologique démontrant que la douleur physique et la douleur sociale causées par l'exclusion sociale (c.-à-d. l'isolement) sont probablement issues « des composantes du même système d'alarme neuronal [1] » (p. 294). Ainsi, les problèmes relationnels, comme le harcèlement ou l'exclusion en milieu de travail, peuvent être considérés sous un nouveau jour, compte tenu de leurs effets neurobiologiques et psychosociaux sur le fonctionnement de l'être humain. De telles recherches nous aident à comprendre que les conflits au travail avec un patron ou une patronne, l'isolement social par rapport à des collègues ou des commentaires importuns ou harcelants au sujet de groupes non dominants peuvent

---

1   Traduction libre.

amener les gens à vivre des déconnexions, qui peuvent provoquer un sentiment de détresse et mener ultimement à la dépression et au désespoir.

Toutefois, selon la théorie relationnelle-culturelle (RCT), les déconnexions relationnelles ne sont pas toujours préjudiciables, étant donné qu'elles se produisent même dans les relations saines. Lorsque des tentatives de reconnexion sont faites dans le cadre d'une relation favorisant l'épanouissement, la guérison relationnelle est possible et la relation peut devenir encore plus solide qu'elle ne l'était avant la déconnexion (Miller et Stiver, 1997). Par conséquent, nous sommes systématiquement appelés à vivre toutes sortes de connexions, de déconnexions et de reconnexions relationnelles tout au long de notre vie. Ce qu'il faut comprendre est qu'une déconnexion est dommageable lorsqu'elle résulte d'une relation de pouvoir, dans laquelle la personne dominante (ou le groupe de personnes) exerce un pouvoir et un contrôle pour maintenir sa position. La théorie relationnelle-culturelle (RCT) considère la justice sociale et la correction de torts sociaux dans les rapports existants entre divers espaces sur le plan social (p. ex. genre, classe sociale, ethnicité) comme un objectif fondamental du counseling et de la société.

Pour les personnes professionnelles de la carrière, la théorie relationnelle-culturelle (RCT) offre un moyen de donner un sens aux problèmes que vivent leurs personnes clientes relativement à leur carrière, en tenant compte des processus relationnels qu'elles entretiennent avec elles-mêmes et avec les autres. Cette théorie diffère d'autres conceptions psychologiques traditionnelles du fait qu'elle pose comme principe que les gens se développent non pas par l'individuation, mais plutôt en entretenant des relations favorisant l'épanouissement (Miller et Stiver, 1997). Dans le cadre de la théorie relationnelle-culturelle (RCT), la présence, l'harmonie, l'empathie, la réciprocité et le sentiment de sécurité sont les principaux éléments favorisant l'épanouissement et la maturité psychologiques (Jordan et *al.*, 1991). Les personnes professionnelles de la carrière doivent voir la façon dont les relations sont liées à l'emploi et à la carrière de chaque personne cliente.

Au début des années 2000, les gens sont devenus de plus en plus conscients de l'importance des processus relationnels dans les théories du développement de carrière. Par exemple, une étude réalisée par Schultheiss, Kress, Manzi et Glasscock (2001) a permis d'examiner les influences des relations sur le développement de carrière de personnes étudiantes universitaires. Cette étude a démontré que les jeunes adultes qui entretenaient des relations étroites avec des personnes conjointes, des parents, des frères et sœurs et des membres de leur famille élargie profitaient d'un éventail de mesures de soutien qui facilitaient leur prise de décision de carrière. Dans le cadre d'une étude plus récente, Popadiuk et Arthur (2014) ont interrogé 18 personnes étudiantes étrangères et ont établi 6 thèmes relationnels à partir de leur propos : a) les amitiés solides que ces personnes étudiantes ont nouées les ont incitées à rester; b) la prise de décision de carrière est un effort collectif; c) leurs relations avec leurs personnes superviseures et leurs mentors leur ont ouvert des possibilités de carrière; d) l'établissement de réseaux de relations les a aidées à trouver un premier emploi; e) l'établissement de connexions au début de leurs programmes a facilité leur transition; f) l'encadrement offert par d'anciennes personnes étudiantes étrangères était recommandé afin d'avoir accès à des modèles positifs. De telles études démontrent l'importance des relations pour le développement de carrière.

En dépit de la nouvelle génération de personnes chercheuses s'intéressant aux dimensions relationnelles de la carrière, Schultheiss (2003) a déclaré qu'un des plus grands défis auxquels font face les personnes professionnelles de la carrière qui souhaitent adopter la théorie est la prédominance des évaluations basées sur l'approche traits-facteurs dans la pratique actuelle. Ces approches individualistes et décontextualisées catégorisent les types de personnalité et les environnements de travail à privilégier. Bien que de telles approches puissent être utiles pour obtenir certains types de renseignements, la théorie relationnelle-culturelle (RCT) apporte une valeur ajoutée à la pratique actuelle, en reconnaissant le rôle des relations, du contexte et de la culture. En intégrant des évaluations et des perspectives quantitatives et qualitatives, les personnes professionnelles du domaine pourront adopter une vision plus globale et mieux intégrée lorsqu'elles travaillent avec leurs personnes clientes.

Illustration pratique

Amira, (pseudonyme) est âgée de 23 ans. Elle est étudiante étrangère, célibataire, de langue arabe, originaire d'une grande ville d'Afrique du Nord. Elle et sa famille (ses parents et deux frères plus âgés) sont musulmanes et ont une conception libérale de leurs croyances religieuses. Amira en est actuellement aux dernières étapes de son programme de maîtrise en administration des affaires (MBA) dans une université de taille moyenne au Canada. Elle détient un baccalauréat en administration des affaires des États-Unis. Elle parle couramment l'anglais et a fréquenté une école internationale américaine de la maternelle à la 12e année dans son pays d'origine (programme K-12). La prochaine étape vers l'obtention de son diplôme consiste à trouver un stage coopératif pour son dernier semestre. Toutefois, elle n'est pas certaine qu'elle sera choisie pour celui qu'elle désire. Amira a réservé un vol afin de retourner chez elle pour des vacances prolongées pendant l'été, mais elle hésite à y aller en raison de cet éventuel stage. Son objectif à long terme est de travailler au Canada pendant cinq à sept ans après l'obtention de son diplôme afin d'acquérir une précieuse expérience à l'étranger, puis de retourner dans son pays afin de vivre dans la même ville que ses parents et ses frères. Elle veut se bâtir une brillante carrière au Canada, qu'elle espère pouvoir poursuivre chez elle. Amira souhaite se marier et fonder une famille, une fois qu'elle sera retournée dans son pays, mais elle ne pense pas vraiment beaucoup à cela pour l'instant.

Amira a de nombreux intérêts et maintes compétences. Elle tente de déterminer quelle direction prendre. Elle aimerait ouvrir son propre cabinet de consultation en soins de santé dans son pays d'origine pour travailler auprès des personnes clientes, ainsi que travailler pour le gouvernement afin d'élaborer des politiques en matière de santé publique. Elle aime l'idée d'être une entrepreneure, mais aime également la sécurité que procure le fait de travailler pour une grande organisation. En ce qui concerne ses caractéristiques personnelles, Amira est une personne extravertie, agréable, intelligente, mature, sérieuse, réfléchie et motivée. Elle aime travailler avec les autres, et les gens sont attirés par sa présence chaleureuse et attentionnée. Elle entretient une relation solide avec ses parents et ses frères, avec qui elle communique régulièrement pour obtenir des conseils et du soutien. Ses parents ont de très grandes attentes en ce qui concerne sa réussite professionnelle, une valeur qu'elle a elle-même adoptée. Ils appuient ses objectifs scolaires et professionnels et Amira affirme avoir de la chance qu'ils la traitent sur un pied d'égalité avec ses frères à cet égard. Actuellement, Amira est stressée à l'idée de décider ce qu'elle doit faire maintenant et dans l'avenir en ce qui concerne son plan et sa trajectoire de carrière.

Analyse de l'illustration pratique

Imaginez qu'Amira prenne rendez-vous avec vous, en tant que personne professionnelle de la carrière, pour que vous l'aidiez à établir son parcours professionnel.

- De quelle façon approcheriez-vous sa demande?

- Quelles seraient vos priorités?

- Que voudriez-vous savoir d'autre à son sujet? Que feriez-vous pour obtenir cette information?

Bien qu'il existe de nombreuses façons pertinentes et utiles de travailler avec Amira, vous êtes invitées en tant que personnes lectrices, à examiner ces questions du point de vue de la théorie relationnelle-culturelle (RCT).

- En quoi la théorie relationnelle-culturelle (RCT) pourrait-elle être utile pour analyser la situation d'Amira?

- En quoi l'approche selon la théorie relationnelle-culturelle (RCT) serait-elle semblable à la façon dont vous travailleriez habituellement avec une personne dans cette situation et en quoi serait-elle différente?

- Parmi les composantes de la théorie relationnelle-culturelle (RCT), sur lesquelles mettriez-vous l'accent dans le cas d'Amira?

- Que voulez vous savoir d'autre au sujet de la théorie relationnelle-culturelle (RCT) afin d'utiliser cette approche de manière plus exhaustive?

L'analyse qui suit montre une façon possible de travailler du point de vue de la théorie relationnelle-culturelle (RCT), en mettant l'accent sur les concepts de connexion et de déconnexion.

La personne professionnelle de la carrière qui rencontre Amira au sein des services de counseling de son université procède à une évaluation relationnelle narrative (Schultheiss, 2003) afin d'obtenir une vision plus complexe et plus globale des relations et de la carrière de cette dernière. L'objectif premier est de déterminer l'influence de ses relations sur son développement de carrière, en lui posant des questions telles que les suivantes : Pouvez-vous établir et décrire les relations qui ont le plus influencé votre processus de développement de carrière? Veuillez décrire une décision difficile que vous avez dû prendre au sujet de votre carrière et expliquer le rôle que d'autres personnes ont joué dans cette décision. De quelle façon les autres vous influencent-ils dans votre prise de décision de carrière? La personne professionnelle de la carrière pose de telles questions dans le but de créer une cartographie relationnelle et de concevoir les processus relationnels que décrit Amira à l'égard de chaque relation étroite qu'elle entretient.

Relation de la personne professionnelle avec elle-même

Connexion : Avant de pouvoir travailler efficacement avec leurs personnes clientes, les personnes professionnelles doivent se concentrer sur leur propre capacité à connecter avec elles-mêmes. Vous voudrez peut-être accorder une attention particulière à vos propres tendances et préférences lorsque vous travaillez avec les gens. Par exemple, vous a-t-on déjà dit à quel point vous êtes efficace et organisée? Aimez-vous « aller droit au but », parce que le temps est limité et que vous jugez inutile d'en perdre à bavarder? Aimez-vous avoir une liste de choses à faire et éprouvez-vous une grande satisfaction lorsque vous rayez des tâches de cette liste? Si tel est le cas, vous pourriez vouloir réfléchir à l'équilibre entre vos compétences organisationnelles et relationnelles lorsque vous travaillez avec les gens, de même que demander aux autres de vous faire part de leurs commentaires à ce sujet. Les deux modes sont importants, mais selon le contexte, l'un peut être préférable à l'autre. Du point de vue de la théorie relationnelle-culturelle (RCT), votre principale priorité est d'être présente et d'être véritablement engagée afin de pouvoir établir une vraie connexion avec votre personne cliente (orientation de la relation) pour ensuite vous concentrer sur les tâches à accomplir avec cette dernière (orientation des tâches).

La personne professionnelle et sa personne cliente

Connexion : Bien que cela puisse paraître élémentaire et évident, prêter attention à l'engagement réel qui prend forme entre vous et Amira sur le plan relationnel constitue le fondement de votre travail ensemble. Plus précisément, le fait de porter attention à la manière dont vous connectez (ou non) vous donnera une indication quant aux rapports qu'elle entretient avec les autres et à la façon dont elle fonctionne dans le monde. Vous constaterez peut-être qu'il est facile de connecter avec elle, ce qui est probablement de bon augure pour ses entrevues et sa vie au travail avec ses collègues. *Déconnexion* : Toutefois, vous remarquerez peut-être également des tendances perfectionnistes et une grande anxiété à l'idée de faire les « bons » choix. En envisageant la situation du point de vue relationnel, vous vous demanderez comment ces normes élevées la déconnectent de sa propre expérience. Vous voudrez également savoir si d'autres personnes lui ont imposé des normes élevées à satisfaire, ce qui pourrait avoir pour effet de la paralyser.

Parents

Connexion : Amira est la plus jeune et la seule fille de sa famille, qui est très unie. Elle se sent proche de ses parents, en particulier de sa mère, et parle d'eux avec affection. Elle aime s'entretenir avec eux sur Internet pour se sentir connectée et pour leur demander conseil sur sa vie et sa carrière. Ils ont des valeurs et des croyances semblables au sujet de la famille, du travail et de la réussite, qui découlent d'une éducation musulmane libérale au sein d'une agglomération urbaine d'un pays d'Afrique du Nord. Bien qu'elle soit consciente de la discrimination de genre qui existe dans son pays d'origine, elle sent qu'en tant que jeune femme, sa famille la soutient dans ses efforts pour parfaire son instruction et avoir accès à une éducation de qualité à l'étranger, tout comme l'a fait un de ses frères. *Déconnexion* : Bien qu'Amira aime énormément sa famille et désire retourner dans son pays une fois qu'elle aura acquis une expérience de travail au Canada, elle parle également de la pression qu'elle ressent à l'idée de prendre les bonnes décisions et de réussir. En tant que personne professionnelle qui utilise la théorie relationnelle-culturelle (RCT), vous pourriez vous demander si elle vit un *paradoxe relationnel*, dans lequel elle désire être connectée à ses parents, tout en évitant de prendre des décisions que ces derniers pourraient désapprouver. Il sera important que vous examiniez ce paradoxe dans le cadre de votre travail ensemble.

Partenaire de vie et future famille

Connexion : Le fait qu'Amira a clairement indiqué ses intentions au sujet de son choix d'une personne avec qui elle entretiendra une relation conjugale, qu'il s'agisse d'une relation arrangée ou d'une relation amoureuse, est important au moment de discuter de ses possibilités de carrière. Bien qu'elle n'entretienne pas de relation amoureuse pour le moment, elle a clairement exprimé son désir de retourner vivre dans son pays pour y travailler et fonder une famille. Par conséquent, il pourrait être important de discuter de son futur partenaire de vie et de comment elle se voit dans l'avenir afin d'établir ses priorités professionnelles. *Déconnexion* : Il est possible qu'Amira n'engage pas naturellement de discussions avec personne professionnelle de la carrière au sujet des normes matrimoniales, culturelles et sexospécifiques. Elle pourrait penser que cela n'est pas pertinent dans le cadre de la discussion ou croire que cette dernière ne comprendrait pas le contexte culturel. Il s'agit donc là d'un autre domaine clé à explorer, compte tenu de la place importante qu'occupent le pouvoir, les privilèges et l'oppression dans le cadre de la théorie relationnelle-culturelle (RCT), eu égard aux milieux sociaux en cause (p. ex. genre, origine ethnique).

En tant que personnes professionnelles de la théorie relationnelle-culturelle (RCT), vous poursuivriez votre analyse en explorant d'autres relations importantes, y compris les amitiés qu'elle a nouées au Canada et dans son pays d'origine et les liens qu'elle a établis au travail et à l'université, et en identifiant toute autre personne influente dans sa vie. Les connexions, les déconnexions et les reconnexions jouent un rôle clé dans la planification et la prise de décision de carrière.

Conclusion

La théorie relationnelle-culturelle (RCT) fournit un contexte, un sens et de la profondeur à l'exercice d'exploration du travail et de la carrière. Depuis plus de 30 ans, des personnes théoriciennes, chercheuses et professionnelles de la carrière avant-gardistes mettent de l'avant l'importance des relations et du processus relationnel dans le domaine de la carrière. Il existe de nombreuses preuves scientifiques qui démontrent que comme nous sommes des êtres sociables, nous sommes faits pour entrer en relation, ce qui justifie grandement l'utilisation de la théorie relationnelle-culturelle (RCT) comme cadre théorique directeur. Les approches traits-facteurs et les outils traditionnels de mesure de la personnalité (p. ex. les évaluations des intérêts et des styles personnels) offrent une perspective individualiste et catégorique, fondée sur un système d'adéquation, entre la personne et son travail ou sa carrière, tandis que les approches relationnelles plus récentes reconnaissent et prennent en compte l'influence des relations, du contexte et de la culture. Pour les personnes professionnelles de la carrière, la théorie relationnelle-culturelle (RCT) offre un moyen utile d'orienter la conceptualisation et les entretiens relationnels narratifs.

Références

Eisenberger, N. I. et Lieberman, M. D. (2004). Why rejection hurts: A common neural alarm system for physical and social pain. *Trends in Cognitive Science, 8*, 294-300. DOI : 10.1016/j.tics.2004.05.010

Jordan, J. V., Kaplan, A. G., Miller, J. B., Stiver, I. P. et Surrey, J. L. (1991). *Women's growth in connection: Writings from the stone center*. New York, NY : Guilford Press.

Miller, J. B. et Stiver, I. P. (1997). *The healing connection: How women form relationships in therapy and in life*. Boston, MA : Beacon Press.

Popadiuk, N. E. et Arthur, N. (2014). Key relationships for international student university-to-work transitions. *Journal of Career Development, 41*, 122-140. DOI : 10.1177/0894845313481851

Schore, A. N. (2015). *Affect regulation and the origin of the self: The neurobiology of emotional development.* New York, NY : Routledge Classic Editions.

Schultheiss, D. E. P., Kress, H. M., Manzi, A. J. et Glasscock, J. M. M. (2001). Relational influences in career development: A qualitative inquiry. *The Counseling Psychologist, 29*(2), 216-239.

Schultheiss, D. E. P. (2003). A relational approach to career counseling: Theoretical integration and practical implication. *Journal of Counseling & Development, 81*, 301-310. DOI: 10.1002/j.1556-6678.2003.tb00257.x

Siegel, D. J. (2012). *The developing mind: How relationships and the brain interact to shape who we are.* New York, NY : Guilford Press.

Walker, M. et Rosen, W. B. (2004). *How connections heal: Stories from relational-cultural therapy*. New York, NY : Guilford Press.

Biographie

Natalee Popadiuk est psychologue agréée (Colombie-Britannique) et professeure agrégée à l'Université de Victoria, au Canada. Ses recherches portent principalement sur les enjeux touchant les personnes étudiantes étrangères, dont les transitions et l'adaptation à l'arrivée dans le pays d'accueil, puis entre l'université et le marché du travail. Ses intérêts touchent également les expériences relationnelles difficiles vécues par les femmes et le mentorat. Dans le cadre de sa pratique privée, Mme Popadiuk propose une thérapie fondée sur l'approche relationnelle.

Points de pratique pour la théorie relationnelle-culturelle (RCT)
Natalee Popadiuk

- **Réfléchissez aux relations que vous entretenez dans votre vie.** Prenez conscience de la façon dont vos propres choix de carrière ont été influencés par d'autres personnes importantes et vice versa.

- **Prenez conscience de vos valeurs.** De nombreux modèles de counseling de carrière valorisent l'indépendance et l'autonomie; la théorie relationnelle-culturelle (RCT) met de l'avant et valorise l'interdépendance de la vie des gens.

- **Intégrez la théorie relationnelle-culturelle (RCT) et le développement de carrière.** Cette combinaison offre aux personnes professionnelles de la carrière et à leurs personnes clientes une nouvelle façon plus intégrée de travailler ensemble.

- **Faites des liens entre les concepts.** Les concepts de connexion, de déconnexion et de reconnexion constituent un moyen très simple d'organiser le récit de carrière des personnes clientes que vous accompagnez.

- **Ayez recours à une évaluation relationnelle narrative.** Apprenez à poser de façon systématique des questions relatives à la carrière mettant l'accent sur les relations.

- **Prêtez attention à la qualité de la relation thérapeutique.** Efforcez-vous de développer une empathie mutuelle et d'établir une connexion qui soutient le pouvoir d'agir avec vos personnes clientes.

- **Assurez-vous de comprendre le concept de paradoxe relationnel.** Des dilemmes liés à la carrière de vos personnes clientes pourraient se poser en raison de leur désir de demeurer connectés avec d'autres personnes importantes (p. ex. parents, personnes conjointes), tout en évitant de prendre des décisions que ces dernières pourraient désapprouver.

- **Encouragez l'épanouissement par les connexions.** Incitez vos personnes clientes à s'entretenir avec d'autres personnes dans leur vie au sujet de leur cheminement de carrière, car ils pourraient en apprendre davantage sur eux-mêmes.

- **Évaluez l'influence exercée par le pouvoir, les privilèges ou l'oppression.** La théorie relationnelle-culturelle (RCT) offre une orientation en matière de justice sociale et tient compte de la façon dont les recoupements entre le genre, l'origine ethnique et la classe sociale peuvent causer des déconnexions.

Chapitre 32

Le modèle de counseling de carrière auprès des populations sous-desservies dans la pratique

Mark Pope

Certains prestataires de services en développement de carrière considèrent que l'accompagnement en counseling d'individus issus de différentes cultures revient au même que de le faire pour ceux de cultures majoritaires. Or, bien que certains aspects soient semblables, les nuances sont assez importantes dans la façon de pouvoir aider ces adultes à surmonter leurs problèmes de carrière et obtenir des résultats déterminants. Ces individus sont sous-desservis parce que les prestataires de services de carrière sont hésitants de les aider, car ils ne possèdent pas les connaissances, les compétences et la sensibilité nécessaires, mais également parce que, lorsqu'ils tentent de le faire, ils le font tout simplement mal (Pope, 2011).

Dans ce chapitre, je présente un modèle pour aider les personnes conseillères à développer une approche de soutien aux populations sous-desservies, alors que ces personnes clientes, y compris les étudiants et étudiantes, s'efforcent de régler leurs problèmes importants en matière d'orientation professionnelle. Ce nouveau modèle peut en outre servir à élaborer des interventions en matière de counseling de carrière adaptées à la culture dans un monde de plus en plus diversifié. Le *modèle de counseling de carrière auprès des populations sous-desservies (career counselling with underserved populations model – CCUP model)* est fondé sur de nouvelles recherches dans ce domaine ainsi que sur des interventions particulières qui ont été relevées dans la littérature scientifique émergente. Les concepts clés de ce modèle sont présentés ci-après et sont appliqués à une illustration pratique plus loin dans le présent chapitre.

La diversité culturelle dans le contexte mondial

Les besoins et les problèmes en matière de développement de carrière d'individus de cultures diverses prennent de l'importance à mesure que leur nombre au sein de la population active mondiale continue d'augmenter et qu'ils trouvent leur voix sociale, politique et économique. Un exemple illustre ce phénomène : au Canada, la population globale augmente de 4 à 5 % tous les 5 ans, tandis que la population des minorités visibles et des peuples autochtones augmente à un taux de 23 à 24 %. Ces minorités ethniques et raciales sont passées de 14 % de la population canadienne à 20 % au cours de la décennie de 2006 à 2016 (Statistique Canada, http://www.statcan.gc.ca/). Cet exemple se reflète dans le monde entier, et de tels changements démographiques pourraient avoir des conséquences politiques et sociales importantes, surtout en période de difficultés économiques.

Dans le présent chapitre, les termes *culture* et *diversité culturelle* sont utilisés de manière inclusive pour désigner les personnes qui sont issues de cultures non dominantes ou non majoritaires, telles que diverses minorités ethniques et raciales, sexuelles et de genre (femmes, personnes transgenres, lesbiennes, gaies, bisexuelles, en questionnement et intersexuées) et de nombreux autres groupes culturels (personnes handicapées, personnes âgées ou pauvres, personnes vivant en milieu rural et autres) [Pope, 1995a]. Les termes *dominant* et *majoritaire* impliquent ici la quantité numérique ou le pouvoir, la culture étant utilisée de façon inclusive (c.-à-d. pour inclure, au minimum, chacun des groupes susmentionnés). En outre, la culture est complexe et chaque personne est composée de nombreuses cultures qui sont réfractées d'une manière qui devient tout particulièrement importante pour l'individu souhaitant obtenir des services de counseling de carrière.

Les enjeux les plus importants en matière de développement de carrière pour les groupes diversifiés sont les divers obstacles auxquels ces groupes font face sur une base régulière. Ces obstacles comprennent la discrimination (p. ex. sur le marché du travail, le logement, les avantages sociaux des employés), l'accès inéquitable aux ressources (p. ex. éducation de base de qualité, counseling de carrière précoce et cohérent) et les différences linguistiques, religieuses et culturelles (p. ex. conflits entre les valeurs de leur culture d'origine et la culture nationale dominante, comme les valeurs qui n'appuient pas la responsabilité individuelle ou familiale appropriée ou les différences culturelles dans la valeur et la définition du travail ou de la carrière).

Enfin, au cours des trois dernières décennies, la recherche a commencé à mettre l'accent sur le développement de carrière et le comportement relatif à la carrière des individus de cultures non dominantes. Au nombre des ressources figurent a) des livres, b) des numéros spéciaux de revues, c) des chapitres de plusieurs textes sur le counseling multiculturel et le counseling de carrière, et d) de nombreux articles individuels dans les revues spécialisées évaluées par des pairs de notre profession (Pope, 2015). Pour une personne conseillère, psychologue vocationnelle ou spécialiste en développement de carrière qui cherche à obtenir des conseils pratiques sur la façon d'offrir des services de carrière adaptés à la culture, il existe maintenant un nombre grandissant de renseignements fondés sur la recherche à cet égard.

Un modèle de pratique efficace

Le modèle de counseling de carrière auprès des populations sous-desservies (Pope, 2015) s'appuie directement sur cette littérature et a été influencé par mes premiers écrits sur le développement de carrière des minorités sexuelles (Pope, 1995b). Il a par la suite été élargi pour tenir compte des enjeux touchant les minorités ethniques et raciales (Pope, Cheng et Leong, 1998). Il est maintenant intégré pleinement au nouveau modèle (Pope, 2011). Le modèle de counseling de carrière auprès des populations sous-desservies est un modèle de pratique efficace pour des appariements entre des personnes conseillères/clientes discordantes sur le plan de la culture (en fonction de l'appartenance culturelle). Il découle de mon travail auprès de personnes en marge de la société aux États-Unis, au carrefour de leur carrière et de leur groupe culturel, comme les peuples autochtones d'Amérique du Nord, les gens d'Asie, les gens d'Afrique et les minorités sexuelles (personnes qui s'identifient comme gaies, lesbiennes, bisexuelles, transgenres, transsexuelles, queer, en questionnement ou intersexuées), et même de personnes en marge des groupes marginalisés, comme les homosexuels plus âgés. Voici les concepts clés qui constituent le fondement de ce modèle :

Concept clé 1 : Assumez la responsabilité de vos propres préjugés et parti pris. Cela est essentiel pour les personnes conseillères, les psychologues vocationnels et tous les spécialistes en développement de carrière. Il s'agit du concept fondamental sur lequel reposent tous les autres. Les préjugés peuvent avoir une incidence sur les interventions choisies ainsi que sur la mise en œuvre de ces interventions.

Concept clé 2 : Connaissez le processus de développement de l'identité culturelle et utilisez-le. Il s'agit de l'élément invariablement recommandé dans la littérature scientifique comme étant essentiel à la réussite du counseling de carrière auprès d'adultes de cultures diverses.

Concept clé 3 : Connaissez les enjeux particuliers de certaines cultures spécifiques. Les conseillers et conseillères doivent également connaître les enjeux propres à une culture et en prendre connaissance afin d'offrir des services de counseling de carrière efficaces.

Concept clé 4 : Traitez directement les problèmes de discrimination. Traiter ouvertement la discrimination et préparer les personnes clientes à faire face aux manifestations les plus flagrantes de racisme, de sexisme, d'hétérosexisme, de discrimination fondée sur la capacité physique, d'âgisme et d'autres formes de discrimination est un rôle important et primordial de la personne conseillère.

Concept clé 5 : Le counseling de carrière groupal est très attrayant pour de nombreuses personnes clientes de minorités raciales et ethniques. Plusieurs caractéristiques des cultures axées sur le groupe ou collectivistes — la primauté de la survie du groupe par rapport à la survie individuelle, l'interdépendance, les liens sociaux — font qu'elles sont tout particulièrement adaptées au counseling de carrière groupal.

Concept clé 6 : Prêtez une attention particulière au rôle de la famille. Le rôle de la famille, définie comme large et étendue, est exceptionnellement important dans la prestation de services de counseling de carrière aux individus issus de cultures collectivistes.

Concept clé 7 : Prêtez attention aux questions particulières des couples dont les deux conjoints ont une carrière. L'enjeu des couples dont les deux partenaires ont une carrière a été examiné davantage dans la littérature sur le développement de carrière des minorités sexuelles que dans la littérature sur les minorités ethniques et raciales, où l'on a davantage mis l'accent sur le rôle particulier de la famille dans les décisions de carrière.

Concept clé 8 : Prenez connaissance des enjeux particuliers lorsque vous utilisez des outils d'évaluation relative à la carrière avec des individus de communautés culturelles diverses. Des procédures particulières ont été recommandées pour l'utilisation d'outils d'évaluation officiels auprès de différents individus.

Concept clé 9 : Aidez les personnes clientes à surmonter les stéréotypes négatifs intériorisés ou l'oppression intériorisée. Il s'agit d'un rôle critique pour le conseiller ou la conseillère, puisque ces stéréotypes ou l'oppression intériorisée sont des obstacles pouvant avoir un impact significatif sur les résultats favorables.

Concept clé 10 : Prêtez attention aux enjeux sous-jacents de dévoilement chez les personnes clientes dont l'appartenance culturelle n'est pas évidente. La question de savoir s'il faut dévoiler sa culture aux autres est particulière pour les personnes clientes dont l'appartenance culturelle n'est peut-être pas évidente (p. ex. personnes gaies, lesbiennes, bisexuelles ou transgenres, races et ethnies multiples, affiliation politique, religion, certaines [in]capacités et autres). Dans la littérature sur le counseling de minorités sexuelles, on parle de "coming out [1]" et ce terme a été au centre des préoccupations des hommes homosexuels et des femmes lesbiennes qui cherchent à obtenir des services de counseling de carrière.

Concept clé 11 : Pour surmonter les stéréotypes sociétaux en tant que restriction du choix professionnel, utilisez des interventions axées sur un rôle-modèle professionnel et sur le réseautage. Les interventions axées sur des « modèles professionnels » et sur le réseautage sont très importantes pour les populations particulières dont les choix professionnels sont traditionnellement restreints.

---

[1] Le terme anglophone « coming out » est fréquemment utilisé dans la langue française, mais il est également possible de parler de l'action de « sortir du placard ».

Concept clé 12 : Maintenez une atmosphère de soutien dans votre bureau. Sur le plan opérationnel, une façon simple et concrète de laisser savoir aux autres qu'une personne conseillère ou psychologue vocationnelle soutient les luttes des personnes d'origines culturelles diverses qui cherchent à obtenir des services de counseling de carrière consiste à créer une atmosphère de soutien au sein du bureau.

Concept clé 13 : Défendez de manière positive les intérêts sociaux (advocacie sociale) de vos personnes clientes d'origines culturelles diverses. Les conseillers et conseillères qui travaillent auprès d'un groupe culturel particulier, quel qu'il soit, doivent soutenir ce groupe en allant au-delà de l'admonition « s'abstenir de faire du mal » afin de défendre de manière positive les intérêts et les droits des personnes clientes.

L'illustration pratique et l'analyse qui suivent présentent certaines des façons dont ces concepts clés peuvent s'appliquer efficacement dans la pratique auprès de minorités ethniques, raciales, sexuelles et de genre en particulier.

Illustration pratique

Carmen (pseudonyme) est une femme cisgenre de 30 ans, originaire de la région métropolitaine de Manille, aux Philippines. Elle était âgée de 25 ans lorsqu'elle a déménagé à Los Angeles, en Californie, avec son mari de qui elle était mariée depuis 8 ans, ainsi que son père. Carmen avait fait toutes ses études aux Philippines, obtenant son diplôme d'études secondaires, ainsi qu'un diplôme de premier cycle en comptabilité et une maîtrise en gestion des affaires de l'Université des Philippines. La famille de Carmen possédait un petit marché depuis 50 ans à Mariveles, dans la province de Bataan, de l'autre côté de la baie en face du Grand Manille. On s'attendait à ce qu'elle prenne, tout simplement, la relève de l'entreprise. Carmen possédait très peu d'expérience de travail, si ce n'est d'aider au marché familial. Elle avait été étudiante à temps plein à l'université aux Philippines jusqu'au moment de compléter sa maîtrise en gestion des affaires.

À son arrivée aux États-Unis, Carmen a pu obtenir un emploi de commis comptable dans une grande entreprise de télécommunications de Los Angeles. Après y avoir travaillé pendant trois ans, elle s'est rendu compte qu'elle n'aimait vraiment pas la tenue de livres et la comptabilité. Travailler toute la journée dans son petit bureau à cloisons sans fenêtres et entrer des chiffres dans un ordinateur sans interaction humaine, ou si peu, rendait Carmen malheureuse.

Carmen a entendu une annonce un jour au sujet du centre de services de carrière de son entreprise, qui existait principalement pour aider le personnel interne à prendre connaissance des autres emplois offerts au sein de l'entreprise. Carmen s'est rendue au centre pendant sa pause du dîner et a été dirigée vers l'un des conseillers. Après avoir rencontré son conseiller, Carmen a fondu en larmes en disant : « Je ne sais pas quoi faire de ma carrière. ».

Analyse de l'illustration pratique

Après avoir offert des mouchoirs à Carmen, le conseiller lui refléta que cela devait être une période très difficile dans sa vie. Le conseiller était un homme cisgenre afro-américain de 53 ans qui travaillait comme conseiller depuis 30 ans. Il écoutait Carmen avec authenticité, puis environ 15 minutes après le début de la séance, il a demandé : « Que puis-je faire pour vous aider? » Le reste de l'heure a été passé à écouter attentivement l'histoire de Carmen.

À la fin de cette première heure, le conseiller a dit : « *Je crois que je peux vous aider. Aimeriez-vous revenir?* » Carmen a souri et a fixé un autre rendez-vous. Après le départ de Carmen, le conseiller a fait quelques recherches en ligne sur l'histoire et la culture des Philippines. Également, il a consulté un collègue philippin du centre de carrière pour discuter du dossier. Il lui posa des questions sur les systèmes familiaux, les rôles traditionnels selon le genre, les emplois traditionnels, le rôle de la religion, les valeurs culturelles et bien d'autres sujets.

Le conseiller s'est ensuite posé les questions suivantes : « Quels sont mes stéréotypes sur la culture philippine? » et « Quels sont mes préjugés? » La prise de conscience de ces enjeux a permis de sensibiliser le conseiller dans son processus d'écoute, d'interprétation et d'intervention auprès de sa nouvelle cliente. Une telle sensibilisation a permis d'éviter tout comportement inacceptable. Ce questionnement personnel était un exercice d'importance capitale à être réalisé avant la prochaine séance et chaque séance ultérieure.

Le rendez-vous suivant a consisté à écouter et à recueillir encore plus d'information personnelle et familiale. Toutefois, le conseiller disposait maintenant d'une meilleure compréhension du contexte lié au récit de Carmen. À la fin de la séance, le conseiller a suggéré quelques interventions, dont quelques évaluations et activités à réaliser à la maison. Il s'agissait de réaliser ces dernières en vue de leurs prochaines séances ensemble. Carmen approuva le plan.

Grâce à la facilité avec laquelle Carmen s'exprimait en anglais, le conseiller était d'avis que certaines des évaluations psychométriques à la carrière plus traditionnelles, bien qu'en anglais, pourraient être utilisées avec elle, dont : l'Inventaire des intérêts Strong, l'Indicateur de types psychologiques Myers-Briggs (MBTI) et l'Échelle de valeurs (anciennement connu sous le nom d'Inventaire des valeurs de travail). La seule question prise en compte était sa transition d'acculturation vers les États-Unis, mais deux facteurs ont été pris en considération : a) les Philippines avaient été une colonie américaine après la guerre hispano-américaine et, par conséquent, la culture américaine n'était pas totalement étrangère à la plupart des Philippins et Philippines; b) Carmen était aux États-Unis depuis cinq ans et n'avait pas l'intention de retourner aux Philippines puisque son mari et son père s'étaient également installés aux États-Unis. En ce qui concerne l'utilité des trois inventaires, les patrons d'intérêts professionnels figurant dans l'Inventaire des intérêts Strong se sont révélés uniformes d'une culture à l'autre, tant au pays qu'à l'étranger (Hansen, 1987). Le MBTI avait également été utilisé dans de nombreux autres pays et même traduit en 29 langues différentes (CPP, 2018). Enfin, l'Échelle des valeurs avait été élaborée à partir d'une étude internationale menée par Donald Super. Elle était également conçue pour être interprétée à l'aide d'une approche ipsative. Les sous-échelles étaient simplement classées selon leurs notes brutes, plutôt qu'en comparant les notes de l'individu à celles d'un groupe semblable à la personne cliente (un échantillon de normalisation; Super, 1995).

Cette évaluation plus officielle avec Carmen permettrait de recueillir plus rapidement des renseignements supplémentaires à son sujet. Les résultats de l'évaluation favoriseraient une meilleure compréhension des préférences de Carmen, tant sur le plan personnel qu'en regard de futurs environnements de travail.

Cependant, d'autres questions importantes demeuraient comme : « Quelle est la valeur que vous accordez aux attentes de votre famille? » et « Quels sont vos objectifs de carrière actuels et futurs? » Carmen a indiqué que *« dans ma famille, les opinions de mon père, encore plus que celles de mon mari, sont cruciales pour que je puisse exercer un emploi dans tout autre domaine que la comptabilité ou les affaires. »* Le conseiller a donc recommandé ce qui suit : « Il semble donc important que votre père participe à une séance ultérieure, une fois que les options seront plus ciblées et plus claires pour vous, et mon rôle en tant que conseiller lors de cette séance sera d'interpréter, de sensibiliser et de jouer un rôle de médiateur, au besoin. ».

Après avoir complété l'Inventaire des intérêts Strong, les résultats ont révélé que les préférences de Carmen étaient, dans l'ordre, de type Conventionnel, Social et Entreprenant. La différenciation était modérée entre ces trois échelles et les trois autres (Réaliste, Artistique et Investigateur). Cela semble être conforme aux études et aux intérêts exprimés de Carmen. En revanche, sa préférence pour le type Entreprenant semble refléter davantage son expérience relative au travail à l'épicerie de sa famille plutôt que de posséder et de diriger cette petite entreprise.

Les résultats de Carmen obtenus à l'inventaire MBTI ont révélé qu'elle avait des préférences pour l'Introversion, la Sensation, le Sentiment et le Jugement. En tant que tels, ces résultats concordaient avec ceux de l'inventaire des intérêts Strong montrant que le type social est important pour elle. Cela se réfracte par ses préférences pour l'Introversion et le Sentiment et s'exprime sur le plan comportemental par le désir d'aider les gens (Sentiment), mais de préférence dans des situations individuelles ou en petits groupes (Introversion). La préférence de Carmen pour le Sentiment était plutôt importante, indiquant qu'elle prend des décisions en fonction de ses valeurs. Il s'agit là d'un style subjectif de prise de décision qui met l'accent sur ce qui est important pour elle, sa famille et sa communauté, et sur ce qui est conforme à ses valeurs.

En outre, il semblerait que le fait de travailler avec des chiffres en soi ne pose pas de problème, puisque sa préférence pour la Sensation indique que de tels détails pourraient lui plaire, mais il faudrait que la situation de travail soit différente. Elle pourrait, par exemple, préférer être comptable pour un organisme sans but lucratif œuvrant dans le domaine de l'environnement plutôt que pour une entreprise privée à but lucratif. Il faudrait que l'entreprise ou le milieu s'harmonise davantage avec ses propres valeurs qui consistent à travailler avec les gens et à leur venir en aide, plutôt que de faire des profits pour une énorme multinationale.

De plus, bien que la comptabilité et la tenue de livres soient culturellement attrayantes pour les Philippins et Philippines, tout comme les carrières dans le domaine de la santé, Carmen a peut-être tranché trop tôt dans sa prise de décision de carrière en raison de son exposition limitée à d'autres types d'emplois en grandissant dans sa petite ville de la baie de Manille. L'examen d'autres types d'emplois qui correspondent plus étroitement aux intérêts professionnels de Carmen, révélé par l'inventaire des intérêts, de même que l'acquisition de connaissances à cet égard, pourraient également se révéler être des activités importantes à poursuivre. Le conseiller pourrait trouver des Philippins ou Philippines (surtout des femmes) qui occupent des emplois dans d'autres domaines autres que les affaires, afin que Carmen puisse rencontrer des compatriotes réussissant dans un plus large éventail de domaines d'emplois.

Enfin, étant donné que Carmen est prête à entreprendre un nouveau cheminement de carrière, le conseiller pourrait vouloir aborder plutôt directement, tant dans son processus de prise de décision de carrière que dans sa recherche d'emploi, les problèmes de discrimination découlant de son genre et de son ethnicité. Cela peut comprendre des jeux de rôles portant sur la façon de composer avec certaines questions d'entrevue d'emploi qui pourraient ne pas être autorisées en vertu des règlements gouvernementaux sur l'emploi.

L'un ou l'autre des enjeux susmentionnés, ainsi que d'autres, tels que la relation avec un conjoint, la grossesse et l'éducation des enfants, pourrait survenir dans le cadre du processus de counseling de carrière. Essentiellement, le conseiller doit aider Carmen à gérer les effets sur sa propre carrière de tels enjeux se réfractant à travers sa lentille culturelle, tout en notant les changements qui se produisent tandis qu'elle demeure aux États-Unis et s'acculture encore plus. Voilà quelques-uns des enjeux qui pourraient être abordés au moyen du modèle de counseling de carrière auprès des populations sous-desservies pour orienter vos interventions.

Conclusion

Le développement de carrière d'une main-d'œuvre diversifiée est un élément essentiel du progrès social dans le monde entier. Les personnes conseillères, psychologues vocationnelles, animatrices en développement de carrière à l'échelle mondiale et d'autres spécialistes en développement de carrière jouent un rôle important dans la préparation des travailleurs au marché du travail et pour aider les gouvernements et d'autres institutions à comprendre et à traiter les enjeux de cette nouvelle main-d'œuvre en matière de développement de carrière. Grâce à plus de 30 ans de recherche, nous possédons maintenant une certaine connaissance de la façon de procéder lorsqu'il s'agit d'offrir des services de counseling à des personnes clientes d'une culture ou de cultures différentes de la nôtre. Sur la base de ces connaissances, le modèle de counseling de carrière auprès des populations sous-desservies soutient les prestataires de services de carrière dans l'élaboration d'une approche plus nuancée pouvant aider ces individus à gérer leurs problèmes de carrière et à obtenir des résultats de carrière satisfaisants.

Références

CPP. (2018, 29 juin). *Results that engage and inspire*. Récupéré de https://www.cpp.com/en-US/Products-and-Services/Myers-Briggs

Hansen, J. C. (1987). Cross-cultural research on vocational interests. *Measurement and Evaluation in Counseling and Development, 19*, 163-176.

Pope, M. (1995a). The "salad bowl" is big enough for us all: An argument for the inclusion of lesbians and gay men in any definition of multiculturalism. *Journal of Counseling & Development, 73*, 301-304. DOI : 10.1002/j.1556-6676.1995.tb01752.x

Pope, M. (1995b). Career interventions for gay and lesbian clients: A synopsis of practice knowledge and research needs. *The Career Development Quarterly, 44*, 191-203. DOI : 10.1002/j.2161-0045.1995.tb00685.x

Pope, M. (2011). The career counseling with underserved populations model. *Journal of Employment Counseling, 48*, 153–156. DOI : 10.1002/j.2161-1920.2011. tb01100.x

Pope, M. (2015). Career counseling with underserved populations: The role of cultural diversity, social justice, and advocacy. Dans K. Maree et A. Di Fabio (dir.), *Exploring new horizons in career counseling: Turning challenges into opportunities* (p. 297-312). Rotterdam, Pays-Bas : Sense Publishers.

Pope, M., Cheng, W. D. et Leong, F. T. L. (1998). The case of Chou: The inextricability of career to personal/social issues. *Journal of Career Development, 25*, 53-64.

Super, D. E. (1995). Values : Their nature, assessment, and practical use. Dans D. E. Super et B. Šverko (dir.), *Life roles, values, and careers : International findings of the Work Importance Study* (p. 54-61). San Francisco, CA : Jossey-Bass.

Biographie

Mark Pope est un fondateur et un auteur de premier plan en regard d'enjeux de diversité culturelle en counseling et développement de carrière. Il a également été rédacteur en chef de *The Career Development Quarterly* (2004-2008). Professeur Pope est lauréat du prix Thomas Jefferson. Il est également professeur distingué (Curators' Distinguished Professor) des programmes de counseling et de thérapie familiale de l'Université du Missouri–Saint-Louis (États-Unis). Il a été président de l'American Counseling Association, de la National Career Development Association, de l'Association for LGBT Issues in Counseling et de la Society for the Psychology of Sexual Orientation and Gender Diversity (division 44 de l'American Psychological Association).

Points de pratique pour le modèle de counseling de carrière auprès des populations sous-desservies
Mark Pope

- **Concept clé 1 :** Assumez la responsabilité de vos propres préjugés et parti pris.

- **Concept clé 2 :** Connaissez le processus de développement de l'identité culturelle et utilisez-le.

- **Concept clé 3 :** Connaissez les enjeux particuliers de certaines cultures spécifiques.

- **Concept clé 4 :** Traitez directement les problèmes de discrimination.

- **Concept clé 5 :** Le counseling de carrière groupal est très attrayant pour de nombreuses personnes clientes de minorités raciales et ethniques.

- **Concept clé 6 :** Prêtez une attention particulière au rôle de la famille.

- **Concept clé 7 :** Prêtez attention aux questions particulières des couples dont les deux partenaires ont une carrière.

- **Concept clé 8 :** Prenez connaissance des enjeux particuliers lorsque vous utilisez des outils d'évaluation relative à la carrière avec des individus de communautés culturelles diverses.

- **Concept clé 9 :** Aidez les personnes clientes à surmonter les stéréotypes négatifs intériorisés ou l'oppression intériorisée.

- **Concept clé 10 :** Prêtez attention aux enjeux de dévoilement chez les personnes clientes dont l'appartenance culturelle n'est pas évidente.

- **Concept clé 11 :** Pour surmonter les stéréotypes sociétaux en tant que restriction du choix professionnel, utilisez des interventions axées sur des « modèles » sur le plan professionnel et sur le réseautage.

- **Concept clé 12 :** Maintenez une atmosphère de soutien dans votre bureau.

- **Concept clé 13 :** Défendez de manière positive les intérêts sociaux (advocacie sociale) de vos personnes clientes d'origines culturelles diverses.

Chapitre 33

La théorie du chaos (CT) pour les personnes conseillères

Robert G. L. Pryor et Jim E. H. Bright

La *théorie du chaos des carrières* (*chaos theory of careers* – CTC) est une théorie des systèmes. Celle-ci considère les individus comme des systèmes fonctionnant dans un monde réel comportant d'autres systèmes. Plusieurs de ces systèmes peuvent avoir une incidence sur le développement de carrière de ces individus et être, à leur tour, affectés par ce dernier. De tels systèmes extérieurs à l'individu comprennent la famille, l'éducation, le marché du travail, la culture, la santé, le lieu, le climat, les médias, les amis et amies, la loi, les transports, les avoirs, les institutions et organisations, etc. Pour comprendre les influences qui ont une incidence sur la réflexion des gens relativement à leur carrière, il est important de comprendre comment des systèmes externes, comme la famille et la culture, ont influencé leurs perceptions, leurs habiletés, leurs intérêts, leurs valeurs, leur personnalité et leurs aspirations. Personne ne peut échapper à ces influences ni à la complexité des répercussions qu'elles ont sur nous et sur notre développement de carrière. Le présent chapitre a pour but de présenter un aperçu de la théorie du chaos des carrières (CTC) et de démontrer l'application de concepts tirés de cette théorie dans une illustration pratique.

Le chaos dans un monde de systèmes

Tout est relié (Barabasi, 2003). Notre monde est un réseau de systèmes. Il en va de même pour chacun d'entre nous. Selon la théorie du chaos (chaos theory – CT), ce monde de systèmes est caractérisé de manière particulière au gré naturel des événements. Le corps humain offre un exemple concret de ce réseau de systèmes, dont voici certaines des caractéristiques :

- **Complexité.** Puisque tout est relié, l'éventail d'influences possibles sur chaque système peut être à la fois vaste et complexe. Nos corps sont des ensembles de systèmes interactifs, comme les systèmes vasculaire, musculaire, nerveux, hormonal, respiratoire, immunitaire et digestif.

- **Changement.** Les systèmes diffèrent à la fois par leur sensibilité aux changements et par la nature de ces changements. La sensibilité aux changements des systèmes varie en fonction d'un large éventail de facteurs, notamment de leur environnement immédiat, du nombre de liens directs qu'ils ont avec d'autres systèmes et des mécanismes de rétroaction, aussi bien positive que négative, au sein de ces systèmes. Ces changements peuvent soit être linéaires et donc généralement prévisibles, soit être non linéaires et donc risquer d'être impossibles à prévoir (le soi-disant « effet papillon »). Ainsi, dans un environnement infecté par une maladie, les humains sont susceptibles de contracter cette maladie.

  > Une partie du corps blessée lors d'un accident peut avoir un impact sur d'autres parties du corps situées à proximité, telle une côte fracturée (système squelettique) qui perfore un poumon (système respiratoire). Notre système immunitaire agit comme un système de rétroaction négative afin de restaurer la fonction physiologique, alors que l'anxiété agit comme un système de rétroaction positive afin de stimuler un changement physiologique se traduisant par une réaction de fuite ou de combat.

- **Cohérence.** Les systèmes s'autoorganisent selon des modes de fonctionnement et des structures reconnaissables. Ces structures reconnaissables représentent les façons dont nous conceptualisons et comprenons la réalité, puis interagissons avec elle. L'*émergence* est le processus par lequel les systèmes interagissent, se combinent et se transforment en d'autres systèmes. Le fœtus humain se développe grâce à des processus programmés dans l'ADN. La conscience humaine est un exemple d'un phénomène qui émerge de l'activation des neurones individuels dans le cerveau.

- **Imbrication.** Les systèmes plus simples s'autoorganisent en systèmes plus complexes intégrant davantage de composantes et offrant plus de possibilités de connexions. Dans le monde où l'on vit, la nature de ces connexions entre les systèmes prend la forme de cette imbrication de systèmes avec d'autres. Chacun des nerfs à différents endroits du corps se combine aux autres pour former des systèmes tels que le système nerveux autonome, qui est lui-même constitué des systèmes entériques, sympathique et parasympathique. Ce sont toutes là des composantes du système nerveux global du corps, qui fait lui-même partie du corps humain en tant que système.

Chaos et développement de carrière

Il arrive parfois que les gens parviennent à distinguer certaines répercussions des influences qu'exercent les systèmes, alors que d'autres leur sont imperceptibles. Par exemple, une personne issue d'un milieu pauvre, qui entretient des liens familiaux étroits, peut aspirer à obtenir un emploi qui maximise les revenus de sa famille, que cet emploi lui plaise ou non. Toutefois, aucun d'entre nous ne peut pleinement percevoir les multiples répercussions potentielles d'un nombre quasi incalculable de systèmes externes. Nous nous souvenons d'une cliente, reçue en counseling, qui a perdu son emploi dans le secteur du transport aérien australien en raison des répercussions non linéaires observées après qu'une personne eut contracté le virus du syndrome respiratoire aigu sévère dans le nord de la Chine et causé une éclosion de la maladie, ce qui a finalement entraîné un ralentissement important du transport aérien international.

Cela fait ressortir l'une des principales difficultés associées au counseling en matière de développement de carrière : les limites de notre capacité à prédire l'avenir. D'autre part (Pryor et Bright, 2011), cette situation a été caractérisée comme la nécessité de passer d'un système fermé de pensée à un système ouvert. L'essence de ce défi pour le counseling est de pouvoir accompagner les individus à comprendre les limitations universelles quant à nos capacités de connaissance et de contrôle pour assurer notre avenir. Tout comme au casino la maison gagne toujours, la complexité l'emporte également invariablement au regard de l'expérience humaine (Ormerod, 2005). Le changement et le hasard sont tout simplement des caractéristiques impossibles à éliminer de l'expérience de tout être humain. Ils nous mettent tous au défi de reconnaître humblement cette réalité et de nous y engager de manière constructive. Par conséquent, la théorie du chaos des carrières (CTC) souligne l'importance pour les conseillers et conseillères d'aider leurs personnes clientes à acquérir des compétences comme la prise de conscience des possibilités, la gestion du changement, l'adaptabilité, la planification d'urgence, la surveillance et l'évaluation continues et la résilience (Bright et Pryor, 2011). L'échec n'est pas forcément perçu comme le résultat d'une mauvaise décision (bien qu'il puisse l'être), mais plutôt comme une conséquence inévitable, dans certains cas du moins, de l'impact découlant d'événements (fortuits) que les gens n'auraient jamais pu raisonnablement prévoir. Ainsi, compte tenu de l'ampleur du ralentissement économique qu'elle a provoqué, la crise financière mondiale que nous avons connue à compter de 2007 a entraîné la faillite de nombreuses entreprises existantes, nonobstant leurs secteurs d'activité. Selon la théorie du chaos des carrières (CTC) appliquée au counseling (Pryor et Bright, 2012), l'échec est considéré comme une expérience positive qui nous permet de tirer des leçons et qui nous aide à grandir des manières suivantes :

- reconnaître et normaliser l'échec – nous apprenons ainsi que nos plans ne seront pas tous couronnés de succès;

- faire face à la peur de l'échec – en veillant à ne pas intérioriser cette expérience;

415

- accepter nos limites – nous devrons peut-être prendre conscience de ce que nous sommes incapables de faire ;

- tolérer l'imperfection – reconnaître les dangers du perfectionnisme ;

- prévoir des plans alternatifs – toujours avoir d'autres options ;

- assurer une surveillance, une évaluation et une planification continues – puisque le développement de carrière est un processus continu, tout comme le changement ;

- accorder une valeur à l'échec – pour ce que cela nous enseigne à propos d'autres compétences et traits de personnalités que nous pourrions devoir développer ;

- récupérer les échecs – examiner ce qui peut être « sauvé du désastre » et s'en servir comme base pour déterminer de nouvelles possibilités d'action ;

- examiner la tolérance au risque – comprendre nos niveaux de tolérance au risque ;

- favoriser la prise de conscience des possibilités.

Attracteurs

La théorie du chaos (CT) a établi quatre modes de fonctionnement de base pour les systèmes du monde réel. On les appelle les *attracteurs* puisqu'ils décrivent quatre différentes façons dont les composantes d'un système s'influencent les unes les autres dans le but de maintenir l'équilibre du système (Pryor et Bright, 2007). Voici brièvement les quatre modes de fonctionnement typiques :

1. *attracteur ponctuel* – attention particulière accordée à l'atteinte d'un objectif précis ;

2. *attracteur pendulaire* – tentative visant principalement à équilibrer ou à concilier les exigences contradictoires de deux différents rôles ;

3. *attracteur torique* – effort en vue de contrôler la complexité par la planification, la régulation et l'organisation ;

4. *attracteur étrange* – accepter et s'engager activement avec les réalités d'une structure répétitive et la sensibilité au changement et à la transformation.

Les trois premiers attracteurs sont tous des tentatives visant à contrôler la réalité au moyen d'un système fermé de pensée, ce qui, au bout du compte, s'avèrera inefficace par moments et par endroits. Selon notre expérience du counseling de carrière, la résistance au changement et l'incertitude peuvent, la plupart du temps, être associées à l'un de ces trois attracteurs, qui agissent dans la pensée et le comportement des personnes clientes.

L'attracteur étrange, qui se caractérise par un système ouvert de pensée, ce qui est le mode de fonctionnement *au bord du chaos*,

> où le potentiel d'adaptation, de développement et de croissance de l'être humain se manifeste avec les limites humaines du savoir et de l'influence. Le bord du chaos est là où le changement et le hasard ne sont pas considérés comme des forces opposées à l'ordre et à la stabilité, mais plutôt comme des réalités intégrées à la toile de l'existence. C'est là le point de rencontre où les processus d'auto-organisation et de stabilité des systèmes s'harmonisent avec l'imprévisibilité de l'expérience humaine et la créativité du potentiel humain. Dans le jargon professionnel, le bord du chaos est la conjonction d'une planification et d'actions rationnelles et logiques avec une prise de décision alliant originalité et imagination pour faire face aux menaces et profiter des opportunités intrinsèquement liées à l'incertitude qui plane sur notre travail, nos vies et notre monde[1] (Pryor et Bright, 2011, p. 45-46).

Pensée convergente et pensée émergente

Selon la théorie du chaos des carrières (CTC), une des principales façons de prendre en compte l'interaction complexe entre la stabilité et le changement dans nos vies et nos carrières consiste à adopter une approche à perspectives multiples. La théorie du chaos des carrières (CTC) évite le fossé artificiel existant entre les approches positiviste et constructiviste en matière de counseling de carrière (Pryor et Bright, 2017). Les deux peuvent contribuer à l'efficacité des interventions dans le but d'aider les gens à composer avec les difficultés associées à la nature chaotique de la réalité. La théorie du chaos des carrières (CTC) préconise l'utilisation intégrative des perspectives convergente et émergente afin de prendre en considération la structure, les connexions, le changement et le hasard dans le cadre du développement de carrière. La perspective convergente est axée sur les caractéristiques stables, les traits de caractère et les résultats probables. Elle comprend notamment de l'information, des résultats de tests, des faits et des exigences environnementales. Le processus de counseling qui s'y rattache intègre la logique, l'ordre, l'analyse, les objectifs, la prise de décision, l'objectivité et l'évaluation des possibilités. Cette perspective vise à comprendre et à traiter les aspects stables de nous-mêmes et de notre monde. La perspective émergente, en revanche, met l'accent sur le changement, le potentiel,

---

1 Traduction libre.

l'unicité, les possibles et l'idiosyncrasie. Elle comprend notamment des récits, des métaphores, le sens et la finalité, l'imagination et les possibilités. Le processus de counseling qui s'y rattache fait appel à l'intuition, à la créativité, au risque, à l'expérimentation, au désordre, à l'ouverture et à l'exploration. Cette perspective vise à apprécier et faire usage du changement en nous-mêmes et dans notre monde.

En résumé, la perspective convergente attire l'attention sur les aspects objectifs de nous-mêmes et la réalité dans laquelle le développement de carrière se fait, tandis que la perspective émergente met en évidence les aspects subjectifs de nous-mêmes et la réalité que nous percevons et construisons. Pryor et Bright (2017) ont décrit comment la conciliation de ces deux perspectives, apportées par les personnes clientes en contexte de counseling de carrière, peut fournir de précieuses informations quant aux stratégies et aux techniques pouvant être utilisées auprès de personnes clientes pour a) reconnaître et à accepter que nous vivons tous au bord du chaos et b) profiter des défis et des possibilités que présente le fait de vivre dans un monde où l'ordre et le hasard sont intrinsèques à l'expérience humaine, ainsi qu'à la réalité contextuelle dans laquelle nous vivons et travaillons tous. Dans la prochaine section du présent chapitre, plusieurs concepts de la théorie du chaos des carrières (CTC) sont démontrés à l'aide d'une illustration pratique présentant le cas d'un client fictif.

Illustration pratique et analyse

Horace Tudor était à un tournant de sa carrière. Ayant connu un succès soudain et inattendu en tant que batteur du groupe de rock Lunatic Cat, il s'est retrouvé sans emploi de façon tout aussi inattendue lorsque le succès que connaissait le groupe a pris fin au bout de cinq ans. Si le groupe a d'abord su plaire à son public, qui a grandement apprécié le premier album du groupe, *Maniac Meow*, a toléré l'album suivant, *Purrfectly Psycho*, et a adoré son chef-d'œuvre, *Demented Ocelot*, il a rapidement perdu la faveur de celui-ci lorsqu'il est passé au style musical du scratching et qu'il a choisi de faire la promotion d'une marque de nourriture pour chats, un geste vu comme une tentative pour obtenir un grand succès commercial.

Horace a quitté l'école avant d'avoir obtenu bon nombre des attestations officielles, distrait d'abord par la musique, puis pour ensuite emporté par la vague de succès qu'il a connue jusqu'à l'âge de 26 ans. Aujourd'hui âgé de 27 ans, il ne lui reste plus rien, ayant dépensé 90 % de ce qu'il a gagné auprès du groupe pour faire la fête et gaspillé le 10 % restant. Horace a besoin de trouver du travail, et ce, très rapidement s'il veut se débarrasser de ses créanciers, dont le nombre ne cesse d'augmenter.

Malgré la carrière apparemment prestigieuse et haute en couleur que Horace a connue jusqu'à maintenant, il rapporte qu'il est une personne qui aime avoir une routine métronomique, digne du rythme rock qui l'habite en permanence.

Il a indiqué qu'il préfère la discipline et la routine qui entourent les tournées de spectacles aux aléas créatifs liés à la composition et à l'enregistrement d'albums en studio. À part sa modeste contribution à la chanson « Carole King's Tapestry Cat Went Yonders », Horace ne se considère pas comme quelqu'un de créatif ni ne prend plaisir dans la création. En fait, il n'avait jamais voulu faire partie d'un groupe jusqu'à ce qu'il participe à une répétition alors qu'il était adolescent, prenant la place de Tom « Growltiger » Elliot (qui a disparu et n'est plus jamais revenu dans le décor, ce qui a confirmé que personne ne s'en souciait).

Horace avait envisagé de devenir plâtrier.

Fatigué des vicissitudes, de l'inconstance et des aléas de la vie de musicien, Horace n'a pas beaucoup réfléchi à ce qu'il voulait faire de sa carrière, hormis l'aspiration à une certaine « stabilité ». Il affirme avoir beaucoup de difficulté à convaincre les employeurs et employeuses de le prendre au sérieux, la plupart refusant de croire qu'une « célébrité » puisse véritablement se dire intéressée par un emploi régulier.

Le récit de carrière de Horace porte la marque du chaos. Il était au bon endroit au bon moment pour se joindre au groupe. Cet événement fortuit a changé sa vie et a eu un impact non linéaire. Le groupe tout entier (et par le fait même la carrière de Horace) a connu une série d'événements fortuits tous reliés, qui l'ont propulsé plus avant dans son odyssée musicale. La bande d'amis partageait un style musical qui commençait à trouver un public, à mesure que le groupe prenait forme. Cela a attiré l'attention de personnes représentantes du milieu artistique et a mené à un contrat d'enregistrement et à du temps d'antenne.

Événements fortuits et prise de conscience des possibilités

Les événements fortuits ont joué un rôle important dans la carrière de Horace jusqu'à maintenant. Toutefois, Horace (tout comme ses amis) a su exploiter son talent pour profiter des possibilités offertes. Horace a également pris conscience et profité de la possibilité que lui offrait son audition lors de la répétition, puis a choisi de rester avec le groupe pendant les débuts plus difficiles de la formation.

La carrière de Horace a également été influencée par des événements fortuits négatifs, plus particulièrement par la perte soudaine de popularité qui a précipité le déclin du groupe. (Sans oublier l'événement catastrophique provoqué par la défaillance des freins de sa Rolls-Royce, alors qu'il approchait de sa piscine, ce qui a causé la perte du véhicule, mais a révélé la capacité de Horace à rester calme, tant sous la pression que sous l'eau.) Bien que Horace ait été capable par le passé de penser stratégiquement pour se placer dans des positions où il pouvait profiter d'occasions imprévues, il semble avoir peu confiance en sa capacité de le faire maintenant.

Horace a été évalué selon l'Index de disposition à la chance (Luck Readiness Index – LRI) [Pryor et Bright, 2006], une mesure psychométrique de la prise de conscience des possibilités. Il a obtenu des scores élevés pour ce qui est de la flexibilité, de l'optimisme, de la persistance et de la chance. Ces résultats suggèrent qu'il est prêt à changer et sensible au besoin de le faire, de même qu'il n'a pas de difficulté à modifier sa pensée ou son comportement. Les résultats suggèrent également qu'il est capable de supporter l'ennui, qu'il ne se laisse pas décourager par les obstacles et qu'il se considère comme une personne chanceuse. Toutefois, il a obtenu des scores peu élevés en ce qui concerne le risque, la curiosité, la stratégie et l'efficacité. Ces résultats laissent proposer qu'il puisse se montrer déconcerté lorsqu'il doit prendre des décisions à la suite d'un changement de circonstances, à savoir qu'il se contente de ce qu'il sait déjà et qu'il est réticent à l'idée de créer de nouvelles possibilités. Cela souligne également qu'il puisse avoir de la difficulté à planifier des façons d'améliorer son sort et qu'il croit qu'il ne peut pas faire grand-chose pour changer sa situation.

Il est clair, d'après le profil établi grâce à l'Index de disposition à la chance (LRI), que Horace a besoin de quelques interventions en counseling pour l'aider à prendre davantage conscience de ses possibilités. Encourager Horace à voir le risque non pas en percevant l'échec comme une source de honte, mais plutôt comme une démarche (Pryor et Bright, 2012), pourrait l'aider à essayer de nouvelles choses de manière plus proactive et à agir malgré l'incertitude.

Attracteurs

Les commentaires de Horace concernant le fait qu'il aime l'ordre et la routine ont été corroborés par les réponses qu'il a données en lien avec l'Index de perception du changement (Change Perception Index – CPI) [Bright et Pryor, 2006], à l'égard duquel il a obtenu score élevé relativement à l'attracteur torique. Cela indique que Horace a tendance à adopter un système fermé de pensée, qu'il a une préférence pour l'ordre et la prévisibilité, puis qu'il préfère éviter les défis créatifs qu'entraîne l'incertitude. Cela concorde avec la préférence de Horace pour les tournées de spectacles plutôt que pour la création et l'enregistrement de nouveau matériel, de même qu'avec son désir possiblement réactif d'avoir un emploi « stable ».

Horace a besoin d'interventions en counseling qui l'aideront à comprendre la réalité des systèmes ouverts (attracteur étrange) dans sa vie et sa carrière.

Pensée convergente et pensée émergente

Les perspectives liées à la pensée émergente/convergente de Horace ont été déterminées en établissant le récit de sa carrière, ainsi que ses préoccupations. Le récit de Horace était en grande partie axé sur son désir de prévisibilité et de contrôle. Il a décrit sa carrière musicale presque comme une déviation inattendue, inopportune et imprévisible de son parcours de vie. Dans une perspective convergente, ses résultats à l'Index de disposition à la chance (LRI) et l'Index de perception du changement (CPI) ont confirmé que son raisonnement repose plutôt sur un système fermé de pensée et à l'attracteur pendulaire. Toutefois, les intérêts professionnels évalués chez lui ne correspondent pas. Il a obtenu des résultats relativement élevés en ce qui a trait aux projets créatifs, ainsi que sur les plans scientifique et technique.

À la lumière de cette preuve convergente, Horace a été invité à décrire davantage son rôle dans l'enregistrement des albums du groupe. Bien que son récit ait porté en grande partie sur ses modestes contributions à l'écriture des chansons et ce que lui considérait comme des échecs, il se trouve qu'il a joué un rôle important dans l'enregistrement des chansons et le processus de postproduction. Horace a admis qu'il aimait travailler en respectant les contraintes imposées par la technologie du studio d'enregistrement à huit pistes qu'ils ont utilisé pour produire leur plus grande œuvre, affirmant que les limites de la technologie ont fait ressortir le meilleur de lui.

Cette perception a donné l'occasion au conseiller d'aider Horace à réaliser qu'il avait jusqu'à présent adopté une vision trop limitée à l'égard de ses aptitudes musicales et de ses facultés créatrices (accordant une trop grande attention à l'écriture des chansons, au détriment du processus d'enregistrement) et qu'il avait également une conduite d'échec en réaction au récent déclin du groupe. Horace nourrissait des pensées catastrophiques à l'égard de ses propres facultés malgré de rares échecs et démontrait une attitude rigide et extrême (attracteur pendulaire) dans cette façon de percevoir la réussite et l'échec. Horace n'avait pas compris qu'entre les deux, et même au-delà, la réussite et l'échec sont le fruit d'une expérimentation.

Sept archétypes de scénarios clés

Pryor et Bright (2008) ont décrit sept scénarios clés qu'un récit peut évoquer, à savoir : de la misère à la richesse; l'affrontement du monstre; voyage et retour; la quête; la comédie; la tragédie; la renaissance. Le récit de Horace a été raconté au départ selon la trame de la misère à la richesse, puis de la tragédie. Toutefois, Horace a été invité à retravailler son histoire pour en faire un scénario de voyage et retour. Horace s'est vu expliquer que ce scénario suppose l'acquisition de nouvelles connaissances et de nouvelles idées à l'issue d'un voyage épique. Cela l'a amené à changer de perspective : il a cessé de porter négativement son attention sur la perte et la destruction associées à la tragédie pour percevoir la situation comme une expérience d'apprentissage, ce qui l'a incité à réfléchir aux compétences qu'il a acquises dans le cadre de sa carrière musicale jusqu'ici et à la façon dont celles-ci ont pu l'outiller pour s'attaquer maintenant au prochain chapitre de sa vie. En adoptant cette perspective axée sur l'apprentissage, Horace a pu s'écarter de la pensée typique de l'attracteur torique et embrasser les possibilités qu'offre un système ouvert de pensée inhérent à l'attracteur étrange.

Réseaux

Horace a été en mesure de cerner les compétences qu'il a acquises lors de l'enregistrement et de la production d'albums. Il a également été invité à examiner son réseau professionnel qui, en y réfléchissant bien, s'est révélé très important.

Il a réalisé qu'il avait des liens avec beaucoup de gens. L'écart était mince entre cette réalisation et la prise de conscience que l'enregistrement et la production de musique pourraient encore représenter pour lui une carrière judicieuse, qui mettrait à profit ses compétences et sa réputation au sein de l'industrie. Il a été encouragé à interpréter cette ligne de conduite non pas comme le cheminement de carrière idéal ou le choix le plus logique, mais plutôt comme une expérience plausible. Il s'est vu rappeler l'importance de demeurer ouvert à tout autre événement fortuit ou possibilité qui pourrait se présenter en cours de route.

Conclusion

L'approche de counseling de carrière qu'offre la théorie du chaos des carrières (CTC) attire l'attention sur l'interaction perpétuelle de la stabilité et du changement dans la réalité tout entière, ainsi que sur les défis, les possibilités et les embûches qui découlent de notre interaction inévitable avec cette réalité. En vivant et en travaillant dans une telle réalité, nos limites humaines nous amènent inévitablement et forcément à faire face à l'incertitude par l'acceptation, l'adaptabilité, la surveillance, la recherche de rétroaction, l'expérimentation, le risque, la résilience et la persévérance. Nous considérons donc qu'il s'agit là d'un effort très noble que d'aider les gens à cheminer vers une vie plus riche de sens et gratifiante grâce au counseling en développement de carrière.

Références

Barabasi, A. L. (2003). *Linked: How everything is connected to everything else and what it means for business, science, and everyday life*. New York, NY : Penguin.

Bright, J. E. H. et Pryor, R. G. L. (2006). *Complexity Perception Index*. Sydney, Australie : Congruence.

Bright, J. E. H. et Pryor, R. G. L. (2011). The chaos theory of careers. *Journal of Employment Counseling. 46*, 163-166. DOI : 10.1002/j.2161-1920.2011.tb01104.x

Ormerod, P. (2005). *Why most things fail: Evolution, extinction and economics*. Hoboken, NJ : John Wiley.

Pryor, R. G. L. et Bright, J. E. H. (2006). *Luck Readiness Index*. Sydney, Australie : Congruence.

Pryor, R. G. L. et Bright, J. E. H. (2007). Applying chaos theory to careers: Attraction and attractors. *Journal of Vocational Behavior, 71*, 375-400. DOI : 10.1016/j.jvb.2007.05.002

Pryor, R. G. L. et Bright, J. E. H. (2008). Archetypal narratives in career counselling. *International Journal for Educational and Vocational Guidance, 8,* 71-82. DOI : 10.1007/s10775-008-9138-8

Pryor, R. G. L. et Bright, J. E. H. (2011). *The chaos theory of careers*. Londres, RU : Routledge.

Pryor, R. G. L. et Bright, J. E. H. (2012). The value of failing in career development: A chaos theory perspective. *International Journal for Educational and Vocational Guidance, 12*, 67-79. DOI : 10.1007/s10775-011-9194-3

Pryor, R. G. L. et Bright, J. E. H. (2017). Chaos and constructivism: Counselling for career development in a complex and changing world. Dans M. McMahon (dir.), *Career counselling: Constructivist approaches* (2e éd., pp. 196-209). Londres, RU : Routledge.

Biographies

Robert Pryor, professeur associé à l'Université catholique australienne. Il possède plus de quatre décennies d'expérience dans le domaine du développement de carrière dans des contextes public, privé et universitaire. Il a travaillé à titre de conseiller, de concepteur de tests psychologiques, d'évaluateur en sélection de personnel, de consultant en organisation, d'évaluateur de programme, de conférencier universitaire et de consultant médico-légal. Ses publications couvrent tous ces domaines et portent également sur les valeurs au travail et les intérêts professionnels, de même que la logique floue et la théorie du chaos (CT).

Jim Bright, professeur à l'Université catholique australienne. Il est un auteur largement publié dans le domaine du développement de carrière, plus particulièrement à titre de co-auteur de publications sur la théorie du chaos des carrières (CTC), mais aussi dans les domaines de la personnalité et du rendement, des préjugés inconscients et du stress professionnel. Il a été président national du College of Organizational Psychologists. En outre, Jim dirige un cabinet de conseil en développement de carrière. Il offre un encadrement professionnel à un large éventail de personnes clientes, allant de jeunes sortant du système scolaire à des athlètes et à des artistes internationaux. Il a écrit pendant dix ans une chronique hebdomadaire pour les publications Fairfax et a fait régulièrement des apparitions à la télévision et à la radio.

Points de pratique pour la théorie du chaos des carrières (CTC)
Robert Pryor et Jim Bright

1. **Réfléchissez à la complexité des influences sur votre propre carrière ou sur celle d'une personne cliente jusqu'à maintenant.** Nos carrières sont le fruit d'une myriade d'influences changeantes, qui interagissent toutes les unes avec les autres. Commencer à prendre conscience de ces influences et à en déterminer la portée est un bon point de départ pour comprendre nos forces, nos faiblesses, nos possibilités et nos limites.

2. **Réfléchissez aux événements fortuits qui se sont produits dans votre propre carrière ou celle d'une personne cliente.** Les événements fortuits négatifs peuvent donner lieu à une pensée autolimitée et à des attracteurs en système fermé. Les événements fortuits positifs peuvent, quant à eux, mener à un sentiment accru d'efficacité personnelle et à une pensée plus ouverte ou, paradoxalement parfois, à un sentiment d'insécurité et de fatalisme.

3. **Réfléchissez à la nature de la stabilité et du changement continuel dans votre propre carrière ou celle d'une personne cliente jusqu'à maintenant.** Le counseling de carrière porte sur le changement. Nous devons résister à la tentation de « régler » le cas de la personne ou son problème, au lieu de l'encourager à voir sa carrière comme un cheminement et le counseling comme une façon de développer des stratégies et des perspectives et de les améliorer pour composer avec le chaos.

4. **Examinez les tendances fractales et récurrentes qui émergent de la combinaison de caractéristiques émergentes et convergentes, ainsi que l'incidence qu'elles ont sur la carrière d'un individu.** Combinez les perspectives qui se dégagent des caractéristiques convergentes et émergentes afin de créer une représentation complexe de la personne cliente. La clé consiste à encourager l'individu à exprimer clairement son caractère unique pour qu'il puisse apporter une contribution significative et importante pour lui et pour les autres.

5. **Examinez les façons dont vous pourriez recombiner de façon créative vos connaissances, vos compétences et vos capacités actuelles ou celles de votre personne cliente, de manière à créer un nouveau récit et de nouvelles possibilités sur le marché du travail.** Changer la perspective qu'une personne a de son expérience et de ses habiletés peut révéler des compétences transférables qu'elle ignorait posséder auparavant. Cela peut ouvrir la voie à des possibilités nouvelles et inattendues.

Chapitre 34

Counseling/psychothérapie : intégrer une perspective vocationnelle dans la pratique de la psychothérapie

Mary Sue Richardson

Le *counseling/psychothérapie* est un modèle théorique de la psychothérapie qui intègre une perspective vocationnelle (Richardson, 2019). Ce modèle, qui est le fruit de mon expérience au sein du milieu universitaire, en tant que chercheuse professionnelle, et d'un cabinet privé de psychothérapie, tient compte de l'écart croissant entre la psychothérapie et le counseling de carrière. Cet écart peut être attribué aux changements observés au cours des dernières décennies, aux États-Unis du moins, dans le système de soins de santé et à l'attribution de permis d'exercer aux psychologues, ainsi qu'aux conseillers et aux conseillères en santé mentale. Les psychologues, de même que les conseillers et conseillères, en santé mentale en sont venus à occuper une place de plus en plus grande dans le système de soins de santé et à délaisser le counseling de carrière, une pratique généralement associée aux modèles éducationnels et au milieu de l'enseignement. Plutôt que de tenter de combiner la psychothérapie et le counseling de carrière, le counseling/psychothérapie est un modèle qui intègre une perspective vocationnelle dans la pratique de la psychothérapie. Dans le présent chapitre, on présente un aperçu du point de vue théorique du counseling/psychothérapie qui intègre une perspective vocationnelle, ainsi qu'une illustration pratique démontrant l'application des principaux concepts qui s'y rattachent.

Aperçu du counseling/psychothérapie

L'introduction d'une perspective vocationnelle dans la psychothérapie repose sur la conception selon laquelle les gens évoluent dans le temps, une contribution importante de la théorie du récit (narrative theory) à la science de la psychologie. La notion de temps est pertinente dans le cadre de la psychothérapie – une pratique conçue pour aider les gens à résoudre les problèmes psychologiques qui sont, d'une certaine façon, le résultat de leurs expériences passées. Il en est de même en counseling de carrière – une pratique dont le but est d'aider les gens à faire des choix au sujet de leur travail et de leur carrière et qui, implicitement, vise à les amener à trouver l'orientation qu'ils souhaitent donner à leur vie, plus particulièrement à leur carrière. Le counseling/psychothérapie est un modèle théorique qui porte son attention sur cette conception plus profonde de l'évolution des gens dans le temps. Une attention est accordée aux dimensions temporelles du passé et du futur dans la vie des gens, au moment de résoudre les problèmes psychologiques qu'ils éprouvent en raison de leurs expériences passées et de faciliter l'établissement des orientations futures à donner à leur vie, notamment leur choix de carrière. Le counseling/psychothérapie offre aux psychothérapeutes les assises intellectuelles nécessaires pour leur permettre d'aller au-delà de leur analyse des expériences passées. Cela permet d'aborder plus en profondeur la question de l'orientation future de la vie des gens, comme si celle-ci faisait partie intégrante de leur pratique de psychothérapie. C'est cette attention portée à l'orientation future de la vie qui permet au counseling/psychothérapie de répondre aux préoccupations plus typiques du counseling de carrière. Le modèle théorique du counseling/psychothérapie compte quatre composantes : a) le métamodèle de la psychothérapie, qui repose à la fois sur une interprétation narrative de la psychothérapie et sur un modèle de processus applicable à diverses théories de cette pratique; b) le counseling axé sur le travail et les relations; c) la théorie du récit (narrative theory); et d) la perspective vocationnelle intégrée à la psychothérapie.

Un métamodèle de la psychothérapie

Tout d'abord, en ce qui concerne l'interprétation narrative de la psychothérapie (le premier aspect du métamodèle de la psychothérapie), les nombreuses théories qui s'y rattachent peuvent toutes être considérées comme des structures de narration racontant comment les problèmes surgissent dans la vie des gens et comment ceux-ci peuvent être résolus (Hansen, 2006). L'analyse faite par Hansen de l'omniprésence du récit en psychothérapie va au-delà de l'attention plus particulière portée à ce dernier dans le cadre de ce que l'on appelle la *psychothérapie narrative.* Selon Hansen, les changements observés dans les diverses orientations théoriques de la psychothérapie sont le résultat d'une révision ou d'une reconstruction des récits de vie des personnes clientes, passant de schèmes dysfonctionnels à fonctionnels, sous l'influence des « récits » théoriques du conseiller ou de la conseillère.

Le deuxième aspect du métamodèle de la psychothérapie est fondé sur le modèle de processus psychothérapeutique de Hill (2016). Ce modèle décrit trois étapes du processus psychothérapeutique qui se chevauchent : exploration, compréhension (*insight*) et action. Essentiellement, le modèle de Hill appuie l'idée que toutes les approches de la psychothérapie mènent à l'action. La notion d'action en tant qu'une phase de la psychothérapie fait écho avec celle d'agentivité, centrale au travail et à la relation en counseling.

Le counseling axé sur le travail et les relations

Plutôt que de porter sur la façon dont la carrière évolue, le counseling axé sur le travail et les relations (Richardson, 2012) redéfinit le concept du développement de carrière de manière à mettre l'accent sur la façon dont les gens coconstruisent leur vie future dans le contexte du travail et des relations. Sous l'effet de ce changement théorique, l'objectif de la pratique, du point de vue du counseling axé sur le travail et les relations, est d'aider les gens à coconstruire cette vie, et non pas seulement à bâtir leur carrière.

Le counseling axé sur le travail et les relations est fondé sur le *contextualisme*, une perspective philosophique selon laquelle les êtres humains évoluent dans des contextes de vie et se développent par les interactions sociales qu'ils y entretiennent. C'est pourquoi en counseling/psychothérapie, on ne considère pas que les gens « ont une carrière », où la carrière est considérée comme un élément ou le prolongement d'une composante du soi. Au contraire, les gens sont perçus comme des personnes à part entière, qui interagissent dans le cadre de ce que j'appelle le *travail sur le marché*. L'ensemble des interactions qu'une personne entretient ainsi tout au long de sa vie est appelé la *trajectoire de travail sur* le marché. Du point de vue du contextualisme, les trajectoires de travail sur le marché, ainsi que les trajectoires dans d'autres contextes de vie, sont le résultat des interactions qu'entretiennent les gens dans leurs contextes sociaux respectifs. Ainsi, le terme *coconstruction* signifie que les gens ne sont pas les seuls responsables des parcours qu'ils empruntent dans la vie. Ces parcours ou trajectoires sont le fruit de ce qu'ils font et de ce qui leur arrive dans les contextes au sein desquels ils évoluent. La notion de coconstruction tente d'atténuer l'individualisme omniprésent en psychologie en permettant l'examen des facteurs socioculturels qui délimitent nos vies.

Bien qu'il existe de nombreuses façons de conceptualiser les contextes de vie à partir desquels les gens coconstruisent leur vie, le counseling/psychothérapie met l'accent sur trois contextes sociaux importants qui structurent la majeure partie de l'expérience de vie de la plupart des gens : a) le *travail sur le marché* (travail rémunéré), b) le *travail de soins non rémunéré* (travail que les gens font pour prendre soin d'eux-mêmes, d'autres personnes, de leur collectivité et du monde naturel) et c) les *relations* au sein des sphères personnelle et publique de leur vie. Cette conceptualisation des contextes de vie s'appuie sur un double modèle de travail conçu pour mettre en valeur le travail que les gens font pour gagner leur vie (production économique) et le travail de soins qu'ils accomplissent dans leur vie personnelle (reproduction sociale).

Le counseling axé sur le travail et les relations repose sur le postulat que a) accomplir des *actions agentives* oriente le processus de développement et b) faciliter des actions agentives dans tous les contextes de vie devrait être au cœur des pratiques de counseling conçues pour aider les gens à coconstruire leur vie future. Bien que l'action soit, de façon générale, un thème important de la recherche psychologique contemporaine, l'action agentive met l'accent sur les actions que les gens, dans un sens, souhaitent consciemment accomplir. Cette importance accordée à l'action s'appuie sur la théorie du récit (narrative theory) [Ricœur, 1984], qui suppose que l'action est l'étape vers l'avant du processus narratif.

La théorie du récit (Narrative Theory)

La *théorie du récit* (*narrative theory*) est une vaste compilation de principes et de théories tirés de multiples disciplines, qui traite du phénomène de l'expérience subjective des gens au fil du temps. Cette expérience est compilée dans les histoires ou les récits que les gens racontent pour expliquer ce qu'ils ont vécu. Ricœur (1984) a mis de l'avant une perspective unique dans la théorie du récit (narrative theory), en ce sens qu'il situe entièrement le processus narratif tel qu'il se déroule dans le présent en fonction des dimensions temporelles du passé et du futur. Selon Ricœur, raconter encore et encore les événements qui ont eu lieu dans le passé génère des actions qui, avec le temps, en viendront à faire partie du récit d'une personne. Il est possible que certaines actions ne mènent nulle part. D'autres peuvent établir les orientations futures ou les trames qui deviendront un jour importantes dans le récit qu'une personne racontera sur sa vie. Parallèlement, l'émergence d'orientations futures à la suite des actions agentives accomplies contribue à la reconstruction des récits du passé. Ce principe théorique fondamental suppose qu'il y a synergie entre les dimensions passées et futures de la vie lors de la construction du récit dans le présent. S'appuyant sur la théorie de Ricœur, le counseling/psychothérapie pose comme principe qu'aider les gens à résoudre les problèmes ancrés dans leurs expériences passées et les aider à élaborer les trames du futur sont des processus synergiques complémentaires, qui contribuent l'un à l'autre.

La perspective vocationnelle intégrée au counseling/psychothérapie

En mettant l'accent sur l'établissement des orientations futures de la vie et en désignant le travail sur le marché comme l'un des principaux contextes dans lesquels les gens coconstruisent leur vie, le counseling/psychothérapie porte l'attention sur la littérature abondante en orientation professionnelle traitant de la façon dont les gens choisissent et définissent leurs trajectoires de travail sur le marché. Au lieu de focaliser l'attention sur une théorie ou un corpus de recherches particulier tiré de cette littérature, le counseling/psychothérapie adopte une position panthéorique sur le plan de l'orientation professionnelle. Les psychothérapeutes qui adoptent, dans leur pratique, la perspective du counseling/psychothérapie peuvent s'appuyer sur toute théorie ou recherche dans cette littérature qui leur semble la plus pertinente et la plus appropriée pour leurs personnes clientes. Il est très important de souligner que le counseling/psychothérapie est un modèle de psychothérapie dont les limites sont élargies de manière à inclure cette littérature.

Illustration pratique et analyse

Lydia (pseudonyme) est une femme célibataire hétérosexuelle cisgenre qui a commencé une thérapie avec moi au début de la quarantaine. Elle est l'aînée d'une fratrie de deux enfants et a grandi auprès d'un père déprimé, en colère et émotionnellement violent, qui travaillait de façon sporadique, ainsi que d'une mère distante sur le plan affectif, qui était le principal soutien de la famille et qui répondait aux exigences de sa vie en se consacrant à son travail sur le marché. Lydia était une bonne élève et avait surtout un grand talent pour les arts. Elle a étudié les arts au collège et après avoir obtenu son diplôme, elle a défini assez rapidement et avec succès sa trajectoire de travail sur le marché des périodiques, grimpant les échelons administratifs pour finalement devenir la directrice artistique d'un important magazine national.

Lydia était déprimée et anxieuse lorsqu'elle a commencé sa thérapie. L'industrie dans laquelle elle travaillait subissait d'importantes perturbations. Le travail de Lydia était passé, au cours des dernières années, d'un emploi à temps plein stable et bien rémunéré à un emploi contractuel plus précaire rémunéré à la pige. Elle avait dû composer avec une série de mises à pied, chaque fois forcée de se trouver un nouvel emploi qui n'était pas aussi bien que le précédent. Elle était effrayée, démoralisée et déprimée et se sentait coincée dans sa carrière. L'avenir du travail sur le marché dans cette industrie semblait plutôt sombre. Lydia était également déprimée en raison de ses nombreux échecs amoureux avec les hommes. Elle se sentait très seule dans la vie, avait peu d'amies, n'était pas particulièrement proche de sa mère ni de sa sœur et n'avait presque aucun lien avec son père. Elle s'est rendu compte qu'elle avait consacré la majeure partie des 20 dernières années à bâtir sa carrière, qu'elle avait ignoré sa vie personnelle et qu'il lui restait maintenant peu de choses pour en témoigner.

Deux problèmes étroitement liés me sont apparus au cours de la première phase de mon travail auprès de Lydia. Le premier consistait à aider Lydia à mieux comprendre les forces du marché qui causent des ravages au sein de son industrie afin que la culpabilité qu'elle éprouve, en constatant la détérioration de sa trajectoire de travail sur le marché, laisse place à la reconnaissance des répercussions des forces économiques systémiques sur sa vie et ses perspectives d'emploi. Les discussions que j'ai eues avec Lydia au cours de cette phase s'appuyaient sur mon interprétation (provenant du counseling axé sur le travail et les relations) de l'expérience de Lydia, que j'estimais avoir été coconstruite par le contexte de son travail sur le marché, de même que sur la *psychologie du travail* (Blustein, 2006) tirée de la littérature sur la psychologie du travail et des organisations. Cette littérature décrit la façon dont le travail peut être à la fois habilitant et aliénant et souligne l'importance de la prise de conscience afin de permettre aux personnes clientes de surmonter la dépression que peuvent causer les contextes de travail aliénants. Au cours de cette phase, Lydia a eu du mal à trouver un certain créneau au sein de son industrie qui serait plus stable et moins débilitant.

Le deuxième problème était le manque de relations et d'activités significatives dans la vie personnelle de Lydia. Nous avons examiné les relations de Lydia, guidées par la théorie psychodynamique relationnelle de la psychothérapie (relational psychodynamic theory of psychotherapy) [Coleman et Hirsch, 2011], qui cible la source des problèmes psychologiques dans le développement de relations importantes au fil du temps. Nous l'avons également fait avec la théorie relationnelle du développement de carrière (relational theory of career development) [Schultheiss, 2003], qui considère la qualité des relations personnelles comme un facteur important qui influe sur le développement de carrière. Lorsque Lydia a pris conscience de la façon dont ses relations avec les hommes reflétaient ses rapports conflictuels avec son père, elle a commencé à trouver de nouvelles façons plus appropriées d'établir des rapports avec les hommes, tant dans sa vie personnelle que professionnelle. Bien qu'elle ait toujours déprécié les rencontres en ligne, elle s'est inscrite auprès de plusieurs agences de rencontres et a alors commencé à connaître un minimum de succès, à sortir plus souvent et à vivre des expériences plus agréables. De même, en examinant ses relations actuelles et passées avec les femmes dans sa vie, Lydia est devenue plus apte à faire la différence entre les relations lui permettant de s'affirmer et de connecter, de celles à l'origine d'une déconnexion (dans le sens de rupture relationnelle) qui lui est préjudiciable. Cela lui a permis de se rapprocher davantage de ses bonnes amies.

À mesure que la discussion sur ces questions allait de l'avant, Lydia a commencé à évoquer l'idée d'avoir un animal de compagnie. Elle aimait les chiens depuis toujours, mais n'avait jamais eu le temps ni l'énergie pour prendre soin d'un animal. Elle vivait également un deuil, étant donné qu'elle réalisait qu'il était peu probable qu'elle ait un jour des enfants. Lydia pensait que s'occuper d'un animal lui apporterait un certain réconfort. Alors qu'elle cherchait à se procurer un chien, elle est tombée sur un organisme voué au dressage des chiens d'assistance pour personnes handicapées. Cela l'a grandement attirée pour un certain nombre de raisons, au-delà du fait qu'elle aime les chiens. Elle a beaucoup aimé les gens qu'elle a rencontrés et elle voulait en faire davantage pour aider les autres, de quelque manière que ce soit. Lydia a finalement eu son propre chien et a commencé à participer activement au dressage des chiens d'assistance.

Tout au long de cette phase de la thérapie, j'ai encouragé Lydia à entreprendre les actions dont elle avait discuté avec moi lors de ses séances, notamment à s'inscrire à une agence de rencontres en ligne, à se procurer un animal, à s'impliquer dans le dressage des chiens d'assistance et à accomplir une multitude d'actions visant à améliorer ses relations. Entreprendre des actions dans les différents contextes de vie est un principe fondamental du counseling axé sur le travail et les relations.

Les actions de Lydia et sa participation, au bout du compte, au dressage des chiens d'assistance revêtent une importance particulière, compte tenu de la tristesse qu'elle éprouvait à l'idée qu'elle n'aurait probablement pas d'enfants et de son désir de prendre davantage soin des autres dans sa vie. Le counseling axé sur le travail et les relations a fourni un cadre qui m'a aidée à comprendre l'importance de la participation de Lydia à ce travail de soins et à diriger nos discussions au sujet de cette nouvelle orientation dans sa vie. L'importance que j'accorde au fait d'aider Lydia à entreprendre des actions parallèlement à ses efforts pour tenter de soigner sa dépression reflète le principe synergique de la théorie du récit (narrative theory) proposée par Ricœur (1984).

Bien que Lydia se sentît mieux en raison des améliorations apportées dans sa vie personnelle et qu'elle commençât à se faire une carapace au sujet du manque de travail ou d'autres possibilités d'emploi dans l'industrie des périodiques, elle n'arrivait toujours pas à trouver un créneau stable dans cette industrie. Elle était donc encore coincée. Enfin, il y a eu une percée, et la deuxième et dernière phase de la thérapie a commencé. Grâce à son réseau social élargi, elle a rencontré quelqu'un qui avait participé à une formation intensive sur le codage, une innovation émergente dans le domaine de l'éducation conçue expressément pour offrir aux adultes la formation que requièrent les nouvelles possibilités en génie logiciel et en programmation informatique. Comme cela l'intriguait, Lydia a assisté à quelques séances d'information d'introduction et a décidé, malgré les rigueurs du programme, de s'inscrire à cette formation intensive. Elle prévoyait utiliser dans l'avenir ses nouvelles compétences en informatique dans une sorte de milieu créatif. À la fin de sa thérapie avec moi, Lydia était inscrite à cette formation. Elle était en voie d'établir une nouvelle trajectoire de travail sur le marché et était beaucoup plus satisfaite de sa vie personnelle. Bien qu'elle n'eût pas encore de partenaire de vie, elle continuait de rencontrer des hommes et de profiter de ses relations améliorées avec eux. Elle avait également un réseau d'amis et de contacts sociaux beaucoup plus enrichissant, composé autant d'hommes que de femmes.

Au cours de cette dernière phase de la thérapie, l'influence des perspectives théoriques tirées de l'orientation professionnelle est particulièrement évidente. Je m'attendais à ce que la participation accrue et active de Lydia à son univers social lui offre, tôt ou tard, des possibilités de travail sur le marché. C'est exactement ce qui s'est passé, comme le prévoient la théorie du hasard planifié (theory of planned happenstance) [Mitchell, Levin et Krumboltz, 1999] et la théorie du chaos des carrières (chaos theory of careers) [Pryor et Bright, 2014]. Qui plus est, la meilleure humeur de Lydia et son réseau interpersonnel plus riche l'ont aidée à prendre le risque lié à la poursuite d'un domaine de travail sur le marché très différent et très exigeant.

Conclusion

Il est entendu que les termes « counseling » et « psychothérapie » sont utilisés de différentes façons selon les époques et les pays. Dans le présent chapitre, le counseling/psychothérapie s'entend de l'intégration d'une orientation qui tend à mettre l'accent, dans une certaine mesure, sur la résolution des problèmes causés par les expériences passées (psychothérapie), ainsi que d'une orientation dont le principal objectif est d'aider les gens à faire des choix et à établir les orientations futures de leur vie, en particulier en ce qui concerne leur carrière (counseling).

On pourrait aussi dire que le terme « counseling/psychothérapie » fait référence à l'intégration d'une réflexion particulière sur les univers intérieurs des gens (psychothérapie), de même que sur les rapports qu'ils ont avec leurs contextes sociaux externes (counseling, en particulier sous l'influence de l'orientation professionnelle). Il y a lieu de croire que comparativement au modèle plus linéaire de la phase de traitement de la psychothérapie, ce modèle permettra aux psychothérapeutes de comprendre la relation synergique entre reconstruire les récits et faciliter l'émergence d'actions agentives, tout au long de la psychothérapie, et d'aider plus activement leurs personnes clientes à établir les orientations futures de leur vie. L'intégration de la perspective professionnelle, plus particulièrement, permet aux psychothérapeutes de prêter attention à l'incidence, tant positive que négative, que le travail sur le marché a sur la santé mentale et le bien-être de leurs personnes clientes et de se voir assumer un rôle plus actif auprès de ces derniers, en les aidant à s'orienter dans les contextes de plus en plus mouvementés du travail sur le marché. Le modèle théorique du counseling/psychothérapie permettra également aux personnes professionnelles de l'orientation de voir leur travail s'inspirer de la psychothérapie et du counseling de carrière.

Références

Blustein, D. L. (2006). *The psychology of working: A new perspective for career development, counseling and public policy*. Mahwah, NJ : Lawrence Erlbaum.

Coleman, R. C. et Hirsch, I. (2011). Relational psychoanalytic psychotherapy (3e éd.). Dans S. G. Messer et A. S. Gurman (dir.), *Essential psychotherapies: Theories and practice* (p. 72-106). New York, NY : Guilford Press.

Hanson, J. T. (2006). Counseling theories within a postmodernist epistemology: New roles for theories in counseling practice. *Journal of Counseling & Development, 84*, 291-297. DOI : 10.1002/j.1556-6678.2006.tb00408.x

Hill, C. E. (2016). *Helping skills: Facilitating exploration, insight, and action* (4e éd.). Washington, DC : American Psychological Association.

Mitchell, K. E., Levin, A. S. et Krumboltz, J. D. (1999). Planned happenstance: Constructing unexpected career opportunities. *Journal of Counseling & Development, 77*, 115-124. DOI : 10.1002/j.1556-6676.1999.tb02431.x

Pryor, R. D. L. et Bright, J. E. H. (2014). The chaos theory of careers (CTC): Ten years on and only just begun. *Australian Journal of Career Development, 23*(4), 1-12. DOI : 10.1177/1038416213518506

Richardson, M. S. (2012). Counseling for work and relationship. *The Counseling Psychologist, 40,* 190-242. DOI : 10.1177/0011000011406452

Richardson, M. S. (2019). Counseling/psychotherapy: A vocational perspective for psychotherapy. Dans N. Arthur et M. McMahon (dir.), *Contemporary theories of career development: International perspectives* (p. 224-238). Abingdon, Oxon : Routledge.

Ricœur, P. (1984). *Time and narrative.* Chicago, IL : University of Chicago Press.

Schultheiss, D. E. P. (2003). A relational approach to career counseling: Theoretical integration and practical application. *Journal of Counseling & Development, 81*, 301-310. DOI : 10.1002/j.1556-6678.2003.tb00257.x

Biographie

Mary Sue Richardson est professeure au sein du département de psychologie appliquée de la School of Culture, Education and Human Development de l'Université de New York, aux États-Unis. Psychologue-conseillère, elle enseigne dans le cadre des programmes de maîtrise et de doctorat en counseling. Mary Sue est également psychologue agréée et exerce la psychothérapie en pratique privée. Elle fait partie des membres élus de la division 17 et de la division 35 de l'American Psychological Association.

Points de pratique pour le counseling/psychothérapie
Mary Sue Richardson

1. **Facilitez les actions agentives dans tous les contextes de vie.** L'action agentive est le moteur du développement. Il est possible que certaines actions ne mènent nulle part. D'autres peuvent définir l'orientation future de la vie, que ce soit dans le contexte où l'action a été entreprise ou dans un autre.

2. **Soyez conscient que le processus de psychothérapie porte essentiellement sur la construction et la reconstruction de récits.** Toutes les théories de la psychothérapie peuvent être considérées comme des récits qui racontent comment les problèmes surgissent et comment ceux-ci peuvent être résolus.

3. **Soyez attentif à l'interaction synergique entre la reconstruction narrative et l'action agentive, tout au long de la psychothérapie.** Entreprendre des actions et résoudre des problèmes sont des processus complémentaires, qui contribuent l'un à l'autre.

4. **Lorsque vous discutez avec vos personnes clientes de leur travail, assurez-vous d'aborder la question du rapport au travail et des soins prodigués dans leur vie personnelle et professionnelle.** Le fait d'attirer l'attention sur le rapport au travail et des soins prodigués peut confirmer cet aspect généralement ignoré ou déprécié de l'expérience de vie des personnes clientes.

5. **Portez attention à l'incidence que les contextes de travail, en particulier le travail sur le marché, peuvent influencer la qualité de la santé mentale de vos personnes clientes.** Un changement social radical modifie la nature du travail sur le marché, entraînant ainsi des changements, tels que la précarité, qui peuvent avoir une incidence sur la santé mentale de vos personnes clientes. Vous devez aider celles-ci à s'y retrouver dans ces contextes de travail sur le marché, malgré ces changements.

6. **Sélectionnez dans la littérature professionnelle, les théories et les corpus de recherche qui peuvent vous être les plus utiles pour comprendre et faciliter la trajectoire de travail sur le marché d'une personne cliente.** La littérature professionnelle compte bon nombre de théories et de corpus de recherche sur lesquels vous pouvez vous appuyer pour faciliter la trajectoire de travail sur le marché de vos personnes clientes.

Chapitre 35

Le modèle de participation continue : la perception du travail en évolution constante

Danielle Riverin-Simard et Yanik Simard

Étant donné la nature en évolution constante du monde du travail et d'une économie dynamique, les changements de carrière sont devenus la norme (Jung et Norihiko, 2018). Il est généralement entendu que le besoin en matière de services de counseling pour les adultes revêt une grande importance sociétale (Perera et McIlveen, 2017), mais leur contenu éducatif de ces services demeure variable (Rudolf, Lavigne, Katz et Zacher, 2017). Le *modèle de transition de carrière continue* (*continuous career transition model* – CCTM; Riverin-Simard, 2000), reformulé en tant que *modèle de participation continue* (*continuous participation model* – CPM; Riverin-Simard et Simard, 2005), a servi de fondement au *modèle de services de counseling de carrière pour adultes* (*adult career counselling service model* – ACCSM; Riverin-Simard et Simard, 2011). La première partie de ce chapitre présente le modèle de participation continue, soulignant l'une des quatre compétences clés à maîtriser, à savoir comprendre le contexte de ses projets de participation socioprofessionnelle, soit *les projets qui concernent tous les domaines de la vie d'un adulte afin de mieux l'aider sur le plan du développement de carrière*. Dans la deuxième partie, on présente des témoignages pour déterminer les moments qui précèdent immédiatement l'acquisition ou le développement de cette compétence nécessaire pour favoriser un développement de carrière continu.

Compétences clés du modèle de participation continue

Selon le CPM, certaines compétences clés doivent être acquises ou développées pour favoriser un développement de carrière continu. Les débats sur les compétences génériques à aborder dans le cadre de la formation abondent (Perera et McIlveen, 2017; Rudolf et *al.*, 2017). Toutefois, le consensus international a tendance à favoriser des approches multidimensionnelles ou holistiques comme étant les approches les plus susceptibles d'offrir aux adultes l'autonomie dont ils et elles ont besoin lorsqu'ils font face à de multiples modes de développement de carrière continu (Jung et Norihiko, 2018). Le modèle de participation continue s'appuie sur une approche multidimensionnelle pour établir le fondement conceptuel de la définition des compétences génériques qui orientent la formation. Plusieurs types de connaissances sont indiqués dans la littérature (Rudolf et *al.*, 2017), mais les types de connaissances que privilégie le modèle de participation continue dans son contenu éducatif s'appuient sur le constructivisme, qui remonte aux quatre causes de comportement aristotéliciennes : matérielle, efficiente, finale et formelle (Riverin-Simard et Simard, 2011, 2005). Au travers de la prolifération d'écoles de pensée fondées sur le constructivisme, le modèle de participation continue attribue quatre domaines correspondant à quatre visions du monde : constructivisme matériel, constructivisme efficace, constructivisme final et constructivisme formel.

Selon le modèle de participation continue, l'apprentissage clé proposé par les quatre domaines peut se traduire par des compétences génériques qui doivent être continuellement acquises, entièrement renouvelées ou perfectionnées au fil des ans. Ces compétences impliquent de a) pairer le soi et l'environnement de manière à pouvoir choisir des projets de participation socioprofessionnelle; b) comprendre les influences réciproques entre le soi et l'environnement dans la gestion de ces projets; c) anticiper le cheminement de participation socioprofessionnelle; et d) contextualiser les projets au sein desquels cette participation a lieu. Ces quatre compétences génériques donnent lieu à un nombre relativement exhaustif d'aspects à considérer pour favoriser une participation socioprofessionnelle au fil des ans.

Il convient de noter que ces quatre compétences ne sont pas liées sur le plan linéaire. Selon la trajectoire de vie d'un individu, le contenu d'un domaine peut être maîtrisé en partie avant un autre. Une composante d'un domaine peut également être abordée simultanément avec un aspect d'un autre. La compétence la plus complexe et la plus importante des quatre compétences génériques est la dernière. Nous mettrons donc l'accent sur cette quatrième compétence et, plus particulièrement, sur les tout premiers moments de son acquisition ou de son développement continu. Selon le modèle de participation continue, le contexte est, par définition, beaucoup plus vaste que le contexte organisationnel dans lequel travaille un individu. Il englobe l'ensemble du monde du travail. Par conséquent, pour être en mesure de mettre continuellement en contexte sa participation socioprofessionnelle au fil du temps, il faut apprendre à adopter une vision globale des situations changeantes. Il faut comprendre le caractère unique de chaque contexte et de son évolution et mettre à contribution les compétences requises pour comprendre de manière générale la nature indissociable de tous les aspects en cause (personne, milieu de travail immédiat, contexte socioéconomique et moment présent). Enfin, il faut prendre conscience que les événements ont une signification unique selon la période sociohistorique.

Le modèle de participation continue soutient que les adultes doivent mieux comprendre la nécessité d'approfondir leur compréhension du processus de mise en contexte. Chaque contexte a un effet important non seulement sur le contenu du projet, mais également sur sa signification. L'importance de comprendre la signification des projets de participation socioprofessionnelle a été soulignée à plusieurs reprises (Jung et Norihiko, 2018). En apprenant à renouveler continuellement la mise en contexte de leurs projets, les adultes seront mieux à même de gérer les transitions de carrière continues et, plus important encore, de les mettre en œuvre avec succès. Selon le modèle de participation continue, leurs projets deviendront plus significatifs et motivants, ainsi que plus susceptibles d'être ancrés dans une culture de reconversion professionnelle tout au long de leur vie.

Les premiers moments de l'acquisition de la quatrième compétence du modèle de participation continue

Les tout premiers moments d'acquisition de cette compétence sont plus particulièrement importants, selon le modèle CPM, pour déterminer le succès de transitions de carrière continues. Ces moments sont des éléments déclencheurs essentiels d'une nouvelle compréhension du contexte de travail dans lequel les adultes doivent nécessairement se redéfinir (Hammond, Michael et Luke, 2017; Rudolf et al., 2017). Les tout premiers moments offrent une nouvelle interprétation d'une situation donnée que les adultes sont en voie de reconstruire. Ils sont très subtils et complexes à définir (Simard, 2005). Ils vont et viennent sans raison apparente, mais selon le modèle de participation, ces premiers moments sont néanmoins essentiels. Ce sont des précurseurs potentiels d'un changement dans la façon dont les adultes interprètent le monde du travail. Il s'agit d'un changement qui, le plus souvent, amène les individus à se repositionner selon cette nouvelle perception.

Les tout premiers moments sont décrits de diverses façons dans la littérature comme une *appréhension confuse* ou une *confusion inhérente* (Simard, 2005), tandis que Hammond et al. (2017) parlent d'une *étape de précontemplation*, où les adultes prévoient qu'un changement finira par être nécessaire, mais ne sont pas encore prêts à entreprendre les étapes nécessaires pour apporter le changement : « La première étape, soit la précontemplation, est une forme de changement préalable, car l'individu n'est pas conscient de la nécessité de changer[1] » (p. 40). En revanche, les tout premiers moments du modèle de participation continue ne correspondent pas à l'*état de préparation adaptative* de Savickas, Porfeli, Hilton et Savickas, qui comprend la sous-catégorie de la « volonté de changer et de la disposition à le faire[2] » (2018, p. 139). Dans le modèle de participation continue, les premiers moments de l'acquisition ne supposent qu'une volonté de changer, mais non pas une disposition à le faire.

Selon notre modèle, la volonté de changer ne peut se manifester qu'après que l'on commence à changer sa vision du monde et, par conséquent, que l'on est sur le point d'adopter un nouveau point de vue. Les adultes ne peuvent pas réussir un changement dans leur processus de développement de carrière s'ils n'ont pas d'abord modifié leur perception du monde du travail, puis de leur participation à celui-ci.

---

1 Traduction libre.
2 Traduction libre.

Cette nouvelle perception suppose nécessairement une sorte de choc, que les adultes doivent d'abord assimiler. Les tout premiers moments de la quatrième compétence comprennent donc deux phases. En premier lieu, il s'agit de la modification de son interprétation du monde du travail et de l'intégration de cette nouvelle interprétation. En deuxième lieu, il est question de prise de conscience d'un changement à apporter à la suite de cette nouvelle interprétation. Tel qu'il a été mentionné précédemment, les adultes ne sont toujours pas prêts à amorcer un changement dès ces premières étapes. Comment ces tout premiers moments sont-ils donc exprimés ? La partie suivante de ce chapitre présente des exemples de témoignages.

Illustrations pratiques et analyse

Cette section présente des comptes rendus des premiers moments de l'acquisition ou du perfectionnement de la quatrième compétence du modèle de participation continue. Les adultes cités ci-après sont tous plutôt évasifs à propos de leur désir de faire un futur changement. Il convient de noter que dans la littérature, l'absence d'une intention déclarée de changer dépend de plusieurs facteurs. À titre d'exemple, Savickas et al. (2018) ont établi un lien entre ce changement et, entre autres choses, la personnalité de l'individu : « La première dimension consiste en l'état de préparation adaptative, ce qui dénote un trait de personnalité2 » (p. 139). Plusieurs facteurs sont à identifier, dont la personnalité proactive, le locus de contrôle de sa carrière, l'estime de soi, l'orientation vers un but, le futur moi professionnel, l'inhibition et l'activation comportementales, les autoévaluations fondamentales, l'ouverture à l'expérience et la volonté ou l'initiative de passer à l'action[3] » (Perera et McIlveen, 2017, p. 71). Toutefois, les facteurs d'indécision n'ont aucune incidence sur les tout premiers moments d'un changement de carrière. Toutefois, comme l'a fait valoir le modèle de participation continue, ils sont une condition préalable à l'état de préparation au changement et à la prise de décisions. Sans ces conditions préalables découlant de l'expérience, les adultes ne peuvent pas s'engager à changer. Tel qu'il a été mentionné précédemment, ce processus consiste à modifier la perception que l'on a du monde du travail, ce qui est, à son tour, nécessaire avant de pouvoir mettre en contexte les projets de participation socioprofessionnelle. Ces témoignages ne visent donc pas à aborder l'indécision ou la pensée proactive. Ils visent plutôt à souligner les points de vue exprimés au cours d'une période préalable à la prise de décision, avant toute initiative de changement. Ils sont révélateurs des tout premiers moments d'un changement de carrière chez les adultes, des moments qui, selon le modèle de participation continue, sont essentiels pour veiller à ce qu'une transition soit possible et, surtout, qu'elle soit couronnée de succès.

---

3 Traduction libre.

Dans les témoignages qui suivent, tirés de plusieurs études de cas sur le counseling de carrière, les adultes montrent d'abord un changement dans leur perception du monde du travail (étiqueté [1]), puis expriment de vagues désirs de faire un futur changement (étiqueté [2]) qui pourrait s'avérer efficace étant donné leur nouvelle interprétation du monde du travail.

Pour certains adultes, le monde du travail exige une attitude de plus en plus combative.
[1] *L'agressivité au travail est quelque chose qui devient de plus en plus nécessaire... si l'on ne fait pas preuve d'agressivité... non seulement l'on n'ira nulle part... mais pendant cette période, les autres continuent d'avancer...* [2] *je devrai donc m'exercer à toujours prendre l'offensive... mais comment? Plus de formation professionnelle? Je n'y ai pas encore pensé.*

Le monde économique est devenu plutôt malsain.
[1] *Je crois que la situation en milieu de travail a atteint un stade critique... nous pourrions nous diriger vers une société vraiment monstrueuse...* [2] *c'est la lutte dans laquelle j'aimerais m'engager un jour. Je pense que dans l'avenir, il sera très important de défendre nos qualités humaines et notre dignité... Je pense que je pourrais le faire à une autre étape dans ma carrière... au niveau des lois, des politiques... oui, un jour... Je passerai le moment critique... je devrai peut-être.*

Certains grands problèmes sociaux nécessitent maintenant presque exclusivement une intervention collective.
[1] *Pour aider les gens, il sera nécessaire d'envisager des regroupements de toutes sortes... nous ne pouvons plus penser à une seule personne à la fois. Nous devrons travailler à la restructuration sociale et moins à aider les individus...* [2] *dans un avenir plus ou moins proche, je devrai probablement me réinventer pour devenir un spécialiste de ce type d'intervention.*

Les nouvelles technologies suscitent toujours un sentiment d'incompétence.
[1] *Les changements technologiques incroyables, désuets presque dès leur apparition, font que tout le monde se sent plus ou moins incompétent...* [2] *dans mon cas, dans le monde d'aujourd'hui, je suis toujours en retard... Je devrais faire quelque chose à ce sujet... oui, un jour.*

Envisager un changement de carrière dans le contexte actuel est de plus en plus complexe.

[1] *Planifier une carrière... même penser au recyclage... c'est impossible étant donné la précarité du travail... c'est comme si, à partir de maintenant, il faut viser le très court terme...* [2] *et c'est peut-être ce que je ferai probablement à l'avenir, sans espérer rien de mieux.*

Les anomalies en milieu de travail sont maintenant surveillées de très près.
[1] *Vivre dans un climat d'élimination d'emplois... jour après jour... on investit une journée dans l'établissement d'une relation avec quelqu'un dans le cadre d'un projet... le lendemain, on ne sait pas si c'est nous ou cette personne qui n'y sera plus... c'est difficile, ces nombreuses mises à pied et nombreux revirements impromptus... maintenant on ne sait jamais où l'on finira...* [2] *il est presque impossible de le voir venir et, pire encore, de comprendre comment être prêt et comment y réagir... le mieux c'est peut-être de continuer à prendre des coups de poignard dans l'obscurité... mais je n'en suis pas certain.*

Les perspectives socioéconomiques sont devenues inquiétantes.
[1] *L'avenir, on ne sait pas où l'on va... il semble que plus l'on avance, plus cela empire... tôt ou tard, cela nous force à repenser notre travail, ce que nous faisons... C'est inévitable dans le monde d'aujourd'hui.* [2] *Quant à moi, je me demande souvent... Devrais-je continuer ou devrais-je me lancer dans quelque chose de nouveau? J'ai le sentiment qu'un jour, je devrai y réfléchir très sérieusement.*

Les transitions continues semblent maintenant être la seule façon de survivre sur le marché du travail.
[1] *Une chose est claire dans le monde d'aujourd'hui, c'est qu'à tout moment, il faut continuer de remettre en question, encore et encore, tant sa profession actuelle que son milieu de travail...* [2] *Dans mon cas, j'appréhende ce moment de plus en plus... pour l'instant, je préfère ne pas y penser... mais en même temps, je suis encouragé par le fait que je ne suis pas seul... tout le monde est logé à la même enseigne.*

Le monde du travail exige maintenant de multiples compétences.
[1] *Il faut croire en soi-même... manifestement, parce que c'est une véritable jungle... il faut être en mesure d'avoir plusieurs casquettes dans le climat actuel parce que si l'on échoue dans un domaine, il faudra quelque chose de différent pour pouvoir avancer... la vie au travail est un défi constant. La seule façon de survivre est de se tenir au courant des faits nouveaux, non seulement dans son propre domaine, mais également dans d'autres secteurs...* [2] *cela représente des défis intéressants, mais c'est*

également fatigant et même épuisant de l'envisager... cela nous épuise, à long terme, de toujours devoir adopter ce processus de réflexion... parfois il vaut mieux oublier.

Ces témoignages illustrent diverses façons d'amorcer le processus important de mise en contexte de ses projets de participation socioprofessionnelle, selon une perception récemment modifiée du monde du travail. Les conseillers et conseillères doivent prêter attention à ces tout premiers moments, qui doivent précéder la volonté de changer. Un examen attentif de ces premiers moments pourrait, en soi, accroître la possibilité d'une transition de carrière réussie. Pour tenir compte de ces tout premiers moments, il faut prendre des mesures pour que les adultes deviennent, par exemple, plus aptes à a) comprendre la situation dans son ensemble; b) prendre conscience de tous les aspects interreliés de la réalité des événements, en particulier, ceux rattachés à leur éducation et formation continues et à leur gestion de carrière; c) percevoir la nécessité de représenter le monde comme étant complexe et multidimensionnel; d) comprendre que diverses situations ne sont jamais identiques; e) prévoir la présence inévitable de multiples éléments inconnus dans chacune des phases suivantes possibles de la vie professionnelle.

Conclusion

Selon le modèle de participation continue, les tout premiers moments du changement sont complexes en eux-mêmes et par eux-mêmes. Étant donné leur subtilité et leur complexité, ces moments doivent être abordés avec finesse. Ainsi, les conseillers et conseillères peuvent encourager les adultes à prendre en main ces moments, ce qui pourrait les amener à manifester une forte volonté de se repositionner dans leur cheminement de carrière. Selon le modèle de participation continue, un changement dans ces éléments de perception indique l'acquisition d'une compétence importante, à savoir comprendre la mise en contexte de ses projets de participation socioprofessionnelle.

Enfin, l'objectif de la détermination des tout premiers moments, qui se traduisent par la planification et la réalisation d'une transition de carrière, est de concevoir des programmes qui peuvent mieux aider les adultes à entretenir une pensée active dès qu'ils se rendent compte que leur perception du monde du travail commence à changer. Selon le modèle de participation continue, plus ce processus de réflexion commence tôt, plus les chances d'un changement de carrière réussi sont grandes. Cette prise de conscience dès le début du processus signifie que les adultes auront probablement plus de temps pour réaliser, peut-être à leur propre rythme, chacune des étapes ultérieures nécessaires à la réussite de leur transition.

Pour accroître la sensibilisation à cet égard, les services de counseling de carrière pourraient afficher en ligne un plus grand nombre d'indicateurs liés à ces tout premiers moments qui précèdent la volonté d'entreprendre un changement de carrière. Ces indicateurs permettraient aux adultes qui utilisent Internet d'adopter un processus de réflexion plus efficace. Par conséquent, les adultes pourraient être plus susceptibles d'avoir recours à des services de counseling dès qu'ils estiment déceler une différence importante dans leur interprétation du monde.

Références

Hammond, M. S., Michael, T. et Luke, C. (2017). Validating a measure of stages of change in career development. *International Journal for Educational and Vocational Guidance, 17*, 39-59. DOI : 10.1007/s10775-016-9339-5

Jung, Y. et Norihiko, T. (2018). A lifespan perspective for understanding career self- management. *Human Relations, 71*(1), 73-102. DOI : 10.1177/0018726717715075

Perera, H. N. et McIlveen, P. (2017). Profiles of career adaptivity and their relations with adaptability, adapting, and adaptation. *Journal of Vocational Behavior, 98*, 70-84. DOI : 10.1016/j.jvb.2016.10.001

Riverin-Simard, D. (2000, 2e édition). *Transitions professionnelles : Choix et stratégies*. Ottawa, ON : Fondation canadienne pour le développement de carrière.

Riverin-Simard, D. et Simard, Y. (2005). *Vers un modèle de participation continue : la place centrale de l'orientation professionnelle*. Québec, QC : ministère de l'Éducation, du Loisir et du Sport.

Riverin-Simard, D. et Simard, Y. (2011). L'orientation professionnelle des adultes : Une participation sociale toujours renouvelée. *Revista Educação Skepsis, 2*, 1012-1065.

Rudolf, C. W., Lavigne, K. N., Katz, I. M. et Zacher, H. (2017). Linking dimensions of career adaptability to adaptation results: A meta-analysis. *Journal of Vocational Behavior, 102*, 151-173. DOI :10.1016/j.jvb.2017.06.003

Savickas, M. L., Porfeli, E. J., Hilton, T. L. et Savickas, S. (2018). The student career construction inventory. *Journal of Vocational Behavior, 106*, 138-152. DOI : 10.1016/j. jvb.2018.01.009

Simard, Y. (2005). Les savoirs issus de la pratique : Épistémologie de leurs tout premiers moments. *Revue des sciences de l'éducation, 31*(3), 543-562.

Biographies

Danielle Riverin-Simard, Ph. D., est professeure émérite à l'Université Laval (Canada) et membre du comité de rédaction de revues scientifiques. Elle est fondatrice du Centre de recherche et d'intervention sur l'éducation et la vie au travail et en a été la directrice (1989-1992), ainsi que membre du conseil du Conseil de recherches en sciences humaines du Canada (1995-1998). Elle est auteure ou coauteure de livres (*Étapes de vie au travail, Carrières et classes sociales, Transitions professionnelles, Travail et personnalité*) et de plus de 150 articles évalués par les pairs.

Yanik Simard est titulaire d'un doctorat en philosophie (2003), d'un doctorat en psychoéducation (2018) et d'une maîtrise en administration publique (2009). Il a été chercheur professionnel à l'Université Laval (Canada), à l'Université TÉLUQ (Québec), au Cégep de Sainte-Foy (Québec), à l'École nationale d'administration publique (Québec) et au ministère de l'Éducation et de l'Enseignement supérieur (Québec). Il réalise maintenant des travaux postdoctoraux à l'Université TÉLUQ. Il est le premier auteur ou coauteur de publications sur l'éducation des adultes, la formation à distance et l'éducation à la santé.

Points de pratique pour le modèle de participation continue
Danielle Riverin-Simard et Yanik Simard

1. **Les adultes doivent prêter pleinement attention à chaque changement dans leur propre perception du monde du travail.** Ils et elles doivent comprendre que tout changement dans cette perception pourrait, en soi, être un élément déclencheur d'un processus de transition de carrière, même si, à l'heure actuelle, ils ne sont aucunement prêts à entreprendre un tel changement.

2. **Les conseillers et conseillères doivent perfectionner leur capacité de déterminer l'origine de ces changements, qui sont de nature délicate, fragile et intangible, dans la perception qu'ont leurs personnes clientes du monde du travail.** Ils seront ainsi mieux à même d'aider leurs personnes clientes dans le cadre de leurs transitions de carrière continues. Les conseillers et conseillères doivent prêter une attention particulière aux tout premiers moments d'un changement, qui sont des précurseurs de signification et qui précèdent donc tout changement dans la participation de l'individu à ce monde. Ces moments sont des conditions préalables découlant de l'expérience à l'engagement à l'égard d'un processus important, à savoir le processus continu de transition de carrière.

3. Pour intégrer ces conditions préalables découlant de l'expérience à la nature continue du processus de transition de carrière, **les conseillers et conseillères aident les adultes à devenir, par exemple, plus aptes à** a) acquérir les aptitudes nécessaires pour percevoir le caractère indissociable de tous les aspects en cause; b) gérer la nouveauté de chaque circonstance particulière; c) faire preuve d'une tolérance à l'ambiguïté des situations; d) cerner leurs réactions spontanées à des événements imprévus; e) éviter le piège d'une interprétation stricte des événements en s'appuyant sur des évaluations antérieures, qui sont le plus souvent désuètes et peu pertinentes; f) comprendre que les événements prennent toujours une signification particulière au fil du temps et en fonction du contexte sociohistorique dans lequel ils se produisent; g) prévoir les définitions de leurs projets professionnels, non pas en soi, mais toujours dans divers contextes de plausibilité hypothétique.

Chapitre 36

Théorie sociocognitive de la carrière (SCCT) : aperçu et applications pratiques

Hung-Bin Sheu et Xiao Ting Wang

S'appuyant sur la théorie sociocognitive (social cognitive theory – SCT) générale de Bandura (1986), Lent et ses collègues ont élaboré différents modèles de résultats théoriques, concernant notamment le développement des intérêts, le choix et l'insertion, la performance et la persévérance, ainsi que les sentiments de satisfaction en lien avec la carrière (Lent et Brown, 2008; Lent, Brown et Hackett, 1994). Ces modèles relèvent de la *théorie sociocognitive de la carrière* (*social cognitive career theory* – SCCT), qui intègre les qualités personnelles, les déterminants environnementaux et les variables comportementales à l'intérieur d'un cadre unificateur. La nature extensive de ces modèles les rend particulièrement utiles pour concevoir des interventions permettant de répondre aux questions sur le plan de la carrière que se posent des individus issus de différents milieux culturels. Le présent chapitre fournit un aperçu de quatre modèles de la théorie sociocognitive de la carrière (SCCT) [intérêts, choix, réalisation/persévérance et satisfaction], met en évidence les principales variables et hypothèses et démontre concrètement leur utilité au moyen d'une illustration pratique.

Aperçu de la théorie sociocognitive de la carrière (SCCT)

Il y a près de 25 ans, Lent et *al.* (1994) ont proposé les trois premiers modèles de la théorie sociocognitive de la carrière (SCCT), lesquels sont étroitement liés et expliquent les facteurs qui, hypothétiquement, contribuent à la formation des intérêts professionnels (intérêts), à la prise de décision (choix), ainsi qu'à la performance et à la persévérance (performance/persévérance) dans différents domaines professionnels (Figure 1). Ces modèles mettent l'accent sur l'importance des *variables cognitives personnelles* (p. ex. le sentiment d'efficacité personnelle et les attentes de résultats) et leur interaction avec les caractéristiques personnelles (p. ex. les prédispositions), les facteurs contextuels (p. ex. le soutien de la famille ou les obstacles que celle-ci représente) et les variables comportementales (p. ex. les expériences d'apprentissage liées à la carrière) dans la prévision des résultats professionnels. La performance et la persévérance de la personne, ou l'absence de celles-ci, dans le champ professionnel choisi deviennent ensuite d'importantes sources d'expérience sur lesquelles la personne peut s'appuyer pour altérer son sentiment d'efficacité personnelle et modifier les attentes de résultats. Lent et Brown (2008) ont par la suite poursuivi le développement de la théorie sociocognitive de la carrière (SCCT) afin d'expliquer comment les gens en viennent à être satisfaits de leurs choix de carrière dans leurs contextes de travail et d'études. Les modèles de la formation des intérêts, des choix, de la performance/persévérance et de la satisfaction de la théorie sociocognitive de la carrière (SCCT), qui reposent sur des variables et des configurations similaires, offrent une vision approfondie de la façon dont les gens exercent un contrôle sur leurs comportements professionnels et atteignent leurs objectifs de carrière à différents stades de leur vie.

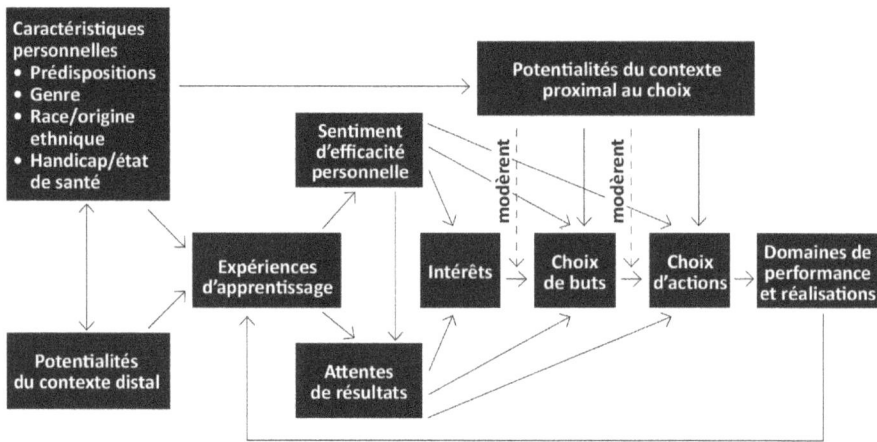

Figure 1. **Modèle des facteurs personnels, contextuels et expérientiels affectant les comportements de choix de carrière.** Tiré de « Toward a Unifying Social Cognitive Theory of Career and Academic Interest, Choice, and Performance », de R. W. Lent, S. D. Brown et G. Hackett, 1994, *Journal of Vocational Behavior, 45,* p. 93. Droit d'auteur de R. W. Lent, S. D. Brown et G. Hackett (1993); reproduction autorisée.

Les examens méta-analytiques réalisés à grande échelle ont permis d'étudier les modèles de la formation des intérêts, des choix et de la performance/persévérance et d'étayer la valeur prédictive des expériences d'apprentissage (expérience de maîtrise, apprentissage vicariant, persuasion verbale, états physiologiques/ émotionnels) relativement au sentiment d'efficacité personnelle et aux attentes de résultats, tel qu'il est énoncé dans la théorie sociocognitive de la carrière (SCCT) [p. ex. Sheu et *al.,* 2018]. Les résultats de ces méta-analyses démontrent la validité des principales hypothèses de la théorie sociocognitive de la carrière (SCCT) à l'égard des différents groupes de genre, de race ou origine ethnique et d'âge, ainsi que des différents domaines professionnels, comme celui des sciences, de la technologie, de l'ingénierie et des mathématiques (STIM). En outre, les études expérimentales et quasi expérimentales existantes ont fourni des preuves de la relation de cause à effet des expériences d'apprentissage sur le sentiment d'efficacité personnelle et les attentes de résultats, ainsi que des effets de ces deux variables cognitives personnelles et les sources du soutien environnemental sur la production de résultats professionnels positifs (voir Sheu et Lent, 2015, pour un compte-rendu).

Dans le cadre de recherches récentes, des variables liées à la culture, telles que les orientations culturelles individualistes et collectivistes ainsi que l'acculturation et l'enculturation, ont été intégrées dans l'analyse des hypothèses de la théorie sociocognitive de la carrière (SCCT) auprès de groupes raciaux/ethniques minoritaires ou dans des comparaisons interraciales/interethniques (p. ex. Sheu, Mejia, Rigali-Oiler, Primé et Chong, 2016). L'analyse de Sheu et Bordon (2017) a également révélé que les quatre modèles de la théorie sociocognitive de la carrière (SCCT), examinés dans le présent chapitre, ont été testés auprès d'échantillons de personnes étudiantes et d'adultes en Asie (p. ex. en Chine et à Singapour), en Europe (p. ex. au Portugal et en Italie) et dans d'autres pays comme les Émirats arabes unis, l'Angola et le Mozambique. Combinées, les recherches existantes fournissent des preuves de la validité des modèles de la théorie sociocognitive de la carrière (SCCT) auprès de différents groupes raciaux/ethniques et de genre, de même que dans différents contextes culturels. Nous présenterons maintenant les variables et les principes clés de cette théorie. Pour une analyse approfondie de ces variables et hypothèses, veuillez consulter Lent et *al.* (1994) et Lent et Brown (2008).

Variables cognitives personnelles

Les deux variables caractéristiques de la théorie sociocognitive (SCT) de Bandura (1986), à savoir le sentiment d'efficacité personnelle et les attentes de résultats, sont les éléments stratégiques au cœur des modèles de la théorie sociocognitive de la carrière (SCCT). Le sentiment d'efficacité personnelle fait référence à « l'évaluation de la capacité d'une personne d'atteindre un certain niveau de performance[1] », alors que les attentes de résultats correspondent à « l'évaluation des conséquences probables d'un tel comportement1 » (Bandura, 1986, p. 391). Ces variables qui, dans la théorie sociocognitive de la carrière (SCCT), sont conceptualisées comme étant propres à une tâche ou à un domaine (p. ex. les STIM) sont les principaux mécanismes de changement par lesquels les gens exercent une action personnelle pour contrôler leur développement de carrière. Le sentiment d'efficacité personnelle et les attentes de résultats sont considérés, de manière hypothétique, non seulement comme des facteurs prédictifs des résultats professionnels (p. ex. la formation des intérêts professionnels, le choix d'une carrière, le sentiment de satisfaction à l'égard du choix de carrière), mais aussi comme des médiateurs qui filtrent les effets d'autres variables (p. ex. succès ou échec antérieur, soutien de la

---

1   Traduction libre.

famille et des amis et amies, personnalité) sur ces résultats.

Par exemple, si un élève du secondaire a bon espoir de « réussir haut la main » un examen de mathématiques et s'attend à des résultats favorables (p. ex. rendre ses parents et ses enseignantes et enseignants heureux, en tirer un sentiment d'accomplissement) à la suite d'une telle performance, il sera plus susceptible de vouloir faire partie du club de mathématiques, de s'inscrire à des cours de niveau avancé en mathématiques ou en sciences, de choisir les mathématiques comme champ d'études principal ou de poursuivre un cheminement de carrière nécessitant des compétences dans ce domaine. Ces comportements décisionnels et leurs résultats réels viendront ensuite accroître ou diminuer la confiance de cette personne dans l'exécution de tâches liées aux mathématiques et permettront de déterminer de façon plus réaliste si une carrière dans ce domaine lui vaudra les récompenses souhaitées. Par conséquent, les processus continus qui viennent modifier les attentes de résultats et altérer le sentiment d'efficacité personnelle d'une personne dans le cadre de diverses tâches professionnelles représentent deux principaux moyens par lesquels les gens exercent un contrôle sur leur choix et leur développement de carrière.

Potentialités offertes par le contexte

La théorie sociocognitive de la carrière (SCCT) met l'accent sur les influences qu'exerce l'environnement sur les résultats professionnels, en intégrant deux types de facteurs contextuels. Ces facteurs se distinguent par la période au cours de laquelle des répercussions particulières se font sentir sur l'environnement. Les *potentialités du contexte proximal* sont les ressources que les gens obtiennent ou les obstacles qu'ils rencontrent au cours des phases où ils choisissent et entament activement leur carrière, tandis que les *potentialités du contexte distal* sont moins étroitement liées au processus décisionnel en cours. Les potentialités du contexte proximal permettent non seulement de prédire directement les intentions et les actions de la personne dans la poursuite d'objectifs de carrière précis, mais aussi d'influencer sa décision de transformer ou non ses intérêts professionnels en objectifs de carrière, puis d'agir en conséquence. Par exemple, le soutien financier qu'un élève de niveau secondaire reçoit de sa famille peut directement contribuer à sa décision de poursuivre des études dans le domaine des arts, et les encouragements et le soutien affectif qu'une étudiante en génie reçoit d'autres personnes importantes dans sa vie peuvent l'aider à tirer parti de ses intérêts et de sa formation pour chercher et obtenir un emploi dans le domaine de l'ingénierie, où les femmes sont sous-représentées. En outre, il est présumé que ce soutien ou ces obstacles dans l'environnement proximal prédisent, de façon directe ou indirecte, la satisfaction de la personne à l'égard du parcours de carrière choisi, par l'entremise des variables cognitives personnelles.

Les potentialités du contexte distal sont les ressources ou les obstacles présents dans la structure sociale ou communautaire en général, comme les possibilités d'apprentissage ou d'emploi offertes au sein de l'économie d'un pays ou les normes culturelles ou sexospécifiques particulières approuvées par le groupe culturel de la personne. Bien que ces facteurs puissent ne pas avoir une incidence directe sur les préoccupations immédiates de la personne quant à sa carrière, ils peuvent limiter ou élargir les options de carrière et faciliter ou entraver l'acquisition de compétences ou l'exposition à diverses expériences, ce qui pourrait, en retour, influencer le sentiment d'efficacité personnelle de la personne, ses attentes de résultats et les résultats professionnels subséquents. L'intégration des potentialités des contextes proximal et distal dans la théorie sociocognitive de la carrière (SCCT) fournit un langage utile permettant aux gens de déterminer et de décrire la façon dont leur environnement et leur carrière sont interconnectés, ce qui constitue une étape importante dans l'élaboration d'interventions efficaces.

Caractéristiques personnelles

Le troisième groupe de variables comprend les qualités personnelles et les caractéristiques démographiques, telles que les traits de personnalité, la race ou l'origine ethnique, l'orientation sexuelle et les handicaps. Ces variables ont une influence directe et indirecte sur les résultats professionnels des gens, même si elles se prêtent moins bien au changement et à une intervention extérieure (ou externe). Par exemple, certaines personnes peuvent avoir très peu accès à des expériences d'apprentissage en raison de contraintes liées à l'activité physique, de problèmes de santé ou de la pauvreté. Par ailleurs, les personnes issues de milieux familiaux aisés peuvent disposer de plus de ressources pour atteindre leurs objectifs de carrière. En outre, il peut être plus difficile pour les personnes introverties d'obtenir le capital social dont elles ont besoin dans le cadre de leurs activités professionnelles, tandis que les personnes heureuses ou optimistes ont tendance à se sentir plus satisfaites de leur milieu de travail. Ainsi, certaines de ces qualités personnelles peuvent avoir une incidence directe sur la mesure dans laquelle la personne est satisfaite de son choix de carrière, alors que d'autres peuvent affecter indirectement ses résultats professionnels, par l'entremise des expériences d'apprentissage et des ressources dans l'environnement qui donnent lieu à un sentiment d'efficacité personnelle et à des attentes de résultats pertinents sur le plan professionnel.

Les trois groupes de variables susmentionnés sont combinés à l'intérieur des modèles interdépendants de la théorie sociocognitive de la carrière (SCCT) afin de prédire les résultats de carrière importants. Ces variables et ces modèles incarnent la causalité réciproque triadique introduite par Bandura (1986), qui met l'accent sur l'influence qu'exercent l'un sur l'autre les facteurs personnels, l'environnement et le comportement en tant que codéterminants. La théorie sociocognitive de la carrière (SCCT) illustre la façon dont les facteurs personnels (p. ex. variables cognitives personnelles, personnalité), l'environnement (p. ex. soutien et obstacles) et le comportement (p. ex. expériences d'apprentissage, participation à des activités axées sur les objectifs) s'influencent mutuellement et interagissent les uns avec les autres pour orienter le développement de carrière de la personne. Cette théorie fournit aux chercheurs et chercheuses des hypothèses vérifiables leur permettant d'examiner les effets individuels et conjoints de ces variables et offre aux professionnels et professionnelles des outils utiles pour élaborer des interventions relatives à la carrière efficaces et aider leurs personnes clientes à relever les défis professionnels.

Illustration pratique

Jasmine (pseudonyme) est une afro-caribéenne de 22 ans. Elle en est à sa dernière année d'université et devrait bientôt obtenir son baccalauréat en biologie. Elle est l'aînée d'une famille de la classe ouvrière et a un frère et une sœur plus jeunes. Sa famille a immigré au Canada depuis les Caraïbes alors qu'elle était très jeune. Jasmine a été aiguillée vers le centre de carrière de l'université par son conseiller pédagogique, après qu'elle eut mentionné à plusieurs reprises qu'elle n'était pas certaine si elle devait présenter une demande d'inscription à l'école de médecine, une fois son diplôme obtenu, afin de poursuivre ses études en pédiatrie. Lorsqu'elle a été invitée à expliquer pourquoi elle souhaitait devenir pédiatre, Jasmine a parlé d'un stage qu'elle a fait dans un hôpital local, qui lui a fait prendre conscience qu'elle aimait travailler avec les bébés, les enfants et les adolescents. Toutefois, elle se sent stressée par la charge de travail associée aux cours. Également, elle craint que sa moyenne pondérée cumulative de 3,2 et cette seule expérience de stage ne soient pas suffisantes pour lui permettre d'accéder à l'école de médecine. Mis à part ce stage, la seule exposition au monde du travail qu'a eue Jasmine a été à titre d'employée à temps partiel d'une épicerie locale, alors qu'elle était au secondaire. Placer les produits sur les étagères et emballer les achats des clients et clientes au magasin était un travail fastidieux qu'elle n'aimait pas.

En outre, Jasmine craint de ne pas avoir le temps de passer l'examen d'admission en médecine (le Medical College Admissions Test [MCAT]) ni de s'y préparer, étant donné que ses parents lui ont demandé de rentrer à la maison après l'université pour contribuer à l'entreprise familiale et fonder sa propre famille. Ils croient que la profession de médecin est réservée aux hommes et ils n'ont pas suffisamment d'argent pour soutenir Jasmine tout au long de ses études. Bien que Jasmine veuille explorer les possibilités de carrière dans le domaine médical, elle se sent obligée, en tant qu'aînée de la famille, de diriger l'entreprise familiale et de prendre soin de son frère et sa sœur plus jeunes. Étant donné qu'elle a presque terminé ses études de premier cycle, elle se sent forcée de prendre une décision. Bien qu'elle n'ait jamais eu de problèmes de santé mentale auparavant, elle se sent perdue lorsqu'elle songe à ce qu'elle souhaite faire après l'université. Elle montre de légers symptômes de dépression (p. ex. difficulté à se lever le matin, perte d'intérêt pour ses activités préférées, sentiment d'isolement) depuis quelques mois.

Analyse de l'illustration pratique

Jasmine semble faire face à une multitude de difficultés relativement à sa carrière qui relève de la théorie sociocognitive de la carrière (SCCT) [voir la figure 1]. Pour commencer, les raisons expliquant son intérêt pour l'obtention d'un diplôme en biologie et des études en médecine semblent plutôt incertaines, vu son exploration et ses expériences limitées. Si Jasmine ne se voit pas offrir suffisamment d'occasions de participer à diverses activités bénévoles ou en lien avec sa carrière, d'observer des personnes à l'œuvre dans différents domaines ou de travailler avec elles, elle pourra difficilement se faire une idée claire de ce qu'elle aime ou n'aime pas en ce qui concerne sa future carrière. Ces limitations nuisent, en outre, à son acquisition de compétences et l'empêchent d'avoir une juste confiance en l'efficacité de ses moyens. Jasmine semble avoir un sentiment d'efficacité personnelle plus faible à l'égard du travail universitaire en biologie et se sent incertaine quant à l'exécution de diverses tâches liées à la carrière. Son incertitude au sujet de ses études dans le domaine médical pourrait également être attribuable à des attentes de résultats imprécises. Autrement dit, Jasmine n'a peut-être pas eu suffisamment d'occasions pour explorer et clarifier ses valeurs de travail. Elle peut avoir une connaissance limitée des récompenses positives ou des résultats négatifs associés au choix de différentes professions de la santé. Combinés, son faible sentiment d'efficacité personnelle, ses attentes de résultats imprécises ou irréalistes et ses intérêts professionnels possiblement négligés contribuent aux difficultés qu'elle a à choisir son cheminement de carrière futur et à son insatisfaction à l'égard de sa spécialisation actuelle.

En ce qui concerne les facteurs liés au contexte proximal, les difficultés auxquelles Jasmine fait face comprennent, notamment, le manque de soutien financier et affectif de sa famille, ce qui peut avoir des répercussions immédiates sur sa décision de se préparer pour le MCAT et de s'inscrire à l'école de médecine. Les efforts de dissuasion des parents de Jasmine pourraient être attribuables à leurs valeurs culturelles quant aux carrières qu'ils jugent convenables pour les hommes par rapport aux femmes ou à leur connaissance limitée de l'école de médecine. De plus, l'incompatibilité entre les intérêts de carrière et les normes culturelles de Jasmine, ainsi que le manque de ressources dans la collectivité (potentialités du contexte distal), risquent de représenter des obstacles supplémentaires. Autrement dit, les attentes relatives au rôle traditionnel selon le genre, ainsi que l'arrière-plan de la famille au sein d'un milieu ouvrier, peuvent avoir limité l'exposition de Jasmine à diverses expériences, notamment à des activités qui peuvent être perçues comme prédominantes chez les hommes dans la culture afro-caribéenne. Ces facteurs associés aux environnements proximal et distal pourraient fournir à Jasmine des possibilités d'apprentissage conformes aux normes culturelles et aux attentes de ses parents. Toutefois, ces facteurs peuvent également la dissuader d'acquérir des compétences ou d'explorer des activités qu'elle pourrait autrement juger intéressantes ou pour lesquelles elle pourrait être douée.

Évaluation et intervention auprès de Jasmine

Au cours des premières séances de counseling, il est important que le conseiller établisse une relation avec Jasmine. Les discussions au sujet des limites de la confidentialité, du processus de counseling, ainsi que des rôles respectifs de conseiller et de cliente, peuvent favoriser la participation de Jasmine et l'établissement d'une solide alliance de travail. Pour assurer la sécurité de la cliente, une évaluation des risques devrait également être effectuée. En outre, le sentiment d'isolement et la légère dépression de Jasmine nécessitent l'attention du conseiller. Le recours aux ressources disponibles (p. ex. évaluations psychologiques, médicaments) devrait être envisagé si la détresse psychologique nuit à la résolution des problèmes touchant sa carrière.

Il est impossible d'accorder trop d'importance au contexte culturel dans lequel Jasmine doit faire son choix de carrière. Le conseiller doit tenir compte des différences culturelles possibles et examiner ses propres présomptions ou biais à l'égard du groupe culturel dont elle fait partie. Il devrait également chercher à en apprendre davantage sur la culture afro-caribéenne, peut être en consultant ses collègues, de même qu'être conscient des difficultés potentielles attribuables aux différents styles de communication.

Les évaluations relatives à la carrière pertinentes aideront Jasmine à discuter des problèmes touchant sa carrière et à explorer les solutions possibles. D'abord, bien que Jasmine ait étudié la biologie et ait exprimé son intérêt pour l'école de médecine, il serait profitable de procéder à une évaluation approfondie à l'aide de l'Inventaire des intérêts Strong (Strong Interest Inventory – SII). Les résultats obtenus aideront Jasmine non seulement à cerner d'autres intérêts professionnels qu'elle aurait pu négliger en raison d'un manque d'information ou d'expérience, mais également à explorer des options particulières dans le domaine de la biologie ou dans des domaines connexes. De plus, l'Indice de confiance en ses compétences (Skills Confidence Inventory – SCI) fournira des informations au sujet du sentiment d'efficacité personnelle de Jasmine relativement à ses compétences dans les mêmes domaines professionnels que ceux mesurés à l'aide de l'inventaire des intérêts Strong (SII). Une autre variable importante de la théorie sociocognitive de la carrière (SCCT), soit les attentes de résultats, peut être évaluée au moyen de stratégies d'intervention semi-structurées, comme l'exercice du tri de cartes professionnelles. Bien qu'un tel exercice vise habituellement à clarifier les intérêts et les valeurs d'ordre professionnel, le conseiller devrait pousser l'exercice plus loin et discuter des options de carrière qui permettraient à Jasmine d'obtenir ce qu'elle juge important ou souhaitable (p. ex. rendre ses parents heureux, toucher un salaire élevé, avoir un contact suffisant avec les enfants). Grâce à ces évaluations, Jasmine aura accès à un portrait exact et complet d'elle-même, ce qui l'incitera à déployer des efforts en vue d'explorer et de poursuivre des options de carrière qui lui inspirent confiance, qui l'intéressent et qui sont susceptibles de lui valoir les récompenses qu'elle juge importantes. Afin d'assurer la validité des résultats des évaluations, les antécédents culturels et familiaux de Jasmine devraient être pris en considération dans l'administration et l'interprétation des évaluations standardisées, comme l'Inventaire des intérêts Strong (SII) et l'Indice de confiance en ses compétences (SCI).

Les informations recueillies concernant les intérêts professionnels, le sentiment d'efficacité personnelle et les attentes de résultats de Jasmine peuvent ensuite être utilisés pour déterminer les domaines de priorité élevée (grand intérêt, niveau de confiance élevé et attentes de résultats favorables) en vue d'un examen plus poussé. Pour aider Jasmine à acquérir plus d'expérience dans ces domaines, les quatre types d'expériences d'apprentissage peuvent être mis à profit pour concevoir des interventions relatives à la carrière. Ceux-ci permettront d'accroître son sentiment d'efficacité personnelle et d'établir des attentes de résultats réalistes. De façon plus précise, Jasmine peut chercher à faire un autre stage dans un domaine qui l'intéresse afin d'acquérir une expérience directe supplémentaire. Interroger de nouvelles personnes diplômées du département de biologie ou observer un ancien étudiant ou une ancienne étudiante dans le cadre de son travail peut également lui fournir des informations concrètes sur les tâches, les récompenses et les défis des professions qui correspondent à ses domaines prioritaires. Il serait également profitable de mettre Jasmine en contact avec des travailleuses qui ont des antécédents culturels semblables aux siens et qui peuvent lui servir de modèles. En outre, enseigner à Jasmine comment utiliser des outils en ligne, comme le réseau d'information sur les professions (O*Net OnLine – www.onetonline.org), est une autre façon de lui permettre d'obtenir des informations professionnelles précises (p. ex. compétences et formation requises, intérêts et valeurs de travail, activités professionnelles, salaires et tendances en matière d'emploi). Les mêmes stratégies peuvent être utilisées pour explorer d'autres options de carrière possibles, comme celles à l'égard desquelles Jasmine se sent assez confiante, mais qui lui semblent moins intéressantes. Ces activités l'aideront à évaluer son niveau de confiance, à établir des attentes réalistes et à explorer ses possibilités de carrière avant de prendre des décisions éclairées.

Grâce à une meilleure connaissance de soi, Jasmine sera en mesure de mieux définir ses objectifs de carrière. Une intervention utile serait de tenir un jeu de rôle où elle doit communiquer avec ses parents et obtenir leur appui. Bien que ceux-ci cherchent à la dissuader de poursuivre une carrière médicale, ce qui peut être perçu comme un obstacle, le conseiller devrait discuter avec elle de la façon dont sa famille et son groupe culturel pourraient également constituer des ressources. Si Jasmine décide de poursuivre ses études, rechercher les mesures d'aide financière destinées aux femmes ou aux étudiantes et étudiants issus des minorités et en faire la demande devraient faire partie de l'intervention. Enfin, après avoir réduit la liste des parcours de carrière possibles, il serait avantageux de discuter avec Jasmine des obstacles qu'elle pourrait rencontrer et des stratégies d'adaptation potentielles. Ces obstacles pourraient être le haut niveau de stress associé aux études de médecine, les difficultés à concilier les obligations professionnelles et familiales ou le manque de soutien et de modèles à l'école et au travail. Cette discussion aidera Jasmine à mieux se préparer à faire face aux obstacles dans ses carrières futures.

La théorie sociocognitive de la carrière (SCCT) offre au conseiller et à Jasmine une feuille de route utile pour comprendre les préoccupations professionnelles de cette dernière. Les variables des modèles de la formation des intérêts, des choix, de la performance/persévérance et de la satisfaction peuvent être utilisées pour structurer les évaluations relatives à la carrière et concevoir les interventions. La théorie sociocognitive de la carrière (SCCT) peut être appliquée pour résoudre les problèmes actuels de Jasmine; toutefois, apprendre à utiliser les variables et les principes clés de la théorie lui sera également profitable à long terme, alors qu'elle élaborera ses futurs plans de carrière.

Conclusion

La théorie sociocognitive de la carrière (SCCT), qui s'appuie sur un fondement conceptuel et empirique solide, offre un outil pratique pour établir les causes des problèmes d'ordre professionnel et élaborer des interventions relatives à la carrière. Cette théorie définit les variables et les processus sur lesquels les gens peuvent s'appuyer pour orienter leurs actions en vue d'atteindre leurs objectifs de carrière et les résultats professionnels souhaités. Puisque la théorie sociocognitive de la carrière (SCCT) met l'accent sur les facteurs contextuels et les données probantes tirées des recherches interculturelles, elle s'avère particulièrement utile pour aider des gens de divers milieux à trouver réponse à leurs préoccupations professionnelles. Les conseillers et conseillères devraient se familiariser avec les modèles de la théorie afin d'être en mesure d'appliquer efficacement cette dernière pour répondre aux besoins de leurs personnes clientes. En tant que partenaires participant de plein droit au processus de counseling, les personnes clientes bénéficieront d'une participation active aux activités visant à renforcer leur sentiment d'efficacité personnelle, à clarifier leurs attentes de résultats et à explorer des carrières, étant donné que ces expériences sont le principal moyen pour elles d'exercer un contrôle sur leur développement de carrière.

Références

Bandura, A. (1986). *Social foundations of thought and action: A social cognitive theory.* Englewood Cliffs, NJ : Prentice-Hall.

Lent, R. W. et Brown, S. D. (2008). Social cognitive career theory and subjective well-being in the context of work. *Journal of Career Assessment, 16*, 6-21. DOI : 10.1177/1069072707305769

Lent, R. W., Brown, S. D. et Hackett, G. (1994). Toward a unifying social cognitive theory of career and academic interest, choice, and performance. *Journal of Vocational Behavior, 45*, 79-122. DOI : 10.1006/jvbe.1994.1027

Sheu, H. et Bordon, J. J. (2017). SCCT research in the international context: Empirical evidence, future directions, and practical implications. *Journal of Career Assessment, 25*, 58-74. DOI : 10.1177/1069072716657826

Sheu, H. et Lent, R. W. (2015). A social cognitive perspective on career intervention. Dans P. J. Hartung, M. L. Savickas et W. B. Walsh (dir.), *APA handbook of career intervention, Volume 1: Foundations* (p. 115-128). Washington, DC : American Psychological Association.

Sheu, H., Lent, R. W., Miller, M. J., Penn, L. T., Cusick Brix, M. E. et Truong, N. N. (2018, août). *Sources of efficacy beliefs regarding STEM fields: A meta-analytic review*. Affiche présentée lors de la conférence annuelle 2018 de l'American Psychological Association. San Francisco, CA.

Sheu, H., Mejia, A., Rigali Oiler, M., Primé, D. et Chong, S. S. (2016). Social cognitive predictors of academic and life satisfaction: Measurement and structural equivalence across three racial/ethnic groups. *Journal of Counseling Psychology, 63*, 460-474. DOI : 10.1037/cou0000158

Sheu, H. et Phrasavath, L. (2019). Social cognitive career theory: Empirical evidence and cross-cultural applications. Dans N. Arthur et M. McMahon (dir.), *Contemporary theories of career development: International perspectives and case applications* (p. 47-60). Abingdon, Oxon : Routledge.

Biographies

Hung-Bin Sheu est professeur agrégé dans le cadre du programme de psychologie du counseling à l'Université d'État de New York à Albany, aux États-Unis. Il a donné des cours sur les théories et le counseling de carrière, la psychologie du travail, le counseling multiculturel et les pratiques de consultation. La théorie sociocognitive de la carrière (SCCT) est l'un des fondements théoriques sur lesquels il s'appuie dans le cadre de ses recherches, de son enseignement et de son rôle de supervision des travaux cliniques des étudiants et étudiantes. Il a publié des chapitres de livres et des articles empiriques et a donné des présentations lors de diverses conférences sur la théorie sociocognitive de la carrière (SCCT).

Xiao Ting Wang est étudiante au doctorat au programme de psychologie du counseling à l'Université d'État de New York à Albany, aux États-Unis. Elle travaille sous la supervision de Hung-Bin Sheu. À l'heure actuelle, ses recherches portent, notamment, sur le bien-être et l'adaptation interculturels, plus particulièrement sur l'influence qu'exercent les facteurs sociaux sur le développement et le comportement humains. Elle souhaite offrir des services en matière de santé mentale aux personnes étudiantes et aux jeunes adultes d'origine asiatique.

Points de pratique pour la théorie sociocognitive de la carrière (SCCT)
Hung-Bin Sheu et Xiao Ting Wang

1. **Étudiez la théorie et assurez-vous de la comprendre.** Compte tenu de sa nature exhaustive, la théorie sociocognitive de la carrière (SCCT) peut sembler déconcertante à première vue. Les conseillers et conseillères devraient se familiariser avec les variables et les principes de la théorie pour s'assurer de l'appliquer efficacement.

2. **Évaluez les variables clés de la théorie sociocognitive de la carrière (SCCT).** Une évaluation approfondie des variables de la théorie (p. ex. sentiment d'efficacité personnelle, attentes de résultats) permettra d'aider vos personnes clientes à avoir une meilleure connaissance d'elles-mêmes et de leur environnement et facilitera leur participation au processus de counseling.

3. **Encouragez l'action personnelle dans le développement de carrière.** Les variables cognitives personnelles que sont le sentiment d'efficacité personnelle et les attentes de résultats représentent deux des principaux moyens qu'ont les gens d'exercer un contrôle sur leurs comportements professionnels. Connaître ces deux variables aidera vos personnes clientes à choisir la carrière à entreprendre, à persister malgré les obstacles et à tirer satisfaction de leur carrière.

4. **Mettez l'accent sur les expériences d'apprentissage.** Quatre types d'expériences d'apprentissage, à savoir l'expérience de maîtrise, l'apprentissage vicariant, la persuasion verbale et les états physiologiques/émotionnels, sont à l'origine du sentiment d'efficacité personnelle et des attentes de résultats et peuvent être utilisés pour concevoir des interventions relatives à la carrière.

5. **Soyez conscient de l'importance de l'environnement.** Les interventions devraient aider les personnes clientes à reconnaître les répercussions que les facteurs liés aux environnements proximal et distal ont sur leur développement de carrière, ainsi qu'à surmonter les obstacles qui nuisent à l'atteinte de leurs objectifs de carrière et à obtenir les ressources nécessaires pour ce faire.

6. **Examinez le contexte culturel.** Les antécédents familiaux et culturels de vos personnes clientes devraient être pris en considération lors de la sélection et de l'administration des évaluations, de l'interprétation des résultats de ces dernières et de la conception d'interventions fondées sur la théorie

sociocognitive de la carrière (SCCT). Les conseillers et conseillères devraient également être conscients de leurs propres présomptions et préjugés à l'égard des différents groupes culturels

Chapitre 37

Counseling de carrière sociodynamique

Timo Spangar

Le counseling de carrière est constitué d'une constellation de concepts et de pratiques visant à mieux comprendre la relation existante entre les individus et le monde du travail, ainsi que d'outils pratiques pour les aider à s'orienter. Les principales approches de counseling de carrière traitent de quatre thèmes communs. En premier lieu, elles offrent un point de vue sur la relation des individus avec le monde du travail. En second lieu, elles proposent des idées pour organiser l'interaction humaine dans le cadre du processus de counseling, afin d'aider les individus à établir une relation plus satisfaisante avec le monde du travail. En troisième lieu, elles suggèrent des postures et des rôles que les personnes clientes et conseillères devraient adopter pour collaborer efficacement dans le cadre du processus de counseling. En quatrième lieu, elles décrivent les répercussions pour les dispositifs de counseling qui soutiennent les trois premiers points. L'*approche sociodynamique du counseling de carrière* (*sociodynamic approach to career counselling*), élaborée par Vance Peavy, aborde l'ensemble de ces thèmes. Le présent chapitre donne un aperçu des principaux concepts et outils de counseling sociodynamiques et les applique à une illustration pratique.

L'approche sociodynamique à l'égard du counseling de carrière

L'approche sociodynamique (Peavy, 1997a) se positionne comme une approche distincte du counseling de carrière qui examine les nouveaux développements de la vie professionnelle postindustrielle. La chute de l'économie industrielle traditionnelle a été le catalyseur qui a incité Peavy à reconnaître la nécessité d'une « nouvelle vision[1] » (Peavy, 1997b, p. 123) du counseling de carrière. Il a développé le counseling de carrière sociodynamique pour mieux s'adapter aux conditions changeantes du monde postindustriel.

Dans un tel monde, les individus doivent effectuer des choix professionnels dans un contexte à double contrainte (Spangar, 2017). D'une part, le monde du travail, et même des professions spécifiques et des emplois individuels, peut être modelé et façonné. D'autre part, le contexte social changeant comprend une

---

[1] Traduction libre.

incertitude et des risques accrus (Beck, 1992). Le choix professionnel devient une construction de soi pour laquelle les individus ont besoin du soutien de conseillers et conseillères. Peavy estimait que le counseling de carrière contemporain devait réduire l'écart traditionnel entre la vie et la carrière. Le counseling de carrière peut ainsi être considéré comme une méthode générale de planification de vie.

Depuis que Peavy a développé son approche sociodynamique, la vie professionnelle et le développement social des individus ont progressé dans la direction qu'il avait indiquée, soit à une vitesse accélérée. Nous sommes à nouveau sur le point d'entamer une nouvelle phase de vie au travail et de développement du marché de l'emploi (Gratton, 2011). Le contenu des métiers est devenu encore plus flou et contradictoire. Les compétences maintenant nécessaires doivent être inventées de manière récurrente, non seulement en fonction du niveau de scolarité, mais également des liens informels entretenus avec la société et avec les autres, voire des nouvelles formes de médias sociaux. Cette nouvelle phase a été appelée la *vie professionnelle hybride* (Spangar, 2017).

Relation et processus de counseling

Peavy a appelé son approche sociodynamique, avec *socio*, qui signifie « ensemble », « compagnon » et « social », et le *dynamiko* grec, qui suppose un changement et un mouvement continus, ainsi qu'un équilibre esthétique des parties. Le terme *sociodynamique* cristallise l'idée que les humains sont des êtres sociaux qui changent continuellement : « Au mieux, nous sommes un équilibre holistique et esthétique. Une vie bien vécue est une œuvre d'art [...] comme un poème ou une danse[2] » (Peavy, 1997a, p. 8). Le counseling est un processus social : la personne cliente et conseillère doivent découvrir conjointement des moyens permettant à la personne cliente de poursuivre sa vie. En vue d'aider celle-ce, la personne conseillère doit avoir la capacité et l'attitude nécessaires pour entrer dans le monde de la personne cliente, afin de trouver « où se situe l'autre (la personne cliente) et commencer à partir de là[3] » (Peavy, 1997b, p. 24).

Le processus de counseling est un cheminement conjoint pour la personne conseillère et cliente. Le processus commence par la création d'un terrain d'entente et par le sentiment de « travailler ensemble ». Il se poursuit par un dialogue où la personne cliente est habilitée par le sentiment que la personne conseillère est là uniquement pour elle. Le sentiment de ce *temps personnel* encourage la personne cliente à raconter son histoire personnelle et permet à la personne conseillère d'acquérir une compréhension de la vie de ce dernier. Le processus de counseling se poursuit par la planification, l'innovation, la création d'une réalité pratique, ainsi que par la détermination des prochaines étapes, ce qui mène à la « réalisation

---

2   Traduction libre.
3   Traduction libre

Nancy Arthur, Roberta Borgen (Neault), Mary McMahon, éditrices

d'une action conjointe[4] » (Peavy, 2004, p. 52). Ces réalisations peuvent adopter des perspectives nouvelles ou révisées, de nouvelles solutions ou des choix élargis, de nouvelles réflexions et une pensée critique, une identité renforcée, l'articulation d'une expérience de vie, une capacité accrue de créer des projets, des relations reconstruites, un soutien à la création de soi, ainsi qu'une clarification des interactions entre soi, les autres et le contexte.

Égalité des rôles du conseiller et du client

L'approche sociodynamique a contribué de manière significative à la conception actuelle des rôles de la personne conseillère et cliente. Elle se révèle plus égalitaire qu'autrefois où seule la personne conseillère était considéré comme l'experte. Dans le cadre de l'approche sociodynamique, le processus de counseling est un processus conjoint. La personne conseillère est maintenant considérée comme une co-voyageuse, une co-négociatrice, de même qu'une partenaire de dialogue. La personne conseillère et cliente forment une équipe où la personne cliente est l'experte de sa vie et la personne conseillère est l'experte du processus de counseling.

Peavy (1996) a conceptualisé le counseling de carrière comme une « culture de guérison » et une « pratique de sagesse » plutôt qu'une « science appliquée » déduisant des concepts et des pratiques de la recherche universitaire. La personne conseillère adopte maintenant le rôle de « bricoleur » (Peavy, 1997a, p. 24), soit un touche-à-tout qui utilise des méthodes propres à la culture de la personne cliente et improvisées à même l'expérience du processus.

Stratégie générale de counseling sociodynamique

Conformément à l'idée du counseling de carrière en tant que méthode générale de planification de vie, Peavy a mis l'accent sur différentes méthodes de counseling (Peavy, 2004). Traditionnellement, les méthodes ont (idéalement) fait correspondre les théories et les approches de counseling. Peavy estimait toutefois que l'adoption de l'« attitude de la personne conseillère » était plus importante que l'apprentissage de méthodes prescriptives. Il se référait aux outils de counseling sociodynamiques comme à des suggestions de stratégies visant à améliorer l'improvisation et la spontanéité dans le cadre du processus de counseling (Peavy, 2004).

La stratégie générale de counseling sociodynamique offre un cadre pour le processus de counseling, lequel est considéré comme un processus continu de *rétroaction dialogique réfléchie* entre la personne conseillère et cliente. Dans le cadre de tout processus de counseling, la personne conseillère possèdent des « ressources conjointes[5] » (Peavy, 2004, p. 52). Ces ressources peuvent comprendre les solutions que la personne cliente a déjà tentées, les réflexions de la personne

---

4 Traduction libre.
5 Traduction libre

cliente sur son expérience, sa connaissance des contraintes et des possibilités de la situation, de même que ses modèles de résolution de problèmes.

Sur la base de leurs ressources conjointes, la personne conseillère et cliente vont entrer dans un « processus de médiation coconstructif[6] » (Peavy, 2004, p. 52). Un tel processus est nouveau et ne comporte pas de phases prescriptives. Il sert d'intermédiaire entre le passé et l'avenir de la personne cliente.

Principaux outils de counseling sociodynamique

Écoute dialogique. L'approche sociodynamique met l'accent sur le fait d'écouter et d'entendre la personne cliente de manière authentique grâce à l'« écoute dialogique[7] » (Peavy, 2004, p. 54). L'amélioration de l'écoute de la personne conseillère est un aspect paradigmatique de l'approche sociodynamique. Peavy a élaboré le concept d'écoute dialogique en positionnant la *paix intérieure* et les *relations harmonieuses* comme ses éléments fondamentaux.

La paix intérieure est un état d'esprit où la personne conseillère rencontre la personne cliente de manière authentique et présente pour ce dernier. La paix intérieure implique d'être réceptif, calme, concentré, respectueux, patient, de faire le vide en soi, conscient de son humeur et réactif (Peavy, 2004). La paix intérieure n'est pas facile à obtenir ; il faut une pratique consciente consistant en une « réalisation spirituelle et psychologique ». Peavy propose un répertoire de 15 pages pour favoriser la paix intérieure (Peavy, 2004, p. 55-70).

L'écoute authentique exige une relation harmonieuse entre la personne conseillère et cliente. Au départ, la personne conseillère doit écouter pour établir une relation avec la personne cliente. Ce n'est qu'ensuite qu'elle s'engagera à comprendre et régler le problème de la personne cliente. Le processus de résolution de problèmes passe par la relation avec la personne cliente et par l'écoute attentive. Une relation harmonieuse fructueuse entre la personne conseillère et cliente permet au conseiller ou à la conseillère de présenter un « visage humain », reflétant « le calme intérieur, la concentration, le soin et la responsabilité[8] » (Peavy, 2004, p. 72).

L'écoute dialogique peut être pratiquée en paires de personnes conseillères (A et B). Ils commencent par sélectionner un thème ou une question à aborder (p. ex. Qu'est-ce que je trouve difficile dans le processus de counseling?). Selon Spangar (2017, p. 144), la discussion se déroule comme suit : 1) la personne conseillère A parle pendant 5 minutes tandis que la personne conseillère B l'écoute « sans savoir » et sans commenter, en prêtant attention au sens qui se cache « derrière les mots » ; 2) la personne conseillère B mentionne à la personne conseillère A ce qu'elle a compris et la personne conseillère A commente le tout ; 3) les personnes

---

6 Traduction libre
7 Traduction libre
8 Traduction libre

conseillères changent de rôle ; 4) les personnes conseillères discutent de leur expérience dans chacun des rôles (celle qui parle, celle qui écoute).

Cartographie de l'espace de vie. Le deuxième concept paradigmatique de la pratique de counseling sociodynamique est l'*espace de vie*. L'espace de vie comprend à la fois l'espace psychologique et sociologique au sein duquel vivent les individus. Il s'agit de l'état d'esprit holistique et du contexte individuel, social et culturel dans lequel vivent les individus. En généralisant son expérience de counseling, Peavy a divisé l'espace de vie en quatre régions sémantiques : relations et intimité, travail et apprentissage, santé et corps, ainsi que spiritualité (Peavy, 1997a, p. 125).

L'idée de la *cartographie de l'espace de vie* (*life-space mapping*) consiste à rendre visible la vie de la personne cliente dans son ensemble, afin de permettre à cette dernière de s'en servir dans son processus de counseling. Les personnes conseillères qui emploient le counseling de carrière sociodynamique utilisent des dessins, des visualisations et différentes formes de diagrammes comme outils clés de counseling. Il existe de nombreuses formes et variantes de méthodes imagées de counseling. Les conseillers et conseillères sont encouragés à les façonner et à innover à cet égard. La façon dont Peavy utilise la cartographie de l'espace de vie (décrite dans la référence 1997a) consiste à inviter les personnes clientes à imaginer une feuille entière comme s'il s'agissait de leur espace de vie actuel. D'abord, il leur demande de dessiner un petit cercle nommé « moi » quelque part sur la page. Ensuite, la personne conseillère et cliente travaillent ensemble pour dresser une carte de tout ce qui se passe dans la vie de la personne cliente qui semble se rattacher au problème en question. Elles dressent la carte des expériences, des événements, des personnes, des relations, des besoins, des voix et des possibilités, à l'aide d'images, de mots et de couleurs.

Mise en pratique du counseling de carrière sociodynamique

L'approche sociodynamique permet aux conseillers et conseillères d'utiliser toute une gamme de méthodes et d'outils auprès des personnes clientes, notamment des images, des représentations, des tâches axées sur les activités, des activités écrites, de narration, de planification de la vie et du travail, d'affectations liées aux travaux à domicile, de dialogues axés sur la participation de la personne cliente à des activités pratiques, de dialogues fondés sur le texte et sur des objets ou des images (p. ex., au moyen d'images et de vidéos), tels que décrits par Peavy (2004). Les méthodes peuvent également être appliquées dans le cadre du counseling groupal. En outre, l'approche sociodynamique encourage les personnes conseillères à faire preuve de créativité et à élaborer leurs propres méthodes.

Illustration pratique

Lauri (pseudonyme), un travailleur agricole âgé de 35 ans, a subi une blessure à la hanche l'empêchant de poursuivre l'exercice de sa profession actuelle. Il a recours au counseling de carrière afin de « *clarifier pour moi-même quelles sont mes chances et mes compétences et l'incidence de ma blessure sur celles-ci* ». À la fin de la première séance, le conseiller a confié à Lauri une tâche de cartographie de son espace de vie : une grande feuille blanche avec un cercle au centre indiquant « moi ici et maintenant » et des instructions l'invitant à dessiner tout ce qui lui venait à l'esprit concernant sa vie professionnelle et la vie en général (Vähämöttönen, Keskinen et Parrila, 1994).

Lors de la deuxième séance, Lauri a décrit sa situation sur sa carte de l'espace de vie comme un carrefour. Une route se dirigeait vers la gauche avec un panneau indiquant « le passé » et cette description : « familier et sans risque, mais pas le mien ». La route vers la droite s'appelait « la nouveauté » et portait la description « exigeante et difficile, mais qui donne également le goût de vivre ». La route vers la gauche était large et facile à parcourir, tandis que la route vers la droite était étroite et pleine de pierres. Au bout de cette route, il y avait un étang et le soleil brillait. De plus, il y avait un sablier, la moitié supérieure remplie de sable qui commençait à s'écouler. À gauche du cercle « moi ici et maintenant », il y avait une figure humaine tenant un fouet qui atteignait le cercle. La figure disait : « Tournez à gauche! » Lauri a expliqué que l'homme avait le fouet autour du cou.

Lauri voyait trois options :

1. Rester là où il était, ce qui signifiait qu'il n'y aurait pas de changement dans sa vie.

2. Se diriger vers le passé, sans danger et familier, mais « pas le sien ».

3. Emprunter la route vers la nouveauté, remplie de nombreuses difficultés, mais qu'il valait la peine d'explorer.

L'hypothèse du conseiller était maintenant que Lauri était accroché à son passé (p. ex. il a raconté de longues histoires sur la façon dont son père ambitieux l'avait empêché de grandir librement en le faisant travailler trop dur à la ferme familiale). Lauri considérait son passé comme étant plein de problèmes et un obstacle à sa croissance personnelle.

Le conseiller a décidé de traiter la carte de l'espace de vie de Lauri comme une métaphore, et non comme une image représentant la réalité. Le conseiller a ensuite demandé à Lauri de faire trois nouvelles représentations :

1. Mettre l'accent sur le secteur entre le cercle « moi ici et maintenant » et la route vers l'avenir et visualiser plus en détail ce qui s'y trouvait.

2. Faire un nouveau dessin de la route vers le passé, en suivant cette consigne : « Quels autres éléments à part des nuages noirs voyez-vous? »

3. Faire un dessin qui répondrait à cette question : « À quoi ressemblerait le dessin si l'on coupait le fouet? »

L'un des deux dessins faits par Lauri était « le passé sans fouet » avec un paysage ensoleillé et splendide. C'était un dessin de *« ce qui aurait été possible si... il n'y avait pas eu le passé qui s'est réellement produit »* où Lauri se décrivait comme étant assis dans la forêt avec une tronçonneuse et il était si fatigué qu'il ne pouvait que bâiller sans arrêt. Le « dessin de l'avenir » comportait deux options sous un carrefour giratoire : le bureau de placement avec le texte « emploi? » et une banque avec le texte « argent? » Le fait de discuter des dessins avec le conseiller a aidé Lauri à se rendre compte qu'il comprenait, sur le plan rationnel, qu'il devrait « *se libérer* » de son passé, mais il a ensuite posé la question suivante : « *Comment puis-je ressentir cela sur le plan affectif?* ».

La question de Lauri a incité le conseiller à étoffer son approche à l'égard du défi de Lauri, soit celui d'accepter son passé. Le conseiller a suggéré à Lauri que l'objectif métaphorique du processus de counseling pourrait maintenant être redéfini comme suit : « *étape par étape vers les funérailles du passé* ». Lauri a accepté la suggestion du conseiller. Le conseiller a commencé à penser tout haut aux différents aspects de l'organisation d'une cérémonie funèbre, notamment la date des funérailles, le lieu de la cérémonie funèbre, les invités et invitées, qui fera un discours ou un éloge funèbre et les chansons qui seront chantées. Le conseiller a inscrit ces questions sur la planification funèbre dans un carnet et l'a remis à Lauri. Lauri et le conseiller ont convenu que Lauri présenterait son plan pour la tenue de funérailles métaphoriques lors de leur prochaine rencontre.

Lauri s'est présenté à la séance suivante avec un plan très détaillé et significatif pour enterrer son passé. Les funérailles auraient lieu dans son village natal. La cérémonie se tiendrait en silence et seules les personnes les plus proches de lui seraient présentes. La cérémonie serait dirigée par le thérapeute familial de son église. Elle commencerait par les invités et invitées se tenant debout près d'une tombe ouverte. Le chant d'hymnes religieux suivrait, puis le thérapeute familial prononcerait un discours. Le service commémoratif se tiendrait au même endroit. Les personnes présentes prendraient un café et se remémoreraient des souvenirs du défunt.

À la fin de la séance, Lauri a expliqué qu'il lui avait été difficile de planifier les funérailles. Toutefois, il a également été étonné de constater qu'il avait des larmes aux yeux en écrivant. Lauri a expliqué qu'il avait appris à quel point il est important d'écrire ou de dessiner ses pensées. Plus tôt dans sa vie, il avait essayé de résoudre ses problèmes uniquement en y réfléchissant ou en faisant quelque chose de concret. En ce qui concerne ses projets de carrière, Lauri avait décidé de suivre une formation de trois mois en counseling de carrière pour les chercheurs et chercheuses d'emploi ayant des problèmes de santé. Lauri avait donné son consentement écrit pour que le conseiller rencontre sa conjointe, afin de l'inclure dans le processus de counseling. Quelques semaines après la dernière séance de Lauri, la conjointe de Lauri s'est présentée au bureau et a dit au conseiller : « *Mon cher monsieur ! En tant qu'épouse, j'ai été stupéfaite de constater à quel point Lauri travaille maintenant avec acharnement à résoudre ses problèmes. J'en suis très heureuse, car notre relation n'a pas toujours été très facile. Merci !* »

Analyse de l'illustration pratique

Le cas de Lauri montre que la cartographie de l'espace de vie ouvre la vie de la personne cliente dans son ensemble, établissant un lien entre les défis liés au développement de carrière et d'autres thèmes importants dans la vie d'une personne cliente au moment du counseling. Dans le cas de Lauri, les thèmes abordés comprenaient les défis psychologiques posés par ses problèmes professionnels et de santé liés à son passé.

La première carte de l'espace de vie créée par Lauri *cristallise* le thème le plus important de sa situation actuelle : être à un carrefour de sa vie. Les diverses cartes imagées de l'espace de vie produites par Lauri pendant le processus de counseling lui ont permis d'approfondir sa relation avec sa vie professionnelle et d'avancer dans celle-ci. Lauri a adopté les représentations comme méthode de travail personnel. Bien que le conseiller de Lauri ait également utilisé d'autres méthodes au début du processus de counseling (p. ex. lignes de vie), les représentations de Lauri, dans leur profondeur et leur intimité, ont fourni au conseiller la principale méthode par laquelle il a continuellement négocié avec Lauri dans le cadre du processus de counseling. Ainsi, *les cartes de l'espace de vie* ont constitué *une plateforme conjointe de collaboration* pour le client et pour le conseiller grâce à laquelle ils ont pu travailler ensemble pour aider Lauri à franchir les prochaines étapes de son développement de carrière.

De plus, le cas de Lauri démontre que les cartes de l'espace de vie peuvent être traitées à la fois comme une description de la façon dont les choses se déroulent dans la vie d'une personne cliente (une représentation de la réalité) et simultanément comme des métaphores, ce qui signifie que les cartes de l'espace de vie créent une sorte de réalité métaphorique « comme si » dans le processus de counseling. La métaphore du carrefour offrait un large éventail d'options quant à la façon de procéder avec le processus de counseling.

En mettant l'accent sur les aspects métaphoriques des cartes de l'espace de vie, le conseiller a utilisé des méthodes de communication indirectes et symboliques.

Ainsi, le processus de counseling de Lauri s'est avéré un processus sécuritaire dans le cadre duquel il pouvait exprimer ouvertement ses préoccupations personnelles et intimes au sujet de son avenir. Cela a été confirmé par la femme de Lauri, qui a observé que ce dernier travaillait maintenant de manière différente sur les défis de sa vie. L'expérience de la conjointe de Lauri à l'égard de l'intervention réalisée et les commentaires spontanés dont elle a fait part au conseiller soulignent l'importance de faire participer les proches de la personne cliente au processus de counseling individuel. Chaque client et cliente négocie avec son environnement social les plans qu'il élabore pour sa carrière dans le cadre du processus de counseling. Il a besoin de méthodes et d'outils concrets pour ce faire. Il semble que les méthodes de cartographie de l'espace de vie, lorsqu'elles sont utilisées habilement par les personnes conseillères, offrent à celles-ci et à leurs personnes clientes une méthode utile pour négocier avec leur environnement social et faire participer d'autres personnes au processus de counseling.

Conclusion

L'approche sociodynamique offre des conceptualisations novatrices et des outils de counseling pratiques pour comprendre de façon holistique les relations qu'entretiennent les individus avec la vie professionnelle moderne, en intégrant les thèmes du travail et de la vie, et en faisant de cette intégration l'objectif du counseling de carrière. Les méthodes paradigmatiques que sont l'écoute dialogique et la cartographie de l'espace de vie, y compris l'utilisation de métaphores, constituent une plateforme pour une collaboration ouverte entre la personne conseillère et cliente, ainsi que pour comprendre le processus de counseling en tant qu'effort culturel.

Références

Beck, U. (1992). *Risk society: Towards a new modernity*. Londres, Angleterre : Sage.

Gratton, L. (2011). *The shift: The future of work is already here*. Londres, Angleterre : Collins.

Peavy, R. V. (1996). Counselling as a culture of healing. *British Journal of Guidance and Counselling, 24*, 141-150. DOI : 10.1080/03069889608253714

Peavy, R. V. (1997a). *SocioDynamic counselling. A constructivist perspective for the practice of counselling in the twenty-first century*. Victoria, C.-B. : Trafford.

Peavy, R. V. (1997b). A constructive framework for career counseling. Dans T. L. Sexton et B. L. Griffin (dir.), *Constructivist thinking in counselling practice, research, and training* (p. 122-140). New York, NY : Teachers College Press.

Peavy, R. V. (2004). *SocioDynamic counselling. A practical approach to meaning making*. Chagrin Falls, OH : Taos Institute.

Spangar, T. (2017). SocioDynamic career counselling: Constructivist practice of wisdom. Dans M. McMahon (dir.), *Career counselling : Constructivist approaches* (2e éd., p. 139-152). New York, NY : Routledge.

Vähämöttönen, T. T. E., Keskinen, P. A. et Parrila, R. K. (1994). A conceptual framework for developing an activity-based approach to career counselling. *International Journal for the Advancement of Counselling, 17*, 19-34. DOI : 10.1007/ BF01407923

Biographie

Timo Spangar, Ph. D., est professeur associé à l'Université de l'Est de la Finlande. Expert indépendant et travailleur indépendant, son travail va de l'élaboration d'une approche métaphorique axée sur les activités pour le counseling de carrière dans les années 1990 à l'élaboration de l'approche de counseling collectif « Stop and Go » dans les années 2010. Il possède une vaste expérience de travail dans les domaines de la recherche, de l'évaluation, de l'enseignement et de la consultation sur les politiques de counseling de carrière et du marché du travail en Finlande et en Europe. Il a également participé activement à l'élaboration de nouveaux modèles d'action pour les services publics d'emploi en Finlande.

Chapitre 38

Le modèle écologique du counseling de carrière : améliorer la concordance entre la personne et l'environnement pour une vie qui a du sens

Mei Tang

Au vu des changements technologiques et économiques rapides du XXIe siècle, les trajectoires de carrière des personnes ne suivent plus un modèle précis ou prévisible. Une compréhension de cet environnement changeant est nécessaire et essentielle à la planification de carrière et à la prise de décision. À mesure que les contextes professionnels, sociaux, culturels et économiques évoluent dans le monde entier, des approches en matière d'intervention en développement de carrière sont nécessaires pour aider les gens à se préparer à l'incertitude envers l'avenir. Au-delà des traits personnels, le développement de carrière individuel est influencé par des facteurs multiples et multiniveaux autant psychologiques que sociaux, politiques, économiques et culturels. Conyne et Cook (2004) ont présenté la perspective du counseling écologique afin d'améliorer la pratique du counseling en mettant l'accent sur l'interaction entre la personne et l'environnement et son influence sur les gens. Ce chapitre présentera le *modèle de counseling de carrière écologique* (*ecological career counselling model*) et son application à l'aide d'une illustration pratique.

Aperçu de la perspective du counseling écologique

Le counseling écologique est défini comme « la prestation d'aide contextualisée qui dépend du sens que les personnes clientes attribuent à leurs interactions environnementales, favorisant une meilleure concordance écologique[1] » (Conyne et Cook, 2004, p. viii). Conyne et Cook ont cité deux facteurs d'influence fondamentaux : a) la proposition de Kurt Lewin selon laquelle le comportement est fonction des interactions des personnes au sein de leur environnement, et b) le modèle écologique du développement humain de Bronfenbrenner pour examiner les différents niveaux du système écologique : le *microsystème*, le *mésosystème*,

---
[1] Traduction libre.

l'*exosystème* et le *macrosystème*, ainsi que leurs influences interactives sur l'individu. Le microsystème est le principal environnement des individus. Le mésosystème comprend les liens entre les microsystèmes. L'exosystème est le niveau auquel opèrent les principales institutions sociales locales, mais auxquelles l'individu ne participe pas nécessairement. Le macrosystème est le niveau organisationnel global de l'environnement de la personne. D'après Cook (2012), la perspective du counseling écologique suggère que le comportement est influencé par des contextes interpersonnels multiples et étroitement liés. Il est le résultat de l'interaction entre une personne dans son unicité et ses contextes de vie; et il est influencé par la réflexion sur le sens de la vie (c.-à-d. la façon dont les individus perçoivent, comprennent et prédisent les événements de vie). L'objectif du counseling écologique est d'aider les personnes clientes à trouver une concordance, ou un compromis positif, entre elles-mêmes et leur environnement, à tous ces niveaux (Conyne et Cook, 2004).

L'application du counseling écologique pousse les conseillers et conseillères à élaborer des interventions qui tiennent compte du contexte, qui reconnaissent les différences individuelles au sein des groupes et entre les groupes et qui favorisent l'examen de la myriade de façons dont les individus tentent de donner du sens à ce qui leur arrive dans leur vie quotidienne. De même, la perspective du counseling écologique a) encourage les conseillers et conseillères à élaborer des interventions novatrices qui permettent aux personnes d'apporter des changements à leur contexte social (p. ex., travail de prévention et de justice sociale); b) augmente l'ampleur et la profondeur des compétences des conseillers et conseillères grâce à sa base de connaissances interdisciplinaires unique et à l'importance accordée aux changements développementaux et contextuels au fil du temps.

Le modèle de counseling de carrière écologique

La perspective de counseling écologique a été appliquée au développement de carrière par Cook, O'Brien et Heppner (2004). Ces derniers ont affirmé que les comportements de carrière sont influencés par de multiples facteurs à chaque niveau du système écologique : le microsystème (p. ex. traits personnels, dynamique et antécédents familiaux), le mésosystème (p. ex., attentes des parents, pressions exercées par l'entourage), l'exosystème (p. ex., marché du travail local ou régional) et le macrosystème (p. ex., politiques gouvernementales, climat socioculturel). Cook et *al.* (2004) ont proposé les principes suivants :

1. Le counseling de carrière écologique est de nature métathéorique et interdisciplinaire. Cook et *al.* ont fait valoir qu'il pourrait être nécessaire de recourir à différentes théories pour expliquer les différents facteurs d'influence de chaque niveau du système écologique sur le développement de carrière des individus. À titre d'exemple, la théorie typologique de Holland (1985) est utile pour comprendre l'évolution des intérêts et des personnalités, alors que les

théories sociales et cognitives (Lent, Brown et Hackett, 1994) permettraient aux conseillers et conseillères d'examiner l'influence de la famille et de l'école sur les intérêts et les choix des individus.

2. Le counseling de carrière écologique est axé sur l'interaction. Autrement dit, le développement de carrière est indissociable des autres rôles de la vie. L'ethnie, l'identité de genre, l'identité culturelle, le statut socioéconomique, les rôles de la vie identifiés et le contexte au sein duquel ces rôles et identités sont exprimés influenceraient de manière interactive le développement de carrière de l'individu.

3. Le counseling de carrière écologique tient compte de multiples niveaux contextuels, et « un modèle de counseling écologique considère les comportements des personnes clientes en tant qu'actes en contexte, où les multiples couches imbriquées qui composent l'écosystème propre à l'individu sont étudiées afin de déterminer le rôle qu'elles jouent sur son comportement actuel[2] » (Cook et *al.*, 2004, p. 226).

4. Le counseling de carrière écologique concerne le sens : « les changements dans le processus d'attribution de sens des personnes clientes sont souvent essentiels à la résolution du dilemme relatif à la carrière2 » (Cook et *al.*, 2004, p. 226). Les intérêts, les valeurs, les besoins, les compétences et les autres traits doivent être interprétés avant le processus décisionnel. Privées de sens, ces informations disparates ne peuvent pas aider les individus à prendre des décisions. Après tout, les personnes trouvent un sens dans leurs rôles de vie et leur relation aux autres, de même qu'elles trouvent de la valorisation dans le travail et dans leur relation avec l'environnement.

5. Le counseling de carrière écologique cherche à améliorer la concordance en optimisant le potentiel et les expériences d'une personne afin de maximiser les relations concordantes en elle-même, avec les autres et avec l'environnement; les conseillers et conseillères peuvent aider les personnes clientes en leur permettant de trouver leur unicité dans le monde du travail.

6. Le counseling de carrière écologique comporte de multiples objectifs d'intervention sur les plans individuel, institutionnel et sociétal (c.-à-d. aider les individus à comprendre ce qui favorise et ce qui nuit à leur développement de carrière à différents niveaux; intervenir à différents niveaux à l'aide de divers outils).

---

2   Traduction libre.

En discutant des stratégies d'intervention pour les femmes à divers niveaux de leur écosystème, Cook, Heppner et O'Brien (2002) ont proposé d'élargir la conceptualisation des facteurs qui exercent une influence sur le développement de carrière et le comportement professionnel des individus. Ils ont également proposé de plaider pour – et de s'associer avec – les personnes clientes pour favoriser une interaction optimale entre la personne et son environnement. Plus particulièrement, Cook et al. ont proposé les stratégies d'intervention suivantes :
a) clarifier et affirmer les options de vie des femmes (p. ex. dissiper le message, ayant cours au niveau macro, selon lequel les femmes ne peuvent être que des soignantes), b) gérer les emplois du temps et les rôles multiples (p. ex. négocier des horaires de travail souples; donner aux femmes les moyens de faire valoir leurs besoins; veiller à la qualité des services de garde d'enfants), c) créer des environnements de travail sains (p. ex. sensibiliser les organisations à la nécessité de politiques contre la discrimination; sensibiliser les individus aux stratégies et aux ressources pour faire face à la discrimination), d) fournir des modèles de rôle et faciliter l'accès aux mentors, et e) recourir à des interventions au niveau macro (p. ex. promouvoir l'égalité salariale pour les femmes et les personnes de couleur).

En somme, l'objectif du modèle de counseling de carrière écologique est de rendre l'environnement de travail plus sain et plus valorisant pour l'individu, ainsi que de préparer ce dernier à y œuvrer avec succès (Cook, Heppner et O'Brien, 2005). En outre, Tang et Russ (2007), en menant une intervention en counseling de carrière dans le contexte américain des Appalaches, ont fait valoir l'importance d'évaluer les ressources et les obstacles à chaque niveau de l'écosystème de la personne cliente et d'aider les clients et clientes à trouver une concordance entre leur microsystème et les autres niveaux de l'écosystème. Elles ont également indiqué que lorsqu'il s'agit d'établir et de réaliser des objectifs de carrière, il est important de tenir compte de résultats durables qui s'inscrivent dans l'écosystème de la personne cliente. Ainsi, les conseillers et conseillères qui utilisent le modèle de counseling de carrière écologique doivent tenir compte des éléments pratiques suivants dans chacune des trois phases suivantes du counseling (évaluation, établissement d'objectifs et réalisation) :

Phase d'évaluation. En plus de l'évaluation traditionnelle des traits personnels comme les types d'intérêt, les valeurs ou les compétences, il est nécessaire d'évaluer les ressources et les obstacles à chaque niveau de l'écosystème de la personne cliente. L'identification des atouts ou des ressources dont disposent les personnes clientes dans leur environnement a pour but de compenser les obstacles qui s'y trouvent. Ce processus permet aussi aux personnes clientes de déterminer leurs propres forces, ce qui est essentiel pour une congruence entre personne et environnement et, par la suite, pour la conception et la mise en œuvre de stratégies d'intervention en counseling de carrière pertinentes. L'évaluation de l'écosystème consiste à examiner l'interaction entre les caractéristiques personnelles (p. ex. la personnalité, la résilience, les intérêts, les capacités); le contexte, les attentes et le soutien familial; le contexte et les possibilités éducatives; les valeurs; le contexte culturel; et les potentialités contextuelles.

Phase d'établissement d'objectifs. L'intervention en counseling de carrière devrait être explorée et définie conjointement par les conseillers et conseillères et leurs personnes clientes. Par conséquent, il est essentiel dans cette phase que les conseillers et conseillères facilitent la recherche de sens afin d'aider les personnes clientes à clarifier leurs rôles de vie, la signification du travail pour leur satisfaction personnelle et les résultats souhaitables du travail. L'établissement d'objectifs ne consiste pas simplement à prendre une décision ou à faire un choix, mais plutôt à déterminer comment l'on peut optimiser ses ressources dans l'écosystème afin de trouver sa voie. Les objectifs en matière d'intervention en counseling de carrière devraient avoir des répercussions positives sur la voie choisie et maximiser la durabilité des résultats de l'intervention.

Phase de réalisation. Dans cette phase, les conseillers et conseillères peuvent aider les personnes clientes à agir en fonction des objectifs qu'elles ont identifiés, en élaborant des stratégies et des plans d'action concrets. Le principe est de donner aux personnes clientes le pouvoir d'agir pour défendre leurs intérêts et de devenir des agentes du changement. Grâce au processus de réflexion sur le sens de la phase précédente, les personnes clientes sont plus susceptibles d'être inspirées et stimulées pour mettre en œuvre un plan d'action élaboré conjointement. Les conseillers et conseillères peuvent jouer le rôle de facilitateur, de mobilisateur ou de collaborateur pour donner aux personnes clientes les moyens de naviguer dans les divers niveaux de leur écosystème, de renforcer leur résilience face à l'adversité et de trouver une synergie entre les divers écosystèmes afin d'optimiser leur potentiel.

Illustration pratique

Joan (pseudonyme), une femme âgée de 43 ans, a récemment été mise à pied de son poste d'inspectrice des métaux dans une usine de fabrication d'automobiles dans le Midwest, aux États-Unis, et a été aiguillée par le gestionnaire des ressources humaines de son entreprise vers une conseillère externe pour bénéficier des services de counseling de carrière. Joan est titulaire d'un diplôme d'études secondaires et travaille pour cette usine depuis l'âge de 19 ans. Elle a deux enfants nés d'un mariage précédent et vit actuellement avec son petit ami depuis deux ans. Étant la seule personne salariée de la famille, Joan doit trouver un autre emploi rapidement ou alors s'inscrire à un programme de formation ou d'études afin de bénéficier des avantages qui lui sont offerts dans le cadre d'un programme fédéral à l'intention des travailleurs licenciés.

La conseillère de Joan, d'un organisme communautaire, lui a fourni plusieurs outils d'autoévaluation (c.-à-d. un inventaire des intérêts, un inventaire de confiance en ses compétences et une échelle de valeurs) pour l'aider à définir ses intérêts, son sentiment de compétences et ses valeurs, ainsi que de pouvoir par la suite trouver des options d'emploi pouvant lui convenir. Lors de la quatrième séance, Joan a exprimé des inquiétudes au sujet des résultats parce qu'ils semblaient contradictoires. Bien que les résultats aient fait ressortir ses intérêts pour les types social, artistique et entreprenant du modèle de Holland (1985) et qu'elle accorde de l'importance aux relations avec les autres, ainsi qu'aux possibilités de mettre à profit ses capacités liées à cette typologie, les compétences en lesquelles elle avait confiance correspondaient davantage aux types réaliste et conventionnel, c'est-à-dire dans des domaines tels que l'exploitation de machines, l'outillage et le jardinage. Lorsque la conseillère a dit à Joan qu'elle pourrait envisager de trouver un emploi dans la vente au détail, étant donné qu'un emploi dans ce domaine correspondrait bien à ses intérêts, à son niveau de scolarité et à ses compétences, Joan a hésité, mais n'arrivait pas à expliquer pourquoi ce choix ne l'intéressait pas. La conseillère a demandé à Joan quel serait son choix si elle décidait de retourner aux études pour suivre une formation. Joan a réfléchi un instant et a dit qu'elle voulait obtenir un baccalauréat (diplôme de premier cycle universitaire), car c'était son rêve lorsqu'elle était jeune. Cependant, à l'époque elle doutait de sa capacité d'obtenir un diplôme universitaire à son âge.

Au cours de leur discussion, Joan a constaté que le travail que faisait sa conseillère, soit d'aider les gens à s'améliorer (selon les mots de Joan), l'inspirait vraiment. Joan a pris conscience que son travail en tant qu'inspectrice des métaux à l'usine était ennuyeux, mais ce qui lui manquait, c'étaient les liens qu'elle avait tissés avec ses collègues et leurs familles. Même si le travail lui-même ne consistait pas à aider les gens, il lui a donné l'occasion de faire partie de communautés où les gens peuvent échanger et se soutenir mutuellement. La conseillère a ensuite demandé à Joan pourquoi ce lien social lui procurait un sentiment de satisfaction et la rendait heureuse. Elle lui a aussi demandé comment cette prise de conscience était liée aux résultats de son évaluation. Joan a commencé à partager davantage ses pensées et ses sentiments. L'une de ses principales préoccupations est que Joan veut un emploi qui lui garantit une sécurité économique (ce dont elle a besoin) et lui permet d'établir des liens sociaux (ce qu'elle aime), mais elle ne sait pas si un tel emploi existe, ou si elle peut y accéder sans un diplôme universitaire. Au début, Joan ne pensait pas pouvoir aller à l'université, puisqu'elle devait s'occuper de sa famille et qu'il n'y a pas d'université dans sa ville. Toutefois, après que sa conseillère a analysé les ressources et les obstacles dans son écosystème, Joan a décidé de s'inscrire à un programme en services de la santé au collège communautaire de sa ville, dans le but de devenir aide-infirmière dans un établissement de soins.

Analyse de l'illustration pratique

L'expérience de Joan illustre la réalité de nombreux travailleurs et travailleuses licenciées (c.-à-d. n'ayant pas de diplôme à jour, possédant des compétences qui ne sont plus prisées par la nouvelle économie, disposant de ressources ou de soutiens inadéquats tout en assumant de nombreuses responsabilités pour les autres). L'approche traditionnelle consistant à trouver des emplois correspondant aux traits personnels ne s'est pas avérée efficace pour Joan, et ce, pour deux raisons : en premier lieu, ses intérêts et ses compétences ne concordaient pas (type social vs type réaliste/conventionnel); en deuxième lieu, le choix qui semblait convenir (c.-à-d. un emploi dans le commerce de détail) ne l'inspirait ou ne la motivait pas. Sa conseillère a cherché à obtenir des précisions en lui demandant ce qui la rendait heureuse. Cela a incité Joan à se pencher sur son expérience professionnelle antérieure et à y relever les éléments qui lui ont procuré un sentiment de satisfaction. Ce n'était pas le travail lui-même, mais les liens sociaux issus des relations de travail et du sentiment d'appartenance communautaire qui la rendaient heureuse.

Cette découverte illustre l'importance cruciale d'identifier le sens que les individus attribuent au travail, ainsi que d'interpréter efficacement les résultats d'évaluations structurées sur le plan de la carrière. Si la conseillère de Joan n'avait pas décelé l'indice donné par son hésitation et avait amorcé un plan pour lui trouver un emploi, Joan se serait peut-être sentie mal servie. Elle se serait éventuellement retirée du service ou aurait pu réaliser un choix, mais se serait sentie insatisfaite. À ce stade, la conseillère a réussi à amener Joan à explorer et à déterminer ce que le travail signifie pour elle, ainsi que ses obstacles à un niveau micro (p. ex. ses responsabilités familiales, son manque de diplômes d'études supérieures) et ses ressources (p. ex. sa passion pour aider les autres, ses 20 années d'expérience de travail).

L'étape suivante a consisté à évaluer les ressources et les obstacles à chaque niveau de l'écosystème de Joan. Une évaluation approfondie a révélé plusieurs obstacles : aucun des membres de sa famille n'avait d'expérience universitaire (microsystème), il n'y avait pas d'université offrant des programmes de quatre ans dans sa ville ou à moins d'une heure de route (exosystème), et sa famille et de sa culture véhiculaient des croyances selon lesquelles les femmes n'ont pas forcément besoin d'un diplôme universitaire pour obtenir un emploi (microsystème et macrosystème). La conseillère a également aidé Joan à identifier des ressources dans son système qu'elle n'avait pas reconnues auparavant : son éthique du travail; ses compétences en organisation et en gestion du temps; son assertivité; le modèle d'un membre de son église qui lui est d'un grand soutien et qui vient d'obtenir son diplôme d'études collégiales dans un programme hybride; la reconnaissance de son potentiel par l'équipe de direction de l'usine, ce qui a donné lieu à une recommandation d'intégrer Joan à l'équipe de soutien par les pairs pour aider d'autres membres du personnel licenciés; et le paiement complet des droits de scolarité par son entreprise si elle s'inscrit à un collège agréé.

Après que la conseillère et Joan aient recensé les obstacles et les ressources de son écosystème, Joan a été en mesure d'identifier un rôle professionnel futur inspirant. Elle a décidé de s'inscrire à un collège communautaire de sa ville afin d'obtenir un certificat pour travailler comme prestataire de services de santé aux personnes aînées. Cet emploi intègre plusieurs éléments importants et significatifs pour Joan : conserver son rôle de mère et de partenaire, devenir une professionnelle aidante ayant un revenu stable et maintenir des liens avec sa famille et ses amis et amies dans la région. Joan a tiré parti des ressources fournies à l'échelle de l'exosystème (p. ex., programme d'indemnités de départ pour les travailleurs licenciés, programme de formation agréé pour les prestataires de services de santé, marché du travail dans la région) et du macrosystème (p. ex., programme fédéral de formation pour les travailleurs licenciés, besoin croissant de services de santé au pays) pour surmonter ses obstacles. De plus, la conseillère a travaillé avec Joan pour identifier les systèmes de soutien sur lesquels elle peut compter en cas de difficultés, comme la maladie, les dépenses financières imprévues, les difficultés dans certains cours et les changements sur le marché du travail. Après les dernières séances avec la conseillère, Joan se sentait sûre d'elle-même parce qu'elle avait maintenant conscience de ses points forts, des défis qu'elle pourrait rencontrer, des façons utiles de relever ces défis et des personnes vers qui elle pouvait se tourner pour demander de l'aide. Plus important encore, Joan savait pourquoi elle avait pris cette décision de carrière et ce que ce nouvel emploi futur signifiait pour elle, et cette prise de conscience lui a donné un but dans la vie et de la force.

Conclusion

Le counseling de carrière écologique tient compte de l'écosystème de chaque individu, en allant au-delà de ses caractéristiques personnelles pour tenir compte des divers éléments contextuels, et ce, en reconnaissant que chaque niveau de l'écosystème influence la trajectoire de carrière et le comportement de chacun. L'objectif de l'intervention en counseling de carrière est d'aider les personnes clientes à clarifier leurs rôles et le sens de leur vie, d'optimiser l'interaction entre les facteurs personnels et contextuels, ainsi que de donner aux personnes clientes les moyens de devenir des défenseurs et défenseuses de leurs intérêts et des agents et agentes de changement résilients. Les conseillers et conseillères doivent travailler en collaboration avec leurs personnes clientes pour évaluer leurs obstacles et leurs ressources afin de définir des objectifs et des stratégies d'intervention en counseling de carrière valable sur le plan écologique. En tant que métathéorie du développement de carrière, le counseling de carrière écologique intègre diverses techniques tirées d'autres théories pour renforcer le pouvoir d'agir et la résilience des personnes clientes.

Références

Conyne, R. K. et Cook, E. P. (dir.). (2004). *Ecological counseling: An innovative approach to conceptualizing environmental interaction.* Alexandria, VA : American Counseling Association.

Cook, E. (2012). *Understanding people in context: The ecological perspective in counseling.* Alexandria, VA : American Counseling Association.

Cook, E. P., Heppner, M. J. et O'Brien, K. M. (2002). Career development of women of color and white women: Assumptions, conceptualization, and interventions from an ecological perspective. *The Career Development Quarterly, 50*, 291-304. DOI : 10.1002/j.2161-0045.2002.tb00574.x

Cook, E. P., Heppner, M. J. et O'Brien, K. M. (2005). Multicultural and gender influences in women's career development: An ecological perspective. *Journal of Multicultural Counseling and Development, 33*, 165-179. DOI : 10.1002/j.2161-1912.2005.tb00014.x

Cook, E. P., O'Brien, K. M. et Heppner, M. J. (2004). Career counseling from an ecological perspective. Dans R. K. Conyne et E. P. Cook (dir.), *Ecological counseling: An innovative approach to conceptualizing environmental interaction.* Alexandria, VA : American Counseling Association.

Holland, J. L. (1985). *Making vocational choices: A theory of career* (2e éd.). Englewood Cliffs, NJ : Prentice Hall.

Lent, R. W., Brown, S. D. et Hackett, G. (1994). Toward a unifying social cognitive theory of career and academic interest, choice, and performance [Monograph]. *Journal of Vocational Behaviour, 45*, 79-122. DOI : 10.1006/jvbe.1994.1027

Tang, M. et Russ, K. (2007). Understanding and facilitating career development of people of Appalachian culture: An integrated approach. *The Career Development Quarterly, 56*, 34-46. DOI : 10.1002/j.2161-0045.2007.tb00018.x

Biographie

Mei Tang, Ph. D., est professeure de counseling à la School of Human Services de l'Université de Cincinnati, aux États-Unis. Elle a publié des articles sur le développement de carrière des minorités, l'identité culturelle et l'acculturation, les mesures d'évaluation, ainsi que les applications du counseling écologique. Depuis plus de 20 ans, elle a exercé divers rôles au sein d'associations professionnelles pour le développement et le counseling de carrière.

Points de pratique pour le modèle de counseling de carrière écologique
Mei Tang

1. **Élargir la conceptualisation.** Lorsqu'il s'agit d'examiner les facteurs liés au développement de carrière d'un individu, il faut examiner chaque niveau de l'écosystème de cet individu ainsi que l'interaction entre ces facteurs.

2. **Utiliser une évaluation écologique.** Recueillir des informations sur les obstacles et les ressources à chaque niveau de l'écosystème d'une personne cliente afin de définir des objectifs et des stratégies écologiquement valables qui auront des résultats durables. Ce qui constitue des obstacles et des ressources dépend du contexte culturel et du processus de réflexion sur le sens de chaque individu.

3. **Faciliter la création de sens.** Aidez les personnes clientes à trouver leur but dans la vie, à comprendre le sens que le travail donne à leur vie, à clarifier leurs rôles futurs, ainsi qu'à explorer ce qui les motive et les inspire à ressentir du bonheur et de la satisfaction. Donner aux personnes clientes l'espace nécessaire pour explorer, découvrir et réfléchir à leur véritable moi négligé.

4. **Optimiser l'interaction entre la personne et l'environnement.** Aider les personnes clientes à intégrer différents rôles et besoins afin qu'elles puissent établir une relation saine avec les autres à chacun des niveaux de leur écosystème; maximiser les ressources pour surmonter les obstacles afin d'améliorer la compatibilité personne-environnement.

5. **Favoriser le pouvoir d'agir.** Les conseillers et conseillères peuvent être des facilitatrices et des mobilisatrices pour leurs personnes clientes et les encourager à renforcer leur résilience, à prendre conscience de leurs points forts et à défendre leurs intérêts.

Chapitre 39

Le modèle d'espace intrapreneurial : faciliter le développement d'un nouveau rôle de carrière

Gert van Brussel

L'intrapreneuriat peut donner un second souffle aux carrières et contribuer à la durabilité de ces dernières et de l'employabilité. Les intrapreneurs et intrapreneuses sont des employés et employées qui assument des tâches et poursuivent des objectifs d'entrepreneuriat au sein de l'organisation où ils travaillent. À ce titre, l'intrapreneuriat (entre*preneuriat intra*-entreprise ; Pinchot, 1985) peut être considéré à la fois comme un travail et un rôle de carrière temporaire ou plus permanent. Le *modèle d'espace intrapreneurial* a été élaboré en partant du principe que l'espace est une condition essentielle à l'activité intrapreneuriale et en se fondant, par induction, sur les conditions formulées par les intrapreneurs et intrapreneuses dans le cadre d'une approche ascendante (« Bottom-Up »). Je présente ici ce modèle comme l'un des principaux éléments d'une stratégie en six étapes visant au développement de l'intrapreneuriat comme rôle de carrière. Ce modèle et cette stratégie sont fondés sur deux études (Van Brussel, 2012a), de même que sur mon expérience professionnelle en tant que conseiller et entrepreneur. Les professionnels et professionnelles de la carrière peuvent utiliser cette stratégie et les outils présentés pour aider leurs personnes clientes dans un processus de réorientation de leur carrière ou qui cherchent de façon proactive une manière plus durable de poursuivre leur carrière, ainsi que de nouveaux défis à relever. Dans les sections qui suivent du présent chapitre, le modèle d'espace intrapreneurial est décrit et illustré à l'aide d'une étude de cas.

Définir et développer l'intrapreneuriat

L'intrapreneuriat peut être considéré comme un processus entrepris de façon proactive par des employées et employés individuels. Selon une combinaison de définitions tirées de la littérature, l'intrapreneuriat est défini dans le présent chapitre comme *un processus entrepreneurial qui comprend diverses activités exprimées en termes de comportements, comme : la reconnaissance des occasions, la création de produits, la mise sur le marché et l'organisation des différentes activités.* Aujourd'hui, nous trouvons des intrapreneurs et intrapreneuses et des exemples d'intrapreneuriat dans toutes sortes d'industries, aussi bien dans des secteurs à but lucratif que non lucratif, ainsi qu'au sein d'organisations gouvernementales. L'intrapreneuriat – ou *l'activité entrepreneuriale des employés,* comme on l'appelle dans le rapport mondial 2016 2017 du Global Entrepreneurship Monitor (GEM) [Herrington et Kew, 2017] – est présent dans une grande proportion des activités d'entrepreneuriat observées au sein des économies industrialisées soi-disant axées sur l'innovation, que l'on retrouve principalement dans les pays occidentaux. La croissance du phénomène d'intrapreneuriat peut s'expliquer par sa valeur ajoutée. Développer l'esprit intrapreneurial peut s'avérer avantageux pour les personnes employées et les organisations (voir Van Brussel, 2012a). Par exemple, les employés et employées en retirent souvent une plus grande satisfaction au travail et cette activité contribue à leur développement de carrière. L'organisation qui emploie l'intrapreneur ou intrapreneuse peut, quant à elle, en bénéficier sur le plan de l'innovation, du rendement et de la compétitivité.

Le développement de l'intrapreneuriat dans le contexte des carrières

Dans le cadre de mes deux études (voir Van Brussel, 2012a), des personnes intrapreneuses actives ont été interrogées au sujet des conditions qui étaient et qui sont importantes pour le développement de leur intrapreneuriat. Nous leur avons posé des questions comme « De quoi aviez-vous besoin dans le passé, de quoi avez-vous besoin maintenant et de quoi aurez-vous besoin dans l'avenir pour développer votre esprit d'intrapreneuriat? » La principale conclusion tirée de la première étude est que l'espace est une condition essentielle au développement de l'intrapreneuriat. Les enquêtes plus ciblées menées dans le cadre de notre deuxième étude ont permis d'établir une description détaillée et différenciée de l'espace. L'analyse qualitative de l'espace en tant que condition a fait ressortir 10 dimensions, que nous avons définies comme suit en fonction des réponses des participants et participantes (Van Brussel, 2012a, p. 198 199) :

1. Direction : soutien et engagement de la direction, y compris du conseil d'administration de l'organisation; donner une orientation, une structure et des limites;

2. Temps : temps pour le développement de l'intrapreneuriat; temps nécessaire pour d'autres activités et rôles professionnels;

3. Expérimentation : temps et ressources dédiées spécifiquement à l'expérimentation, à l'innovation et à la création de nouveaux produits, services ou méthodes et procédures de travail;

4. Engagement : attention et appréciation d'autres personnes, comme des collègues ou des camarades de travail, sans référence particulière à la direction;

5. Autonomie : liberté et responsabilité à l'égard de l'activité intrapreneuriale;

6. Socialisation : réseautage, établissement de contacts et interaction avec d'autres, à l'intérieur et à l'extérieur de l'organisation;

7. Développement : soutien à la formation professionnelle et entrepreneuriale; accompagnement;

8. Finances : soutien financier et budgets;

9. Confiance : confiance et tolérance à l'échec, par rapport à toute personne au sein de l'organisation, sans référence particulière à la direction;

10. Ressources : soutien supplémentaire en termes de personnel, d'équipement et administratif.

Nous pouvons conclure que chaque personne (ou chaque équipe) a besoin d'un espace pour développer son esprit intrapreneurial et que la combinaison des dimensions qui caractérisent cet espace est unique à cette personne ou à cette équipe. À partir des résultats de l'étude no 2, un modèle d'espace intrapreneurial (voir la figure 1), dans lequel chaque dimension est évaluée sur une échelle en 10 points, a été conçu comme un outil pour la pratique (Van Brussel, 2012a).

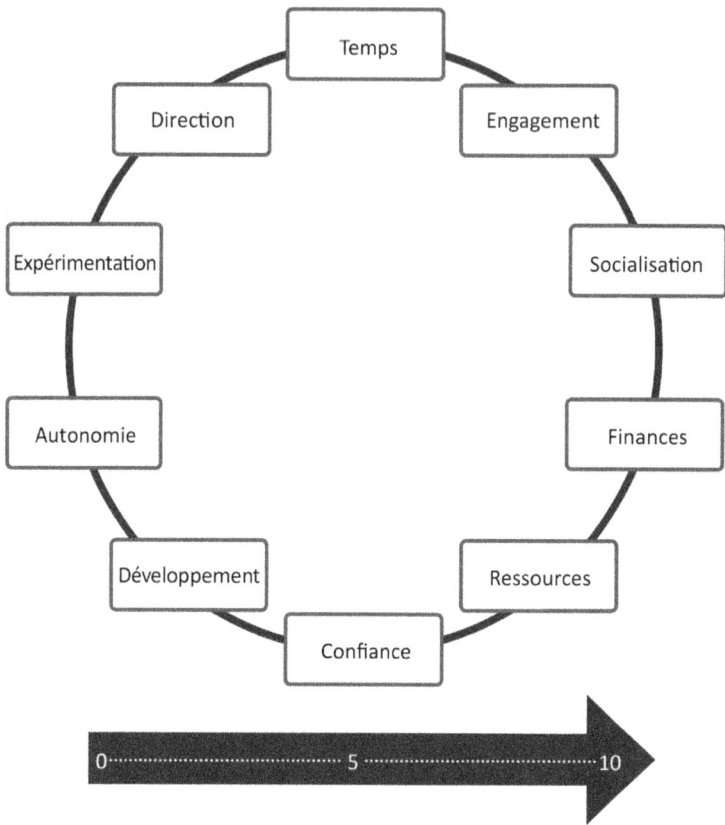

Figure 1. Le modèle d'espace intrapreneurial.

Vers une stratégie pour le développement de l'intrapreneuriat comme perspective de carrière

La présente sous-section contient quelques lignes directrices générales pour la mise en œuvre d'une stratégie visant à développer l'intrapreneuriat. Les recommandations formulées ne peuvent être généralisées de manière stricte. Les professionnels et professionnelles de la carrière peuvent décider si les stratégies et les méthodes suggérées sont utiles pour eux dans leurs contextes particuliers.

Un élément essentiel de la stratégie consiste à utiliser le modèle d'espace intrapreneurial afin d'évaluer l'espace nécessaire pour ces 10 dimensions à un niveau personnel, subjectif et relatif. Une différence peut être faite entre le niveau réel expérimenté et le niveau désiré ou requis dans le cadre d'un projet d'intrapreneuriat donné. L'*évaluation de l'espace* devrait être effectuée régulièrement afin de suivre de près l'évolution de la situation. En outre, cette évaluation peut être faite par une personne gestionnaire[1], qui pourra ainsi délimiter l'espace qu'elle est prête à accorder à un employé ou une employée. Enfin, les membres d'une équipe intrapreneuriale peuvent évaluer l'espace commun dont ils disposent et dont ils ont besoin.

Le fait que les dimensions de cet espace donnent lieu à une expérience subjective et relative implique que la portée de l'espace expérimenté peut changer au fil du temps. Il semble donc nécessaire d'évaluer régulièrement cet espace.

Comme la plupart des employés et employées travaillent en équipes (et ne travaillent donc pas seul ou de manière indépendante), ils doivent consulter leur entourage, notamment leurs gestionnaires, lorsqu'ils cherchent à créer l'espace approprié pour développer leur esprit intrapreneurial (Van Brussel, 2012b). Les gestionnaires représentent l'employeur ou l'employeuse qui gèrent ressources. Dans la pratique, les employés et employées doivent négocier cela avec leurs gestionnaires pour parvenir à une entente qui sera profitable à tous (notion du *I-deal* de Rousseau, 2005), dans le meilleur des cas. Ce dialogue, mené principalement dans le cadre d'entretiens individuels, devrait être tenu fréquemment, compte tenu du besoin d'évaluation.

La pertinence de l'intrapreneuriat pour les individus et leur environnement organisationnel mérite aussi d'être considérée. Autrement dit, l'intrapreneuriat est-il un élément clé de la stratégie ou de la politique de gestion des ressources humaines de l'organisation? En outre, l'intrapreneuriat peut être une option très intéressante permettant aux employés et employées de définir ou designer leurs postes de travail et de construction de leurs carrières (voir Van Brussel, 2012a pour une analyse de ces concepts). Cet aspect de la question est également lié aux motivations intrinsèques et extrinsèques de la personne professionnelle à l'égard des activités intrapreneuriales.

Les personnes intervenant dans le processus de développement de l'intrapreneuriat

Les employés et employées qui s'intéressent à l'intrapreneuriat sont un groupe cible tout indiqué pour un projet de développement. Ce groupe peut comprendre aussi bien des personnes intrapreneuses actives qui veulent développer plus avant leur esprit intrapreneurial que d'autres professionnelles et professionnels curieux de découvrir un nouveau rôle professionnel et une nouvelle stratégie de carrière. Les membres de la direction – y compris les gestionnaires des ressources humaines, qui sont les partenaires « naturels » des employés et employées au sein des organisations – sont un autre groupe auquel une stratégie d'intrapreneuriat pourrait être présentée. Nos études (Van Brussel, 2012a) montrent que les gestionnaires ont une incidence importante sur l'expérience faite de cet espace en tant qu'une des conditions favorisant l'esprit intrapreneurial de leurs employés et employées.

---

1   Au sein de ce chapitre, le terme « gestionnaire » est utilisé pour identifier les supérieurs et supérieures en autorité, voire les cadres (supérieurs et supérieures) au sein de l'organisation. La version originale anglaise fait usage du terme « manager ».

Les gestionnaires représentent l'organisation et, à ce titre, ont accès à plusieurs dimensions de cet espace et prennent les décisions qui s'y rattachent. En regard de leur rôle de personnes superviseures auprès d'employés et employées souhaitant développer leurs activités intrapreneuriales, les personnes gestionnaires devraient procéder à une évaluation supplémentaire des conditions de cet espace.

Enfin, un troisième groupe cible sont les personnes professionnelles de la carrière qui aident les employés et employées à faire progresser leur carrière et leur vie professionnelle, telles que les spécialistes des ressources humaines, les personnes conseillères et les coachs. Dans la plupart des cas, ces spécialistes facilitent le processus de développement de carrière en aidant leurs personnes clientes à préparer et à déployer une stratégie efficace et efficiente. Dans la pratique professionnelle, les possibilités d'encadrement et de counseling en matière de développement peuvent varier considérablement, allant de quelques rencontres seulement à une série de séances individuelles ou d'ateliers de groupe.

Les conseillers et conseillères peuvent aider leurs personnes clientes en leur faisant voir l'intrapreneuriat comme une stratégie de carrière possible. Les personnes clientes doivent d'abord comprendre le phénomène de l'intrapreneuriat. Les questions suivantes peuvent s'avérer utiles : Que signifie être une personne intrapreneuse? Que fait une personne intrapreneuse et quels sont ses compétences importantes et ses autres prérequis? Le comportement et l'activité intrapreneuriaux peuvent être illustrés à l'aide de descriptions du processus d'intrapreneuriat. Les personnes clientes ont-elles en tête un projet d'intrapreneuriat concret et réalisable? Y a-t-il des projets d'intrapreneuriat et des personnes intrapreneuses dans l'ensemble de l'organisation de l'employeur ou employeuse? Il est important d'explorer les motivations intrinsèques et extrinsèques de la personne intrapreneuse potentielle et d'évaluer ces dernières par rapport à d'autres motivations, valeurs et intérêts professionnels. L'étape suivante du processus de counseling consiste à préparer les personnes clientes à engager la discussion avec ses gestionnaires. À cette fin, les conseillers et conseillères peuvent demander aux personnes clientes de décrire leurs idées et leurs objectifs intrapreneuriaux et les aider à rendre ceux-ci le plus concrets possible. En plus des recommandations stratégiques formulées ici, une stratégie concrète en six étapes (Van Brussel, 2013) est présentée à la fin du présent chapitre.

Illustration pratique

Notre client Rudolf (pseudonyme), âgé de 49 ans, travaille comme coordonnateur de projet au sein d'un institut national d'expertise et de conseils sans but lucratif, spécialisé dans le développement social. L'organisme offre, à des institutions publiques du domaine social et dans le cadre d'initiatives citoyennes, des services de consultation et de partage de connaissances sur diverses questions sociales entourant le bien-être, la participation, les soins et la sécurité. L'institut s'attend à une diminution importante du financement reçu du gouvernement au cours des prochaines années. Il cherche donc à être davantage à l'écoute du marché et de générer lui-même ses propres revenus. Rudolf et d'autres professionnels et professionnelles au sein de l'organisme se sont vu offrir la possibilité de participer à notre programme de développement de l'intrapreneuriat. Dans la présente section, je décrirai les expériences entourant l'espace en tant que condition dans un contexte de simulation, où les gestionnaires ont un rôle à jouer. Cette vignette clinique et l'analyse de ce cas illustrent l'utilisation de ce modèle d'espace intrapreneurial dans la pratique.

Le programme d'expérience de l'espace intrapreneurial

Le modèle d'espace intrapreneurial est un élément essentiel du *programme d'expérience de l'espace intrapreneurial*, un programme de développement de l'intrapreneuriat destiné aux clientes et clients individuels. Ce programme comprend une séance intensive qui se déroule en quatre étapes, au cours de laquelle les personnes participantes prennent part à l'élaboration d'un entretien avec deux « gestionnaires », joués par des acteurs ou actrices. Au cours des différentes étapes de la séance, plusieurs mesures (évaluées sur une échelle de 0 à 10) et quelques questions ouvertes sont soumises à chacune des personnes participantes. Celles-ci sont invitées à évaluer leur *intention* et leur *probabilité* intrapreneuriales. Quatre différentes activités permettent de donner corps au comportement intrapreneurial : a) identifier les possibilités; b) développer de nouveaux produits, services ou méthodes; c) introduire les produits sur le marché; et d) organiser toutes les tâches à accomplir pour que le tout fonctionne. La probabilité que l'activité intrapreneuriale prenne forme dépend de l'effet conjugué de trois facteurs : a) motivation, b) capacité et c) opportunité.

Le programme d'expérience de l'espace intrapreneurial a un triple objectif :

1. Réfléchir au développement du comportement d'intrapreneuriat personnel et de l'espace en tant que condition essentielle. Déterminer, plus précisément, le type (dimensions) et l'étendue de l'espace nécessaire;

2. S'exercer à participer à un entretien de développement de l'intrapreneuriat avec une personne gestionnaire, en prévision d'un véritable entretien;

3. Permettre aux personnes participantes de transposer les expériences qu'elles ont vécues dans le cadre du jeu de rôle dans la réalité de leurs tâches quotidiennes et dans celle de l'organisation où elles travaillent.

Pour commencer, une mesure de base est prise afin d'évaluer l'intention et la probabilité d'intrapreneuriat de chaque personne participante dans une situation fictive idéale : « Imaginez que vous travaillez pour une organisation où le conseil d'administration favorise et encourage l'intrapreneuriat. » Ensuite, la personne participante doit se préparer à passer un entretien de développement d'intrapreneuriat avec une personne gestionnaire. La personne participante est informée que l'objectif de l'entretien est de discuter des conditions de lancement d'un projet d'intrapreneuriat et d'en négocier la mise en œuvre. Lors du premier entretien (20 minutes) avec personne gestionnaire (acteur ou actrice), une situation d'absence d'espace pour un tel projet est présentée à la personne participante. Ensuite, l'intention et la probabilité d'intrapreneuriat sont encore une fois évaluées. À l'étape suivante, la personne participante doit se préparer à un autre entretien avec un autre gestionnaire (joué par une actrice ou un acteur différent). Ce gestionnaire lui présente une situation où un espace existe pour un tel projet. Encore une fois, l'intention et la probabilité d'intrapreneuriat sont évaluées. Au cours de la dernière étape de la séance, la personne participante est invitée à réfléchir à sa réalité quotidienne afin d'évaluer la possibilité de transposer dans sa réalité les expériences qu'elle a vécues dans le cadre de la simulation. À la fin de la séance, un retour sur l'expérience est réalisé et le programme est évalué.

Résultats de Rudolf

À l'issue de la première étape, l'intention de Rudolf d'agir à titre d'intrapreneur était modérée, comme le montrent ses résultats à l'égard des quatre activités intrapreneuriales : 6, 5, 5 et 7, respectivement. La probabilité d'une activité intrapreneuriale a été évaluée plus positivement : 7, 8 et 8 pour la motivation, la capacité et l'opportunité, respectivement. Le premier scénario, qui théoriquement représente un contexte organisationnel favorable, ne semblait pas susciter chez Rudolf une intention très positive, bien qu'il ait évalué la probabilité – en particulier sa propre capacité et celle de son organisation, ainsi que ses opportunités – comme étant plutôt élevée. Dans la situation sans aucun espace pour un projet intrapreneurial (étape 2), l'intention de Rudolf a fléchi; ses évaluations étaient de 7, 5, 4, et 3. Cela n'a rien d'étonnant, sachant que l'espace est une condition nécessaire à l'activité intrapreneuriale. La probabilité d'une telle activité, selon Rudolf, était également plus modérée, en particulier l'opportunité perçue. Dans les conditions d'espace présentées par le deuxième gestionnaire à l'étape 3, l'intention intrapreneuriale de Rudolf a augmenté considérablement (8, 8, 8, 9). La probabilité estimée a également augmenté (8, 8, 7). L'évaluation de la transposition dans la réalité, faite à l'étape 4, s'est révélée intéressante : Rudolf a manifesté une intention favorable (8, 8, 8, 7) et indiqué une probabilité élevée (8, 8, 7).

Les résultats de Rudolf concordent avec la proposition selon laquelle l'espace est une condition nécessaire à l'activité intrapreneuriale. De plus, la participation au programme d'expérience de l'espace intrapreneurial a amené Rudolf à manifester une intention beaucoup plus importante d'entreprendre une activité intrapreneuriale dans sa vie réelle, comparée à la situation fictive initiale de référence. Il a justifié comme suit cette intention : « *Ce matin, je suis de nouveau convaincu de l'importance de l'intrapreneuriat.* » Son degré de motivation, qui rend compte de la probabilité qu'il mette effectivement en œuvre des comportements intrapreneuriaux, a également augmenté.

Parmi les dimensions importantes de l'espace en tant que condition, Rudolf a mentionné a) ses collègues, en tant que partenaires dans l'élaboration d'un projet d'intrapreneuriat, faisant ici référence à la dimension sociale du modèle; b) le temps, avec une formation comme incitation, propre à la dimension de soutien.

Nous avons demandé à Rudolf, le cas échéant, quand et comment il contacterait son véritable gestionnaire pour lui parler d'intrapreneuriat. Il a confirmé son intention de prendre cette initiative au cours des deux prochaines semaines. Une dernière question ouverte portait sur la prise des risques dans son rôle d'intrapreneur. Rudolf a déclaré qu'il était prêt à en prendre à prendre des risques et à accepter également de voir sa réputation professionnelle possiblement entachée ou de perdre éventuellement son emploi. Enfin, Rudolf a affirmé que les entretiens auprès des gestionnaires (jeu de rôle) dans le cadre du programme d'expérience de l'espace intrapreneurial étaient réalistes et instructifs. Il a réellement éprouvé de la déception et de la colère lors du premier entretien et s'est senti optimiste et stimulé lors du second.

Analyse de l'illustration pratique

Le cas de Rudolf illustre l'effet conditionnel important de l'espace et de ses dimensions sur le développement du comportement intrapreneurial. La participation à un programme axé sur l'intrapreneuriat, comme le programme d'expérience de l'espace intrapreneurial, peut stimuler les intentions intrapreneuriales d'une personne cliente dans sa situation de travail réelle.

Intention et probabilité d'intrapreneuriat

Dans le cas de Rudolf, l'intention et la probabilité évaluées à l'égard de l'activité intrapreneuriale servent d'indicateurs du comportement réel. Bien qu'il existe un lien étroit entre l'intention et le comportement (Ajzen, 2005), l'intention ne se traduit pas toujours par un comportement concret. Nous savons tous de par nos expériences de vie, en particulier nos résolutions du Nouvel An, que les intentions ne mènent pas toujours aux actions correspondantes. C'est pourquoi le facteur de probabilité a été ajouté à mes études (Van Brussel, 2012a), en s'appuyant sur le modèle triadique utilisé pour influencer le comportement humain (Poiesz, 1999); la motivation, la capacité et l'opportunité sont considérées comme des conditions nécessaires à l'émergence d'un comportement particulier. Le terme « probabilité » fait référence à une certaine forme de relativité. En effet, une combinaison de certains niveaux de motivation, de capacité et d'opportunité peut entraîner une probabilité faible ou élevée, mais jamais une certitude de 100 %. Les mesures de Rudolf quant à la probabilité d'intrapreneuriat peuvent sembler assez élevées, mais elles ne garantissent pas qu'il poursuivra une activité intrapreneuriale dans le cadre de son véritable travail.

Transposition de l'expérience dans la réalité

D'autres questions dans le cadre du programme portent sur les prochaines étapes que doit suivre la personne cliente afin de rendre ses intentions plus concrètes. Ces questions portent sur trois sujets : la volonté de discuter du développement de l'intrapreneuriat avec ses gestionnaires, qui prendra l'initiative d'un entretien et les conditions dans lesquelles cet entretien devrait se faire. Ces sujets visent à apporter des précisions ou même à combler un écart possible entre la probabilité d'un comportement intrapreneurial et d'une activité concrète d'intrapreneuriat et l'intention manifestée à cet égard. Dans le cas présenté, Rudolf semble être une personne décidée et autodéterminée.

Un autre aspect lié à la transformation d'une intention en comportement intrapreneurial concerne la disposition à prendre des risques et l'acceptation des pertes possibles. Rudolf était disposé à prendre des risques et à accepter les pertes. Il semblait davantage prêt à accepter une perte sur le plan psychologique que sur le plan social et de sa sécurité. En résumé, des dimensions supplémentaires sont venues s'ajouter à l'intention et à la probabilité d'intrapreneuriat de Rudolf, dans son emploi actuel, lorsqu'il a été invité à examiner les prochaines étapes à prendre pour approcher la direction et collaborer avec elle, et à répondre à la question d'introspection quant à sa disposition à prendre des risques et à accepter les pertes possibles.

Tel que mentionné précédemment, l'espace est une condition nécessaire, mais pas suffisante, pour le développement de l'intrapreneuriat. Les résultats positifs de Rudolf en ce qui concerne l'intention et la probabilité ne garantissent pas l'intrapreneuriat futur. D'autres personnes participantes au programme d'expérience de l'espace intrapreneurial ont obtenu des résultats plus faibles (ou plus élevés). Pour élaborer une stratégie de développement qui offrira une condition suffisante, d'autres éléments s'imposent. Par exemple, la motivation intrinsèque n'est pas un élément distinct pris en compte dans les dimensions de l'espace. Autrement dit, on ne peut pas en déduire que les employés et employées qui affirment disposer d'un espace suffisant sont aussi fortement motivés intrinsèquement à devenir intrapreneurs et intrapreneuses.

Conclusion

L'espace, en tant que concept tangible fondé sur une expérience empirique, peut être considéré comme une condition essentielle au développement de l'intrapreneuriat. Le développement efficace de l'esprit d'intraprise exige l'évaluation de l'espace personnel de l'employé ou employée, une condition négociée avec la personne gestionnaire pour trouver un équilibre. Cet espace harmonisé devrait être un des principaux éléments d'une stratégie plus étendue ciblant, plus particulièrement, trois personnes intervenantes : l'employée ou employé motivé à devenir intrapreneur, le ou la gestionnaire et les personnes conseillères (en orientation) qui soutiennent les personnes clientes dans leur processus de développement en tant que personnes expertes internes ou externes. Une stratégie intégrant l'espace comme élément central devrait traiter de tous les aspects pertinents, comme l'information sur l'intrapreneuriat, la motivation et la discussion. Une telle combinaison permettra de s'assurer que la stratégie définit les conditions suffisantes pour favoriser le développement de l'esprit d'intraprise.

L'intrapreneuriat a le *potentiel* d'influencer positivement le développement de carrière. Cependant, ce ne sont pas toutes les organisations ni tous les employés et employées qui adopteront, dans tous les cas, une orientation intrapreneuriale, et ceux-ci ne pourront pas tous s'adapter au degré d'intensité que l'intrapreneuriat exige et accorde. L'harmonisation des besoins des organisations avec ceux des employés et employées, en particulier dans le domaine des relations de travail, de l'employabilité et du développement de carrière, consiste d'abord et avant tout à établir des ententes personnalisées et adaptées.

Références

Ajzen, I. (2005). *Attitudes, personality and behaviour* (2e éd.). Maidenhead, RU : Open University Press.

Herington, M. et Kew, P. (2017). *Global entrepreneurship monitor: Global report 2016/17*. Babson Park, États-Unis; Londres, RU; Santiago, Chili; Kuala Lumpur, Malaisie; Monterrey, Mexique : Global Entrepreneurship Research Association. Récupéré de https://www.gemconsortium.org/report/49812

Pinchot, G. (1985). *Intrapreneuring: Why you don't have to leave the corporation to become an entrepreneur*. New York, NY : Harper & Row.

Poiesz, Th. B. C. (1999). *Gedragsmanagement, waarom mensen zich (niet) gedragen* [Gestion comportementale, pourquoi les gens adoptent un bon (mauvais) comportement]. Wormer, Pays-Bas : Immerc.

Rousseau, D. M. (2005). *I-deals: Idiosyncratic deals employees bargain for themselves.* Armonk, NY : M. E. Sharpe.

Van Brussel, G. (2012a). *Developing intrapreneurship as a career perspective? About creating Space with Style: A Dutch study in non-profit organisations* [thèse de doctorat]. Open University des Pays-Bas, Heerlen, Pays-Bas.

Van Brussel, G. (2012b). De ontwikkeling van intrapreneurship: over de creatie van ruimte in dialoog [Développer l'intrapreneuriat : La création d'un espace par la discussion]. Dans J. van Muijen, J. Rupert et H. Tours (dir.), *Spanning in en rond organisaties. Productief maken van varieteit en complexiteit* [Tensions à l'intérieur et autour des organisations. Rendre productives la diversité et la complexité] (p. 229-244). Deventer, Pays-Bas : Kluwer.

Van Brussel, G. (2013). De ontwikkeling van intrapreneurship: Een strategie voor de praktijk van de HR-specialist [Développer l'intrapreneuriat : Une stratégie pour la pratique des spécialistes des ressources humaines]. Dans *HRM Handboek* [Guide de gestion des ressources humaines], *59*, 1-16. Alphen a/d Rijn, Pays-Bas : Vakmedianet.

Biographie

Gert van Brussel est titulaire d'une maîtrise en psychologie et d'un doctorat en sciences de la gestion. Il compte plus de 40 ans d'expérience en tant que professionnel du développement de carrière et de talent aux Pays-Bas. Gert a été président et membre honoraire de la Nederlandse Orde van Loopbaan en Outplacement Consultants (NOLOC), l'association néerlandaise des professionnels et professionnelles de la carrière. Il est actuellement président de l'Association internationale d'orientation scolaire et professionnelle.

Points de pratique pour le modèle d'espace intrapreneurial
Gert van Brussel

1. **Fournissez de l'information.** Pour commencer, il est important que votre personne cliente comprenne bien le phénomène de l'intrapreneuriat. Que signifie être une personne intrapreneuse? La personne cliente a-t-elle un projet d'intrapreneuriat en tête?

2. **Évaluez la motivation.** Une enquête subjective sur les passions, les désirs et les intérêts personnels de votre personne cliente est nécessaire pour répondre aux questions suivantes : L'intrapreneuriat est-il pertinent et important pour le développement professionnel de votre personne cliente? Qu'est-ce qui intrinsèquement et extrinsèquement motive votre personne cliente à entreprendre une activité intrapreneuriale? Quels sont les motivations ou les aspects négatifs probables?

3. **Évaluez l'espace en fonction des besoins, de l'expérience et de l'équilibre minimal.** Comparez l'évaluation personnelle des besoins de la personne cliente en matière d'espace, réalisée en fonction des 10 dimensions (à l'aide de la figure 1), avec l'espace dont elle dispose actuellement au sein de son milieu de travail afin d'estimer les conditions minimales et réalistes requises pour un espace harmonisé.

4. **Préparez la personne cliente à un entretien.** Encouragez votre personne cliente à demander un entretien avec son ou sa gestionnaire et à s'y préparer, de même qu'à négocier son projet personnel d'intrapreneuriat et les conditions pour le réaliser, en particulier celles concernant l'espace. L'espace suffisant nécessaire au projet devrait être exprimé comme un but ou un objectif.

5. **La personne cliente doit participer à des entretiens de développement.** La personne cliente devrait participer à un ou à plusieurs entretiens avec son ou sa gestionnaire pour discuter de l'intrapreneuriat. Le nombre d'entretiens dépend du temps qu'il faut pour remplir l'objectif ou la condition de l'espace.

6. **La personne cliente doit évaluer, adapter et améliorer l'expérience.** Une fois que la condition de l'espace suffisant est remplie, le projet d'intrapreneuriat peut commencer. L'intrapreneuse ou intrapreneur (naissant) évalue l'espace dont il dispose pendant le projet et maintient un dialogue ouvert avec son ou sa gestionnaire, au besoin, pour s'assurer que ses besoins en matière d'espace continuent d'être satisfaits.

Chapitre 40

Prendre soin de soi en prenant soin de son travail : une perspective clinique et critique sur le travail et la santé mentale

Simon Viviers

De plus en plus de personnes souffrent de problèmes de santé mentale au travail. Cette situation interpelle au premier chef la pratique dans le champ du développement de carrière, mais aussi les praticiennes et praticiens eux-mêmes, comme personnes. Étant donné que le travail des professionnels et professionnelles de la carrière repose souvent sur les relations avec les autres, prendre soin de soi et de sa santé mentale est devenu une valeur fondamentale pour les membres de la profession et même une responsabilité professionnelle intégrée dans certains codes de déontologie. Considérer la santé comme une responsabilité individuelle peut occulter ou minimiser les facteurs sociaux et systémiques susceptibles de nuire au bien-être des personnes au travail. Le présent chapitre s'appuie sur une perspective inspirée des approches cliniques et critiques d'analyse du travail (Clot, 2014; Dejours, 2006; Lhuilier, 2013; Périlleux, 2015) et propose d'élargir cette notion de soin de soi afin d'intégrer l'idée que prendre soin de son travail et de son métier est une façon de favoriser ou de maintenir une bonne santé mentale. À l'aide d'une illustration pratique tirée de recherches antérieures (Viviers, 2016), nous tentons de démontrer comment une interprétation dynamique des situations de travail, en adoptant une *perspective clinique et critique sur le travail et la santé mentale*, permet d'ouvrir des voies d'action afin de reprendre pouvoir sur le développement de la santé mentale au travail. Cette analyse devrait permettre d'apprécier les possibilités de généraliser les résultats et de les rendre applicables à d'autres situations de travail dans le domaine du développement de carrière.

Une perspective clinique et critique sur le travail et la santé

Au cours des dernières années, nous avons développé une perspective pour comprendre la santé mentale au travail, en m'inspirant des approches cliniques du travail élaborées dans des perspectives psychodynamiques (Dejours, 2006), psychologiques (Clot, 2014), sociopsychologiques (Lhuilier, 2013) et sociologiques (Périlleux, 2015). Nous expliquons ici les principes théoriques de cette perspective clinique et critique sur le travail et la santé.

Redéfinir la santé

Dans les pays occidentaux, la santé mentale, tout comme la santé physique, est la plupart du temps considérée comme un état interne à protéger et à maintenir selon des normes préétablies. Contrairement à cette conception objectiviste et normalisatrice, nous proposons un point de vue qui définit la santé comme une expression de la vie – comme la capacité des gens à se transformer et à transformer leur environnement. La santé ainsi définie est une expérience vécue, subjective et unique, qui n'est ni assujettie ni conforme à des normes externes préexistantes. Au contraire, la santé est la capacité de tolérer la présence et l'émergence de normes de vie divergentes et d'en créer de nouvelles. Une bonne santé devrait contribuer à produire un contexte pour exister plutôt que de le subir. La santé peut être vue comme un accroissement du pouvoir d'agir individuel ou collectif (Clot, 2014) – ce sentiment retrouvé lorsque l'on se sent participer à l'origine d'un changement du monde, des autres ou de soi, un changement que l'on a des raisons de valoriser. Se sentir en bonne santé serait alors plus que d'avoir le sentiment d'être normal, conforme ou adapté et supposerait d'être capable de suivre des normes qui font que la vie vaut la peine d'être vécue et de faire preuve d'une agentivité créative (Lhuilier, 2013). De ce point de vue, se soumettre à une réalité extérieure restreindrait la vie et constituerait une forme de morbidité.

Le travail : une activité qui favorise la santé… ou la compromet!

Cette redéfinition de la santé a des répercussions sur la façon de concevoir le lien entre la santé et le travail. Le travail est souvent considéré comme une sphère de la vie, comme un lieu ou un environnement dans lequel les gens se développent et qui peut, à son tour, avoir une incidence sur leur santé. La santé ainsi comprise dépend donc à la fois de la qualité de l'environnement de travail – sain ou néfaste – et des niveaux de vulnérabilité ou de résilience des gens, ainsi que de leur capacité à s'adapter à cet environnement. Selon notre vision redéfinie de la santé, le travail est plutôt conceptualisé comme une activité productrice de soi, des autres et du monde dans lequel nous vivons. En outre, c'est précisément parce que le travail, en tant qu'activité humaine, a le pouvoir d'affecter le monde et d'être affecté par ce dernier – de produire du contexte pour exister et de se développer comme personne – que la santé, du point de vue de l'approche clinique du travail, ne doit pas être pensée comme un élément distinct de ce dernier (Dejours, 2006). Plus précisément, l'*activité* de « travailler » permet de combler l'écart entre l'aspect normatif du travail et la réalité concrète de ce dernier, ce qui exige invariablement d'y mettre du sien. Nous suivons Dejours (2006) lorsqu'il affirme :

> selon nous, du point de vue clinique, le travail est ce que suppose implicitement, sur le plan humain, le fait de travailler : les gestes, le savoir-faire, l'engagement du corps et de l'intelligence, ainsi que la capacité d'analyser et d'interpréter des situations et d'y répondre. C'est le pouvoir de ressentir, de penser et d'inventer. Autrement dit, pour le clinicien ou

la clinicienne, le travail n'est pas avant tout une question d'emploi ou de relation salariale; il concerne plutôt le fait de « travailler », c'est-à-dire la façon dont la personnalité est engagée dans la réalisation d'une tâche soumise à des contraintes (matérielles et sociales[1]) . (p. 47)

Travailler implique forcément une épreuve de la subjectivité devant la résistance du monde réel, une épreuve qui suscite une souffrance première; une irritation et un découragement, un sentiment d'impuissance. Par le travail effectif qu'elle appelle pour la surmonter, cette épreuve active le sujet et lui ouvre la voie pour se construire lui-même et construire le monde, avec les autres, et consolider son rapport au réel, dans la mesure où son travail est reconnu (Dejours, 2006). Il s'agit là de la dimension active de la souffrance, qui a le pouvoir d'améliorer la santé, telle qu'elle est définie dans le présent chapitre. Cependant, la souffrance peut avoir un effet pathogène lorsque les contraintes persistent, qu'il n'y a aucun espoir d'y échapper et qu'il devient nécessaire de les tolérer, de les endurer et de se résigner à les subir. La mise à l'épreuve du pouvoir d'agir, lorsqu'elle devient un empêchement d'agir, entraîne l'incapacité du sujet à transformer le monde en fonction de ce qu'il juge fondamentalement important; cet obstacle est alors vécu comme une atteinte à l'intégrité de soi (Clot, 2014).

Au lieu d'être un affect actif, qui favorise la santé et le développement de l'identité, la souffrance devient un affect passif, qui mine et altère la santé du sujet de différentes façons. Le symptôme apparait une réponse douloureuse, mais vitale : une « solution de compromis » afin de tolérer sa vie sans la vivre réellement (Périlleux, 2015, p. 54) et dont les effets se font sentir sur les plans physique et psychologique (p. ex. épuisement professionnel, anxiété, dépression, troubles du sommeil ou troubles musculosquelettiques) ou organisationnel (p. ex. absentéisme, présentéisme, violence).

Des stratégies de protection de soi…

Face à la souffrance qui persiste, pour tenir dans le travail, pour se protéger, pour endurer, la psychodynamique du travail a mis en évidence l'existence de stratégies mises en place par les travailleurs et travailleuses pour se « défendre » individuellement et collectivement contre les risques que pose le travail pour la santé mentale. Les stratégies défensives constituent des processus psychologiques et sociaux qui modifient les façons de penser et de faire pour en arriver à tolérer la souffrance ou même à l'éviter. Ces stratégies préservent ainsi le fonctionnement psychologique des travailleurs et travailleuses et les rendent plus insensibles aux pressions qui causent la souffrance (Viviers, 2016). Elles aident également les gens à rester « normaux » et leur permettent de continuer à travailler pendant un certain temps. Ces stratégies protègent la santé mentale à court terme. Cependant, lorsqu'un travailleur ou une travailleuse s'adapte à une organisation de travail imposée qui génère une souffrance pathogène, l'activité professionnelle qu'il exerce risque de

---

[1] Traduction libre.

perdre de sa vitalité et de son sens et, par conséquent, de se délester de sa capacité à produire de la santé. Voilà pourquoi, selon cette perspective théorique, prendre soin de sa santé mentale implique impérativement de prendre soin de son travail de manière à ce qu'il demeure une activité qui permette de se sentir participer à l'origine d'un changement du monde, des autres ou de soi, un changement que l'on a des raisons de valoriser.

… aux stratégies de protection du travail

Dans le cadre de nos recherches auprès de conseillers et conseillères en orientation dans les écoles, nous avons envisagé le *métier* (Clot, 2014) comme une ressource psychologique et sociale qui aide à favoriser la santé mentale au travail. Étudier la santé mentale au travail, d'un point de vue clinique, suppose également d'explorer comment l'identité se joue dans le travail. Selon la psychodynamique du travail, l'identité d'une personne se construit lorsque sa façon de composer avec l'écart entre le travail prescrit (tâche) et le travail réel (activité) est reconnue par ses pairs du même domaine comme une « bonne façon » de le faire. Un métier est une ressource puissante pour construire son identité au travail, y compris son identité de métier au sein du milieu de travail, selon la définition donnée par Osty (2002). Un métier forme une communauté d'activités humaines dont l'« humanité » est « recréée » à partir de valeurs et de normes éthiques communes, ce qui permet aux sujets de se reconnaître (ou non) dans ce qu'ils font, dans leur activité professionnelle (Clot, 2014). Cette base normative définit la qualité du travail, sa finalité, ce qu'il convient de défendre, ce qui est valorisé et ce dont il faut se préoccuper pour prendre soin de son métier.

Notre intérêt pour les *stratégies de protection du métier* est venu en cherchant à déterminer ce qui importait pour une personne dans le cadre de son activité professionnelle. À cette fin, nous avons examiné les ouvrages scientifiques portant sur le concept de défense des intérêts professionnels (advocacie professionnelle), en particulier dans le domaine du counseling. Le mouvement d'advocacie encourage les conseillers et conseillères à adopter un rôle d'agent et agente de changement systémique pour aider à éliminer les barrières sociales, culturelles et économiques qui nuisent au développement psychosocial des personnes. Cela implique entre autres d'éviter le *syndrome du bon conseiller ou conseillère (nice counsellor syndrome)* [Bemak et Chi-Ying Chung, 2008] et développer de nouvelles compétences : défendre, plaider, persuader et convaincre. Plusieurs chercheurs et chercheures croient que ces compétences devraient également être mises à profit afin que les conseillers et conseillères soient davantage reconnus et respectés, tant sur le plan institutionnel qu'organisationnel. Elles devraient ultimement permettre une meilleure réponse aux besoins d'orientation et de counseling des élèves, d'une part, et restaurer le sens du travail des conseillers et conseillères, d'autre part. À partir des différentes définitions données dans les écrits savants, nous avons défini la défense des intérêts professionnels comme *un processus visant à informer et à faire reconnaître le rôle et la mission de sa profession, de même qu'à protéger et à revendiquer les conditions et les ressources nécessaires à la croissance et au développement de celle-ci, dans le but de mieux servir les publics concernés*. L'illustration pratique qui suit s'appuie sur les données tirées des recherches sur souffrance identitaire de métier des conseillers et conseillères en orientation en milieu scolaire (Viviers, 2016).

Illustration pratique

Mike (pseudonyme) travaille comme conseiller d'orientation dans la même grande école secondaire (1 500 élèves) au Québec, au Canada, depuis plus de 20 ans. Il se sent compétent et aime son métier, en particulier rencontrer les élèves, établir des liens avec eux et elles, être en mesure de faire une différence dans la vie de certains et aider à donner un sens à leurs études. L'arrivée d'une nouvelle directrice lui a causé des problèmes dans la mesure où celle-ci tente de contrôler la pratique de Mike en lui assignant des tâches et des fonctions administratives pour lesquelles il est surqualifié et en limitant la durée de ses séances de counseling individuel à 30 minutes par élève. Même si Mike n'est pas à l'aise dans cette situation, il estime n'avoir d'autre choix que d'accepter les exigences de la directrice. Sa commission scolaire supprime actuellement des postes de conseiller et conseillère d'orientation, et il ne peut pas se permettre de perdre son emploi puisqu'il doit subvenir aux besoins de sa famille. Comme il tient à garder du sens à son travail, il modifie ainsi sa pratique de manière à la rendre plus "efficiente" : il profite en effet de toutes les tâches qui lui sont assignées pour susciter des prises de conscience des élèves face à leur orientation. Voyant qu'il est très efficace dans les tâches d'admission des élèves, et dans un contexte où elle doit réduire ses coûts de gestion, la directrice supprime le poste de la technicienne en organisation scolaire et attribue ses tâches à Mike de manière permanente. Mike vit beaucoup de stress au travail; il a même la nausée à l'idée d'aller travailler. Pour essayer de gérer tout cela, Mike se dit souvent : « *Ce n'est qu'un emploi; je dois seulement faire ce qu'on me demande et travailler de 9 h à 5 h.* » Les fins de semaine, il s'assure de passer du temps avec sa famille et continue de profiter de ses activités sportives et récréatives. Récemment, la directrice lui a annoncé qu'il devait laisser la porte de son bureau ouverte, même pendant les rencontres individuelles avec les élèves, pour qu'elle puisse attirer plus facilement son attention lorsqu'elle a besoin de lui de toute urgence. Il a tenté d'argumenter, lui disant que cela allait à l'encontre de son code d'éthique professionnelle, mais elle a maintenu sa décision. Il est rentré chez lui avec un sentiment de défaite. En franchissant le seuil de la porte, il a aperçu ses deux enfants qui se disputaient et s'est soudainement mis à leur crier d'arrêter, ce qui ne lui ressemblait pas du tout. Réalisant que sa santé mentale se détériorait, Mike a décidé de consulter un psychologue, qui l'a invité à se joindre à un groupe de soutien réservé aux conseillers et conseillères d'orientation en milieu scolaire, qui s'inscrit dans une perspective clinique et critique du travail et de la santé.

Analyse de l'illustration pratique

Lors de sa première rencontre de groupe, Mike a pu parler de ce qu'il a vécu au cours des derniers mois. Plusieurs membres du groupe ont reconnu, dans le récit de Mike, l'expérience qu'ils et elles ont eux-mêmes vécue. D'autres ont aussi parlé de situations semblables. Mike s'est rendu compte qu'il n'était pas le seul à vivre cela. Les restrictions budgétaires ont touché toutes les commissions scolaires de la province de Québec, et à la suite de quelques recherches sommaires, ils découvrent que le ratio global à l'échelle de la province est de 1 conseiller ou conseillère d'orientation pour 1 700 élèves. Se questionnant sur cette tendance répandue qu'ont les directions d'école à se tourner vers les conseillers et conseillères d'orientation pour obtenir de l'aide dans l'exécution de tâches administratives, au détriment du travail de counseling de ces derniers auprès des élèves, les membres du groupe ont réalisé, en discutant de la situation, que cette tendance s'est accentuée depuis l'introduction dans le système scolaire québécois de la « gestion axée sur les résultats ». Toutes sortes de mesures de reddition de comptes ont été ajoutées aux tâches des administrateurs scolaires, augmentant ainsi leur charge de travail. Comme les directions n'ont plus accès à une assistance administrative, elles font appel aux conseillers et conseillères d'orientation, qui ont souvent une connaissance approfondie du système scolaire jugée fort utile pour les aider à assumer cette charge de travail.

Mike et les autres membres du groupe prennent conscience qu'ils et elles se sont collectivement laissé duper en acceptant ce rôle implicite d'adjointe et d'adjoint administratif, qui les force à laisser de côté le travail qu'ils jugent important. Un des membres du groupe a affirmé : « Mon Dieu que nous sommes gentils! » Ils et elles ont tous remarqué que pour se protéger, ils et elles se sont subjectivement retirés, plus ou moins consciemment, de leur activité professionnelle pour pouvoir tenir. C'est exactement comme cela que Mike se sent; il a essayé de se convaincre, au cours des dernières semaines, qu'un emploi devenu sans intérêt vaut mieux qu'aucun emploi du tout. Le groupe a réalisé que ce type de stratégie est souvent le seul moyen d'éviter de tomber malade. Toutefois, les stratégies de protection de soi écartent la possibilité que le travail devienne un vecteur de « construction » de la santé mentale. De telles stratégies qui, d'un point de vue individuel, se veulent un moyen d'adaptation, du moins à court terme, peuvent avoir des effets pervers au plan collectif (p. ex., dans une même commission scolaire), voire pour la profession dans son ensemble. En fait, les membres du groupe réalisent qu'en s'adaptant personnellement (individuellement) de cette façon, ils et elles contribuent peut-être, sans s'en rendre compte, au problème collectif lié à l'intégration des conseillers et conseillères d'orientation dans l'organisation actuelle du travail scolaire. Pour sortir de cette impasse, une prise de parole de métier apparaît nécessaire pour revendiquer collectivement une place dans l'organisation du travail qui soit cohérente avec l'idéal de métier.

Cette analyse collective de leur situation professionnelle montre clairement que toutes les choses qui leur faisaient aimer leur métier – leur profession – ont été peu à peu éliminées de leur travail au quotidien. Toutefois, en discutant ensemble, les membres du groupe réalisent qu'ils et elles demeurent toujours aussi convaincus de la pertinence sociale de leur travail dans les écoles et de leur contribution riche et essentielle dans la vie des jeunes, en particulier de nos jours, où l'orientation professionnelle revêt de multiples significations. Leur *désir de métier* (Osty, 2002) s'est renouvelé, et ils prennent conscience de l'importance de défendre leur profession pour recouvrer, améliorer et protéger leur santé mentale au travail. Comment peuvent-ils commencer dès maintenant à « prendre soin » de leur travail d'orientation afin de préserver leur profession?

Après avoir examiné attentivement les écrits savants (p. ex. Toporek, Lewis et Crethar, 2009; Watkinson, 2015), certains membres du groupe ont réalisé qu'ils et elles ne sont pas les seuls, au Québec, à vivre cette situation. Des articles scientifiques parus aux États-Unis documentent des stratégies d'advocacie professionnelle et le groupe les utilise comme fondement pour identifier plusieurs pistes d'action. Les membres du groupe décident de consigner ces pistes d'action dans un document pratique qui pourra guider leurs actions (voir les points de pratique à la fin du présent chapitre).

Ces discussions concernant les pistes d'action possibles ont donné lieu à un échange important entre les membres du groupe. Ceux et celles-ci sont tous bien conscients de l'importance de défendre leur métier et d'en prendre soin pour préserver le lien entre ce dernier et la notion de travail comme source de santé, mais plusieurs d'entre eux estiment qu'ils n'ont pas la personnalité requise pour mener à bien ce genre d'intervention. Il n'existe aucune combinaison de traits distinctifs et de compétences clés qui puisse garantir la réussite dans ce rôle d'advocacie; différents types de personnes peuvent arriver à défendre leur profession avec succès. Par exemple, il a été démontré que des personnes timides, discrètes et introverties réussissent à faire changer les choses par des « moyens détournés », des moyens qui, dans un sens, restent invisibles et inconnus. Enfin, les membres du groupe prennent conscience de la nécessité de s'exprimer collectivement au nom de la profession afin d'éviter d'individualiser les difficultés à surmonter et les efforts requis, ce qui s'avérerait énergivore voire risqué pour leur santé mentale et irait clairement à l'encontre du but désiré. Ils ont promis de soutenir Mike dans son retour imminent au travail. Mike est retourné au travail quelques semaines plus tard, après avoir promis de prendre soin de lui-même, mais aussi de prendre soin de son travail et de son métier.

Conclusion

Notre objectif, dans le présent chapitre, était de fournir aux professionnels et professionnelles de la carrière un éclairage original et heuristique sur la santé mentale au travail. Fermement ancrée dans une approche clinique et critique, la perspective présentée suggère une redéfinition de la santé en-dehors des visions psychologisantes et médicalisantes qui, articulées aux pratiques managériales en vogue actuellement, contribuent à déposséder les personnes de la possibilité de faire du travail une source de santé (Périlleux, 2015). Compte tenu de l'idée largement véhiculée dans le domaine du développement de carrière selon laquelle il faut prendre soin de soi, nous avons essayé de démontrer l'importance de prendre soin de son travail et, à plus grande échelle, de son métier, en tant que ressource sociale et psychologique, pour construire un monde que l'on a des raisons de valoriser.

Références

Bemak, F. et Chi Ying Chung, R. (2008). New professional roles and advocacy strategies for school counselors: A multicultural/social justice perspective to move beyond the nice counselor syndrome. *Journal of Counseling & Development, 86*, 372-381. DOI : 10.1002/j.1556-6678.2008.tb00522.x

Clot, Y. (2014). The resilience of occupational culture in contemporary workplaces. *Critical Horizons, 15*, 131-149. DOI : 10.1179/1440991714Z.00000000028

Dejours, C. (2006). Subjectivity, work, and action. *Critical Horizons, 7*, 45-62. DOI : 10.1163/156851606779308161

Lhuilier, D. (2013). Introduction à la psychosociologie du travail. *Nouvelle revue de psychosociologie, 15*(1), 11-30. DOI : 10.3917/nrp.015.0011

Osty, F. (2002). *Le désir de métier : Engagement, identité et reconnaissance au travail.* Rennes, France : Presses universitaires de Rennes.

Périlleux, T. (2015). « Un coup de bec sur la vitre. » Le symptôme et sa puissance... de protestation. *Nouvelle revue de psychosociologie, 19*(1), 49-63. DOI : 10.3917/ nrp.019.0049

Toporek, R. L., Lewis, J. A. et Crethar, H. C. (2009). Promoting systemic change through the ACA advocacy competencies. *Journal of Counseling & Development, 87*(3), 260-268. DOI : 10.1002/j.1556-6678.2009.tb00105.x

Viviers, S. (2016). Souffrance et stratégies défensives dans le travail de conseillers d'orientation en milieu scolaire : L'identité professionnelle en question. Dans G. Fournier, L. Lachance et E. Poirel (dir.), *Éducation et vie au travail : Diversité des trajectoires professionnelles et dynamique de maintien durable en emploi* (p. 253-293). Québec, QC : Presses de l'Université Laval.

Watkinson, J. S. (2015). "I just thought I would be the school counselor": Vision as a reflective practice. *Journal of Counselor Leadership and Advocacy, 2*(1), 14-28. DOI : 1 0.1080/2326716X.2014.974784

Biographie

Simon Viviers est professeur dans le cadre des programmes en sciences de l'orientation à l'Université Laval, Québec, Canada, et chercheur régulier au Centre de recherche et d'intervention sur l'éducation et la vie au travail (CRIEVAT). Ses recherches et son enseignement portent sur les enjeux psychiques et sociaux du travail dans le monde contemporain et sur les pratiques de recherche et d'accompagnement en groupe et en collectif. Il a publié de nombreux articles sur la santé mentale et sur le pouvoir d'agir du personnel de l'éducation en ce qui concerne l'organisation du travail et les possibilités de développer leur profession.

Points de pratique pour une perspective clinique et critique sur le travail et la santé mentale
Simon Viviers

1. **N'oubliez pas le rôle central du travail au regard de la santé mentale.** Prendre soin de votre travail est essentiel pour préserver votre santé mentale et sentir que vous contribuez à changer le monde et les autres ou à vous changer vous-même, d'une manière que vous avez des raisons de valoriser.

2. **Créez des alliances professionnelles.** Les alliances peuvent vous aider à maintenir votre position au sein d'équipes multidisciplinaires, à informer vos collègues à propos de votre profession et du rôle que vous jouez au sein de votre organisation ou réclamer des conditions ou des ressources nécessaires à la pratique professionnelle du counseling au sein de votre milieu de travail.

3. **Visualisez votre rôle et vos actions.** Imaginez votre pratique telle que vous souhaitez qu'elle soit, ainsi que les façons particulières pour vous de contribuer à la mission de votre organisation.

4. **Partagez votre vision.** Discutez de votre vision avec les autres membres de votre communauté de travail pour les y sensibiliser. Donnez-leur également des exemples tirés de l'organisation des services dans d'autres milieux de travail.

5. **Revendiquez l'ajout de ressources.** Joignez-vous à d'autres professionnels et professionnelles pour revendiquer l'embauche de personnel de soutien afin de vous libérer du temps pour exercer les principales fonctions de votre travail d'orientation.

6. **Mobilisez vos compétences.** Mettez vos habiletés de communication et de réseautage à profit afin de soutenir vos intérêts professionnels; utilisez votre sens de l'humour.

7. **Exposez les fondements théoriques et scientifiques de vos pratiques.** Vous pouvez accroître votre crédibilité auprès des différents acteurs et actrices en leur montrant que vos pratiques s'appuient sur des recherches et des théories.

8. **Tirez parti de vos cotisations professionnelles.** À plus grande échelle, insistez pour que vos associations professionnelles ou syndicats poursuivent leurs efforts pour définir, rendre visible et de défendre le travail accompli par les membres de votre profession.

9. **Vous aurez plus de poids à plusieurs.** Parlez collectivement en faveur de votre profession pour éviter d'individualiser les difficultés rencontrées et les efforts qui s'imposent, car cela pourrait nécessiter beaucoup trop d'énergie.

Chapitre 41

La théorie des systèmes vivants du comportement et du développement professionnels (LSVD)

Fred W. Vondracek et Donald H. Ford

La *théorie des systèmes vivants du comportement et du développement professionnels* (*living systems theory of vocational behaviour and development* — LSVD ; Vondracek, Ford et Porfeli, 2014) explique les processus par lesquels les individus construisent leurs parcours professionnels, leurs expériences de travail et leurs modèles de carrière en interagissant avec leurs différents contextes de vie. Il est important pour les personnes clientes et les professionnels et professionnelles qui les guident de comprendre ces processus, c'est-à-dire leur fonctionnement dans la vie courante, la façon dont ils constituent le fondement de toute activité d'apprentissage et leur contribution à l'acquisition de modèles de comportement fonctionnels et dysfonctionnels. La théorie des systèmes vivants du comportement et du développement professionnels (LSVD) considère chaque personne comme étant une entité unique, dynamique, autodirigée et autoconstructive. Les conseillers et conseillères qui en sont conscients et qui utilisent la LSVD pour orienter leur travail peuvent créer des interventions adaptées à chaque personne cliente, à l'aide d'un large éventail de méthodes, pour aider les personnes clientes à suivre des parcours professionnels réussis et satisfaisants. Dans le présent chapitre, les principes de base de la LSVD sont exposés, ainsi que de leur application dans le cadre d'une illustration pratique.

Principes de base de la théorie des systèmes vivants du comportement et du développement professionnels (LSVD)

La théorie des systèmes vivants du comportement et du développement professionnels (LSVD) est fondée sur le *cadre des systèmes vivants* (*living systems framework*) de D. H. Ford (1987), qu'il a élaboré après un examen exhaustif de données probantes dans l'étude du fonctionnement et du développement humain. Il soutient qu'une personne fonctionne toujours comme une unité intégrée, qui est organisée pour se comporter de façon spécifique en vue d'atteindre des objectifs précis dans des contextes donnés. C'est ce que l'on appelle *le principe du fonctionnement unitaire*. Cela signifie que la personne dans son entièreté et sa complexité est toujours en train d'essayer d'accomplir (ou d'éviter) quelque chose. Bien que les gens différent dans ce qu'ils souhaitent accomplir, la façon dont ils procèdent pour obtenir les conséquences désirées ne peut pas être comprise si les processus dans lesquels ils s'engagent — ce qu'ils font réellement, comment ils évaluent leurs progrès, les émotions et les conditions biologiques qu'ils éprouvent, associées à leurs activités et aux contextes au sein desquels ils évoluent — ne sont pas pris en compte.

Le problème créé par le point de vue selon lequel les êtres humains sont des systèmes vivants était de savoir comment conceptualiser et évaluer à la fois le caractère unique de la personne dans son contexte, de même que la complexité représentée par le principe du fonctionnement unitaire. D. H. Ford (1987) a résolu cette difficulté en créant l'épisode comportemental en tant qu'unité d'analyse de base. Un épisode comportemental détermine ce qu'une personne veut accomplir, de même que pourquoi, comment et où elle tentera de le faire. Bien que les gens prétendent parfois ne « rien » faire, en réalité, ils font toujours quelque chose. À titre d'exemple, une personne peut boire une tasse de café au déjeuner, assister à une séance de formation et se préparer à occuper un emploi en tant que représentant du service à la clientèle. Chacune de ces activités (ainsi que de nombreuses autres) représente un épisode comportemental, qui est propre à un contexte, axé sur des objectifs et se déroule dans le temps. Un objectif dirige chaque épisode comportemental (que la personne en soit explicitement consciente ou non), et l'épisode comportemental se termine lorsque (a) l'objectif est atteint, (b) l'objectif est révisé puis atteint, (c) l'objectif et les efforts pour l'atteindre sont retardés ou (d) l'objectif est abandonné.

Tous les épisodes comportementaux fonctionnent de la même façon, parce qu'ils représentent tous un modèle de processus dont le contenu (p. ex. boire du café, assister à une séance de formation, commencer un nouvel emploi) et le contexte (p. ex. maison, école, bureau de l'entreprise) sont toujours uniques. Une version simplifiée du modèle de processus des épisodes comportementaux peut être décrite comme suit : un épisode comportemental commence par l'établissement d'un objectif, puis passe, via des processus de rétroaction proactive (*feedforward*), à la planification de la marche à suivre pour atteindre cet objectif. La prochaine étape de l'épisode comportemental consiste à mettre en œuvre le plan à l'aide d'interactions avec le contexte. Les progrès en direction de l'objectif sont constamment surveillés au moyen de processus de rétroaction, qui peuvent impliquer des réactions affectives et l'application de critères et de valeurs, tous conçus pour déterminer la mesure dans laquelle l'objectif a été atteint, s'il doit être révisé (de même que les moyens prévus pour l'atteindre) ou s'il doit être abandonné. Bien que les gens ne soient souvent pas explicitement conscients de ces processus dans leurs activités courantes, il peut s'avérer crucial de les comprendre et de mieux connaître leur fonctionnement, comme nous le démontrerons par la suite, afin de pouvoir façonner les parcours professionnels.

Les épisodes comportementaux peuvent être de courte durée (p. ex. boire une tasse de café), de durée moyenne (p. ex. terminer la dernière année d'études secondaires) ou de longue durée (p. ex. devenir associé principal dans un cabinet d'avocats de premier plan). Pour atteindre les objectifs à long terme, les épisodes comportementaux et les objectifs qui les dirigent sont organisés hiérarchiquement, de même qu'ils avancent progressivement vers l'objectif à long terme (p. ex. obtenir son diplôme d'études collégiales, être admis à la faculté de droit, obtenir un emploi au sein d'un cabinet d'avocats de premier plan, devenir un associé principal). Il existe trois types d'épisodes comportementaux : les *épisodes comportementaux de réflexion* (p. ex. peser le pour le contre de plusieurs offres d'emploi), *les épisodes comportementaux d'observation* (p. ex. regarder la vidéo d'une cérémonie de remise de diplômes) et les *épisodes comportementaux d'action* (p. ex. mener une entrevue avec un demandeur d'emploi).

Il est important de comprendre comment se déroule l'apprentissage au moyen d'épisodes comportementaux. Bien qu'il n'y ait pas deux épisodes comportementaux qui soient exactement identiques, au fil du temps, les gens vivent de nombreux épisodes comportementaux semblables. Par conséquent, au moyen de l'expérience antérieure de nombreux épisodes comportementaux semblables, les gens acquièrent un cadre général appelé *schéma d'épisodes comportementaux*. Lorsqu'un nouvel épisode comportemental commence, les gens choisissent (souvent inconsciemment) parmi leurs schémas d'épisodes comportementaux celui qui est le plus étroitement lié à l'objectif directeur de ce nouvel épisode. Il est important de souligner que les schémas d'épisodes comportementaux ne sont pas des structures fixes qui ressemblent à des habitudes ou à des traits de caractère. Ce sont plutôt des structures souples et adaptatives, constamment modifiées lorsqu'elles sont appelées à orienter de nouveaux épisodes comportementaux. À titre d'exemple, les gens « acquièrent » des compétences et des habiletés professionnelles en enrichissant des schémas d'épisodes comportementaux existants pertinents.

L'apprentissage et l'adaptation par l'enrichissement des schémas d'épisodes comportementaux illustrent l'une des propositions clés de la LSVD, à savoir que *le changement et le développement commencent toujours par ce qui existe déjà*. L'autoconstruction des systèmes vivants se produit par l'enrichissement, la différenciation et la modification des modèles qui existent déjà. Les « nouveaux » comportements ne sont presque jamais entièrement nouveaux. Ils émergent ou sont adaptés de ceux qui existent déjà. Ce principe constitue un avantage important dans le fonctionnement des individus parce qu'il assure la continuité en dépit du changement et du développement continuels, ce qui est nécessaire s'ils veulent favoriser leur croissance personnelle et perfectionner leurs capacités.

Une autre proposition clé de la LSVD est bien illustrée par l'adage « *seul vous-même pouvez-vous changer* ». Les conseillers et conseillères et les thérapeutes peuvent aider une personne à apporter des changements dans sa vie à l'aide de diverses stratégies permettant d'amener les personnes clientes à « adhérer » au changement envisagé. Toutefois, si les personnes clientes ne s'engagent pas véritablement à atteindre l'objectif qui représente le changement souhaité, elles échoueront dans leurs efforts. En outre, si elles ne sont pas conscientes de l'objectif réel qu'elles souhaitent atteindre (comme dans l'illustration pratique qui suit), ou s'elles ont été persuadées par d'autres d'atteindre un objectif, qui n'est pas réellement le leur, elles ont peu de chances d'atteindre cet objectif et même si elles l'atteignent, il est peu probable qu'elles soient satisfaites de cette réalisation.

La troisième proposition de la LSVD précise que *les efforts visant à modifier un modèle de comportement existant ne commenceront pas tant que ce modèle de comportement ne sera pas perturbé d'une manière ou d'une autre*. Une telle perturbation peut être causée par de nombreuses circonstances, comme la maladie, le mariage, le divorce, le chômage, l'obtention d'un diplôme ou un changement d'emploi. En effet, les gens prennent souvent des décisions qui changent la vie après des événements tragiques. Toutefois, le type de perturbation le plus souhaitable se produit lorsqu'une personne s'engage à atteindre un nouvel objectif qui est difficile, mais qui n'est pas impossible à atteindre. Ce type d'autoperturbation signifie habituellement que le nouvel objectif ne peut pas être atteint au moyen des modèles de comportement existants, ce qui nécessite alors l'acquisition de nouveaux modèles (c.-à-d. de nouvelles compétences, de nouvelles capacités et de nouvelles façons de penser).

La transposition des concepts et des propositions de la LSVD dans un contexte pratique de counseling ou d'orientation nécessite naturellement un certain investissement de temps pour acquérir une bonne compréhension de la théorie. À défaut de lire le livre présentant l'origine de la LSV (Vondracek et al., 2014), les conseillers et conseillères voudront peut-être consulter les chapitres qui résument la théorie en accordant une attention particulière à ses répercussions sur la pratique du counseling (Vondracek et Ford, 2019 ; Vondracek, Porfeli et Ford, sous presse). Après l'acquisition d'une compréhension de base de la théorie, les conseillers et conseillères devraient être en mesure d'employer les compétences et la formation qu'ils ont plus ou moins en commun lorsqu'ils travaillent avec leurs personnes clientes. À l'instar de la plupart des situations de counseling individuel, il est d'abord essentiel d'établir un climat de bien-être et de confiance entre la personne conseillère et cliente. L'une des premières tâches dans la relation consiste à ce que la personne conseillère et cliente se mettent d'accord sur ce qu'elles veulent accomplir ensemble. Lorsqu'il s'agit de travailler avec des jeunes qui font leur entrée dans le monde du travail ou des adultes qui veulent ou doivent changer de carrière, il est important de comprendre les modèles existants et pertinents d'objectif, d'activité et de contexte, car le nouveau développement ne peut se produire que par la réorganisation, la modification ou l'enrichissement de ces modèles. Par la suite, les conseillers et conseillères peuvent aider les personnes clientes à amorcer un processus de changement dans n'importe quel modèle de fonctionnement, en mettant l'accent sur l'une de ses composantes, tout en gardant à l'esprit que le changement dans n'importe quelle partie d'un système vivant entraînera des changements ailleurs. La vignette qui suit démontre le déroulement possible du processus de changement dans la pratique.

Illustration pratique

Au cours de la deuxième année de son programme d'ingénierie, Brad (pseudonyme) s'est présenté au service de counseling des étudiants et étudiantes pour consulter un conseiller en orientation professionnelle. Brad s'était inscrit à l'université et avait dès le début déclaré qu'il voulait se spécialiser en génie industriel. Son père, qui était ingénieur, possédait une entreprise manufacturière et espérait que son fils puisse suivre ses traces. Au début, les études de Brad se passaient bien, mais au fur et à mesure qu'il entrait dans le vif du programme de génie industriel, son enthousiasme initial à devenir ingénieur (comme son père) a cédé la place à de l'appréhension à l'égard de son avenir. Il éprouvait des sentiments de dépression et d'anxiété, en particulier à l'idée de devoir parler à son père de son désenchantement vis-à-vis de l'ingénierie. Avec l'aide de son conseiller, il a évalué d'autres parcours professionnels possibles et les programmes d'études qui les faciliteraient, pour en venir au choix provisoire d'un diplôme en gestion des loisirs, des parcs et du tourisme. Avant de s'engager dans cette voie, Brad a été invité à examiner les types de professions exercées par les diplômés et diplômées de ce programme d'études et les perspectives d'emploi qui s'offriraient à lui après l'obtention de son diplôme. Une fois convaincu que le changement de programme d'études était logique et que ses perspectives de carrière seraient favorables, Brad s'est engagé à faire ce changement et a dû annoncer sa décision à ses parents dans l'espoir d'obtenir leur soutien. Après leur avoir expliqué qu'il avait travaillé avec un conseiller pour en arriver à sa décision et qu'il avait soigneusement examiné toutes ses implications, il a été agréablement surpris que ses parents appuient sa décision. Encouragé par ce soutien et par son enthousiasme à l'égard de son nouveau parcours professionnel, Brad a poursuivi ses études avec succès, en consultant brièvement son conseiller pour obtenir des conseils et un soutien à l'approche de sa recherche d'emploi, convaincu qu'il serait en mesure de faire carrière dans un domaine qu'il aimait.

Analyse de l'illustration pratique

Brad a demandé l'aide d'un conseiller pour affronter son désenchantement grandissant à l'égard de son programme d'études actuel et sa crainte de décevoir son père. Selon la terminologie de la LSVD, son modèle de fonctionnement a été perturbé, créant ainsi une occasion de changer, parce que *les efforts visant à modifier un modèle de comportement existant ne commenceront pas tant que ce modèle de comportement ne sera pas perturbé d'une manière ou d'une autre*. Une fois que Brad est entré dans une situation de counseling de carrière, la première tâche a été celle d'établir une relation de confiance qui lui a permis d'exprimer ses doutes au sujet du programme d'études qu'il avait choisi, ses craintes quant à la possible désapprobation de son père et ses sentiments de dépression et d'anxiété. Le conseiller, sachant que Brad avait probablement un schéma d'épisodes comportementaux pour les situations où il devait « composer avec des figures d'autorité » (selon des épisodes comportementaux antérieurs où il a été appelé à traiter avec des médecins, des enseignants et d'autres personnes), l'a abordé d'une manière non menaçante et amicale, afin de pouvoir modifier ce schéma s'il était moins que positif. Après avoir écouté attentivement l'exposé de Brad sur les raisons pour lesquelles il a eu recours à des services de counseling, le conseiller a engagé avec lui une discussion sur ce qu'il espérait accomplir grâce au counseling. Cette discussion avait pour objectif principal de garantir un élément fondamental du point de vue de la LSVD, à savoir de veiller à ce que Brad et le conseiller s'entendent sur les objectifs qu'ils souhaitaient atteindre dans le cadre des séances de counseling.

En tenant compte du principe du fonctionnement unitaire de la LSVD, le conseiller s'est intéressé non seulement aux incertitudes et aux doutes liés à la formation scolaire et professionnelle de Brad, mais aussi à ses hauts et ses bas affectifs, à ses problèmes de motivation, ainsi qu'à ses préoccupations associées à sa famille et à d'autres contextes interpersonnels. Le conseiller a expliqué en quoi les problèmes dans un domaine de fonctionnement peuvent avoir une incidence sur d'autres domaines, de sorte que les conflits au sujet des objectifs scolaires et professionnels peuvent avoir une incidence sur la motivation et donner lieu à un rendement inférieur, ainsi qu'à des conflits familiaux et à d'autres problèmes interpersonnels. Ces conflits peuvent, à leur tour, entraîner des sentiments de dépression et d'anxiété, de même que des sentiments généraux de dysfonctionnement et de mal-être. L'examen et la compréhension de l'interdépendance de ses pensées, de ses sentiments et de son fonctionnement physique et biologique étaient rassurants pour Brad et l'ont aidé, grâce à l'orientation de son conseiller, à mettre l'accent sur le problème le plus immédiat : son choix de programme d'études.

Bien que Brad ait d'abord affirmé (et cru) qu'il avait choisi l'ingénierie comme programme d'études en raison de sa connaissance du domaine (par l'entremise de son père) et parce qu'il estimait que l'ingénierie serait un programme d'études « cool » pour lui, son conseiller l'a aidé à constater que le véritable objectif qu'il cherchait à atteindre par le choix de ce programme d'étude était de plaire à son père. Étant donné que l'objectif de devenir ingénieur n'était pas son *objectif personnel* (M. E. Ford, 1992), il est fort probable qu'il ne l'aurait pas atteint, et que s'il l'avait fait, le résultat n'aurait pas été satisfaisant, parce que son objectif personnel réel n'était pas d'étudier l'ingénierie, mais de plaire à son père. En effet, les conseillers et conseillères, les amis et amies ou les membres de la famille peuvent proposer des objectifs possibles, mais les gens ne peuvent réussir à changer que s'ils font de ces objectifs les leurs et s'engagent à les atteindre. *Seul vous-même pouvez-vous changer*!

La décision de Brad de mettre fin à son programme d'études en ingénierie a créé la tâche suivante qu'il devait accomplir avec son conseiller : choisir un programme d'études plus approprié. En commençant par le fait de comprendre que *le changement et le développement commencent toujours par ce qui existe déjà*, le conseiller a examiné avec Brad les modèles qui lui avaient procuré des sentiments de joie et de réussite, qui avaient suscité la reconnaissance et l'approbation des autres, et qui avaient été généralement satisfaisants dans ses activités antérieures (c.-à-d. les modèles d'épisodes comportementaux). Brad a raconté, entre autres, combien il avait aimé faire part de ses talents musicaux considérables à ses amis et à sa famille. Jouer sa guitare dans un petit groupe local avait fait de lui un invité populaire et bienvenu aux fêtes et événements sociaux de la collectivité. Lorsqu'il a été invité à partager d'autres domaines où il avait souvent vécu des épisodes comportementaux satisfaisants et gratifiants, Brad a souligné à quel point il avait été valorisant pour lui de se joindre aux coéquipiers de son équipe de baseball pour faire du bénévolat dans le cadre des Jeux paralympiques, afin d'aider les enfants ayant des besoins particuliers à connaître la joie et la réussite associées à la participation à des activités sportives.

Après avoir soigneusement évalué ces modèles et d'autres modèles d'activités, Brad a conclu qu'il aimait travailler avec les gens beaucoup plus qu'avec des calculs, des équations et des graphiques. Il a choisi provisoirement de s'inscrire au programme d'études en gestion des loisirs, des parcs et du tourisme, estimant qu'il s'agit du programme d'études le plus susceptible de lui permettre de prendre appui sur ses expériences positives lors des Jeux olympiques spéciaux et de faire carrière dans un domaine où il peut travailler avec les gens. Avec l'aide et l'encadrement de son conseiller, il a examiné les perspectives d'emploi et les possibilités de réussir sa carrière dans ce domaine, et une fois satisfait des renseignements trouvés, il a discuté avec son conseiller pédagogique et a officiellement intégré ce nouveau programme d'études. Toutefois, Brad a dû faire face à une dernière tâche : celle d'obtenir le soutien et l'approbation de sa famille (et surtout de son père) pour le changement de son domaine d'études. Son conseiller lui a offert de l'aider dans cette entreprise, parce qu'un contexte soutenant est essentiel au maintien de la motivation nécessaire pour persister dans toute tâche difficile et atteindre ses objectifs (M. E. Ford, 1992). En s'appuyant sur des années d'expérience professionnelle, le conseiller a suggéré que Brad envisage d'abord de discuter de ses sentiments et de ses pensées concernant ses études avec sa mère, afin de voir si elle serait prête à l'aider à obtenir l'approbation de son père quant à sa décision de suivre un parcours professionnel entièrement différent. Sa mère était effectivement prête à l'aider, et Brad a ainsi pu obtenir le soutien et l'approbation de sa famille, créant ainsi le contexte favorable dont il avait besoin pour réussir ses études et faire son entrée dans le monde du travail dans un domaine où il excellait.

Conclusion

La (LSVD) est une théorie qui explique les processus de base impliqués dans le comportement et le développement professionnel. Théorie des systèmes vivants, elle relie à d'autres domaines de la santé et du développement humain qui ont également adopté les théories et les modèles des systèmes vivants. Elle n'offre pas de méthodes d'intervention novatrices, mais plutôt un cadre directeur qui permet aux conseillers et conseillères qualifiés de travailler avec des individus uniques qui évoluent au sein de contextes uniques, tout en poursuivant leurs objectifs scolaires et professionnels. La clé pour utiliser cette théorie avec succès réside dans une compréhension fondamentale de ses concepts et propositions clés, qui mettent l'accent sur le fonctionnement unique de la personne dans son contexte. L'analyse du modèle unique d'épisodes comportementaux de chaque individu représente la méthode d'évaluation de base de la LSVD, car l'information obtenue à l'aide de tests standardisés est d'une utilité très limitée dans les efforts visant à comprendre ce qui se passe chez un individu particulier et unique (p. ex. Molenaar et Campbell, 2009). Les conseillers et conseillères qui travaillent avec des individus se préparant à faire leur entrée sur le marché du travail pour la première fois ou avec des adultes qui souhaitent (ou doivent) changer de carrière peuvent trouver ce cadre théorique tout particulièrement utile.

Références

Ford, D. H. (1987). *Humans as self-constructing living systems: A developmental perspective on behavior and personality*. Hillsdale, NJ: Lawrence Erlbaum Associates.

Ford, M. E. (1992). *Motivating humans: Goals, emotions, and personal agency beliefs*. Newbury Park, CA : Sage.

Molenaar, P. C. M. et Campbell, C. G. (2009). The new person-specific paradigm in psychology. *Current Directions in Psychological Science, 18*, 112-117. DOI: 10.1111/j.1467-8721.2009.01619.x

Vondracek, F. W. et Ford, D. H. (2019). The living systems theory of vocational behaviour and development. Dans N. Arthur et M. McMahon (dir.), *Contemporary theories of career development: International perspectives* (p. 121-134). Abingdon, Oxon : Routledge.

Vondracek, F. W., Ford, D. H. et Porfeli, E. J. (2014). *A living systems theory of vocational behavior and development*. Rotterdam, Pays-Bas : Sense.

Vondracek, F. W., Porfeli, E. J. et Ford, D. H. (sous presse). Living systems theory: Using a person-in-context behaviour episode unit of analysis in career guidance research and practice. Dans J. A Athanasou et H. Perera (dir.), *International handbook of career guidance* (2e éd.). New York, NY : Springer.

Biographies

Fred W. Vondracek est professeur émérite à l'Université d'État de Pennsylvanie, aux États-Unis, où il a été professeur, directeur de département et doyen au College of Health and Human Development. Ses travaux empiriques exhaustifs ont porté sur divers aspects du comportement et du développement professionnels. Ses travaux théoriques se sont traduits par deux livres : *Career Development: A Life-Span Developmental Approach* (Vondracek, Lerner et Schulenberg, 1986) et *A Living Systems Theory of Vocational Behavior and Development* (Vondracek, Ford et Porfeli, 2014).

Donald H. Ford est professeur et doyen émérite à l'Université d'État de Pennsylvanie, aux États-Unis. Son livre, *Humans as Self-Constructing Living Systems* (Erlbaum, 1987), a servi de fondement théorique aux livres intitulés *A Living Systems Theory of Vocational Behavior and Development* (Vondracek, Ford et Porfeli, Sense, 2014), *Motivating Humans: Goals, Emotions, and Personal Agency Beliefs* (M. Ford, Sage, 1992) et *Developmental Systems Theory* (Ford et Lerner, Sage, 1992). Il a créé et dirigé la section du counseling de l'Université et a agi en qualité de doyen fondateur du College of Health and Human Development.

Points de pratique pour la théorie des systèmes vivants du comportement et du développement professionnels (LSVD)
Fred W. Vondracek et Donald H. Ford

1. **Établissez une relation de travail de confiance.** Il peut s'agir de modifier le schéma d'épisodes comportementaux de la personne cliente pour les situations où elle doit « composer avec des figures d'autorité ».

2. **Fixez des objectifs communs.** Mettez-vous d'accord sur ce qui doit être accompli dans le cadre des séances de counseling.

3. **Expliquez la structure des épisodes comportementaux.**

4. **Encouragez les personnes clientes à parler ouvertement de leurs expériences, pensées, sentiments et contextes antérieurs.** Cette exploration sert à déterminer les parcours d'activité.

5. **Examinez et clarifiez les objectifs potentiels (scolaires ou professionnels/liés à la carrière).**

6. **Tirez parti des parcours d'activité.** Ces parcours (et leurs objectifs directeurs) sont souvent associés à des sentiments positifs et à des évaluations positives de la part des autres. De plus, les parcours d'activité seront associés aux schémas d'épisodes comportementaux, qui constituent les points de départ du nouveau développement.

7. **Explorez les parcours n'ayant pas été reconnus auparavant.** Les conseillers et conseillères peuvent identifier des parcours scolaires, des parcours professionnels ou des cheminements de carrière qui ne sont pas évidents pour la personne cliente.

8. **Encouragez les personnes clientes à s'engager vers un nouvel objectif.** Cela devrait se produire après avoir exploré plusieurs parcours scolaires, parcours professionnels ou cheminements de carrière potentiels, ainsi que les questions de faisabilité et de mise en œuvre connexes, et après avoir veillé à ce que la personne cliente ait un contexte adapté à ses besoins et possède les compétences nécessaires pour atteindre l'objectif.

9. **Aidez les personnes clientes à rester motivées.** Pour ce faire, il peut s'agir d'offrir une rétroaction et une évaluation positives, en explicitant les objectifs de la personne cliente et en affirmant la compétence de la personne cliente.

Chapitre 42

Le modèle de l'évaluation et du counseling en développement de carrière (C-DAC) de Donald Super

Mark Watson

Au début du siècle dernier, le monde du travail était beaucoup moins complexe. L'évaluation et l'intervention en développement et counseling de carrière consistaient en un processus d'adéquation entre les caractéristiques individuelles et celles des professions. Depuis, la discipline de la psychologie vocationnelle a évolué d'une conception du choix de carrière comme une décision statique vers celle de la prise en compte du développement et du redéveloppement humain tout au long de la vie. La théorie développementale de carrière de Donald Super (Super, 1957, 1990) s'inscrit pleinement dans cette dernière conception. Pour Super, les théories de la carrière doivent prendre en compte le changement s'opérant tant chez l'individu que dans le monde du travail. En développant, sur le plan théorique et pratique, le *modèle de l'évaluation et du counseling en développement de carrière* (*career development assessment and counselling model* – C-DAC ; Super, Osborne, Walsh, Brown et Niles, 1992), Super a remis en perspective le travail d'appariement associé au choix d'une carrière en tant que simple étape du processus de counseling de carrière. La théorie de Super a joué un rôle essentiel dans l'évolution récente de la théorie de la carrière et des pratiques professionnelles et a contribué, notamment, à l'importance croissante et multidimensionnelle accordée aux approches narratives et constructivistes. Plus précisément, Hartung (2013) a soutenu que le modèle C-DAC met en évidence « les éléments de la perspective constructiviste qui ont été appliqués plus récemment à la théorie de Super[1] » (p. 76). Le présent chapitre a pour but de décrire le modèle C-DAC et d'en démontrer l'application à l'aide d'une illustration pratique.

---

1 Traduction libre.

La théorie et le modèle de counseling de Super

La théorie du développement de carrière

La *théorie du développement de carrière tout au long des temps et espaces de vie* de Super[2] a servi de base au développement de plusieurs théories contemporaines de la carrière. Au centre de la théorie de Super se trouve la définition du concept de soi au fil du temps et sa mise en contexte continue tout au long de la vie. La théorie de Super a ainsi contribué à faire évoluer la discipline de la psychologie vocationnelle vers une psychologie des carrières (Super, 1957), où le rôle professionnel s'insère dans la vie de la personne plutôt que l'inverse. Sa théorie a également permis de focaliser l'attention sur la façon dont le comportement professionnel évolue au fil du temps et sur les facteurs contextuels entourant cette évolution, plutôt que sur le choix d'une carrière en tant que telle (Watson et Stead, 2017). Au départ, la théorie de Super était axée sur la description de cinq étapes successives observées dans la vie d'une personne. Le nom de chacun de ces stades reflétait la principale activité de développement associée à cette phase du cycle de vie, chaque étape exigeant que certaines tâches développementales soient accomplies. La composante de la durée de vie, qui est à la base de la théorie du développement de carrière tout au long des temps et espaces de vie ultérieurement élaborée par Super (Super, 1990), est brièvement décrite ci-dessous.

Le *stade de la croissance* (de 4 à 13 ans) comprend quatre tâches développementales : se préoccuper à se projeter dans l'avenir, accroître son contrôle personnel sur sa vie, se motiver à réussir à l'école, ainsi qu'acquérir des attitudes et des habitudes satisfaisantes à l'égard du travail. Au *stade de l'exploration* (de 14 à 24 ans), les adolescents et adolescentes et les jeunes adultes sont successivement appelés à effectuer les tâches de cristallisation, de spécification et de réalisation de leur choix de carrière. Le *stade de l'établissement* (de 25 à 44 ans) est celui où les adultes doivent assurer la stabilisation, la consolidation et l'avancement de la carrière qu'ils ont choisie. L'accomplissement de ces tâches développementales conduit au quatrième stade, à savoir le *maintien* (de 45 à 65 ans), au cours duquel trois tâches développementales sont effectuées : garder son poste, rester à jour et innover dans sa carrière. Le dernier stade de la vie est celui du *désengagement* (65 ans et plus), au cours duquel la personne ralentit son rythme de travail et réalise ses plans de retraite.

La deuxième composante de la théorie de Super (1990) met l'accent sur les *espaces de vie* d'une personne, c'est-à-dire les rôles qu'elle joue à un moment particulier de sa vie. Un aspect essentiel de cette dernière formulation de la théorie de Super est que le travail n'est qu'un des rôles de la vie. Il faut donc examiner le rôle professionnel d'une personne de façon globale, en tenant compte de tous

---

[2] Traduction libre de *Super's lifespan-lifespace career development theory*.

les rôles qu'elle tient à un moment précis de sa vie. Super a défini six principaux rôles de vie : enfant, étudiant, loisiriste, citoyen, travailleur, personne de foyer (la théorie étend cette définition aux rôles de vie conjugale et parentale). Ces rôles sont joués sur les quatre grandes scènes de la vie : le foyer, l'école/établissement de formation supérieure, le travail et la communauté. Les étapes et les rôles de vie d'une personne sont en interaction et, à tout moment, les individus vivent leur vie à l'intersection de ces deux dimensions théoriques. Grâce à cette interaction, les gens peuvent se reprendre un nouveau cycle tout au long de leur vie et à tout âge, en particulier lorsqu'ils sont confrontés à des transitions professionnelles. La section suivante décrit le modèle de l'évaluation et du counseling en développement de carrière (C-DAC).

Le modèle de l'évaluation et du counseling en développement de carrière (C-DAC)

Les « modèles d'appariement » du counseling de carrière mettent l'accent sur le *contenu* du choix de carrière. Le modèle de l'évaluation et du counseling en développement de carrière (C-DAC) de Super (Super et al., 1992) va au-delà de cette focalisation historique sur les variables de contenu (comme les intérêts et les capacités) pour tenir compte des variables de *processus* (c'est-à-dire la façon dont les gens traitent les variables de contenu). Ce faisant, il élargit la portée de l'évaluation et du counseling de carrière de manière à inclure des variables modératrices – comme l'adaptabilité de carrière, les valeurs, ainsi que l'importance (c.-à-d. la saillance) accordée aux différents rôles de vie– lors de l'examen des variables de contenu. Le séquençage des variables de contenu et des processus est un élément essentiel du modèle C-DAC, c'est-à-dire que le conseiller ou la conseillère doit d'abord examiner les variables de processus, afin de maximiser l'utilisation des résultats quantitatifs associés aux variables de contenu. En effet, il est généralement inutile de fournir une évaluation quantitative des variables de contenu, telles que les intérêts, sans s'être assuré au préalable que la personne a une connaissance de soi suffisante pour utiliser efficacement cette information.

Les trois objectifs du counseling de carrière sont à la base du modèle C-DAC : aider les personnes clientes à (a) développer et à accepter une vision plus globale et mieux intégrée d'elles-mêmes et de leurs rôles de vie, (b) tester cette vision par rapport aux facteurs présents dans la réalité ; (c) favoriser les décisions de carrière qui mettent en œuvre ce concept de soi pour assurer la réussite et la satisfaction professionnelles. Le modèle C-DAC comporte quatre phases qui évaluent chacune un domaine différent : (1) la structure de vie et l'importance du rôle professionnel ; (2) l'état du développement de carrière et les ressources associées ; (3) l'identité professionnelle, y compris les valeurs, les intérêts et les capacités, et ; (4) les concepts de soi relatifs au travail et les thèmes de vie. L'évaluation au cours de ces quatre phases peut être entreprise soit dans le cadre de séances auprès de la personne cliente soit à l'aide des interventions et des instruments de développement élaborés par Super et ses collègues, ou encore au moyen d'une combinaison de ces deux approches. Ainsi, le modèle C-DAC se veut une réponse fondamentale à l'appel à combiner ces deux formes d'évaluation en combinant des approches narratives qualitatives et des résultats d'évaluation liées à des données quantitatives. Dans le cadre du présent chapitre, toutefois, la description du modèle sera axée sur le processus narratif d'évaluation et de counseling de carrière, bien que le lecteur ou la lectrice soit invité à consulter des exemples d'instruments quantitatifs pouvant aider à étayer le processus du C-DAC. Les renvois à ces instruments se trouvent sur le site Web de Vocopher (http://vocopher.com), qui a été élaboré par Glavin et Savickas (2010).

Évaluer la structure de vie et l'importance du rôle professionnel. La *structure de vie* fait référence à la combinaison des rôles de vie qui se manifestent dans la vie d'une personne à un moment donné. Le conseiller ou la conseillère doit déterminer l'importance du rôle professionnel par rapport aux autres rôles de vie identifiés. Il s'agit là d'un élément essentiel, car l'importance accordée au rôle professionnel peut donner une indication de la participation de la personne cliente aux phases subséquentes du processus C-DAC qui mettent plus particulièrement l'accent sur le rôle professionnel. L'importance des rôles de vie peut être explorée de manière qualitative au moyen de techniques qui permettent de clarifier le lien entre le rôle professionnel d'une personne cliente et ses autres rôles de vie (p. ex. classer ses rôles de vie en fonction de ses valeurs et déterminer si ceux-ci entrent en conflit ou se complètent). Le conseiller ou la conseillère pourrait également utiliser un instrument d'évaluation développementale, comme l'inventaire d'importance (Salience Inventory), qui permet d'examiner et d'évaluer quantitativement la participation, l'engagement et les attentes d'une personne cliente à l'égard de ses rôles de vie.

Évaluer de l'état du développement de carrière et des ressources. Au cours de cette deuxième phase du modèle C-DAC, le conseiller ou la conseillère examine les tâches développementales[3] qui suscitent des préoccupations chez sa personne cliente à ce stade de sa vie. Une fois que ces préoccupations ont été cernées, le conseiller ou la conseillère explore les ressources d'adaptation dont il ou elle dispose (en termes d'attitudes et de compétences) pour s'acquitter de ces tâches. Pour ce faire, le conseiller ou la conseillère peut suivre un processus narratif dans le cadre de l'entretien ou peut également utiliser l'inventaire des préoccupations de carrière de l'adulte (Adult Career Concerns Inventory – ACCI), qui mesure la planification ou les préoccupations relatives aux tâches développementales liées aux stades de l'exploration, de l'établissement, du maintien et du désengagement. Cet inventaire tient compte des minicycles qui s'effectuent lors des transitions

---

3 Traduction libre.

de carrière des adultes, ainsi que de l'adaptation au changement de rôle. De plus, l'Inventaire du Développement de Carrière (CDI) est utile pour évaluer les ressources d'une personne cliente en matière d'adaptation.

Évaluer l'identité professionnelle. Cette troisième phase du modèle C-DAC reflète les modèles traditionnels d'appariement associés à l'évaluation et au counseling de carrière. Le conseiller ou la conseillère examine les valeurs, les intérêts et les capacités de la personne cliente, ainsi que la façon dont ceux-ci se manifestent dans son rôle professionnel et dans ses autres rôles de vie. Cet examen peut être réalisé dans le cadre d'un processus narratif, mais il existe également des inventaires d'intérêts, de valeurs et de capacités bien connus auxquels les conseillers et conseillères peuvent faire appel. Si ces derniers sont utilisés, il serait important que le conseiller ou la conseillère intègre les résultats obtenus dans une démarche d'exploration narrative plus vaste plutôt que de les interpréter à des fins d'appariement.

Évaluer les concepts de soi relatifs au travail et des thèmes de vie. Au cours de cette dernière phase du modèle C-DAC, l'accent passe de l'évaluation plus objective réalisée lors de la troisième phase à une interprétation plus subjective du concept de soi de la personne cliente, plus précisément la manière dont elle se comprend et dont elle comprend le monde qui l'entoure. Ici, le conseiller ou la conseillère peut avoir recours à diverses interventions qualitatives, telles que des listes d'adjectifs, des tris de cartes ou les grilles de répertoires de facteurs, afin d'évaluer les perceptions de soi de la personne cliente dans sa vie passée, présente et future.

Une fois que le conseiller ou la conseillère et la personne cliente ont traversé les quatre phases du modèle C-DAC, Super propose une étape finale au processus dans laquelle les données recueillies au cours de ces quatre phases sont interprétées de manière narrative dans un déroulement de l'histoire de vie de la personne cliente. Cette interprétation doit être à la fois réaliste et sensible. Elle rassemble tous les renseignements recueillis lors des phases précédentes du modèle C-DAC pour examiner ensuite « la personne dans le contexte des multiples rôles qu'elle exerce et de ses tâches développementales » (Super, Savickas et Super, 1996, p. 151). Selon Super et al. (1996), cette dernière étape d'intégration aide la personne cliente à passer de la phase de l'évaluation à celle du counseling. Au cours de la phase du counseling, le conseiller ou la conseillère alterne entre des approches plus directives et des approches non directives. Par conséquent, une séance visant à clarifier le concept de soi et la structure de vie de la personne cliente aurait un caractère non directif, tandis qu'une séance mettant l'accent sur la communication des résultats d'évaluation serait plus directive.

Illustration pratique

Alice (pseudonyme), qui est âgée de 28 ans, est une femme caucasienne divorcée qui élève seule son fils de 8 ans. Lors de la première séance, Alice s'est dit insatisfaite de son mode de vie actuel, estimant qu'elle n'a jamais entrepris la réflexion qu'exige un choix de carrière, étant « *simplement passée d'un emploi disponible à un autre* ». Elle croit avoir fait ces choix en partie par nécessité et en partie parce que « *je n'ai pas fait le point pour savoir où j'en suis et ce que je veux faire de ma vie* ». Alice possédait les préalables requis pour s'inscrire dans un programme d'enseignement supérieur. Au départ, elle avait décidé de prendre une année de congé parce que son petit ami de l'époque voulait voyager, mais elle est tombée enceinte et cela a contrecarré leur projet. Après la naissance de l'enfant, son petit ami a refusé d'assumer ses responsabilités parentales et Alice, alors confrontée à des contraintes financières, a été forcée de chercher un emploi. Elle a emménagé avec ses parents, qui ont pris soin de son fils pendant qu'elle occupait une succession de trois « *boulots* » au cours des huit années suivantes. Alice a d'abord travaillé dans le commerce de détail en tant que vendeuse, puis a occupé des postes de bureau et de secrétariat.

Pendant cette période, Alice estimait qu'elle n'était pas en mesure d'entreprendre une quelconque formation professionnelle en raison de ses responsabilités personnelles et professionnelles. Elle exprime une très grande frustration à l'égard de son mode de vie et de son rôle professionnel actuels qui, selon elle, sont tous deux très structurés et peu stimulants. Alice estime plus particulièrement que les attentes de ses parents et de son jeune fils dominent sa vie et limitent sa capacité à explorer un avenir différent. Elle aimerait démissionner du poste d'employée de bureau peu rémunéré qu'elle occupe actuellement et reprendre les études pour suivre une formation d'infirmière. Elle dit se sentir coupable lorsqu'elle pense à un éventuel retour aux études et aux répercussions de cette décision sur ceux et celles qui l'entourent. Elle montre une faible estime de soi en ce qui concerne sa capacité à mettre en œuvre cette décision de carrière et semble éprouver une colère réprimée à l'égard de son mode de vie actuel. Vers la fin de la séance, Alice a formulé la question suivante : « *Que dois-je faire pour parvenir à un équilibre entre mes rôles qui semblent si ancrés dans ma vie actuelle et mon désir d'exercer un rôle professionnel plus spécialisé dans l'avenir?* ».

Analyse de l'illustration pratique

Une analyse traditionnelle du cas d'Alice selon le modèle C-DAC comprendrait à la fois une approche narrative, ainsi que les résultats obtenus à l'aide de plusieurs instruments de développement de carrière. La présente analyse met l'accent sur l'exploration narrative qui sous-tend le processus C-DAC.

Évaluer la structure de vie et l'importance du rôle professionnel

Cette première phase du modèle C-DAC implique l'exploration des rôles de vie actuels d'Alice, en mettant plus particulièrement l'accent sur ceux qu'elle a décrits et sur l'importance de son rôle professionnel par rapport aux autres. Les rôles de vie sont au cœur de l'insatisfaction d'Alice à l'égard de son mode de vie actuel ; ce sont les exigences contradictoires de plusieurs rôles de vie dominants qui ont conduit Alice à rechercher les services du counseling de carrière. Plus précisément, Alice a de la difficulté à composer avec la place excessive qu'occupe son rôle de femme au foyer (prendre soin de ses parents et de son fils) au détriment, dans un sens, de son rôle professionnel. Les antécédents professionnels d'Alice laissent entrevoir un manque d'engagement à l'égard des trois emplois qu'elle a occupés. Sur le plan des valeurs, elle s'attend à ce que son futur rôle professionnel soit plus intéressant et « plus spécialisé ». En outre, Alice souligne l'importance qu'elle accorde à un futur rôle d'étudiante, ainsi que son engagement à cet égard. L'articulation des rôles de vie d'Alice a compliqué le processus d'orientation professionnelle et a conduit à une faible estime de soi, de la culpabilité et une colère réprimée. Le fait qu'Alice décrive ses rôles de vie actuels comme étant « ancrés » suggère qu'elle est aux prises avec certains facteurs de réalité qui doivent être résolus avant qu'un processus d'orientation efficace et réaliste puisse être effectué. Il est peu probable que les phases subséquentes du modèle C-DAC réussissent tant que le conflit de rôles n'aura pas été réglé.

Évaluer l'état du développement de carrière et les ressources

La deuxième phase du modèle C-DAC concerne d'abord le stade de vie actuel d'Alice sur le plan du développement de carrière. Par la suite, le conseiller ou la conseillère examinera avec elle les ressources d'adaptation dont elle dispose (tant en ce qui concerne ses émotions que ses niveaux de connaissances) pour s'acquitter des tâches développementales qu'exige cette étape de la vie. Selon la théorie de Super, Alice devrait se trouver au stade de l'établissement dans son développement de carrière. Pourtant, il ressort clairement de l'entretien préliminaire qu'Alice entre actuellement dans le stage de l'exploration, car il n'y a jamais eu de stabilisation, de consolidation, ni d'avancement dans les emplois qu'elle a occupés. Elle cherche à explorer à nouveau ses perspectives professionnelles et doit s'acquitter des tâches développementales consistant à cristalliser, à préciser et à réaliser son choix professionnel. Il n'est pas clair si son choix de devenir infirmière reflète une cristallisation et une spécification, étant donné qu'Alice n'a pas expliqué comment elle en était arrivée à cette décision de carrière. La question de savoir si Alice a suffisamment exploré l'orientation professionnelle qu'elle propose devrait être examinée dans le cadre du processus de counseling de carrière ; comme Alice l'a elle-même affirmé : « je n'ai pas fait le point pour savoir où j'en suis et ce que je veux faire de ma vie ». En outre, pour décrire son cheminement de carrière à ce jour, Alice a indiqué qu'elle est « simplement passée d'un emploi disponible à un autre ».

Cette phase du modèle C-DAC exige également d'examiner les ressources d'adaptation d'Alice, puisqu'elle affirme éprouver des difficultés sur les plans affectif et cognitif. Lorsqu'elle a entamé le processus de counseling, Alice éprouvait de la colère et de la culpabilité et avait une faible estime de soi. Bien qu'elle ait mentionné l'orientation qu'elle envisage de donner à sa carrière, elle affirme avoir besoin de « faire le point ». Cette affirmation suggère qu'elle doive réfléchir au processus d'orientation avant de passer à la troisième tâche développementale, soit celle de la mise en œuvre.

Évaluation de l'identité professionnelle

Lors de cette troisième phase du modèle C-DAC, le processus d'évaluation et de counseling de carrière se rapproche davantage des modèles traditionnels d'appariement antérieurs. Il convient ici d'évaluer les valeurs, les intérêts et les capacités d'Alice. Il existe un certain nombre de tests qui pourraient faciliter cet exercice d'exploration, mais la présente analyse porte sur les raisons pour lesquelles une telle évaluation s'impose. Alice fait implicitement référence à ses valeurs tout au long de son entrevue d'approche, accordant de la valeur à une carrière professionnelle, à la formation ou à l'éducation supérieure que cela exige, ainsi qu'à une future carrière qu'elle jugera « stimulante ». Les intérêts d'Alice sont toutefois plus difficiles à cerner. Elle a exprimé un intérêt pour les soins infirmiers, mais le conseiller ou la conseillère devra peut-être déterminer s'il s'agit là d'un choix forclos – un choix cristallisé et spécifié, mais sans une exploration préalable suffisante. La nécessité d'examiner les intérêts d'Alice est une fois de plus mise en lumière lorsque celle-ci affirme avoir besoin de « faire le point ». Le conseiller ou la conseillère devrait également examiner sa capacité à poursuivre des études supérieures, ce que l'entretien initial n'a pas permis de déterminer. Bien qu' Alice ait terminé ses études secondaires avec succès et remplisse les conditions préalables requises pour accéder à l'enseignement supérieur, elle a occupé jusqu'ici des emplois peu exigeants et démontre actuellement une faible estime de soi.

Évaluation des concepts de soi relatifs au travail et des thèmes de vie

Cette dernière phase du modèle C-DAC incitera Alice à se livrer à une introspection plus globale, en établissant des liens entre son développement de carrière passé et présent et son projet professionnel. Cette évaluation rétrospective et prospective lui permettra d'explorer les thèmes récurrents de sa vie. Par exemple, le besoin qu'elle ressent de « faire le point » et son sentiment que ses rôles de vie sont « ancrés » suggèrent qu'elle a mené sa vie de manière plus réactive que proactive. Parallèlement, certaines difficultés personnelles l'empêchent de devenir plus proactive : elle n'a pas suffisamment confiance en elle pour aller de l'avant et concrétiser un choix professionnel. Au moment de faire le point, Alice devra également considérer les réalités pratiques auxquelles elle devra faire face si elle souhaite poursuivre efficacement son développement de carrière.

Cette évaluation sommative plus générale permettra à Alice de passer de la phase de l'évaluation à celle du counseling du modèle C-DAC, où elle pourra commencer à s'engager de manière proactive dans son processus de développement de carrière.

Conclusion

Le modèle C-DAC de Super offre aux conseillers et conseillères un processus d'évaluation et de counseling structuré et systématique. Il est important que les conseillers et conseillères appliquent de manière souple les lignes directrices qui y sont données, en fonction des réalités des personnes clientes et du contexte dans lequel elles évoluent. Les théories de la carrière et leur application pratique devraient être utilisées de façon proactive plutôt que réactive ; les conseillers et conseillères devraient déterminer ce qui convient le mieux à leurs clients et clientes en faisant preuve d'un esprit créatif. Le modèle C-DAC offre aux conseillers et conseillères la possibilité de combiner des processus d'évaluation narratifs et quantitatifs ou d'accorder plus d'importance à l'une ou l'autre de ces approches. Le modèle encourage également les conseillers et conseillères à intégrer les aspects d'autres théories de la carrière contemporaine, ainsi que des inventaires d'évaluation de carrière.

Références

Glavin, K. W. et Savickas, M. L. (2010). Vocopher: The career collaboratory. *Journal of Career Assessment, 18*, 345-354. DOI : 10.1177/1069072710374568

Hartung, P. J. (2013). Career as story: Making the narrative turn. Dans W. Bruce Walsh, M. L. Savickas, et P. J. Hartung (dir.), *Handbook of vocational psychology: Theory, research, and practice* (4e éd., p. 33-52). New York, NY : Routledge.

Super, D. E. (1957). *The psychology of careers*. New York, NY: Harper and Row.

Super, D. E. (1990). A life-span, life-space approach to career development. Dans D. Brown et L. Brooks (dir.), *Career choice and development: Applying contemporary theories to practice* (2e éd., p. 197-261). San Francisco, CA : Jossey-Bass.

Super, D. E., Osborne, W. L., Walsh, D. J., Brown, S. D. et Niles, S. G. (1992). Developmental career assessment and counseling: The C-DAC model. *Journal of Counseling and Development, 71*, 74-80. DOI : 10.1002/j.1556-6676.1992.tb02175.x

Super, D. E., Savickas, M. L. et Super, C. M. (1996). The life-span, life-space approach to careers. Dans D. Brown, L. Brooks et al. (dir.), *Career choice and development* (3e éd., p. 121-178). San Francisco, CA : Jossey-Bass.

Watson, M. B. et Stead, G. B. (2017). The career development theory of Donald Super. Dans G. B. Stead et M. B. Watson (dir.), *Career psychology in the South African context* (3e éd., p. 67-83). Pretoria, Afrique du Sud : Van Schaik.

Biographie

Mark Watson est professeur émérite à l'Université Nelson Mandela, en Afrique du Sud ; professeur honoraire à l'Université du Queensland, en Australie, ainsi que chercheur rattaché à l'Université de Warwick, au Royaume-Uni. Il concentre son enseignement, ses recherches et sa pratique dans le domaine du développement de carrière, du counseling et de l'évaluation. Mark est l'auteur de nombreuses publications dans des revues internationales, a coédité des livres sur la psychologie des carrières, a contribué à la rédaction de chapitres de livres et est le coconcepteur d'un instrument international d'évaluation qualitative relative à la carrière. Il fait partie du comité de rédaction de plusieurs revues professionnelles internationales.

Points de pratique pour le modèle de l'évaluation et du counseling en développement de carrière (C-DAC) de Donald Super
Mark Watson

1. **Considérez un large éventail d'interventions de conseil.** Le modèle de l'évaluation et du counseling en développement de carrière (C-DAC) vous encourage à avoir recours à un éventail d'interventions plus vaste que celui décrit dans le modèle. Par exemple, si la personne cliente en est au stade de l'exploration ou qu'elle se retrouve à nouveau à ce stade, vous pourriez envisager l'une des nombreuses activités d'exploration suggérées dans la littérature relative à la carrière.

2. **Pensez à utiliser les diagrammes illustratifs de Super.** L'arc-en-ciel de carrière de Super et ses modèles en forme de voûte pourraient être utilisés comme base pour amener vos clients et clientes à concevoir leur propre version de ces modèles. Utilisez les diagrammes produits par vos clients et clientes pour examiner leurs thèmes de vie d'un point de vue plus global.

3. **Considérez un large éventail d'instruments d'évaluation quantitative.** Vous n'avez pas à vous limiter aux instruments quantitatifs suggérés dans le modèle C-DAC. Vous pouvez introduire les instruments relatifs à la carrière que vous avez jugés utiles dans votre pratique.

4. **Considérez d'autres théories de la carrière.** Le modèle C-DAC est fondé sur la théorie de Super, mais d'autres théories de la carrière pourraient compléter votre utilisation de ce modèle. En particulier, les approches systémiques relatives à la carrière et leurs interventions pratiques offriraient aux personnes clientes une occasion supplémentaire d'examiner leur processus de développement de carrière dans une perspective globale.

5. **N'hésitez pas à revenir aux étapes précédentes du processus de counseling de carrière.** Le modèle C-DAC de Super encouragement fortement les conseillers et conseillères à varier leur approche du counseling de carrière. Cet ajustement dépend plus particulièrement de la phase du modèle C-DAC que vous traitez, ainsi que de la nature des problèmes de développement de carrière de la personne cliente.

Chapitre 43

La théorie de l'adaptation au travail (TWA) : chercher et maintenir la satisfaction et la compétence

Jon Woodend

La *théorie de l'adaptation au travail* (*theory of work adjustment – TWA*; Dawis et Lofquist, 1984) découle du counseling axé sur les traits et les facteurs, qui vise à décrire la prise de décisions professionnelles des individus. À l'instar d'autres théories axées sur les traits et les facteurs (trait-and-factor theories), l'objectif de la théorie de l'adaptation au travail (TWA) était de prédire la correspondance entre les individus et leur environnement de travail. La théorie de l'adaptation au travail (TWA) différait d'autres théories axées sur les traits et facteurs (trait-and-factor theories), comme la *théorie des personnalités professionnelles et des environnements de travail de Holland* (*Holland's theory of vocational personalities and work environments*), en s'étendant au-delà d'un choix de carrière statique pour tenir compte également des trajectoires de carrière (Betz, 2008). Plus précisément, la théorie de l'adaptation au travail (TWA) mettait l'accent sur la *correspondance* dans la relation réciproque entre les individus et leur environnement de travail (Bizot, 1993). Cela constituait un développement important au sein du domaine de la psychologie professionnelle puisqu'il reconnaissait que les individus et leur environnement de travail agissent et réagissent continuellement les uns en fonction des autres afin d'exercer une influence sur les trajectoires de carrière des individus (Juntunen et Even, 2012). Ce chapitre présente un aperçu des concepts fondamentaux de la théorie de l'adaptation au travail (TWA), une illustration pratique présentant l'application de ces concepts et des points de pratique clés pour aider les professionnels et professionnelles à utiliser la théorie de l'adaptation au travail (TWA) avec leurs personnes clientes.

Aperçu de la théorie de l'adaptation au travail (TWA)

Au cœur de la compréhension de la théorie de l'adaptation au travail (TWA) se trouve l'idée de la correspondance, soit la mesure dans laquelle il y a une concordance entre certains facteurs liés à la personne et de son environnement de travail (Betz, 2008; Dawis et Lofquist, 1984). Dans le cadre de la théorie de l'adaptation au travail

(TWA) figure le *modèle prédictif*. Celui-ci consiste à utiliser la correspondance pour déterminer si les individus et les environnements de travail s'harmonisent. À cela s'ajoute le modèle de processus, lequel décrit comment les individus maintiennent la correspondance ou réagissent en présence d'un manque de correspondance (Juntunen et Even, 2012).

Modèle prédictif

Dans le cadre du modèle prédictif, la *satisfaction* désigne la correspondance entre ce dont un individu a besoin dans son environnement de travail et les avantages qu'offre l'environnement de travail à ce dernier (Eggerth, 2008; Swanson et Schneider, 2013). Ces besoins découlent de la *valeur* que les individus accordent a) au sentiment de *réussite* qu'ils éprouvent dans leur environnement de travail en mettant à profit leurs compétences; b) au statut relatif que l'environnement de travail confère à l'individu par la reconnaissance et l'exercice de rôles de leadership; c) au niveau de *bien-être* et à l'absence de stress indu au sein de l'environnement de travail; d) au sentiment d'*altruisme* dans l'environnement de travail éprouvé en rendant service à autrui; e) à la *sécurité* d'un environnement de travail fiable et prévisible; f) au niveau d'*autonomie* pour travailler de façon indépendante au sein de l'environnement de travail. À titre d'exemple, une personne qui apprécie le fait de pouvoir travailler de façon indépendante est plus susceptible d'être satisfaite d'un environnement de travail où le ou la gestionnaire participe dans une moins grande mesure aux tâches courantes.

Simultanément, la *compétence* est la correspondance entre les exigences de l'environnement de travail et les *habiletés* de l'individu. Les habiletés comprennent un large éventail de compétences et de caractéristiques, comme les connaissances techniques dans un domaine donné. À titre d'exemple, une personne qui possède la capacité de mener plusieurs tâches de front, qui sait prendre des décisions sur-le-champ et qui travaille bien en équipe serait probablement compétente pour travailler au sein d'un environnement axé sur le service à la clientèle.

Styles de personnalité. Les *styles de personnalité*, parfois appelés *styles de travail*, décrivent la dynamique de la façon dont les gens interagissent avec leur environnement de travail (Bayl-Smith et Griffin, 2015). Cette dynamique est une autre considération importante pour déterminer la correspondance, car elle explique comment les individus ayant des habiletés semblables se comportent différemment, ce qui peut ou non correspondre aux exigences de l'environnement de travail. L'expérience, les connaissances et l'environnement des individus exercent une influence sur quatre aspects du style : la célérité, l'allure, le rythme et l'endurance.

- La *célérité* décrit la rapidité avec laquelle les individus interagissent avec leur environnement de travail. À titre d'exemple, une personne ayant une grande célébrité s'acquitterait probablement des tâches affectées dès leur réception, tandis qu'une personne ayant une faible célébrité ne s'acquitterait probablement pas de la tâche immédiatement.

- L'*allure* représente l'intensité des efforts déployés par les individus au sein de leur environnement de travail. À titre d'exemple, une personne qui a une allure vive réaliserait probablement les activités de travail activement et énergiquement; tandis que l'effort déployé par une personne ayant une allure faible pourrait être plus détendu.

- Le *rythme* désigne le type d'effort que déploient les individus dans leur environnement de travail, qui se situe sur une échelle qui va de a) un effort constant à b) un effort cyclique (périodes d'effort plus important et moins important), puis à c) un effort irrégulier (aucune tendance perceptible). À titre d'exemple, une personne ayant un rythme cyclique déploierait probablement un effort élevé à l'approche de la date limite d'un projet et un effort plus faible pour les projets en cours.

- L'*endurance* représente la durée pendant laquelle les individus interagissent avec l'environnement de travail. À titre d'exemple, une personne ayant une grande endurance préférerait probablement entreprendre des projets à durée indéterminée et continue, tandis qu'une personne ayant une faible endurance serait susceptible d'entreprendre des projets à court terme donnant lieu à des produits finis.

Bien que ces styles soient décrits ici comme étant propres aux individus, ils peuvent également décrire la nature des environnements de travail.

Propositions du modèle prédictif. Le modèle prédictif de la théorie de l'adaptation au travail (TWA) comporte plusieurs propositions pouvant permettre de prédire la prise de décision de carrière d'un individu (pour une description détaillée de toutes les propositions de la théorie de l'adaptation au travail [TWA], ainsi qu'un examen des données probantes à cet égard, voir Swanson et Schneider, 2013). Une proposition importante est celle de l'importance accordée à la correspondance entre la satisfaction et la compétence, puisqu'elle détermine la *durée des fonctions*, c'est-à-dire le temps passé par un individu au sein d'un environnement de travail donné (Dawis et Lofquist, 1984; Eggerth, 2008). En règle générale, plus un environnement de travail répond aux besoins d'un individu et plus les habiletés de cet individu répondent aux exigences de l'environnement de travail, plus longtemps la théorie de l'adaptation au travail (TWA) prévoit que l'individu choisira — et l'environnement de travail lui permettra — de demeurer au sein de cet environnement particulier. À titre d'exemple, les personnes qui accordent une valeur à la collaboration dans le cadre de projets ayant des produits finis concrets sont plus susceptibles d'être satisfaites au sein d'un environnement de travail comme celui d'une société d'ingénierie; et leur compétence pour travailler au sein de cet environnement de travail est plus probable s'elles ont suivi une formation en ingénierie et possèdent l'entregent nécessaire pour travailler en équipe. À condition que le niveau de compétence de l'individu demeure conforme au niveau exigé par l'environnement de travail et que l'environnement de travail s'harmonise avec les valeurs de l'individu, la théorie de l'adaptation au travail (TWA) prévoit que l'individu demeurera probablement au sein de cet environnement de travail.

En outre, la durée des fonctions n'est pas un état statique qui, une fois obtenu, demeure à perpétuité (Dawis et Lofquist, 1984; Juntunen et Even, 2012). L'individu et l'environnement de travail doivent plutôt continuellement adapter leurs habiletés et leurs avantages, respectivement, pour maintenir la durée des fonctions. À titre d'exemple, bien qu'une personne puisse d'abord accorder une valeur au taux de rémunération offert par un environnement de travail, à mesure que changent les circonstances de sa vie, cette personne peut commencer à accorder la priorité à la valeur de la souplesse de son horaire de travail. Si l'environnement de travail n'était pas en mesure de répondre à ce besoin parce qu'il exige un horaire de travail fixe, l'individu quitterait probablement l'environnement de travail, même si le taux de rémunération au sein d'un nouvel environnement de travail était le même.

Modèle de processus

Le manque de correspondance — soit entre les besoins de l'individu et les avantages offerts par l'environnement de travail, soit entre les exigences de l'environnement de travail et les habiletés de l'individu — peut entraîner une insatisfaction de la part des individus ou des environnements de travail. Le manque de correspondance constitue la principale motivation de l'adaptation et du changement. La théorie de l'adaptation au travail (TWA) aborde la façon dont les individus s'adaptent au moyen du modèle de processus, qui comprend quatre *styles d'adaptation* (Juntunen et Even, 2008; Swanson et Schneider, 2013).

La *souplesse* représente la capacité des individus de repousser le changement en tolérant une disparité entre leurs besoins et les avantages offerts par l'environnement de travail. L'*adaptation active* se produit lorsque les individus ne peuvent pas tolérer la disparité entre les besoins et les avantages et cherchent à apporter un changement au sein de l'environnement de travail pour surmonter le manque de correspondance.

En revanche, l'*adaptation réactive* représente le moment où, au lieu de chercher à apporter un changement au sein de l'environnement de travail, les individus tentent de changer leurs propres besoins pour remédier au manque de correspondance. Enfin, la *persévérance* représente la période pendant laquelle les individus peuvent continuer de s'adapter, de façon active ou réactive, pour remédier au manque de correspondance avant de quitter l'environnement de travail.

À titre d'exemple, un individu qui occupe un poste de commis à la saisie de données et qui a besoin de créativité peut être en mesure de tolérer cette disparité pendant un certain temps avant de chercher activement d'autres rôles, comme la planification d'activités de promotion du travail d'équipe. S'il n'y a pas de possibilités de créativité au sein de l'environnement de travail, cette personne peut chercher ces possibilités de façon réactive en dehors du travail, notamment dans le cadre d'un cours d'art. Si la disparité demeure intolérable et les efforts pour y remédier sont insuffisants, la personne peut ainsi démissionner et chercher un autre environnement de travail.

Bien qu'ils soient décrits ici comme se rapportant aux individus, ces styles d'adaptation peuvent également s'appliquer aux environnements de travail et à la façon dont les gestionnaires réagissent au manque de correspondance entre leurs besoins et les habiletés des individus. L'illustration pratique et l'analyse qui suivent démontrent comment les professionnels et professionnelles peuvent conceptualiser les situations des individus au moyen des principaux concepts de la théorie de l'adaptation au travail (TWA) et appliquer cette conceptualisation dans leur travail auprès des personnes clientes.

Illustration pratique

Kimiko (pseudonyme) est une étudiante japonaise étrangère de premier cycle âgée de 22 ans au sein d'une université canadienne qui s'est spécialisée en travail social avec une mineure en comptabilité. Kimiko en est à sa dernière année et planifie ses prochaines étapes après ses études. Plus particulièrement, Kimiko tente de décider entre obtenir un diplôme d'études supérieures en travail social ou essayer de trouver un emploi au Canada dans le milieu de la santé mentale ou dans un bureau (où elle pourrait mettre à profit ses études en comptabilité). Kimiko tend à opter pour l'emploi au Canada parce qu'elle veut acquérir une expérience de travail et peut-être obtenir une résidence permanente.

Bien que Kimiko ait effectué deux stages dans le cadre de son programme d'études (l'un pour le travail social et l'autre pour la comptabilité), elle craint que le fait de posséder uniquement un baccalauréat ne limite ses possibilités d'emploi à des postes moins qualifiés, ce qui exercera une influence sur sa capacité de présenter une demande de résidence permanente et compromettra sa stabilité financière. L'une des principales raisons pour lesquelles Kimiko souhaite obtenir la résidence permanente est le désir de demeurer avec son conjoint, qui est un citoyen canadien. Kimiko a indiqué que si elle n'était pas avec son conjoint, elle voudrait retourner au Japon et être avec sa famille, ce qu'elle avait prévu au départ en venant étudier au Canada.

Kimiko s'est décrite comme quelqu'un qui n'aime pas être « microgérée » par des gestionnaires, mais qui aime également avoir des collègues qu'elle peut consulter et avec qui elle peut passer du temps après le travail. Elle préfère comprendre les situations avant d'agir, ce qui a parfois compliqué son processus décisionnel. Elle peut souvent se tromper par excès de certitude. Lorsqu'elle prend une décision, Kimiko a tendance à travailler avec diligence en vue d'atteindre ses objectifs. En ce qui concerne ses points forts, Kimiko se voit comme une personne persévérante, même en dépit de revers, et fait expressément référence à sa capacité de s'installer dans un autre pays et de créer une vie pour elle-même. Kimiko a indiqué qu'elle a de la difficulté à composer avec les milieux de travail où les activités se déroulent à un rythme rapide, en partie en raison de sa faible confiance en sa capacité de s'exprimer en anglais.

Analyse de l'illustration pratique

La principale préoccupation de Kimiko est de déterminer si elle souhaite occuper un emploi après l'obtention de son diplôme ou poursuivre ses études dans le cadre d'un programme d'études supérieures. Il est approprié de conceptualiser cette préoccupation du point de vue de la théorie de l'adaptation au travail (TWA) puisqu'elle comprend une analyse des besoins et des habiletés de Kimiko, ainsi que de la façon dont ils correspondent aux avantages et aux exigences de l'emploi et de la formation continue.

Les principaux besoins de Kimiko comprennent un environnement de travail qui peut lui offrir une stabilité financière suffisante pour subvenir à ses besoins au Canada et qui lui permet de présenter une demande de résidence permanente. Kimiko préférerait un environnement de travail où elle peut agir de façon indépendante tout en ayant une équipe à qui elle peut faire appel pour obtenir du soutien au besoin, ainsi qu'un niveau de prévisibilité et de stabilité dans ses tâches et son rythme de travail afin qu'elle puisse se préparer plutôt que d'agir spontanément.

En ce qui concerne ses habiletés, Kimiko a obtenu un baccalauréat en travail social et une mineure en comptabilité. Elle a acquis une certaine expérience en milieu de travail et établi des liens dans ces deux domaines au Canada grâce à ses stages. De même, Kimiko possède d'autres habiletés plus générales. D'abord, elle est en mesure de travailler dans deux langues (c.-à-d. en japonais et en anglais), ce qui lui permet de pouvoir offrir des points de vue locaux et internationaux. Également, elle peut faire preuve de souplesse, en travaillant aussi bien de façon autonome, qu'en équipe. Enfin, elle peut démontrer beaucoup de persévérance pour accomplir des tâches complexes.

Les styles de personnalité de Kimiko peuvent également exercer une influence sur sa décision et les options qui s'offrent à elle. Kimiko semble avoir une faible célérité, puisqu'elle a tendance à évaluer les situations avant d'agir; une allure modérée et un rythme constant, puisqu'elle a tendance à déployer un niveau d'effort constant dans son travail, et ce, quelle que soit la situation; et une grande endurance, comme l'indique la façon dont elle maintient ses efforts pour accomplir des tâches à long terme et complexes.

Pour ce qui est de la décision de carrière actuelle de Kimiko et de l'étape suivante immédiate, l'hésitation de Kimiko à l'égard de situations où les activités se déroulent à un rythme rapide et de situations incertaines ou spontanées peut rendre intenables les situations telles que le fait de travailler en première ligne et d'occuper un poste en santé mentale, car ce type de travail est souvent peu prévisible. Un milieu de travail en comptabilité pourrait être plus approprié. Même s'il peut y avoir des périodes où l'allure est vive et faible (p. ex. les dates limites pour la production de déclarations de revenus), les changements d'allure et le travail sont plus prévisibles. Même si ce n'est pas une décision de carrière définitive, les études supérieures peuvent être mieux adaptées aux styles de personnalité de Kimiko, car le travail est structuré et nécessite souvent une analyse approfondie avant d'agir. Son rythme constant et sa grande endurance seraient utiles pour accomplir les diverses tâches à court et à long terme nécessaires pour obtenir son diplôme (p. ex. travaux et thèse).

En général, Kimiko semble posséder les exigences minimales (c.-à-d. un diplôme et une expérience pratique) pour les deux options : pour accéder au domaine de la santé mentale (peut-être en tant qu'employée de première ligne) ou au domaine de la comptabilité (occuper un poste lié à la paye ou de premier échelon), ou pour s'inscrire à un programme d'études supérieures. Étant donné le manque d'expérience professionnelle à long terme de Kimiko (p. ex. au moins deux ans) et son manque de confiance en ses capacités de communiquer en anglais, il semble peu probable qu'elle satisfasse aux exigences de l'environnement de travail pour accéder à l'un ou l'autre des domaines à un niveau qui répondra à la fois à ses besoins financiers et à ses besoins en matière de résidence permanente. En ce qui concerne le retour aux études supérieures, cette option pourrait reporter la présentation de sa demande de résidence permanente jusqu'à l'obtention de son diplôme, mais pourrait ne pas garantir l'accès au financement. De même, rien ne garantit qu'un diplôme d'études supérieures se traduira par des possibilités d'emploi correspondant aux besoins financiers ou aux besoins en matière de résidence permanente de Kimiko.

Dans le cadre de l'exploration de cette décision de carrière, il est important de tenir compte de la souplesse de Kimiko pour ce qui est de tolérer une disparité entre ses besoins et l'environnement de travail. Dans quelle mesure Kimiko a-t-elle besoin que l'environnement de travail lui procure des avantages financiers et lui permette de réaliser des progrès relativement à sa demande de résidence permanente? Quel avantage financier ou statut professionnel minimal d'un environnement de travail Kimiko est-elle prête à accepter, et quelle incidence l'interaction entre les deux a-t-elle sur sa souplesse? Quelle influence ses autres besoins (p. ex. travailler de façon indépendante dans un milieu axé sur le travail d'équipe) exercent-ils sur cette décision? Quel rôle sa famille (p. ex. son emplacement géographique par rapport à celui de Kimiko; leurs attentes à l'égard de la carrière de Kimiko) joue-t-elle dans cette décision?

Si Kimiko n'était pas en mesure de tolérer une disparité entre ses besoins et les avantages de l'environnement de travail, elle pourrait envisager l'adaptation réactive et accorder la priorité à l'un par rapport à l'autre (p. ex. le statut du poste ou le programme d'études supérieures). À titre d'exemple, si Kimiko était en mesure de trouver un soutien financier provenant d'autres sources (p. ex. son épargne, un deuxième emploi, son conjoint ou ses parents), elle pourrait occuper un poste moins bien rémunéré, mais plus pertinent sur le plan professionnel qui appuie sa demande de résidence permanente, ou elle pourrait poursuivre ses études dans un programme d'études supérieures non financé. En revanche, elle peut décider de s'adapter activement à l'environnement de travail, peut-être en défendant ses intérêts et en tirant parti de son expérience pour obtenir un taux de rémunération plus élevé, ou en obtenant un poste d'auxiliaire d'enseignement dans un programme d'études supérieures.

Bien que cette analyse ait jusqu'à présent porté sur la décision de Kimiko d'obtenir un emploi ou de poursuivre des études ou non, les professionnels et professionnelles pourraient utiliser la théorie de l'adaptation au travail (TWA) pour conceptualiser d'autres considérations plus globales. À titre d'exemple, il pourrait être important d'examiner avec Kimiko les changements antérieurs dans ses besoins et ses réflexions sur les leçons qu'elle a tirées de ces changements en ce qui concerne ses besoins, les exigences des environnements de travail et ses styles de personnalité (p. ex. la décision de faire des études postsecondaires au Canada). En outre, du point de vue de la théorie de l'adaptation au travail (TWA), les professionnels et professionnelles de la carrière voudront peut-être s'assurer que Kimiko comprend comment elle peut tirer des leçons de cette expérience afin de l'aider à s'adapter aux changements futurs dans ses besoins et à prendre des décisions de carrière continues. À titre d'exemple, pour préparer Kimiko à l'avenir, il pourrait être nécessaire de discuter de la façon d'évaluer la disparité entre ses besoins et les avantages de l'environnement de travail, ainsi qu'entre ses habiletés et les exigences de l'environnement de travail, et d'y remédier. Enfin, cette analyse a été réalisée dans le contexte canadien. Si la situation de Kimiko changeait (p. ex. si elle retournait au Japon), il faudrait réexaminer ses besoins et ses habiletés, les avantages et les exigences de l'environnement de travail, ainsi que les correspondances pertinentes, afin de tenir compte de manière appropriée du contexte adapté.

Conclusion

L'importance accordée à la correspondance réciproque entre les besoins des individus et les exigences des environnements de travail fait de la théorie de l'adaptation au travail (TWA) une théorie tout particulièrement utile de trois façons principales. En premier lieu, l'exploration des valeurs et des besoins des individus, ainsi que de leurs habiletés, peut permettre de prédire les environnements de travail qui pourraient s'avérer une correspondance et appuyer la prise de décision de carrière. En second lieu, l'exploration du manque de correspondance dans la satisfaction des individus peut les aider à déterminer comment ils aimeraient réagir (c.-à-d. de façon active, de façon réactive ou en quittant l'environnement de travail). En troisième lieu, l'exploration du manque de correspondance dans la compétence peut aider les individus à déterminer les domaines où ils doivent perfectionner leurs compétences ou à analyser les styles de personnalité qui ne correspondent pas à l'environnement de travail. En réalisant de telles explorations, la théorie de l'adaptation au travail (TWA) peut permettre de prédire la correspondance et le maintien de la durée des fonctions entre les individus et les environnements de travail.

Références

Bayl-Smith, P. H. et Griffin, B. (2015). Measuring work styles: Towards an understanding of the dynamic components of the theory of work adjustment. *Journal of Vocational Behavior, 90*, 132-144. DOI : 10.1016/j.jvb.2015.08.004

Betz, N. E. (2008). Advances in vocational theories. Dans S. D. Brown et R. W. Lent (dir.), *Handbook of counseling psychology* (p. 357-374). Hoboken, NJ : Wiley.

Bizot, E. B. (1993). A working theory of work adjustment. *Journal of Vocational Behavior, 43*, 122-126. DOI : 10.1006/jvbe.1993.1038

Dawis, R. V. et Lofquist, L. H. (1984). *A psychological theory of work adjustment: An individual differences model and its applications*. Minneapolis, MN : Université du Minnesota.

Eggerth, D. E. (2008). From theory of work adjustment to person–environment correspondence counseling: Vocational psychology as positive psychology. *Journal of Career Assessment, 16*, 60-74. DOI : 10.1177/1069072707305771

Juntunen, C. L. et Even, C. E. (2012). Theories of vocational psychology. Dans N. A. Fouad, J. A. Carter et L. M. Subich (dir.), *APA handbook of counseling psychology, Volume 1 : Theories, research, and methods* (p. 237-267). Washington, DC : American Psychological Association.

Swanson, J. E. et Schneider, M. (2013). Minnesota theory of work adjustment. Dans S. D. Brown et R. W. Lent (dir.), *Career development and counseling: Putting theory and research to work* (p. 29-53). Hoboken, NJ : Wiley.

Biographie

Jon Woodend a reçu une bourse de doctorat du Conseil de recherches en sciences humaines (CRSH) et il est actuellement candidat au doctorat au programme de psychologie du counseling de la Werklund School of Education, rattachée à l'Université de Calgary, au Canada. Les intérêts de recherche de Jon sont axés sur les transitions de carrière à l'étranger, y compris celles des travailleuses et travailleurs immigrants, des étudiantes et étudiants internationaux et des personnes réfugiées. Jon a travaillé aux niveaux secondaire et postsecondaire où il a offert des services de counseling personnel, scolaire et de carrière aux élèves et aux étudiants et étudiantes.

Points de pratique pour la théorie de l'adaptation au travail (TWA)
Jon Woodend

1. **Les avantages comptent.** Examinez la vaste gamme d'avantages qui incitent les gens à choisir un environnement de travail et à y demeurer (c.-à-d. au-delà des avantages financiers; incluez les styles de personnalité). Ce que les gens trouvent gratifiant est souvent lié à leurs valeurs et à la signification du travail pour eux dans le contexte de leur vie actuelle.

2. **Connaissez les exigences.** Orientez les individus vers les exigences des environnements de travail. Adaptez la formulation des habiletés des individus afin de répondre aux exigences.

3. **Perfectionnez les compétences.** Déterminez les compétences que les individus peuvent cibler afin d'harmoniser leurs habiletés avec les exigences des environnements de travail. Les environnements de travail évoluent constamment et les compétences des gens doivent demeurer en harmonie avec ces derniers.

4. **Remarquez les changements.** Prêtez attention aux changements continus dans les exigences des environnements de travail et les besoins des individus. Ces renseignements peuvent aider les individus à gérer le manque de correspondance à mesure qu'il survient.

5. **Réfléchissez aux mesures à prendre.** Mettez en évidence les aspects des styles d'adaptation qui peuvent nuire à la capacité d'un individu de chercher à apporter un changement dans son environnement de travail (p. ex. l'assertivité).

6. **Multipliez les théories.** Coordonnez la théorie de l'adaptation au travail (TWA) avec d'autres théories pour donner suite aux préoccupations relatives à la carrière à multiples facettes (p. ex. utiliser la théorie de Holland pour explorer les intérêts ainsi que la théorie de l'adaptation au travail [TWA] pour évaluer un plus large éventail de besoins).

7. **Vérifiez les hypothèses.** Faites preuve d'ouverture aux différences culturelles en définissant des valeurs de façon générale et en tenant compte des variations individuelles dans la façon dont ces valeurs influencent les besoins des individus.

Champions des connaissances

Un grand merci à nos organisations championnes en matière de développement de carrière qui ont rendu possible la publication de cet ouvrage.

AXTRA

AXTRA, l'Alliance des centres-conseils en emploi, regroupe 95 organismes membres œuvrant à l'intégration en emploi de personnes sous-représentées sur le marché du travail au Québec. Elle a comme mission de représenter, informer et soutenir ses centres-conseils en emploi face aux enjeux du marché du travail.
www.axtra.ca

BrissonLegris

Depuis 50 ans, BrissonLegris offre des services spécialisés qui contribuent à l'épanouissement et au rayonnement des organisations, des écoles et des particuliers. Plus précisément, ils offrent des services d'évaluation, de consultation et de conception, en matière de gestion de carrière et d'orientation professionnelle. Ils accompagnent les personnes dans leur cheminement afin qu'elles soient en mesure de prendre des décisions éclairées.
www.brissonlegris.com

CERIC

Le CERIC est un organisme caritatif voué à la progression de l'éducation et de la recherche en matière d'orientation professionnelle et de développement de carrière dans le but d'accroître le bien-être économique et social des Canadiennes et Canadiens. L'organisme finance des projets axés sur la mise au point de ressources novatrices permettant aux différents professionnels et professionnelles du développement de carrière d'enrichir leurs connaissances et compétences. Le CERIC organise, en outre, le congrès Cannexus et publie la *Revue canadienne de développement de carrière*. www.ceric.ca

Solutions TRIMA

Société technologique innovante en sciences humaine, exploitant un système unique et distinctif, Solutions TRIMA a pour raison d'être d'inspirer, outiller, transformer les individus, les équipes et les organisations dans le monde. Visionnaire par son expertise en psychométrie ipsative et son approche par compétence l'entreprise novatrice développe, édite et commercialise une variété de questionnaires et de rapports riches en information, des programmes de certification, de formation et de perfectionnement, des outils d'intervention, incluant un dictionnaire de 120 compétences comportementales, pour générer des transformations durables individuelles et collectives. www.trima.ca

Des critiques élogieuses pour le recueil *Théories et modèles orientés sur la carrière : des idées pour la pratique*

« Né d'une demande de la communauté étudiante, praticienne et chercheuse francophone à l'échelle internationale, *Théories et modèles orientés sur la carrière : des idées pour la pratique* offre non seulement une traduction, mais une adaptation de modèles théoriques appliquées à différentes problématiques carriérologiques courantes et émergentes. La tâche ne fut pas facile, les subtilités langagières et culturelles nombreuses, mais le résultat permet à toutes et à tous de mieux connaître et de mieux se reconnaître dans l'univers des possibilités d'intervention dans l'une des professions « de sens » les plus importantes du 21e siècle! Toutes initiatives comme celle-ci, qui nous rapprochent, au sein d'une même communauté professionnelle internationale, de différentes langues, mais d'une même volonté, aide à accroître notre pertinence sociale. »
- **Louis Cournoyer, professeur-chercheur en counseling/développement de carrière, Université du Québec à Montréal (UQAM)**

« Un ouvrage qui réunit autant de concepts issus des théories classiques comme des théories plus actuelles et innovantes, ainsi que de nombreux exemples et outils d'intervention, constitue une référence majeure pour toute personne œuvrant ou étudiant dans le domaine de l'orientation et du développement de carrière. Il regorge de données probantes et de notions essentielles à l'approfondissement de notre réflexion sur la pratique, qu'il s'agisse de l'intervention individuelle et organisationnelle ou de l'accompagnement des personnes immigrantes et des clientèles à besoins particuliers. Grâce au professeur Louis Cournoyer, c.o., nous pouvons maintenant bénéficier de la version francophone de cet ouvrage précieux. Je vous invite tous et toutes à le lire et à le consulter régulièrement. »
- **Josée Landry, M.A., c.o., présidente, Ordre des conseillers et conseillères d'orientation du Québec (OCCOQ)**

« Cet ouvrage colossal constitue une référence incontournable pour tous les acteurs du développement de carrière, qu'ils soient novices ou expérimentés. L'un de ses points forts comprend sans conteste la présence d'études de cas simples (mais pas simplistes!) dans lesquelles on voit la portée pratique des différentes théories illustrées. L'autre aspect particulièrement intéressant du livre est qu'il allie les théories classiques et contemporaines, permettant par le fait même de tirer certaines conclusions sur l'évolution historique de la théorie en développement de carrière. »

- Valérie Roy, directrice générale, AXTRA

« Un ouvrage de référence pour les praticiens, étudiants, et chercheurs actifs dans le domaine de la psychologie du conseil et de l'orientation. Les différentes approches ou théories présentées sont contextualisées de manière pertinente avec une discussion des différentes implications pratiques. Les chapitres proposent une réflexion du lien entre pratique et théorie en considérant également les grands enjeux pour notre discipline, comme la question de la justice sociale, de la prise en compte du contexte culturel, de l'accès à un travail décent, etc. Un ouvrage riche, mobilisant des auteurs de références dans le domaine, rendant compte de la diversité des approches dans notre champ, avec toujours le souci de l'usage dans nos pratiques. Un livre de grande qualité maintenant aussi disponible en français! »

- Jérôme Rossier, professeur ordinaire, Institut de psychologie et Centre de recherche en psychologie du conseil et de l'orientation (CEPCO), Université de Lausanne

« Le développement de la main d'œuvre est au cœur de nos sociétés et de l'économie mondiale. Ce recueil exceptionnel dévoile l'intelligence collective et collaborative d'experts mondiaux de divers champs d'intervention en orientation, développement de carrière et employabilité. Un réel coffre aux trésors de réflexions, de solutions et d'applications pratiques pour le monde de l'éducation et du travail. Je tiens à reconnaitre le leadership de Louis Cournoyer et de ses collègues pour leur engagement à innover et à faire une différence dans la vie des gens. C'est avec une grande fierté que nous sommes associés à cet ouvrage directement lié à nos valeurs et à notre système de mesure d'actualisation du potentiel des individus et des équipes, permettant de cultiver leurs ressources personnelles afin de s'adapter à leur environnement. Un grand Merci à tous les acteurs pour cette réalisation! »

- Suzanne Audet, CRHA, MBA, présidente, PDG, Solutions TRIMA et de Leaders sans frontière

« Depuis les années 60, le droit à l'éducation n'a cessé de prendre de l'ampleur en Afrique subsaharienne. Cependant, le droit à l'information et à l'orientation scolaires et professionnelles (IOSP) demeure partout résiduel dans la structure sociotechnique de l'école moderne. Or, dans un environnement marqué par l'ingénierie de la débrouillardise, comme c'est le cas dans cette partie du monde, face à la diversité des offres de formation et à l'instabilité du marché de l'emploi, l'effectivité du droit à l'IOSP pourrait constituer un préalable à la construction de soi et au développement de sa carrière. De fait, *Théories et modèles orientés sur la carrière : des idées pour la pratique* constitue, pour nous, le cheval de Troie par qui la démocratisation du droit à l'IOSP pourra être effective en Afrique subsaharienne et garantir incidemment l'espoir du développement de carrière en dépit du caractère majoritairement informel des économies nationales. »
- **Joseph Bomda, Ph. D., enseignant-chercheur (en psychologie sociale et sciences de l'orientation, scolaires et professionnelles), Département de psychologie et des sciences de l'orientation, Faculté des sciences de l'éducation, Université de N'Gaoundéré (Cameroun)**

« Les grands phénomènes mondiaux que nous vivons sur le plan de l'environnement, de la santé, de l'économie, de la technologie et des tensions sociales ont une répercussion importante sur la relation entre l'humain, individuel et collectif, et le travail, présent ou absent, actuel ou futur. Le développement de carrière, champ de connaissance et de pratique visant la santé de cette relation, est plus important que jamais dans toutes les cultures et demande une mise en commun des efforts de partout. Traduire et adapter les fruits de ce champ pour la francophonie internationale est une initiative d'une rare pertinence! Je tiens à exprimer ma propre gratitude tant aux autrices, aux auteurs et aux éditrices originales qu'au Professeur Cournoyer et à ses collègues, et tout particulièrement au CERIC pour une œuvre collective qui se démarque tant par sa qualité que par son utilité, et maintenant par sa portée! »
- **Laurent Matte, c.o., secrétaire général, Association internationale d'orientation scolaire et professionnelle (IAEVG-AIOSP)**

« L'ouvrage est une ressource vraiment intéressante pour l'application des théories du développement de carrière. De plus, il s'agit de l'un des seuls ouvrages sur le sujet en français. Chaque chapitre présente un résumé de la théorie ciblée suivie d'une étude de cas, ce que j'utilise dans le cadre de mon enseignement pour consolider les connaissances des personnes étudiantes et faire le lien avec la pratique. »
- **Sabruna Dorceus, professeure adjointe, Département d'orientation professionnelle, Faculté d'éducation, Université de Sherbrooke**

« Nous l'attendions cette traduction française d'un ouvrage tout indiqué pour les étudiantes et étudiants qui se forment à œuvrer au développement de carrière des individus. Une rédaction accessible sur le plan conceptuel qui ne perd pas de sa rigueur jumelée à une habile transposition dans la pratique à l'aide de vignettes analysées. L'ouvrage est aussi une mine d'or de références pour qui souhaite approfondir ses connaissances lui permettant de découvrir ou de redécouvrir des classiques du champ disciplinaire en plus d'accéder à des connaissances actuelles diversifiées. »

- **Chantal Lepire, conseillère d'orientation, chargée de cours, UQAM et présidente du conseil d'administration, Association québécoise des professionnels du développement de carrière (AQPDDC)**

« BrissonLegris est fier de s'associer aux recherches pertinentes et essentielles à l'évolution des pratiques. Cet ouvrage exprime bien les défis toujours grandissants que nous observons chez nos clients et les théories présentées permettent des percées significatives lorsqu'il s'agit d'intervenir concrètement auprès d'eux. Nous tenons à remercier chaque chercheur ainsi que chaque intervenant qui font de notre champ d'expertise une science innovante et toujours plus riche parce que nous plaçons au centre de nos intérêts l'humain, cet être vocationnel dans toute sa complexité! »

- **Mélanie Grégoire, copropriétaire et leader agile, BrissonLegris**

« Cet ouvrage offre un large aperçu des théories et modèles applicables dans le champ de l'orientation au regard de ses enjeux contemporains. Il s'appuie sur 43 chapitres aussi diversifiés que complémentaires avec une volonté de conjuguer théories et pratiques. Cela témoigne de la richesse des approches qui structurent les sciences de l'orientation tout au long de la vie. La communauté scientifique, les professionnel·le·s de l'orientation et les étudiant·e·s y trouveront des ressources intéressantes et actualisées pour appréhender l'orientation dans une perspective de recherche ou d'application. La traduction française de cet ouvrage était particulièrement attendue! »

- **Laurent Sovet, maître de conférences, Laboratoire de Psychologie et d'Ergonomie Appliquées (LaPEA), Université de Paris**

Des critiques élogieuses pour l'édition originale en anglais

« Bravo ! En tant que professionnelle, j'estime que le livre *Career Theories and Models at Work* est formidable et exhaustif, et qu'il apporte une contribution importante au domaine du développement de carrière. Il est merveilleux d'avoir recueilli autant d'information auprès de chercheurs et de professionnels respectés de partout dans le monde. Ce livre est une ressource très utile pour quiconque s'intéresse au développement de carrière, et il est essentiel à la fois pour les nouveaux employés et pour les employés d'expérience. »
- Jennifer Browne, directrice des services à la vie étudiante, Université Memorial

« Cet ouvrage est une compilation extraordinaire du travail des meilleurs chercheurs et professionnels du domaine du développement de carrière à l'échelle internationale. Chaque auteur donne un aperçu de sa perspective théorique, ainsi que des applications pratiques claires qui sont une mine de ressources pour les professionnels de la carrière et de l'emploi. »
- William Borgen, professeur, psychologie du counseling, Faculté de l'éducation, Université de la Colombie-Britannique

« Ce texte représente une percée, car il fait le pont entre la théorie et la pratique. Il met en lumière des théories avant gardistes de partout dans le monde et les multiples façons dont la théorie peut améliorer et étendre la pratique. C'est un ouvrage incontournable ! »
- Sareena Hopkins, directrice générale, Fondation canadienne pour le développement de la carrière

« Ce livre est exactement ce qu'il nous fallait dans le domaine du counseling de carrière. Il montre à quel point ce domaine de recherche s'est enrichi. Je vais assurément inviter mes étudiants à le lire. »
- Guðbjörg Vilhjálmsdóttir, professeur, orientation et counseling de carrière, École des sciences sociales, Université de l'Islande

« Ce livre est impressionnant et utile. Il propose une foule d'exemples d'approches contemporaines à appliquer dans le cadre de l'orientation et du counseling de carrière. Chaque chapitre est conçu de manière à aider le lecteur à comprendre les concepts théoriques avant de fournir un exemple d'étude de cas illustrant la mise en pratique. Les auteurs représentent bien l'importance des progrès innovants à l'échelle internationale. Pour les professionnels, les formateurs et les étudiants qui veulent accroître leurs connaissances professionnelles, cet ouvrage est essentiel. »

- Hazel Reid, Ph. D., professeure émérite en éducation et en gestion de carrière, Université Canterbury Christ Church, Royaume-Uni

« Véritable trésor de ressources pour stimuler l'imagination de tout professionnel du développement de carrière, ce livre regorge de théories classiques et contemporaines sur la carrière. Chacune est liée à une étude de cas de client, avec des listes de lecture accessibles et des points de pratique faciles à assimiler. Ce précieux ouvrage saura stimuler à la fois les nouveaux professionnels et ceux d'expérience pour qu'ils trouvent des façons créatives et innovantes d'intégrer la théorie à leur pratique. Si vous vous êtes déjà interrogé sur l'importance de la théorie du développement de carrière pour la pratique, cet ouvrage saura vous renseigner. »

- Gill Frigerio, adjoint à l'enseignement principal, Centre for Lifelong Learning, Université de Warwick

« La mise en pratique de la théorie est une compétence essentielle pour les professionnels du développement de carrière qui offrent des services relatifs à la carrière. Chaque théorie de la carrière a ses caractéristiques propres et, souvent, les professionnels de la carrière combinent plus d'une théorie pour concevoir auprès de leurs clients des interventions qui respectent les conditions locales. Ce recueil présente les avancées et les nouvelles approches émergentes dans notre domaine. Il fournit au professionnel un cadre structuré favorisant l'apprentissage mutuel et une raison de choisir des pratiques appropriées, que le professionnel peut utiliser pour accroître sa capacité à composer à la fois avec les complexités et les nouvelles perspectives du marché du travail actuel. »

- Raimo Vuorinen, Ph. D., gestionnaire de projet, Institut finlandais de la recherche en enseignement, Université de Jyväskylä, Finlande

Nancy Arthur, Roberta Borgen (Neault), Mary McMahon, éditrices

« Grâce à ses perspectives multipays, le livre *Career Theories and Models at Work* est un véritable trésor. Il incarne la profondeur et la portée des modèles actuels en matière de théorie et de pratique du développement de carrière. Les modèles éprouvés sont renouvelés et de nouvelles perles, ajoutées. Les débutants dans le domaine, qui en sont à forger leur identité professionnelle, apprécieront la portée de ce recueil qui saura guider leur pratique. Les éducateurs en développement de carrière qui sont à la recherche d'un ouvrage complet et facile à comprendre, qui renferme des études de cas révélatrices, voudront ajouter cette publication à la liste de lecture de leurs étudiants. Les chercheurs de divers pays et disciplines citeront assurément ce livre, qui appuiera leurs propres contributions au domaine. Les conseillers et responsables de l'élaboration de politiques en matière de carrière devraient prendre connaissance de ce guide précieux et à jour sur les théories et les pratiques qui définissent notre profession. »

- Jennie Miller, présidente nationale, Association pour le développement de carrière de la Nouvelle-Zélande

« Le livre *Career Theories and Models at Work* m'a assurément inspirée par ses idées intéressantes pour améliorer les services de counseling de carrière que je fournis à mes clients, à Singapour. J'apprécie tout particulièrement les illustrations pratiques, qui présentent des manières de venir en aide aux clients au moyen des différents modèles et théories. Ces illustrations permettent de mieux comprendre la mise en contexte de ces modèles et théories afin d'aider les clients qui pourraient ne pas partager la culture des clients auxquels on fait habituellement référence dans d'autres publications. Les points de pratique à la fin de chaque chapitre résument de façon concise une utilisation potentielle efficace des modèles et des théories. Voilà une autre caractéristique intéressante de ce livre. Chapeau! »

- Sing Chee Wong, présidente, Association du développement des personnes et de la carrière (Singapour)

« Le livre *Career Theories and Models at Work* est l'un des ouvrages les plus complets d'orientation des professionnels du développement de carrière. Misant sur une liste d'auteurs provenant véritablement de partout dans le monde, ce livre renseigne sur l'évolution et la diversité du domaine. Les chapitres traitent d'un vaste éventail de sujets, allant des enfants aux athlètes en passant par la pratique du développement de carrière au sein des entreprises. Les conseils pratiques qui permettent de faire le lien entre les modèles fournis et les exigences quotidiennes de notre travail sont le point saillant de chaque chapitre. »

- Rob Straby, professeur, programme d'études supérieures des professionnels du développement de carrière, Collège Conestoga

www.ingramcontent.com/pod-product-compliance
Lightning Source LLC
Chambersburg PA
CBHW050740080526
44579CB00017B/70